독학사 1단계 합격을 결정하는
필수 암기 키워드

국어

01 | 국어학

(1) 국어에 대한 이해
① 언어 연구의 필요성
  ㉠ 생활의 기본 수단, 원만한 사회생활
  ㉡ 우리 생활과 밀접한 관련, 여러 분야에 큰 공헌
② 언어학의 본질
  ㉠ 언어학: 언어에 대한 과학적 연구를 하는 학문 분야
  ㉡ 문법: 언어구조를 파헤쳐 뜯어보고 언어의 내적·구조적 현상을 기술
③ 언어습득이론
  ㉠ 경험주의 이론: 경험적 훈련에 의한 후천적 학습으로 이루어진다.
  ㉡ 합리주의 이론: 타고난 언어학습 능력과 추상적인 선험적 지식에 의해 이루어진다. → 언어습득의 균일성, 언어에 대한 통달성, 언어의 창조성

(2) 훈민정음 제작의 목적
① 훈민정음 서문: 일반 백성들을 문자 생활에 참여시키고자 함[欲使人人易習 便於日用耳] → 애민사상, 자주사상 **23 24 25**
② 훈민정음 창제 이후 서적: 「용비어천가」, 「월인천강지곡」, 「석보상절」, 「월인석보」, 「두시언해」, 「금강경삼가해」 등
③ 훈민정음을 유일한 문자체계로 발전시킬 의도가 없었으며, 국한문혼용을 염두에 둠

(3) '한글'의 유래에 대하여 25
① 한글 명칭: '한글'의 '한'은 '一', '大', '韓', '正'의 의미
  ㉠ 한글 명칭의 최초 사용: 1913년 3월 23일 조선어문회 창립총회
  ㉡ 한글 명칭의 실용화: 1913년 9월에 창간한 『아이들보이』지의 '한글풀이'
  ㉢ 한글 명칭의 보편화: 1927년 한글학회의 전신인 조선어학회에서 간행된 「한글」

② 한글 명칭이 여러 번 바뀐 이유
  ㉠ '국문', '국어' → '한말', '배달말글': 정치적 상황과 관련됨
  ㉡ '배달말글' → '한글'
   • '배달' → '한': 음절수가 간결, '한'의 뜻이 '삼한', '대한제국'의 한과 연결
   • '말글' → '글': '글'이 문자와 함께 문자언어까지 포괄하기 때문

(4) 표준어의 기능 22 24 25
① 표준어: 교양 있는 사람들이 두루 쓰는 현대 서울말 **23**
② 표준어의 기능: 통일의 기능, 우월의 기능, 준거의 기능

(5) 언어 예절
① 높임법
  ㉠ 주체 높임법 **21 23**
   • 말하는 사람이 서술어가 나타내는 주어를 높이는 높임법
   • 용언의 어간에 높임의 어미 '-(으)시-'를 붙여서 표현
   • 높임의 용어가 따로 있는 경우: '있다 → 계시다', '먹다 → 잡수시다', '자다 → 주무시다'
  ㉡ 상대 높임법
   • 듣는 사람을 높이거나 낮추는 높임법
   • 해라체, 해체, 하게체, 하오체, 해요체, 합쇼체로 구분
  ㉢ 객체 높임법 **21**
   • 동작이 미치는 대상(서술어가 나타나는 객체)을 높이는 높임법
   • 특수한 어휘: 드리다, 여쭙다, 말씀드리다, 모시다
② 인사말
  ㉠ 만나고 헤어질 때: 안녕하십니까? 어디 가십니까? (언어의 친교적 기능: 실제로 어디 가는지 궁금한 것이 아니라 안부를 묻는 정도)
  ㉡ 소개할 때
   • 가까운 사람을 덜 가까운 사람에게 먼저 소개한다.

- 국권회복을 위한 반봉건·반외세 정신과 근대화를 지향하는 계몽정신 강조
- 주제: 애국 계몽기의 현실 직시와 국권 회복의 방향 제시

ⓒ 「무정」(이광수) 21
- 한국 최초의 현대 장편소설, 계몽소설
- 신소설의 문어체 극복, 서구적 가치관을 지향, 인물들의 내면 심리 묘사 강조, 사건을 역순행적으로 배열, 개인보다는 공동체적 가치를 우선함, 과학에 대한 긍정적 시각을 지님
- 주제: 민족적 현실의 자각과 새로운 사회에 대한 열망

ⓒ 「감자」(김동인)
- 사실주의적 기법, 자연주의적 경향, 하층 사회의 비속어 구사
- '복녀(福女)' 명명의 반어, 주인공의 성격과 공간적 환경이 상관관계를 이룸
- 주제: 빈곤과 무지가 빚어낸 인간의 파멸과 타락상에 대한 고발

ⓔ 「운수 좋은 날」(현진건)
- 사실주의 단편소설, 비속한 말의 구어체(사실감의 고조와 아내에 대한 애정), 반어, 상황의 아이러니
- 설렁탕이 주는 효과: 비극성의 고조
- 주제: 일제 강점기 가난한 하층민의 비참한 삶에 대한 고발

ⓜ 「홍염(紅艶)」(최서해)
- 현실 고발적 성격의 신경향파 소설
- 구성: 지주 대(對) 소작인 또는 공장주 대(對) 노동자
- 비극적 결말의 작품
  예 김동인의 「감자」(살인), 현진건의 「불」(방화)
- 주제: 타향에서 겪어야 했던 우리 민족의 비극적 현실과 저항 정신

ⓗ 「치숙(痴叔)」(채만식)
- 독백체와 대화체를 통한 반어적 표현, 식민지 시대 상황을 사실적으로 묘사
- 주제: 지식인이 정상적으로 살 수 없는 사회적 모순과 노예적 삶의 비판

ⓢ 「소낙비」(김유정)
- 김유정의 처녀작, 사실주의적 경향의 농촌소설, 작가 관찰자 시점
- 주제: 일제 강점기 농촌 사회의 현실적 모순과 도착된 성 윤리 풍자

ⓞ 「날개」(이상) 23
- 고백적·상징적 심리주의 소설, 1인칭 주인공 시점
- 날개의 의미: 종속된 삶으로부터 벗어나려는 수단과 의지
- 주제: 자의식의 심화 과정과 그 극복을 위한 몸부림

(4) 희곡과 수필
① 한국 근대극 개관
ⓐ 우리의 전통극: 그림자극, 가면극, 인형극, 음악극(판소리)
ⓑ 한국 신연극의 효시: 이인직의 「은세계」
ⓒ 신파극
- 감상적 주제, 통속적 오락
- 최초의 근대 희곡: 조중환의 「병자삼인」 22
- 개선·발전시키지 못해 외면하고 이에 대한 돌파구로 연쇄극(연극 + 영화) 등장

ⓓ 1920년대: 사실주의 극 등장, 동경 유학생들의 활동, 토월회 등장, 학생극 번성
ⓔ 1930년대: 신극 단체의 본격적 활동
- 극예술연구회 활동: 신극 수립 노력, 기성극계 정화 시도, 리얼리즘 극을 주도, 유치진의 「토막」 공연 22 23 25
- 대중극 시대: 대중적인 신파극의 전성기, 동양극장 등장

ⓕ 해방 이후: 전국연극인 대회, 극예술협회 발족
ⓖ 근대 신극운동: 극예술협회, 토월회, 극예술연구회 22

② 수필의 성격 22
ⓐ 특징: 자신의 글, 표현의 문학, 붓가는 대로 써진 글, 서경·회고·서정의 문학, 불만과 격정과 관용의 유로, 밖에서 얻은 것을 안으로 삼키는 문학
ⓑ 수필문학의 묘미: 소설 같지도 시 같지도 않은 수필 같은 문학, '놀'과 같은 정서

③ 작품 감상
ⓐ 「멋」과 「수필」(피천득)
- 「멋」: '멋은 작고 소박한 내면의 아름다움에서 비로소 나오는 것이며, 이러한 '멋'들이 있어 각박한 세상을 살아갈 수 있음
- 「수필」: 수필은 원숙한 생활 체험에서 우러나오는 고아(高雅)한 글이고 독특한 개성과 분위기가 있어야 하며, 균형 속에서도 파격(破格)을 할 줄 아는 마음의 여유를 가져야 함

ⓑ 「오척단구(五尺短軀)」(이희승)
- 작은 키로 생활하면서 겪게 되는 이야기
- 작은 키가 때로는 세상을 살아가는 데 어려움을 주긴 하지만 큰 인물이 되는 것에는 문제가 되지 않음

ⓒ 「목근통신(木槿通信)」(김소운)
- 서간 수필집, 일본 지성인들의 양심에 호소하여 충격을 준 글
- 일제 강점기와 6·25 전쟁을 겪으면서 일본에 대해 느낀 바를 진솔하게 써내려간 수필

- ㊂ 「진달래꽃」(김소월)
  - 여성적 어조, 수미상관, '진달래꽃'은 시적 화자의 분신이며 임을 향한 변함없는 사랑을 상징, 비극적 상황을 절제된 어조로 표현
  - 주제: 이별과 한(恨)의 승화
- ㊃ 「절정」(이육사)
  - 주제: 극한 상황의 역설적 극복 의지
  - 간결한 표현 속에 시적 의미를 응축함으로써 단호하고 강한 느낌을 줌
  - 모순 형용: '강철로 된 무지개'

(3) 현대소설에 대한 이해

① 한국 현대소설의 흐름
- ㉠ 신소설 22 24
  - 갑오개혁 이후 개혁운동의 내용을 담은 소설의 등장
  - 독서 대중의 확대, 출판기술의 발달, 개화사상을 배경으로 발생
  - 친일성과 중국 비판, 낡은 풍습과 제도를 탈피, 고소설과 근대소설의 교량적 역할
  - 이인직: 「혈의 누」(최초의 신소설), 「은세계」, 「치악산」, 「모란봉」 등 22
  - 이해조: 「강상련」(「심청전」 개작), 「자유종」(정치소설, 토론소설), 「토의 간」, 「옥중화」(「춘향전」 개작) 등
  - 최찬식: 「추월색」(애정소설), 「안의 성」
  - 안국선: 「금수회의록」(정치소설, 연설문체) 25
- ㉡ 근대소설
  - 근대적 자아의 각성이 이루어진 문학, 귀족 중심이 아닌 시민계층이 향유하는 문학
  - 특징: 영웅적 형상의 약화, 전지적 서술자의 후퇴, 시간적 경향에서 공간적 경향으로 이행
- ㉢ 소설 구성(Plot)의 3요소: 인물, 사건, 배경
- ㉣ 1910년대
  - 이광수: 계몽적 민족주의, 유교적 가족제도 비판, 근대·고대적 요소 공존 21 23 24
  - 「무정」: 근대소설의 효시, 계몽문학, 섬세한 인물 심리 묘사, 주인공들이 지도자적 인물, 구어체 21 25
- ㉤ 1920년대
  - 특징: 장편보다 단편이 주류, 예술성에 치중, 일제 강점기의 궁핍과 애환을 다룸, 사실적 묘사
  - 김동인 23
    - 문학의 독자성 주장, 비속어와 사투리를 최초로 소설에 도입, 간결하고 개성적인 문체 도입, 과거형 시제 도입, 『창조』 창간
    - 주요 작품: 「감자」, 「배따라기」, 「광화사」 등
  - 현진건
    - 일제 강점기 우리 민족의 현실을 아이러니하게 표현
    - 주요 작품: 「운수 좋은 날」, 「빈처」, 「술 권하는 사회」 등 23 25
  - 염상섭 21
    - 일제 강점기 부정정신과 비판정신이 가장 투철한 작가
    - 주요 작품: 「삼대」, 「만세전」, 「표본실의 청개구리」 등 23 25
  - 나도향
    - 빈부와 신분의 차이 등을 통해 어긋난 남녀관계의 문제를 주로 다룸
    - 주요 작품: 「물레방아」, 「뽕」, 「벙어리 삼룡이」 등
- ㉥ 1930년대
  - 특징: 단편에서 장편으로 바뀜, 순수문학, 심리·농민소설, 샤머니즘 문학 등장, 농촌 계몽 운동 활발
  - 채만식 22 24 25
    - 주로 아이러니 등 풍자적 기법을 사용, 역설적 효과, 전통지주와 서민계층의 몰락을 그림
    - 주요 작품: 「태평천하」, 「탁류」, 「레디메이드 인생」 등
  - 이효석
    - 섬세하고 감각적인 언어의 기교로 자연의 심미 세계 표현, 원시적인 에로티시즘 문학 구축
    - 주요 작품: 「메밀꽃 필 무렵」, 「돈」, 「분녀」 등
  - 유진오
    - 일제 강점기 지식인의 고민과 번뇌를 그림
    - 주요 작품: 「김강사와 T교수」, 「창랑정기」 등
  - 이상 22 23 24
    - 초현실주의, 자학적 자의식의 세계에서 심리적 심층을 파고 든 특색 있는 작품을 남김
    - 주요 작품: 「날개」, 「종생기」, 「실낙원」 등
  - 김유정 22 25
    - 농촌과 농민의 현실을 사실적으로 그려냄
    - 주요 작품: 「봄봄」, 「동백꽃」, 「소낙비」 등
  - 김동리
    - 휴머니즘 부각
    - 주요 작품: 「무녀도」, 「황토기」 등
  - 정비석
    - 자연의 순수성에 결합된 인간 본능의 세계를 그림
    - 주요 작품: 「성황당」, 「제신제」 등
- ㉦ 1940년대
  - 특징: 문학사의 암흑기, 조선어 말살 정책으로 민족지와 순문예지 폐간
  - 주요 작가: 황순원, 안수길, 최명익, 최태웅 등

② 작품 감상
- ㉠ 「자유종」(이해조)
  - 신소설, 토론체 소설로서 여러 등장인물의 주장을 순차적으로 나열

- 손아랫사람을 손윗사람에게 먼저 소개한다.
- 남성을 여성에게 먼저 소개한다.
  ⓒ 압존법: 말하는 이보다 윗사람이지만, 말을 듣는 이보다 아랫사람인 주체에 대하여 그 높임의 정도를 낮추는 높임법
  예 할아버지, 아버지께서 오셨습니다. → 할아버지, 아버지가 왔습니다.

02 | 고전문학

(1) 총론
① 한국문학의 영역 23 25
  ㉠ 구비문학
  - 구비(口碑): '대대로 전해오는 말'
  - 설화, 민요, 무가, 판소리, 민속극 등이 포함
  ㉡ 한문학
  - 한자 문명권의 공동문어
  - 민족문학으로 발전시키고자 노력
  ㉢ 국문문학
  - 국문으로 표현된 문학
  - 종류: 순수 국문문학(한글로 된 문학), 차자문학(향찰로 표기된 문학)
  - 시조, 가사, 소설, 수필류(여성들의 문장이 주류를 이룸) 25
② 한국문학사의 전개
  ㉠ 고대: 처음에는 구비문학만 존재, 5세기 이전에 본격적인 한문학을 이룩
  ㉡ 중세
  - 한문학의 등장~쇠퇴까지의 시대
  - 17세기 이후에는 국문문학이 활발하게 창작
  ㉢ 근대: 1894년 갑오개혁에서 과거제도를 폐지하고, 국문을 공용의 길로 삼은 것이 근대문학 성립의 결정적인 계기

(2) 고전시가
① 「황조가(黃鳥歌)」 23 25
  ㉠ 고구려 2대 유리왕이 지은 고대가요
  ㉡ 현전 최고(最古)의 개인 서정시, 『삼국사기』에 수록
  ㉢ 의태어 사용
② 「정읍사(井邑詞)」 25
  ㉠ 현전하는 유일한 백제 노래, 『악학궤범』에 수록
  ㉡ 달: 기다림과 그리움의 정서
  ㉢ 주제: 행상 나간 남편을 기다리며 걱정하는 노래

(3) 향가(신라 시대) 23 25
① 우리말로 기록된 최초의 정형시
② 형식: 4구체(「서동요」, 「헌화가」, 「도솔가」), 8구체(「모죽지랑가」, 「처용가」), 10구체(「찬기파랑가」, 「제망매가」)
③ 수록: 『삼국유사』(14수), 『균여전』(11수)
④ 주요 작품
  ㉠ 「제망매가(祭亡妹歌)」 25
  - 월명사가 지은 10구체 향가로, 『삼국유사』에 수록
  - '떨어지는 낙엽': 죽은 누이
  - '한 가지': 혈육
  ㉡ 「처용가(處容歌)」 22
  - 처용이 지은 8구체 향가, 무가(巫歌), 『삼국유사』에 수록
  - 아내를 빼앗은 역신에게 관용의 정신을 베풂

(4) 고려속요 23
① 평민층에서 불렸던 민요적 시가
② 구전되다가 훈민정음이 창제된 후 기록·정착
③ 내용: 주로 남녀간의 사랑, 자연에 대한 예찬, 이별의 아쉬움 등 현세적·향락적 평민들의 인간상
④ 주요 작품: 「동동」, 「청산별곡」, 「가시리」, 「쌍화점(雙花店)」 22 24 25
⑤ 「쌍화점(雙花店)」 25
  ㉠ 전 4연 분절체 고려속요, 남녀상열지사(음사), 『악장가사』에 수록
  ㉡ 당시의 퇴폐적이고 문란한 성 윤리를 노골적·풍자적으로 그린 노래
  ㉢ 배경: 만두가게, 절, 우물, 술집

(5) 경기체가 21
① 사대부가 한자로 기록
② 구체적 사물들을 나열하면서 객관적인 설명을 하는 교술시
③ 음수율: 3음절, 4음절
④ '경(景) 긔 엇더ᄒ니잇고'라는 문구 포함
⑤ 「한림별곡(翰林別曲)」 24 25
  ㉠ 한림 유생들의 향락적 풍류생활을 노래한 8장의 분절체
  ㉡ '경(景) 긔 엇더ᄒ니잇고'의 후렴구
  ㉢ 경기체가의 효시로 가사문학에 영향을 줌, 『악장가사』에 수록

(6) 악장 24 25
① 개념: 궁중의 여러 의식과 행사 및 연례, 즉 나라에서 거행하는 공식적인 행사에 사용되던 조선 초기의 송축가(頌祝歌)

② 특성: 궁중의 목적 문학(금방 소멸), 교훈적 목적성
③ 내용: 조선 건국의 정당성 강조, 조선 창업과 왕의 업적을 송축, 왕의 만수무강 기원, 문물제도의 찬양, 후대왕들에 대한 권계 등

(7) 시조 25
① 고려 중기에 발생하여 말엽에 완성된 형태로서, 조선 시대를 거쳐 지금까지 창작되고 애송되는 우리 국문학의 대표적인 장르
② 형식
  ㉠ 3장(초장, 중장, 종장) 6구 12음보 45자 내외가 기본 형인 정형시
  ㉡ 음수율은 3·4조 또는 4·4조가 기조
  ㉢ 4음보의 율격을 이루며, 종장의 첫 음보는 3음절로 고정
③ 종류: 평시조, 엇시조, 사설시조

(8) 가사 21 23
① 3·4조 또는 4·4조 연속체로 된 4음보의 운문
② 임금에 대한 은총, 자연에서의 유유자적한 삶을 표현
③ 「상춘곡」, 「관동별곡」, 「사미인곡」, 「속미인곡」 25
④ 주요 작품 25
  ㉠ 「사미인곡(思美人曲)」 24
    • 정철의 서정가사로, 「속미인곡」과 더불어 가사 문학의 극치를 이룬 작품
    • 고려속요의 맥을 잇는 연군지사
    • 화자를 기러기에 비유
    • 괴시니 → 사랑하시니
  ㉡ 「용부가(庸婦歌)」
    • 작자 미상의 4·4조로 된 조선 후기 가사, 풍자적·교훈적 성격
    • 여성들의 비행(非行)을 비판, 조선 후기 새로운 시대상을 사실적·서사적으로 반영
  ㉢ 「안심가(安心歌)」
    • 최제우가 부녀자들을 안심시키려고 지은 가사
    • 동학혁명의 사상적 동력이 됨
⑤ 동방의 이소라고 칭하는 정철의 작품: 「관동별곡」, 「사미인곡」, 「속미인곡」

(9) 서사문학
① 설화문학
  ㉠ 「조신몽 설화(調信夢說話)」
    • 몽유록계 문학의 효시, 『삼국유사』에 수록
    • 「구운몽」(김만중), 「꿈」(이광수), 「잃어버린 사람들」(황순원)에 영향을 줌
    • 남가일몽, 한단지몽
  ㉡ 「도미처 설화(都彌妻說話)」
    • 「춘향전」의 근원설화, 『삼국사기』에 수록
    • 백제 개루왕 때의 사람인 도미 이야기
② 패관문학
  ㉠ 민간의 가담과 항설을 토대로 한자로 기록함으로써 형성
  ㉡ 「파한집」, 「보한집」, 「역옹패설」, 「백운소설」 23
③ 가전체 문학 24
  ㉠ 물건을 의인화하여 사람들에게 경계심을 일깨워 줄 목적
  ㉡ 「국순전」, 「국선생전」, 「죽부인전」, 「저생전」, 「공방전」 24 25

(10) 고전산문
① 소설
  ㉠ 임란 이전의 전기: 본격적으로 소설이 창작되었지만, 완전하지 않음(『금오신화』) 23
  ㉡ 임란 이후의 완숙기: 한글소설이 비로소 출현(「홍길동전」, 「구운몽」)
  ㉢ 군담소설: 「임진록」, 「임경업전」, 「박씨전」, 「최고운전」 22
  ㉣ 애정소설: 「숙향전」, 「옥단춘전」, 「춘향전」, 「숙영낭자전」 23
② 판소리
  ㉠ 서민의 삶을 해학적으로 담고, 사회와 권력을 풍자
  ㉡ 판소리 6마당: 춘향가, 수궁가, 심청가, 흥부가, 적벽가, 변강쇠가 21
  ㉢ 판소리계 소설 23
    • 비속어와 고사성어, 우리말의 생생한 느낌의 의성어·의태어 사용
    • 풍자적·해학적 인물 등장
    • 근원 설화 및 판소리와 밀접한 관련
    • 서민의식의 발달상 반영
    • 표면적 주제와 이면적 주제가 다름
③ 주요 작품
  ㉠ 「양반전(兩班傳)」
    • 풍자소설, 사상적 배경: 실사구시(實事求是)의 실학 사상, 북벌론 비판
    • 주제: 양반의 무기력하고 위선적인 생활에 대한 비판과 풍자
    • 양반 매매 문권 1: 문권의 엄격한 준서 조항으로 양반 사류의 모습을 희화화
    • 양반 매매 문권 2: 가문에 기대어 무단을 자행하는 일그러진 양반의 행태 표출
  ㉡ 「운영전(雲英傳)」 21
    • 애정소설(염정소설)·몽유소설, 액자식 구성
    • 주제: 신분적 제약을 초월한 남녀 간의 비극적인 사랑

- ⓒ 주체문예이론은 혁명적 수령관과 연결되며, 김일성의 항일투쟁과 관계
- ⓒ 북한문학의 창작 시기 구분: 해방 직후(사회 개혁기), 6·25 전쟁 이후(전후 복구와 건설기), 사회주의제도 확립기(1959~1966), 주체사상 적립기(1967년 이후), 구소련 연방의 붕괴(1988년 이후), 동구권 변혁기(식량난 시기~오늘날)
- ⓔ 1970년대: 혁명역사, 토지개혁 투쟁, 6·25 전쟁 현실, 사회주의 현실, 장편역사소설
- ⓜ 1980년대: 인텔리 형상과 노동자의 전형 창조, 과학기술혁신, 청년 전위의 주체적 등장, 여성의 자주성
- ⓗ 1990년대: 김정일의 형상 창조, 농촌에서의 삶의 가치 고양, 애정모티브의 등장, 과학기술의 문제와 소설 창조, 통일염원의 문학

(2) 현대시에 대한 이해

① 한국 현대시 개관
- ㉠ 1910년대: 자유시 등장(최초의 문예 주간지 『태서문예신보』), 계몽성과 교훈성 쇠퇴, 새로운 시인의 등장, 새로운 내용과 형식의 모색 22
- ㉡ 1920년: 3·1 운동 실패의 좌절감, 퇴폐 풍조 유입, 프로문학과 국민문학파 등장, 시조부흥운동, 서정시의 정립, 감상주의 23
- ㉢ 1930년대: 카프 해체, 순수 서정시 지향과 옹호, 모더니즘 대두, 생명파·청록파 등장, 여류시인의 등장, 초현실주의·리얼리즘 등 다양한 기법 등장 22 23 25
- ㉣ 1940년대: 저항과 자기성찰의 문학, 전통에 대한 관심의 표출, 청록파와 생명파의 시 발표, 이념 논쟁의 심화, 민족주의적 경향 23
- ㉤ 1950년대: 전쟁체험의 형상화, 현실참여의식, 전통적 순수시 추구, 주지적 서정시 대두
- ㉥ 1960년대: 적극적 변혁의 의지 표현, 순수 서정과 낭만성을 강조한 경향시 대두
- ㉦ 1970년대: 현실 참여시 등장, 모더니즘적 경향

② 이상화와 김소월의 현실과 자연 23
- ㉠ 시관
  - 이상화: 식민지 시대의 작가로서 시대적·사회적 책임 강조, 현실·역사에 참여하여 양심 역설
  - 김소월: 도시문명에 대한 혐오와 자연 예찬, 시공간을 초월한 시혼의 불변성 강조
- ㉡ 시문학관
  - 이상화: 초기의 유미적·퇴폐적 성격 → 후기의 민족 현실에 대한 관심 고조로 저항의지를 노래
  - 김소월: 자연발생적 정감에 바탕을 두면서도 존재론적 측면을 강조, 전통 지향성

③ 한국 현대시 작품 감상
- ㉠ 「빼앗긴 들에도 봄은 오는가」(이상화) 23
  - 자연적 소재들의 비유를 통해 향토적 정서와 친근감, 촉각적·시각적 심상, 직유법·의인법
  - 주제: 국권 회복의 염원과 의구심
- ㉡ 「유리창」(정지용)
  - 유리창(이승과 저승의 운명적 단절과 연결의 매개체), 역설법 ('외로운 황홀한 심사이어니')
  - 슬픔을 억제하는 차분한 어조, 선명한 시각적 이미지 23
  - '별'·'새': 죽은 아이를 상징
  - 주제: 죽은 아이에 대한 그리움과 슬픔
- ㉢ 「바다와 나비」(김기림)
  - 색채 대비를 통한 선명한 이미지 제시, 회화적 심상을 중시하는 주지적 모더니즘 시
  - 시각적 심상('흰 나비', '푸른 바다', '새파란 초생달')
  - 주제: 새로운 세계에 대한 동경의 좌절과 냉혹한 현실 인식
- ㉣ 「성북동 비둘기」(김광섭) 23
  - 선명한 감각적 이미지 제시(청각, 후각, 시각의 심상 대비)
  - 비둘기를 의인화하여 인간과 자연의 문제를 대립적으로 설정
  - 주제: 파괴되어 가는 자연의 순수성에 대한 향수와 인간성 상실에 대한 비판
- ㉤ 「생명의 서」(유치환)
  - 직설적 어조로 강한 의지 표현, 관념적 한자어의 사용
  - 현실 속의 자아는 삶의 본질을 모르고 회의하고, 본질적 자아는 삶의 본질을 파악함
  - 주제: 삶의 본질을 추구하려는 강한 생명 의지
- ㉥ 「와사등」(김광균) 23
  - 수미쌍관 구성, 공감각적 심상, 감각적 묘사와 비유를 통한 이미지 제시
  - 주제: 현대인의 고독감과 불안 의식
- ㉦ 「청노루」(박목월)
  - 조사를 생략, 'ㄴ' 음의 반복 사용, 시선의 이동(원근법), 현실과 단절된 이상세계의 평화를 그림
  - 주제: 봄의 정경과 정취
- ㉧ 「깃발」(유치환) 25
  - 색채의 대조(푸른 해원과 백로), 공감각적 심상, 역동적 이미지, 의인법·도치법
  - 인간과 생명의 탐구에 주력, 깃발의 비유('아우성', '손수건', '순정', '애수', '마음')
  - 모순 형용: '이것은 소리 없는 아우성'
  - 주제: 이상향에 대한 향수와 그 좌절

- 고대소설의 보편적 주제인 권선징악에서 벗어난 비극적 소설
ⓒ 「최척전(崔陟傳)」 21
- 군담소설·영웅소설·한문소설
- 주제: 전쟁으로 인한 슬픔의 재회
- 당시의 시대적 상황이 사실적으로 반영됨
ⓔ 「박씨전(朴氏傳)」 22
- 군담소설, 설화적 근거의 변신 모티프(박색 → 변신 → 절색)
- 병자호란 패배를 문학적으로 보상받고자 하는 심리 반영
ⓜ 「구운몽(九雲夢)」
- 몽자류 소설의 효시, 양반 소설의 대표작, 국문소설·이상소설
- 근원설화: 조신몽 설화
- 유교(입신양명, 부귀공명), 도교(신선사상), 불교(핵심적 주제인 空사상) 다룸
- 주제: 인생무상과 불법 귀의(불교 空사상 중심)
ⓗ 「배비장전(裵裨將傳)」
- 판소리계 소설, 해학적·풍자적, 발치설화와 미궤설화가 근간이 됨
- 주제: 양반의 위선을 폭로하고 조롱·풍자
ⓘ 「춘향전(春香傳)」 23
- 판소리계 소설
- 근원설화: 신원 설화, 암행어사 설화, 노진 설화, 남원고사
- 특권계급에 대한 평민들의 저항, 근대의식 성장
- 주제: 굳은 정절과 신분을 초월한 사랑
ⓞ 「허생전(許生傳)」 22 25
- 작가 박지원, 고대 소설, 한문 소설, 풍자 소설
- 몰락한 양반 주인공, 당시의 빈약한 경제사정 반영, 조선 시대 지배계층의 위선적 행동 비판
ⓧ 「홍길동전」
- 최초 국문소설
- 봉건제도 개혁, 적서차별 타파, 이상국 건설

(11) 한문학

① 한문 한시의 실제

㉠ 신라 시대
- 「秋夜雨中」(추야우중)
  - 근체시와 율시의 형식을 갖춤(5언절구)
  - 타국에서 고향을 그리워하는 마음을 밤중에 내리는 비를 통해 묘사
  - 주제: 고국에 대한 그리움
- 「登潤州慈和寺」(등윤주자화사)
  - 최치원의 7언율시의 한시, 중국 역사에 대한 회고의 정을 읊은 작품
  - 주제: 인생의 무상함에 대한 성찰

㉡ 고려 시대 23
- 「大同江」(대동강에서)
  - 정지상의 7언절구의 한시, 이별을 슬퍼하는 애상적 어조, 도치법, 과장법
  - 이별을 노래한 가장 뛰어난 한시 작품
  - 주제: 임을 보내는 정한
- 「送人」(송인: 임을 보내며) 21
  - 「대동강」의 또 다른 작품
  - 이별은 만날 것을 기약하는 이별
  - 주제: 사랑하는 사람을 보내는 심정
- 「山居」(산거: 산에서 사노라니)
  - 이인로의 5언절구의 한시
  - 시간적 배경: 늦봄 한낮
  - 대구법: 기와 승구
  - 주제: 깊은 산속의 풍경
- 「夏日卽事」(하일즉사: 어느 여름날에)
  - 이규보의 7언율시, 여름날의 한가로움과 권태로움을 노래
  - 대낮의 빛이 아니라, 어두운 세상을 밝히는 구름 사이의 빛을 자신이라 표현
- 「山中雪夜」(산중설야: 산속의 눈 오는 밤)
  - 이제현의 7언절구
  - 주제: 설야에 산속 절간의 정경과 설압송에 끌리는 작가의 심정
- 「讀漢史」(독한사: 한나라 역사를 읽다가)
  - 『한서(漢書)』를 읽은 소감의 글
  - 현실의 모순과 타락한 유풍(儒風)을 한탄
- 「浮壁樓」(부벽루: 부벽루에 올라서서)
  - 이색의 5언율시, 율시와 대구 표현이 중심, 역사와 인간의 무상함을 노래한 한시
  - 새로운 왕조에 적극적으로 가담하거나 반대하지도 못한 시인의 우유부단함

㉢ 조선 시대 23
- 「獨坐」(독좌: 홀로 앉아서)
  - 서거정의 5언율시, 자연물을 통해 화자의 처지와 내면 심리를 암시적으로 표현
  - '거문고의 소리', '화로의 불씨'를 통해 관직에 나가고 싶은 마음을 표출
  - 주제: 은거하는 삶에서 느끼는 고독
- 「訪曹處士山居」(방조처사산거: 산에 사는 조처사를 방문하여)
  - 박순의 7언절구
  - 주제: 친구와의 이별
  - 속세를 떠나 은거하는 친구 조준룡을 찾아가 주변 풍경을 보고 느낀 바를 쓴 시

- 「忠州石」(충주석)
  - 조선 중기 권필이 지은 7언고시, 사회 모순을 포착하여 현실주의 미학으로 승화
  - 탐욕스러운 세도가의 신도비를 세우기 위해 파헤쳐지는 돌과 그것을 나르는 민중을 나타냄
- 「田舍」(전사: 시골집에서)
  - 조선 후기 실학자 박제가의 5언율시, 농촌의 사실적인 풍경 묘사
  - 주제: 농촌의 한가로운 풍경

② 한문 문장의 실제
  ㉠ 고려 시대 23
  - 「溫達傳」(온달전)
    - 김부식의 신분상승형 설화, 기전체 역사서
    - 입신양명을 통한 유교적 가치 실현
    - 주제: 신분을 초월한 사랑과 공주와 온달의 자아실현
  - 「上元伯住丞相書」(상원백주승상서: 원나라 백주승상에게 올리는 글)
    - 이제현이 백주승상에게 충선왕의 방환을 요청하는 우국충정(憂國衷情)의 편지글
    - 3단 구성, 끊는 듯한 간결미의 문체
  - 「眞宗寺記」(진종사기)
    - 공민왕 때 영밀공의 영정이 진종사에 봉안되자 목은 이색이 지은 글
    - 세상 사람들이 불교에만 집착하여 유교를 돌아보지 않음을 비판
  ㉡ 조선 시대
  - 「祭金而好文」(제김이호문: 김이호를 제사하는 제문): 김이호의 죽음을 애도하는 제문으로 김이호를 보내는 작자의 안타까운 심정을 훌륭하게 표현
  - 「辭戶曹參議疏」(사호조참의소: 호조참의를 사양하는 상소문)
    - 김만중의 작품으로, 자신이 존중하는 인물(송시열, 송준길, 이유태)을 언급
    - 송시열이 탄핵을 받는 상황에서 출사할 수 없음을 밝힌 작품
  - 「夜出古北口記」(야출고북구기: 밤에 고북구를 나가면서): 연암 박지원의 견문기, 한밤중에 만리장성을 넘는 감회를 서술한 글 → 간결하고 응축적인 연암 특유의 문체

(12) 구비문학
① 민요 22
  ㉠ 민중 속에 전승되어 온 비전문적인 향토가요, 3·4조(4·4조) 운율
  ㉡ 삶에서 부딪히는 문제들에 대한 소명, 그리움, 슬픔, 기쁨 등의 주제 24

② 무가
  ㉠ 주술성, 신성성, 전승의 제한성, 오락성, 율문성
  ㉡ 판소리 발생의 토대가 되었고, 영웅소설 서사 구조의 원형을 제공
  ㉢ 고대의 제천의식에서 비롯되었다고 추정
③ 판소리 22 24
  ㉠ 주로 서민들의 일상생활을 해학적으로 풍자
  ㉡ 창사(唱詞)의 내용에는 극적 요소가 많고, 체제는 소설적이기보다 희곡적이며, 문체는 산문이 아닌 시가체(詩歌體)
  ㉢ 풍자·해학 등의 골계적인 수법을 풍부하게 구사하고 있음
④ 민속극
  ㉠ 민간에서 행위로 전승되는 연극(무극·가면극·인형극)
  ㉡ 민속극은 피지배계층(민중) 다수의 삶과 사고방식에 깊이 관련되어 있음
  ㉢ 양반에 대한 비판, 풍자의 정도가 큼
⑤ 속담 및 수수께끼
  ㉠ 구비 전승됨
  ㉡ 단문(대체로 20음절 이내이며, 길어도 40음절을 넘지 않음)
  ㉢ 서사적 줄거리 등이 없음
  ㉣ 교술산문
  ㉤ 말 이외의 가락 등이 쓰이지 않음

03 | 현대문학

(1) 문학에 대한 총체적 이해
① 문학의 본질
  ㉠ 문학의 정의: 인생을 탐구하고 표현하는 창조의 세계
  ㉡ 문학의 기원: 모방 본능설, 유희 본능설, 흡인 본능설, 자기표현 본능설, 발생학적 기원설, 발라드 댄스설
  ㉢ 문학의 본질: 언어 예술, 개인 체험의 표현, 사상과 정서의 표현, 상상의 세계, 통합된 구조
  ㉣ 문학의 특성: 항구성, 보편성, 개성
  ㉤ 문학의 관점: 모방론(플라톤, 아리스토텔레스), 표현론(영감설, 장인설), 효용론(공리설, 쾌락설), 존재론
② 최근 30년간 북한소설의 창작 경향
  ㉠ 북한소설의 창작원리: 주체적 인간학 정립, 당성·노동계급성·인민성 구현, 종자론과 수령현상 창조, '산 인간'을 그림

2026 시대에듀 독학사 1단계 교양과정

— 학위 취득을 위한 가장 빠른 선택! —

왜? 독학사인가?

| 고등학교 졸업 이상이면 **누구나** 도전 가능 | × | 4년제 대학과 비교 시 **효율적** 시간&비용 | × | 1년 만에 **빠른** 학점 취득 | × | 60점 이상이면 합격하는 **높은** 합격률 |

회원가입 이벤트!

시대에듀 독학사 회원가입 수험생을 위한 **3대 특전** 이벤트!

독학사 1단계 국어 / 영어 / 국사

기출문제 & 핵심자료집 & 온라인 모의고사 제공!

※ 경로: www.sdedu.co.kr → 독학사 → 학습자료실 → 강의자료실

※일부 PDF 자료는 수강회원에게만 제공될 수 있습니다.

무료특강 이벤트!

시대에듀 내 독학사 페이지 접속 시 **116강**의 무료특강 제공!

- 1단계 키워드 특강 **총 18강**
- 1단계 기출문제 특강 **총 48강**
+
- 경영 2단계 키워드 특강 **총 15강**
- 경영 2단계 기출문제 특강 **총 10강**
+
- 심리 2단계 키워드 특강 **총 13강**
- 심리 2단계 기출문제 특강 **총 12강**

※ 경로: www.sdedu.co.kr → 독학사 → 학습자료실 → 무료특강

※무료제공 강좌는 변동될 수 있습니다.

시대에듀 홈페이지 **www.sdedu.co.kr** | 상담문의 **1600-3600** 평일 9~18시 / 토요일·공휴일 휴무

시대에듀
끝까지 책임진다! 시대에듀!
QR코드를 통해 도서 출간 이후 발견된 오류나 개정법령, 변경된 시험 정보, 최신기출문제, 도서 업데이트 자료 등이 있는지 확인해 보세요!
시대에듀 합격 스마트 앱을 통해서도 알려 드리고 있으니 구글 플레이나 앱 스토어에서 다운받아 사용하세요.
또한, 파본 도서인 경우에는 구입하신 곳에서 교환해 드립니다.

편집진행 천다솜 · 김다련 | **표지디자인** 박종우 | **본문디자인** 차성미 · 고현준

이 책의 구성과 특징 STRUCTURES

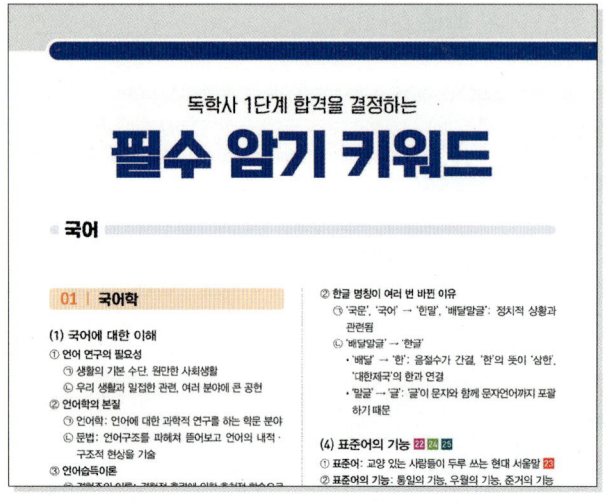

01 필수 암기 키워드

핵심이론 중 반드시 알아야 할 중요 내용을 요약한 '필수 암기 키워드'로 개념을 정리해 보세요.

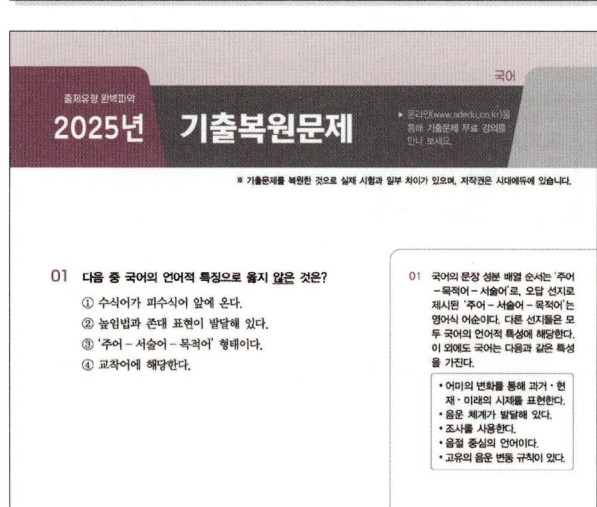

02 최신기출문제

'2025~2023년 기출복원문제'를 풀어 보며 출제 경향을 파악해 보세요.

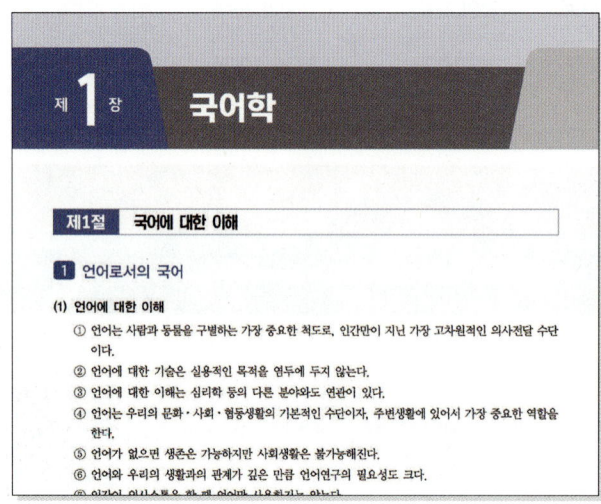

03 핵심이론

시행처의 평가영역을 반영하여 꼼꼼하게 정리된 '핵심이론'을 학습하며 기초를 탄탄하게 쌓아 보세요.

합격의 공식 Formula of pass | 시대에듀 www.sdedu.co.kr

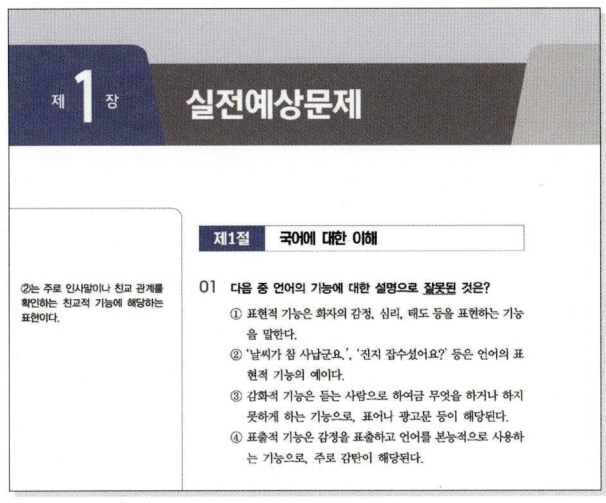

04 실전예상문제

'핵심이론'에서 공부한 내용을 바탕으로 '실전예상문제'를 풀어 보며 문제를 해결하는 능력을 길러 보세요.

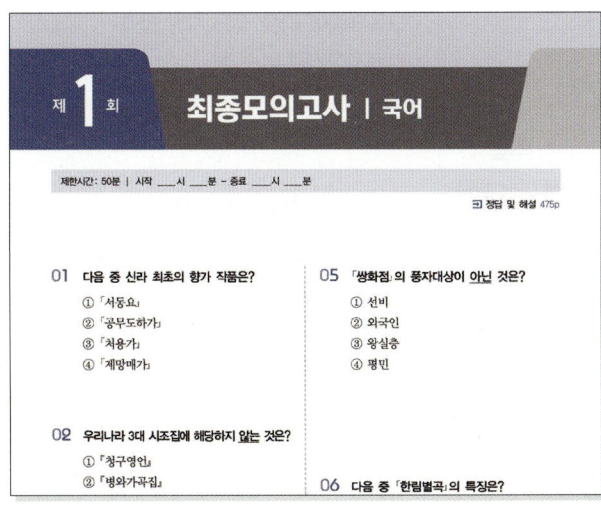

05 최종모의고사

'최종모의고사'를 실제 시험처럼 풀어 보며 실력을 점검해 보세요.

+ P / L / U / S +

1단계 시험을 핵심자료로 보강하자!

국어 / 영어 / 국사 <핵심자료집 PDF> 제공

1단계 시험을 준비하는 수험생을 위해 교양과정 필수 과목인 국어/영어/국사 핵심자료집을 PDF로 제공하고 있어요. 국어는 고전문학/현대문학, 영어는 중요 영단어/숙어/동의어, 국사는 표/사료로 정리했어요.

※ 경로: www.sdedu.co.kr ➡ 독학사 ➡ 학습자료실 ➡ 강의자료실

독학학위제 소개 INFORMATION

독학학위제란?

「독학에 의한 학위취득에 관한 법률」에 의거하여 국가에서 시행하는 시험에 합격한 사람에게 학사 학위를 수여하는 제도

과정별 응시자격

4개의 과정(교양, 전공기초, 전공심화, 학위취득 종합시험)을 모두 거쳐 합격하면 학사 학위 취득 가능

단계	과정	응시자격	과정(과목) 시험 면제 요건
1	교양	고등학교 졸업 이상 학력 소지자	• 대학(교)에서 각 학년 수료 및 일정 학점 취득 • 학점은행제 일정 학점 인정 • 국가기술자격법에 따른 자격 취득 • 교육부령에 따른 각종 시험 합격 • 면제지정기관 이수 등
2	전공기초		
3	전공심화		
4	학위취득	• 1~3단계 합격 및 면제 • 대학에서 동일 전공으로 3년 이상 수료 (3년제의 경우 졸업) 또는 105학점 이상 취득 • 학점은행제 동일 전공 105학점 이상 인정 (전공 28학점 포함) • 외국에서 15년 이상의 학교교육과정 수료	없음(반드시 응시)

※ 시험 일정 : 1단계-2월 중/2단계-5월 중/3단계-8월 중/4단계-10월 중
※ 접수 방법 : 온라인으로만 가능
※ 자세한 일정 및 제출 서류 등은 독학학위제 홈페이지(bdes.nile.or.kr) 참조

합격 기준

❶ 1~3단계 : 각 과목을 100점 만점으로 하여 전(全) 과목 60점 이상 득점(합격 여부만 결정)
  ▶ 1단계 : 5과목 합격
  ▶ 2~3단계 : 6과목 합격
❷ 4단계 : 총점 합격제 또는 과목별 합격제 선택

구분	합격 기준	유의사항
총점 합격제	• 총점(600점)의 60% 이상 득점(360점) • 과목 낙제 없음	• 6과목 모두 신규 응시 • 기존 합격 과목 불인정
과목별 합격제	• 각 과목 100점 만점으로 하여 전 과목 (교양 2, 전공 4) 60점 이상 득점	• 기존 합격 과목 재응시 불가 • 1과목이라도 60점 미만 득점하면 불합격

문항 수 및 배점

❶ 1~2단계 : 일반 과목과 예외 과목 구분 없이 객관식으로 40문항 출제(40문항×2.5점 = 100점)
❷ 3~4단계
  ▶ 일반 과목[총 28문항(100점)] : 객관식(24문항×2.5점 = 60점) + 주관식(4문항×10점 = 40점)
  ▶ 예외 과목[총 20문항(100점)] : 객관식(15문항×4점 = 60점) + 주관식(5문항×8점 = 40점)
  ※ 시험 범위 : 독학학위제 홈페이지(bdes.nile.or.kr) ➡ 학습정보 ➡ 과목별 평가영역에서 확인

독학학위제 전공 분야 (11개 전공)

※ 간호학 : 4단계만 개설
※ 유아교육학 : 3, 4단계만 개설
※ 정보통신학 : 4단계만 2026년까지 응시 가능하며 이후 전공 폐지
※ 시대에듀는 현재 6개 전공(국어국문학, 영어영문학, 심리학, 경영학, 컴퓨터공학, 간호학) 개설 완료

1단계 시험 과목 및 시간표

교시	시간	시험 과목명
1교시(필수)	09:00~10:40(100분)	국어, 국사
2교시(필수)	11:10~12:00(50분)	외국어 : 영어, 독일어, 프랑스어, 중국어, 일본어 중 택 1과목
중식 12:00~12:50(50분)		
3교시	13:10~14:50(100분)	현대사회와 윤리, 문학개론, 철학의 이해, 문화사, 한문, 법학개론, 경제학개론, 경영학개론, 사회학개론, 심리학개론, 교육학개론, 자연과학의 이해, 일반수학, 기초통계학, 컴퓨터의 이해 중 택 2과목

※ 시험 일정 및 세부사항은 반드시 독학학위제 홈페이지(bdes.nile.or.kr)를 통해 확인
※ 시대에듀에서 개설된 과목은 빨간색으로 표시

2025년 기출 경향 분석 ANALYSIS

총평

올해 시험에서는 국어학, 총론, 고전시가, 현대소설 영역의 출제 문항 수가 늘어났습니다. 특히 국어학의 비중이 매우 커졌는데, 국어학과 고전시가 문제가 전체 문제의 65%에 달합니다. 이러한 출제 경향은 올해만의 특수성이라기보다는, 최근 몇 년 간의 시험에서 지속적으로 유지되고 있는 경향입니다. 따라서 학습의 주안점 역시 해당 영역에 집중되어야 할 것입니다.

한편 고전산문과 현대시 영역의 문항 수는 이전에 비해 줄었지만, 이러한 비중 변화가 계속 유지될 것이라는 보장은 없기 때문에 방심은 금물입니다. 특히 문학 영역은 구체적인 작품들을 알고 있어야 풀 수 있는 문제들이 많기 때문에, 이로 인해 수험생 간 체감 난도의 편차가 컸을 것으로 예상합니다.

학습 방법

우선, 가장 비중이 컸던 국어학의 이론들을 빠짐없이 숙지하고, 응용문제 풀이를 반복해서 개념을 체화하는 식으로 대비해야 합니다. 또한 고전시가는 시대 흐름과 장르별 특징을 중심으로 구체적인 작품과 함께 정리하고 암기할 필요가 있습니다.

다른 영역들에 대한 문제도 항상 실제 작품들을 읽으며 기본 이론을 학습하는 것이 필요합니다. 시험에 언급되는 모든 작품을 읽는 것이 이상적이지만, 현실적으로 어렵다면 예상문제와 기출문제에 언급되는 작품들 중심으로 찾아 읽는 방법도 추천합니다. 문제풀이와 작품 감상을 병행하면 실제 시험에서도 당황하지 않고 대처할 수 있을 것입니다.

출제 영역 분석

출제 영역		문항 수		
		2023년	2024년	2025년
국어학	–	13	13	16
고전문학	총론	1	0	1
	고전시가	5	7	10
	고전산문	4	6	2
	한문학	2	0	0
	구비문학	1	1	1
현대문학	현대시	7	7	4
	현대소설	5	3	5
	현대희곡	2	2	1
	현대수필	0	1	0
합계		40	40	40

합격수기 COMMENT

ma*****
★★★★★

시대에듀의 문을 두드리시는 많은 학습자분들처럼, 저 또한 직장생활과 육아를 병행하며 공부에 대한 열정을 놓지 않았습니다. 학력에 대한 미련이 있었기에 독학사에 자연스레 관심이 생겼고, 시대에듀 교재로 공부를 해서 합격했습니다. 처음 독학학위제 공식 홈페이지에서 평가영역을 봤을 때, 많은 범위들을 보고 막막했습니다. 하지만 시대에듀의 교재는 이를 일목요연하게 정리해주어 방대한 학습량을 쪼개어 이해할 수 있도록 도와주는 길잡이 역할을 해주었습니다. 또한 예상문제 수록으로 회독이 지루하지 않게 도와주었습니다.

ar*****
★★★★★

시대에듀 덕분에 많은 불안감을 뒤로하고 시험에 합격할 수 있었습니다. 제가 시대에듀를 선택한 이유는 무엇보다 교재의 내용이 매우 훌륭했기 때문입니다. 중요한 개념은 보기 좋게 표시되어 있었고, 예상문제도 질적 · 양적으로 모두 만족스러웠습니다. 시험이 얼마 남지 않은 기간에는 최종모의고사로 마무리 정리할 수 있어서 큰 도움이 되었습니다. 저는 사실 공부란 책 한 권으로 혼자 열심히 이뤄내는 과정이라고 생각했습니다. 하지만 시대에듀를 통해 양질의 책과 강의로 공부하는 것이 효율적이고 중요하다는 것을 깨달았습니다.

ss*****
★★★★★

시대에듀 독학사 패키지를 통해 10개월 만에 학위를 취득한 직장인입니다. 직장생활을 하면서 전문성을 키우고 싶었으나, 정규 대학은 시간도 금액도 부담이 되었습니다. 그러던 중 독학사 제도를 알게 되었고, 시대에듀의 효율적인 온라인 강의에 매력을 느껴 선택하게 되었습니다. 2~3단계를 학습할 때는 배운 내용을 실제 일상과 업무에 적용하며 이해도를 높이려 노력했고, 마지막 학위취득 과정인 4단계에서는 모의고사 등 문제풀이를 통해 학습한 내용을 총정리하였습니다.
일과 학업을 병행하는 과정이 쉽지는 않았습니다. 하지만 목표를 상기하며 꾸준히 노력한 덕에 합격할 수 있었습니다. 이 과정에서 시대에듀가 큰 도움이 되었습니다!

wl*****
★★★★★

타 업체 도서로 먼저 공부하다가 시대에듀 도서를 봤는데, 이론이 체계적으로 한눈에 들어오게 구성되어 있고, 중요 표시도 잘 되어 있어서 좋았습니다. 풍부하게 수록된 단원별 문제를 통해 충분한 연습이 가능했고, 해설이 바로 옆에 있어서 공부 시간도 크게 줄일 수 있어 공부하기 딱 좋은 책이었습니다. 강의도 같이 들었는데, 이전에 들었던 업체보다 훨씬 상세하고 쉽게 설명해주셔서 돈이 아깝지 않을 정도로 큰 도움이 되었습니다.
직장생활과 병행하며 공부하는 게 정말 쉽지 않았지만, 자기계발을 위한 시험으로는 독학사만한 게 없다고 생각합니다. 처음부터 시대에듀로 했더라면 정말 좋았을 것 같아요.

목차 CONTENTS

PART 1 필수 암기 키워드

PART 2 최신기출문제
2025년 기출복원문제 · 3
2024년 기출복원문제 · 20
2023년 기출복원문제 · 38

PART 3 핵심이론 & 실전예상문제

제1장 국어학
제1절 국어에 대한 이해 · 3
      핵심예제문제 · 10
제2절 훈민정음과 한글에 대한 이해 · 13
      핵심예제문제 · 21
제3절 표준어와 방언 · 24
      핵심예제문제 · 36
제4절 언어 예절 · 39
      핵심예제문제 · 46
제5절 올바른 국어 사용 · 49
      핵심예제문제 · 64
실전예상문제 · 66

제2장 고전문학
제1절 총론 · 105
      핵심예제문제 · 114
제2절 고전시가 · 116
      핵심예제문제 · 164

제3절 고전산문	174
핵심예제문제	195
제4절 한문학	200
핵심예제문제	220
제5절 구비문학	223
핵심예제문제	244
실전예상문제	248

제3장 현대문학
제1절 현대문학의 이해	317
핵심예제문제	326
제2절 현대시	328
핵심예제문제	362
제3절 현대소설	365
핵심예제문제	389
제4절 현대수필	392
핵심예제문제	400
제5절 현대희곡	403
핵심예제문제	412
실전예상문제	414

PART 4 최종모의고사

최종모의고사 제1회	463
최종모의고사 제2회	469
최종모의고사 제1회 정답 및 해설	475
최종모의고사 제2회 정답 및 해설	479

기록의 힘

나만의 학습 플래너

D-

공부 시작일 (YEAR/MONTH/DAY) / /

2026 독학학위제 시험 일정 / /

WEEK 1	WEEK 2	WEEK 3

WEEK 4	WEEK 5	WEEK 6

WEEK 7	WEEK 8	< MEMO >

학습 진행률 확인

	20%	40%	60%	80%	100%

기출복원문제 및 최종모의고사 점수 변화

점수: 0, 20, 40, 60, 80

과목

기록의 힘

나만의 키워드 정리

과 목

키워드	설명	비고

※ 공부하면서 어려웠거나 헷갈렸던 개념, 중요한 개념 등을 한 번 더 정리해 보세요!

기록의 힘

나만의 키워드 정리

과 목

키워드	설명	비고

※ 공부하면서 어려웠거나 헷갈렸던 개념, 중요한 개념 등을 한 번 더 정리해 보세요!

국어

최신기출문제

- **2025년** 기출복원문제
- **2024년** 기출복원문제
- **2023년** 기출복원문제

출/제/유/형/완/벽/파/악/

훌륭한 가정만한 학교가 없고, 덕이 있는 부모만한 스승은 없다.

– 마하트마 간디 –

보다 깊이 있는 학습을 원하는 수험생들을 위한
시대에듀의 동영상 강의가 준비되어 있습니다.
www.sdedu.co.kr → 회원가입(로그인) → 강의 살펴보기

2025년 기출복원문제

※ 기출문제를 복원한 것으로 실제 시험과 일부 차이가 있으며, 저작권은 시대에듀에 있습니다.

01 다음 중 국어의 언어적 특징으로 옳지 않은 것은?

① 수식어가 피수식어 앞에 온다.
② 높임법과 존대 표현이 발달해 있다.
③ '주어 – 서술어 – 목적어' 형태이다.
④ 교착어에 해당한다.

02 다음 중 한글에 대한 설명으로 옳지 않은 것은?

① 한글 등장 전에도 우리말을 표기하는 방법은 존재했다.
② 일제 강점기 때 '한글'이라고 불리기 시작했다.
③ 세종대왕이 창제한 글자를 '훈민정음'이라고 불렀다.
④ 한글은 한자의 제자원리인 회의와 형성을 응용했다.

---

01 국어의 문장 성분 배열 순서는 '주어 – 목적어 – 서술어'로, 오답 선지로 제시된 '주어 – 서술어 – 목적어'는 영어식 어순이다. 다른 선지들은 모두 국어의 언어적 특성에 해당한다. 이 외에도 국어는 다음과 같은 특성을 가진다.

- 어미의 변화를 통해 과거·현재·미래의 시제를 표현한다.
- 음운 체계가 발달해 있다.
- 조사를 사용한다.
- 음절 중심의 언어이다.
- 고유의 음운 변동 규칙이 있다.

02 한글은 한자와 다른 제자원리로 만들어졌다. 한자는 형성, 회의 등 뜻과 소리를 조합한 원리를 따르지만, 한글은 발음기관의 형상을 본뜬 독창적인 상형 원리를 바탕으로 한다. (한자에도 상형의 원리에 따라 만들어진 글자들이 있으나, 한글과 달리 일반적인 사물의 모양을 본뜸)
자음은 발음기관의 모양을 본뜬 상형의 원리로 기본자(ㄱ, ㄴ, ㅁ, ㅅ, ㅇ)를 만들고, 거기에 획을 더하는 가획의 원리를 이용해 만든 가획자(ㅋ, ㄷ, ㅌ, ㅂ, ㅍ, ㅈ, ㅊ, ㆆ, ㅎ), 마지막으로 이체자(ㆁ, ㄹ, ㅿ)를 더하였다. 모음은 천(天)·지(地)·인(人)을 상형화(ㆍ, ㅡ, ㅣ)하고, 각각을 더해 초출자(ㅏ, ㅓ, ㅗ, ㅜ)와 재출자(ㅑ, ㅕ, ㅛ, ㅠ)를 만들었다.

정답 01 ③ 02 ④

03 훈민정음의 자음은 발음기관의 모양을 본떠 상형의 원리로 기본자 5개를 창제하고, 거기에 점이나 획을 더해 다른 자음들을 만들었다. 기본자에는 'ㄱ, ㄴ, ㅁ, ㅅ, ㅇ'이 있다. 'ㄷ'은 기본자 'ㄴ'에 획을 더해 만들어진 가획자에 해당한다.

04 외래어 표기법에 따르면 올바른 표기는 다음과 같다.
② 랍스터(O) → 'lobster'의 외래어 표기로 적절하다.
① 부루투스(×) → 'bluetooth'의 외래어 표기로는 '블루투스'가 적절하다.
③ 멤버쉽(×) → 'membership'의 외래어 표기로는 '멤버십'이 적절하다.
④ 로멘쓰(×) → 'romance'의 외래어 표기로는 '로맨스'가 적절하다.

05 '메밀국수'가 표준어였으나 '모밀국수'도 현실적 사용을 반영해 표준어로 함께 인정되었고, '고랭지'가 표준어였으나 강원도 지역 방언인 '고냉지'도 표준어로 뒤늦게 인정되었다. 이와 같이, 널리 쓰이는 방언의 경우 표준어로 인정되는 경우도 존재한다.
① 표준어는 법률로 정하는 것이 아니라 사용 실태를 반영해 정하는 것이므로 옳지 않은 설명이다.
③ 서울 방언에도 비표준어가 있다. 예를 들어 '에그머니나' 같은 감탄사는 서울에서 흔히 쓰이지만 방언적 표현이다.
④ 표준어에는 한자어와 외래어도 포함된다. 예를 들어 한자어인 '학교', '문화', '인간' 등이나, 외래어인 '컴퓨터', '라디오', '버스' 등도 모두 고유어가 아니지만 표준어에 해당된다.

정답 03 ② 04 ② 05 ②

03 상형의 원리로 만들어진 기본자 5개에 속하지 않는 것은?
① ㄱ
② ㄷ
③ ㅁ
④ ㅅ

04 다음 문장 중 밑줄 친 부분의 외래어 표기가 맞는 것은?
① 부루투스를 연결하여 무선 이어폰으로 노래를 들었다.
② 저녁 식사로 먹은 랍스터의 맛은 훌륭했다.
③ 이번 달의 멤버쉽 혜택을 다 사용했다.
④ 그는 영화 중에서도 로멘쓰 장르를 좋아한다.

05 다음 중 표준어에 대한 설명으로 옳은 것은?
① 표준어는 법률로 정해진 지역 방언을 의미한다.
② 방언이라도 널리 쓰인다면 표준어로 인정되는 경우도 있다.
③ 서울 방언은 모두 표준어이다.
④ 표준어는 항상 고유어만을 기준으로 삼는다.

06 다음 문장 중 밑줄 친 부분이 표준어인 것은?

① 아빠가 <u>숫강아지</u> 한 마리를 구해 왔다.
② 그는 괜히 <u>목메였다고</u> 말했다.
③ 결혼식에 낼 <u>부주</u>를 봉투에 담았다.
④ 저금통이 <u>통째로</u> 사라졌다.

07 다음 문장 중 밑줄 친 부분이 맞춤법에 맞는 것은?

① 산속에서 <u>뻐꾹이</u> 소리가 들렸다.
② 새로 산 <u>연필깍이</u>가 마음에 든다.
③ 그는 물건을 <u>알뜰히</u> 챙긴다.
④ 이 제품은 최신 <u>디지틀</u> 기술을 적용했다.

---

06 '통째로'는 처음부터 끝까지 전체를 의미하는 말로, 표준어가 맞다.
① 숫강아지(×) → 수캉아지(○) : '숫-'은 '숫양', '숫염소', '숫쥐'에서만 쓰인다. 또한 '수캉아지', '수캐', '수컷' 등에서는 접두사 다음에 나는 거센소리를 인정한다.
② 목메였다고(×) → 목이 메었다고(○) : '목메다'는 이미 피동의 의미를 포함하고 있기 때문에, 피동 접미사 '-이'를 붙일 필요가 없다.
③ 부주(×) → 부조(○) : '부주'는 '부조'의 잘못된 표현이다. '부조(扶助)'는 경조사에 금품 또는 물품을 보내어 도와주는 행위를 말하며, 표준어에 해당된다.

07 '알뜰히'는 '알뜰하다'에서 파생된 부사로, 맞춤법에 맞는 표현이다. '알뜰하다'의 경우는 어간이 'ㄹ'로 끝나므로 '히'를 붙여 '알뜰히'가 된다.
① 뻐꾹이(×) → 뻐꾸기(○) : '-하다' 또는 '-거리다'와 같은 동사형 접미사가 붙지 않는 어간에 '-이'나 다른 모음으로 시작되는 접미사가 붙어서 명사가 된 경우, 그 원형을 밝혀 적지 않는 것이 원칙이다. '뻐꾹하다', '뻐꾹거리다'와 같은 표현은 존재하지 않으므로, 소리 나는 대로 '뻐꾸기'로 적는다.
② 연필깍이(×) → 연필깎이(○) : '깎다'의 어간 '깎-'과 명사형 어미 '이'가 결합된 합성어로, 어간의 된소리 'ㄲ'을 유지하여 '깎이'로 쓰는 것이 맞다.
④ 디지틀(×) → 디지털(○) : 외래어 표기법상, 'digital'의 표준 표기는 '디지털'이 적절하다.

정답 06 ④ 07 ③

08 다음 문장 중 밑줄 친 부분의 발음이 맞는 것은?

① 그는 집을 직접 <u>짓는다</u>[짓는다].
② 밤하늘의 <u>달빛에</u>[달삐테] 취했다.
③ 이번 달 병원 <u>입원료</u>[이붠뇨]가 비쌌다.
④ 그는 높은 <u>확률</u>[항뉼]로 합격할 것이다.

08 입원료 → [이붠뇨] : 연음('입' + '원' → [이붠])이 일어나고, 뒤 음절의 'ㄹ'이 앞 음절의 'ㄴ'의 영향으로 'ㄴ'으로 바뀌는 비음화가 적용('료' → [뇨])된다.
① 짓는다 → [짇는다] → [진는다] : '짓-' + '-는다'에서는 음절의 끝소리 규칙에 따라 'ㅅ'이 'ㄷ'으로 바뀐 뒤, 뒤의 음절 'ㄴ'과 만나 비음화 현상이 일어난다.
② 달빛에 → [달삐체] : '달빛'은 합성명사의 된소리되기 규칙과 음절의 끝소리 규칙에 따라 [달삗]으로 발음되고, 뒤에 오는 단어 '-에'가 모음으로 시작하는 형식 형태소이므로 앞 음절의 받침이 본래의 음가대로 연음되어 [달삐체]로 발음된다.
④ 확률 → [확뉼] → [황뉼] : 먼저 받침 'ㄱ'과 뒤 음절 첫소리 'ㄹ'이 만나 'ㄹ'이 'ㄴ'으로 바뀌는 비음화 현상이 일어난 후, 뒤 음절의 비음 'ㄴ'과 앞의 받침 'ㄱ'이 만나 'ㄱ'이 비음 'ㅇ'으로 바뀌는 비음화 현상이 다시 일어난다.

09 다음 내용에서 괄호 안에 들어갈 적절한 사자성어는?

> 경찰은 전국을 돌며 범죄를 저지르던 조직원 8명을 검거했다. 이들은 불법 도박 사이트 운영 등으로 거액의 부당이득을 챙긴 것으로 드러났다. 경찰은 오랜 추적 끝에 범죄 일당을 (   )하며 강력한 단속 성과를 거뒀다.

① 일망타진
② 일사천리
③ 파죽지세
④ 사필귀정

09 일망타진(一網打盡) : '한꺼번에 모조리 잡다'라는 뜻으로, 범죄 조직이나 불법 세력을 전부 소탕할 때 주로 쓰이는 표현이다.
② 일사천리(一瀉千里) : 일이 매우 빠르고 거침없이 진행되는 모습을 의미한다.
③ 파죽지세(破竹之勢) : '대나무를 쪼개듯이 거침없이 적을 물리치는 기세'를 뜻하며, 군사적 상황이나 운동 경기 등의 맥락에서 주로 사용된다.
④ 사필귀정(事必歸正) : 모든 일이 결국에는 바른 길로 돌아간다는 의미이다.

정답 08 ③ 09 ①

10 다음 문장 중 밑줄 친 부분이 고유어에 해당하는 것은?

① 그는 배가 고파서 국수 두 사리를 말아 먹었다.
② 그 마을에는 총각이 많았다.
③ 날이 추우니 두꺼운 양말을 신고 가거라.
④ 그는 검은색 망토를 두른 채였다.

10 사리(○) : 국수, 새끼, 실 따위의 뭉치를 세는 단위로 쓰인 '사리'는 고유어이다.
② 총각(×) : '총각(總角)'은 '남자 아이의 상투'에서 유래한 한자어이다.
③ 양말(×) : '양말(洋襪)'은 '서양[洋]'과 '버선[襪]'이라는 뜻이 합쳐진 한자어이다.
④ 망토(×) : '망토(manteau)'는 프랑스어에서 유래한 외래어이다.

11 다음 중 외래어 표기와 그 원어가 올바르게 짝지어진 것은?

① 부페 - buffet
② 소세지 - sausage
③ 기브스 - gips
④ 앰뷸런스 - ambulance

11 ① buffet는 외래어 표기법에 따라 '뷔페'라고 해야 한다.
② sausage는 외래어 표기법에 따라 '소시지'라고 해야 한다.
③ gips는 외래어 표기법에 따라 '깁스'라고 해야 한다.

12 다음 문장 중 밑줄 친 부분의 관용 표현이 옳은 것은?

① 그는 그녀 앞에서 너무 긴장하는 바람에 물 먹은 것처럼 아무 말도 못 했다.
② 김 부장은 이번에는 꼭 승진할 줄 알고 김칫국 마시는 소리를 했다.
③ 아이의 새빨간 거짓말에 모두 속고 말았다.
④ 우리 가족은 전쟁통에 목구멍 풀 칠하는 생활을 이어나갔다.

12 ① 아무 말도 못하다는 의미의 관용 표현은 '꿀 먹은 것처럼'이다.
② 해 줄 사람은 생각지도 않는데 미리부터 다 된 일로 알고 행동한다는 의미의 관용 표현은 '김칫국부터 마신다'이다.
④ 굶지 않고 겨우 살아간다는 의미의 관용 표현은 '목구멍에 풀칠하다'이다.

정답 10 ① 11 ④ 12 ③

13 '백미(白眉)'는 뛰어난 사람이나 사물을 비유하는 표현으로, 여럿 중 가장 뛰어난 사람을 뜻한다. 나이를 나타내는 말이 아니다.
① '고희(古稀)'는 두보의 시 '인생 칠십고래희(人生七十古來稀)'에서 온 말로, 70세를 뜻한다.
② '불혹(不惑)'은 세상일에 정신을 빼앗겨 판단을 흐리는 일이 없는 나이라는 뜻으로, 40세를 의미하는 유교적 표현이다.
③ '약관(弱冠)'은 갓을 쓰는 나이, 관례를 치러 성인이 되는 20세 전후의 나이를 가리킨다.

13 다음 중 나이를 가리키는 말이 <u>아닌</u> 것은?

① 고희
② 불혹
③ 약관
④ 백미

14 '-사옵니다'는 용언의 어간에 붙어 문장을 종결시키는 역할을 하는 종결어미이다.
① '-같이'는 비교의 의미를 나타내는 부사격 조사이다.
② '-이요'는 서술격 조사 '-이다'의 활용형에 존칭의 보조사 '-요'가 붙은 것이다.
④ '-는'은 주제를 나타내는 보조사, '-커녕' 역시 부정을 나타내는 보조사이다.

14 다음 문장 중 밑줄 친 부분이 조사가 <u>아닌</u> 것은?

① 너<u>같이</u> 똑똑한 애가 왜 그런 실수를 했니?
② "주문하시겠어요?" "비빔밥<u>이요</u>."
③ 소인은 그럼 이만 물러나겠<u>사옵니다</u>.
④ 오빠는 고마워하기<u>는커녕</u> 화만 냈다.

15 '설마'는 화자의 태도나 추측, 의심을 담아 전체 절을 수식하는 문장 부사어이다.
① '너무'는 '힘들어서'라는 형용사를 수식하는 성분 부사어이다.
② '바로'는 위치를 더욱 구체화하는 부사어로, '앞'을 수식하는 성분 부사어이다.
④ '멀리'는 '떨어진'이라는 형용사의 의미를 보충하는 성분 부사어이다.

15 다음 문장 중 밑줄 친 부분이 절 전체를 수식하는 부사어인 것은?

① <u>너무</u> 힘들어서 잠깐만 쉬었다 가자.
② 내 <u>바로</u> 앞에 선생님이 계셨다.
③ 내가 그랬다고 <u>설마</u> 생각하는 건 아니지?
④ <u>멀리</u> 떨어진 곳에서 경적소리가 들렸다.

정답 13 ④ 14 ③ 15 ③

16 다음 중 조선 후기의 문학 작품으로만 옳게 묶인 것은?

> ㉠ 「국선생전」
> ㉡ 「허생전」
> ㉢ 「예덕선생전」
> ㉣ 「정읍사」

① ㉠, ㉡
② ㉠, ㉣
③ ㉡, ㉢
④ ㉢, ㉣

16 「허생전」과 「예덕선생전」은 모두 조선 후기 박지원이 쓴 한문소설로, 당시 사회의 모순을 풍자하거나 미담을 통해 유교적 이상을 그려낸 작품들이다.
㉠의 「국선생전」은 고려 시대 이규보가 쓴 가전체 작품이고, ㉣의 「정읍사」는 백제 시대 작자 미상의 가요이다.

17 다음 중 한국문학에 대한 설명으로 옳지 않은 것은?

① 구비문학이 기록문학보다 먼저 등장하였다.
② 한자를 차자한 작품은 한국문학에 포함되지 않는다.
③ 조선의 사신이 일본에서 창작한 작품도 포함된다.
④ 재외동포가 우리말과 우리글로 창작한 작품도 포함된다.

17 한자를 빌려 우리말을 표기한 향가, 이두로 표기한 설화 등 차자 표기 작품도 역사적·언어적·문화적 맥락에서 한국문학에 포함된다.

18 다음 설명에 해당하는 작품으로 옳은 것은?

> 고구려 유리왕이 두 부인 화희와 치희 사이에서 생긴 갈등으로 인해 느낀 외로움과 그리움을 꾀꼬리라는 자연물에 의탁하여 노래한 고대가요이다.

① 「황조가」
② 「구지가」
③ 「처용가」
④ 「도솔가」

18 ② 「구지가」는 가야 건국신화를 배경으로 한 집단적·주술적 노래이다.
③ 「처용가」는 신라 헌강왕 때의 향가 작품으로, 역신을 물리치려는 주술적 성격이 강한 8구체 향가이다.
④ 「도솔가」는 통일신라 시대의 월명사가 지은 4구체 향가와, 고구려 유리왕이 지었다고 전해지는 고대가요 두 가지가 있다. 그러나 고구려 유리왕이 지은 작품 중 현재까지 전하는 것은 「황조가」뿐이며, 「도솔가」는 전해지지 않는다.

정답 16 ③ 17 ② 18 ①

19　다음 중 향가에 대한 설명으로 옳은 것은?

① 신라 때부터 고려 초까지 창작되었다.
② 『금오신화』에 5편의 향가 작품이 수록되어 있다.
③ 우리말의 소리 표기에만 한자를 차용하여 표기하였다.
④ 고구려, 백제, 신라의 향가 작품을 모은 『삼대목』이 현재까지도 전한다.

19　② 『금오신화』는 조선 초 김시습의 한문소설집으로, 향가와는 관련이 없다.
③ 향가는 한자의 음과 뜻을 모두 빌려 쓴 향찰 표기법을 사용하였다. 단순히 소리 표기에만 사용된 것은 아니었다.
④ 『삼대목』은 신라 진성여왕 때 위홍과 대구화상이 향가를 집대성한 책으로, 소실되어 현재는 전하지 않는다.

20　다음 중 작품과 그 작가의 연결이 옳지 <u>않은</u> 것은?

① 「안민가」 - 신충
② 「혜성가」 - 융천사
③ 「제망매가」 - 월명사
④ 「찬기파랑가」 - 충담사

20　①「안민가」는 신라 경덕왕 때 충담사가 지은 향가 작품이다.
②「혜성가」는 통일신라 경덕왕 때 융천사가 지은 10구체 향가로, 혜성이 나타난 것을 나라에 불길한 일이 일어날 징조라 보고 나라의 안위를 기원하며 부른 노래이다.
③「제망매가」는 통일신라의 승려 월명사가 죽은 누이를 애도하며 지은 10구체 향가로, 불교적 사후 세계관이 반영되어 있다.
④「찬기파랑가」는 통일신라의 화랑 기파랑의 고결한 인품을 기리기 위해 충담사가 지은 10구체 향가이다.

21　다음 중 고려속요 작품에 대한 그 설명이 옳은 것은?

①「쌍화점」은 전쟁으로 인한 농민의 고통을 그렸다.
②「만전춘」은 외로움과 임에 대한 그리움을 노래하였다.
③「사모곡」은 돌아가신 어머니를 꿈에서 만난다는 내용이다.
④「정석가」는 신하에게 간언을 구하는 임금의 명령을 담은 내용이다.

21　①「쌍화점」은 성적 풍자를 담은 풍류적 성격의 노래로, 농민의 고통과는 무관하다.
③「사모곡」은 살아 있는 어머니에 대한 그리움과 효심을 노래한 고려속요로, 죽은 어머니나 꿈과는 관련이 없다.
④「정석가」는 임에 대한 사랑과 기다림을 표현한 연정가요이다.

정답　19 ①　20 ①　21 ②

22 다음 중 갈래 구분이 다른 작품 하나는?

① 「한림별곡」
② 「사미인곡」
③ 「관동별곡」
④ 「성산별곡」

22 「한림별곡」은 한림의 학자들이 지은 경기체가이고, 「사미인곡」, 「관동별곡」, 「성산별곡」은 모두 정철이 지은 가사 작품이다.

23 다음 설명에 해당하는 문학 갈래는 무엇인가?

- 궁중의 여러 의식과 행사 및 연례에 쓰인 노래의 가사를 의미한다.
- 송축과 기원의 뜻이 담겨 있다.
- 대표작으로는 「월인천강지곡」, 「용비어천가」 등이 있다.

① 향가
② 잡가
③ 악장
④ 민요

23 악장은 조선 전기 궁중 의식에서 사용된 노래 가사로, 왕조의 창업을 찬양하거나 불교적 기원을 담은 작품들이다.
① 향가는 신라에서 고려 초기의 시기에 향찰로 표기된 고유의 정형 시이다.
② 잡가는 조선 후기 서민층에서 유행한 통속적 가창문학이다.
④ 민요는 민중 사이에 자연 발생적으로 형성된 구비 전승의 노래이다.

정답 22 ① 23 ③

24
제시된 작품은 고려 의종 때 정서가 유배지에서 지은 「정과정곡」이다. 현존하는 고려속요 중 향가로 분류되기도 하는 「도이장가」를 제외하면 유일하게 작가를 알 수 있는 작품으로, 화자는 자신의 마음을 '접동새'라는 자연물에 이입하여 임을 그리는 마음과 충절을 표현하였다.
① 해당 작품은 고려 시대에 창작된 고려속요 작품이다.
③ 해당 작품은 유배지에서 임금을 그리는 정을 노래하였다 하여 충신연주지사의 효시가 되는 작품으로 알려졌으며, 이후 궁중으로 편입되어 사대부 사이에서도 학습의 대상이 되었다.
④ 해당 작품은 사설시조가 아닌 고려속요로 분류된다. 사설시조는 조선 후기 때 등장하는 갈래이다.

24 다음 작품에 대한 설명으로 옳은 것은?

> 내 님믈 그리ᄉᆞ와 우니다니
> 산 졉동새 난 이슷ᄒᆞ요이다
> 아니시며 거츠르신 둘 아으
> 잔월효성이 아ᄅᆞ시리이다
> 넉시라도 니믄 ᄒᆞᄃᆞ 녀져라 아으
> 벼기더시니 뉘러시니잇가
> 과도 허믈도 천만 업소이다
> 믈힛 마리신뎌
> 술읏븐뎌 아으
> 니미 나ᄅᆞᆯ ᄒᆞ마 니즈시니잇가
> 아소 님하 도람 드르샤 괴오쇼셔

① 백제의 노래로 알려져 있다.
② 작가가 누구인지 알려져 있다.
③ '남녀상열지사'라는 비판을 받기도 했다.
④ 갈래상 사설시조에 해당한다.

25
「도산십이곡」은 이이가 아닌 퇴계 이황이 지은 연시조이다. 자연 속에서 성리학적 수양과 유학적 이상을 담아낸 작품으로 잘 알려져 있다.

25 다음 중 작품과 그 작가의 연결이 옳지 않은 것은?

① 「훈민가」 - 정철
② 「오륜가」 - 주세붕
③ 「도산십이곡」 - 이이
④ 「강호사시가」 - 맹사성

정답 24 ② 25 ③

26. 다음 중 시조에 대한 설명으로 옳은 것은?
   ① '시조'는 고려 후기부터 사용된 명칭이다.
   ② 한시 중 절구, 율시 등의 형식을 차용한 것이다.
   ③ 조선 시대에는 사대부, 기생, 가객 등 그 창작 계층이 다양했다.
   ④ 조선 전기 시조집인 『동문선』, 『해동가요』, 『청구영언』 등이 편찬되었다.

26. 조선 시대에 시조는 사대부뿐 아니라 기생, 가객, 승려, 서민 등 다양한 계층에 의해 창작되었으며, 특히 조선 후기에는 향유층이 확대된 것이 특징이다.
   ① '시조'라는 명칭은 20세기에 들어서 통용된 이름이며, 조선 시대에는 '단가', '단시', '시절가' 등으로 불렸다.
   ② 시조는 우리 고유의 정형시로, 한시의 절구나 율시 형식을 차용한 것이 아니다.
   ④ 『동문선』은 조선 전기에 편찬되었으나 시조집이 아니라 시문선집이다. 또한 『해동가요』, 『청구영언』은 시조집이 맞지만, 조선 영조 대에 편찬되었기 때문에 조선 전기에 편찬된 것은 아니다.

27. 다음 중 가사 작품과 그에 대한 설명이 옳은 것은?
   ① 「상춘곡」은 유배로 인한 실의를 표현하였다.
   ② 「선상탄」은 규방 여인의 애환을 표현하였다.
   ③ 「누항사」는 농촌에서의 삶과 안빈낙도를 표현하였다.
   ④ 「만분가」는 강호에 은거하는 삶의 즐거움을 표현하였다.

27. ① 「상춘곡」은 정극인이 지은 강호한정가사로, 자연 속 은거 생활의 풍류와 여유를 찬미한 작품이다.
   ② 「선상탄」은 박인로의 가사로, 전쟁 발발에 대한 걱정과 태평성대에 대한 기원을 담았다.
   ④ 「만분가」는 조위의 유배가사로, 임이 자신의 마음을 알아주기를 바라는 충신연주지사이다.

정답 26 ③ 27 ③

28 ① 「조침문」은 조선 후기 유씨 부인이 쓴 수필로, 바늘을 의인화하여 제문 형식을 취하였다.
② 「규원가」는 허난설헌이 쓴 규방가사 작품이다.
③ 「화전가」는 작자 미상의 작품으로, 봄날 화전을 즐기는 여성들의 모습이 담긴 영남 지방의 내방가사이다.

29 ① 「수이전」은 주로 신라 시대 설화를 모은 설화집이다.
③ 「가루지기타령」은 판소리 중 하나로, '가루지기'는 시체 등을 '가로로 지고 간다'는 뜻을 담은 용어이다.
④ 「만복사저포기」는 김시습의 한문소설로, 양생과 여인의 사랑을 다룬 전기소설이다.

30 '목불식정'은 쉬운 글자인 '정(丁)'자도 알아보지 못한다는 의미로, 아주 무식하거나 글자를 전혀 모른다는 뜻으로 사용된다.
① 윗사람이 모범을 보여야 아랫사람도 바르게 된다는 뜻이다.
③ 혈연, 지연 등의 관계가 가까운 쪽으로 치우친다는 의미이다.
④ 행동이 어울리지 않거나 격에 맞지 않는다는 뜻이다.

정답 28 ④ 29 ② 30 ②

28 다음 설명에 해당하는 작품은 무엇인가?

- 사도세자의 비였던 혜경궁 홍씨가 창작하였다.
- 사도세자와 영조 사이에 있었던 일을 회고하는 형식으로 서술되었다.
- 궁중문학의 대표작으로 손꼽힌다.

① 「조침문」
② 「규원가」
③ 「화전가」
④ 「한중록」

29 다음 설명에 해당하는 작품은 무엇인가?

- 이 작품은 서사무가로, 오구풀이의 핵심 내용을 담고 있다.
- 주인공은 오구대왕의 일곱 번째 딸로, 이름에 '버림받음'의 뜻이 포함되어 있다.
- 부친에게 효도하기 위해 주인공이 저승과 이승을 오가며 갖은 고초를 겪는 내용이다.

① 「수이전」
② 「바리데기」
③ 「가루지기타령」
④ 「만복사저포기」

30 다음 중 '목불식정(目不識丁)'과 비슷한 뜻을 가진 속담은?

① 윗물이 맑아야 아랫물이 맑다.
② 낫 놓고 기역자도 모른다.
③ 팔이 들이굽지 내굽냐.
④ 갓 쓰고 자전거 탄다.

31 1960년대 순수문학과 참여문학의 논쟁에서 참여문학의 중요성을 강조했던 작가는?

① 김소월
② 윤동주
③ 주요한
④ 김수영

31 김수영은 1960년대 참여문학의 대표적인 시인으로, 현실의 부조리와 정치적 억압에 맞선 문학의 사회적 책임과 표현의 자유를 적극 옹호하였다.
① 김소월은 1920~1930년대에 활동한 서정 시인으로, 참여문학 논쟁과는 무관하다.
② 윤동주는 일제 강점기 저항의식을 담은 시를 썼지만, 1960년대 논쟁과는 시기적으로 관련이 없다.
③ 주요한은 1920년대 동인지 『창조』의 동인으로서, 신체시 및 순수 서정시 발전에 기여했다.

32 다음 내용에서 괄호 안에 들어갈 작품으로 적절한 것은?

> 몽유록은 조선 때부터 창작된 문학 장르로, '입몽 - 꿈 - 각몽'의 구조로 이루어져 있다. 주로 현실에 불만을 가진 입몽자가 꿈속에서 꿈속 인물과 대담, 토론을 나누는 형식을 갖는다. 개화기 몽유록의 대표작인 (　　)은(는) 꿈속에서 인간의 행태를 비판하는 동물들의 연설을 듣고 부끄러움을 느낀 입몽자가 꿈에서 깬 후 기독교적 설교를 하는 내용으로 구성되어 있다.

① 「혈의 누」
② 「남염부주지」
③ 「애국부인전」
④ 「금수회의록」

32 ① 「혈의 누」는 이인직의 신소설로, 구한말 국권 상실과 관련된 애국 계몽 내용을 담고 있으며, 몽유록이 아니다.
② 「남염부주지」는 조선 전기 김시습의 한문소설로, 몽유소설이긴 하지만 개화기 때의 작품은 아니다.
③ 「애국부인전」은 장지연이 1907년에 번역하여 발표한 전기소설로, 여성 계몽과 독립운동을 주제로 하였다.

정답 31 ④ 32 ④

33 제시된 시는 「복종」으로, 한용운의 대표 시집 『님의 침묵』(1926)에 수록된 작품이다. 시 작품 「님의 침묵」은 「복종」과 같은 시집에 수록된 한용운의 대표적 작품이다.
① 「초혼」은 김소월의 시 작품이다.
③ 「깃발」은 유치환의 시 작품이다.
④ 「국화 옆에서」는 서정주의 시 작품이다.

33 제시된 작품의 작가가 창작한 또 다른 작품으로 적절한 것은?

> 남들은 자유를 사랑한다지마는, 나는
> 복종을 좋아하여요
> 자유를 모르는 것은 아니지만, 당신에게는
> 복종만 하고 싶어요
> 복종하고 싶은데 복종하는 것은
> 아름다운 자유보다도 달콤합니다.
> 그것이 나의 행복입니다.
>
> 그러나, 당신이 나더러 다른 사람을
> 복종하라면
> 그것만은 복종할 수가 없습니다.
> 다른 사람을 복종하려면 당신에게
> 복종할 수 없는 까닭입니다.

① 「초혼」
② 「님의 침묵」
③ 「깃발」
④ 「국화 옆에서」

34 시문학파는 1930년대에 창간된 시 전문 동인지 『시문학』을 중심으로 활동한 순수 서정시 지향의 문학 유파이다.
① 경향파는 1920년대 사회주의 이념에 입각한 계급 문학으로, 계몽적 성격이 강한 문학 유파이다.
② 전원파는 전원적 삶과 자연을 소재로 한 시를 쓰는 작가들을 의미한다.
④ 생명파는 1930년대 후반에 시문학파에 반대하여 생겨난 문학 유파로, 감성과 생명의 본질을 시로 표현하려 했다. 유치환, 조지훈 등이 이에 속한다.

34 다음 설명에 해당하는 문학 유파는 무엇인가?

> • 반이데올로기적 성격, 순수 서정문학을 추구하였다.
> • 작품의 표현 매체인 언어에 대한 애정과 관심이 컸다.
> • 이 유파에 해당하는 작가로는 박용철, 신석정, 정지용, 김영랑, 이하윤 등이 있다.

① 경향파
② 전원파
③ 시문학파
④ 생명파

정답 33 ② 34 ③

35 다음 작품의 괄호 안에 공통으로 들어갈 시어는?

> 죽는 날까지 하늘을 우러러
> 한 점 부끄럼이 없기를,
> 잎새에 이는 바람에도
> 나는 괴로워했다.
> (   )을 노래하는 마음으로
> 모든 죽어가는 것을 사랑해야지.
> 그리고 나한테 주어진 길을
> 걸어가야겠다.
>
> 오늘 밤에도 (   )이 바람에 스치운다.

① 별
② 달
③ 풀
④ 꽃

35 해설
제시된 시는 윤동주의 「서시」로, 시인의 순결한 삶의 태도와 내면 성찰이 잘 드러난 작품이다. 여기서 반복적으로 등장하는 시어는 '별'이며, 시인은 별을 통해 자아 성찰, 이상, 순수함을 상징화하고 있다.

36 다음 설명에 해당하는 작가는 누구인가?

> - 1940년 소설집 『늪』을 발표한 이후 소설 창작에 전념하였다.
> - 현실의 고통을 바탕으로 인간의 아름다움과 순수성을 표현하였다.
> - 「소나기」, 「나무들 비탈에 서다」, 「카인의 후예」 등의 작품을 발표하였다.

① 황순원
② 김유정
③ 채만식
④ 김승옥

36 해설
② 김유정은 일제 강점기 농촌을 배경으로 한 해학적 단편소설을 다수 창작한 작가로, 대표작으로는 「봄봄」, 「동백꽃」 등이 있다.
③ 채만식은 풍자문학의 대가로, 대표작으로는 「탁류」, 「레디메이드 인생」 등이 있다.
④ 김승옥은 1960년대 세대의 감수성과 도시인의 소외를 다룬 작가로, 대표작으로는 「무진기행」, 「서울, 1964년 겨울」 등이 있다.

정답 35 ① 36 ①

37 ① 『개벽』은 1920년 창간된 천도교 기관지로, 계몽적 성격이 강하였으며 초기 신경향파 문학이 성장하는 터전이 되었다.
② 『백조』는 1922년 박종화, 홍사용, 나도향, 박영희 등이 창간한 문예 동인지로, 주로 시 작품이 수록되었다. 1923년 폐간되었다.
③ 『창조』는 1919년 창간된 최초의 종합문예 동인지로, 주요한, 김억, 김동인 등이 참여하였다.

37 다음 설명에 해당하는 동인지는 무엇인가?

- 1920년대에 창간된 문학 동인지로, 소설, 시, 논설 등이 수록되어 있다.
- 대표적인 문인으로는 염상섭, 오상순, 황석우 등이 있다.
- 낭만주의적 경향, 자유연애 등을 다룬 작품을 주로 실어 일각에서는 '퇴폐적'이라는 비판을 받기도 했다.

① 『개벽』
② 『백조』
③ 『창조』
④ 『폐허』

38 제시된 작품들 중 「무정」(1917), 「흙」(1932)은 모두 이광수의 대표적인 소설 작품이다. 「삼대」(1931), 「만세전」(1924)은 염상섭의 작품이다.

38 다음 중 이광수의 소설 작품으로만 옳게 묶인 것은?

① 「무정」, 「흙」
② 「삼대」, 「무정」
③ 「삼대」, 「흙」
④ 「흙」, 「만세전」

39 제시된 작품은 현진건의 「운수 좋은 날」(1924)의 일부이다. 이 작품은 리얼리즘(사실주의) 사조를 대표하는 단편소설로, 1920년대 도시 빈민층의 비극적 삶과 모순된 현실을 사실적으로 묘사한다.
① 「운수 좋은 날」은 3인칭 전지적 작가 시점으로 전개된다.
② 「운수 좋은 날」은 1920년대 일제 강점기를 배경으로 한다.
④ 「수난이대」는 6·25 전쟁을 배경으로 한 하근찬의 대표작이다.

39 다음 작품에 대한 설명으로 옳은 것은?

"남대문 정거장까지 말씀입니까."
하고 김첨지는 잠깐 주저하였다. 그는 이 우중에 우장도 없이 그 먼 곳을 철벅거리고 가기가 싫었음일까? 처음 것 둘째 것으로 고만 만족하였음일까? 아니다 결코 아니다. 이상하게도 꼬리를 맞물고 덤비는 이 행운 앞에 조금 겁이 났음이다. 그리고 집을 나올 제 아내의 부탁이 마음이 켕기었다 ─ 앞집 마마님한테서 부르러 왔을 제 병인은 뼈만 남은 얼굴에 유일의 샘물 같은 유달리 크고 움푹한 눈에 애걸하는 빛을 띠우며,

정답 37 ④ 38 ①

> "오늘은 나가지 말아요. 제발 덕분에 집에 붙어 있어요. 내가 이렇게 아픈데……."
> 라고, 모기 소리같이 중얼거리고 숨을 걸그렁걸그렁하였다. 그때에 김첨지는 대수롭지 않은 듯이,
> "아따, 젠장맞을 년, 별 빌어먹을 소리를 다 하네. 맞붙들고 앉았으면 누가 먹여 살릴 줄 알아."
> 하고 훌쩍 뛰어나오려니까 환자는 붙잡을 듯이 팔을 내저으며,
> "나가지 말라도 그래, 그러면 일찍이 들어와요."
> 하고, 목 메인 소리가 뒤를 따랐다.
> 정거장까지 가잔 말을 들은 순간에 경련적으로 떠는 손, 유달리 큼직한 눈, 울 듯한 아내의 얼굴이 김첨지의 눈앞에 어른어른하였다.
> "그래 남대문 정거장까지 얼마란 말이요?"
> 하고 학생은 초조한 듯이 인력거꾼의 얼굴을 바라보며 혼잣말같이,
> "인천 차가 열한 점에 있고 그 다음에는 새로 두 점이든가."
> 라고 중얼거린다.

① 1인칭 독백 형식으로 서술되었다.
② 6·25 전쟁을 배경으로 한다.
③ 리얼리즘 사조에 해당한다.
④ 「수난이대」와 작가가 같다.

40 다음 중 유치진의 희곡 작품으로만 옳게 묶인 것은?

① 「빈처」, 「토막」, 「학」
② 「토막」, 「빈민가」, 「소」
③ 「무녀도」, 「소」, 「태평천하」
④ 「빈민가」, 「오발탄」, 「배따라기」

40 「토막」, 「빈민가」, 「소」는 모두 유치진의 대표적인 희곡 작품이다.
① 「빈처」는 현진건의 소설 작품, 「학」은 황순원의 소설 작품이다.
③ 「무녀도」는 김동리의 소설 작품, 「태평천하」는 채만식의 소설 작품이다.
④ 「오발탄」은 이범선의 소설 작품, 「배따라기」는 김동인의 소설 작품이다.

정답 39 ③ 40 ②

2024년 기출복원문제

※ 기출문제를 복원한 것으로 실제 시험과 일부 차이가 있으며, 저작권은 시대에듀에 있습니다.

01 다음 내용에 해당하는 음운현상은?

> 자음 중에는 조음 과정에서 비강 공명을 발생시키는 것들이 있다. 이러한 자음들이 파열음과 만날 경우 발음을 보다 편하게 하기 위해 파열음을 자신과 마찬가지로 비강 공명이 일어나는 소리로 변화시킨다.

① 내가 굳이 거기에 가야 할까?
② 그가 밤에 야식을 먹는다.
③ 봄바람에 민들레 홀씨가 날아다닌다.
④ 햇빛이 눈부셔서 실눈을 뜨고 바라보았다.

01 제시문에서 설명하고 있는 음운현상은 '비음화'이다. 비음화는 파열음 'ㄱ, ㄷ, ㅂ'이 비음 'ㄴ, ㅁ, ㅇ'과 만났을 때, 비음의 영향으로 'ㅇ, ㄴ, ㅁ'으로 바뀌어 소리 나는 현상이다. '먹는다'의 경우, '먹-'의 받침 'ㄱ'이 뒤에 오는 'ㄴ'과 만나 'ㅇ'으로 바뀌어 [멍는다]로 발음되는데, 이것이 비음화에 해당한다.
① 첫 음절의 받침 'ㄷ'이 모음 'ㅣ'와 만나 'ㅈ'으로 바뀌어 [구지]로 발음되는데, 이는 구개음화에 해당한다.
③ [봄빠라메]로 소리 난다. 이는 '봄'과 '바람'이 합쳐져 합성명사가 만들어질 때 뒤에 오는 명사의 첫 자음이 된소리로 바뀌는 된소리되기 현상과 연음 현상을 보여준다.
④ 두 번째 음절의 초성인 'ㄴ'이 첫 음절의 받침 'ㄹ'과 만나 유음 'ㄹ'로 바뀌어 [실룬]으로 소리 나는데, 이는 유음화에 해당한다.

02 다음 내용에 해당하는 것으로 옳은 것은?

> • 파생어를 만든다.
> • 의미는 더하는데 품사는 바꾸지 못한다.
> • '맨손'에서 '맨-', '시퍼렇다'에서 '시-'가 그 예이다.

① 보조사
② 접두사
③ 형용사
④ 대명사

02 접사는 어근에 붙어 파생어를 만드는 것으로, 어근의 앞에 붙는 접두사와 어근의 뒤에 붙는 접미사가 있다. 접두사는 어근에 특정한 뜻을 더하거나 강조하기만 하고, 접미사는 뜻을 더할 뿐 아니라 '깊이'의 '-이'처럼 품사를 바꿀 수도 있다.

정답 01 ② 02 ②

03 다음 중 한글과 로마자 표기의 연결이 옳지 않은 것은?

① 신라 – [Sinla]
② 독도 – [Dokdo]
③ 종로 – [Jongno]
④ 울산 – [Ulsan]

03 한글을 로마자로 표기할 때는 외국인이 우리말 발음에 가장 비슷하게 발음하도록 하기 위해 소리 나는 대로 적는 것을 원칙으로 한다. 따라서 '신라'의 올바른 로마자 표기는 실제 발음인 [실라]를 반영한 [Silla]이다.

04 다음 중 훈민정음에 대한 설명으로 옳지 않은 것은?

① 훈민정음은 '백성을 가르치는 바른 소리'라는 뜻이다.
② 훈민정음은 1443년에 창제되었고, 1446년에 반포되었다.
③ 훈민정음 창제 이전에는 어미나 조사를 표현할 수단이 없었다.
④ 훈민정음 가운데 'ㆆ, ㅿ, ㆁ, ㆍ'는 현재 사용하지 않는다.

04 훈민정음 창제 이전에도 이두나 향찰과 같은 방법으로 한국말의 어미나 조사를 표현하고자 하는 시도가 있었다. 실질 형태소는 주로 한자어의 훈을 이용하여 나타내고, 어미나 조사와 같이 중국어에는 없는 우리말의 문법적 특징을 표현할 때는 한자어의 음을 이용했다.

05 다음 중 표준어와 방언에 대한 설명으로 틀린 것은?

① 표준어는 특별 대접을 받는다.
② 표준어는 교과서, 신문, 방송 등에서 두루 사용된다.
③ 표준어는 국민들의 일체감을 높인다.
④ 표준어는 방언보다 언어적으로 우위에 있다.

05 표준어를 사용하는 사람은 그렇지 않은 사람보다 우월한 사람임을 드러낸다. 그러나 이러한 이유는 표준어가 방언보다 언어 자체적으로 우월해서가 아니라 표준어를 사용한다는 것이 교육을 정상적으로 받았다는 것을 의미하기 때문이다.

정답 03 ① 04 ③ 05 ④

06 ‘맺은 것이나 맨 것을 풀다’는 의미의 말은 ‘끄르다’이므로, ‘끄르고’는 옳은 표기이다.
① ‘앉히다’는 ‘앉게 하다’라는 의미이다. ‘불 위에 올리다’라는 의미로 사용할 때는 ‘안치다’가 적절하므로 ‘안친’이 맞다.
② ‘조금 지난 뒤’라는 의미를 지닌 말은 ‘있다가’가 아니라 ‘이따가’이다.
③ ‘사방으로 퍼지다’라는 의미의 말은 ‘흩어지다’이므로 ‘흩어졌다’라고 수정해야 한다.

07 ‘제삿날’은 ‘제사’와 ‘날’이 합쳐져서 된 합성어로, 앞말이 모음으로 끝나고 뒷말의 첫소리가 ‘ㄴ’, ‘ㅁ’ 앞에서 ‘ㄴ’ 소리가 덧나는 경우이므로 사이시옷을 넣어 적는다.
② ‘대가’가 맞는 표기이다. ‘대가’처럼 한자어로만 이루어진 합성어의 경우, ‘곳간, 셋방, 숫자, 찻간, 툇간, 횟수’를 제외하고는 사이시옷을 사용하지 않는다.
③ ‘나루터’가 맞는 표기로, 이는 ‘나루 + 터’로 구성된 말이다. 이때 뒤에 오는 어근이 거센소리로 시작하므로 사이시옷이 들어갈 조건이 되지 않는다.
④ ‘예사말’은 ‘보통으로 가벼이 하는 말’이라는 뜻으로, 표준 발음은 [예ː사말]이다. ‘ㄴ’ 소리가 덧나는 발음이 아니므로 사이시옷을 넣지 않고 ‘예사말’이라 쓰는 게 맞다.

정답 06 ④ 07 ①

06 다음 중 밑줄 친 부분의 맞춤법이 옳은 것은?
① 밥을 앉힌 지 얼마나 되었니?
② 지금은 바쁘니까 있다가 얘기할래?
③ 아이들이 사방으로 흩터졌다.
④ 그는 보따리를 끄르고 안에 있던 상자를 보여주었다.

07 다음 중 밑줄 친 부분이 표준어 문법에 맞는 것은?
① 오늘은 어머니 제삿날이라 서둘러 일을 마쳤다.
② 아무런 댓가도 치르지 않고 무언가를 얻기 바라서는 안 된다.
③ 그는 벌써 나룻터까지 마중을 나갔다.
④ 할머니 말씀을 예삿말로 듣지 말고 명심해야 한다.

08 다음 중 밑줄 친 부분이 두음법칙에 해당하지 않는 것은?

① 사이버 공간은 익명성(匿名性)이 보장되므로 거친 말이 오가기 쉽다.
② 열심(熱心)히 하면 좋은 결과가 올 거야.
③ 갈수록 노인(老人)들의 수가 증가하고 있다.
④ 지나치게 유행(流行)을 따르는 것은 좋지 않다.

08 두음법칙에 따르면 한자음 '녀, 뇨, 뉴, 니'가 단어 첫머리에 올 때는 '여, 요, 유, 이'로 적고, 한자음 '라, 래, 로, 뢰, 루, 르'가 단어 첫머리에 올 때는 '나, 내, 노, 뇌, 누, 느'로, 한자음 '랴, 려, 례, 료, 류, 리'가 단어 첫머리에 올 때는 '야, 여, 예, 요, 유, 이'로 적는다. '열심'의 '열'은 원래부터 '더울 열' 자이기 때문에 두음법칙이 적용된 예라 볼 수 없다.
①·③·④ '익명성'의 '익'은 '숨을 닉' 자이고, '노인'의 '노'는 '늙을 로', '유행'의 '유'는 '흐를 류'이므로 두음법칙이 적용된 사례이다.

09 다음 중 밑줄 친 용어와 의미가 유사한 것을 옳게 고른 것은?

- 그는 은근히 내 ㉠ 마음을 떠 보았다.
- 공부에 ㉡ 마음이 없다.

	㉠	㉡
①	의중	관심
②	심중	감정
③	느낌	성격
④	마음씨	의도

09 제시된 문장 중 ㉠은 문맥상 '마음의 속'이라는 의미를 지닌 '의중'과 바꿔 쓸 수 있다. ㉡은 문맥상 '어떤 일에 대해 갖는 관심'이라는 의미를 지니므로 '관심'과 바꿔 쓸 수 있다.

정답 08 ② 09 ①

10 결초보은(結草報恩)은 풀을 묶어서 은혜에 보답한다는 뜻으로, 죽은 뒤에라도 은혜를 잊지 않고 갚는다는 뜻이다.
① 각골난망(刻骨難忘)은 은혜를 마음속에 깊이 새겨 잊지 않는다는 뜻이다.
② 결사보국(決死報國)은 죽기를 각오하고 있는 힘을 다해 나라의 은혜에 보답한다는 뜻이다.
④ 난망지은(難忘之恩)은 잊을 수 없는 은혜라는 뜻이다.

10 다음 고사와 관련된 성어로 적절한 것은?

> 춘추 전국시대 진나라에 위무자라는 사람에게는 애첩이 있었다. 그는 평소 아들 위과에게 자기가 죽으면 애첩을 개가시키라고 일렀다. 그러나 죽기 직전에 갑자기 애첩을 순장시키라고 말을 바꿨다. 그러나 아들은 아버지가 죽기 직전에 한 말은 정신이 혼미한 가운데 나온 것으로 판단하였고, 평소 했던 말에 따라 개가시켜 살려주었다. 훗날 위과가 전쟁터에서 싸우다가 적군에 쫓겨 막다른 곳에 이르렀는데, 불현듯 한 노인이 나타나 적군이 탄 말들이 달려오는 길목에 무성하게 자란 풀들을 열심히 묶었다. 조금 뒤 적군의 말들이 노인이 묶어놓은 풀에 다리가 걸려 모두 넘어졌고, 위과는 이틈을 타 적군을 모두 생포하여 전공을 세울 수 있었다. 그날 밤 위과의 꿈에 그 노인이 나타나 이르기를 "나는 당신이 개가시킨 여자의 아버지요. 당신이 내 딸 목숨을 구해줬기에 내가 보답을 한 것이오."라고 말했다. 즉, 여자의 죽은 아버지가 혼령이 되어 은혜를 갚은 것이다.

① 각골난망
② 결사보국
③ 결초보은
④ 난망지은

11 '한 번'의 '번(番)'이 '일의 횟수'를 나타낼 때는 '번'이 의존 명사이므로 '한 번'이라고 띄어 써야 한다. 그러나 '한번'의 의미가 '기회, 시도, 강조'일 경우에는 '한번'이 명사 혹은 부사가 되므로 붙여 써야 한다.
②·③·④의 '한 번'은 반드시 '1회'를 뜻하는 횟수의 의미가 아니므로 붙여 써야 한다. 그러나 ①은 '최소한 한 번'이라는 횟수의 의미로 사용되었기 때문에 띄어 써야 한다.

정답 10 ③ 11 ①

11 다음 중 밑줄 친 부분의 띄어쓰기가 옳은 것은?

① 누구나 한 번은 해야 하는 일이다.
② 제가 일단 한 번 해보겠습니다.
③ 낚시나 한 번 가시죠.
④ 이 개는 한 번 물면 놓지 않는다.

12 밑줄 친 부분이 조사에 해당하는 것을 모두 고른 것은?

> ㉠ 무엇을 먹을지 어서 정하자.
> ㉡ 설탕 대신 꿀로 해도 된다.
> ㉢ 밖이 추우니 따뜻하게 입고 가거라.
> ㉣ 그 회사에서 대회를 개최했다.

① ㉠, ㉡
② ㉠, ㉢
③ ㉡, ㉢
④ ㉡, ㉣

13 다음 중 중의적 표현이 없는 문장은?

① 나는 배가 좋다.
② 원고를 투고한 그의 동생이 찾아왔다.
③ 그는 나보다 등산을 더 좋아해.
④ 도로 공사 중이라 차들이 서행하고 있었다.

14 다음 중 고려 시대 작품에 해당하는 것만 모두 고른 것은?

> ㉠ 「일동장유가」
> ㉡ 「동명왕편」
> ㉢ 「한림별곡」
> ㉣ 「고산구곡가」

① ㉠, ㉡
② ㉡, ㉢
③ ㉢, ㉣
④ ㉠, ㉣

---

12 ㉠의 '-(으)ㄹ지'는 추측에 대해 막연하게 의문을 나타내는 연결어미이다.
㉡의 '-로'는 수단을 나타내는 부사격 조사이다.
㉢의 '-게'는 부사형 전성어미이다.
㉣의 '-에서'는 주어가 단체일 때 쓰는 주격 조사이다.

13 ① '나는 먹는 배가 좋다'와 '나는 타는 배가 좋다'는 두 가지 의미를 지닌다. 이는 동음이의어로 인해 어휘적 중의성이 생긴 경우이다.
② '원고를 투고한'이 수식하는 게 '그'인지 '그의 동생'인지가 불분명하여 구조적 중의성이 생긴 경우이다.
③ '그는 내가 등산을 좋아하는 것보다 더 등산을 좋아한다'는 것과 '그는 나와 등산 중 등산을 더 좋아한다'는 두 가지 의미를 지닌다. 이는 비교대상이 불분명하여 구조적 중의성이 생긴 경우이다.

14 ㉠ 「일동장유가」는 조선 후기에 김인겸이 일본 통신사로 갔을 때 지은 장편 기행가사이다.
㉡ 「동명왕편」은 고려 후기에 이규보가 고구려 동명왕에 관해 쓴 장편 서사시이다.
㉢ 「한림별곡」은 고려 고종 때 한림(翰林)의 여러 선비들이 지은 경기체가 작품이다.
㉣ 「고산구곡가」는 조선 중기에 이이가 지은 연시조이다.

정답 12 ④ 13 ④ 14 ②

15 다음 중 조선 후기 문학에 대한 설명으로 가장 적절한 것은?

① 팔관회, 연등회에서 구연되었다.
② 가전체 문학이 등장하였다.
③ 가정을 배경으로 한 국문 장편소설(가문소설)이 등장하였다.
④ 민간에서 불리던 노래들이 궁중음악으로 편입되었다.

16 다음 설명에 해당하는 작품으로 옳은 것은?

> 신라의 향가로, 「찬기파랑가」를 지은 승려가 경덕왕의 요청에 따라 지었다고 전해진다. 승려가 지었음에도 불구하고 유교적 가치관을 보인다는 점에서 독특하다고 할 수 있다. 내용은 국가의 구조와 가정의 구조가 같다는 것으로, 군·신·민이 각자의 할 일을 다 하면 나라가 태평해진다는 것이다.

① 「안민가」
② 「제망매가」
③ 「모죽지랑가」
④ 「서동요」

---

15 국문 장편소설은 주로 낙선재문고에 속하는 것들로, 「완월회맹연」, 「윤하정삼문취록」, 「명주보월빙」 등 수십 권이 넘는 작품들이 창작되었다. 이러한 작품들은 가정소설 혹은 가문소설이라 불린다. 가문소설은 한 가문 내에서 일어나는 가족 구성원 간의 갈등이나 가정과 가정, 세대와 세대 간의 갈등을 중심 소재로 한 작품들을 말한다.
① 고려가요에 대한 설명이다.
② 가전체는 설화와 소설의 교량적 역할을 하였는데, 고려 시대에 등장한 「국순전」, 「국선생전」, 「공방전」 등의 작품들이 대표적이다.
④ 조선 초기에 발생한 일들로, 악장의 형성과 관련된다.

16 제시문은 충담사가 지은 「안민가」에 대한 설명이다.
② 「제망매가」는 월명사의 작품으로, 불교적·주술적 성격을 지닌다.
③ 「모죽지랑가」는 낭도였던 득오가 화랑 죽지랑을 그리워하며 지은 노래이다.
④ 「서동요」는 백제 무왕의 작품이다. 선화공주를 아내로 맞이하기 위해 아이들에게 부르게 한 것으로, 동요적 성격이 강하다.

정답 15 ③ 16 ①

17 다음은 고려가요 작품인 「동동」의 일부이다. 밑줄 친 부분 중 지시대상이 다른 하나는?

> 二月(이월)ㅅ 보로매, 아으 노피 현 ㉠ 燈(등)ㅅ블 다호라.
> 萬人(만인) 비취실 즈싀샷다.
> 아으 動動(동동)다리.
>
> 三月(삼월) 나며 開(개)호 아으 滿春(만춘) ㉡ 돌욋고지여.
> 노미 브롤 즈슬 디뎌 나샷다.
> 아으 動動(동동)다리.
>
> 四月(사월) 아니 니저 아으 오실셔 ㉢ 곳고리새여.
> 므슴다 ㉣ 錄事(녹사)니몬 녯 나룰 닛고신뎌.
> 아으 動動(동동)다리.

① ㉠
② ㉡
③ ㉢
④ ㉣

17 ㉠의 '燈(등)ㅅ블', ㉡의 '돌욋고지', ㉣의 '錄事(녹사)'는 모두 '님'을 뜻한다. 그러나 ㉢의 '곳고리새'는 사월이 되어 잊지 않고 찾아온 꾀꼬리를 뜻하는 말로, 옛날을 잊고 나를 찾아오지 않는 '님'과 대조를 이루는 존재이다.

18 조선 초기 등장한 악장에 대한 설명으로 적절하지 않은 것은?

① 「납씨가」는 이성계의 무공과 업적에 대한 내용이다.
② 「용비어천가」는 조선 건국의 정당성을 노래하였다.
③ 「신도가」는 이전한 수도인 서울의 훌륭함을 노래하였다.
④ 「월인천강지곡」은 억불숭유 정신을 반영하여 유교의 장점을 노래하였다.

18 「월인천강지곡」은 세종이 아내 소헌왕후가 죽자 명복을 빌기 위해 1447년에 지은 노래로, 석가모니의 공덕을 찬양하는 찬불가이다.

정답 17 ③ 18 ④

19 ① 박인로의 「누항사」는 조선 후기 가사로, 임진왜란 후 선비의 곤궁한 삶과 안빈낙도의 추구를 주제로 한다.
③ 정철의 「속미인곡」은 「사미인곡」의 속편이다. 여성적 어조를 사용하고 충신연주지사의 내용을 갖는 것은 맞지만, 사계절의 변화에 따라 서술되지는 않았다.
④ 윤선도의 「어부사시사」는 조선 중기 때의 작품으로, 사계절의 변화에 맞춰 서술된 것은 맞지만 가사가 아닌 연시조 작품에 해당한다. 여성적 어조 또한 사용되지 않았다.

19 다음 설명에 해당하는 가사 작품은 무엇인가?

- 사계절의 변화에 따라 서술하였다.
- 충신연주지사의 대표적인 작품이다.
- 조선 전기, 양반 사대부가 창작하였다.
- 여성적 독백을 사용하였다.

① 「누항사」
② 「사미인곡」
③ 「속미인곡」
④ 「어부사시사」

20 ㉠ 「옹고집전」은 작자 미상의 조선 시대 판소리계 소설로, 인색하고 고약한 성격을 가진 옹고집을 풍자한 작품이다.
㉡ 「국순전」은 술을 의인화하여 풍자한 가전체로, 고려 시대 임춘의 작품이다.
㉢ 「이춘풍전」은 작자 미상의 조선 시대 판소리계 소설로, 방탕한 생활을 하는 이춘풍을 풍자한 작품이다.
㉣ 「주생전」은 1593년 권필이 지은 염정소설이다.

20 다음 중 인정세태를 풍자한 조선 시대의 소설 작품만 옳게 고른 것은?

㉠ 「옹고집전」
㉡ 「국순전」
㉢ 「이춘풍전」
㉣ 「주생전」

① ㉠, ㉢
② ㉡, ㉣
③ ㉠, ㉣
④ ㉡, ㉢

정답 19 ② 20 ①

21. 다음 설명에 해당하는 작품은 무엇인가?

- 『금오신화』의 수록작 중 하나이다.
- 홍건적의 난을 배경으로 한다.
- 인간과 귀신의 사랑을 다뤘다는 점에서 명혼소설로 분류되기도 한다.
- 해당 작품의 제목은 주인공인 선비가 담장 안을 엿본다는 뜻을 담고 있다.

① 「만복사저포기」
② 「용궁부연록」
③ 「이생규장전」
④ 「취유부벽정기」

21
① 「만복사저포기」: 주인공이 만복사에서 부처님과 저포놀이를 하여 이긴 결과 부인을 얻어 사랑을 나눈다는 내용이다. 이 작품에 나오는 부인이 귀신인 것은 맞으나, 홍건적의 난이 아닌 임진왜란을 배경으로 한다.
② 「용궁부연록」: 주인공 한생이 용궁에 다녀온 이야기를 소재로 한다.
④ 「취유부벽정기」: 개성 상인이었던 홍생이 기자의 딸을 만나 대화를 나눈다는 이야기이다.

22. 다음 설명에 해당하는 작품은 무엇인가?

신라의 설화를 모은 작품집으로, 「심화요탑」, 「수삽석남」 등의 작품이 수록되어 있다. 신라 시대 초기 서사문학의 모습을 살피는 데 도움이 되며, 최치원, 박인량 등 그 편찬자에 대한 논란의 소지가 있다. 현재 원본은 전해지지 않으나 고려 시대 및 조선 시대 문헌에 일부 내용이 전해진다.

① 『수이전』
② 『삼국사기』
③ 『삼국유사』
④ 『삼대목』

22
② 『삼국사기』는 김부식이 쓴 삼국의 역사책이다.
③ 『삼국유사』는 일연이 삼국 시대의 여러 설화와 역사를 담아 쓴 역사책이다. 『수이전』에 실려 있던 여러 설화 중 일부가 『삼국유사』에 축약된 형태로 실려 있기도 하다.
④ 『삼대목』은 신라 후기에 위홍과 대구화상이 편찬했다는 향가집이다.

정답 21 ③ 22 ①

23 「청강사자현부전」은 고려 시대의 문인 이규보가 거북을 '현부'라고 의인화한 작품으로, 사신은 항상 말과 행동을 삼가고 조심해야 한다는 교훈을 담고 있다.
① 임춘의 「국순전」은 술을 의인화한 작품이다.
② 임춘의 「공방전」은 돈을 의인화한 작품이다.
③ 석식영암의 「정시자전」은 지팡이를 의인화한 작품이다.

23 다음 중 가전체 작품과 그 소재가 옳게 연결된 것은?

① 「국순전」 - 국화
② 「공방전」 - 종이
③ 「정시자전」 - 돈
④ 「청강사자현부전」 - 거북이

24 「홍길동전」의 작가인 허균은 조선 중기의 문신으로 소설 이외에도 「호민론」, 「유재론」 등의 논설을 통해 당시 사회의 모순을 비판했으며, 그의 평론집인 『성수시화』, 『학산초담』 등에서는 우리나라 당대 및 역대 시에 대해 평론하였다. 또한 그는 문학을 풍속 교화나 성정의 순화 도구로 보던 당시 문학관과 달리, 인간 본연의 정을 표현하는 것이야말로 문학의 본질이라 보았다.

24 다음 설명에 해당하는 인물은 누구인가?

- 『성수시화』, 『학산초담』 등의 평론집을 썼다.
- 성정론에서 정의 중요성을 강조하였다.
- 「호민론」, 「유재론」 등을 저술하였다.

① 권근
② 허균
③ 정약용
④ 박지원

25 구체적인 장소, 시간, 증거물이 제시되는 것은 전설에 대한 내용이다. 민담은 전설과 달리 이러한 것들이 없어서 '옛날에', '호랑이 담배피던 시절에'와 같은 말로 시작한다.

25 다음 중 민담에 대한 설명으로 옳지 않은 것은?

① 대개 일상적 인간을 주인공으로 한다.
② 구체적인 장소, 시간, 증거 등을 제시한다.
③ 신성성, 진실성을 문제 삼지 않는다.
④ 흥미 위주로 꾸며낸 허구의 이야기이다.

정답 23 ④ 24 ② 25 ②

26 다음 중 민요의 주요 기능으로 옳지 않은 것은?

① 노동적 기능
② 유희적 기능
③ 계몽적 기능
④ 의식적 기능

26 민요는 작자가 민중 자신이므로, 계몽적 기능은 거의 지니지 않고 민중의 생활감정을 솔직하게 나타내는 경우가 대부분이다.

27 다음 중 판소리에 대한 설명으로 옳지 않은 것은?

① 남도 판소리에서 명창이 많이 배출되었다.
② '판'은 많은 사람들이 어떠한 일을 벌이는 곳을 의미한다.
③ 신재효는 판소리 광대를 지원하고, 여성 명창을 육성하였다.
④ 식민지 시대 기생들이 배척하면서 판소리는 암흑기를 맞이하였다.

27 식민지 시대 내내 판소리가 침체기였던 것은 사실이나, 그 원인은 기생들이 배척했기 때문이 아니라 일제가 자행한 우리 민족 문화에 대한 탄압과 서구 사조의 영향 때문이었다. 그동안 판소리를 지탱해 준 양반층이 해체된 것 또한 판소리 침체에 영향을 주었다.

28 다음 작품들을 발표 순서대로 옳게 나열한 것은?

㉠ 김춘수의 「꽃」
㉡ 유치환의 「깃발」
㉢ 주요한의 「불놀이」
㉣ 김지하의 「타는 목마름으로」

① ㉠ - ㉡ - ㉢ - ㉣
② ㉠ - ㉢ - ㉡ - ㉣
③ ㉢ - ㉡ - ㉠ - ㉣
④ ㉢ - ㉠ - ㉡ - ㉣

28 ㉢ 주요한의 「불놀이」는 1919년에 발표되었으며, 우리나라 자유시의 효시로 여겨진다.
㉡ 유치환의 「깃발」은 1936년에 발표되었고, '깃발'이라는 상징물을 통해 이상 세계에 대한 동경과 좌절을 노래하였다.
㉠ 김춘수의 「꽃」은 1952년에 발표되었고, 존재에 대한 탐구를 노래한 시이다.
㉣ 김지하의 「타는 목마름으로」는 1975년에 발표되었는데, 군사독재 정권에 맞서 민주주의에 대한 열망을 담은 시이다.

정답 26 ③ 27 ④ 28 ③

29 다음 설명에 해당하는 작가는 누구인가?

> - 일제 강점기, 조선총독부에서 건축기사로 근무하였다.
> - 신문에 연재된 그의 작품은 독자들로부터 난해하다는 평을 받는다.
> - 1934년 구인회에 가입하였다.
> - 그의 작품은 주로 초현실주의적 경향을 띤다.

① 이태준
② 이상
③ 김기림
④ 이효석

29 이태준, 이상, 김기림, 이효석은 모두 구인회에 소속되어 있던 문인들이다. 구인회 소속 작가들의 작품은 초현실주의적이며 예술지상주의적인 색채가 강한데, 그중에서도 1934년에 가입한 이상은 소설 「날개」, 시 「거울」, 「오감도」와 같은 작품들을 통해 무척 난해하다는 평을 듣는다.

30 다음 중 가장 이른 시기와 가장 늦은 시기에 발생한 문학사적 사건을 옳게 고른 것은?

> ㉠ 문예지 『폐허』, 『백조』가 창간되었다.
> ㉡ 「경부철도가」가 발표되었다.
> ㉢ 『청록집』이 간행되었다.
> ㉣ 문학의 현실 참여 문제를 계기로 순수·참여논쟁이 벌어졌다.

① ㉠, ㉡
② ㉢, ㉣
③ ㉠, ㉢
④ ㉡, ㉣

30 제시된 사건 중 가장 이른 시기의 사건은 「경부철도가」 발표이고, 가장 늦은 시기의 사건은 순수·참여 논쟁이다.
㉡ 「경부철도가」는 1908년에 최남선이 지은 창가이다.
㉠ 『폐허』는 1920년에 창간되었고, 『백조』는 1922년에 창간된 문예 동인지이다. 즉, 『폐허』와 『백조』 창간은 1920년대의 사건으로 볼 수 있다.
㉢ 『청록집』은 조지훈, 박목월, 박두진 3인의 시집으로, 1946년에 간행되었다.
㉣ 순수·참여논쟁은 4·19 혁명과 5·16 군사혁명이 일어난 1960년대 문학논쟁이다.

정답 29 ② 30 ④

31 다음 설명에 해당하는 인물은 누구인가?

- '문학'을 'literature'의 번역으로 보았다.
- 한문으로 된 문학을 배제하였다.
- 문학의 독립성을 강조하였다.
- '지정의' 및 '진선미'의 균형을 주장하였다.

① 이광수
② 최남선
③ 정지용
④ 김기림

31 이광수는 문학 일반론을 담고 있는 「문학이란 하오」(1916년)에서 문학을 literature의 역어로 파악하여 서구적인 의미의 문학론을 펼쳐냈다. 그는 민족주의적인 관점에 따라 국문 전통만을 강조했다. 또한 인간의 정신이 '지-정-의'의 삼분법으로 나뉠 수 있다는 이론을 받아들이고, 문학은 이 세 가지 중 '정'을 만족시키고 기르는 분야로서, '지(진)'를 만족시키는 과학과 '의(선)'를 만족시키는 윤리와 대등하며 독립적인 예술 영역이라 보았다.

32 다음 작품의 작가가 창작한 작품으로 옳은 것은?

산에는 꽃 피네
꽃이 피네
갈 봄 여름 없이
꽃이 피네

산에
산에
피는 꽃은
저만치 혼자서 피어 있네

산에서 우는 작은 새여
꽃이 좋아
산에서
사노라네

산에는 꽃 지네
꽃이 지네
갈 봄 여름 없이
꽃이 지네

① 「유리창」
② 「돌담에 속삭이는 햇발」
③ 「나의 침실로」
④ 「엄마야 누나야」

32 제시된 작품은 김소월의 「산유화」로, 「엄마야 누나야」도 김소월의 작품이다.
① 「유리창」은 정지용의 작품이다.
② 「돌담에 속삭이는 햇발」은 김영랑의 작품이다.
③ 「나의 침실로」는 이상화의 작품이다.

정답 31 ① 32 ④

33 제시된 작품은 최남선의 「해에게서 소년에게」의 일부로, 이는 자유시가 아니라 신체시이다. 신체시는 창가와 자유시의 중간적인 형태를 지니고 있다.

33 다음 작품에 대한 설명으로 옳지 <u>않은</u> 것은?

> 처………ㄹ썩, 처………ㄹ썩, 척, 쏴…………아.
> 때린다, 부순다, 무너 버린다.
> 태산 같은 높은 뫼, 집채 같은 바윗돌이나,
> 요것이 무어야, 요게 무어야,
> 나의 큰 힘, 아느냐, 모르느냐, 호통까지 하면서,
> 때린다, 부순다, 무너 버린다.
> 처………ㄹ썩, 처………ㄹ썩, 척, 튜르릉, 콱.

① 개화기 때 등장한 최초의 자유시이다.
② '나'를 '해'에 빗대어 강한 힘으로 각성할 것을 촉구한다.
③ '따린다, 부순다, 무너 바린다'의 객체는 낡은 문물이다.
④ 젊은이의 강한 기상을 독려하여, 새 시대를 맞이하기 위해 노력할 것을 강조한다.

34 제시문은 1920년대에 주로 활동했던 김억에 대한 설명이다.
② 김영랑은 시문학파 시인으로, 순수시를 주로 지은 시인이다.
③ 이상화는 1920년대에 퇴폐적 낭만주의 경향의 작품을 쓴 시인이다.
④ 이육사는 1940년대에 주로 활동한 저항시인이다.

34 다음 설명에 해당하는 인물은 누구인가?

> • 『태서문예신보』에 상징주의 시를 번역해 소개하였다.
> • 대표작으로 번역시집 『오뇌의 무도』가 있다.
> • 시집 『해파리의 노래』 등의 작품을 발표하였다.

① 김억
② 김영랑
③ 이상화
④ 이육사

정답 33 ① 34 ①

35 다음 작품 중 개화 신소설만 옳게 고른 것은?

> ㉠ 「혈의 누」
> ㉡ 「광장」
> ㉢ 「자유종」
> ㉣ 「요한시집」

① ㉠, ㉡
② ㉢, ㉣
③ ㉠, ㉢
④ ㉡, ㉣

35 신소설은 19세기 말에서 20세기 초, 개화기에 걸쳐 발생하고 성장한 소설 장르이다. 대표적인 작가와 작품으로 이인직의 「혈의 누」·「은세계」, 이해조의 「빈상설」·「자유종」, 안국선의 「금수회의록」 등이 있다.
㉠ 「혈의 누」: 1906년 발표된 이인직의 소설로, 최초의 신소설로 평가된다.
㉡ 「광장」: 1960년 발표된 최인훈의 장편소설이다.
㉢ 「자유종」: 1910년 발표된 이해조의 신소설이다.
㉣ 「요한시집」: 1955년 발표된 장용학의 단편소설이다.

36 다음 설명에 해당하는 작품의 작가는 누구인가?

> • 1937년부터 1938년까지 『조선일보』에 연재되었다.
> • 아버지의 뜻에 따라, 자신의 뜻과는 상관없이 결혼하는 주인공이 등장한다.
> • 군산의 미두장을 배경으로 한다.
> • 이 작품의 작가는 「레디메이드 인생」, 「태평천하」 등의 작품도 발표하였다.

① 김유정
② 채만식
③ 박태원
④ 현진건

36 제시문은 채만식의 장편소설 「탁류」에 대한 설명이다. 「탁류」는 식민지 시대 항구도시 군산을 배경으로 하였으며, '정초봉'이라는 여주인공의 삶을 통해 식민지 시대의 현실과 세태를 다루었다.

정답 35 ③ 36 ②

37 제시된 설명에 해당하는 작품은 조세희의 「난장이가 쏘아올린 작은 공」이다.
① 「아홉 켤레의 구두로 남은 사내」는 1977년 발표된 윤흥길의 중편소설로, 산업화·도시화된 사회에서 소외된 계층의 삶과 소시민의 허위의식을 다루었다.
② 「객지」는 1971년 발표된 황석영의 단편소설로, 노동자의 노동과 투쟁의 과정을 다루었다.
③ 「당신들의 천국」은 1976년 발표된 이청준의 장편소설로, 소록도를 배경으로 권력과 자유, 개인과 집단 등의 문제를 다루었다.

37 다음 설명에 해당하는 작품은 무엇인가?

- 1976년 발표된 중편소설이다.
- 철거민촌을 배경으로 한다.
- 과거의 기억과 현재의 사실을 병치하는 기법을 사용하였다.
- 빈부, 노사 등의 갈등을 다뤘다.

① 「아홉 켤레의 구두로 남은 사내」
② 「객지」
③ 「당신들의 천국」
④ 「난장이가 쏘아올린 작은 공」

38 「방망이 깎던 노인」은 윤오영의 작품이다. 이양하가 쓴 수필에는 「봄을 기다리는 마음」, 「신록예찬」 등이 있다.

38 다음 중 현대수필의 작가와 그 작품의 연결이 옳지 않은 것은?

① 피천득 – 「인연」
② 윤오영 – 「달밤」
③ 김소운 – 「가난한 날의 행복」
④ 이양하 – 「방망이 깎던 노인」

정답 37 ④ 38 ④

39 다음 설명에 해당하는 작가는 누구인가?

- 「토막」으로 데뷔하였다.
- 농촌과 빈민촌의 피폐한 현실을 묘사하였다.
- 「빈민가」, 「소」 등의 작품을 발표하였다.
- 리얼리즘 희곡의 효시가 되는 작품을 썼다.

① 함세덕
② 김우진
③ 유치진
④ 이규환

39 함세덕, 김우진, 유치진, 이규환 모두 비슷한 시기(1920~1930년대)에 리얼리즘 경향을 띠는 작품들을 쓴 희곡작가들이다. 그중 「토막」, 「빈민가」, 「소」 등의 작품을 쓴 건 유치진인데, 이 중 「토막」은 리얼리즘 희곡의 효시로 여겨진다.

40 다음 중 1910년대에 발표된 희곡이 아닌 것은?

① 이광수 - 「규한」
② 윤백남 - 「국경」
③ 이강백 - 「파수꾼」
④ 조중환 - 「병자삼인」

40 이강백의 「파수꾼」은 1974년에 발표되었다.
  ① 이광수의 「규한」은 1917년에 발표되었다.
  ② 윤백남의 「국경」은 1918년에 발표되었다.
  ④ 조중환의 「병자삼인」은 1912년에 발표되었다.

정답 39 ③ 40 ③

2023년 기출복원문제

※ 기출문제를 복원한 것으로 실제 시험과 일부 차이가 있으며, 저작권은 시대에듀에 있습니다.

01 다음 설명에 해당하는 음운현상으로 옳은 것은?

> 받침 'ㄷ', 'ㅌ'이 모음 'ㅣ'와 결합되는 경우 'ㅈ', 'ㅊ'으로 바뀌어 발음되는 현상이다. 이러한 현상이 일어나는 까닭은 'ㄷ', 'ㅌ'을 모음 'ㅣ'가 발음되는 위치와 가까운 자리에서 나는 소리로 바꿈으로써 발음을 편하게 할 수 있기 때문이다.

① 비음화
② 구개음화
③ 유음화
④ 두음법칙

01
① 비음화는 'ㄱ', 'ㄷ', 'ㅂ'이 비음 'ㄴ', 'ㅁ'의 영향을 받아 각각 비음인 'ㅇ', 'ㄴ', 'ㅁ'으로 바뀌는 현상이다.
③ 유음화는 'ㄴ'이 앞이나 뒤에 오는 유음 'ㄹ'의 영향을 받아 'ㄹ'로 바뀌어 소리나는 현상이다.
④ 두음법칙은 'ㄴ' 혹은 'ㄹ'이 단어의 첫머리에 오는 것을 꺼려 다른 소리로 발음되는 현상이다.

02 다음 중 한국어의 특징으로 옳은 것은?

① 위치에 따라 품사가 달라진다.
② '주어 - 서술어 - 목적어'의 순서를 가진다.
③ 유성음과 무성음은 소리를 구분하는 기준이 된다.
④ 말하는 이의 판단으로 대우가 달라지는 언어법이 발달했다.

02
한국어는 말하는 이가 어떤 대상이나 듣는 이에 대해 높고 낮은 정도를 판단하여 높이거나 낮추는 높임법이 발달하였다.
① 한국어의 품사는 위치와 상관없이 고정적이다.
② '주어 - 서술어 - 목적어'는 영어의 어순이다. 한국어의 어순은 '주어 - 목적어 - 서술어'이다.
③ 한국어는 유성음과 무성음의 구분이 두드러지지 않는다.

정답 01 ② 02 ④

03 다음 내용에서 괄호 안에 들어갈 숫자로 옳은 것은?

> 우리나라 말이 중국과 달라 한자와는 서로 통하지 아니하여서 이런 까닭으로 어리석은 백성이 말하고자 하는 바가 있어도 마침내 제 뜻을 펴지 못하는 사람이 많다. 내 이것을 가엾게 여겨 새로 (　　)글자를 만드니, 모든 사람으로 하여금 쉽게 익혀서 날마다 쓰는 데에 편하게 하고자 할 따름이다.
>
> – 『훈민정음』 서문

① 26
② 27
③ 28
④ 29

03 제시문은 한문으로 된 『훈민정음』의 해례본 서문을 현대어로 번역한 것이다. 세종대왕이 만든 훈민정음은 초성(자음) 17자, 중성(모음) 11자로, 총 28자였다.

04 다음 중 발음기관의 모양을 본떠 만들어진 자음자는?

① ㄱ
② ㄷ
③ ㅂ
④ ㅈ

04 훈민정음의 초성은 상형의 원리에 따라 발음기관의 모양을 본떠 기본자 5개(ㄱ, ㄴ, ㅁ, ㅅ, ㅇ)를 만들고, 기본자에 획을 더해 가획자 9개(ㅋ, ㄷ, ㅌ, ㅂ, ㅍ, ㅈ, ㅊ, ㆆ, ㅎ)를 만드는 한편 여기에 이체자 3개(ㆁ, ㄹ, ㅿ)를 더하는 방식으로 만들어졌다. 'ㄱ'은 혀뿌리가 목구멍을 막는 모양을 본뜬 것이다. 'ㄷ'은 'ㄴ'에 가획한 것이고, 'ㅂ'은 'ㅁ'에 가획한 것, 'ㅈ'은 'ㅅ'에 가획해서 만든 글자들이다.

05 다음 중 방언에 대한 설명으로 옳지 않은 것은?

① 제주 방언에는 지금은 타 지역 방언에서 사라진 'ㅿ'이 존재한다.
② 서울 방언을 기준으로 표준어가 완성되었으나, 서울 방언도 비표준어에 속한다.
③ 함경도 방언은 성조로 뜻을 구분한다.
④ 경상도 방언은 타 지역 방언에 비해 단모음의 수가 적다.

05 제주 방언에 다른 지역에서는 이미 사라진 중세 한국어의 특징이 남아 있기는 하다. 그러나 그것은 'ㅿ(반치음)'이 아니라 '혼저 옵셔예'의 '혼'과 같은 말에 사용된 'ㆍ(아래아)' 발음이다.
② 표준어는 '현대 서울말'이라고 정의되어 있으나 이것은 서울 방언과는 구별되는 개념으로, 서울 방언 역시 경기 방언의 하위 방언에 해당하는 비표준어이다.
③ 함경도 방언은 중세 국어의 성조를 계승하여 뜻을 구별하고 있다.
④ 경상도 방언은 단모음의 수가 가장 적은 방언으로, 'ㅐ'와 'ㅔ', 'ㅓ'와 'ㅡ'의 구별이 이루어지지 않는다.

정답 03 ③　04 ①　05 ①

06 표준어의 정의 속에는 사회적 조건에 해당하는 '교양 있는', 시대적 조건에 해당하는 '현대', 지역적 조건에 해당하는 '서울'이라는 개념이 담겨 있다.

07 ①에는 '주무신다(주무시다)', ②에는 '여쭤보렴(여쭙다)', ③에는 '모시고(모시다)'라는, 따로 존재하는 높임 어휘가 사용되었다. 그러나 '여쭙다', '모시다'는 주체 경어법이 아니라 객체 경어법에 사용하는 높임 어휘이다.
④의 '있으시다'는 '시간'을 높임으로써 선생님을 간접적으로 높이는 주체 경어법을 사용한 것으로, 따로 높임 어휘를 사용한 게 아니라 서술어 '있다'를 활용할 때 높임 선어말 어미 '-시-'를 넣은 것이다. 따라서 주체 경어법이면서 동시에 높임 어휘를 사용한 것은 ①이다.

정답 06 ③ 07 ①

---

06 다음 괄호 안에 들어갈 말로 옳게 짝지어진 것은?

> 표준어는 (㉠) 있는 사람들이 두루 쓰는 (㉡) 서울말로 정함을 원칙으로 한다.

	㉠	㉡
①	지식	현대
②	지식	표준
③	교양	현대
④	교양	표준

07 다음 밑줄 친 부분에 모두 해당하는 문장을 옳게 고른 것은?

> 한국어의 경어법은 용언의 활용을 통해 실현되는 경우가 많다. 주체 경어법의 경우 용언에 '-시-'를 붙여 활용하는 경우가 대부분이나, 높임 어휘가 따로 있을 시 그것을 사용한다.

① 할머니께서 낮잠을 주무신다.
② 모르는 건 선생님께 여쭤보렴.
③ 나는 아버지를 모시고 여행을 갔다.
④ 선생님, 지금 시간 있으세요?

08 다음 밑줄 친 한자가 다른 것은 무엇인가?

① 마이동풍
② 새옹지마
③ 죽마고우
④ 호사다마

09 다음 중 밑줄 친 단어의 쓰임이 옳은 것은?

① 그는 뇌졸증으로 쓰러졌다.
② 그의 친구는 굳은살 박힌 손을 흔들었다.
③ 그는 휴일마다 뒷산 봉오리에 올랐다.
④ 어쩌다가 이 사달이 난 것인가.

10 다음 설명에 해당하지 않는 것은 무엇인가?

> 한자어에 같은 의미의 고유어가 붙어 뜻이 중복되는 단어들이 있다. 이러한 경우 표현의 경제성을 위해 중복되는 단어 중 한 단어를 생략하는 것이 좋다.

① 삼월달
② 모래사장
③ 처갓집
④ 아수라장

---

08 호사다마(好事多魔): '좋은 일에는 탈[魔]이 많다'는 뜻으로, 좋은 일에는 방해되는 일이 많다는 뜻이다.
① 마이동풍(馬耳東風): '말[馬] 귀에 동풍'이라는 뜻으로, 남의 말을 귀담아듣지 않고 흘려버린다는 뜻이다.
② 새옹지마(塞翁之馬): '새옹의 말[馬]'이라는 뜻으로, 어떤 일이 좋은지 나쁜지는 예측할 수 없다는 뜻이다.
③ 죽마고우(竹馬故友): '대나무 말[馬]을 타고 놀던 옛 친구'라는 뜻으로, 어릴 때부터 아주 친하게 지내며 놀던 친구라는 뜻이다.

09 '사고나 탈'의 뜻을 지닌 단어는 '사달'이 맞다.
① 표준어는 '뇌졸중'이다.
② '손바닥, 발바닥 따위에 굳은살이 생겼다'는 의미의 말은 '박이다'이므로 '박인'이라 써야 한다.
③ '봉오리'는 '망울만 맺히고 아직 피지 않은 꽃'을 말한다. 문맥상 '산에서 뾰족하게 높이 솟은 부분'을 뜻하는 '봉우리'라고 써야 한다.

10 '아수라장'은 '아수라(阿修羅)'와 '장(場)'이 합쳐진 말로 한자어와 한자어가 결합한 형태이며, 뜻이 중복되는 단어도 아니다.
① 삼월달: '삼월(三月)'의 '월'과 고유어 '달'의 의미가 중복된다.
② 모래사장: 고유어 '모래'와 '사장(沙場)'의 '사'의 의미가 중복된다.
③ 처갓집: '처가(妻家)'의 '가'와 고유어 '집'의 의미가 중복된다.

정답 08 ④ 09 ④ 10 ④

11 '오지랖'은 '옷의 앞자락'을 가리키는 말로, '오지랖이 넓다'는 것은 '남의 일에 간섭을 잘 한다'는 의미이다.
① '덜미'는 '목의 뒤쪽 부분과 그 아래 근처'를 가리키는 말로, '덜미가 잡힌다'는 것은 '죄가 드러난다'는 뜻이다.
② '오금'은 '무릎의 구부러지는 오목한 안쪽 부분'을 가리키는 말로, '오금이 저리다'는 것은 '공포감 때문에 맥이 풀리고 마음이 졸아드는 것'을 말한다.
③ '손'은 '일손'의 의미로, 이것은 사람의 신체 일부를 뜻하는 '손'의 의미가 확장된 것이다. '손을 떼다'는 '사람이 하던 일을 중도에 그만둔다'는 의미이다.

12 '문을 닫다'에 사용되는 동사 '닫다'의 피동사는 '닫히다'이므로 '바람에 문이 닫혔다'라고 써야 한다.

13 '정책'은 '없애고'라는 서술어의 대상이 되는 말로, 목적어이다. 따라서 목적격 조사 '을/를'을 붙여, '불필요한 정책을 없애고~'라고 써야 자연스럽다.

11 다음 중 신체 부위가 포함된 관용구를 사용하지 <u>않은</u> 문장은?

① 그의 범죄행각은 결국 덜미가 잡혔다.
② 나무꾼은 호랑이를 보자마자 오금이 저려서 주저앉고 말았다.
③ 나는 오늘부로 그 일에서 손을 뗐다.
④ 그는 오지랖이 너무 넓어서 탈이야.

12 다음 중 어문규정에 <u>어긋난</u> 문장은 무엇인가?

① 저녁에 먹을 생선을 조렸다.
② 바람에 문이 닫쳤다.
③ 그 안건을 회의에 부쳤다.
④ 헌 옷을 다리니 새 옷처럼 보인다.

13 다음 중 주어와 서술어의 호응이 <u>어색한</u> 것은?

① 불필요한 정책이 없애고 필요한 정책만 남겨 간소화했습니다.
② 인간은 자연을 지배하기도 하고 자연에 복종하기도 한다.
③ 날씨가 흐려지더니 비가 내렸다.
④ 분리수거에 적극적으로 참여하면 밝은 미래로 가는 길이 열립니다.

정답 11 ④ 12 ② 13 ①

14. 다음 중 한국문학의 범위와 영역에 대한 설명으로 옳지 <u>않은</u> 것은?

① 한문으로 작성된 것도 포함한다.
② 재외동포가 한글로 작성한 것도 포함한다.
③ 문자로 기록되지 않은 것은 포함하지 않는다.
④ 한민족의 사상과 문화를 내포하고 있어야 한다.

14. 구비문학은 '말로 된 문학'을 의미하는 것으로, 문자로 기록된 기록문학과 상대되는 개념이다. 문학이란 언어를 매개로 한 것이며, 이때의 언어는 문자언어뿐만 아니라 음성언어도 포함하는 것으로 보아 구비문학 역시 한국문학의 범위에 속한다고 본다. 설화, 민요, 무가, 판소리, 민속극 등이 구비문학에 해당한다.

15. 다음 중 「황조가」에 대한 설명으로 옳지 <u>않은</u> 것은?

① 신라의 유리왕이 지었다.
② 『삼국사기』에 그 유래가 전해진다.
③ 꾀꼬리 한 쌍을 보고 지었다고 전해진다.
④ 젊은 남녀가 짝을 찾을 때 부르기도 했다.

15. 「황조가」의 작가 유리왕은 고구려의 2대 왕이다.

16. 다음 설명에 해당하는 향가 작품은 무엇인가?

- 「도솔가」를 지은 승려가 지었다.
- 비유법으로 삶과 죽음을 묘사했다.
- 이 노래를 가창한 후 기이한 일이 벌어졌다.

① 「처용가」
② 「서동요」
③ 「제망매가」
④ 「모죽지랑가」

16. 승려 월명사는 죽은 누이를 위해 재(齋)를 올릴 때 향가를 지어 불렀다고 하는데, 이것이 「제망매가」이다. 「제망매가」는 '이른 바람', '떨어지는 나뭇잎' 등의 구절을 통해 누이가 어린 나이에 죽었다는 사실을 암시하고, '한 가지에 나고'라는 구절을 통해 화자와 남매지간으로 태어났음을 암시하는 등 비유적 표현이 뛰어난 작품으로 평가된다. 또한 월명사가 이 노래를 부르니 광풍이 불어 지전(紙錢)이 서쪽으로 날아가 사라졌다는 일화가 전해진다. 월명사의 또 다른 작품으로는 「도솔가」 등이 있다.
① 「처용가」는 동해 용왕의 아들 처용(신라의 관리로 추정됨)이 지은 작품이다.
② 「서동요」는 백제 무왕이 지은 작품이다.
④ 「모죽지랑가」는 낭도였던 득오가 지은 작품이다.

정답 14 ③ 15 ① 16 ③

17 제시된 작품은 작자 미상의 「사모곡」으로, 「엇노리」라고도 불린다. 「엇노리」는 「엇노래」에서 유래한 것으로, '어머니의 노래'를 뜻한다. 어머니의 사랑을 예찬하는 내용의 노래이며 고려가요의 일반적인 형태와는 다소 다르지만 3음보라는 점, 여음이 있는 점 등 고려가요의 중요한 특징을 갖고 있기에 고려가요로 분류된다. '호미도 날이 있지만 낫같이 잘 들 리가 없다'는 구절에서 '호미'는 아버지의 사랑을 뜻하고 '낫'은 어머니의 사랑을 뜻한다.

17 다음 작품에 대한 설명으로 옳지 않은 것은?

> 호미도 놀히어신 마ᄅᆞ는
> 낟ᄀᆞ티 들리도 어쓰섀라
> 아바님도 어싀어신 마ᄅᆞ는
> 위 덩더둥셩
> 어마님 ᄀᆞ티 괴시리 어쎼라
> 아소 님하 어마님 ᄀᆞ티
> 괴시리 어쎼라.

① 엇노래이다.
② 어머니의 사랑을 예찬하는 내용이다.
③ 고려가요로 분류되기도 한다.
④ 아버지의 사랑을 '낟ᄀᆞ티'로 비유했다.

18 해당 시조는 조선 선조 때 기생이었던 시인이 삼당 시인 중 한 명이었던 최경창과 사귀다가 이별할 때 지은 것이다. 임에게 자신의 분신이라 할 수 있는 묏버들을 꺾어 보내면서 자신을 잊지 말아 달라는 당부를 하고 있다.

18 다음 작품의 주제와 관련 있는 감정은 무엇인가?

> 묏버들 갈히 것거 보내노라 님의손ᄃᆡ
> 자시는 창밧긔 심거두고 보쇼셔
> 밤비예 새닙곳 나거든 날인가도 너기쇼셔
>   - 홍랑

① 권학
② 애정
③ 충절
④ 회고

정답 17 ④ 18 ②

19 다음 중 가사의 종류와 작품의 연결이 옳지 않은 것은?

① 유배가사 – 「누항사」(박인로)
② 연군가사 – 「사미인곡」(정철)
③ 규방가사 – 「규원가」(허난설헌)
④ 기행가사 – 「일동장유가」(김인겸)

19 「누항사」는 작가가 임진왜란 후 고향으로 돌아가 살고 있을 때 친구 이덕형이 사는 형편을 묻자 답으로 지은 가사이다. 고향에서 살고 있기는 하지만 작가가 유배를 간 것은 아니므로 유배가사라 할 수 없다.
② 「사미인곡」은 작가가 조정에서 밀려나 은거하는 동안 임금에 대한 그리움과 충정을 노래한 충신연주지사이다.
③ 「규원가」는 가정을 돌보지 않는 남편으로 인한 슬픔과 한을 표현한 규방가사이다.
④ 「일동장유가」는 영조 때 일본에 간 통신사 일행에 동행했던 작가가 그 여정과 견문을 기록한 기행가사이다.

20 다음 괄호 안에 들어갈 작품으로 옳은 것은?

( )은 세태소설로, 조선 효종 때 평안도 철산 부사였던 전동흘이 처리했던 사건을 토대로 하여 미상의 작가가 쓴 작품이다. 가장이었던 배 좌수의 무능함과 계모의 악행을 묘사하고 있다.

① 「장화홍련전」
② 「금방울전」
③ 「옥단춘전」
④ 「숙영낭자전」

20 ② 「금방울전」은 신기한 재주를 가졌으나 금방울 모양으로 태어난 여성 주인공이 남성 주인공을 도와 시련을 극복하고 부귀영화를 누리게 된다는 전기소설이다.
③ 「옥단춘전」은 「춘향전」과 비슷한 내용을 지닌 작품으로 두 선비의 우정과 배신, 그리고 기생 옥단춘의 활약을 그린 애정소설이다.
④ 「숙영낭자전」은 백선군과 선녀 숙영의 사랑을 그린 작품이다.

정답 19 ① 20 ①

21 「구운몽」, 「사씨남정기」 등을 쓴 김만중에 대한 설명이다. 그는 우리말을 두고 다른 나라 말로 시문을 짓는 것은 앵무새가 사람 말을 흉내 내는 것과 마찬가지라고 보았으며, 한글로 쓴 문학이야말로 진정한 것이라고 보았다. 그는 숙종이 인현왕후를 내쫓은 것에 반대하다가 유배를 당하게 되자 유배지에서 어머니를 위해 「구운몽」을 썼다고 한다.

21 다음 설명에서 괄호 안에 들어갈 작가는 누구인가?

> ( )은 당대의 일반적인 경향과 달리 우리글을 중시해 국문시가의 가치를 높이 평가했다. 임금(숙종)이 인현왕후를 쫓아내고 장희빈을 왕비로 맞이하자 이러한 임금의 행실을 풍자하는 소설을 지었다. 한편, ( )의 소설은 그가 유배당했을 때 어머니를 위로하기 위해 저술한 것이라는 견해가 일반적이다.

① 허균
② 김만중
③ 김시습
④ 박지원

22 판소리계 소설은 조선 후기에 주로 판소리로 불리다가 소설로 정착된 것으로 「춘향전」, 「흥부전」, 「토끼전」, 「화용도」, 「장끼전」, 「배비장전」, 「옹고집전」, 「변강쇠전」 등이 있다. 「홍길동전」은 조선 중기 허균이 쓴 최초의 국문소설로, 판소리계 소설과는 관계가 없다.

22 다음 중 판소리계 소설에 해당하지 않는 것은?

① 「심청전」
② 「토끼전」
③ 「춘향전」
④ 「홍길동전」

23 서거정(1420~1488)은 조선 전기 세조 때의 문신이다.
① 김부식(1075~1151)은 『삼국사기』의 저자로 유명하지만, 「관란사루」 등의 한시도 썼다.
② 이규보(1168~1241)는 수많은 작품을 창작한 고려 시대의 대표적 문인이다.
③ 이제현(1287~1367)은 『익재난고』, 『역옹패설』 등을 쓴 문인으로, 특히 영사시(역사적 사실이나 인물을 제재로 한 시)를 많이 저술했다.

23 다음 중 고려의 한시 작가가 아닌 인물은 누구인가?

① 김부식
② 이규보
③ 이제현
④ 서거정

정답 21 ② 22 ④ 23 ④

24 다음 중 괄호 안에 들어갈 작품은 무엇인가?

> (　　)은(는) 『금오신화』에 수록되어 있는 5편의 작품 중 하나로, 죽은 여인과의 사랑을 다룬다는 점에서 「이생규장전」과 더불어 명혼소설로 분류되기도 한다.

① 「남염부주지」
② 「만복사저포기」
③ 「취유부벽정기」
④ 「용궁부연록」

25 다음 괄호 안에 들어갈 작품의 제목으로 옳은 것은?

> 본격적인 문학비평은 고려 후기부터 시작되었는데, 이 시기의 문학비평서로는 이인로의 (　　)이 대표적이다. 이 책은 당시 고려 내에 떠도는 각종 이야기뿐만 아니라 시평을 싣고 있는 시화 모음집이다.

① 『보한집』
② 『파한집』
③ 『백운소설』
④ 『역옹패설』

---

24 「만복사저포기」는 양생이 왜적들로부터 정절을 지키다 죽은 여자와 만나 사랑을 나눈다는 내용이다.
① 「남염부주지」는 박생이 염부주의 왕과 만나 대화를 나눈다는 내용이다.
③ 「취유부벽정기」는 홍생이 기자의 딸과 만나 대화를 나눈다는 내용이다. 죽은 여성과의 만남이 이루어지고, 육체적인 관계가 배제되어 있다.
④ 「용궁부연록」은 한생이 용궁 구경을 하는 내용이다.

25 이인로의 『파한집』은 우리나라 시화집의 효시로 알려진 책이다. 이인로가 생전에 모아 놓은 글들을 토대로 그의 사후 1260년에 발간되었다. 이제현의 『역옹패설』, 최자의 『보한집』과 함께 고려 시대 3대 문학비평서로 손꼽힌다.
① 『보한집』은 최자가 지은 책으로, 이인로의 『파한집』을 보충하여 속편 형식으로 제작하였다.
③ 『백운소설』은 이규보가 쓴 책으로, 책 제목에 '소설'이라고 했으나 현대적 의미의 소설을 뜻하는 것은 아니고 시화집 성격의 책이다.
④ 『역옹패설』은 고려 말기 이제현이 지은 수필집으로, 주로 시평을 담고 있다.

정답 24 ② 25 ②

26 제시된 설명은 「바리데기 신화」라고도 전하는 「바리공주」에 대한 것이다. 버림받았던 일곱 번째 딸이 바로 바리공주이다.
② 「당금애기」는 당금애기가 부모의 허락 없이 스님과 결혼하여 아들 셋을 낳았는데, 그 아들 삼형제가 제석신(집안에 있는 신)이 되었다는 내용이다.
③ 「세경본풀이」는 「자청비 신화」라고도 하는데, 지상에 살던 자청비와 옥황의 아들 문도령이 우여곡절 끝에 부부가 되었다가 나중에는 농경의 신이 된다는 내용이다.
④ 「이공본풀이」는 사라도령이 서천꽃밭의 꽃감관으로 부임되어 가다가 임신한 부인과 헤어지게 되고, 훗날 아들 할락궁이가 사라도령을 찾아온 뒤 어머니의 복수를 한 후 서천꽃밭의 꽃감관이 된다는 내용이다.

26 다음 설명에 해당하는 무가 작품은 무엇인가?

> 일곱 번째로 낳은 자식도 딸이자 화가 난 왕이 일곱 번째 딸을 버린다. 그 후 왕과 왕비가 병이 들어 서역국에 있는 약려수가 필요하게 된다. 버림을 받았다가 살아남았던 딸은 우여곡절 끝에 약려수를 구해와서 부모를 구하고 신이 된다.

① 「바리공주」
② 「당금애기」
③ 「세경본풀이」
④ 「이공본풀이」

27 신체시는 정형적 율조에서 벗어났다는 점에서 의의가 있으나 그럼에도 불구하고 정형시의 잔재가 남아있으며, 계몽성이 강하여 개인의 정서를 노래하는 데에는 이르지 못했다는 평가를 받는다.

27 다음 중 신체시에 대한 설명으로 옳지 않은 것은?

① 서정성을 띤다.
② 최초의 신체시 작품은 최남선의 「해에게서 소년에게」이다.
③ 창가와 자유시 사이에 있고, 중간 단계적 성격을 가진다.
④ 고시가의 정형성에서 탈피해 형식상의 자유와 개방성을 지향한다.

정답 26 ① 27 ①

28. 다음 중 이광수와 그의 작품에 대한 설명으로 옳은 것은?

① 청소년 시절 유럽에 유학을 다녀왔다.
② 1917년 신문에 「무정」을 연재했다.
③ 그가 쓴 「붉은 산」, 「광염소나타」는 사실적 묘사가 돋보인다.
④ 소외계층에 관심을 갖고 근대문물을 비판했다.

29. 1930년대에 창간된 문학 동인지로만 옳게 짝지어진 것은?

① 『창조』, 『폐허』
② 『백조』, 『인문평론』
③ 『청춘』, 『문장』
④ 『시문학』, 『시인부락』

30. 다음 〈보기〉 중 가장 이른 시기와 가장 늦은 시기에 발생한 문학사적 사건을 옳게 고른 것은?

― 보기 ―
㉠ 『님의 침묵』 발표
㉡ 최남선의 시조 부흥 운동
㉢ 『청록집』 간행
㉣ 『창조』 간행

① ㉠, ㉢
② ㉡, ㉣
③ ㉢, ㉣
④ ㉡, ㉢

---

28. 이광수는 1910년 『대한흥학보』에 단편소설 형태로 「무정」을 처음 발표했고, 이것을 장편화하여 1917년 1월부터 6월까지 『매일신보』에 연재하였다.
① 이광수는 1905년부터 일본에서 유학했을 뿐 유럽을 방문한 적이 없다.
③ 「붉은 산」, 「광염소나타」는 김동인의 작품이다.
④ 소외계층에 대한 관심과 근대문물 비판은 이광수에 대한 설명과 거리가 멀다. 이광수는 오히려 당시의 사회적 관념에서 벗어나 전통적인 가부장제를 비판하고 자유로운 결혼생활을 주장하여 논란이 되기도 했다.

29. 각 잡지들이 창간된 해는 다음과 같다.
① 『창조』(1919), 『폐허』(1920)
② 『백조』(1922), 『인문평론』(1939)
③ 『청춘』(1914), 『문장』(1939)
④ 『시문학』(1930), 『시인부락』(1936)

30. ㉣ 『창조』는 1919년에 제1호가 간행되었다.
㉠ 『님의 침묵』은 1926년에 발표되었다.
㉡ 최남선의 시조 부흥 운동은 1920년대 후반에 전개되었다.
㉢ 『청록집』은 1946년에 초판이 간행되었다.

정답 28 ② 29 ④ 30 ③

31 다음 중 작가에 대한 설명으로 옳은 것은?

① 이상 : 「오감도」로 서정적 자아를 섬세한 율조로 표현하였다.
② 김광균 : 「여우난 곬족」으로 도시적 감각을 표현하였다.
③ 백석 : 「와사등」으로 소박한 농촌의 삶을 묘사하였다.
④ 임화 : 「우리 오빠와 화로」는 노동일가의 수난을 여동생이 오빠에게 보내는 편지 형식으로 작성하였다.

31
① 「오감도」가 이상의 시인 것은 맞지만, 이상의 시는 서정적 자아를 율조를 살려 쓴 시가 아니라 난해시로 볼 수 있다.
② 「여우난 곬족」은 백석의 시이다. 김광균이 도시적 감각을 감각적 이미지로 표현한 시인이라는 설명은 옳다.
③ 「와사등」은 김광균의 시이다. 백석이 소박한 농촌의 삶을 묘사했다는 설명은 옳다.

32 다음 괄호 안에 들어갈 작가가 옳게 짝지어진 것은?

- 1930년대 말 형성된 작가군으로 '생명파'라고 불린다.
- 사회적 불행과 괴로움을 생명의식과 융합시킨 경향의 시를 썼다.
- 인간적인 문제와 생명적인 구경(究竟)의 탐구에 주력하였다.
- 대표 시인으로는 (㉠), (㉡)이(가) 있다.

	㉠	㉡
①	이상화	김영랑
②	조지훈	박목월
③	유치환	서정주
④	정지용	한용운

32 청록파는 조지훈, 박목월, 박두진 등이 형성한 시파로, 이들은 정지용, 김영랑 등이 중심이 된 시문학파의 기교적·감각적인 경향에 반대하여 인생의 본질을 탐구하는 시와 자연 속에 인간의 심성을 담은 시를 썼다. 한편, 한용운과 이상화는 조국 광복에 대한 염원을 담은 시를 썼다.

정답 31 ④ 32 ③

33 다음 설명에 해당하는 작가는 누구인가?

- 일제 강점기에 활동한 시인으로 전통적인 정감을 민요적 리듬으로 구성하여 한국 서정시를 확립했다는 평을 받는다.
- 「접동새」, 「산유화」, 「초혼」 등 우리 민족의 정한이 담긴 작품들을 다수 창작했다.

① 임화
② 이상화
③ 김소월
④ 한용운

33 「진달래꽃」으로 유명한 김소월에 대한 설명이다.
① 임화는 「우리 오빠와 화로」, 「네 거리의 순이」 등의 작품을 썼다.
② 이상화는 「빼앗긴 들에도 봄은 오는가」, 「나의 침실로」 등의 작품을 썼다.
④ 한용운은 「님의 침묵」, 「알 수 없어요」 등의 작품을 썼다.

34 다음 설명에 해당하는 작가는 누구인가?

- 공간적 지형의 미를 살린 작품을 썼다.
- 감정을 배제하고 절제된 시어를 사용했다.
- 후기에는 사물과 현상을 순수한 관념으로 포착하여 형상화하는 시를 주로 썼다.
- 「바다」, 「유리창」 등의 시가 널리 알려졌다.
- 『백록담』 등의 시집을 썼다.

① 정지용
② 김현승
③ 김영랑
④ 김광균

34 ② 김현승은 기독교 정신을 바탕으로 인간 존재의 운명과 내면을 절제된 언어로 노래하였다. 「눈물」, 「플라타너스」 등의 시를 썼다.
③ 김영랑은 박용철, 정지용 등과 함께 시문학파 활동을 통해 순수시 운동을 주도하였으며 우리말의 아름다움을 발견하는데 힘썼다. 「모란이 피기까지는」, 「오-매 단풍 들것네」 등의 시를 썼다.
④ 김광균은 도시적이고 감각적 이미지를 즐겨 사용한 모더니즘 시인으로 「와사등」, 「외인촌」 등의 작품을 썼다.

정답 33 ③ 34 ①

35 제시된 작품은 이상의 「거울」이다. 이상은 초현실주의적 경향을 지닌 작가로 심리주의적 기법에 의해 내면세계를 다루는 작품들을 창작하였다. 시 「오감도」 및 소설 「날개」, 「종생기」, 「봉별기」 등의 작품이 있다.
② 「불놀이」는 주요한의 작품이다.
③ 「성북동 비둘기」는 김광섭의 작품이다.
④ 「빼앗긴 들에도 봄은 오는가」는 이상화의 작품이다.

35 제시된 작품의 작가가 창작한 또 다른 작품으로 적절한 것은?

> 거울속에는소리가없소
> 저렇게까지조용한세상은참없을것이오
>
> 거울속에도내게귀가있소
> 내말을못알아듣는딱한귀가두개나있소
>
> 거울속의나는왼손잡이오
> 내악수(握手)를받을줄모르는—악수(握手)를모르는왼손잡이오
>
> 거울때문에나는거울속의나를만져보지를못하는구료마는
> 거울아니었던들내가어찌거울속의나를만나보기만이라도했겠소
>
> 나는지금(至今)거울을안가졌소마는거울속에는늘거울속의내가있소
> 잘은모르지만외로된사업(事業)에골몰할게요
>
> 거울속의나는참나와는반대(反對)요마는
> 또꽤닮았소
> 나는거울속의나를근심하고진찰(診察)할수없으니퍽섭섭하오

① 「날개」
② 「불놀이」
③ 「성북동 비둘기」
④ 「빼앗긴 들에도 봄은 오는가」

정답 35 ①

36 다음 중 박태원의 소설에 대한 설명으로 옳지 <u>않은</u> 것은?

① 최재서로부터 '리얼리즘의 확대'라는 평가를 받았다.
② 지식인의 무기력한 자의식으로 본 일상의 모습을 그려내었다.
③ 「지주회시」를 통해 자본주의 착취 구조를 비판하였다.
④ 청계천 주변의 서민 일상을 그린 「천변풍경」이 있다.

36 「지주회시」는 박태원이 아니라 이상의 단편소설로, 제목은 거미(지주)가 돼지(시)를 만난다는 뜻이다. 거미로 상징되는 남편과 아내가 '양돼지' 전무를 착취하는 사건을 다루고 있다.

37 다음 설명에 해당하는 작가의 작품은?

> 1962년 「생명연습」으로 등단하여 현실의 문제를 치밀하게 묘사하는 작품들을 다수 썼다. 일탈에 대한 열망을 토대로 한 그의 작품들은 무기력에 빠진 전후문학에 새로운 지평을 열었다는 평가를 받는다.

① 「광장」
② 「카인의 후예」
③ 「병신과 머저리」
④ 「서울, 1964년 겨울」

37 김승옥은 「건」, 「누이를 이해하기 위하여」, 「무진기행」, 「서울, 1964년 겨울」 등의 작품을 통해 '감수성의 혁명'이라는 평을 받으며 60년대 문학을 이전의 전후세대 문학과는 다른 차원으로 끌어올렸다.
① 「광장」은 최인훈의 작품으로, 남북한 이념 문제에 대해 다루었다.
② 「카인의 후예」는 황순원의 작품으로, 해방 후 북한에서 이루어진 토지개혁과 애정문제를 다룬 이야기이다.
③ 「병신과 머저리」는 이청준의 작품으로, 한 형제의 모습을 통해 전후세대의 상처를 보여주는 작품이다.

38 다음 설명에 해당하는 작품의 제목은?

> 3·1 운동 이전의 사회 상황을 배경으로 삼아 동경에서 유학 중이던 주인공이 고향인 조선으로 귀환하는 과정을 그렸다. 원제인 「묘지」는 당시 사람들의 위축된 삶을 나타낸다.

① 「만세전」
② 「탈출기」
③ 「술 권하는 사회」
④ 「붉은 산」

38 ② 「탈출기」는 최서해가 1925년 발표한 작품으로, 간도 이주민들의 비참한 삶의 모습을 보여준다.
③ 「술 권하는 사회」는 현진건이 1921년 발표한 작품으로, 일제 강점기 때 사회에 적응하지 못하는 지식인의 모습을 보여준다.
④ 「붉은 산」은 김동인이 1932년 발표한 작품으로, 주인공이 만주 조선족 마을에서 '삵'이라는 인물을 만난 일을 그렸다.

정답 36 ③ 37 ④ 38 ①

39 다음 설명에 해당하는 단체의 이름은?

> 1931년 신파극에서 벗어나 진정한 의미의 우리 신극을 수립하겠다는 목표로 결성된 극단이다. 초기에는 서구 작품을 계승한 리얼리즘 연극을 주로 했으나 이후 창작극 중심의 공연을 이어가다가 1938년 일제의 탄압에 의해 해산되었다.

① 구인회
② 토월회
③ 극예술연구회
④ 조선프롤레타리아예술동맹

39 ① 구인회는 1933년 서울에서 활동하던 9명의 문인들이 모여 조직한 단체로 순수예술을 추구한다는 취지의 활동을 펼쳤다.
② 토월회는 1923년 조직된 극단이다.
④ 조선프롤레타리아예술동맹은 1925년에 사회주의 혁명을 위해 문학가들이 모여 결성한 단체로 '카프(KAPF)'라고도 한다.

40 다음 설명에 해당하는 작품과 그 작가가 옳게 연결된 것은?

> 이 작품은 명서네 아들과 경선네 이야기를 주축으로 한 한국 리얼리즘 희곡의 백미로 손꼽힌다. 1920년대 농촌을 배경으로 삼아 식민지 조선의 참상을 그려냈다.

① 「토막」 - 유치진
② 「불모지」 - 차범석
③ 「산돼지」 - 김우진
④ 「위대한 실종」 - 이근삼

40 ② 「불모지」는 최 노인 가족의 이야기를 중심으로 6·25 이후 사회에 대한 비판을 담고 있다.
③ 「산돼지」는 식민지 시대를 살아가는 젊은 지식인 최원봉(별명이 '산돼지')의 이야기로, 인물의 심리묘사가 두드러지는 사실주의 극이다.
④ 「위대한 실종」은 공미순이라는 주인공을 통해 드러나는 현대사회의 비인간화를 비판하는 작품이다.

정답 39 ③ 40 ①

교육은 우리 자신의 무지를 점차 발견해 가는 과정이다.

- 윌 듀란트 -

제1장

국어학

- **제1절** 국어에 대한 이해
- **제2절** 훈민정음과 한글에 대한 이해
- **제3절** 표준어와 방언
- **제4절** 언어 예절
- **제5절** 올바른 국어 사용
- **실전예상문제**

합격을 꿰뚫는 기출 키워드

제 1 장 국어학

제1절 국어에 대한 이해
언어의 표현적·감화적·친교적 기능, 자의성, 사회성, 역사성, 분절성, 창조성, 추상성, 표음문자, 언어습득이론, 경험주의 습득이론, 합리주의 습득이론, 언어와 사고

제2절 훈민정음과 한글에 대한 이해
훈민정음, 훈민정음의 창제 정신(실용 정신·애민 정신·자주 정신), 한글의 과학성, 한글의 제자 원리,『월인천강지곡』,『용비어천가』

제3절 표준어와 방언
통일의 기능, 우월의 기능, 준거의 기능, 교양 있는 사람들이 두루 쓰는 현대 서울말, 표음주의, 표의주의, 한글맞춤법, 표준어 규정, 표준발음법

제4절 언어 예절
경어법, 주체 높임법, 객체 높임법, 상대 높임법, 해라체, 해체, 해요체, 언어 예절

제5절 올바른 국어 사용
어휘, 고유어, 한자어, 외래어, 관용 표현, 숙어, 속담, 격언, 격조사, 접속 조사, 어미, 수식어와 피수식어, 구조적 중의성, 문장성분 간의 호응

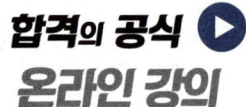 

보다 깊이 있는 학습을 원하는 수험생들을 위한
시대에듀의 동영상 강의가 준비되어 있습니다.
www.sdedu.co.kr ➔ 회원가입(로그인) ➔ 강의 살펴보기

제1장 국어학

제1절 국어에 대한 이해

1 언어로서의 국어

(1) 언어에 대한 이해
  ① 언어는 사람과 동물을 구별하는 가장 중요한 척도로, 인간만이 지닌 가장 고차원적인 의사전달 수단이다.
  ② 언어에 대한 기술은 실용적인 목적을 염두에 두지 않는다.
  ③ 언어에 대한 이해는 심리학 등의 다른 분야와도 연관이 있다.
  ④ 언어는 우리의 문화·사회·협동생활의 기본적인 수단이자, 주변생활에 있어서 가장 중요한 역할을 한다.
  ⑤ 언어가 없으면 생존은 가능하지만 사회생활은 불가능해진다.
  ⑥ 언어와 우리의 생활과의 관계가 깊은 만큼 언어연구의 필요성도 크다.
  ⑦ 인간이 의사소통을 할 때 언어만 사용하지는 않는다.

(2) 언어의 특성 중요
  ① **자의성**: 말소리와 의미는 우연한 결합이다(= 수의성, 임의성, 무연성, 우연성). 언어의 가장 큰 특성으로서, 언어의 모든 특성을 포괄하는 말이기도 하다.
    예 • 각 나라의 언어가 다른 데에는 아무런 이유가 없다.
       • '꽃'을 '꽃'이라 부르는 데에는 아무런 이유가 없다.
       • '해'와 '달'이 고유명사가 아닌 데에는 아무런 이유가 없다.
  ② **사회성**: 언어는 사회적 약속이므로 개인이 마음대로 바꿀 수 없다(불역성: 不易性). 언어와 사회는 불가분의 관계를 이루며, 언어는 언어사회의 지배를 받는다.
    예 • 출생 지역이나 국가에 따라 쓰는 말이 다르다.
       • 채팅용어 같은 은어는 일반인들이 알아듣지 못한다.
  ③ **역사성**: 언어는 시대의 흐름에 따라 변한다(가역성: 可易性).
    예 • 중세의 사성, 성조, 높낮이 → 현재의 장단
       • 평성(安而和, 낮고 평평한 소리) → 짧은 소리
       • 상성(和而擧, 낮다가 높아지는 소리) → 긴 소리
       • 거성(擧而壯, 높게 나아가는 소리) → 짧은 소리
       • 입성(促而塞, 빨리 끝에 닫는 소리) → 없어짐
       • 즈믄 → 천, 어리다(어리석다 → 나이가 적다)

④ **분절성**: 불연속성 → 연속적인 현실을 끊어서 표현한다.
   예 • 무지개의 색깔을 일곱 가지로 나누어 말한다.
       • 사람의 얼굴을 뺨, 턱, 이마로 나누어 말한다.
⑤ **창조성**: 생각이 열려 있어서 언어를 무한히 만들어 내고 상상의 산물도 만들어 낸다. 사고의 개방성이라고도 한다.
   예 용, 봉황, 도깨비, 해태
⑥ **추상성**: 언어로 추상화(抽象化 = 개념화)의 과정을 거친다.
   예 코스모스, 백합, 장미, 국화는 꽃이다.

(3) 언어의 기능

언어는 소통과 전달을 통해 기억력을 향상시키고, 추상화(개념화)를 통해 사고 능력을 발달시킨다.

① **표현적 기능**: 화자의 감정, 심리, 태도 등을 표현하는 기능
   예 • 이 금은 무게가 5g이다. → 화자의 사실적 판단
       • 이 책은 참 재미있다. → 지시 대상에 대한 화자의 태도
       • 어서 출발하시지요. → 상대방에 대한 화자의 높임 태도
       • 영우는 공부하지 않은 것 같다. → 자신의 판단에 대한 확신성 여부

> **더 알아두기**
> • 표현적 기능: 전달의도 있음, 청자 중시
> • 표출적 기능: 전달의도 없음, 청자 무시

② **감화적 기능**: 듣는 사람으로 하여금 무엇을 하거나 하지 못하게 하는 기능으로, 표어, 광고문, 선거의 연설문, 법률 용어, 신호등, 도로표지판 등
   예 • 여기는 금연 장소입니다.
       • 어서 학교에 가거라.
③ **친교적 기능**: 주로 인사말, 친교 관계를 확인하는 기능으로, 사전적·개념적 의미는 무시
   예 • 날씨가 참 사납군요(폭우를 보면서).
       • 진지 잡수셨습니까?(인사치레로)
④ **표출적 기능**: 감정을 표출하고 언어를 본능적으로 사용하는 기능으로, 주로 감탄이 해당
   예 • 아야, 아파!
       • 에구머니나!
⑤ **지식과 정보의 보존 기능**: 언어로 지식을 축적하고 정보를 보존하는 기능

> **체크 포인트**
>
> **언어의 기능**
> - 사람의 감정이나 의사를 전달하는 구실
> - 문학 작품을 창작하는 도구
> - 언어를 습득하는 사람에게 지식을 쌓게 하고, 생각을 깊이 하게 함

2 국어의 언어적 특징

(1) 언어적 특징

① **언어의 종류**
   ㉠ 음성 언어(말하기, 듣기) : **입을 통해 표현**되고, 귀로 들어 의사소통을 하는 언어
      - 장점 : 쉽게 감정을 표현할 수 있음
      - 단점 : 말함과 동시에 금방 사라져 오래 보존할 수 없음
   ㉡ 문자 언어(읽기, 쓰기) : 음성 언어에 담긴 내용을 상징하는 부호, 즉 **문자로 나타낸 언어**
      - 장점 : 시대와 공간을 초월하여 오래도록 전달됨
      - 단점 : 억양, 쉼, 감정 등을 표현하는 것은 불가능

(2) 음운상의 특징

국어의 자음 체계는, 특히 파열음 계열에서 영어·독어·불어 등과 같은 인도·유럽계통의 언어가 이중 체계(二重體系)로 되어 있는 것과는 달리, 삼중 체계(三重體系)로 되어 있다. 단모음의 수도 10개나 될 정도로 많다. 또, 국어 음운 구조의 독특한 특질로는 두음법칙(頭音法則), 음절 끝소리 규칙, 모음조화(母音調和), 동화작용(同化作用) 등을 들 수가 있다.

① **두음법칙** : 첫소리에 둘 이상의 자음이나 유음 'ㄹ'과 'ㄴ', '냐, 녀, 뇨, 뉴' 등의 소리가 오지 않는 현상을 가리킨다. 이러한 두음법칙의 존재는 알타이어의 공통 특질의 하나로 일컬어지는 것이기도 하다.

② **음절 끝소리 규칙** : 음절 말에서 'ㄱ, ㄴ, ㄷ, ㄹ, ㅁ, ㅂ, ㅇ'만 발음하는 규칙이다.

③ **모음조화** : 알타이어의 공통 특질 중의 하나로 지적되는 것이다. 국어에서의 모음조화란, 알기 쉽게 말하면 양성 모음은 양성 모음끼리, 음성 모음은 음성 모음끼리 결합하려는 현상이다.

④ **동화작용** : 한쪽 음운이 다른 쪽 음운의 성질을 닮아가는 현상이다.
   ㉠ 모음 동화 : 전설 모음화, 모음조화 등
   ㉡ 자음 동화 : 구개음화, 비음화, 유음화(설측음화) 등 기출 24

⑤ 이밖에 국어의 음운상의 특질로는 음상(音相)의 차이로 인하여 표현 의미가 달라지는 사실을 들 수 있다.

(3) 음운의 체계

① 자음의 분류

소리 내는 방법			입술소리 (두 입술)	혀끝소리 (윗잇몸, 혀끝)	센입천장소리 (경구개, 혓바닥)	여린입천장 소리 (연구개, 혀 뒤)	목청소리 (목청 사이)
안울림소리	파열음	예사소리	ㅂ	ㄷ		ㄱ	
		된소리	ㅃ	ㄸ		ㄲ	
		거센소리	ㅍ	ㅌ		ㅋ	
	파찰음	예사소리			ㅈ		
		된소리			ㅉ		
		거센소리			ㅊ		
	마찰음	예사소리		ㅅ			ㅎ
		된소리		ㅆ			
울림소리	비음		ㅁ	ㄴ		ㅇ	
	유음			ㄹ			

② 모음의 분류

㉠ 단모음 : 소리 내는 동안 입술이나 혀가 움직이지 않는 모음

혀의 높이	혀의 앞뒤 입술 모양	전설 모음		후설 모음	
		평순 모음	원순 모음	평순 모음	원순 모음
고모음		ㅣ	ㅟ	ㅡ	ㅜ
중모음		ㅔ	ㅚ	ㅓ	ㅗ
저모음		ㅐ		ㅏ	

㉡ 이중 모음 : 소리 내는 동안 입술이나 혀가 움직이는 모음
- 반모음 'ㅣ'로 시작되는 것 : ㅑ, ㅕ, ㅛ, ㅠ, ㅖ, ㅒ
- 반모음 'ㅗ/ㅜ'로 시작되는 것 : ㅘ, ㅝ, ㅙ, ㅞ
- 반모음 'ㅣ'로 끝나는 것 : ㅢ

(4) 어휘상의 특징

언어는 언어를 사용하는 언중(言衆)의 역사와 생활을 반영한다. 그러기에 언어를 문화의 색인(索引)이라고까지 말한다. 한 민족은 그 민족 나름의 독특한 역사와 문화를 지니고 있으며, 독특한 사상, 감정 및 사고방식도 아울러 지닌다. 이들은 그대로 언어에 반영되는데, 어휘 부문에서 가장 두드러진다.

① 다량의 한자어의 유입
② 높임법의 발달

③ 감각어의 발달
④ 상징어의 발달

(5) 구문상의 특징

① 국어에는 문법적 관계를 나타내는 조사와 어미가 다양하게 발달하였다. 이러한 조사와 어미는 단순한 문법적 관계뿐만 아니라 미묘한 문체적 효과까지 드러낸다. 이런 점에서 국어는 교착어(膠着語)에 속하는 언어로 분류된다. 또 하나의 중요한 문법적 특질은 국어에서는 중요한 부분, 즉 화자의 **결론을 맨 끝에 진술한다**는 점이다. 이와는 대조적으로 인구어(人口語 : 인도-유럽어)는 중요 부분을 먼저 진술하고, 이차적인 부분을 나중에 진술한다.
② 어순(語順)은 사고의 흐름을 반영한다. 우리말이 '주어-목적어-서술어'의 어순인 반면, 영어는 '주어-서술어-목적어'의 어순이다. 이는 생활양식과 사고방식의 차이가 언어에 반영된 것이라고 볼 수도 있는 한 예가 된다. 전자는 청자를 끝까지 잡아 놓는 장점을 지니는 반면, 후자는 청자가 비판적으로 들을 수 있다는 장점을 지닌다. 반면에, 전자는 비판적으로 사고할 기회를 빼앗을 수 있지만, 후자는 청자를 끝까지 붙들어 두는 긴장감이 부족하다는 단점을 지닌다고도 말할 수 있다. 기출 25
③ 이 같은 특징으로 말미암아, 국어의 문장은 주어와 서술어 사이에 많은 이차적 사실이 언급되어 장문이 되기가 쉽다.

3 국어의 문법적 특성 기출 22

(1) 형태적 특성

① 국어는 조사와 어미가 발달된 언어이다(교착어, 첨가어).
② 국어의 문법 형태는 대체로 한 형태가 하나의 기능을 가진다.
③ 국어 문법에서는 유정 명사와 무정 명사의 구분이 중요하다.
④ 국어에는 분류사(단위성 의존명사)가 발달해 있다.
⑤ 국어의 형태적 특성을 인구어적인 특징과 비교하였을 때, 그 결여적 특징으로 나타나는 현상이나 특별히 대조적으로 나타나는 현상이 있다.

(2) 통사적 특성 기출 25, 23

① 국어는 '주어(S)-목적어(O)-동사(V)'의 어순을 갖는 SOV형 언어이다. 다만, 어순이 고정적이지 않고 자유롭게 이동 가능하다.
② 국어의 수식 구성에서 수식어는 반드시 피수식어 앞에 온다. 따라서 국어는 좌분지 언어에 속한다.
③ 국어는 핵-끝머리 언어에 속한다.
④ 국어는 자유어순 또는 부분적 자유어순을 가진 언어이다.
⑤ 국어는 근간 성분, 특히 주어나 목적어가 쉽게 생략될 수 있는 언어에 속한다.

⑥ 국어는 담화 중심적 언어의 성격을 가지며, 주제 부각형 언어의 특성을 강하게 가진다.
⑦ 국어에는 통사적 이동이 드물거나 없다.
⑧ 국어는 경어법(대우법 또는 높임법)이 매우 발달했다.

> **더 알아두기**
> 국어의 문법적 현상
> - 형태적 현상 : 단어 형성, 품사 및 조사나 어미와 관련되는 현상
> - 통사적 현상 : 구성, 성분, 어순, 구성의 기능 및 문법 요소와 관련되는 현상

4 언어습득이론 중요

(1) 경험주의(행동주의) → 후천적

① 인간은 하나의 언어를 배우고 난 뒤에는 그것을 일상생활에서 자유자재로 구사할 수 있다. 마치 자전거나 스케이트를 한번 배우고 나면, 그 뒤에는 별다른 신경을 쓰지 않고 탈 수 있는 것과 같다.
② 실제로 학교에서 국어를 정규적으로 교육받지 않은 사람이라 하더라도, 시장에 가서 물건을 사거나 길을 물어볼 때, 자기 나라 말을 몰라서 고생하는 사람은 없다는 점을 생각해본다면 우리가 말을 일단 배운 뒤에는 특별한 노력을 기울이지 않더라도 그것을 구사할 수 있다는 사실을 알 수가 있을 것이다.

(2) 합리주의 → 선천적

① 특징
 ㉠ 인간은 태어날 때부터 말하기 위한 조건을 갖추고 태어난다.
 ㉡ 동물도 의사소통의 수단을 가지고 있는 경우가 있기는 하지만, 그것은 인간의 언어와는 도저히 비교될 수 없다.
 ㉢ 이러한 사실은 무엇보다 인간의 해부학적인 특징들로써 뒷받침된다. 다른 동물과는 달리, 인간에게는 말을 하기 위한 기관, 즉 조음 기관(調音器官)이 특별하게 발달되어 있다.
 ㉣ 말하기를 위한 인체 기관 중에서 가장 두드러진 것은 성대(聲帶)이다. 성대는 기도(氣道)의 중간에 위치하여 여닫거나 틈을 만듦으로써 소리를 낼 수 있게 해 주는 근육의 덩어리인데, 숨쉬기만을 위해서라면 이 기관은 오히려 거추장스러운 존재이다. 인간만이 가지고 있는 이 생물학적인 기관은 오로지 발성(發聲)을 하기 위해서만 존재할 뿐, 다른 기능을 담당하고 있지 않다.

② 합리주의 이론의 타당성
 ㉠ 언어는 인간만이 배울 수 있다. 지능이 비교적 발달해 있다는 침팬지 같은 짐승들을 대상으로 언어를 가르치려는 실험을 많이 하였지만, 이들이 습득하는 수준은 인간이 성취해 내는 수준과는 비교가 되지 않는다.

① 어린이가 언어를 습득하는 과정을 보면 이해하기 어려울 정도로 신비하다. 인간이라면 누구든지 만 세 살 정도밖에 안 되는 몽매(夢昧)한 나이에 전화까지 받을 수 있을 정도로 모어(母語)에 유창해진다. 나이가 든 뒤에 외국어를 배우기 위해서 쩔쩔맨 경험을 생각해 본다면, 어린이의 언어 습득 능력이 얼마나 신비한 능력인지를 알 수 있을 것이다. 이런 점에서, 인간의 두뇌 속에는 아주 어린 나이에도 언어를 습득할 수 있는 특별한 장치가 있는 것이 아닌가 하는 가설(假說)이 제기되기도 하였다. 이는 아직 구체적으로 증명된 것은 아니지만, 그러한 장치가 없다고 한다면 완벽하게 이루어지는 언어의 습득 과정을 합리적으로 설명하기가 매우 어렵다.

(3) 언어 구조의 청사진

① 인간은 엄청난 양의 언어적 판단(判斷)을 이른바 직관(直觀)이라고 하는 신비한 능력에 의해서 처리해 가고 있다.
② 언어적 판단은 모두 인간의 두뇌 속에서 이루어지고 있는데, 그 처리 및 운용 과정에 대해서는 아는 것보다 아직 모르고 있는 것이 더 많다. 우리는 언어를 사용하여 문자 그대로 무한(無限)에 가까운 생각들을 표현할 수가 있다.

체크 포인트

- 언어와 문학
  언어와 문학은 필연적 관계는 아니며 긴밀한 관계를 유지하고 있다.
- 언어와 사고
  - 언어를 통해 세계를 인식한다.
  - 언어의 상대성 이론(벤자민 워프)
    ⓐ 언어가 행동과 사고를 결정하고 주조한다.
    ⓑ 언어가 사고를 지배한다.

제 1 절 핵심예제문제

01
- 음성 언어(말하기, 듣기) : 입을 통해 표현되고, 귀로 들어 의사소통을 하는 언어로, 말함과 동시에 금방 사라져 오래 보존할 수 없다.
- 문자 언어(읽기, 쓰기) : 음성 언어에 담긴 내용을 상징하는 부호(문자)로 나타낸 언어로 시대와 공간을 초월하여 오래도록 전달된다.
→ 억양, 쉼, 감정 등을 표현하는 것은 불가능하다.

02 제시된 표현은 감정을 표출하고 언어를 본능적으로 사용하는 기능인 언어의 표출적 기능 표현이다. 주로 감탄사로 나타난다.

03 조사와 어미가 발달한 것은 국어의 형태상의 특징이다.

국어의 형태상의 특징
- 조사와 어미의 발달 → 교착어
- 하나의 문법 형태 → 하나의 기능

정답 01 ② 02 ④ 03 ④

---

01 다음 중 음성 언어의 특징으로 옳지 <u>않은</u> 것은?
① 귀로 들어 의사소통을 하는 언어이다.
② 시대와 공간을 초월하여 오래도록 전달된다.
③ 쉽게 감정을 표현할 수 있다.
④ 말함과 동시에 금방 사라져 오래 보존할 수 없다.

02 다음에서 나타나는 언어의 기능은 무엇인가?

> - 아야, 아파!
> - 에구머니나!

① 표현적 기능
② 감화적 기능
③ 친교적 기능
④ 표출적 기능

03 다음 중 국어의 어휘상의 특징이 <u>아닌</u> 것은?
① 다량의 한자어의 유입
② 높임법의 발달
③ 감각어의 발달
④ 조사와 어미의 발달

04 언어가 사고에 미치는 영향이 아닌 것은?

① 우리는 실세계를 있는 그대로 보고 경험하는 것이 아니라 언어를 통해 인식한다.
② 언어의 상대성이란, 예를 들어 실제 빛의 색깔이 수백 가지 일 수 있으나 우리의 언어에 있는 색깔로만 인식·분류하는 것을 의미한다.
③ 언어의 문법적 차이가 그들의 세계관이나 인생관 혹은 사고 능력에 크게 차이를 미치지는 않는다.
④ 언어가 없는 사고는 절대적으로 불가능하다.

04 언어가 없는 사고도 가능하다. 생각은 있되, 그 생각을 표현할 적당한 말이 없는 경우도 얼마든지 있으며, 생각은 있지만 말을 잊어 표현에 어려움을 겪는 경우도 얼마든지 있다. 음악가나 조각가들을 예로 생각하면 쉽게 이해할 수 있다.

05 언어습득이론에 관한 설명으로 틀린 것은?

① 경험주의 언어습득이론은 행동주의 언어습득이라고도 한다.
② 합리주의 이론에서는 인간은 태어날 때부터 말하기 위한 조건을 갖추고 태어난다고 본다.
③ 경험주의 이론에서는 언어의 습득능력은 인종(人種)이나 지능(知能)에 따라 달라진다고 본다.
④ 하나의 언어를 배우고 난 뒤 그것을 일상생활에서 자유자재로 구사할 수 있다고 보는 것은 경험주의 이론이다.

05 경험주의 이론에서는 언어의 습득은 인종(人種)이나 지능(知能)과 관계 없이 누구에게나 비슷한 수준으로 이루어진다고 본다.

06 다음 중 인간의 언어에 대한 이해에 관한 내용으로 옳지 않은 것은?

① 언어에 대한 이해가 없이 자기 자신 혹은 인간을 이해한다고 할 수가 없다.
② 사람과 동물을 구별하는 가장 중요한 척도의 하나이다.
③ 언어는 우리의 협동생활, 문화생활, 사회생활의 기본적인 수단이다.
④ 언어가 없으면 사회생활은 가능하지만 생존은 불가능해진다.

06 언어가 없으면 생존은 가능하지만 사회생활은 불가능해진다.

정답 04 ④ 05 ③ 06 ④

07 자음의 분류
- 목청의 울림 유무: 울림소리, 안울림소리
- 소리 내는 방법: 파열음, 파찰음, 마찰음, 유음, 비음
- 소리 내는 자리: 입술소리, 혀끝소리, 센입천장소리, 여린입천장소리, 목청소리
- 소리 세기: 예사소리, 된소리, 거센소리

07 현대 국어의 자음을 다음과 같이 분류하는 기준은?

> 현대 국어의 자음은 파열음 'ㅂ, ㅃ, ㅍ, ㄷ, ㄸ, ㅌ, ㄱ, ㄲ, ㅋ', 파찰음 'ㅈ, ㅉ, ㅊ', 마찰음 'ㅅ, ㅆ, ㅎ', 유음 'ㄹ', 비음 'ㅁ, ㄴ, ㅇ' 등의 열아홉이다.

① 혀의 위치
② 입술의 모양
③ 소리 내는 위치
④ 소리 내는 방법

08 ③은 통사적인 특성이다.

08 국어의 문법적 특성을 형태적 특성과 통사적 특성으로 나눌 때, 형태적 특성으로 보기 어려운 것은?

① 국어는 조사와 어미가 발달된 언어이다.
② 국어에는 분류사가 발달해 있다.
③ 국어는 경어법이 정밀하게 발달한 언어에 속한다.
④ 국어에서는 유정 명사와 무정 명사의 구분이 문법에서 중요성을 가진다.

정답 07 ④ 08 ③

제2절 훈민정음과 한글에 대한 이해

세종어제훈민정음(世宗御製訓民正音)
나·랏:말쌋·미 中듕國·귁·에 달·아 文문字쫑·와·로 서르 스뭇·디 아·니 홀·씨·이런 젼·
ᄎᆞ·로 어·린 百·빅姓·셩·이 니르·고·져·홇·배 이·셔·도 ᄆᆞ·ᄎᆞᆷ:내 제·ᄠᅳ·들 시·러 펴·
디:몯훓·노·미 하·니·라 ·내·이·롤 爲·윙·ᄒᆞ·야:어엿·비 너·겨·새·로·스·믈여·듧
字·쫑·롤 ᄆᆡᇰ·ᄀᆞ노니:사룸:마·다:히·ᅇᅧ:수·ᄫᅵ니·겨·날·로·ᄡᅮ·메便뼌安한·킈 ᄒᆞ·고
·져 홇 ᄯᆞᄅᆞ·미니·라

國之語音 異乎中國(국지어음 이호중국) 與文字不相流通(여문자불상유통) 故愚民有所欲言(고우민유
소욕언) 而終不得伸其情者多矣(이종부득신기정자다의) 予爲此憫然 新制二十八字(여위차민연 신제이
십팔자) 欲使人人易習 便於日用耳(욕사인인이습 편어일용이)
— 『훈민정음(訓民正音)』 서문, 세조(世祖) 5년(1459년)

현대어 풀이
우리나라 말이 중국과 달라 한자와는 서로 통하지 아니하여서 이런 까닭으로 어리석은 백성이 말하고자
하는 바가 있어도 마침내 제 뜻을 펴지 못하는 사람이 많다. 내 이것을 가엾게 여겨 새로 스물여덟 자를
만드니, 모든 사람으로 하여금 쉽게 익혀서 날마다 쓰는 데에 편하게 하고자 할 따름이다.

1 훈민정음(訓民正音)의 문자와 표기 기출 23

(1) 정의

훈민정음은 초성 17자, 중성 11자, 도합 28자의 음소문자이다. 그중 몇 개가 사라졌지만, 그것을 토대로
한 문자가 오늘날의 한글(Hangeul)이다.

(2) 창제 정신 중요

① **실용 정신**: 사용하기 쉽고 편리한 문자
　예) 사룸:마·다:히·ᅇᅧ:수·ᄫᅵ니·겨·날·로·ᄡᅮ·메 便뼌安한·킈 ᄒᆞ·고·져 홇 ᄯᆞᄅᆞ
　　·미니·라

② **자주 정신**: 중국과의 언어적 차이를 인식함
　예) 나·랏:말쌋·미 中듕·國귁·에 달·아 文문字쫑·와·로 서르 스뭇·디 아·니 홀·씨

③ **애민 정신**: 백성들의 자유로운 문자 생활을 도모함
　예) 어·린 百·빅姓·셩·이 니르·고·져·홇·배 이·셔·도 ᄆᆞ·ᄎᆞᆷ:내 제·ᄠᅳ·들 시·러 펴·
　　디:몯훓·노·미 하·니·라 ·내·이·롤 爲·윙·ᄒᆞ·야:어엿·비 너·겨

④ **창조 정신**: 새로운 문자를 창조함
예 새·로·스·믈여·듧字·쭝·를 밍·ㄱ노니

(3) 창제 연대 기출 24
① 1443년, 세종 25년 훈민정음 창제, 예의(例義) 완성·공포
② 1446년, 세종 28년 해례(解例) 완성, 간행·반포

(4) 훈민정음의 의미 기출 24
① **문자 명칭으로서의 훈민정음**: '백성을 가르치는 바른 소리'라는 뜻으로, 시기에 따라 언문(諺文), 반절(反切), 국문, 암클, 아랫글, 가갸글, 국서, 조선글, 한글 등으로 불렸다.
② **책 이름으로서의 '훈민정음'**: 새로 만든 문자인 '훈민정음'에 대한 해설서로서 예의, 해례, 정인지의 서문으로 구성되어 있다.

(5) 인용된 부분의 낱말 풀이

- 듕·귁·에: 듕귁+에(비교격 조사) = 중국과
- 달·아: 달라서
- 스뭇·디: 통하지
- 젼·ᄎ·로: 까닭으로
- 어린: 어리석은
- 홇·배 이·셔·도: 할 바가 있어도(바 + ㅣ = 배)
- 무·침내 제 쁘들: 마침내 제 뜻을
- 노미: 사람이(의미의 축소가 이루어짐 → 사람, 특히 남자를 낮추어 이르는 말)
- 시·러 펴·디: 능히 펴지
- 하니라: 많으니라
- 어엿·비: 불쌍히(의미의 이동이 이루어짐 → 예쁘게)
- 밍·ㄱ노니: 만드니(-오-: 1인칭 주체 표시 선어말 어미 → 3인칭이면 '밍·ㄱ느니'가 됨)
- 히·여: 하여금
- 수·ᄫㅣ 니·겨: 쉽게 익혀
- 뿌·메: 씀에

체크 포인트

『훈민정음』 해례본과 언해본
- 해례본은 새로 창제된 훈민정음을 설명하기 위하여 1446년(세종 28) 정인지(鄭麟趾) 등이 세종의 명령을 받고 한문으로 편찬한 해설서이다. 책 이름이 '훈민정음'이고, 훈민정음에 대한 해례(解例)가 붙어 있어서 '훈민정음 해례본' 또는 '훈민정음 원본'이라고도 한다.
- 언해본은 해례본에 한글 번역이 붙어있는 것으로 한문으로 되어 있던 해례본 내용에 1459년(세조 5년) 간행된 『월인석보』에 실린 훈민정음의 어제 서문과 예의(例義) 부분을 한글로 번역해 붙여서 「세종어제훈민정음(世宗御製訓民正音)」으로 합본되어 있는 것을 말한다.

2 훈민정음의 창제 이유 중요

(1) 한문에 표준음이 정해져 있지 않아 서로 뜻이 통하지 않는 경우가 있으므로

(2) 유교 정신을 실천하고 질서를 확립하기 위해서

(3) 한자는 배우기가 어렵고 일부 사람만 사용했으므로 많은 사람이 글자를 알 수 있게 하려고

> **체크 포인트**
> - 훈민정음 창제 이후 서적 : 『용비어천가』, 『월인천강지곡』, 『석보상절』, 『월인석보』, 『두시언해』 등
> - 훈민정음을 유일한 문자체계로 발전시킬 의도가 없었으며, 국한문혼용을 염두에 둠 → 합자해 조항

3 최만리 등이 훈민정음 반포를 반대한 이유

(1) 새 글자(훈민정음)를 만든 것이 학문과 정치에 유익함이 없다.

(2) 너무 성급하게 결정하여 중국의 시비가 염려된다.

(3) 글자를 가지고 있는 주변국은 모두 오랑캐이며, 우리는 이미 학문에 도움이 되는 이두를 가지고 있다.

(4) 한낱 기예에 불과한 언문 익히기에 몰두한다면 이는 국가적 손실이다.

4 한글의 과학성

(1) **초성** : 17자의 제자원리 – 발음기관을 상형(象形) 기출 25, 23, 22

구분	기본자	상형(象形) 원리	가획자	이체자
아음(牙音)	ㄱ	상설근폐후지형(象舌根閉喉之形) : 혀뿌리가 목구멍을 막는 모양을 본뜸	ㅋ	ㆁ
설음(舌音)	ㄴ	상설부상악지형(象舌附上顎之形) : 혀가 윗잇몸에 붙은 모양을 본뜸	ㄷ, ㅌ	ㄹ
순음(脣音)	ㅁ	상구형(象口形) : 입의 모양을 본뜸	ㅂ, ㅍ	
치음(齒音)	ㅅ	상치형(象齒形) : 이가 잇몸에 붙은 모양을 본뜸	ㅈ, ㅊ	ㅿ
후음(喉音)	ㅇ	상후형(象喉形) : 목구멍의 모양을 본뜸	ㆆ, ㅎ	

(2) 중성 제자의 원리(11자)

① 동양 철학의 원리를 적용해 우주의 기본 요소인 삼재(三才), 'ㆍ(天), ㅡ(地), ㅣ(人)'을 상형하여 기본자를 만듦

> **더 알아두기**
> ㆍ(天), ㅡ(地), ㅣ(人)
> - ㆍ : 바탕이 둥글어 天(하늘)을 상징한다.
> - ㅡ : 바탕이 평평하여 地(땅)를 상징한다.
> - ㅣ : 바탕이 서있어 人(사람)을 상징한다.

② 기본 글자를 제외한 나머지 여덟 글자 'ㅗ, ㅏ, ㅜ, ㅓ, ㅛ, ㅑ, ㅠ, ㅕ'는 기본 글자를 합성하여 만듦

제자 순서 소리의 성질	기본자	초출자	재출자
양성 모음	ㆍ(天)	ㅗ, ㅏ	ㅛ, ㅑ
음성 모음	ㅡ(地)	ㅜ, ㅓ	ㅠ, ㅕ
중성 모음	ㅣ(人)	—	

③ 중성 11자에는 속하지 않으나 다양한 소리를 기록하기 위해 합용의 방식으로 'ㅘ, ㆇ, ㅝ, ㆊ'나 'ㅚ, ㅐ, ㅟ, ㅔ' 등의 글자를 만들기도 하였음

(3) 이어쓰기[연서법(連書法)·순경음 표기] : 입술소리 아래 'ㅇ'을 이어 쓰면 입술가벼운소리(순경음)가 된다.

예 ㅸ, ㅱ, ㆄ, ㅹ

(4) 나란히쓰기[병서법(竝書法)]

① **각자병서(各自竝書)** : 'ㄲ, ㄸ, ㅃ, ㅆ, ㅉ, ㆅ'
② **합용병서(合用竝書)** : 'ㅲ, ㅄ, ㅅㅣ, ㅅㄷ, ㅆ, ㅴ, ㅵ'

> **더 알아두기**
> **한글의 확대**
> 훈민정음이 창제되기는 했으나 이미 굳어진 한문의 지위는 좀처럼 흔들리지 않았다. 훈민정음은 창제 당시부터 언문이라 불리어 한문의 중압 밑에 놓이게 되었다. 사대부 계층은 여전히 한문을 썼고 그중의 소수만이 언문에 관심을 보였는데, 이런 사람들도 특수한 경우에만 이것을 사용하였다. 즉, 그 사용은 주로 시가(시조·가사 등)의 표기, 한문 서적의 번역 등에 국한되어 있었다. 이것은 언문이 예전의 향찰이나 이두의 지위를 물려받았음을 보여 주는 것이다. 그러나 언문이 진작부터 궁중 나인들 사이에 사용되었고 차츰 사대부 계층의 부녀자들 사이에 보급되었음은 특기할 만한 사실이다. 그리고 느리기는 했으나 평민들 사이에도 점차 뿌리를 내리기 시작했던 것이다. 이 문자가 온 국민의 문자로서의 지위를 확립한 것은 19세기와 20세기의 교체기에 와서의 일이다. 이때에 국문(뒤에는 한글)이란 이름이 일반화되었고 언문일치의 이상을 적극적으로 추구하게 되었던 것이다.

5 『훈민정음』에서 『노걸대언해』까지 국어 변천 과정(15~17세기)

(1) 『훈민정음』
① **시기**: 15세기 중엽
② **문자**: 'ㅸ, ㆆ, ㅿ, ㆁ, ㆀ' 모두 사용, 어두 자음군 사용
③ **표기법**: 방점 사용, 이어적기, 다양한 사잇소리, 8종성 표기
④ **음운**: 모음조화가 잘 지켜짐, 'ㅸ'의 음가 혼란, 주격조사 'ㅣ'가 이중 모음화됨
⑤ **문법면**: 비교격 조사로 '에'가 있었음, 관형사형 어미 '-ㄹ'에 'ㆆ' 병기, 명사형 어미 '-옴/움'의 형태, 선어말 어미 '-오/우-' 규칙적 사용
⑥ **기타**: 번역체·문어체, 동국정운식 한자음 표기

> **더 알아두기**
>
> **『동국정운(東國正韻)』식 표기**
> 한자음의 표준화를 위해 세종 30년에 간행한 『동국정운』에 규정된 한자음의 표기 방법. 성종 때 폐지됨 ⇒ 현실음이 아닌 이상적 한자음
> - 중국의 원음에 가까운 표기 → 'ㄲ, ㄸ, ㅃ, ㅆ, ㅉ, ㆅ, ㆆ, ㅿ' 등을 초성에 사용
>   예 覃땀, 步뽕, 邪썅(현실음: 담, 보, 샤)
> - 초성, 중성, 종성을 반드시 갖춤(종성이 없으면 'ㅇ, ㅱ' 등을 붙임)
>   예 虛헝, 斗둥, 步뽕, 票푱('ㅱ'은 순경음 미음)
> - 이영보래(以影補來): 'ㄹ' 받침으로 끝난 한자어에는 반드시 'ㆆ'을 붙임
>   예 우리의 현실적 한자음 중 'ㄹ'로 발음되는 말들은 중국에서는 모두 'ㄷ'으로 발음되는 소리(입성)였다. 이처럼 중국의 발음인 입성에 가깝게 표기하기 위하여 'ㆆ'으로써 'ㄹ'을 보충하는 표기를 하였다. → 戌슗, 月웛, 佛뿛, 八밣

(2) 『소학언해』
① **시기**: 16세기 후반
② **문자**: 'ㅸ, ㆆ, ㅿ' 소멸, 어두 자음군 간혹 사용, 'ㆁ(받침에만)', '·' 사용 [기출] 24
③ **표기법**: 방점 사용, 끊어적기 나타남('일홈을'), 사잇소리 'ㅅ'으로 통일, 8종성 표기
④ **음운**: 모음조화의 혼란, 'ㅿ'의 음가 혼란, 초성의 'ㆁ' 음가 소멸, 'ㄹㄹ'형 활용('닐러')의 쓰임 확대 [기출] 24
⑤ **문법면**
  • 명사형 어미 '-옴/움'에서 '-오/우-' 탈락, '-기'의 사용('아당ᄒ기')
  • 높임법 '-샤-, 끠' 사용
  • 선어말 어미 '-오/우-'의 혼란
⑥ **기타**: 번역체·문어체, 현실적 한자음 표기

(3) 『노걸대언해』
① **시기** : 17세기 후반
② **표기법** : 방점 사용하지 않음, 거듭적기 나타남
③ **음운** : 'ㆍ'의 음가 혼란, 종성의 'ㄷ'과 'ㅅ'의 혼란
④ **문법면** : 2인칭 의문형 어미 '-ㄴ다'의 사용 혼란, 선어말 어미 '-오/우-'의 혼란
⑤ **기타** : 구어체·번역체, 한자만 표기

> **더 알아두기**
>
> 『훈몽자회(訓蒙字會)』
> 조선 전기의 학자 최세진이 1527년(중종 22) 어린이들의 한자(漢字) 학습을 위하여 지은 책이다. 상·중·하 3권으로 된 이 책 상권의 앞부분에는 '훈몽자회인(訓蒙字會引)'과 범례가 있는데, 범례 끝에 '언문자모(諺文字母)'라 하여 당시의 한글 체계와 용법에 대한 설명이 붙어 있다. 오늘날 우리가 사용하고 있는 한글 자모의 명칭은 바로 여기에 기원을 두고 있다.

6 세종의 이원론적 문자 정책 〔중요〕

「합자해」 조항을 보면 세종이 훈민정음을 만들면서 정음과 한자의 조화된 병행(竝行), 즉 국한문 혼용을 염두에 두고 있었다는 것을 알 수 있다.

(1) 공문서·역사 기록·학술 : 한문

(2) 백성 교화 : 훈민정음(한글)

7 한글에 대한 이해 〔기출〕 25

(1) 한글
1913년 아동 잡지 『아이들보이』에서 「한글풀이란」에 가장 먼저 실용화되어 나타났으며, '한글'이란 이름을 붙인 사람은 주시경으로 알려져 있으나 정확한 근거가 있는 것은 아니다.

(2) 한글의 명칭과 학자들의 견해
① **최현배**
  ㉠ '한글'의 '한'은 '一, 大, 正'을 의미하며, 주시경으로부터 비롯된다고 추측하였다.
  ㉡ '한글'은 근본적으로 우리나라 글을 가리킨다.

② **이윤재**
  ㉠ '한글'의 이름을 지은 사람을 주시경이라고 추정한다. '한글'의 '한'은 우리의 고대민족의 이름인 환족(桓族)이나 환국(桓國)으로 거슬러 올라가며 내려와서는 '삼한(三韓)'의 '한(韓)', 근대의 '한국(韓國)'의 '한'에 그 기원을 대고, 그 의미는 '크다(大)', '하나' 등으로 파악했다.
  ㉡ '한글'의 '한'이란 겨레의 글, 곧 조선의 글이라 보았다.
③ **최남선**
  ㉠ 한글은 융희 말년, 곧 1910년 조선광문회에서 만들어졌다고 보았다.
  ㉡ 이윤재와 같이 '한글'의 뜻으로 '大'와 '韓'을 들고, 이어 이 말이 쓰인 최초의 기록은 계축년(1913)에 나온 아동잡지 『아이들보이』의 「한글란(欄)」이라고 하여 최현배보다 사용 연대를 구체적으로 명시하였다.
④ **박승빈**
  박승빈은 최남선이 짓고 주시경이 찬동하여 '한글'이란 이름이 확정된 것으로 보았다.
⑤ **김민수**
  ㉠ '한글'의 '한'은 '대한제국(大韓帝國)'의 '韓'에서 따낸 것이며, 그 의미는 '大'와 '韓'의 두 가지를 부여하였다.
  ㉡ 한글의 사용 연대와 쓰인 사례를 최남선보다 더 분명히 하고 "『아이들보이』지(1913. 9. 창간) 「한글풀이란(欄)」에 처음 보인다."고 말하였다.
⑥ **결론** 중요
  ㉠ '한글'의 '한'은 '大'와 '韓'의 의미이며 지어진 것은 1910년이고 공식적 사용 기록은 1913년 9월까지 높일 수 있으며, 지은 사람은 주시경과 최남선일 것이라는 정도이다.
  ㉡ 사용 연대만 확실할 뿐 의미나 지어진 연대 및 지은 사람은 분명하지 않다.

(3) 한글의 명칭에 대한 유래 중요
① **갑오개혁 이후**
  우리말과 우리글은 '국어(國語)'와 '국문(國文)'으로 불려졌다. 주시경의 대부분의 저술서 역시 '국어(國語)'와 '국문(國文)'으로 되어 있다.
  예 「국문론」, 「국어문법(國語文法)」, 「대한국어문법」 등
② **국권 상실 이후**
  ㉠ '국어(國語)'와 '국문(國文)'이란 말은 자취를 감추고 '국' 대신 '조선'이란 말이 쓰였다.
    예 「조선어문법(朝鮮語文法)」, 「조선말본」 등
  ㉡ 순수 우리말로 된 저술도 편찬되었다.
    예 「소리갈」, 「말모이」 등
  ㉢ '한말' : 주시경이 창안해 낸 말이다.
  ㉣ '국어' → '한나라말' → '말' 내지 '한말' → 포괄적인 '배달말글' → '한글'(『한글모죽보기』, 1913년)

> **더 알아두기**
>
> '배달말글'이 '한글'로 바뀐 이유
> - 음절 수가 너무 많기 때문
> - 三韓(삼한)이나 大韓帝國(대한제국)의 '韓(한)'과 연결시킬 수 있어 의미하는 바가 넓어짐

> **체크 포인트**
>
> - 한글 명칭의 변화
>   - 갑오개혁~한일병합 : 국어, 국문
>   - 한일병합 이후 : 조선어, 조선언문, 한나라말, 한나라글, 한말, 배달말글, 한글
> - 한글 표현의 최초 : 『한글모죽보기』

제2절 핵심예제문제

01 다음 중 『훈민정음』 서문 가운데 한글 창제의 목적이 가장 잘 드러나 있는 대목은?

① 國之語音異乎中國
② 欲使人人易習便於日用耳
③ 予爲此憫然新制二十八字
④ 愚民有所欲言 而終不得伸其情者多矣

> **01** 일반 백성들을 문자 생활에 참여시키고자 함(欲使人人易習便於日用耳)

02 『훈민정음』이 만들어진 직후 나온 문헌들 중에서 국한문혼용체의 단초를 열었다고 할 만한 작품은?

① 『용비어천가』
② 『월인천강지곡』
③ 『석보상절』
④ 『월인석보』

> **02** 『용비어천가』
> 세종의 명에 따라 당시 새로이 제정된 훈민정음을 처음으로 사용하여 정인지(鄭麟趾)·안지(安止)·권제(權踶) 등이 짓고, 성삼문(成三問)·박팽년(朴彭年)·이개(李塏) 등이 주석(註釋)하였으며, 정인지가 서문(序文)을 쓰고 최항(崔恒)이 발문(跋文)을 썼다.

03 세종이 『훈민정음』을 만들면서 국한문(國漢文)의 혼용을 생각하고 있었음을 보여주는 부분은?

① 「합자해(合字解)」
② 「종성해(終聲解)」
③ 「연서법(連書法)」
④ 「사성법(四聲法)」

> **03** 「합자해」 조항을 보면, 세종이 훈민정음을 만들면서 훈민정음과 한자의 조화된 병행(竝行), 즉 국한문 혼용을 염두에 두고 있었다는 것을 알 수 있다.

정답 01 ② 02 ① 03 ①

04 세종이 훈민정음을 창제한 동기는 '어리석은 백성들로 하여금 날로 씀에 편안케 하고자'(훈민정음 서문)하는 편민사상에서이다.

04 다음 중 세종이 훈민정음을 창제한 의도로 가장 적절한 것은?

① 지식층만 사용하는 문자를 만들기 위해서
② 공문서는 반드시 우리 문자로 쓰게 하기 위해서
③ 한자의 사용을 금하기 위해서
④ 일반 백성이 쉽게 문자를 배우고 쓸 수 있게 하기 위해서

05 최현배는 '한글'이라는 명칭을 가장 먼저 쓴 사람이 주시경이라고 주장하였다.

05 '한글'에 대한 설명으로 옳지 않은 것은?

① '한글'에서 '한'의 의미는 '三韓', '大韓帝國'과도 관련된다.
② '한글'이라는 명칭을 가장 먼저 쓴 사람은 최현배이다.
③ '한글'의 '글'은 '문자'뿐만 아니라 언어 전체를 지칭할 수 있다.
④ '한글'은 '한나라글'에서 '나라'를 빼고 만들어진 것이다.

06 갑오개혁 이후로는 우리말과 우리글을 '국어'와 '국문'으로 불렀는데, 이 때 국어 문법을 가장 집념 있게 연구한 사람은 주시경이다.

06 갑오개혁 이후 국어 문법을 가장 집념 있게 연구한 사람은?

① 최현배
② 주시경
③ 최남선
④ 김두봉

정답 04 ④ 05 ② 06 ②

07 '한글'이 우리 문자의 이름으로 보편화된 것은 언제부터인가?

① 국어연구학회에서 우리말을 가르치면서부터
② 조선광문회에서 사용하면서부터
③ 기관지 「한글」이 간행되면서부터
④ 『아이들보이』의 「한글풀이란」이 생기면서부터

07 1932년 한글학회의 전신인 '조선어학회'에서 기관지 「한글」을 간행하면서부터 '한글'이라는 명칭이 우리 문자의 이름으로 보편화되었다.

정답 07 ③

제3절　표준어와 방언

1 표준어의 정의와 표기 원칙 기출 25

(1) 표준어의 정의: 교양 있는 사람들이 두루 쓰는 현대 서울말 중요 기출 22

① '교양 있는' → 교육적 조건
② '현대' → 시대적 조건
③ '서울' → 지역적 조건

(2) 표준어의 표기 원칙: 표준어를 소리대로 적되, 어법에 맞도록 한다. → 원형을 밝혀 적는다는 것을 의미 중요

① 소리대로 → 표음주의
② 어법에 맞도록 → 표의주의

> **체크 포인트**
> 표준어 교육의 목적: 국민정신 통일, 바람직한 의사소통

2 표준어의 기능 중요

(1) 통일의 기능

① 표준어의 가장 대표적인 기능이다.
② 국민의 원활한 의사소통을 돕고 공통된 언어를 사용케 함으로써 정서를 하나로 묶어 일체감을 높여 준다. 기출 24

> **체크 포인트**
> 통일의 기능은 반대로 분리의 기능이기도 하다. 서로 같은 말을 쓰는 사람들끼리는 의사소통이 잘 되고 그만큼 더 친밀한 감정을 느끼게 되지만, 서로 다른 말을 쓰는 사람과는 의사소통이 불편하고 친밀한 감정이 덜해질 수 있다.

(2) 우월(優越)의 기능 기출 24

표준어는 그것을 쓰는 사람이 쓰지 않는 사람보다 우월한 사람임을 드러내는 기능을 한다. 표준어는 주로 학교 교육을 통하여 습득되기 때문에, 표준어를 바르게 쓸 줄 안다는 것은 교육을 정상적으로 받았다는 것을 뜻하기 때문이다.

(3) 준거(準據)의 기능

표준어는 일종의 법규이자, 규범으로, 국민이라면 누구나 마땅히 따르고 지켜야 할 것으로 정해놓은 국민적 약속이다. 이는 지역마다 각기 다른 사투리에 대한 모범으로서의 역할을 한다.

3 한글맞춤법 중요

(1) 정의
1988년 1월 19일 문교부가 새로 개정 고시하여 1989년 3월 1일부터 시행하도록 한 우리나라 현행 어문 규정이다.

(2) 한글맞춤법 규정

① **총칙** 중요

> 제1장 총칙
> 제1항 한글 맞춤법은 표준어를 소리대로 적되, 어법에 맞도록 함을 원칙으로 한다.
> 제2항 문장의 각 단어는 띄어 씀을 원칙으로 한다.
> 제3항 외래어는 '외래어 표기법'에 따라 적는다.

② **주요 규정**

㉠ 제3장 소리에 관한 것
- 구개음화: 'ㄷ, ㅌ' 받침 뒤에 종속적 관계를 가진 '-이(-)'나 '-히-'가 올 적에는 그 'ㄷ, ㅌ'이 'ㅈ, ㅊ'으로 소리나더라도 'ㄷ, ㅌ'으로 적는다(ㄱ을 취하고, ㄴ을 버림).

ㄱ	ㄴ	ㄱ	ㄴ
맏이	마지	핥이다	할치다
해돋이	해도지	걷히다	거치다
굳이	구지	닫히다	다치다

- 두음법칙: 한자음 '녀, 뇨, 뉴, 니'가 단어 첫머리에 올 적에는 두음법칙에 따라 '여, 요, 유, 이'로 적는다(ㄱ을 취하고, ㄴ을 버림). 기출 24

ㄱ	ㄴ	ㄱ	ㄴ
여자(女子)	녀자	유대(紐帶)	뉴대
연세(年歲)	년세	이토(泥土)	니토
요소(尿素)	뇨소	익명(匿名)	닉명

다만, 다음과 같은 의존명사에서는 '냐, 녀' 음을 인정한다.

냥(兩)	냥쭝(兩-)	년(年)(몇 년)

ⓛ 제4장 형태에 관한 것
- 어간과 어미
  - 종결형에서 사용되는 어미 '-오'는 '요'로 소리 나는 경우가 있더라도 그 원형을 밝혀 '오'로 적는다(ㄱ을 취하고, ㄴ을 버림).

ㄱ	ㄴ
이것은 책이오.	이것은 책이요.
이리로 오시오.	이리로 오시요.

  - 연결형에서 사용되는 '이요'는 '이요'로 적는다(ㄱ을 취하고, ㄴ을 버림).

ㄱ	ㄴ
이것은 책이요, 저것은 붓이요, 또 저것은 먹이다.	이것은 책이오, 저것은 붓이오, 또 저것은 먹이다.

- 접미사가 붙어서 된 말
  - 명사 뒤에 '-이'가 붙어서 된 말은 그 명사의 원형을 밝히어 적는다.
    ⓐ 부사로 된 것

곳곳이	낱낱이	몫몫이	샅샅이	앞앞이	집집이

    ⓑ 명사로 된 것

곰배팔이	바둑이	삼발이
애꾸눈이	육손이	절뚝발이/절름발이

- 합성어 및 접두사가 붙은 말
  - 사이시옷은 다음과 같은 경우에 받치어 적는다. 기출 24
    ⓐ 순우리말로 된 합성어로서 앞말이 모음으로 끝난 경우
      ㉮ 뒷말의 첫소리가 된소리로 나는 것

고랫재	귓밥	나룻배	나뭇가지	냇가	댓가지
뒷갈망	맷돌	머릿기름	모깃불	못자리	바닷가

뱃길	볏가리	부싯돌	선짓국	쇳조각	아랫집
우렁잇속	잇자국	잿더미	조갯살	찻집	쳇바퀴
킷값	핏대	햇볕	혓바늘		

㉯ 뒷말의 첫소리 'ㄴ, ㅁ' 앞에서 'ㄴ' 소리가 덧나는 것

| 멧나물 | 아랫니 | 텃마당 | 아랫마을 | 뒷머리 | 잇몸 |
| 깻묵 | 냇물 | 빗물 | | | |

㉰ 뒷말의 첫소리 모음 앞에서 'ㄴㄴ' 소리가 덧나는 것

| 도리깻열 | 뒷윷 | 두렛일 | 뒷일 | 뒷입맛 | 베갯잇 |
| 욧잇 | 깻잎 | 나뭇잎 | 댓잎 | | |

ⓑ 순우리말과 한자어로 된 합성어로서 앞말이 모음으로 끝난 경우
  ㉮ 뒷말의 첫소리가 된소리로 나는 것

귓밥	머릿방	뱃병	봇둑	사잣밥	샛강
아랫방	자릿세	전셋집	찻잔	찻종	촛국
콧병	탯줄	텃세	핏기	햇수	횟가루
횟배					

㉯ 뒷말의 첫소리 'ㄴ, ㅁ' 앞에서 'ㄴ' 소리가 덧나는 것

| 곗날 | 제삿날 | 훗날 | 툇마루 | 양칫물 |

㉰ 뒷말의 첫소리 모음 앞에서 'ㄴㄴ' 소리가 덧나는 것

| 가욋일 | 사삿일 | 예삿일 | 훗일 |

ⓒ 두 음절로 된 다음 한자어

| 셋방(貰房) | 숫자(數字) | 찻간(車間) | 툇간(退間) | 횟수(回數) | 곳간(庫間) |

ⓒ **제5장 띄어쓰기** 중요

• **조사** : 조사는 그 앞말에 붙여 쓴다.

| 꽃이 | 꽃마저 | 꽃밖에 | 꽃에서부터 | 꽃이나마 | 꽃이다 |
| 꽃입니다 | 꽃처럼 | 어디까지나 | 거기도 | 멀리는 | 웃고만 |

- 의존 명사, 단위를 나타내는 명사 및 열거하는 말 등 기출 24
  - 의존 명사는 띄어 쓴다.

아는 것이 힘이다.	나도 할 수 있다.	먹을 만큼 먹어라.
아는 이를 만났다.	네가 뜻한 바를 알겠다.	그가 떠난 지가 오래다.

  - 단위를 나타내는 명사는 띄어 쓴다.

한 개	차 한 대	금 서 돈
소 한 마리	옷 한 벌	열 살

  - 수를 적을 적에는 '만(萬)' 단위로 띄어 쓴다.

십이억 삼천사백오십육만 칠천팔백구십팔	12억 3456만 7898

  - 두 말을 이어 주거나 열거할 적에 쓰이는 다음의 말들은 띄어 쓴다.

국장 겸 과장	열 내지 스물	청군 대 백군
책상, 걸상 등	이사장 및 이사들	사과, 배, 귤 등등

(3) 혼동하기 쉬운 맞춤법 기출 25

- 가까와집니다 → 가까워집니다
- 가던지 오던지 → 가든지 오든지
- 가랭이 → 가랑이
- 가리마 → 가르마
- 가만이 → 가만히
- 가벼히 → 가벼이
- 간지르다 → 간질이다
- 갈갈이 찢다 → 갈가리 찢다
- 강남콩 → 강낭콩
- 개구장이 → 개구쟁이
- 개나리봇짐 → 괴나리봇짐
- 건들이다 → 건드리다
- 게슴치레하다 → 거슴츠레하다
- 금새 바뀌었다 → 금세 바뀌었다
- 깍뚜기 → 깍두기
- 꾸준이 → 꾸준히
- 끄나불 → 끄나풀
- 끔찍히 → 끔찍이
- 나중에 뵈요 → 나중에 봬요
- 나즈막하다 → 나지막하다
- 날씨가 개이다 → 날씨가 개다
- 내 꺼 → 내 거
- 내노라 → 내로라
- 넉넉치 → 넉넉지
- 넉두리 → 넋두리
- 넓다랗다 → 널따랗다
- 고난이도 → 고난도
- 구지, 궂이 → 굳이
- 그럴려고 → 그러려고
- 금새 → 금세
- 눈꼽 → 눈곱
- 눈쌀 → 눈살
- 닥달하다 → 닦달하다
- 단언컨데 → 단언컨대
- 단촐하다 → 단출하다
- 달달이 → 다달이

- 덤탱이 → 덤터기
- 뒤치닥거리 → 뒤치다꺼리
- 뒷풀이 → 뒤풀이
- 들어나다 → 드러나다
- 또아리 → 똬리
- 말숙하다 → 말쑥하다
- 몇일 → 며칠
- 모자르지 → 모자라지
- 무릎쓰고 → 무릅쓰고
- 문안하다 → 무난하다
- 미소를 띈 → 미소를 띤
- 바래 → 바라
- 바램 → 바람
- 반짓고리 → 반짇고리
- 발돋음 → 발돋움
- 발자욱 → 발자국
- 법썩 → 법석
- 병이 낳았다 → 병이 나았다
- 불나비 → 부나비
- 설겆이 → 설거지
- 설레임 → 설렘
- 쉽상이다 → 십상이다
- 승락 → 승낙
- 신출나기 → 신출내기
- 실증 → 싫증
- 쑥맥 → 숙맥
- 아지랭이 → 아지랑이
- 안되 → 안돼
- 않되나요 → 안 되나요
- 않하고, 않돼, 않된다 → 안하고, 안돼, 안된다
- 애띠다 → 앳되다
- 야멸차다 → 야멸치다
- 야밤도주 → 야반도주
- 어따 대고 → 얻다 대고
- 어떻해 → 어떡해
- 어름 과자 → 얼음 과자
- 어리버리하다 → 어리바리하다
- 이의없다 → 어이없다
- 어줍잖다 → 어쭙잖다
- 얼만큼 → 얼마큼
- 역활 → 역할
- 예기 → 얘기
- 오뚜기 → 오뚝이
- 오랫만에 → 오랜만에
- 왠 떡이야 → 웬 떡이야
- 왠만하면 → 웬만하면
- 왠일인지 → 웬일인지
- 우뢰 → 우레
- 움추리다 → 움츠리다
- 웃도리 → 윗도리
- 으시시 → 으스스
- 응큼한 → 엉큼한
- 이 자리를 빌어 → 이 자리를 빌려
- 일일히 → 일일이
- 있다가 → 이따가
- 잠궜다 → 잠갔다
- 재털이 → 재떨이
- 정답을 맞추다 → 정답을 맞히다
- 짜집기 → 짜깁기
- 짧다랗다 → 짤따랗다
- 쭈꾸미 → 주꾸미
- 찌게 → 찌개
- 천정 → 천장
- 초생달 → 초승달
- 카드로 결재를 했다 → 카드로 결제를 했다
- 파토나다 → 파투나다
- 풍지박산 → 풍비박산
- 핑게 → 핑계
- 할께요 → 할게요
- 핼쑥해졌다 → 해쓱해졌다
- 호르라기 → 호루라기
- 홀몸 → 홑몸
- 희안하다 → 희한하다

4 표준어 규정

(1) 총칙 기출 23

> 제1항 표준어는 교양 있는 사람들이 두루 쓰는 현대 서울말로 정함을 원칙으로 한다.
> 제2항 외래어는 따로 사정한다.

(2) 주요 규정

① 자음

  ㉠ 어원에서 멀어진 형태로 굳어져서 널리 쓰이는 것은, 그것을 표준어로 삼는다.

  | 강낭-콩 | 고삿 | 사글-세 | 울력-성당 |

  ㉡ 수컷을 이르는 접두사는 '수-'로 통일한다. 기출 25

  | 수-꿩 | 수-나사 | 수-놈 | 수-사돈 |
  | 수-소 | 수-은행나무 | | |

  ※ [다만 1] 다음 단어에서는 접두사 다음에서 나는 거센소리를 인정한다. 접두사 '암-'이 결합되는 경우에도 이에 준한다.

  | 수-캉아지 | 수-캐 | 수-컷 | 수-키와 |
  | 수-탉 | 수-퇘지 | 수-평아리 | |

  ※ [다만 2] 다음 단어의 접두사는 '숫-'으로 한다.

  | 숫-양 | 숫-염소 | 숫-쥐 |

② 모음

  ㉠ 기술자에게는 '-장이', 그 외에는 '-쟁이'가 붙는 형태를 표준어로 삼는다.

  | 미장이 | 유기장이 | 멋쟁이 | 소금쟁이 |

  ㉡ '웃-' 및 '윗-'은 명사 '위'에 맞추어 '윗-'으로 통일한다.

  | 윗-넓이 | 윗-눈썹 | 윗-니 | 윗-목 |

※ [다만 1] 된소리나 거센소리 앞에서는 '위-'로 한다.

| 위-짝 | 위-쪽 | 위-층 |

※ [다만 2] '아래, 위'의 대립이 없는 단어는 '웃-'으로 발음되는 형태를 표준어로 삼는다.

| 웃-돈 | 웃-어른 | 웃-옷 |

5 표준발음법 기출 25

(1) 총칙

제1항 표준 발음법은 표준어의 실제 발음을 따르되, 국어의 전통성과 합리성을 고려하여 정함을 원칙으로 한다.

(2) 주요 규정

① 홑받침이나 쌍받침이 모음으로 시작된 조사나 어미, 접미사와 결합되는 경우에는, 제 음가대로 뒤 음절 첫소리로 옮겨 발음한다.

| 깎아[까까] | 옷이[오시] | 있어[이써] |
| 낮이[나지] | 꽂아[꼬자] | 꽃을[꼬츨] |

② 겹받침이 모음으로 시작된 조사나 어미, 접미사와 결합되는 경우에는, 뒤엣것만을 뒤 음절 첫소리로 옮겨 발음한다(이 경우, 'ㅅ'은 된소리로 발음함).

| 넋이[넉씨] | 앉아[안자] | 닭을[달글] |
| 젊어[절머] | 곬이[골씨] | 핥아[할타] |

③ 받침 'ㅁ, ㅇ' 뒤에 연결되는 'ㄹ'은 [ㄴ]으로 발음한다.

| 담력[담:녁] | 침략[침:냑] | 강릉[강능] |

④ 'ㄴ'은 'ㄹ'의 앞이나 뒤에서 [ㄹ]로 발음한다.

| 난로[날:로] | 신라[실라] | 천리[철리] |
| 칼날[칼랄] | 물난리[물랄리] | 줄넘기[줄럼끼] |

⑤ 합성어 및 파생어에서, 앞 단어나 접두사의 끝이 자음이고 뒤 단어나 접미사의 첫 음절이 '이, 야, 여, 요, 유'인 경우에는, 'ㄴ' 소리를 첨가하여 [니, 냐, 녀, 뇨, 뉴]로 발음한다.

| 솜-이불[솜ː니불] | 홑-이불[혼니불] | 막-일[망닐] |
| 삯-일[상닐] | 맨-입[맨닙] | 꽃-잎[꼰닙] |

> **체크 포인트**
>
> 'ㅢ'의 발음
> - 자음을 첫소리로 가지고 있는 음절에서 [ㅣ]로 발음
>   예) 늴리리[닐리리] 희망[히망] 띄어쓰기[띠어쓰기]
> - 단어 첫음절 이외에는 [ㅣ], 조사는 [ㅔ]로 발음 허용
>   예) 주의[주의/주이] 협의[혀븨/혀비] 우리의[우리의/우리에]

(3) 음운 변동의 종류 기출 23

① **음절의 끝소리 규칙**: 음절의 끝에서 발음되는 자음은 'ㄱ, ㄴ, ㄷ, ㄹ, ㅁ, ㅂ, ㅇ' 일곱 개 뿐이며, 이밖의 자음이 음절 끝에 오면 이 일곱 자음 중 하나로 바뀌어 발음되는 현상
  예) 잎[입], 값[갑], 부엌[부억], 낮[낟]

② **자음동화**: 자음과 자음이 만나 서로 영향을 주고받아, 한쪽이 다른 쪽을 닮아서 그와 비슷하거나 같은 자음으로 바뀌기도 하고, 양쪽이 서로 닮아서 두 자음이 모두 바뀌기도 하는 현상
  예) 신라[실라], 십리[심니]

③ **구개음화**: 받침 'ㄷ, ㅌ'이 'ㅣ' 모음과 결합되는 경우 'ㅈ, ㅊ'으로 바뀌어서 소리나는 현상
  예) 굳이[구지], 같이[가치]

④ **음운의 축약**: 두 음운이 결합할 때 두 음운이 한 음운으로 줄어서 소리나는 현상
  예) 좋-+-다 → 좋다[조타], 그리-+-어 → 그려

⑤ **음운의 탈락**: 두 음운이 결합할 때 두 음운 중 한 음운이 소리나지 않는 현상
  예) 솔+나무 → 소나무, 쓰-+-어 → 써

6 방언

(1) 방언의 개념과 분류

① **방언의 개념**
  ㉠ 어느 한 지방에서만 쓰는 표준어가 아닌 말 → 사투리어
  ㉡ 방언은 사투리의 개념만이 아니라 한 나라의 국어를 의미하고 한 나라 안의 지방적 차이가 있는 언어이며 표준어의 상대적인 언어이고 의사소통과 국가를 기준으로 하는 많은 개념을 가지고 있다.

② **방언의 분화**
　㉠ 지역 방언 : 하나의 언어가 **지리적 경계로** 인하여 나누어진 방언 – 전통적 의미의 방언
　㉡ 사회 방언(계급 방언) : 사회 계층 혹은 **성별, 학력, 직업, 세대** 등으로 인하여 나누어진 방언

> **더 알아두기**
>
> **사회 방언의 형성과 예**
> 사회적 요인(계층, 성별, 세대, 학력, 직업)에 의해 형성된다.
> 예 물개(군인계층), 낚다·건지다(신문사나 방송국에 종사하는 사람, 직업)

(2) 지역 방언의 종류 기출 23
　① **동북 방언** : 함경남북도의 대부분의 지역을 포괄하며, 함경도 방언 또는 관북 방언이라고도 한다.
　② **서북 방언** : 평안남북도의 모든 지역이 포함되며, 관서 방언이라고도 한다.
　③ **동남 방언** : 경상남북도의 모든 지역과 그 인접의 일부 지역이 포함되며, 경상도 방언 또는 영남 방언이라고도 한다.
　　㉠ 경상도의 말은 성조어(음의 높고 낮은 것에 의해 단어의 뜻이 구별)이다.
　　㉡ 'ㅐ'와 'ㅔ'의 대립과 'ㅓ'와 'ㅡ'의 대립을 찾아보기 어렵다.
　　㉢ 어미에 특징적인 것이 많다.
　　　• '다'를 '더'로 발음한다.
　　　　예 합니다, 합시다 → 합니더, 합시더
　　　• '까'를 '꺼'로 발음한다.
　　　　예 합니까 → 합니꺼
　④ **서남 방언** : 전라남북도의 대부분 지역에서 쓰여 전라도 방언 또는 호남 방언이라 불린다.
　　㉠ 중세국어 'ㅿ, ㅸ'으로 표기되던 것들이 각각 'ㅅ'과 'ㅇ'으로 살아남았다.
　　　예 모시(모이), 무수(무우), 부석(부엌), 가실(가을), 여시/야시(여우), 나숭개(냉이), 새비(새우), 누베(누에), 추비(추위), 더버서(더워서), 달버요(달라요), 고바서(고와서), 잇어라(이어라), 젓으니(저으니), 낫았다(나았다)
　　㉡ 어두의 평음이 경음화한 현상도 많이 발견된다.
　　　예 깡냉이(옥수수), 뚜부(두부), 까지(가지), 삐들기(비둘기), 까락지(가락지), 똘배(돌배)
　　㉢ 'ㅣ' 역행동화가 유난히 심하다.
　　　예 잽히다(잡히다), 괴기/게기(고기), 뱁이다, 맴이다
　　㉣ '-는데 → 했는디, 그란디', '-니까 → 비쌍깨, 그랑깨, 간당깨로'(-ㅇ깨, -ㅇ깨로)
　⑤ **제주 방언** : 제주도 및 그 부속도서에서 쓰이는 방언으로 탐라 방언이라고도 한다.
　　㉠ 우리나라 방언 중에서 가장 동떨어진, 표준어나 다른 방언에 없는 특징을 많이 가진 방언이다.
　　㉡ 선어말 어미 '-수-', '-쿠-' : 나도 가쿠다(나도 가겠습니다), 어드레 감수가?(어디로 가십니까?)
　　㉢ 조사 : 집 안테레 걸라(집 안으로 걸어라), 아방ᄀ라(아버지에게)
　　㉣ 몽골어의 영향 : 말(馬) → 고라몰(회색말), 가라몰(黑馬), 적다몰(赤馬), 월라몰(點馬)
　　㉤ 일본어의 영향 : 간대기(풍로), 쟈왕(밥공기), 이까리(돛), 후로(목욕탕)

⑥ **중부 방언** : 위의 다섯 방언권을 제외한 지역, 즉 경기도, 강원도, 충청남북도, 황해도의 대부분 지역에서 쓰여 때로 중선 방언(中鮮方言) 또는 경기 방언이라 불리기도 한다.
  ㉠ 충청도 방언
    • 문장의 맨 마지막 단어의 끝말이 'ㅐ'나 'ㅔ'로 끝나면 'ㅑ'로 바꾸어 말한다.
      예 쟤가 뭐래? → 쟈가 뭐랴~?, 쟤 → 쟈, 그랬데 → 그랬댜~, 피곤해 → 피곤햐~
    • '야'로 끝나는 말은 '여'로 바꾼다.
      예 뭐야? → 뭐여?, 아니야 → 아녀~
  ㉡ 강원도 방언
    • 정선지역 방언은 농경문화 속의 생활용어가 주종을 이루고 있으며 조사 대상 자료 중 학술, 학예 분야와 관련된 용어는 전무하다.
    • 현대어의 꾸준한 전국 표준화 현상에도 불구하고 정선 방언은 대다수가 아직까지 민중들 속에서 끊임없이 사용되고 있다.
    • 명사형 접미사 '-엥이, -앵이'의 다양한 형태의 활용
      예 나생이 → 냉이, 고라댕이 → 골짜기, 따뗑이 → 상처 등의 딱지

(3) 방언의 기능

① 표준어 제정의 바탕이 된다.
  예 무의 방언(무수, 무시, 무우)
② 특정 지역이나 계층의 사람끼리 같은 방언을 사용하기 때문에 친근감을 느끼게 한다.
  예 잘 가입시더(경상도 방언), 혼저옵서예(제주도 방언)
③ 방언 속에는 우리 민족의 정서와 사상이 들어 있어서 민족성과 전통풍습을 이해하는 데 도움을 준다.
  예 신화, 전설, 민담, 민요, 수수께끼, 말놀이
④ 방언은 언중이 사용하는 국어이므로 국어의 여러 가지 특성이 그대로 드러난다.
  예 구개음화(김치 → 짐치), 전설 모음화(먹이다 → 멕이다)
⑤ 방언 속에 옛말이 많이 남아 국어 역사 연구에 도움이 된다.
  예 옛말에 쓰이던 어휘(여우 → 여시, 마을 → 마실), 불규칙 용언이 규칙 용언으로 나타남(무서워 → 무서버, 더워 → 더버)

(4) 방언의 특징

① **유지성** : 방언이 원래의 모습을 유지하려는 특성이 있다는 것을 말하며, 이 특성을 방언의 보수성이라고도 한다.
② **혼합성** : 경계지역에서 혼합하여 사용하는 특성을 말한다. 각 지역의 방언은 유지성에도 불구하고 서로 영향을 끼쳐서, 하나의 방언일지라도 사실은 여러 방면 요소가 병용되고 있다.
③ **통일성** : 상이한 방언이 영향을 주고받음으로써 비슷하게 되어가는 것을 말한다. 국가, 민족, 문화가 동일한 지역 내에 살고 있는 주민들은 원활한 의사소통을 위하여 방언의 공통성을 추구하려는 노력을 한다. 그 대표적 결과가 표준어의 제정이다.

> **체크 포인트**
> 방언 통일 요인: 교통의 발달, 교육의 영향, 결혼 및 인구이동, 방송 및 통신의 발달, 교양·체면 등

④ **보수성**: 해당 언어의 오래된 특징을 보존하고 있다.
   예 제주 방언의 •, 서이[三], 너이[四]
⑤ **개신성**: 새로운 언어적 변화를 발생시켜 이전의 체계와 다르게 되어간다.
   예 남부 방언의 구개음화/원순모음화
⑥ **분화성**: 방언들 사이에 차이가 생겨나 서로 다르게 되어간다.

> **체크 포인트**
> 방언 분화 요인: 지리적 장애, 경제권의 차이, 문화권의 차이, 사회적 접촉의 두절, 외지인에 대한 배타성

⑦ **계급성**: 사회 계층이나 직업의 차이에 따라 언어적 차이가 발생한다.
   예 • 궁중어: 동궁, 상감, 중전, 마마, 수라 등
      • 은어: 까다(구타하다), 범죄 집단 – 터꾼(도둑놈) 등
      • 비어: 주둥이(입), 대가리(머리) 등
      • 속어: 개병대(해병대), 뻔데기(못생긴 사람) 등

(5) 방언과 표준어

① **비표준어의 개념으로서의 방언('사투리')**: 그 고장의 말 가운데서 표준어에는 없는, 그 고장 특유의 언어요소만을 일컫는 것
   예 사투리가 많아서 못 알아듣겠다.
② **언어의 하위 개념으로서의 방언**: 개별 언어는 여러 하위 방언들의 총체로 구성(서울말은 표준어이면서 동시에 한국어의 한 방언)
   예 충청도 방언: 충청도 토박이들이 전래적으로 써 온 한국어 전부

제3절 핵심예제문제

01 표준어의 기능
- 통일의 기능: 한 나라의 국민을 묶어 주는 기능
- 우월의 기능: 사회적 우위에 있음을 드러내 주는 기능
- 준거의 기능: 언어생활의 규범, 준법정신을 재는 척도의 구실

01 다음 중 표준어의 기능이 아닌 것은?
① 계층의 기능
② 통일의 기능
③ 우월의 기능
④ 준거의 기능

02 '오뚝이'가 표준어이다. '쇠고기'와 '소고기'는 복수표준어이다.

02 표준어끼리 짝지어진 것이 아닌 것은?
① 깡충깡충 – 사글세
② 둘째 – 열두째
③ 쇠고기 – 오뚜기
④ 미장이 – 담쟁이덩굴

03 손목시계만 표준어이다.

복수표준어
쇠/소, 네/예, 거슴츠레하다/게슴츠레하다, 괴다/고이다, 꾀다/꼬이다, 쐬다/쏘이다, 죄다/조이다, 쬐다/쪼이다

03 현행 표준어 규정에서 유사한 두 단어를 모두 표준어로 인정해주는 복수표준어의 예가 아닌 것은?
① 쇠고기 – 소고기
② 네 – 예
③ 손목시계 – 팔목시계
④ 거슴츠레하다 – 게슴츠레하다

정답 01 ① 02 ③ 03 ③

04 다음 중 표준어가 <u>아닌</u> 것은?

① 강남콩
② 부조
③ 부스러기
④ 자장면

04 강남콩 → 강낭콩

05 표준어를 구사한다는 것은 정상적인 교육을 받았다는 것을 의미하는 표준어의 기능은 무엇인가?

① 통일의 기능
② 준거의 기능
③ 교육의 기능
④ 우월의 기능

05 표준어의 우월의 기능
표준어는 그것을 쓰는 사람이 쓰지 않는 사람보다 우월한 사람임을 드러내는 기능을 한다. 표준어는 주로 학교 교육을 통하여 습득되기 때문에 표준어를 바르게 쓸 줄 안다는 것은 교육을 정상적으로 받았다는 것을 뜻한다.

06 다음 중 사회 방언으로 볼 수 있는 것은?

① 하르방
② 어매
③ 방가방가
④ 무

06 ①·②·④는 지역 방언, ③은 특정한 계층, 연령에서 쓰는 사회 방언이다.

정답 04 ① 05 ④ 06 ③

07 다음 중 방언의 기능으로 잘못된 것은?

① 특정 지역이나 같은 계층의 사람끼리 같은 방언을 사용하기 때문에 거리감이 느껴진다.
② 표준어 제정의 바탕이 된다.
③ 방언은 언중이 사용하는 국어이므로 국어의 여러 가지 특성이 그대로 드러난다.
④ 방언 속에는 우리 민족의 정서와 사상이 들어 있어서 민족성과 전통풍습을 이해하는 데 도움을 준다.

> 07 특정 지역이나 같은 계층의 사람끼리 같은 방언을 사용하기 때문에 친근감을 느끼게 한다.
> 예 잘 가입시더(경상도 방언), 혼저 옵서예(제주도 방언)

08 다음 중 밑줄 친 부분의 띄어쓰기가 바르지 않은 것은?

① 서류를 검토한바 몇 가지 미비한 사항이 발견되었다.
② 영수는 제 나름대로 열심히 노력하는 데서 보람을 찾는다.
③ 막내 마저 출가를 시키니 허전하다.
④ 여기는 비가 온 지 석 달이 지났다.

> 08 '마저'는 보조사도 있고, 부사도 있다. ③의 문장에서 '마저'는 체언 뒤에 나타나므로 조사이며, 조사는 앞의 말에 붙여 써야 하므로 '막내'와 '마저'는 붙여 쓰는 것이 맞다.

09 다음의 단어를 사전에 수록된 순서대로 바르게 나열한 것은?

> 우엉 왜가리 위상 웬만하다

① 우엉 - 왜가리 - 웬만하다 - 위상
② 왜가리 - 우엉 - 위상 - 웬만하다
③ 우엉 - 위상 - 왜가리 - 웬만하다
④ 왜가리 - 우엉 - 웬만하다 - 위상

> 09 사전에 등재된 모음의 순서
> ㅏ, ㅐ, ㅑ, ㅒ, ㅓ, ㅔ, ㅕ, ㅖ, ㅗ, ㅘ, ㅙ, ㅚ, ㅛ, ㅜ, ㅝ, ㅞ, ㅟ, ㅠ, ㅡ, ㅢ, ㅣ

정답 07 ① 08 ③ 09 ④

제4절 언어 예절

1 높임법의 개념 기출 23

말하는 이가 어떤 대상이나 듣는 이에 대하여 그 높고 낮은 정도에 따라 언어적으로 구별하여 표현하는 방식이나 체계

2 높임법의 종류와 체계 중요

(1) 주체 높임법 기출 23

말하는 이보다 서술어의 주체가 나이나 사회적 지위 등에서 상위자일 때 서술어의 주체를 높이는 방법이다. 주로 '-시-'나 '께서'를 사용하여 서술어에서 진술하는 행위나 상태의 주체(→ 주어)를 높인다.

① **선어말 어미 '-시-'**: '가다 → 가시다' / '오다 → 오시다'
② **주격 조사 '께서'**: 그 대상을 높임과 동시에 그 대상이 문장의 주어임을 나타내는 격조사이다. 주격 조사 '이/가'의 높임말이며, 이때 서술어에는 높임을 나타내는 선어말 어미 '-시-'를 붙여 존대의 극대화를 나타낸다.
③ 서술어 '먹다 → 잡수시다, 있다 → 계시다('있으시다'는 간접 존대), 자다 → 주무시다'
④ '형 → 형님', '누나 → 누님', '선생 → 선생님': 주체를 존대
⑤ '아들 → 아드님', '딸 → 따님', '밥 → 진지(먹을 밥만)', '집 → 댁', '말 → 말씀': 대상을 존대

> **체크 포인트**
> • 서술어에서 진술하는 행위나 상태의 주체를 높인다.
> • 서술어인 용언에 '-시-'를 넣는다.
> • '자다'나 '주무시다'와 같이 높임의 어휘가 따로 있는 경우에는 높임의 어휘를 사용해야 한다.
> • '먹다'에 대하여 '잡수시다', '있다'에 대하여 '계시다'와 같이 아예 어휘적으로 높임의 용언이 따로 있는 경우 그 용언을 반드시 사용해야 한다.

(2) 객체 높임법

주어의 어떤 행위가 미치는 대상을 대우하여 표현하는 높임법이다. 즉, 목적어나 부사어가 지시하는 대상인 서술어의 객체나 대상을 높인다.

① 중세국어에서는 선어말 어미 '-습-'
② 여격 조사 '께'
③ 서술어 '주다 → 드리다, 묻다 → 여쭙다, 보다 → 뵙다, 데리다 → 모시다' 등의 특수 어휘 사용
④ **객체를 존대**: '밥 → 진지', '집 → 댁', '말 → 말씀'

(3) 상대 높임법(공손법)

말을 듣는 사람인 청자를 일정한 종결 어미를 선택함으로써 대우하여 표현하는 높임법이다.
→ 국어 높임법 중 가장 발달

① **격식체**: 하십시오(아주높임), 하오(예사높임), 하게(예사낮춤), 해라(아주낮춤)
② **비격식체**: 해요(두루높임), 해(두루낮춤)

등급 \ 문장유형	평서형	의문형	명령형	청유형
해라체	가다	가니?	가라	가자
해체	가	가?	가	가/가지
하게체	가네	가나?	가게	가지
하오체	가오	가오?	가오	-
해요체	가요	가요?	가세요	가요
합쇼체	갑니다	갑니까?	가십시오	갑시다/가십시다

> **체크 포인트**
> - 상대방을 보다 높여 대우해 주려는 의도가 있을 때는 '-시-'를 넣어 '가시게', '가시오'처럼 말할 수 있다.
> - 청유형에서는 그 쓰임이 제한되는 경우가 있다.

3 높임법과 언어 예절의 실제 _{중요} _{기출} 22

(1) 일반적인 적용

① **주체 높임법**
  ㉠ 용언이 여러 개 연결될 경우 → '마치시고/마치고 가셨다, 오셨다가 가셨다, 읽고 계셨다'
  ㉡ "사장님 말씀이 계시겠습니다." → "사장님 말씀이 있으시겠습니다(사장님께서 말씀해주시겠습니다)."

② **상대 높임법**: '-습니다' 대신 '이랬어요', '저랬어요' → 깍듯이 존대할 때나 굳어진 인사말은 '-습니다'

③ **존대어**
  ㉠ "아빠, 식사하세요." → "아버지, 진지 잡수세요."
  ㉡ 윗사람에게는 '당부' 대신 '부탁' 사용
  ㉢ '말씀'은 남의 '말'의 존대어이면서 내 '말'의 겸양어
  ㉣ "선생님께 야단을 맞았어." → "걱정(꾸중, 꾸지람)을 들었어."
  ㉤ '저희나라' → '나라'와 같이 큰 집단은 '나'에 의해 대표될 수 없으므로 '우리나라'

(2) 가정에서
- ① **부모를 집안의 웃어른에게 말할 때**: "할아버지, 아버지가 진지 잡수시라고 하였습니다./하셨습니다." → "하셨습니다"도 허용
- ② **부모를 가족 이외의 다른 사람에게 말할 때**: "선생님, 저희 아버지가 이렇게 말씀하셨습니다./말했습니다." → 언제나 높이도록 함
- ③ **남편을 시부모나 시댁 식구에게 말할 때**: "아직 안 들어왔습니다./들어오셨습니다." → 손윗사람에게는 낮춤, 손아래에게는 높이는 것이 원칙이고 낮추는 것도 허용
- ④ **남편을 가족 이외의 사람에게 말할 때**: "아직 안 들어왔습니다./들어오셨습니다." → 친구나 상사에게는 낮춤, 후배에게는 높임
- ⑤ **아들을 손자ㆍ손녀에게 말할 때**: "아비 좀 오라고 해라." → "아버지 좀 오라고 해라."("오시라고 해라"는 교육적인 차원)
- ⑥ **그 밖의 경우**
  - ㉠ 사돈에게 말할 때, 시동생ㆍ손위 동서는 '-시-'를 넣고 손아래 동서는 '-시-'를 넣지 않음
  - ㉡ 조카며느리에게 말할 때, 친조카는 해라체도 되지만 촌수가 멀고 나이가 많으면 하오체

> **체크 포인트**
>
> **압존법**
> 문장의 주체가 화자보다는 높지만 청자보다는 낮아 그 주체를 높이지 못하는 어법(語法)으로, 보통 가정 안에서 일어난다.

(3) 직장과 사회에서
- ① **직장에서 직장 안의 다른 사람에 관하여 말할 때**
  - ㉠ 동료에 대해 말할 때는 '-시-'를 넣지 않으나, 나이가 많으면 동료나 아랫사람에게 '-시-'를 넣음
  - ㉡ 윗사람에 대해 말할 때는 '-시-'를 넣음("사장님, 이과장은 나갔습니다."는 일본식 어법)
  - ㉢ 아랫사람에 대해 말할 때는 '-시-'를 넣지 않으나, 더 아랫사람에게 말할 때는 '-시-'를 넣음
  - ㉣ 직장 동료에 대해 그와 사적인 관계에 있는 사람에게 말할 때는 '-시-'를 넣음
- ② **거래처인 다른 회사 사람들에게 직장 사람에 대해 말할 때**
  - ㉠ 평사원에 대해 말할 때는 '-시-'를 넣지 않음
  - ㉡ 직급 있는 사람에 대해 말할 때 같은 직급이나 아랫사람에게는 '-시-'를 넣음
  - ㉢ 자기보다 직급이 높은 사람에 대해 말할 때는 '-시-'를 넣음
- ③ **직장 안의 사람들과 이야기할 때**
  - ㉠ 동료끼리는 "전화했어요?", 나이가 많거나 공식적인 분위기에는 "전화했습니까?"
  - ㉡ 윗사람에게는 "전화하셨습니까?"
  - ㉢ 아랫사람에게는 "전화했어요?", 어리고 친밀한 경우에는 "전화했니/전화했소/전화했나?"

(4) 직장과 사회에서의 호칭과 지칭

① **직장 사람들에 대하여**

구분	직함	호칭 및 지칭
동료	없음	○○○(○○) 씨, (○, ○○○) 선생(님), ○ 선배(님), ○ 형·언니, 여사
동료	있음	○ 과장, ○○○(○○) 씨, (○, ○○○) 선생(님), ○ 선배, ○ 형, ○ 여사
상사	없음	선생님, ○(○○) 선생님, ○(○○) 선배님, ○(○○) 여사
상사	있음	부장님, ○ (○○) 부장님, (총무)부장님
아래 직원	없음	○○○ 씨, ○ 형, ○(○○) 선생(님), ○(○○) 여사, ○ 군, ○ 양
아래 직원	있음	○ 과장, (총무)과장, ○○○ 씨, ○ 형, ○ (○○) 선생(님)

② **타인에 대하여**
   ㉠ 친구의 배우자 : 아주머니, (○)○○ 씨, ○○ 어머니, 직함/(○)○○ 씨, ○○ 아버지, 직함
   ㉡ 배우자의 친구 : 아주머니, (○)○○ 씨, ○○ 어머니, 직함/(○)○○ 씨, ○○ 아버지, 직함
   ㉢ 부모의 친구 : [지역 이름] 아저씨, ○○ 아버지/[지역 이름] 아주머니, ○○ 어머니
   ㉣ 친구의 부모 : ○○ 아버지, [지역 이름] 아저씨/○○ 어머니, [지역 이름] 아주머니
   ㉤ 선생님의 배우자 : 사모님/사부(師夫)님, (○, ○○○) 선생님, 과장님
   ㉥ 직장 상사의 가족 : 사모님, 아주머니(님)/(○, ○○○) 선생님, 과장님
   ㉦ 직장 동료 및 아랫사람의 가족 : 아주머니(님), 부인/(○, ○○○) 선생(님), 과장(님)
   ㉧ 식당 등 영업소의 종업원 : 아저씨, 젊은이, 총각/아주머니, 아가씨
   ㉨ 은행, 관공서 등의 직원 : ○○○ 씨, (○) 과장(님), 선생(님)
   ㉩ 식당, 은행, 관공서 등의 손님 : 손님, (○○○) 손님
   ㉪ 우연히 만난 어른 : 어르신(네), 선생님, 할머니, 아주머니

③ **자기에 대하여**
   ㉠ 부모님의 친구에게 : "저희 아버지가 김[姓] ○자 ○자 쓰십니다.", "저희 아버지 함자가 김[姓] ○자 ○자이십니다."
   ㉡ 상사가 아래직원에게 : "사장인데.", "총무부 김 부장인데."
   ㉢ 아래직원이 상사에게 : "총무부 김 부장입니다.", "총무부장 ○○○입니다."
   ㉣ 다른 회사 사람에게 : "○○ 주식회사 총무부 김 부장입니다.", "총무부장 ○○○입니다."
   ㉤ 그 밖에 : "○○○(씨)의 [관계]이다(입니다)."

(5) 인사 예절과 전화 예절
  ① 아침·저녁에 하는 인사말
    ㉠ 집안에서 : "안녕히 주무셨습니까?"('잘, 편히, 평안히'는 덜 높임), "진지 잡수셨습니까?"
    ㉡ 이웃에게 : "안녕하십니까?"
    ㉢ 직장에서 : "안녕하십니까?"("좋은 아침!"은 외국어를 직역한 말)
    ㉣ 저녁인사 : "안녕히 주무십시오.", "잘 자.", "편히 쉬게."(나이 든 아랫사람에게)
    ㉤ 방송에서 : "안녕히 주무셨습니까?", "안녕히 주무십시오."("좋은 아침입니다.", "편히 주무셨습니까?", "좋은 밤 되시기 바랍니다."는 좋지 않은 표현)
  ② 만나고 헤어질 때 하는 인사말
    ㉠ 집안에서 : "다녀오겠습니다.", "잘 다녀오너라.", "다녀왔습니다.", "다녀오셨습니까?"(일상적인 외출 후에는 "안녕히"는 붙이지 않아도 좋음)
    ㉡ 이웃에게 : "안녕하십니까?", "어디 가십니까?", "어디 다녀오십니까?"
    ㉢ 직장에서 : "먼저 (나)가겠습니다.", "내일 뵙겠습니다.", "먼저 실례하겠습니다." → 아주 윗사람에게는 그 앞에 "죄송합니다, 다른 일이 있어서"라는 말을 덧붙이며 "수고하십시오."는 윗사람에게 쓰면 안 되고 동년배나 아랫사람에게는 가능
    ㉣ 탈것에서 : "안녕하십니까?", "먼저 내리겠습니다.", "안녕히 가십시오."
    ㉤ 식사 시간 무렵에 : "식사하셨습니까?"처럼 '식사'가 들어간 말은 웃어른에게 쓰지 않음
    ㉥ 오랫동안 헤어져 있었거나 헤어질 경우 : "그동안 안녕하셨습니까?", "그동안 별고 없으셨습니까?"("그동안 평안하셨습니까?"는 윗사람에게는 쓰지 않음), "안녕히 다녀오시오.", "잘 다녀오너라.", "다녀오겠습니다.", "안녕히 계십시오."
  ③ 소개할 때의 표현
    ㉠ 자신을 남에게 소개할 때 : "처음 뵙겠습니다(안녕하십니까?). (저는) ○○○입니다."("○○○라고 합니다.", "○○○올시다.", "○○○올습니다."는 거만한 인상을 줌), "저희 아버지는(아버지의 함자는) ○자 ○자이십니다.", 자신의 성이나 본관은 '(○○) ○가(哥)', 남의 성이나 본관은 '(○○) ○씨(氏)'
    ㉡ 중간에서 다른 사람을 소개할 때
      • 친소 관계를 따져 자기와 가까운 사람을 먼저 소개
      • 손아랫사람을 손윗사람에게 먼저 소개
      • 남성을 여성에게 먼저 소개
        → 상황이 섞여 있을 때는 위의 차례대로 소개
  ④ 전화를 받을 때의 말
    ㉠ 집에서 : "여보세요.", "네, ○○동(동네 명칭)입니다."("네"만 쓰면 거만한 느낌, "○○동입니다."는 빈약한 느낌)
    ㉡ 직장에서 : "네, ○○○○(회사이름)입니다.", "네, 총무과 ○○○(이름)입니다."
    ㉢ 바꾸어 줄 때 : "네, 잠시(잠깐, 조금) 기다려 주십시오. 바꾸어 드리겠습니다."
    ㉣ 찾는 사람이 없을 때 : "지금 안 계십니다. 뭐라고 전해 드릴까요?"
    ㉤ 잘못 걸려 왔을 때 : "아닌데요(아닙니다), 전화 잘못 걸렸습니다."

⑤ **전화를 걸 때의 말**
  ㉠ 상대방이 응답하면 : "안녕하십니까? (저는, 여기는) ○○○입니다. ○○○ 씨 계십니까?"
  ㉡ 찾는 사람이 없을 때 : "말씀 좀(○○○한테서 전화 왔었다고) 전해 주시겠습니까?"
  ㉢ 잘못 걸렸을 때 : "죄송합니다(미안합니다). 전화가 잘못 걸렸습니다."
⑥ **전화를 끊을 때의 말** : "(고맙습니다, 이만 끊겠습니다.) 안녕히 계십시오." → "들어가세요."는 피하는 것이 좋음

4 통신언어 예절

(1) 통신언어의 특징
① 통신언어는 문어이지만 구어적 특징을 많이 반영하는 구어체 문어이다.
② 통신언어는 문어임에도 감정적·비논리적 특성을 많이 드러낸다.
③ 통신언어는 일종의 사회방언적 특성을 보이는데, 그것은 같은 언어 사용자들에 의해 사용되는 언어이지만 세대 간에 소외되거나 결속되는 현상이 생긴다는 점과 때로 속어·은어·유행어적 경향을 보인다는 두 가지 점에서 그러하다.
④ 통신언어는 탈규범적 특징을 갖는다.
⑤ 통신언어는 탈형식적 특징을 갖는다.
⑥ 통신언어는 영상이나 이모티콘 등의 비언어적 시각자료와 함께 전달된다.

(2) 문제점의 인식과 개선 노력
① 어린 시절부터 인터넷 사용자 교육을 강화한다.
② 관리자로서의 부모와 교사를 위한 교육도 포함한다.
③ 정보통신 윤리강령, 네티즌 윤리강령 등

(3) 네티켓의 실제
① **전자우편 네티켓**
  ㉠ 예절을 지킨다.
  ㉡ 상대방이 읽기 편하게 한다.
  ㉢ 정확한 정보 전달이 되게 한다.
② **온라인 대화 네티켓**
③ **게시판 네티켓**
  ㉠ 불특정 다수를 상대한다고 생각하지 말자.
  ㉡ 논리적·이성적으로 비판하는 것이 더 호소력이 있다.
  ㉢ 문법과 맞춤법에 맞는 언어는 지적으로 우월해 보인다.

체크 포인트

높임말과 낮춤말
- 직접 높임말 : 주무시다, 계시다, 잡수시다, 돌아가시다, 드리다, 뵙다, 여쭤다 등
- 간접 높임말 : 진지, 말씀, 성함, 치아, 약주, 댁, 계씨(季氏), 귀교(貴校), 옥고(玉稿) 등
- 직접 낮춤말 : 저('나'를 낮춤)
- 간접 낮춤말 : 말씀, 소생(小生), 졸고(拙稿) 등
  ※ '말씀'은 간접 높임말로 쓰고 간접 낮춤말로도 쓴다.

제4절 핵심예제문제

01 청유형에서는 '해체', '하오체' 등의 쓰임이 활발하지 못하다.

01 상대 높임법에 대한 설명으로 옳지 않은 것은?

① 말을 듣는 사람과의 관계에 따라 대우하는 정도가 달라지는 높임법이다.
② 문장 끝의 어미가 바뀜으로써 여러 가지 등급으로 나뉜다.
③ 평서형, 의문형, 명령형, 청유형으로 문장의 유형이 나뉘고 비교적 여섯 가지 등급이 잘 드러나고 있다.
④ '하게체'나 '하오체' 명령문에도 상대방을 보다 높여 대우해 주려는 의도가 있다면 '-시-'를 넣어 '가시게', '가시오'처럼 말할 수 있다.

02 객체 높임에서는 목적어와 부사어를 높이며 보통 '께'를 사용한다. '저'와 '저희'는 객체 높임에 해당하지 않는다.

02 다음 중 객체 높임법에 대한 설명으로 옳지 않은 것은?

① 어떤 행위가 미치는 대상에 대한 존대를 나타내는 높임법이다.
② 현대 국어에서는 주로 조사 '께'와 특수한 어휘들에 의해 객체 높임법이 이루어진다.
③ 객체 높임법의 특수한 어휘들로는 '저, 저희' 등과 같은 자신을 낮추는 대명사가 있다.
④ "이 만년필을 선생님께 드려라."라는 문장은 객체 높임법의 한 예로 볼 수 있다.

정답 01 ③ 02 ③

03 다음 중 상황별 인사말로 적절하지 않은 것은?
① 아침에 윗사람에게는 "안녕히 주무셨습니까?"하고 인사한다.
② 직장에서 퇴근하면서는 "먼저 가겠습니다."하고 인사한다.
③ 선생님을 방문하고 나오면서 "수고하십시오."하고 인사한다.
④ 직장에서 전화를 받으면 "네, ○○대학교입니다."하고 근무하는 곳을 밝힌다.

03 아랫사람이 윗사람에게 '수고하십시오.'라고 하는 것은 바른 표현이 아니다.

04 다음 중 소개할 때의 예절에 대한 설명으로 옳지 않은 것은?
① 남자를 여자에게 먼저 소개한다.
② 아랫사람을 윗사람에게 먼저 소개한다.
③ 가끔 보는 사람을 자주 보는 사람에게 먼저 소개한다.
④ 자신과 가까운 사람을 먼 사람에게 먼저 소개한다.

04 자주 보는 사람을 가끔 보는 사람에게 먼저 소개한다.

05 주체 높임법에 대한 설명으로 옳지 않은 것은?
① 서술어에서 진술하는 행위나 상태의 주체를 높인다.
② 서술어인 용언에 '-시-'를 넣는다.
③ '자다'나 '주무시다'와 같이 높임의 어휘가 따로 있는 경우에는 높임의 어휘를 사용하지 않아도 된다.
④ '먹다'에 대하여 '잡수시다', '있다'에 대하여 '계시다'와 같이 아예 어휘적으로 높임의 용언이 따로 있는 경우 그 용언을 반드시 사용해야 한다.

05 높임의 어휘가 따로 있는 경우에는 높임의 어휘를 써야 한다.

정답 03 ③ 04 ③ 05 ③

06 엄마는 할머니보다 낮은 주체이기 때문에 '나가셨어요'가 아닌 '나갔어요'를 썼는데 이 표현이 압존법이다.

06 다음 중 압존법이 바르게 쓰인 문장은?

① 할머니, 엄마는 일보러 나갔어요.
② 할아버지, 편히 누워 계세요.
③ 엄마가 설거지를 하신다.
④ 아빠가 볼일을 보러 나가셨다.

정답 06 ①

제5절 올바른 국어 사용

1 어휘(語彙)

단어들로 이루어진 집합을 어휘라고 부른다. 어휘를 구성하고 있는 단어들은 산만하게 흩어져 있는 것이 아니라 의미를 중심으로 어떤 관계를 맺고 있는데, 이를 단어 간의 의미관계라고 한다.
어떤 범위 안에서 쓰이는 낱말의 무리이기도 한 어휘는 개별 낱말의 기원이 어디에 있느냐에 따라 고유어, 한자어, 외래어로 나뉜다.

(1) 단어 간의 의미관계

① **동의관계(同意關係)** : 두 개 이상의 단어가 서로 소리는 다르나 의미가 같을 때의 관계
  예 희귀하다 : 드물다, 속옷 : 내의, 책방 : 서점
② **유의관계(類義關係)** : 두 개 이상의 단어가 서로 소리는 다르나 의미가 비슷할 때의 관계
  예 얼굴 : 낯, 드러내다 : 탄로하다, 밥 : 맘마
③ **이의관계(異義關係)** : 두 개 이상의 단어가 소리는 같은데 그 의미가 다른 경우의 관계
  예 배[梨] : 배[腹] : 배[舟]
④ **반의관계(反意關係)** : 한 쌍의 단어가 서로 반대되는 의미를 갖는 관계
  예 남자 : 여자, 있다 : 없다, 오다 : 가다
⑤ **하의관계(下意關係)** : 두 단어 중 한 단어의 의미가 다른 언어의 의미에 포함될 때의 관계
  예 과일(상의어) → 사과, 딸기(하의어)

(2) 고유어

① **개념** : 다른 나라에서 빌려온 말이 아니라 **옛날부터 우리 조상들이 사용해 온 순수한 우리말**을 의미한다.
② **특징** : 의미의 폭이 넓고 다의어가 많아서, 고유어 하나에 둘 이상의 한자어들이 폭넓게 대응하는 현상이 존재한다.
③ **고유어의 기능**
  ㉠ 고유어는 혈통이 뚜렷한 우리의 언어 자산이다.
  ㉡ 고유어에는 우리 민족 고유의 문화와 정신이 스며들어 있다.
  ㉢ 우리 민족 특유의 문화나 정서를 표현하며, 정서적 감수성을 풍요롭게 한다.
  ㉣ 고유어는 앞으로 새로운 말을 만들 때 중요한 자원이 된다.

④ **고유어의 예** 기출 25

- 갈무리 : 물건을 잘 정돈하여 간수함, 마무리, 저장
- 겻불 : 겨를 태우는 불
- 고즈넉하다 : 고요하고 쓸쓸하다
- 가시버시 : 부부
- 갖바치 : 가죽으로 신을 만드는 사람
- 마파람 : 남쪽에서 불어오는 바람
- 샛바람 : 동쪽에서 불어오는 바람
- 하늬바람 : 서쪽에서 불어오는 바람
- 모르쇠 : 덮어놓고 모른다고 잡아떼는 일
- 해거름 : 해가 넘어갈 무렵
- 화수분 : 재물이 자꾸 생겨서 아무리 써도 줄지 않음
- 품앗이 : 힘든 일을 서로 거들어 주면서 품을 지고 갚고 하는 일
- 짜장 : 과연, 정말로
- 주전부리 : 때를 가리지 않고 군음식을 자주 먹는 입버릇
- 주접 : 사람이나 생물이 탈이 생기거나 제대로 자라지 못하는 일
- 옹골지다 : 실속 있게 속이 꽉 차다
- 여우비 : 볕이 나 있는데 잠깐 오다가 그치는 비
- 온누리 : 온세상
- 은가람 : 은은히 흐르는 강(가람)을 줄여 만듦
- 은가비 : 은은한 가운데 빛을 발하라
- 푸르미르 : 청룡의 순수 우리말
- 하나린 : 하늘에서 어질게 살기를 바람
- 꽃가람 : 꽃이 있는 강(가람 : 강의 우리말)
- 나르샤 : '날아 오르다'를 뜻하는 우리말
- 미리내 : 은하수의 우리말
- 모꼬지 : 여러 사람이 놀이나 잔치 따위로 모이는 일
- 무녀리 : 짐승의 맨 먼저 낳은 새끼
- 무서리 : 처음 내리는 묽은 서리
- 무자맥질 : 물속에 들어가서 떴다 잠겼다 하며 팔다리를 놀리는 것
- 묵정이 : 묵어서 오래된 물건

(3) 한자어

① **개념** : 한자를 바탕으로 만들어진 단어를 말한다.
② **특징**
  ㉠ 우리나라에서 사용되는 한자어는 모두 한국식으로 발음되기 때문에 한국식 한자어라고 한다.
  ㉡ 한자어는 중국의 한자 체계가 우리나라에 전면적으로 도입되어 우리 국어 속에서 생산력을 가지고 있다는 점에서 중국어 차용어와 구별된다.

③ **한자어의 기능**
  ㉠ 국어에서 한자어는 주로 '개념어, 추상어'가 많다.
  ㉡ 전문적이고 세부적인 분야에서 정밀한 의미를 나타내는 데 주로 사용된다.
  ㉢ 잡지 표제문과 같이 내용을 간단하게 제시하여야 할 경우 많이 사용된다.
  ㉣ 고유어에 대하여 존대어로 사용되는 경우도 많다.
  ㉤ 한자어는 고유어를 보완하는 역할을 한다.
  ㉥ 조어력이 매우 뛰어난 한자어는 국어의 생산성을 크게 높일 수 있다.
  ㉦ 이미 귀화가 끝난 우리말이다.
    ※ 귀화어: 어원에서 멀어져 우리말화된 말
      예 빵, 담배, 고구마

④ **한자어의 예**
  ㉠ 예전부터 사용되어 오던 한자어: 감기(感氣), 복덕방(福德房), 고생(苦生), 학교(學校), 가정(家庭), 인간(人間), 역사(歷史), 교실(敎室), 교문(校門), 식구(食口), 사돈(査頓), 매매(每每), 매월(每月), 형제(兄弟), 해변(海邊), 학생(學生), 양복(洋服), 도포(塗布), 모자(母子), 혁대(革帶), 양말(洋襪), 난방(煖房), 장갑(掌匣) 등
  ㉡ 현대에 만들어진 한자어: 귀순(歸順), 장발족(長髮族), 노사(勞使), 성희롱(性戲弄), 면도(面刀), 토란(土卵), 당근(唐根), 자가용(自家用), 공주병(公主病) 등

(4) 외래어

① **개념**: 원래 외국어였던 것이 국어의 체계에 동화되어 사회적으로 그 사용이 허용된 단어로 고유어로 대체가 불가능한 경우가 많다.

② **특징**
  ㉠ 외래어는 일본 식민지 기간 중에 일본어로 정착된 뒤에 국어 어휘 체계 안에 들어왔기 때문에 지난 반세기 동안은 일본식 발음의 잔재가 남아 있었다.
    예 '컵(cup)' – '고뿌', '드럼(drum)' – '도라무', '캔(can)' – '깡'
  ㉡ 1950년대 이후 원어에 가까운 발음으로 교정하는 과정을 거쳐 현재는 원어와 국어의 음운체계가 조화를 이룬 새로운 외래어 발음이 정착되었다.

③ **기능**: 외래어는 우리말에 없는 말을 대신 빌려서 쓰는 말이기 때문에 우리말의 빈 부분을 채우는 구실을 한다.

④ **외래어의 예**: 컴퓨터, 버스, 뉴스, 햄버거, 아르바이트, 피아노, 엘리베이터, 택시, 인터넷, 아파트, 에어로빅, 미팅, 커트라인, 커닝, 돈가스, 텔레비전, 스파게티, 피자, 케이크, 아이스크림, 카메라 등 기출 25

> **더 알아두기**
>
> **외래어와 외국어의 차이**
> - 외래어 : 다른 나라 말에서 빌려 와서 우리말처럼 쓰는 말
>   예) 커피, 레몬, 카드, 인터폰, 호텔, 커닝, 가스 등
> - 외국어 : 외래어와는 달리 사회적으로 아직 허용이 되지 않은 말로 고유어로 대체가 가능하고, 언중에게 고유어가 더 활발하게 사용되는 경우가 많음
>   예) 타이어, 밀크, 다다미, 닥터, 템포, 키, 디저트, 댄스, 하이, 머니, 스토리, 프린세스, 스쿨, 베이커리, 헤어, 티처 등

2 관용 표현

둘 이상의 낱말이 합쳐져 원래의 뜻과는 전혀 다른 새로운 뜻으로 굳어져서 쓰이는 표현

(1) 관용적 표현 : 둘 이상의 단어가 결합하여, 각 단어들의 개별적인 의미만으로는 전체적인 의미를 파악할 수 없는 특수한 의미를 나타내는 표현을 말한다.

(2) 관용적 표현의 종류와 예 기출 25

① **관용구** : 어구나 한 문장이 그것을 이룬 하나하나의 단어의 의미와는 관계없이 전체로서 하나의 뜻을 나타내어 오랫동안 관습적으로 널리 쓰이는 말이다. 기출 23, 22

예)
- 발이 묶이다. : 어떤 한 곳에서 목적지로 가지 못하고 계속 있다.
- 가방끈이 짧다. : 학벌이 낮다.
- 핏대를 올리다. : 몹시 화를 내다.
- 화살을 돌리다. : 공격이나 나무람의 방향을 (그 쪽으로) 돌리다.

② **숙어(熟語)** : 둘 이상의 단어가 합쳐져서, 관용적으로 쓰여 특별한 뜻을 나타내는 어구나 구절이다.

예)
- 송구영신(送舊迎新) : 올해를 보내고 새해를 맞음
- 개과천선(改過遷善) : 허물을 고쳐 착한 사람이 됨
- 소원성취(所願成就) : 바라는 바가 이루어짐
- 군계일학(群鷄一鶴) : 무리 가운데서의 뛰어난 사람

③ **속담(俗談)** : 대체로 교훈이나 풍자를 하기 위하여 어떤 사실을 비유의 방법으로 표현한 것으로, 예로부터 전하여 내려오는 간결한 어구이며 구체적이고 특수한 사례를 말함으로써 일반적이고 보편적인 의미를 전달한다.

예)
- 가는 방망이 오는 홍두깨 : 남에게 해를 끼치면 그보다 더 큰 화가 자신에게 돌아온다.
- 소 잃고 외양간 고친다 : 일을 그르친 뒤에 후회해야 소용없다.
- 못된 송아지 엉덩이에 뿔난다 : 맞을 짓만 골라 한다.
- 아니 땐 굴뚝에 연기나랴 : 어떤 일이 발생하는 원인이 반드시 있다.

④ **격언(格言) = 금언(金言)**
   ㉠ 오랜 역사적 생활 체험에서 이루어져 인생에 대한 교훈과 경계 따위를 간결하게 표현한 말이다.
   ㉡ 속담과 격언을 분명히 구분하기 어려우나, 격언은 속담보다 시간과 공간적 제약이 없고, 주로 교훈적인 내용을 담고 있다는 특징이 있다.
      예) 목적이 없는 독서는 산보일 뿐이다 / 웅변은 은이요, 침묵은 금이다.
⑤ **고사성어** : 옛 유명한 사건에서 유래하여 다른 깊은 뜻을 함축하게 된 한자어로 된 말이다. 기출 25, 24, 22
      예) 조삼모사, 동고동락, 어부지리, 배수진, 염화미소, 지음 등
⑥ **그 밖의 표현**
   ㉠ 간접적 표현 : 평서문, 감탄문, 의문문, 명령문, 청유문의 어미가 원래의 의미와 다른 의미를 전달하는 경우
      예) 방이 덥다. (그러니 '창문을 열어라'고 하는 명령의 의미)
   ㉡ 잉여적 표현 : 단어나 문장의 앞뒤에 붙어 있는 의미상 불필요한 말
      예) 역전 앞에서 만나자. ('앞' : 불필요함)

(3) 관용적 표현의 특징
① 단어들의 원래 의미의 단순 결합이 아니라, 새로운 특수한 의미를 지닌다.
② 주로 비유적으로 표현되는 경우가 많다.
③ 둘 이상의 단어가 한 덩어리로 굳어져 사용되므로, 표현을 함부로 바꿀 수 없다.

3 조사, 어미

(1) 조사의 종류 기출 25

① **격조사** : 한 문장에서 선행하는 체언으로 하여금 일정한 자격을 갖도록 해주는 조사로 체언의 문장 성분을 표시한다.
   ㉠ 주격 조사 : 체언에 붙어서 그 체언이 주어가 되게 한다.
      예) 이/가, 께서, 에서(단체), 서(사람의 수효를 표시) → 영우가 책을 읽는다.
   ㉡ 서술격 조사 : 체언에 붙어서 그 체언이 서술어가 되게 한다.
      예) (이)다 → 영우가 읽는 것은 책이다.
   ㉢ 목적격 조사 : 체언에 붙어, 그 체언이 주어의 동작이나 작용의 목적물이 되게 하는 조사이다.
      예) 을/를, ㄹ(때로는 방향, 처소, 낙착점, 주격에 쓰임) → 영우가 책을 읽는다.
   ㉣ 보격 조사 : '되다', '아니다' 앞의 체언에 붙어, 그 체언이 보어가 되게 하는 조사이다.
      예) 이/가('아니다, 되다'의 지배를 받음)
        • 영우는 소설가가 되었다.
        • 영우는 학생이 아니다.

ⓜ 관형격 조사 : 체언에 붙어, 그 체언이 관형어가 되게 한다.
　　　예 의 → 영우의 책이 없어졌다.
　　ⓗ 부사격 조사 : 체언에 붙어, 그 체언이 용언을 꾸미도록 하는 조사이다.
　　　예 에, 에서, 에게, 한테서, (으)로, 하고, 와
　　　　・영우는 집에서 논다.
　　　　・영우는 소처럼 억세다.
　　ⓢ 호격 조사 : 사람이나 사물의 이름 뒤에 쓰여서 그 말이 부르는 말이 되게 한다.
　　　예 아/야, (이)시여, (이)여
　　　　・영우야, 학교에 가자.
　　　　・신이시여, 어찌 저에게 이런 시련을 주시나이까!
② **접속 조사**
　ⓞ 두 단어를 같은 자격으로 이어주는 기능을 표시하는 조사이다.
　ⓛ 양쪽의 체언을 대등하게 연결하여 같은 문장 성분이 되게 한다.
　　예 와/과, 하고, (에)다, (이)며, (이)랑, (이)나
　　　・영우와 경아는 친구다.
　　　・영우하고 선미도 친구다.
　　　・어제 동창회에 가서 고기에 술에 많이 먹었다.
③ **보조사** : 체언에 일정한 격을 규정하지 않고, 여러 격으로 두루 쓰여 그 체언에 어떤 특별한 뜻(일정한 의미)을 더해 주는 조사다.
　예 도, 은, 만, 까지, 마저, 조차
　　・선미도 영우를 좋아한다.
　　・나만 영우를 좋아하는 것이 아니다.
　　・경아마저 영우를 좋아한다.
　　・너마저 영우를 좋아하니?

> **더 알아두기**
>
> **의존명사의 종류**
> - 보편적 의존명사 : 여러 성분으로 사용된다.
>   예 이, 것, 분, 바, 데, 따위 등 – 저 모자 쓴 이가 누구지?
> - 주어성 의존명사 : 문장에서 주어로만 사용된다.
>   예 수, 리, 나위, 지 등 – 나도 어쩔 수가 없었다.
> - 서술성 의존명사 : 문장의 서술어로만 사용된다.
>   예 뿐, 때문, 따름, 터 등 – 매사에 최선을 다할 뿐이다.
> - 부사성 의존명사 : 문장에서 부사어로만 사용된다.
>   예 듯, 체, 대로, 양, 뻔, 채, 만 등 – 네가 시키는 대로 못하겠다.
> - 단위성 의존명사 : 수량, 단위를 나타낸다.
>   예 (한) 마리, (두) 개, (한) 채, 명, 가마, 묶음, 축 등 – 슈퍼마켓에서 고등어 두 마리와 열무 열 단을 샀다.

(2) 어미의 기능과 종류

① **어미의 기능**: 높임법이나 시제, 서법, 양태 등의 범주와 관련된 기능을 갖는다.

> **체크 포인트**
>
> **어미**: 어말 어미(종결, 연결, 전성) + 선어말 어미
> - **어말 어미**: 단어의 끝자리에 들어가는 어미
> - **선어말 어미**: 어말 어미의 앞자리에 들어가는 어미

② **선어말 어미**: 실질 형태소인 어간과 형식 형태소인 어말 어미 사이에 끼이며 높임, 공손, 시간을 표시하는 어미이다.
  ㉠ 특징
   - 모든 용언에 두루 붙는다.
   - 어말 어미를 반드시 필요로 한다.
   - 높임법, 공손법, 시간 표현의 세 종류만을 인정한다.
  ㉡ 종류
   - 높임 선어말 어미: -시- 예 읽으시다, 하시니
   - 공손 선어말 어미: -옵- 예 보내옵나이다, 하옵니다
   - 시간 선어말 어미
     - 현재: -는/ㄴ- 예 먹는
     - 과거: -았/었- 예 먹었다
     - 미래: -겠- 예 먹겠다
     - 회상: -더- 예 먹더라

③ **어말 어미의 갈래**
  ㉠ 종결 어미: 문장을 끝맺는 기능을 하는 어미
   - 평서형 어미: 문장의 내용을 평범하게 진술하는 것
     예 -는(ㄴ)다, -네, -(으)오, -(으)ㅂ니다 → 영우가 과자를 먹는다.
   - 감탄형 어미: 어떤 사실에 대한 느낌을 나타내는 것
     예 -는구나, -로구나, -구려, -구나, -도다 → 영우가 과자를 먹는구나!
   - 의문형 어미: 물음이나 의문을 나타내는 것
     예 -느냐, -는가, -니, -(으)ㅂ니까, -오, -가(아) → 영우가 과자를 먹느냐?
   - 명령형 어미: 상대방에게 어떤 행동을 시킴을 나타내는 것
     예 -어라, -게, -(으)십시오, -(으)오, -(어)요 → 영우야, 과자를 먹어라.
   - 청유형 어미: 행동을 권유하고 이끄는 것
     예 -자, -세, -(으)십시다, -아/어, -(으)ㅂ시다 → 영우야, 과자를 먹자.

ⓒ 연결 어미 : 낱말이나 문장을 연결하여 주는 기능을 하는 어미
- 대등적 연결 어미 : 뒤에 오는 말과 서로 대등한 관계로 연결해 주는 어미
  예) -고, -며, -면서, -자, -거나, -든지, -느니
   → 꽃이 피고, 새가 운다.
   → 너도 가고, 나도 간다.
- 종속적 연결 어미 : 두 문장을 주종 관계로 연결하는 어미
  예) -면, -니, -려고, -니까, -ㄹ수록, -러, -자, -ㄹ뿐더러 → 봄이 오면, 꽃이 핀다.
- 보조적 연결 어미 : 뒤따르는 보조 용언과 어울리어 하나의 서술어가 되게 하는 어미
  예) -아/어, -게, -지, -고 → 산에 꽃이 피어 있다.

ⓒ 전성 어미 : 용언의 서술 기능을 또 다른 기능으로 바꾸어 주는 어미 기출 22
- 관형사형 어미 : 주체에 대하여 서술어가 되면서 다음 말에 대해서는 관형어 기능이 되는 것(단어의 성질을 관형사처럼 바꿈)
  예) -(으)ㄴ, -는, -(으)ㄹ, -던
   → 예쁜 벚꽃이 많이 피었다.
   → 열심히 공부한 보람으로 시험에 합격했다.
- 명사형 어미 : 주체에 대하여 서술어가 되면서 다음 말에 대해서는 체언적 기능이 되는 것(단어의 성질을 명사처럼 바꿈)
  예) -기, -(으)ㅁ
   → 나는 일하기가 싫다.
   → 행복하다는 것은 배불리 먹음이 아니다.
- 부사형 어미 : 문장에서 부사어 구실을 하게 하는 활용 어미
  예) -게

4 수식어와 피수식어

(1) 수식어와 수식구조

① **관형사** : 체언 앞에 놓여서 체언의 내용을 자세하게 꾸며 주는 단어
  예) • 그는 새 집으로 이사를 갔다.
  • 나는 앞으로 모든 일을 신중히 처리할 것이다.
  ㉠ 특징
  - 조사가 붙지 않는다.
  - 어미가 붙어 활용하지 않는다.
  ㉡ 종류
  - 성상 관형사 : 체언이 가리키는 사물의 성질이나 상태를 '어떠한'의 방식으로 꾸며 준다.
    예) 새 옷, 순(純) 우리말, 옛 모습

- 지시 관형사 : 지시성이 있다.
  - 예) 이 운동, 저 아이, 다른(他) 분, 전(前) 총리, 그 사람
- 수 관형사 : 뒤에 오는 명사의 수량을 표시한다.
  - 예) 세 사람, 전(全) 생애, 모든 학생, 여러 나라

② **부사** : 주로 동사나, 형용사 앞에서 그것들을 수식하는 단어
  - 예) • 경치가 **몹시** 아름답다.
  - • 철수는 **빨리** 걸어갔다.

  ㉠ 특징
  - 어형변화를 하지 않고, 활용하지 못하며, 격조사와 결합하지 못한다.
    - 예) – 그는 천천히가 걸었다. (×)
    - – 그는 천천히는 걸었다. (×)
  - 구문상에서 부사어로만 기능을 한다.
    - 예) 꽃이 **활짝** 피었다.

  ㉡ 종류
  - 성분 부사 : 한 문장의 성분을 꾸며 주는 부사
    - 성상 부사 : '어떻게'의 의미. 일반 부사·의성 부사·의태 부사
      - 예) 날씨가 **매우** 춥다. 파도가 **철썩철썩** 친다. 토끼가 **깡충깡충** 뛴다.
    - 지시 부사 : 장소, 시간 앞에 나온 말을 지시하는 부사
      - 예) 이리 오너라(장소 지시). 내일 만나자(시간 지시). 그리 말고(앞에 나온 말 지시)
    - 부정 부사 : 용언의 의미를 부정하는 부사
      - 예) **안** 일어났다. 나는 **못** 합니다.
  - 문장 부사 : 문장 전체를 꾸며 주는 부사
    - 예) 과연, 설마, 제발, 정말, 결코, 모름지기, 응당, 어찌, 아마, 정녕, 아무쪼록, 하물며 → **과연** 솜씨가 훌륭해.
  - 접속 부사 : 단어와 단어, 문장과 문장을 이어주는 부사
    - 예) 그리고, 그러나, 그러므로, 즉, 곧, 및, 혹은, 또는

③ 수식어에는 관형어와 부사어가 있는데, 관형어는 체언적인 요소를 수식하고, 부사어는 용언적인 요소를 수식한다.

④ 피수식어는 부사어와 관형어의 도움을 받아 더 구체적으로 한정적인 의미를 지니게 된다.

(2) 중의성 기출 24

① **어휘적 중의성** : 단어의 중의성으로 인하여 문장의 중의성이 생기는 것
  ㉠ 다의어에 의한 중의성
  - 예) 길이 없다. → 도로, 방법, 수단
  ㉡ 동음이의어에 의한 중의성
  - 예) 말이 많다. → 馬, 言, 斗

② **구조적 중의성**: 문장의 구조 차이로 인하여 중의성이 생기는 것
  ㉠ 수식 관계의 중의성
    예 아름다운 소녀의 옷이다. → 소녀가 아름답다. / 옷이 아름답다.
  ㉡ 주어의 범위에 따른 중의성
    예 나는 철수와 민호를 만났다. → 주어: 나 / 나와 철수
  ㉢ 부정에 의한 중의성
    예 사람들이 다 오지 않았다. → 한 명도 안 왔다. / 일부만 왔다.
  ㉣ 조사 '의'가 쓰인 구문의 중의성
    예 아버지의 그림이다. → 아버지 소유의 그림 / 아버지가 그린 그림 / 아버지를 그린 그림
③ **비유적 중의성**: 비유에 사용된 보조 관념의 속성이 다양하기 때문에 중의성이 생기는 것
  예 선생님은 호랑이시다. → 호랑이처럼 무서우시다. / 호랑이처럼 생기셨다.
④ 중의적 표현들은 그 의미의 다양성으로 인해 문학 작품의 표현미를 높이는 데 기여할 수 있으나, 일상 언어생활에서는 의미 해석에 혼동을 가져와 의사소통을 방해할 수도 있다.

(3) 수식어의 길이, 수식어와 피수식어의 거리
① 수식어가 지나치게 길거나 수식어와 피수식어의 길이가 지나치게 길어 구조적 중의성이 발생할 경우, 수식어를 생략하거나 작은 문장들로 나누어 간결하게 표현한다.
② 실제로 접할 수 있는 문장들은 수식어 구성에 있어 여러 가지 문제들이 복합적으로 작용하는 경우가 많은데 이 문제를 해결하기 위해서 여러 가지 문제를 함께 고려해야 한다.
③ 부사어나 관형어가 수식어로 성립되지 않은 어색한 문장은 피수식어와의 관계를 고려하여 부사어 유형이나 관형어 유형으로 만든다.

5 문장 성분 간의 호응 기출 22

서술어	주어의 동작, 상태, 성질 따위를 풀이하는 기능을 하는 문장 성분
주어	문장에서 동작 또는 상태나 성질의 주체를 나타내는 문장 성분 예 <u>하늘이</u> <u>파랗다</u>. 　주어　서술어
목적어	서술어의 동작 대상이 되는 문장 성분 예 나는 <u>딸기를</u> <u>좋아한다</u>. 　　　목적어　서술어
부사어 기출 25	문장의 서술어뿐 아니라 관형어와 부사어를 수식하는 문장 성분 예 튤립이 <u>참</u> <u>예쁘다</u>. 　　　부사어 서술어

(1) 주어와 서술어의 호응 기출 23

① 주어는 표현할 대상을 잡아주고, 서술어는 그 대상의 속성이나 행위를 드러내 준다.

예) • <u>부모님께서</u> 우리를 <u>칭찬하셨다</u>.
　　　(주어: 대상)　　　　　(서술어: 행위)

　　• <u>교실의 분위기가</u> <u>조용하다</u>.
　　　(주어: 대상)　　　(서술어: 속성)

② 주어는 대개 문장의 첫머리에 오며, 주어 앞에 지나치게 긴 한정어(수식어)가 오거나 안은문장이 주어가 되면 이해하기 힘든 글이 될 수 있다.

예) 지난 이십 년간 경제의 불균형한 발전이 이런 문제를 일으켰다.
　　(지난 이십 년간 나라의 경제가 균형되게 발전하지 못하여 이런 문제가 생겼다)

③ 문장은 크게 주어부(관형어, 주어 포함)와 서술부(목적어, 부사어, 서술어 포함)로 나누어진다.

④ **문장 도중에 주어가 바뀌는 경우**: 하나의 문장 안에서 주어를 바꾸는 것은 읽는 이의 이해를 방해하므로 되도록 삼가야 한다. 만약 어쩔 수 없이 주어를 바꾸어야 할 경우에는, 그 주어를 생략하지 말고 분명하게 나타내 주는 것이 좋다.

예) 제롬의 목표는 오로지 알리사의 덕에 견줄 만한 청년이 되는 것뿐이었고, 그러기 위해서 속세의 온갖 즐거움을 내버리고 성서에서 가르치는 '좁은 문'으로 들어가는 괴로움을 따르지 않으면 안 되었다.

→ 쉼표를 경계로 앞 절과 뒷 절의 주어가 바뀌고 있어서 좋지 않은 문장이 되었다. 뒷 절의 주어인 '제롬은'을 명시해 주어야 한다.

⑤ 주어의 생략이 효과적인 결과를 가져오는 '일기문'이 있는가 하면, '논설문이나 설명문'에서는 주어의 생략을 피하는 것이 좋다.

⑥ 서술어는 '체언 + 이다'로 된 것과 '용언(동사, 형용사)'으로 된 것이 있는데, '용언'으로 된 서술어가 훨씬 더 생동감을 준다.

예) 현대시에 대한 근자의 비평은 그것이 너무 **궤변적이라는** 것이다.
　　(많은 비평가들이 현대시가 너무 궤변적이라고 **공격한다**.)

⑦ **주술의 호응이 제대로 안 된 문장**

예) • 그 표기법은 이미 옛날에 체계화되어, 여러 군데에 **썼었다**(→ 쓰였다).
　• 문법을 맡으신 선생님께 드릴 말씀은 이 책은 다른 책과 달리 비교 방법적 교수법이 필요 없다고 단언하는 **바입니다**(→ 필요 없다는 점입니다).
　• 이 상표는 지난해부터 우리 회사에서 개발하여 전 상품에 **부착하였습니다**(→ 부착한 것입니다).
　• 큰 차는 뒷바퀴가 앞바퀴보다 안쪽으로 들어와 교통사고를 **당하기 쉽다**(→ 일으키기 쉽다).
　• 노인의 아침은 심호흡과 단전 운동에서 시작한다(→ 노인은 아침을 심호흡과 단전운동으로 시작한다).
　• 이 사진은 거미가 체액을 빨아먹는 장면이다(→ 빨아먹는 장면을 찍은 사진이다).
　• 대출받기가 어려웠던 은행들도 주택 자금 대출 상품을 경쟁적으로 내놓고 있다(→ 대출을 잘 해 주지 않던 은행들도~).
　• 그런 편견은 회사뿐만 아니라 사회도 그렇게 여기고 있다(→ 그런 편견 때문에).

- 경찰은 전경을 조계사 경내로 투입해 총무원 진입을 시도하던 승려들을 해산했다(→ 해산시켰다 / 해산하게 하였다).

(2) 한정어와 피한정어

① 한정어는 지시대상이나 서술 표현을 한정시키는 문장성분으로, 관형어와 부사어가 있다. 피한정어는 한정어의 수식을 받는 성분으로, 체언이나 서술어가 포함된다.
② 한정어와 피한정어의 거리는 가까울수록 좋다.
   예)
   - 자동 커피 판매기(→ 커피 자동 판매기)
   - 엄청난 건물과 재산 피해를 입었다(→ 건물과 재산 피해를 엄청나게 입었다).
   - 하루에도 사치와 향락에 빠져 수백만 원씩 쓴다(→ 사치와 향락에 빠져 하루에도 수백만 원씩 쓴다).
   - 나도 모르게 지난번에 즐거웠던 일이 생각나서 웃음이 나왔다(→ 지난번에 즐거웠던 일이 생각나서 나도 모르게 웃음이 나왔다).
③ 한정어의 수가 지나치게 많거나, 한정어가 지나치게 길어지는 것도 주의해야 한다.
   예)
   - 그는 수많은 개인적이고도 집단적인 이익을 잘 구분하여 처리했다(→ 그는 개인적이고도 집단적인 수많은 이익을 잘 구분하여 처리했다).
   - 그는 안경 낀 보통 키의 남자를 보았다고 증언하였다(→ 그는 안경을 끼었고 키가 보통인 남자를 보았다고 증언했다).

(3) 서술어 요소의 호응

① 서술어에는 '시제·양상·높임·사동·피동·부정 등'을 나타내는 형태소가 포함되어 있다.
   예)
   - 나는 어제 시골에 다녀왔다(과거 시제).
   - 인호는 지금 졸고 있다(진행상).
   - 선생님께서 민수를 오라고 하셨다(주체 높임).
   - 친구들이 나를 괴롭혔다(사동).
   - 흉악범이 드디어 잡혔다(피동).
   - 그는 그곳에 나타나지 않았다(부정).
② 서술어 요소의 호응이 이루어지지 못한 문장
   예)
   - 우리 출판사에서 간행되어진 책은 참신한 내용을 담고 있습니다. 기출 25
     (쓸데없는 피동 표현으로 '간행한'으로 바꾸어야 한다.)
   - 교장 선생님의 말씀이 계시겠습니다(→ 있으시겠습니다).
   - 나는 요즘 우울해질 때가 많았다(→ 많다).
③ 서술어에 '~같다'는 표현이 남용되는 경우가 있는데, 이 말은 대개 '추측'을 나타내는 경우에 쓰일 수 있는 말로서, 그런 경우가 아닐 때는 사용하지 말아야 한다.
   예)
   - 저는 이 책을 읽으니 마음이 슬픈 것 같아요(→ 저는 이 책을 읽으니 슬퍼져요).
   - 이제는 배가 부른 것 같아요. 그래서 기분이 좋은 것 같아요(→ 이제는 배가 부릅니다. 그래서 기분이 좋습니다).

- 그런 융숭한 대접을 받으니 기뻐서 눈물이 쏟아질 것 같더라('과거 사실을 보고하는 상황'으로 옳은 표현임).
- 하늘을 보니 내일은 비가 올 것 같다('추측'에 해당하는 것으로 옳은 표현임).

(4) 기능어(구조어)의 호응

① 기능어 두 개가 어우러져서 짝을 이루어 사용되는 경우가 많이 있다.
  예
  - 아무리 글을 길게 쓰고, 글씨를 깨끗이 쓰려고 **하다 보니** 내용이 떠오르지 않습니다(→ 하여도).
  - 이런 시간에 그런 회상의 유혹을 물리치기란 **좀처럼** 어려운 일이었다(→ 쉬운 일이 아니었다).

② 대등적 연결 어미나 접속 조사 '와/과'가 사용된 겹문장에서는, 앞뒤에 연결된 문장 구조가 같아야 하므로 주의해야 한다.
  예
  - 폭풍이 몰아쳐 **바람과 비가 내렸다**(→ 바람이 불고).
  - 나는 공부도 열심히 하고, 착실한 서클 활동도 생각했다(→ 서클 활동도 착실히 하리라고 생각했다).

(5) 논리적 호응

논리적 호응은 문장을 접속하는 기능어로 드러나는 경우가 많다. 문장과 문장을 연결하는 연결 어미를 잘못 쓰게 되면 엉뚱한 말이 되거나 거짓말이 되는 경우가 있으므로 유의해야 한다. 인과관계로 이루어지는 문장에선 원인과 결과를 일치시켜야 한다.

예 수돗물이 오염된 것으로 밝혀졌기 때문에 시민 건강에 위협이 되고 있습니다. → 수돗물이 오염되어 시민 건강을 위협하고 있는 것으로 밝혀졌습니다.

6 형태론(품사론)

(1) 형태소

① **형태소의 개념** : 뜻을 지닌 최소 단위로, 더 작은 단위로 쪼개면 뜻을 잃어버린다.
② **형태소의 종류**

> 하늘이 매우 푸르구나.

㉠ 자립성 유무
  - 자립 형태소 : 홀로 자립하여 쓸 수 있는 형태소
    예 하늘, 매우
  - 의존 형태소 : 자립할 수 없는 형태소
    예 이, 푸르-, -구나

ⓒ 실질적 의미 유무
- 실질 형태소 : 구체적인 대상이나 동작, 상태를 표시하는 형태소
  예 하늘, 매우, 푸르-
- 형식 형태소 : 실질 형태소에 붙어 주로 말과 말 사이의 관계를 표시하는 형태소
  예 이, -구나

(2) 단어
뜻을 가지고 홀로 쓰일 수 있는 말과 자립할 수 있는 말의 뒤에 붙어서 문법적 기능을 나타내는 말

① **단일어** : 하나의 어근으로 된 단어
  예 사과, 푸르다, 읽다
② **복합어** : 둘 이상의 어근이나, 어근과 접사의 결합으로 이루어진 단어
  ㉠ 합성어 : 둘 이상의 어근으로 구성된 단어
    예 사과나무, 검푸르다, 어깨동무, 뛰어나다, 고추잠자리, 앞뒤, 첫사랑

합성 명사		합성 동사	
명사 + 명사	가위-바위-보, 앞-뒤	명사 + 동사	힘-들다, 선-보다.
동사 + 명사	굴-대, 군(굽다)구운)-밤	동사 + 동사	오르-내리다, 여-닫다.
형용사 + 명사	큰-형, 구린-내	형용사 + 동사	설-익다, 늦-되다.
관형사 + 명사	첫-사랑, 새-옷	부사 + 동사	그만-두다, 마주-앉다.
부사 + 명사	오목-거울, 껄껄-웃음		

합성 형용사		합성 부사	
명사 + 형용사	값-싸다, 꿈-같다.	대명사 + 부사	제-각각
형용사 + 형용사	높-푸르다, 굳-세다.	명사 + 부사	철-없이, 하루-바삐
명사 + 동사	맛-나다, 풀-죽다.	부사 + 부사	가끔-가끔, 이리-저리
형용사 + 동사	약아-빠지다, 게을러-터지다.	명사 + 명사	밤-낮
부사 + 동사	막-되다, 못-나다.	관형사 + 명사	한-바탕, 어느-덧
		부사 + 동사	가끔-가다

  ㉡ 파생어 : 어근과 접사로 구성된 단어
    예 풋사과, 새파랗다, 먹이, 톱질, 초하루, 치솟다, 짓밟다, 개나리

파생 동사		파생 형용사	
명사 + 접미사	추월-하다, 운동-하다.	명사 + 접미사	복-스럽다, 신사-답다.
동사 + 접미사	먹-이다, 남-기다.	동사 + 접미사	그리-ㅂ다, 놀라-ㅂ다.
형용사 + 접미사	넓-히다, 밝-히다.	형용사 + 접미사	넓-적하다, 높-다랗다.
부사 + 접미사	출렁-거리다, 깜박-이다.	관형사 + 접미사	새-롭다.
		부사 + 접미사	울퉁불퉁-하다, 반듯반듯-하다.

파생 부사		파생 관형사	
명사 + 접미사	정성-껏, 나날-이	명사 + 접미사	파격-적, 정신-적
동사 + 접미사	하여-금, 맞-우(마주)	대명사 + 접미사	그-까짓, 이-까짓
형용사 + 접미사	멀-리, 많-이		
부사 + 접미사	더욱-이, 다시-금		

(3) 품사
  ① **체언**
    ㉠ 명사 : 사람이나 사물의 이름을 가리키는 말
      ㉮ <u>철수</u>는 <u>책</u>을 읽고 있다.
    ㉡ 대명사 : 사람이나 사물을 지시하는 말
      ㉮ <u>나</u>는 <u>누구</u>와 함께 갈까?
    ㉢ 수사 : 수량이나 순서를 나타내는 말
      ㉮ 네가 신경 쓸 일 가운데 <u>첫째</u>가 건강이다.
  ② **수식언**
    ㉠ 관형사 : 체언 앞에 놓여 체언, 주로 명사를 꾸며 주는 말
      • 성상 관형사 : 체언이 가리키는 사물의 성질이나 상태를 꾸며 주는 관형사
        ㉮ <u>새</u> 책, <u>헌</u> 이불, <u>옛</u> 건물
      • 지시 관형사 : 지시적 성격을 띠고 있는 관형사
        ㉮ <u>이</u> 사람, <u>그</u> 모습, <u>저</u> 꼴
      • 수 관형사 : 뒤에 오는 명사의 수량을 표시하는 관형사
        ㉮ <u>한</u> 마리, <u>두</u> 권, <u>세</u> 병
    ㉡ 부사 : 주로 용언이나 문장 전체를 꾸며 주는 말
  ③ **관계언** : 자립어에 붙어 그 말과 다른 말의 관계를 표시한다. 관계언으로는 조사가 있다.
    ㉮ 이/가, 을/를, 에, 에게, 으로, 이다, 아/야
  ④ **용언** 기출 22
    ㉠ 동사 : 문장의 주체가 되는 사람의 동작이나 자연의 작용을 나타내는 단어
    ㉡ 형용사 : 사물의 속성(성질)이나 상태를 나타내는 단어
      • 성상(性狀) 형용사 : 성질이나 상태를 나타내는 형용사
        ㉮ 맛이 <u>달다</u>, 배가 <u>고프다</u>, 산이 <u>높다</u>.
      • 지시(指示) 형용사 : 지시성을 띤 형용사
        ㉮ 내 생각도 역시 <u>그러하다</u>.
  ⑤ **독립언** : 문장 속의 다른 성분에 얽매이지 않고 독립성을 지니는 말로, 독립언으로는 감탄사가 있다.
    ㉮ 어머나, 흥, 여보게, 그래, 아

제5절 핵심예제문제

01 '귀가 얇다'는 것은 남의 말을 쉽게 받아들인다는 뜻이다.

01 다음 중 관용어가 적절하게 사용된 것은?

① 그녀는 귀가 얇아서 귀걸이가 잘 어울린다.
② 그녀는 귀가 얇아서 의심이 많다.
③ 그녀는 귀가 얇아서 다른 사람의 말을 쉽게 믿는다.
④ 그녀는 귀가 얇아서 빠르게 포기하는 편이다.

02 중의성은 하나의 어휘나 어구가 둘 이상의 의미로 해석 가능한 성격을 가지는 것을 의미한다.

02 다음 중 중의성을 가지지 <u>않는</u> 문장은?

① 나와 내 동생이 좋아하는 사람들이 같이 갔다.
② 본 사적지 내의 고분은 고고학적으로 중요한 가치를 지닌 6세기의 횡혈식 고분이다.
③ 순철이와 영희가 결혼했다.
④ 나는 항상 놀지 않는다.

03 용언의 활용형에서 어미 '-게'가 붙으면 용언을 수식하는 부사가 된다.

03 다음 설명 중 옳지 <u>않은</u> 것은?

① 용언의 활용형에서 어미 '-게'가 붙으면 체언을 수식하는 관형어가 된다.
② 수식어에는 관형어와 부사어가 있다.
③ 관형어는 체언적인 요소를 수식하고, 부사어는 용언적인 요소를 수식한다.
④ 적절한 수식어는 기본 성분의 의미를 풍부하게 한다.

정답 01 ③ 02 ② 03 ①

04 다음 밑줄 친 어미의 종류가 다른 것은?

① 아름답고 고운 꽃
② 봄은 왔으나 아직 춥다.
③ 밥을 먹고 가라.
④ 선미는 갔지만, 나는 남았다.

04 밑줄 친 어미는 모두 연결 어미이다. 연결 어미에는 대등적 연결 어미, 종속적 연결 어미, 보조적 연결 어미가 있다. ③을 제외한 나머지는 모두 대등적 연결 어미인 반면, ③은 종속적 연결 어미이다.

05 다음 중 단어의 형성 과정이 나머지와 다른 하나는?

① 새파랗다
② 첫사랑
③ 초하루
④ 풋사과

05 ② 첫사랑 : 합성어
① 새파랗다, ③ 초하루, ④ 풋사과 : 파생어

정답 04 ③ 05 ②

제 1 장 실전예상문제

제1절 국어에 대한 이해

01 다음 중 언어의 기능에 대한 설명으로 잘못된 것은?
① 표현적 기능은 화자의 감정, 심리, 태도 등을 표현하는 기능을 말한다.
② '날씨가 참 사납군요.', '진지 잡수셨어요?' 등은 언어의 표현적 기능의 예이다.
③ 감화적 기능은 듣는 사람으로 하여금 무엇을 하거나 하지 못하게 하는 기능으로, 표어나 광고문 등이 해당된다.
④ 표출적 기능은 감정을 표출하고 언어를 본능적으로 사용하는 기능으로, 주로 감탄이 해당된다.

02 언어의 궁극적인 기능으로 가장 적절하지 않은 것은?
① 사람의 감정이나 의사를 전달하는 구실
② 문학 작품을 창작하는 도구
③ 언어를 습득하는 사람에게 지식을 쌓게 하고, 생각을 깊게 하게 함
④ 대화를 통해 지능을 높이고, 창의력을 향상시키는 도구

01 ②는 주로 인사말이나 친교 관계를 확인하는 친교적 기능에 해당하는 표현이다.

02 언어를 통해 지식을 쌓을 수는 있지만 언어 자체가 지능을 높이는 것은 아니다.

정답 01② 02④

03 다음 중 언어의 자의성을 설명하는 내용으로 옳지 않은 것은?
① 각 나라의 언어가 다른 데에는 아무런 이유가 없다.
② '꽃'을 '꽃'이라 부르는 데에는 아무런 이유가 없다.
③ '해'와 '달'이 고유명사가 아닌 데에는 아무런 이유가 없다.
④ 출생 지역이나 국가에 따라 쓰는 말이 다른 것은 아무런 이유가 없다.

03 출생지역이나 국가에 따라 쓰는 말이 다른 것은 언어의 사회성에 대한 설명이다.

언어의 자의성
- 말소리와 의미 사이에는 아무런 필연적인 관계가 없다(= 수의성, 임의성, 무연성, 우연성).
- 언어의 가장 큰 특성으로서, 언어의 모든 특성을 포괄하는 말이기도 하다.

04 다음 중 언어의 특성이 아닌 것은?
① 역사성
② 사회성
③ 창조성
④ 계승성

04 언어의 특성은 기호성, 자의성, 사회성, 역사성, 분절성, 창조성, 추상성, 개방성 등이다.

05 국어의 문법적 특성 중 형태적 특성으로 옳지 않은 것은?
① 국어의 문법 형태는 대체로 한 형태가 여러 개의 기능을 가진다.
② 국어에는 분류사가 발달해 있다.
③ 국어는 조사와 어미가 발달된 언어이다.
④ 국어에서는 유정 명사와 무정 명사의 구분이 문법에서 중요성을 가진다.

05 국어의 문법 형태는 대체로 한 형태가 하나의 기능을 가진다.

정답 03 ④ 04 ④ 05 ①

06 ③은 합리주의 이론에 대한 내용이다.

06 어린이의 언어습득이론 중 경험주의에 대한 설명으로 옳지 <u>않은</u> 것은?

① 어린이가 언어를 습득하는 것은 경험적인 훈련에 의해 후천적으로 이루어지는 것이다.
② 어린이는 완전히 백지상태에서 출발하여 반복과 시행착오를 통해 언어라는 습관을 형성한다.
③ 경험주의 이론에서는 창조성 있는 언어 능력의 획득에 대한 설명이 불가능하다.
④ 언어습득은 학교에서 정규 교육을 받지 않더라도 일단 말을 배운 뒤에는 특별한 노력을 기울이지 않아도 그것을 구사할 수 있다.

07
- 경험주의(행동주의) : 언어습득은 경험적 훈련에서 비롯됨(후천적)
- 합리주의 : 언어습득은 타고난 언어능력에서 비롯됨

07 언어습득이론 중 어린이가 언어를 습득하는 것은 후천적인 것으로 본다는 이론은?

① 경험주의 이론
② 합리주의 이론
③ 상대주의 이론
④ 절대주의 이론

08 언어는 사회생활과 정신생활의 기본 수단으로, 언어가 없으면 사회생활이 불가능해질 뿐만 아니라 언어를 이해하는 것은 다른 분야를 이해하는 것과도 밀접한 관계가 있으므로 반드시 언어 연구가 이루어져야 한다.

08 다음 중 언어 연구의 필요성이 <u>아닌</u> 것은?

① 언어는 사회생활에 꼭 필요하다.
② 언어는 우리 생활과 관계가 깊기 때문에 언어 연구는 반드시 필요하다.
③ 언어에 대한 이해는 다른 분야의 이해를 돕는다.
④ 언어는 교양과 예절을 함양하는 데 기본이 된다.

정답 06 ③ 07 ① 08 ④

09 언어와 문화의 관계에 대한 설명으로 옳은 것은?

① 특정 단어가 특정 사회에만 있는 이유는 그 개념이 한쪽에서는 중요하나 다른 쪽에서는 중요하지 않기 때문이다.
② 문화가 다르면 다른 언어를 사용한다.
③ 단어의 복잡성과 언어의 다양성은 그 사회의 문화수준과 비례한다.
④ 이쪽에 없는 말이 저쪽에 있는 것은 사고수준이 다르기 때문이다.

09 ② 문화가 달라도 같은 언어를 사용할 수 있다.
③ 문화수준과는 관련이 없다.
④ 사회적·문화적 환경이 다르기 때문이다.

10 언어의 본질에 대한 설명으로 적절하지 <u>않은</u> 것은?

① 언어를 지배하는 것은 민족이 아니라 화자가 접하고 있는 언어 환경이다.
② 언어가 발달한 민족은 그 문화 또한 발전된 것이다.
③ 실제로 언어가 철저하게 우리의 사고를 지배하는 것은 아니다.
④ 세계 각국의 언어들은 개별성으로서의 언어적 특수성을 갖는다.

10 언어와 문화 발전은 필연적인 관계가 아니다.
① 말을 배우기 시작하는 어린이들이 한 가지 이상의 언어에 노출될 경우 한 가지 이상의 언어를 배우는 것을 통해 알 수 있다.
③ 어떠한 의미를 나타내는 정확한 단어가 없다고 해서 그 의미를 인식할 수 없는 것은 아니기 때문에 실제로 언어가 사고를 철저히 지배하는 것은 아니다.
④ 세계 각국의 언어들은 개별성으로서의 언어적 특수성을 가지며, 언어 차이를 불문하고 보편성으로서의 언어적 공통성 역시 가지고 있다.

11 언어습득이론 중 어린이의 언어 습득을 후천성으로 파악한 이론은?

① 행동주의 이론
② 보편주의 이론
③ 상대주의 이론
④ 절대주의 이론

11 언어습득을 경험적 훈련, 즉 후천성으로 파악한 이론은 행동주의(경험주의)이다.

정답 09 ① 10 ② 11 ①

12 합리주의 이론의 타당성을 뒷받침하는 근거

- 인간만이 언어를 가지고 있다.
- 언어습득은 일정한 나이가 되면 예외 없이 통달하게 된다.
- 언어는 극도로 추상적이고 복잡한데도 짧은 시일 안에 언어를 습득한다.
- 무한한 문장의 창조능력과 주어진 문장의 생략된 부분을 보완할 수 있는 능력이 있다.

13
합리주의 언어습득이론에서는 언어가 극도로 추상적이고 복잡함에도 불구하고 어린이는 짧은 기간 안에 언어를 습득하며, 극단적인 장애가 있거나 인간 사회에서 완전히 고립된 상태를 제외하고는 모든 어린이는 일정한 나이가 되면 언어를 통달하게 된다고 본다.

14 언어습득이론

- 합리주의적 이론 : 언어 습득은 타고난 특수한 언어 학습 능력과 일반 언어 구조에 대한 추상적인 선험적 지식에 의해 이루어진다. 즉, '무(無)'로부터 경험적 사실의 축적에 의해서 형성되는 것이 아니라, 인간은 유전적으로 전승된 인간 고유의 언어 학습 능력에 의해 언어 습득이 이루어진다는 것이다.
- 경험주의적 또는 행동주의적 이론 : 언어는 선천적 능력이 아니라 경험적인 훈련에 의해 습득된다. 어린이는 완전히 백지상태에서 출발하여 반복 연습과 시행착오와 그 교정에 의해서 언어라는 습관을 형성한다.

정답 12 ② 13 ③ 14 ③

---

12 언어습득이론 중 합리주의 이론의 타당성을 뒷받침하는 근거가 아닌 것은?

① 인간만이 언어를 가짐
② 언어습득의 다양성
③ 언어습득의 통달성
④ 경험만으로는 도달할 수 없는 초월성

13 어린이는 논리적·분석적 방법의 훈련이 없이 불완전한 자료를 근거로 하여 단기간 내에 언어를 습득한다고 보는 언어습득이론은?

① 경험주의 언어습득이론
② 사실주의 언어습득이론
③ 합리주의 언어습득이론
④ 상대주의 언어습득이론

14 다음에서 설명하는 언어습득이론은?

> 어린이의 언어 습득은 타고난 특수한 언어 학습 능력과 일반 언어 구조에 대한 추상적인 선험적 지식에 의해 이루어진다.

① 경험주의 이론
② 상대주의 이론
③ 합리주의 이론
④ 절대주의 이론

15 개별 언어의 특수성만을 지나치게 강조한 결과 많은 사람들이 언어와 관련해 몇 가지 잘못된 생각을 지니게 되었는데, 그 '잘못된 생각'에 해당하지 <u>않는</u> 것은?

① 언어와 민족은 필연적인 관계로, 특정한 개별 언어는 특정한 민족과 불가분의 관계가 있다.
② 언어가 발달한 민족은 그 문화 또한 발전된 것이다.
③ 언어가 우리의 사고를 지배하여 객관적인 세계를 그대로 보고 경험하는 것이 아니라 언어를 통해 인식한다.
④ 세계 각국의 언어는 개별성으로서의 언어적 특수성을 지니는 반면, 언어의 차이를 불문하고 보편성으로서의 언어적 공통성을 갖는다.

16 다음 중 언어에 대한 일반적인 설명으로 옳은 것은?

① 언어에 대한 기술은 실용적인 목적을 염두에 두고 행하는 것이 아니다.
② 언어에 대한 이해는 심리학, 사회학 등과는 관련이 없다.
③ 언어가 없으면 생존이 불가능하다.
④ 언어학은 응용과학에 속한다.

17 다음 중 언어에 대한 설명으로 옳지 <u>않은</u> 것은?

① 언어는 생활의 기본적 수단이다.
② 언어에 대한 과학적 연구를 하는 학문분야를 언어학이라 한다.
③ 언어에 대한 기술은 실용적 목적을 전제로 한다.
④ 언어학은 일종의 순수과학이다.

---

15 ① 밀접한 관련을 갖는 것은 사실이지만 그렇다고 필연적인 관계로까지 이어지는 것은 아니다. 말을 배우기 전의 한국 어린이가 미국에서 자라면 영어를 모국어로 배우게 되는 점을 예로 들 수 있다.
② 언어와 문화 발전은 밀접한 관계이지만 필연적인 것은 아니다. 다양한 문화를 형성하는 언중(言衆)들임에도 불구하고 모두 동일한 언어를 사용하고 있는 미국의 경우를 생각해 보면 쉽게 이해할 수 있다.
③ 실제로 언어가 철저하게 우리의 사고를 지배하는 것은 아니다. 예를 들어 무지개의 경우 어떤 색깔에 해당하는 단어가 없다고 해서 그 색깔을 인식할 수 없는 것은 아니다.

16 ② 언어에 대한 이해는 철학, 사회학, 인류학 등에 공헌하는 바가 크다.
③ 언어가 없다고 해서 생존 자체가 불가능한 것은 아니다.
④ 언어학은 순수과학에 속한다.

17 실용적 목적이 아닌 순수 목적을 전제로 한다.

정답 15 ④ 16 ① 17 ③

18 역사성: 언어는 시대의 흐름에 따라 변한다(가역성: 可易性).
① 창조성: 생각이 열려 있어서 언어를 무한히 만들어 내고 상상의 산물도 만들어 낸다. 사고의 개방성이라고도 한다.
② 사회성: 언어는 사회적 약속이므로 개인이 마음대로 바꿀 수 없다(불역성: 不易性). 언어와 사회는 불가분의 관계를 이루며, 언어는 언어사회의 지배를 받는다.
④ 자의성: 말소리와 의미는 우연한 결합이다.

18 다음 중 언어의 특성에 대한 내용으로 옳지 않은 것은?
① 생각이 열려 있어서 언어를 무한히 만들어 내고 상상의 산물도 만들어 낸다.
② 언어는 사회적 약속이므로 개인이 마음대로 바꿀 수 없다.
③ 언어는 시간이 흘러도 변하지 않는다.
④ 말소리와 의미는 우연한 결합이다.

19 • 음성 언어(말하기, 듣기): 입을 통해 표현되고, 귀로 들어 의사 소통을 하는 언어
 - 장점: 쉽게 감정을 표현할 수 있음
 - 단점: 말함과 동시에 금방 사라져 오래 보존할 수 없음
• 문자 언어(읽기, 쓰기): 음성 언어에 담긴 내용을 상징하는 부호, 즉 문자로 나타낸 언어
 - 장점: 시대와 공간을 초월하여 오래도록 전달됨
 - 단점: 억양, 쉼, 감정 등을 표현하는 것은 불가능

19 다음 중 음성 언어와 문자 언어의 특성에 대한 설명으로 옳지 않은 것은?
① 음성 언어는 감정을 쉽게 표현할 수 없다.
② 음성 언어는 말함과 동시에 금방 사라져 오래 보존할 수 없다.
③ 문자 언어는 시대와 공간을 초월하여 오래도록 전달된다.
④ 문자 언어는 억양, 쉼, 감정 등을 표현하는 것은 불가능하다.

20 두음법칙: 첫소리에 둘 이상의 자음이나 유음 'ㄹ'과 'ㄴ', '냐, 녀, 뇨, 뉴' 등의 소리가 오지 않는 현상을 가리킨다. 이러한 두음 법칙의 존재는 알타이어의 공통 특질의 하나로 일컬어지는 것이기도 하다.

20 다음 내용에 해당하는 것은 무엇인가?

> 첫소리에 둘 이상의 자음이나 유음 'ㄹ'과 'ㄴ', '냐, 녀, 뇨, 뉴' 등의 소리가 오지 않는 현상을 가리킨다.

① 모음조화
② 자음동화
③ 음절 끝소리 규칙
④ 두음법칙

정답 18 ③ 19 ① 20 ④

제2절 훈민정음과 한글에 대한 이해

01 세종대왕이 훈민정음을 창제한 이유로 옳지 <u>않은</u> 것은?
① 한문에 표준음이 정해져 있지 않아 서로 뜻이 통하지 않는 경우가 있으므로
② 유교 정신을 실천하고 질서를 확립하기 위해서
③ 한자는 배우기가 어렵고 일부 사람만 사용했으므로 백성들이 글자를 알 수 있게 하려고
④ 공문서 및 역사 기록 일지를 훈민정음으로 기록하여 문학적 위상을 높이기 위해서

01 세종의 이원론적 문자 정책
• 공문서·역사 기록·학술: 한문
• 백성교화: 훈민정음(한글)

02 훈민정음의 자음과 모음 기본자의 제자원리에 해당하는 것은?
① 가획
② 합성
③ 상형
④ 음절 합자

02 자음은 발음기관을, 모음은 천(天)·지(地)·인(人)을 상형화하였다.

03 훈민정음의 자음의 기본자만으로 나열된 것은?
① ㄱ, ㄷ, ㅂ, ㅅ, ㅇ
② ㄱ, ㄴ, ㅁ, ㅅ, ㅇ
③ ㄱ, ㄴ, ㅂ, ㅈ, ㅇ
④ ㄱ, ㄴ, ㅂ, ㅅ, ㅇ

03 • 기본자: ㄱ, ㄴ, ㅁ, ㅅ, ㅇ
• 가획자: ㅋ, ㄷ, ㅌ, ㅂ, ㅍ, ㅈ, ㅊ, ㆆ, ㅎ
• 이체자: ㆁ, ㄹ, ㅿ

정답 01 ④ 02 ③ 03 ②

04 부서법은 자음에 모음을 붙여 쓰는 방법이다.
② 옆으로 나란히 쓰기
③ 밑으로 이어서 쓰기
④ 발음 나는 대로 쓰기

04 자음에 모음을 붙여 써서 한 음절이 되게 하는 것은?

① 부서(附書)
② 병서(竝書)
③ 연서(連書)
④ 연철(連綴)

05 어지(御旨), 음가(音價), 성음법(聲音法)은 예의(例義) 부분에 해당한다.

해례의 구성
제자해, 초성해, 중성해, 종성해, 합자해, 용자례

05 『훈민정음』 해례본(解例本)의 체제 중에서 해례(解例) 부분에 해당하는 것은?

① 어지(御旨)
② 음가(音價)
③ 용자례(用字例)
④ 성음법(聲音法)

06 현대 국어에서 쓰이지 않는 규정은 연서법이다.

06 훈민정음에 대한 설명으로 바르지 <u>않은</u> 것은?

① 창제 목적은 자주·애민·실용 정신의 구현이다.
② 자음은 발음기관의 모양을 본떠서 만들었다.
③ 현대어에서 쓰지 않는 규정은 부서법이다.
④ 모음은 '天, 地, 人'의 삼재(三才)를 본떴다.

정답 04 ① 05 ③ 06 ③

07 세종이 훈민정음을 만들면서 '국한문 혼용을 생각하고 있음'을 보여주는 사실이 아닌 것은?

① 『훈민정음』 어제서문 중 "欲使人人易習 便於日用耳"라고 쓰여 있다.
② 세종은 국어 한자음의 개선 작업을 추진하였다.
③ 『훈민정음』 합자해 중 "文與諺雜用則有因字音而補以中終聲者 如孔子ㅣ魯ㅅ: 사ᄅᆞᆷ之類"라고 쓰여 있다.
④ 훈민정음 창제 후에도 세종 치세 중에 순한글만으로 표기된 문헌은 나타나지 않았다.

07 '欲使人人易習 便於日用耳'는 '모든 사람들로 하여금 쉽게 익혀서 날마다 쓰는 데 편하게 하고자 할 따름이다'의 의미로, 훈민정음 창제 목적을 드러낸 구절이다.

08 최만리 등이 훈민정음 반포를 반대한 이유가 아닌 것은?

① 학문과 정치에 유익함이 없다.
② 너무 성급하게 결정하여 중국의 시비가 염려되었다.
③ 글자를 가지고 있는 주변국은 모두 오랑캐였다.
④ 훈민정음의 제자 원리가 중국의 것을 모방하였다.

08 훈민정음은 창조적인 글자이다.

최만리 등이 훈민정음 반포를 반대한 이유
• 학문과 정치에 유익함이 없다.
• 너무 성급하게 결정하여 중국의 시비가 염려된다.
• 글자를 가지고 있는 주변국은 모두 오랑캐이다.
• 우리는 이미 학문에 도움이 되는 이두문자를 가지고 있다.
• 기예인 언문 익히기에 몰두한다면 이는 국가적 손실이다.

※ 다음을 읽고 물음에 답하시오. (09~15)

종어제훈민정음(世宗御製訓民正音)
나·랏 ⓐ :말쏘·미 中듕國·귁·에 달·아 文문字쫑·와·로 ㉠ 서르 스뭇·디 아·니홀·씨·이런 젼·ᄎᆞ·로 어·린 百·빅姓·셩·이 ㉡ 니르·고져·홇·배 이·셔·도 ᄆᆞ·ᄎᆞᆷ:내 제·ᄠᅳ·들 ㉢ 시·러 펴·디:몯홇·노·미 하·니·라·내·이·ᄅᆞᆯ 爲·윙·ᄒᆞ·야:어엿·비 너·겨·새·로·스·믈여·듧 字·쭝·ᄅᆞᆯ 밍·ᄀᆞ노·니:사름:마·다:히·ᅌᅧ ㉣ :수·ᄫᅵ니·겨·날·로·뿌·메 便뼌安한·킈 ᄒᆞ·고·져 홇 ᄯᆞᄅᆞ·미니·라

09~15
작/품/해/설
세종어제훈민정음(世宗御製訓民正音) 현대어 풀이

우리나라 말이 중국과 달라 한자와는 서로 통하지 아니하여서 이런 까닭으로 어리석은 백성이 말하고자 하는 바가 있어도 마침내 제 뜻을 펴지 못하는 사람이 많다. 내 이것을 가엾게 여겨 새로 스물여덟 자를 만드니, 모든 사람으로 하여금 쉽게 익혀서 날마다 쓰는 데에 편하게 하고자 할 따름이다.

정답 07 ① 08 ④

09 ① 뜻은 변하지 않고 소리만 변한 것이다(달아 → 달라).
② 어린: 어리석은 → 나이가 적은
③ 노미: 사람이 → 놈이, 특히 남자를 낮추어 이르는 말
④ 어엿비: 불쌍하게 → 예쁘게

09 위 글에서 쓰인 낱말 중에 현재에도 그 뜻이 변하지 <u>않은</u> 것은?
① 달아
② 어린
③ 노미
④ 어엿비

10 ㉢ 쉽게 익혀(배워)

10 ㉠~㉢의 뜻풀이 중 바르지 <u>않은</u> 것은?
① ㉠ 서로 통하지 아니하여서
② ㉡ 말하고자 하는 바가 있어도
③ ㉢ 능히 펴지
④ ㉣ 쉽게 이기고

11 인용된 내용에서는 '한글의 과학적 우수성'을 확인할 수 없다.

11 위 글에 대한 설명으로 적절하지 <u>않은</u> 것은?
① 훈민정음의 과학적인 우수성을 밝히고 있다.
② 주체적·자주적인 의식이 반영되어 있다.
③ '스믈여듧쫑'를 창제한 이유가 드러나 있다.
④ 한자를 잘 모르는 백성을 아끼는 마음이 드러나 있다.

정답 09 ① 10 ④ 11 ①

12 다음 중 위 글에서 확인할 수 있는 국어의 특징이 <u>아닌</u> 것은?

① 모음조화를 지키고 있다.
② 종성부용초성의 원칙을 따르고 있다.
③ 방점은 성조를 표기하기 위한 것이다.
④ 구개음화 현상이 아직 일어나지 않았다.

12 종성부용초성을 따랐다면 본문 중 '스뭇디'가 '스뭋디'로 표기되었어야 한다.

13 훈민정음 창제 당시의 '스믈여듧쭝' 중에서 현재 쓰이지 <u>않는</u> '·, ㆆ, ㅿ, ㆁ' 중 가장 늦게 사라진 것은?

① ·
② ㆆ
③ ㅿ
④ ㆁ

13 근대 국어에 이르러 '·'(아래 아)의 음가는 소멸되었으며, 글자 표기는 1933년(한글 맞춤법 제정) 이후 사용하지 않게 되었다.

14 다음 밑줄 친 낱말이 @와 같은 의미로 사용된 것은?

① 어른 <u>말씀</u>을 잘 들으면 자다가도 떡이 생긴다.
② 나는 미국 사람의 <u>말</u>을 알아듣지 못했다.
③ 발 없는 <u>말</u>이 천리를 간다.
④ 안내원의 <u>말씨</u>가 금세 공손해졌다.

14 @는 한 민족이 두루 쓰는 언어를 의미하고 있다.

정답 12 ② 13 ① 14 ②

15 말하고자 하는 바가 있어도 글을 몰라 마침내 제 뜻을 펴지 못하는 사람이 많다는 의미이므로, 남에게 말 못할 걱정거리가 있으면서도 혼자 속을 태우고 있는 것을 비유하는 ④가 가장 적절하다.

15 'ᄆᆞᄎᆞᆷ내 제 ᄠᅳ들 시러 펴디 몯ᄒᆞᇙ 노미 하니라'의 처지를 가장 잘 표현한 속담은?

① 자다가 봉창 두드린다.
② 수염이 석자라도 먹어야 양반이다.
③ 고슴도치도 제 새끼는 함함하다고 한다.
④ 벙어리 냉가슴 앓듯

16 중세 국어 시기에 된소리가 등장하기 시작하였다.

16 다음 중 중세 국어의 특징이 아닌 것은?

① 된소리가 차츰 사라지기 시작하였다.
② 성조 표시를 위한 방점을 사용하였다.
③ 모음조화의 예외가 나타나기 시작했다.
④ 높임법 체계(주체 높임법 등)가 존재했다.

17 ① 한자로만 쓰인 책이 간행되었다.
② 훈민정음으로 독음을 달지 않았다.
④ 공문서에는 한자를 사용하였다.

17 훈민정음이 창제된 이후 간행된 문헌에 대한 설명으로 적절한 것은?

① 한자로만 쓰인 책은 전혀 간행하지 않았다.
② 『용비어천가』의 한자에는 훈민정음으로 토를 달았다.
③ 역사를 기록하거나 학술을 논할 때는 한자를 그대로 사용했다.
④ 공문서에는 훈민정음만을 사용하도록 했다.

정답 15 ④ 16 ① 17 ③

18 훈민정음 창제와 관련된 세종의 기본 의도는 무엇인가?
① 일반 서민들에게 문자를 쓸 수 있게 해 주는 것이다.
② 지식인들이 우리 문자를 쓰도록 하기 위함이다.
③ 우리나라에서 한자의 사용을 완전히 금지하는 것이다.
④ 지식인들이 우리글로 문학작품을 쓰도록 하기 위함이다.

19 다음 중 훈민정음을 제작한 세종의 목적과 가장 가까운 것은?
① 용도와 대상에 따라 훈민정음과 한자를 이중으로 사용하게 하려는 의도였다.
② 한자를 폐지하고 훈민정음을 민간문자로 발전시킬 의도가 있었다.
③ 문헌에 따라 한자와 한글을 병행하기도 한 것은 한글을 발전시키기 위한 과정이었다.
④ 역사기록 및 학술서를 한글로 표기하여 모든 백성이 나라의 정세를 알 수 있도록 하기 위함이었다.

20 훈민정음이 창제된 이후의 문헌들 가운데 정음으로 된 한자음을 큰 활자로 적고, 한자들을 옆에 붙여 적는 형식을 취한 문헌은?
① 『용비어천가』
② 『석보상절』
③ 『월인천강지곡』
④ 『월인석보』

---

18 훈민정음 창제의 기본 의도는 일반 서민들을 문자생활에 참여시키기 위함이다.

19 세종은 용도와 대상에 따라 훈민정음과 한자를 이중으로 사용하는 이원론적 문자 정책을 펼칠 의도를 가지고 있었다.

20 『월인천강지곡』에는 해당 한자음 표기 밑에 한자를 부기(附記)하였다.
① 국한문혼용체의 단초가 된, 훈민정음으로 표기된 최초의 서적이다.
②·④ 해당 한자에 한자음을 훈민정음으로 부기(附記)하였다.

정답 18 ① 19 ① 20 ③

21 한자를 중심으로 하는 지식인을 대상으로 만든 서적이기 때문이다.

21 『용비어천가』의 악장 부분을 국한문혼용체로 표기하되 한자의 독음을 달지 않은 이유는 무엇인가?

① 한글 창제 이전에 간행된 책이기 때문이다.
② 일반 서민들이 알아서는 안 될 내용이었기 때문이다.
③ 지식층의 독자들을 염두에 두고 만들었기 때문이다.
④ 『용비어천가』가 쓰일 당시 한글 사용이 최만리 등에 의해 반대 일로(一路)를 걷고 있었기 때문이다.

22 '亦象舌之形而異其體 無加劃之義焉(역상설지형이이기체 무가획지의언)'은 '혀의 모습을 본떴지만 이체자여서 가획의 원리가 없다'는 뜻으로, 반설음 'ㄹ'의 제자원리를 설명한 것이다.

22 다음은 훈민정음 초성자의 제자원리를 나타낸 것이다. 이에 해당하는 것은?

> '亦象舌之形而異其體 無加劃之義焉'

① ㄱ ② ㄴ
③ ㄹ ④ ㅇ

23 제시된 지문은 이윤재의 말이다. 이윤재는 '한글'의 이름을 지은 사람을 주시경이라고 추정하고, '한글'의 '한'이란 겨레의 글, 곧 조선의 글이라 보았다.

23 한글의 유래에 대해 다음과 같이 말한 학자는 누구인가?

> "이 말이 생기기는 지금으로 십오년 전에 돌아가신 주시경 선생이 '한글배곧'이란 것을 세우니 이것이 '조선어강습소'란 말입니다. 그 뒤로 조선글을 '한글'이라 하게 되어 지금까지 일컬어 온 것입니다."

① 최현배
② 이윤재
③ 최남선
④ 박승빈

정답 21 ③ 22 ③ 23 ②

24 한글에 대한 학자들의 견해로 옳지 않은 것은?

① '한글'은 '한나라글'에서 '나라'를 빼고 만들어진 것이다.
② '한글'의 '글'은 문자만을 나타낸다.
③ '한글'의 '한'의 의미는 '三韓', '大韓帝國'과도 관련된다.
④ '한글'이란 명칭은 주시경이 1910년에 쓴 『한나라말』에서 언급했다.

25 한글의 유래에 대한 각 학자의 견해로 바르지 않은 것은?

① 이윤재 : '한글'의 '한'은 곧 조선의 글이란 말이다.
② 최현배 : '한글'의 '한'은 '一, 大, 正'을 의미한다.
③ 최남선 : '한글'은 융희 말년 조선광문회에서 만들어진 것으로, '大'와 '韓'을 의미한다.
④ 박승빈 : '한글'의 '한'은 '大韓帝國'의 '韓'에서 따낸 것이다.

26 '한글'이란 이름은 최남선이 짓고 주시경이 찬동하여 확정된 것이라고 주장한 사람은 누구인가?

① 최현배
② 김민수
③ 박승빈
④ 이윤재

---

24 '한글'의 '글'은 문자뿐만이 아니라 언어 전체를 지칭할 수 있다.

25 '한글'의 '한'은 '大韓帝國'의 '韓'에서 따낸 것이며, 그 의미는 '大'와 '韓'이라고 주장한 사람은 김민수이다.

26 박승빈은 최남선이 짓고 주시경이 찬동하여 '한글'이란 이름이 확정된 것으로 보았다.

정답 24 ② 25 ④ 26 ③

27	②·④ 이윤재 ③ 김민수

27 한글의 유래에 대한 최남선의 견해로 옳은 것은?

① '한글'의 '한'은 '大'와 '韓'의 두 가지를 의미하며, 이 말이 쓰인 최초의 기록은 계축년(1913)에 나온 아동잡지 『아이들보이』의 「한글란(欄)」이다.
② '한글'의 '한'은 우리의 고대민족의 이름인 환족(桓族)이나 환국(桓國)으로 거슬러 올라가며, 내려와서는 '삼한(三韓)'의 '한(韓)', 근대의 '한국(韓國)'의 '한'에 이른다.
③ '한글'의 '한'은 '대한제국(大韓帝國)'의 '韓'에서 따낸 것이며, 그 의미는 '大'와 '韓'의 두 가지이다.
④ '한글'은 '한'이란 겨레의 글, 곧 조선의 글이다.

28	한글의 유래에 대한 일반적인 견해는 사용 연대는 확실하지만 지어진 연대 및 지은 사람은 분명하지 않다고 보는데, 그 중 주시경과 최남선일 것이라는 견해가 가장 유력할 뿐이다. 우리말과 우리글을 '국어'와 '국문'으로 부른 것은 갑오개혁 이후이다.

28 한글의 유래에 대한 학계의 일반적인 견해로 옳은 것은?

① 사용 연대 및 지어진 연대, 지은 사람이 분명하지 않다고 본다.
② 사용 연대는 확실하지만 지어진 연대 및 지은 사람은 분명하지 않다고 본다.
③ 지은 사람은 주시경과 최현배일 것이라는 견해가 가장 유력하다.
④ 갑오개혁 이전 우리말과 우리글은 '국어'와 '국문'으로 불렸다.

29	① 주시경이 창안한 것으로 추정한다. ② '국어'가 '한나라말'로, 이것이 다시 '말' 내지 '한말'을 거쳐 보다 포괄적인 '배달말글'로 바뀌었다. ④ 『소리갈』, 『말모이』 등 순우리말로 된 저술서가 편찬되기도 하였다.

29 다음 중 한글의 명칭에 대한 유래로 옳은 것은?

① '한말'은 최남선이 창안해 낸 말이다.
② '국어'가 '배달말글'로, 이것이 다시 '한나라말'로 바뀌었다.
③ 국권 상실 이후 '국어(國語)'와 '국문(國文)'이란 말은 자취를 감추고 '국' 대신 '조선'이란 말이 쓰였다.
④ 국권 상실 이후 순수 우리말로 된 저술서는 편찬할 수 없었다.

정답 27 ① 28 ② 29 ③

30 한일강제병합(국권 상실) 이후 한글의 명칭이 <u>아닌</u> 것은?

① 조선어
② 국문
③ 한말
④ 한나라글

30 국문은 갑오개혁 이후의 명칭으로, '국어'나 '국문'이란 말은 국권 상실 이후로 자취를 감추었다.

31 '한글'의 유래의 특징으로 옳지 <u>않은</u> 것은?

① 한일병합 이후 한글의 명칭 : 조선언문, 배달말글, 한글
② '한글' 표현의 최초 : 『한글모죽보기』
③ 최초 '한글' 작명자 추정 : 주시경
④ '한글' 명칭의 보편화 : 1919년

31 한글 명칭이 보편화된 것은 1927년 동인지 『한글』이 간행되고 '가갸날'이라고 부르던 훈민정음 반포일을 '한글날'이라고 고쳐 부른 때부터 시작되었다고 본다.

32 다음 중 한글의 명칭이 시대에 따라 변한 것으로 옳은 것은?

① 언문 → 반절 → 정음 → 국문 → 한글
② 정음 → 반절 → 언문 → 국문 → 한글
③ 정음 → 언문 → 반절 → 국문 → 한글
④ 반절 → 언문 → 국문 → 정음 → 한글

32 한글의 명칭 변화
훈민정음(세종) → 정음 → 언문 → 반절(최세진의 『훈몽자회』) → 국서(김만중의 『서포만필』) → 국문(갑오개혁 이후) → 한말 → 배달말글 → 한글(주시경)

정답 30 ② 31 ④ 32 ③

33 '한글'이란 말의 최고(最古) 사용연대를 밝히는 단서가 되는 문헌은 『한글모죽보기』이다. '배달말글몯음'의 명칭을 '한글모'로 변경하고 '배달말글'을 '한글'로 바꾼 내용 등을 수록하였다.

33 '한글'이란 말의 최고(最古) 사용연대를 밝히는 데 단서가 되는 문헌은?

① 『조선어문법』
② 『한글모죽보기』
③ 『아이들보이』
④ 『말모이』

34 'ㅡ, 大, 正'은 '한'을 나타내는 학자들의 견해에 포함되는 한자이며, 三韓(삼한)이나 大韓帝國(대한제국)의 '韓(한)'역시 '한'의 의미를 찾는 근거가 된다. 漢(한수 한)은 '한글'의 '한'과는 관련이 없다.

34 '한글'의 '한'과 관련지을 수 없는 한자는?

① 正
② 大
③ ㅡ
④ 漢

35 최남선은 한글이 융희 말년, 즉 1910년 조선광문회에서 만들어졌다고 보았다.

35 한글이 융희 말년(1910년) 조선광문회에서 만들어졌다고 주장한 사람은?

① 최남선
② 최현배
③ 이윤재
④ 박승빈

정답 33 ② 34 ④ 35 ①

36 다음 중 한글의 명칭 변화로 옳은 것은?

① 한말 → 한나라말 → 배달말글 → 국어 → 한글
② 국어 → 한나라말 → 한말 → 배달말글 → 한글
③ 한말 → 국어 → 한나라말 → 배달말글 → 한글
④ 국어 → 한말 → 한나라말 → 배달말글 → 한글

36 갑오개혁 이후 우리말과 우리글은 '국어'나 '국문'으로 불렸으며, 국권 상실 이후로 '국' 대신 '조선(朝鮮)'이란 말이 사용되었다. 그러던 것이 1910년에 쓴 주시경에 의해 '한나라말'로 쓰이다가 여기서 '나라'를 빼고 다시 '한말'로 쓰이다가 '말' 내지 '한말'을 거쳐 보다 포괄적인 '배달말글'로 바뀌었다. 이 '배달말글'이 1913년 『한글모죽보기』에서 '한글'로 바뀌었다.

37 훈민정음 창제가 국문학사에 미친 가장 큰 의의는?

① 구전문학의 정착
② 참다운 국문학의 형성
③ 한문학의 쇠퇴
④ 문학의 대중화

37 훈민정음 창제의 의의
훈민정음 창제의 가장 큰 의의는 우리 고유 글자의 발명으로 진정한 의미의 국문학이 확립된 것이라 할 수 있다.
- 구비문학의 문자 정착
- 경서, 불경의 국역 사업
- 진정한 국문학의 발전
- 경기체가의 소멸과 시조·가사문학의 확립
- 패관문학의 발전에 의한 소설문학 확립

38 다음 중 『용비어천가』에 대한 설명으로 잘못된 것은?

① 훈민정음으로 기록된 최초의 장편 서정시이다.
② 악장문학의 대표적 작품이다.
③ 대체로 4구 2절 형식이며, 125장으로 되어 있다.
④ 주석은 역사와 지리연구에 좋은 자료가 된다.

38 『용비어천가』는 훈민정음으로 기록된 최초의 장편 서사시이다.

정답 36 ② 37 ② 38 ①

제3절 표준어와 방언

01 통일의 기능은 원활한 의사소통을 통하여 한 나라 국민을 하나로 뭉치게 해주는 한편, 같은 국민으로서 일체감을 갖도록 하는 기능이다.

01 한 나라의 국민을 하나로 뭉치게 해 주는, 표준어의 가장 대표적인 기능은 무엇인가?
① 준거의 기능
② 집합의 기능
③ 통일의 기능
④ 우월의 기능

02 우월의 기능
• 표준어는 그것을 사용하는 사람이 그렇지 않은 사람보다 사회적으로 우위에 있는 사람임을 드러내는 표식의 기능을 한다.
• 우월의 기능이 제대로 발휘되는 사회가 곧 선진사회라고 본다.

02 표준어를 바르게 쓸 줄 안다는 것은 교육을 정상적으로 받았다는 것을 뜻하므로, 표준어를 쓰는 사람이 쓰지 않는 사람보다 우월한 사람임을 드러내는 기능은?
① 우월의 기능
② 교육의 기능
③ 정상의 기능
④ 상층의 기능

03 표준어의 조건
• 계급적 조건: 교양 있는 사람들
• 시대적 조건: 현대
• 지역적 조건: 서울

03 다음 표준어의 정의를 바르게 해석하지 않은 것은?

> 표준어는 교양 있는 사람들이 두루 쓰는 현대 서울말로 정함을 원칙으로 한다.

① '교양 있는': 계급적 조건
② '두루 쓰는': 지리적 조건
③ '현대': 시대적 조건
④ '서울': 지역적 조건

정답 01 ③ 02 ① 03 ②

04 '표준어를 소리대로 적되 어법에 맞도록 한다'의 의미는?
① 실제 사용하는 언어와 규정상의 언어가 꼭 같지 않아도 된다는 것을 의미
② 표준발음법에 의해 소리 나는 대로 적어도 무방하다는 것을 의미
③ 어법에 맞는 경우와 소리 나는 대로 적는 경우가 상충할 경우 어법에 맞는 것을 우위에 둔다는 것을 의미
④ 원형을 밝혀 적는다는 것을 의미

04 '표준어를 소리대로 적되, 어법에 맞도록 한다'는 것은 표준어의 표기원칙으로, 원형을 밝혀 적는다는 것을 의미한다.

05 표준어의 기능에 대한 사회언어학적 견해로 옳은 것은?
① 남성보다 여성이 표준어 지향적이다.
② 하류층의 사람들은 장소나 상황을 불문하고 표준어를 사용하지 않는다.
③ 최하류층의 사람들도 격식말투에서는 표준어를 사용한다.
④ 남성이 여성보다 표준어 습득 능력이 빠르다.

05 ② 하류층의 사람들은 일상어에서는 비표준어를 사용하다가도 격식말투에서는 표준어를 사용한다.
③ 최하류층의 사람들은 격식말투에서도 표준어를 사용하지 않는다.
④ 근거가 없는 말이다.

06 표준어의 기능 중 통일의 기능을 '분리의 기능'으로 간주하기도 하는데, 그 이유는 무엇인가?
① 서로 같은 말을 사용하여도 그 말을 사용하는 사람들의 성격은 각각 다르므로
② 서로 다른 말을 사용하는 사람과는 의사소통이 불편할 수 있으므로
③ 서로 다른 말을 사용하여도 친밀한 감정을 쌓을 수 있으므로
④ 서로 같은 말을 사용하는 사람들의 경우에도 친밀감이 없을 수 있으므로

06 통일의 기능은 반대로 분리의 기능이기도 하다. 서로 같은 말을 쓰는 사람들끼리는 의사소통이 잘 되고, 그만큼 더 친밀한 감정을 느끼지만, 서로 다른 말을 쓰는 사람과는 의사소통이 불편하고 친밀한 감정이 덜해질 수 있다.

정답 04 ④ 05 ① 06 ②

07 밑줄 친 부분이 한글 맞춤법과 표준어 규정에 맞는 것은?

① 먼저 토의 안건을 회의에 붙입시다.
② 쟤가 무엇이길래 이래라 저래라 하나?
③ 윗층의 아이들이 너무 떠든다.
④ 여기 자장면 곱배기 주세요.

08 다음 중 표기가 어색한 것은 무엇인가?

① 되서
② 되고
③ 되라고
④ 되지?

09 다음 중 복수표준어가 아닌 것은 무엇인가?

① 가뭄 – 가물
② 고깃간 – 푸줏간
③ 벌레 – 버러지
④ 살코기 – 살고기

07 ① 부칩시다
③ 위층
④ 곱빼기

08 ①은 '되어서'의 준말이므로 '돼서'로 적어야 한다.

09 '살고기'는 '살코기'의 잘못된 표기이다.

정답 07 ② 08 ① 09 ④

10 다음 중 표준어로만 묶인 것은 무엇인가?
① 돌잔치, 덧니, 툇마루, 깍뚜기
② 강낭콩, 사흘날, 꺽꽂이, 곰곰이
③ 사글세방, 끄나풀, 셋방, 배불뚝이
④ 여닫이, 아무튼, 털어먹다, 늙수그레하다

11 다음 중 맞춤법과 표현이 옳은 것은?
① 시간에 얽매여 사는 현대인이 많다.
② 그는 다른 차 앞으로 끼여드는 나쁜 습관이 있다.
③ 가는 길에 문구점에 꼭 들려라.
④ 그 옷에는 안감을 흰색으로 받쳐야 색이 제대로 살아난다.

12 다음 중 표준어가 아닌 것은 무엇인가?
① 웬지
② 웬 사람
③ 웬일이니
④ 웬만큼

---

10 ① 깍두기
② 꺾꽂이
③ 사글셋방

11 ① 얽매여
② 끼어드는
③ 들러라

12 '왠지'는 '왜인지'에서 줄어든 말이므로 '왠지'로 써야 한다. '웬지'를 쓰는 것은 잘못이다. ②·③·④의 '웬'은 '어찌 된', '어떠한'의 의미이므로 옳은 표현이다.

정답 10 ④ 11 ④ 12 ①

13 '칫솔질'은 '치(齒)'라는 한자어와 '솔질'이라는 순 우리말이 합쳐진 것이고 솔은 [쏠]이라는 된소리로 발음된다. 따라서 ③에 해당한다.

13 〈보기〉는 '한글 맞춤법'의 일부이다. 밑줄 친 '칫솔질'의 표기 원칙을 설명한 항목은?

하루 세 번 <u>칫솔질</u>할 것을 권장하는 치과 의사의 경우를 생각해 보자.

─ 보기 ─

제30항 사이시옷은 다음과 같은 경우에 받치어 적는다.
1. 순우리말로 된 합성어로서 앞말이 모음으로 끝난 경우
   (1) 뒷말의 첫소리가 된소리로 나는 것
   (2) 뒷말의 첫소리 'ㄴ, ㅁ' 앞에서 'ㄴ' 소리가 덧나는 것
   (3) 뒷말의 첫소리 모음 앞에서 'ㄴㄴ' 소리가 덧나는 것
2. 순우리말과 한자어로 된 합성어로서 앞말이 모음으로 끝난 경우
   (1) 뒷말의 첫소리가 된소리로 나는 것
   (2) 뒷말의 첫소리 'ㄴ, ㅁ' 앞에서 'ㄴ' 소리가 덧나는 것
   (3) 뒷말의 첫소리 모음 앞에서 'ㄴㄴ' 소리가 덧나는 것
3. 두 음절로 된 다음 한자어 : 곳간(庫間), 셋방(貰房), 숫자(數字), 찻간(車間), 툇간(退間), 횟수(回數)

① 제30항 1 - (1)
② 제30항 1 - (2)
③ 제30항 2 - (1)
④ 제30항 2 - (2)

14 쉼표는 일반적으로 쓰이는 접속부사(그러나, 그러므로, 그리고, 그런데 등) 뒤에는 쓰지 않음을 원칙으로 한다.
① · ③ 마침표는 서술 · 명령 · 청유 등을 나타내는 문장의 끝, 준말을 나타내는 경우, 아라비아 숫자만으로 연월일을 표시하는 경우 등에 사용한다.
② 물음, 의심, 빈정거림, 비웃음 등을 나타낼 때는 물음표를 사용한다.

14 다음 중 문장부호의 쓰임이 <u>어색한</u> 것은?

① 1919. 3. 1.(1919년 3월 1일)
② 그것 참 훌륭한(?) 태도야.
③ 매화와 난초와 국화와 대나무를 사군자라고 한다.
④ 그러나, 너는 실망할 필요가 없다.

정답 13 ③ 14 ④

15 다음 중 띄어쓰기 규정이 틀린 것은?

① 의존명사는 붙여 쓴다.
② 단위를 나타내는 명사는 띄어 쓴다.
③ 조사는 붙여 쓴다.
④ 보조 용언은 띄어 씀을 원칙으로 하되, 경우에 따라 붙여 씀도 허용한다.

15 의존명사는 띄어 쓴다.

16 다음 중 사이시옷의 쓰임이 바르지 않은 것은?

① 나룻배
② 텃세
③ 햇수
④ 제사날

16 순우리말과 한자어로 된 합성어로서 앞말이 모음으로 끝난 경우, 뒷말의 첫소리 'ㄴ, ㅁ' 앞에서 'ㄴ' 소리가 덧나는 것은 사이시옷을 받치어 적는다. 따라서 '제삿날'이 바른 표기이다.

17 다음 밑줄 친 부분 중 띄어쓰기가 바른 것은?

① 문제가 조금 <u>어려운 듯하다</u>.
② 그녀는 <u>나 보다</u> 키가 크다.
③ 그를 <u>본지</u> 3년이 다 되어 간다.
④ 여기서는 버스를 갈아타고 가는 <u>수 밖에</u> 없다.

17 ② '~보다'는 조사이므로 붙여 쓴다.
③ '~지'는 의존명사이므로 띄어 쓴다.
④ '~밖에'는 조사이므로 붙여 쓴다.

정답 15 ① 16 ④ 17 ①

18 겹받침 'ㄺ, ㄻ, ㄼ'은 어말 또는 자음 앞에서 각각 [ㄱ, ㅁ, ㅂ]으로 발음해야 하므로, [읍꼬]로 발음해야 한다.
③ 용언의 어간 발음 'ㄺ'은 'ㄱ' 앞에서 [ㄹ]로 발음하므로 [일꼬]가 옳다.

18 다음 중 표준발음이 옳지 <u>않은</u> 것은?

① 맑다 : [막따]
② 떫다 : [떨 : 따]
③ 읽고 : [일꼬]
④ 읊고 : [을꼬]

19 ① 용감한 것이 '그'인지 '아버지'인지 명확하지 않다.
② 문장구조가 모호하여 영호와 함께 종민이를 만난 것인지, 영호와 종민이를 따로 만난 것인지 명확하지 않다.
④ '전(前)'과 '앞'의 의미의 중복이 일어났다.

19 다음 중 의미가 분명하고 자연스러운 문장은?

① 용감한 그의 아버지는 적군을 향해 돌진했다.
② 나는 영호와 종민이를 만났다.
③ 저것이 우리 어머니를 그린 초상화이다.
④ 나는 어제 역전앞에서 친구를 만나 영화를 보았다.

20 'ㅢ'는 단어의 첫 음절 이외에는 [ㅣ]로, 조사의 'ㅢ'는 [ㅔ]로 발음함도 허용하므로, [강의의] 또는 [강이에]로 발음하는 것이 옳다.

20 다음에서 표준발음법상 가능한 발음이 <u>아닌</u> 것은?

① 사랑의 진실 : [사랑에 진실]
② 희미한 : [히미한]
③ 우리의 소원 : [우리에 소원]
④ 강의(講義)의 : [강으에]

정답 18 ④ 19 ③ 20 ④

21 다음 중 표준어가 <u>아닌</u> 것은?

① 바람둥이　　② 멋장이
③ 막둥이　　　④ 발가숭이

21 기술자에게는 '-장이', 그 외에는 '-쟁이'를 사용하므로, '멋쟁이'가 옳은 표현이다.

22 다음 내용에 제목을 붙일 때 알맞은 것은?

> 표준어가 아닌 말은 모두 방언이라고 하는데, 방언 중에서 지역적 요인에 의한 것을 지역 방언이라고 하고, 사회적 요인에 의한 것을 사회 방언 또는 계급 방언이라고 한다. 그러나 좁은 의미에서의 방언은 지역 방언만을 의미한다. 지역 방언은 동일한 언어를 사용하는 사람들이 서로 다른 지역에 살게 되면서 변이된 것이다. 그러므로 가까운 지역보다는 먼 지역과 방언 차이가 더 크며, 교통이 잘 발달하지 않은 지역이나, 옛날에 다른 나라에 속했던 지역 간에도 방언의 차이가 크게 나타난다.

① 표준어와 방언의 차이
② 방언의 개념과 분류
③ 방언의 기능
④ 방언의 가치

22
- '표준어가 아닌 말은 모두 방언이라고 하는데~' – 방언의 개념(뜻)
- '방언 중에서 지역적 요인에 의한 것을 지역 방언이라고 하고, 사회적 요인에 의한 것을 사회 방언 또는 계급 방언이라고 한다.' – 방언의 종류를 나눔(분류)

23 다음 중 지역 방언과 사회 방언에 대한 설명으로 맞는 것은?

① 지역 방언의 예로 '부추'를 '졸'이나 '솔' 등으로 부르는 것을 들 수 있다.
② 일반적으로 방언이라고 할 때는 대부분 사회 방언을 가리킨다.
③ 지역 방언은 교통이 발달하지 않은 곳일수록 방언 차이가 적다.
④ 사회 방언의 변이 요인으로 지역, 계층, 시대, 학력 등을 들 수 있다.

23　② 우리가 일반적으로 부르는 방언은 지역 방언이다.
③ 왕래가 적어 방언 차이가 크다.
④ 지역적 요인은 지역 방언이다.

정답　21 ②　22 ②　23 ①

제4절　언어 예절

01 다음 중 상대 높임법의 등급이 <u>다른</u> 하나는?

① 그럼 안녕히 가십시오.
② 벌써 집에 가요?
③ 그 사람은 공부를 열심히 합니다.
④ 시험이 지금 끝났습니까?

> 01 ①·③·④는 6개의 상대 높임법의 등급 중 '합쇼체'이고, ②는 '해요체'이다.

02 서술어에서 진술하는 행위나 상태의 주체를 높이는 높임법을 무엇이라 하는가?

① 주체 높임법
② 상대 높임법
③ 객체 높임법
④ 청자 높임법

> 02 ②·④ 듣는 사람과의 관계에 따라 대우하는 정도가 달라지는 높임법
> ③ 어떤 행위가 미치는 대상에 대한 존대를 나타내는 높임법

03 다음 중 주체 높임법의 특징이 <u>아닌</u> 것은?

① 주로 '-시-'나 '께서'를 사용하여 서술어에서 진술하는 행위나 상태의 주어를 높인다.
② '께서'는 그 대상을 높임과 동시에 그 대상이 문장의 주어임을 나타내는 격조사로, 존대의 극대화를 나타낸다.
③ 문장 끝의 어미가 바뀜으로써 여러 가지 등급으로 나뉘게 된다.
④ '밥 → 진지(먹을 밥만)', '집 → 댁', '말 → 말씀'과 같이 표현한다.

> 03 ③은 상대 높임법의 특징이다.

정답　01 ②　02 ①　03 ③

04 주로 구어체에서 많이 쓰이며, '반말체'라고도 하는 비격식체는 무엇인가?

① 합쇼체
② 하게체
③ 해체
④ 해라체

04 '해체'는 비격식체로 두루낮춤이며, '반말체'라고도 한다.

05 다음 중 상대 높임법에 관련된 설명으로 바르지 <u>않은</u> 것은?

① 평서형, 의문형, 명령형, 청유형으로 문장의 유형이 구분된다.
② '해요체'는 명령문에서 '-시-'가 함께 쓰일 수 있다.
③ 청유형에서는 '해체'의 경우 쓰임이 활발하지 못하고 '하오체'는 더욱 쓰이기 힘들다.
④ 주로 조사 '께'와 특수 어휘들에 의해 이루어진다.

05 ④는 객체 높임법에 대한 설명이다.
② '해요체'와 '합쇼체'의 경우 명령문의 행위의 주체는 청자이고, 청자를 높이는 것이 곧 주체를 높이는 일이 되기 때문에 '-시-'가 함께 쓰이는 경우가 많다.
③ 청유형에서는 '해체'의 경우 쓰임이 활발하지 못하고 '하오체'는 더욱 쓰이기 어렵기 때문에 그 사용이 제한되는 경우가 있다.

06 다음 중 상황별 예절에 관한 내용으로 적절하지 <u>않은</u> 것은?

① 아침에 윗사람에게는 '안녕히 주무셨습니까?'라고 인사한다.
② 전화를 받을 때는 '네, 도화동입니다'처럼 '네'와 함께 자신이 사는 지역의 이름을 말한다.
③ 상대방과 통화를 마치고 전화를 끊을 때 '들어가세요'라고 말하는 것은 예의에 어긋나는 표현이 아니다.
④ 다른 사람을 상대방에게 소개할 때는 자기와 가까운 사람을 그보다 덜 가까운 사람에게 먼저 소개한다.

06 '들어가세요'와 같은 명령형은 예의에 어긋나는 말이므로, 전화를 끊을 때는 '안녕히 계십시오' 또는 '이만 끊겠습니다. 안녕히 계십시오' 정도로 말하는 것이 적절하다.

정답 04 ③ 05 ④ 06 ③

07 동료에 대해 말할 때는 '-시-'를 넣지 않으나, 나이가 많으면 동료나 아랫사람에게 '-시-'를 사용하는 것이 적절하다.

08 '좋은 아침'은 외국어를 직역한 말로 좋은 표현이 아니다.

09 '있으시다'를 형용사 존대형인 '계세요'로 표현해야 한다.
③의 경우 '아프시다'와 '편찮으시다'는 모두 '아프다'의 존대형으로, 일반적으로 '아프시다'는 신체의 일부가 아플 때 쓰이며, '편찮으시다'는 몸 전체가 아플 경우 쓰이는 말이다.

정답 07 ① 08 ② 09 ④

---

07 직장과 사회에서의 높임법에 대한 설명으로 옳지 <u>않은</u> 것은?

① 직장에서 직장 안의 다른 사람에 관해 말할 때 동료의 경우에는 나이가 많아도 '-시-'를 사용하지 말아야 한다.
② 거래처인 다른 회사 사람들에게 자신의 직장 평사원에 대해 말할 때는 '-시-'를 넣지 않는 것이 바람직하다.
③ 비슷한 나이의 동료끼리 말을 주고받을 때에는 '해요체'를 주고받는 것이 일반적이다.
④ 다른 회사 사람과 대화할 때는 상대방의 직급이나 나이에 관계없이 서로 정중하게 대한다.

08 이웃에 사는 웃어른에게 하는 아침인사로 적절하지 <u>않은</u> 것은?

① 안녕하세요?
② 좋은 아침입니다.
③ 진지 잡수셨어요?
④ 안녕하십니까?

09 다음 중 주체 높임법의 사용이 <u>잘못된</u> 것은?

① 할머니가 주무시고 가셨다.
② 어머니께서 가방을 들고 가셨다.
③ 할머니, 이가 아프세요?
④ 할아버지, 여기 있으세요.

10 손님을 맞을 때의 인사말로 적절하지 않은 것은?

① 어서 오십시오.
② 어서 들어오세요.
③ 그동안 안녕하셨습니까?
④ 어떻게 오셨어요?

10 ④는 상대방에게 부담감이나 거부감을 줄 수 있는 말이므로 되도록 사용하지 않는다.

11 다음 중 어떤 행위가 미치는 대상에 대한 존대를 나타내는 데 쓰일 수 있는 적절한 것은?

① 계시다
② 잡수시다
③ 돌아가시다
④ 드리다

11 객체 높임법의 특수 어휘에 대한 것으로, '드리다, 여쭙다, 아뢰다, 뵙다' 등이 있다.

12 다음 〈보기〉는 다른 사람을 소개할 때의 방법이다. 그 적용 순서로 옳은 것은?

보기
㉠ 친소 관계를 따져 자기와 가까운 사람을 먼저 소개한다.
㉡ 손아랫사람을 손윗사람에게 먼저 소개한다.
㉢ 남성을 여성에게 먼저 소개한다.

① ㉢ - ㉡ - ㉠
② ㉠ - ㉢ - ㉡
③ ㉠ - ㉡ - ㉢
④ ㉡ - ㉠ - ㉢

12 상황이 〈보기〉와 같이 섞여 있을 때는 ㉠, ㉡, ㉢의 순서대로 소개한다.

정답 10 ④ 11 ④ 12 ③

13 인터넷상에서는 은어나 비속어와 같은 말들이 자주 사용되므로, 이를 정리하여 사용하는 것은 바람직한 방법이 아니다.

13 **통신언어에서의 올바른 예절을 위한 노력으로 적절하지 않은 것은?**

① 어린 시절부터 올바른 인터넷 언어사용 교육을 강화한다.
② 관리자로서의 부모·교사를 위한 교육 역시 포함시킨다.
③ 정보통신 윤리강령, 네티즌 윤리강령 등을 세워 올바른 예절관을 확립한다.
④ 인터넷상에서 사용하는 용어를 따로 정리하여 인터넷 용어는 인터넷에서만 사용할 수 있도록 교육한다.

정답 13 ④

제5절 올바른 국어 사용

01 다음 〈보기〉를 참고했을 때 어휘의 사용례로 적절하지 <u>않은</u> 것은?

> 보기
> '두께'는 두꺼운 정도를 의미하며, 대체로 '두께가 있다/두께를 재다/책 두께가 얇다'와 같이 쓰인다. 또한 '굵다, 가늘다'는 긴 물체의 둘레나 너비, 부피, 글씨의 획 등과 어울려 쓰인다.
> – 국립국어원 –

① 옷을 얇게 입어서 춥다.
② 빗줄기가 가늘다.
③ 그녀의 허리가 가늘다.
④ 그녀의 머리카락은 얇다.

01 머리카락은 둘레의 문제이므로 '굵다' 또는 '가늘다'로 써야 한다. '가늘다'의 반의어로 '굵다', '얇다'의 반의어로 '두껍다'를 적용해 보면 된다.

02 다음의 문장 가운데 의미상의 중복이 나타나는 것은?

① 최근에 우리 영화가 외국 영화제에 출품되어 아주 좋은 평가를 받고 있다.
② 작년에 등산을 갔다가 계곡에서 굴러 떨어져 약 십여 군데 가량 상처를 입었다.
③ 학교 앞이나 횡단보도를 지날 때 모든 차량은 서행해야 한다.
④ 이번 월간지는 일정을 좀 당겨서 7월 말까지 원고를 보내 주시기 바랍니다.

02 '약, 여, 가량'의 세 가지 어휘는 모두 정확한 값을 모를 때 사용하는 단어로, 그 뜻이 중복되어 있다.

정답 01 ④ 02 ②

03 ② '일절'은 부정어이기 때문에 '모든 것'을 뜻하는 '일체'를 사용해야 한다.
③ 서술어 '쌀쌀해졌다'의 주어가 호응되지 않는다.
④ '소개하다'를 사용했을 때 뜻이 통한다면 '소개시키다'는 불필요한 사동에 해당한다.

03 문장의 호응관계가 적절하게 이루어진 것은?
① 오랫동안 소식을 몰랐던 친구에게 편지가 왔을 때처럼 반가운 일이 있을까?
② 그 마트는 모든 생활용품 일절을 갖추었다고 말하기는 어려웠다.
③ 나는 얇은 옷을 입고 나가는 바람에 저녁이 되자 쌀쌀해졌다.
④ 새로운 직장을 소개시켜 달라는 친구의 문자가 와 있었다.

04 '결코'는 '결코 ~ 않다'의 형식으로 부정어로 호응한다.

04 문장 성분 간의 호응 관계를 고려할 때 다음 괄호 안에 들어갈 말로 적절한 것은?

> 제아무리 대원군이 살아 돌아온다 하더라도 더 이상 타문명의 유입을 막을 길은 없다. 어떤 문명들은 서로 만났을 때 충돌을 면치 못할 것이고, 어떤 것들은 비교적 평화롭게 공존하게 될 것이다. (　　) 일반화할 수 있는 문제는 아니겠지만 스스로 아끼지 못한 문명은 외래 문명에 텃밭을 빼앗기고 말 것이라는 예측을 해도 큰 무리는 없을 듯싶다. 내가 당당해야 남을 수용할 수 있다.

① 무릇
② 비록
③ 결코
④ 특히

05 말 듣는 이가 주체보다 높은 경우에 '-시-'가 안 쓰인다.
→ 할아버지, 아버지가 돌아왔습니다.

05 다음 문장의 잘못된 부분을 바르게 지적한 것은?

> 할아버지, 아버지께서 돌아오셨습니다.

① 문장 성분 간의 호응 관계가 자연스럽지 못하다.
② 높임법을 바르게 사용하지 못하였다.
③ 문장 성분이 과도하게 생략되었다.
④ 시제의 표현이 올바르지 못하다.

정답 03 ① 04 ③ 05 ②

06 다음 중 조사의 특징으로 옳지 않은 것은?

① 특수한 의미를 덧붙이기도 한다.
② 용언에도 붙을 수 있다.
③ 전혀 활용하지 않는다.
④ 관형사에는 붙을 수 없다.

07 다음 중 어말 어미와 선어말 어미에 대한 설명으로 옳은 것은?

① 한 문장에 어말 어미는 하나뿐이다.
② 한 문장에서 선어말 어미는 반드시 있어야 한다.
③ 선어말 어미는 어말 어미를 반드시 필요로 한다.
④ 선어말 어미가 붙으면 단어가 완성된다.

06 서술격 조사 '이다'는 활용어에 속한다. 따라서 어미가 결합되는 현상, 즉 활용으로 볼 수 있다.

07 ① 한 문장에 어말 어미는 하나 이상 올 수 있다.
② 선어말 어미는 어간과 어말 어미 사이에 끼이며, 한 문장에서 반드시 있어야 하는 것은 아니다.
④ 선어말 어미는 어말 어미의 앞자리에 들어가는 어미로 단어의 완성과는 무관하다.

정답 06 ③ 07 ③

합격의 공식 SD에듀

교육이란 사람이 학교에서 배운 것을 잊어버린 후에 남은 것을 말한다.

– 알버트 아인슈타인 –

제2장 고전문학

- 제1절 총론
- 제2절 고전시가
- 제3절 고전산문
- 제4절 한문학
- 제5절 구비문학
- 실전예상문제

합격을 꿰뚫는 기출 키워드

제 2 장 고전문학

제1절 총론
한국문학의 범위, 구비문학, 한문학, 국문문학, 기록문학, 국문학

제2절 고전시가
고대가요, 「황조가」, 유리왕, 「정읍사(井邑詞)」, 「조신몽설화(調信夢說話)」, 향가(鄕歌), 「제망매가(祭亡妹歌)」, 월명사(月明師), 「처용가(處容歌)」, 고려속요, 「쌍화점」, 악장가사, 「국순전」, 가전체 작품, 「국선생전」, 「한림별곡」, 경기체가, 「동명왕편」, 영웅서사시, 「용비어천가」, 평시조, 「사미인곡(思美人曲)」, 『용담유사(龍潭遺詞)』, 패관문학, 가전체문학

제3절 고전산문
고소설, 『금오신화』, 한문소설, 군담소설, 「홍길동전」, 「허생전」, 실학 사상, 고소설, 판소리계 소설, 「만복사저포기」, 「양반전」, 박지원, 「운영전」, 「최척전」, 「박씨전」, 「구운몽」, 몽자류 소설, 「춘향전」

제4절 한문학
「여수장우중문시」, 「大同江(대동강에서)」, 정지상, 칠언절구, 압운, 무신의 난, 이색, 「제왕운기」, 신흥 사대부, 전기(傳奇)소설, 몽유록

제5절 구비문학
설화, 신화, 전설, 민담, 향가, 민요, 「아리랑타령」, 구송창, 연희창, 「세경본풀이」, 판소리, 적층성, 고수, 광대, 발림, 아니리, 민속극, 속담, 수수께끼

보다 깊이 있는 학습을 원하는 수험생들을 위한
시대에듀의 동영상 강의가 준비되어 있습니다.
www.sdedu.co.kr ➔ 회원가입(로그인) ➔ 강의 살펴보기

제 2 장 고전문학

제1절 총론

1 한국문학의 범위와 영역

(1) 한국문학의 의미
① 한국문학은 한국인 작자가 한국인 수용자를 상대로 한국어로 창작한 문학이다.
② 언어가 단일 언어로 통일되어 있고, 한민족의 언어이며 한국의 국어인 한국어를 사용하는 문학이다.

> **더 알아두기**
>
> **한국문학의 범위**
> - 작가 : 한국인
> - 수용자 : 한국인
> - 표현수단 : 한국어

(2) 한국문학의 발달 과정
① 구비문학만이 있던 시대
② 한문이 전래되어 일부 지식층이 이를 사용하면서 구비문학 중 일부가 문자로 기록되고, 향가와 같은 차자(借字)문학과 약간의 한문문학으로 이루어진 시대
③ 지배 계층에서는 한문의 사용이 보편화되어 사회 상층의 한문문학과 하층의 구비문학이 병존한 시대
④ 한글이 창제되어 한문문학, 국문문학, 구비문학이 사회 계층의 분포와 상당한 관련을 맺으며 병존한 시대
⑤ 신분제적 사회체제가 무너짐으로써 한문문학이 존재 기반을 잃고, 구비문학의 의의도 약화되면서 국문문학이 크게 확대된 시대

> **체크 포인트**
>
> 한국문학은 구비문학에서 시작되었는데, 구비문학이 오늘날까지 이어지면서 기록문학의 저층 노릇을 해왔다. 중국에서 한문을 받아들여 한문학을 이룩하자, 문학의 폭이 확대되었다. 처음에는 한자를 이용해서 한국어를 표기하다가, 한국의 문자를 창안해 국문문학을 온전하게 발전시킬 수 있게 되었다. 한국문학은 그 세 가지 문학, 즉 구비문학, 한문학, 국문문학으로 이루어졌다.

(3) 한국문학의 영역 기출 25, 23

① 구비문학

㉠ 구비(口碑) : '대대로 전해오는 말'을 의미한다. 따라서 구비문학이란 말로 된 문학을 뜻하며, 글로 된 문학인 기록문학과는 상대되는 문학의 기본 영역이다.

㉡ 구비문학 부정론 : 문학의 어원 Literature는 '문자로 기록된 것' 자체를 뜻하므로 구비(발성) + 문학(문자)은 성립할 수 없다.

㉢ 구비문학 긍정론 : 원시 종합 예술 Ballad Dance 이론에 따르면 문학은 언어를 매개로 한 예술이기에 그것이 음성 언어이든 문자 언어이든 문학으로 성립한다. 또한, 구비문학은 문자 발달 이전인 고대-중세 사회의 문학적 의의를 대변한다. 단, 구비문학은 전승의 속성상 역사적 실제 파악이 어려우며 잔존적이다.

㉣ 구비문학의 특성 : 민족문학적 기층성, 한문의 유입에도 원초적 바탕을 형성하였다.

㉤ 대표적인 갈래로는 **설화, 민요, 무가, 판소리, 민속극** 등이 있다.

② 한문문학

㉠ 한국문학이 아닐 수도 있지만, 한자문명권의 공통문어이다.

㉡ 한국문학은 한국 작가가 한국 독자를 상대로 창작하고, 한국인의 생활을 내용으로 하였다.

㉢ **민족문학으로 발전시키고자 노력하였다.**

㉣ 한문문학 부정론 : 한국문학이란 사상과 경험을 한국어로 표현한 문학이기에 중국으로부터 온 글과 양식으로 구성된 문학은 한국문학이 될 수 없다.

㉤ 한문문학 긍정론 : 한문문학을 제외하면 한국문학에 대한 범주는 매우 편협해지며, 한문은 단순한 중국 글이 아닌 라틴어나 아랍어와 같이 광범위한 문화권을 이루는 보편언어의 일종이다.

㉥ 한문문학의 특성 : 폐쇄성, 중세적 보편주의, 중국식 형식 지향

더 알아두기

한국문학의 시대적 특징
- 구비문학만 있던 시대(선사 시대)
- 대부분 구비문학, 한문의 전래에 의해 한문문학이 출현(고대 시대)
- 구비문학과 한문문학이 병행되어 문화 형성(남북국-고려)
- 한문의 사용이 보편화, 상류층의 한문 사용과 하층의 구비문학의 병존(고려 말)
- 한글 창제, 한문문학·국문문학·구비문학이 계층적으로 공존(조선)
- 신분제 폐지에 의한 한문문학 기반 상실, 인쇄기술 발달로 인한 구비문학의 약화, 국문문학의 보편적 통용 시대(현대)

③ **국문문학**
  ㉠ 국문으로 표현된 문학
  ㉡ 종류
    • 순수 국문문학 : 한글로 된 문학
    • 차자문학 : 향찰로 표기된 문학
      예 향가(향찰은 한자를 빌어 우리말을 표기한 것이므로 국문에 속함, 최초의 국문문학으로 이후 훈민정음 창제로 본격적 사용)
  ㉢ 시조, 가사, 소설, 수필류(여성들의 문장이 주류를 이룸)

(4) 한국에서 구비문학, 한문학, 국문문학의 관계
  ① 구비문학, 한문학, 국문문학은 서로 다투고 영역을 침투하며 대등한 비중을 가지고 각기 적극적으로 구실을 해 왔다.
  ② 상·하층 문학담당자들의 상호교섭과 협동이 있어서 나타난 결과이다.

지배층	피지배 민중의 처지를 이해하면서 민족 의식의 공감대를 형성하고 사회의 모순을 완화하는 것이 바람직하다고 여겨, 한문학을 구비문학에 근접시켰다. 그리고 민중을 가르치며 다스릴 필요가 있어 교훈적인 주제를 국문문학, 특히 국문소설에 근접시켰다.
피지배층	신분에 따른 차별이 당연하다고 여기지 않고, 지배층의 특권에 반발하는 풍자문학을 이룩했다.

> **더 알아두기**
> **국문학의 범위**
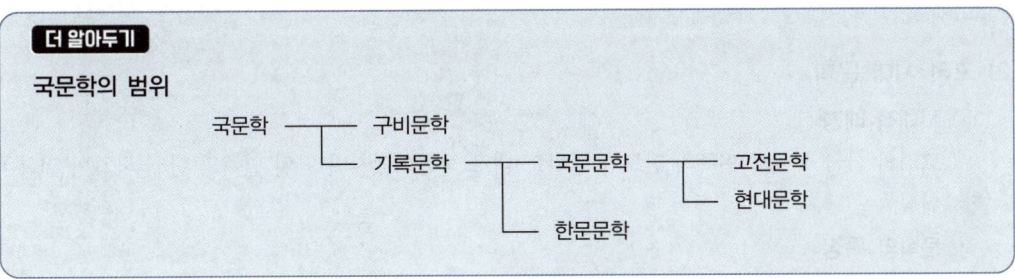

2 한국문학사의 전개

(1) 상고 시대 문학(~ 통일 신라 시대)
  ① **시대적 배경**
    ㉠ 청동기 시대의 전개
    ㉡ 고조선, 부여, 고구려, 옥저, 동예, 삼한, 삼국 시대, 통일 신라 시대
    ㉢ 중국과는 구별되는 독자적인 민족문화를 수립해 나감

② 문학의 특징
- ㉠ 각 국가마다 온 나라 사람들이 모여 하늘에 제사를 지내고 여러 날 동안 노래와 춤을 즐기는 국중 대회(부여의 영고, 고구려의 동맹, 동예의 무천 등)를 열었는데, 이러한 제천의식에서 행해진 집단 가무는 원시 종합 예술의 형태로 문학의 모태가 됨
- ㉡ 초기에는 무격신앙(샤머니즘)과 정령신앙(토테미즘)을 바탕으로 하다가, 통일 신라 이후 불교 사상과 유교 사상이 사상적 기반을 이루게 됨
- ㉢ 구비문학이 중심이 된 시대
- ㉣ 서사문학에서 점차 서정문학으로 발전되어 감
- ㉤ 고대소설의 근원설화가 형성되었으며, 우리 고유의 시가인 향가문학이 출현함

③ 대표 갈래 및 작품
- ㉠ 건국신화 : 「단군신화」, 「동명왕신화」, 「김수로왕신화」, 「박혁거세신화」 등
- ㉡ 고대가요 : 「구지가」, 「해가」, 「공무도하가」, 「황조가」
- ㉢ 향가 : 「서동요」, 「제망매가」 등 24수
- ㉣ 설화문학 : 『삼국사기』, 『삼국유사』에 수록된 설화들은 후대 소설의 근원설화가 됨
- ㉤ 한문학 : 「여수장우중문시」(한시), 「화왕계」(설화), 『계원필경』(문집), 『왕오천축국전』(기행문) 등
- ㉥ 연극의 자취 : 원시 종합 예술의 놀이나 굿에서 분화되어 나온 것으로, 고대의 연극은 극이라기보다는 놀이의 성격이 두드러짐
  - 예 고구려의 「꼭두각시놀음」, 신라의 「오기」와 「처용무」 등

(2) 고려 시대 문학

① **시대적 배경**
고려의 삼국 통일로 민족의 판도가 한반도 내로 국한되었지만 단일 민족과 단일 국가의 전통이 세워짐

② **문학의 특징**
- ㉠ 신라의 불교문화를 계승하였으며, 과거 제도의 실시로 한문학이 융성했다.
- ㉡ 설화에서 발전한 패관문학과 가전체 작품이 소설로 접근해 갔다.
- ㉢ 향가가 쇠퇴했고, 고려가요가 평민층에서 널리 애송되었다.
- ㉣ 귀족문학인 경기체가가 발달했고, 시조가 발생했다.
- ㉤ 내우외환에 시달려 문학의 내용이 현실 도피적이며 향락적이고, 진솔하고 소박했다.
- ㉥ 과도기적 문학이었다(향가, 경기체가, 속요는 그 수명이 길지 못하였고, 시조는 조선조에 와서 꽃을 피웠기 때문).

③ **대표 갈래 및 작품**
- ㉠ 향가 : 고려 초기까지 존속되었는데, 서정성을 상실하고 찬불가의 형태로 남음
  - 예 「보현십원가」 11수
- ㉡ 속요 : 평민문학, 구비문학적 성격
  - 예 「가시리」, 「서경별곡」, 「청산별곡」, 「동동」, 「사모곡」 등

ⓒ 경기체가 : 귀족적, 향락적, 퇴폐적인 풍류문학
　　예 「한림별곡」, 「관동별곡」, 「죽계별곡」 등 기출 25, 24
ⓔ 패관문학 : 소설의 근원이 되며 수필적 성격을 보이기도 함
　　예 『수이전』, 『백운소설』, 『파한집』 등 기출 24
ⓜ 가전체 : 설화와 소설의 교량적 역할을 함
　　예 「국순전」, 「국선생전」, 「죽부인전」, 「공방전」 등 기출 25
ⓗ 한문학 : 과거제의 실시, 불교문화의 발달로 한문학이 성행함
　　예 박인량, 김부식, 정지상 등
ⓢ 시조 : 중엽에 발생하여 고려 말에 완성된 3장 6구의 45자 내외의 4음보 정형시로, 전대의 향가, 속요, 민요 등의 영향으로 발생함
　　예 이조년, 이색, 최영, 정몽주, 이방원 등

(3) 조선 전기 문학

① **시대적 배경**
　㉠ 조선왕조는 대외적으로는 친명정책에 힘쓰고 대내적으로는 나라의 기강을 확립하여 건국의 기초를 공고히 하는 데 주력하였다.
　㉡ 1446년 훈민정음의 반포는 본격적인 국문학 전개의 기초가 되었다. 즉, 전대의 구비문학이 정착되고, 새로운 정음문학이 창작되어 진정한 의미에서의 국문학이 융성할 수 있었다.

② **문학의 특징**
　㉠ 훈민정음의 창제로 고려 시대의 구비문학이 정착되고, 경서와 문학서의 언해 사업이 활발했다.
　㉡ 조선왕조의 건국 위업을 찬양하고, 왕실의 무궁한 번영을 축원하는 악장이 출현하였다.
　㉢ 설화문학의 발전과 중국소설의 영향으로 한문소설이 발생하기 시작하였다.
　㉣ 경기체가 붕괴되고 가사가 출현하였으며, 시조 등 형식 면에서 운문문학이 지배적이었다.
　㉤ 문학의 향유 계층은 양반 계층이 주류를 이루었다.
　㉥ 유교를 바탕으로 성리학이 도입되어 철학적인 사상적 배경을 이룩하였다.

③ **대표 갈래 및 작품**
　㉠ 악장 : 조선왕조의 체제 확립과 유지라는 목적성을 띤 문학
　　예 「신도가」, 「정동방곡」, 「용비어천가」 등
　㉡ 언해문학 : 불경과 경서, 운서 및 한시 번역
　　예 『분류두공부시언해』, 『능엄경언해』, 『사서언해』, 『삼강행실도』, 『홍무정운역훈』 등
　㉢ 경기체가 : 고려 때 발생하여 조선 초기까지 이어짐
　　예 「상대별곡」, 「화산별곡」, 「독락팔곡」 등
　㉣ 가사 : 경기체가의 붕괴에서 발생한 교술장르로, 운문과 산문의 중간적 성격을 띰
　　예 「상춘곡」, 「면앙정가」, 「관동별곡」, 「사미인곡」, 「속미인곡」, 「규원가」, 「만분가」 등 기출 25
　㉤ 시조 : 충의, 애정, 도학의 세계로까지 주제를 확장하고, 연시조의 형태가 일반화되었으며, 사대부들을 중심으로 활발하게 창작됨
　　예 「회고가」, 「강호사시가」, 「충의가」, 「오륜가」, 「도산십이곡」 등 기출 25

ⓑ 한문학 : 성현, 남곤, 서거정, 서경덕, 이황, 이이, 김시습, 삼당시인 등이 왕성하게 작품 활동을 함
ⓢ 패관문학 : 설화, 수필, 시화, 시론, 소화 등을 엮은 문집들이 만들어짐
예 『동인시화』, 『필원잡기』, 『태평한화골계전』, 『패관잡기』, 『용재총화』, 『어면순』 등
ⓞ 소설 : 설화, 패관문학, 가전체 등을 바탕으로 하여 중국의 전기, 화본 등의 영향을 받아 생겨난 산문문학의 대표적 장르
예 『금오신화』, 「화사」, 「수성지」, 「원생몽유록」

(4) 조선 후기 문학

① **시대적 배경**
  ㉠ 중세적 질서가 붕괴되고 근대적인 맹아(萌芽)가 싹트는 근대로의 이행기
  ㉡ 임진왜란과 병자호란을 겪으면서 지배질서가 흔들리고 평민들의 의식이 성장하게 되어, 중세적 가치와 근대 지향 의식이 서로 갈등하고 있는 것이 이 시기 문학의 기본적 성격이다.

② **문학의 특징**
  ㉠ 임진왜란·병자호란 이후, 사대부의 권위가 실추되자, 현실에 대한 비판과 평민 의식을 구가하는 새로운 내용이 작품 속에 투영되었다.
  ㉡ 비현실적, 소극적인 유교 문학에서 현실적이고 구체적인 삶의 의미를 추구하는 실학문학으로 발전되었다.
  ㉢ 작품의 제재 및 주제의 변화와 함께 작가 및 독자의 범위가 확대되었다.
  ㉣ 산문정신에 의해 운문 중심에서 산문 중심의 문학으로 이행, 발전하였다.
  ㉤ 내간체 수필, 내방가사 등 여류문학이 새롭게 부상하였다.

③ **대표 갈래 및 작품**
  ㉠ 소설 : 국문소설의 효시인 「홍길동전」을 시작으로 본격적인 소설의 시대가 전개됨. 내용도 다양하여 '영웅소설', '가정소설', '대하소설', '애정소설', '풍자소설', '판소리계 소설' 등 풍부한 작품을 선보임 기출 24
  ㉡ 시조 : 평민 의식과 산문정신의 영향으로 사설시조라는 새로운 형식의 시조가 등장함. 평민, 기생들의 참여와 전문적인 가단의 형성 및 시조집 편찬 등으로 시조의 전성기를 구가함
    예 윤선도의 시조, 김천택과 김수장의 활동
  ㉢ 가사 : 관념적이고 서정적인 조선 전기 가사에서 구체적이고 일상적이며 서사적인 가사로 변모함. 산문화의 영향으로 장편 기행가사, 유배가사, 내방가사 등이 발달하게 됨
    예 노계 박인로의 가사, 「일동장유가」, 「북천가」, 「연행가」, 「만언사」, 「한양가」 등 기출 24
  ㉣ 수필 : 사회변동에 따른 개인의 체험이나 그 역사적 사실을 기록한 글
    예 한글수필로는 「계축일기」, 「한중록」, 「인현왕후전」, 「의유당일기」, 「산성일기」 등, 한문수필로는 「서포만필」, 「열하일기」, 「순오지」, 「시화총림」 등
  ㉤ 한문학 : 실학자, 중인들에 의한 위항(委巷)문학

- ⓗ 판소리 : 전문예술가인 광대와 고수에 의해 공연되는 풍자적인 민중예술로, 조선 후기 평민문학의 정수로서 국민문학으로 자리잡음. 열두 마당이었던 판소리가 신재효에 의해 여섯 마당으로 정리되었고, 현재는 다섯 마당만 전해짐
- ⓢ 민속극 : 가면극(탈춤)이 대표적이며, 춤, 노래, 대사, 몸짓을 섞어가며 관중과 더불어 행해지는 종합예술로, 평민 의식이 극명하게 표현됨
    - 예 지역에 따라 산대놀이, 해서탈춤, 오광대놀이, 야류 등이 있음

(5) 개화기 문학

① **시대적 배경**
- ㉠ 역사적 격동기 : 문학, 사상, 문화, 제도의 근대화와 문호 개방의 소용돌이 속에서 독립된 주권 국가의 자주권 확보를 위한 움직임이 지속됨
- ㉡ 근대식 교육기관의 설립과 신문, 잡지 발행으로 사회적 변혁의 분위기가 고조됨
- ㉢ 급박한 시대 변화에 대응하려는 지식인들의 계몽 의식이 확산됨
- ㉣ 개화 계몽 사상, 애국 독립 사상, 자주 의식 등이 사상적 배경이 됨

② **문학의 특징**
- ㉠ 문어체 문장에서 구어체에 가까운 문장으로 변화됨
- ㉡ 자주정신의 각성으로 계몽적 이념성을 강조하는 내용이 주를 이룸
- ㉢ 전통적 문학 형식을 기반으로 개화가사, 창가, 신체시, 신소설 등 새로운 장르가 모색됨

③ **대표 갈래 및 작품**
- ㉠ 개화가사 : 최제우의 『용담유사』를 비롯하여 『독립신문』이나 『대한매일신보』에 발표된 가사로, 4·4조 4음보의 운율과 애국 계몽을 주된 내용으로 함
- ㉡ 창가 : 3음보격의 시행을 서양식 악곡에 따라 부른 노래로, 문명개화의 시대적 필연성, 신교육 예찬, 새 시대의 의욕 고취, 청년들의 진취적 기상 등 계몽적 내용을 담고 있음
    - 예 「독립가」, 「애국가」, 「동심가」, 「경부철도노래」, 「세계일주가」 등
- ㉢ 신체시 : 개화가사, 창가의 단계를 거쳐 종래의 정형적 시 형식을 탈피하여 자유로운 율조로 새로운 사상을 담으려 했던 실험적이고 과도기적인 시가
    - 예 「해에게서 소년에게」, 「구작 3편」, 「꽃두고」, 「우리 영웅」 등
- ㉣ 신소설 : 1900년대 중반부터 1917년 이광수의 「무정」이 발표되기까지, 당대의 시대적 문제와 사회 의식을 반영했던 과도기적 소설의 형태로, 언문일치 문체의 도입, 묘사 중심의 서술 시도, 평면적 구성방식의 탈피, 배경의 현실성과 사실적 인물 등을 특징으로 하고 있음 기출 25
    - 예 「혈의누」, 「은세계」, 「모란봉」, 「자유종」, 「화의혈」, 「추월색」, 「금수회의록」
- ㉤ 창극·신파극 : 창극은 판소리를 등장인물에 따라 배역을 나누고 창으로 연극하는 형태를 말하며, 신파극은 상업주의적 대중 연극으로 일본을 통해서 들어온 것임

3 한국문학의 특질 기출 22

(1) 시가의 율격에서 잘 나타난다.
  ① 정형시라 하더라도 음절 수가 가변적이기 때문에 변화의 여유를 누렸다.
  ② 한국 특유의 음보율(율격의 자연스러운 변형)이 있다.

(2) 작품을 전개하면서 기교를 부리는 풍조를 멀리하고 일상생활에서 하는 자연스러운 말을 그대로 살렸다.
  예 박지원의 소설, 하층의 탈춤

(3) 문학하는 행위를 놀이로 여기고, 흥겨운 동시에 심각한 고민이 나타나는 문학의 양면성을 하나가 되게 합치는 것을 바람직한 창조로 여겼다.

(4) 한을 신명으로 풀면 시련이나 고난을 넘어선다고 보았기 때문에 한국 전통극에 비극은 없고 희극만 있다.

(5) 한국의 서사문학 작품은 대개 행복한 결말에 이른다.

(6) 한국문학에는 한(恨)의 정서, 해학과 풍자의 미학, 조화와 풍류의 정신 등이 들어 있다.
  ① **한(恨)의 정서**
    ㉠ 주어진 운명에 대결하지 않고 순응함으로써 슬픔을 승화시키는 것
    ㉡ 민족의 역사적 배경(외세의 침략, 신분적 억압 체제, 전통적 도덕주의와 숙명론의 굴레 등)에서 비롯됨
    ㉢ 미적 범주 : 우아미 혹은 비장미
    ㉣ 갈래 : 향가, 고려가요, 민요, 1920년대 현대시 등
  ② **해학과 풍자의 미학**
    ㉠ '해학'은 희극적 인물을 통해 고통과 갈등을 화해와 타협의 세계로 변화시키는 웃음의 정신이고, '풍자'는 현실의 부조리와 모순을 빗대어 폭로함으로써 현실에 대한 부정과 비판 의식을 간접적으로 표현하는 정신을 말함
    ㉡ 지배층의 가렴주구와 불합리한 도덕주의의 질곡으로 고통스러운 삶을 영위하던 서민들의 삶의 애환이 빚어낸 결과임
    ㉢ 미의식 : 골계미, 해학미
    ㉣ 갈래 : 민요, 사설시조, 판소리계 소설, 탈춤 등
  ③ **조화와 풍류의 정신**
    ㉠ '조화'란 여유와 품위를 주는 아름다움을 말하며, '풍류'란 약간의 변형을 통해 전체적인 조화에 활력을 줌
    ㉡ 사대부 사회의 삶의 여유와 낙천적인 세계관을 배경으로 함

ⓒ 자연미의 발견과 인생론의 심화
② 갈래 : 강호한정의 시조 및 가사, 사설시조의 파격미, 청록파와 시문학파의 시
④ **선비 기질과 지조**
㉠ 고상한 품위와 위엄을 바탕으로 대의명분에 충실하려는 강한 의지와 절개
㉡ 유교적 전통 사회 속에서 형성됨
㉢ 민족의 고난을 극복하는 주체성의 확보라는 점에 가치가 있음
㉣ 갈래 : 조선 전기 시조(충의가, 절의가), 일제하의 저항시

> **더 알아두기**
>
> **한국문학의 특질에 대한 견해들**
> - 조윤제
>   - 은근과 끈기
>   - 애처로움과 가냘픔
>   - '두어라'와 '노세'
> - 조지훈
>   - 아름다움
>   - 고움 : 규격미, 우아미, 아려미(雅麗美)
>   - 멋 : 변형미, 초규격성의 풍류미

제1절 핵심예제문제

01 다음 중 한문학에 대한 설명으로 옳지 <u>않은</u> 것은?

① 한자문명권의 공통문어이다.
② 대표적인 갈래로는 설화, 민요, 무가, 판소리, 민속극 등이 있다.
③ 민족문학으로 발전시키고자 노력하였다.
④ 한국 작가가 한국 독자를 상대로 창작하고, 한국인의 생활을 내용으로 하였다.

01 ②는 구비문학에 대한 내용이다.

02 한국문학사의 전개에서 문학 갈래에 따른 분류 중 중세에 해당하지 <u>않는</u> 것은?

① 향가를 대신해 시조가 생겨나 문학 갈래의 체계가 개편되었고, 가사와 공존했다.
② 향가는 민요에 근거를 둔 율격을 한시와는 다른 방식으로 다듬어, 심오한 사상을 함축한 서정시로 발전했다.
③ 한문학이 등장하면서 서사시를 대신해 서정시가 주도적인 구실을 하게 되었다.
④ 희곡이 기록문학의 영역에 들어서 서정, 서사, 희곡의 삼분법이 확립되었다.

02 ④는 근대에 해당하는 내용이다.

정답 01 ② 02 ④

03 한국문학의 특질에 해당하지 <u>않는</u> 것은?
① 한국의 서사문학 작품은 비극적인 결말에 이른다.
② 문학하는 행위를 놀이로 여기고, 흥겨운 놀이면서 심각한 고민을 나타내는 문학의 양면성을 하나가 되게 합치는 것을 바람직한 창조로 여겼다.
③ 정형시라 하더라도 음절 수의 변화가 가변적이다.
④ 작품을 전개하면서 기교를 부리는 풍조를 멀리하고 일상생활에서 하는 자연스러운 말을 그대로 살렸다.

03 한국의 서사문학 작품은 대개 행복한 결말에 이른다.

04 고대 서사문학에 대한 설명으로 옳은 것은?
① 신화는 민족을 결속시키는 힘을 지닌다.
② 민담은 실재하는 장소, 시대, 인물을 구체적 내용으로 한다.
③ 전설은 흥미성과 골계미를 중요시한다.
④ 전설은 신성성과 숭고미를 위주로 한다.

04 ② 전설
③ 민담
④ 신화

05 다음 중 한국문학의 특질로 옳지 <u>않은</u> 것은?
① 조화와 풍류의 정신
② 비관적 세계관
③ 한(恨)의 정서
④ 해학과 풍자의 미학

05 한국문학의 특질에는 조화와 풍류의 정신, 한(恨)의 정서, 해학과 풍자의 미학 등이 있다.

정답 03 ① 04 ① 05 ②

제2절 고전시가

1 고대가요의 세계

(1) 개념

삼국 시대 이전의 노래로, 집단적이고 서사적인 원시 종합 예술에서 분화된 개인적이고 서정적인 내용의 시가

(2) 의의

① 최초의 서정시가의 형태이며, 서정시 발달의 시초가 된다.
② 우리 민족의 문학의 뿌리를 형성하였다는 데서 의의를 가진다.
③ 우리 노래의 기본적인 형식을 갖추고 있다(2토막씩 4줄 또는 4토막씩 2줄).
④ 고대시가의 흐름이 집단적 서사문학에서 개인적 서정문학으로 변화・발전하고 있음을 보여준다.

(3) 형식

시가문학은 구전되다가 한역되어 전하는 고대가요의 형태로, 대부분 설화(서사) 속에 삽입된 4언 4구의 한역시로 전해지는데, 한역을 근거로 살펴볼 때 4행시였던 것으로 추정된다.

(4) 특징

① 집단 의식을 담은 노래(의식요, 노동요)에서 점차 개인적 서정을 담은 노래로 발전하였다.
② 배경설화 속 삽입가요가 초기에는 서사문학 속의 서정적 부분으로 독립된 성격이 적었으나, 점차 그 자체가 하나의 서정문학으로 독립하였다.
③ 기록수단이 없어 구전되다가 후에 한역(漢譯)되었으므로 정확한 본래의 모습을 알 수 없다.

(5) 주요 작품

작품명	작자	연대	형식	성격	주제 및 내용
공무도하가 (公無渡河歌)	백수광부의 처	고조선	4언 4구체	개인적 서정시	물에 빠져 죽은 남편의 죽음을 애도함
구지가 (龜旨歌)	구간 등	신라 유리왕	한시(이두)	집단적 서사시	왕의 출현을 기원함 - 영신군가
황조가 (黃鳥歌) 기출 23	유리왕	고구려 유리왕	4언 4구체	개인적 서정시	아내를 잃은 실연의 슬픔을 노래함
해가 (海歌)	백성들	신라 성덕왕	4언 4구체	집단적 서사적	용왕에 납치된 수로부인을 구출함
정읍사 (井邑詞) 기출 25	어느 행상의 처	백제	3연 6구 속악	개인적 서정시	• 행상 나간 남편을 염려하는 마음 • 한글로 표기되어 전함

① **황조가(黃鳥歌), 유리왕(琉璃王)** 기출 25, 23

편편황조(翩翩黃鳥)	펄펄 나는 저 꾀꼬리는
자웅상의(雌雄相依)	암수 서로 정답구나
염아지독(念我之獨)	나의 마음속 외로움이여
수기여귀(誰其與歸)	뉘와 함께 돌아갈거나

㉠ 배경설화

기원전 17년(유리왕 3) 10월에 왕비 송씨가 죽어 2명의 여자를 계실(繼室)로 맞아들였는데, 한 여자는 화희(禾姬)로 골천(鶻川) 사람이고, 한 여자는 치희(稚姬)로 한인(漢人)이었다. 두 여자는 서로 질투하며 사이가 좋지 않았다. 왕은 양곡(凉谷)에 동궁(東宮)과 서궁(西宮)을 지어 각각 살게 했다. 왕이 기산(箕山)으로 사냥을 나가 7일간 돌아오지 않는 사이에 두 여자는 또 싸우게 되었다. 화희가 치희를 꾸짖으며 "너는 한 나라 비첩(婢妾)이면서 어찌 그리 무례한가"라고 말하자 치희는 이에 마음이 상해 제 나라로 돌아갔다. 이 말을 들은 왕이 말을 달려 쫓아갔지만 화가 난 치희는 끝내 돌아오지 않았다. 왕이 나무 밑에서 쉴 때 황조가 날아와 노니는 것을 보고 감동하여 이 노래를 지었다고 전해진다.

㉡ 해설
- 형식 : 4언 4구의 한역가(漢譯歌)
- 성격 : 개인적 서정시
- 주제 : 짝을 잃은 슬픔(외로움)
- 표현
  - 자연물을 빌려 우의적(寓意的)으로 표현
  - 대조(꾀꼬리와 화자의 상황 대조)
  - 의태어['翩翩'으로 펄펄(훨훨) 나는 모양 표현]
  - 선경후정(꾀꼬리의 모습을 언급한 다음 자신의 외로운 심정을 드러냄)
- 의의
  - 현전(現傳)하는 고구려 최고(最古)의 서정시 중요
  - 집단적 서사문학에서 개인적 서정문학으로 넘어가는 단계의 가요
- 구성 중요
  - 제1·2구 : 암수 꾀꼬리의 정다움
  - 제3·4구 : 짝을 잃은 외로움

체크 포인트

관련 작품
- 「청산별곡」: 「황조가」의 '새'는 화자가 부러워하는 대상이고, 「청산별곡」의 '새'는 화자의 감정이 이입된 소재
- 「공무도하가」, 「가시리」, 「서경별곡」, 황진이의 시조, 「진달래꽃」 모두 「황조가」와 같이 이별의 정한(情恨)을 노래

ⓒ 특징
- 우리말로 창작되어 구전 → 한자의 전래로 한역 →『삼국사기』수록
- 『삼국사기』기록 불신 : 신화 시대 인물은 서정시 창작이 불가능(국문학에서 제외), 후인의 위작으로 별도로 불리다가 나중에 유리왕 설화에 끼워 넣었다는 주장
- 치희설, 송씨설, 막연한 연모의 대상설
- 노래의 성격 : 서정시설, 서사시설, 계절적 제례의식에서 부른 사랑의 노래
- 작가의 외로운 심정이 구체화된 부분은 '念我之獨(염아지독 : 나의 마음속 외로움이여)'이며, 화자의 외로움 정서가 집약된 부분은 '뉘와 함께 돌아갈거나'이다. 중요
- 유리왕 신화에 나오는 '부러진 단검'과 같은 신물은 「춘향전」에 나오는 '옥가락지'와 그 성격이 비슷하다.
- 「황조가」의 배경설화에 나오는 여자는 화희와 치희, 그리고 왕비인 송씨이다.
- 「황조가」의 성격에 대해서는 서정시, 종족 간의 투쟁을 다룬 서사시, 계절적 제례의식에서 부른 사랑의 노래, 신화적 질서가 흔들리면서 새로운 시대로 넘어갈 조짐을 보이는 시대의 사랑 노래, 서정시가와 민요, 민족 고유 요소로서의 성격을 다 갖춘 노래라는 다양한 견해가 있다.
- 최초의 서정요 또는 서사시이다.

② 정읍사(井邑詞), 어느 행상인의 처

(전강 : 前腔)	둘하 노피곰 도드샤 어긔야 머리곰 비취오시라 어긔야 어강됴리
(소엽 : 小葉)	아으 다롱디리
(후강전 : 後腔全)	져재 녀러신고요 어긔야, 즌 디를 드디욜셰라 어긔야 어강됴리
(과편 : 過篇) (금선조 : 金善調)	어느이다 노코시라 어긔야 내 가논 디 졈그를셰라 어긔야 어강됴리
(소엽 : 小葉)	아으 다롱디리

㉠ 현대어 풀이
달님이시여 높이 높이 돋으시어
멀리 멀리 비추어 주십시오.
(후렴구)
시장에 가 계시옵니까
위험한 곳을 디딜까 두렵습니다.
(후렴구)
어느 곳에나 놓으십시오.
내 님이 가시는 곳에 날이 저물까 두렵습니다.

ⓒ 배경설화
전주에 딸린 고을 정읍에 행상하는 사람이 있었는데, 하루는 장사를 나가서 돌아오지 않았다. 그래서 그 처가 뒷산 바위에 올라가서 기다렸는데 그래도 돌아오지 않아서 밤에 다니다가 남편이 혹시 어떤 피해를 입지 않을까 걱정하던 나머지, 이 노래를 지어 불렀다고 한다.

ⓒ 해설
- 연대 : 백제
- 형식 : 전연시(全聯詩)와 여음구를 제외하면 3장 6구, 여음(餘音)을 제외하면 6줄(각 줄 2구), 이것이 4구(토막) 3줄(3장) 형식이 되어 '시조'의 형식과 통한다는 설도 있음
- 성격 : 서정적, 기원적, 민요적, 직설적, 애상적 → 망부가(亡夫歌)
- 주제 : 행상 나간 남편의 안전을 기원
- 표현 : 의인법, 돈호법
- 구성
  - 제1구~제4구 : 달님에게 청원함
  - 제5구~제7구 : 남편에 대한 염려
  - 제8구~제11구 : 남편의 안전 기원
- '즌 딕'(위험한 곳)의 두 가지 의미 중요
  - 남편의 입장 : 남편의 행상길을 위협하는 존재(짐승, 도적 등)
  - 아내의 입장 : 기생, 술, 노름 등 남편을 유혹하는 것
- 의의 중요
  - 현전하는 유일한 백제가요(문학성이 뛰어나 고대가요 중 가장 오래 불림)
  - 국문으로 표기된 가장 오래된 노래(고려~조선 시대까지 궁중악으로 널리 불림)
  - 시조 형식의 원형을 지닌 노래
- '둘'의 의미 중요
  - 남편의 안전을 지켜 주는 대상
  - '즌 딕'를 밝혀 주는 밝음의 이미지
  - 남편에 대한 순수한 사랑과 믿음의 이미지
  - 시적 자아와 남편을 이어주고, 시적 자아와 대상 사이의 거리를 좁혀 주는 매개물
  - 소망과 기원을 실현시켜 주는 숭고한 대상
  - 천지신명(天地神明)의 상징
- 출전 : 『악학궤범』 권5 중요

> **체크 포인트**
>
> **핵심 소재의 의미**
> - 「공무도하가」의 '물' : 삶과 죽음의 경계
> - 「황조가」의 '꾀꼬리' : 서정적 자아와 대립
> - 「구지가」의 '거북' : 주술적 상징물
> - 「정읍사」의 '둘' : 구원과 광명의 대상

ⓓ 특징
- 「정읍사」에 대한 상반된 두 견해
  - 음사(淫祠), 은어(隱語)로 된 노래
    ⓐ 정읍 : '시정(市井)', '상가(商街)'의 뜻으로 무엇인가 은유하는 것이 있다는 말
    ⓑ 즌 딕(좋지 않은 곳) : 수렁, 화류계
  - 위[음사(淫祠), 은어(隱語)로 된 노래] 견해에 대한 반론
    ⓐ '정읍전주속현(井邑全州屬縣)'이라는 구절, 망부석 전설 등으로 보아 '정읍'이란 알레고리(Allegory)가 없는 지명임
    ⓑ 외설지사는 정읍사만이 아님
    ⓒ 지나친 음사라면 중종 때까지 불렸을 수 없었을 것이라는 주장, 순수한 부부 간의 사랑 노래라는 견해
- 가사는 『악학궤범』에 전해지고, 설화는 『고려사』와 『동국여지승람』에 전해진다.
- 후렴을 제외하면 3장 6구로 되어 있는 시조의 형식과 비슷하다.

③ 조신몽 설화(調信夢說話)

> 옛날 신라가 서울일 때 즉, 신라 시대일 때에 세규사의 장원(사유의 큰 토지)이 명주 날리군에 있었는데(『지리지』를 상고해 보면 명주에는 날리군이 없고 오직 날성군이 있는데, 본래는 날생군으로 지금의 영월이다. 또 우수주에 속한 현으로 날령군이 있는데, 원래의 날기군으로 지금의 강주이다. 우수주는 지금의 춘주인데, 여기서는 날리군이라 하니 어느 말이 맞는 것인지 모르겠다), 본사에서는 조신을 보내어 관리인을 삼았다. 조신이 장원에 도착해서 태수 김흔공의 딸을 보고는 좋아하게 되어 깊이 빠져들었다.
> 여러 번 낙산의 대비 앞에 나아가 슬그머니 사랑이 이루어지기를 빌었다. 빌고 있는 지 수년이 지난 사이에 그녀는 이미 다른 곳에 시집을 가 버려서, 그는 다시 불당 앞에 가서 대비에게 자기의 원을 이루어주지 않은 것을 원망하고 날 저물도록 슬피 울었다. 울다가 그리운 정과 사념에 빠지어 깜빡 풋잠에 빠져들었다. 꿈속에서 갑자기 김씨 낭자가 반가운 얼굴을 하고 문으로 들어오더니 기쁘게 웃으며 하는 말이,
> "제가 일찍이 스님의 얼굴을 조금은 알고 마음속에 사랑하여 잠시도 잊은 적이 없습니다. 그런데 부모님의 명령에 억지로 다른 사람에게 시집을 갔습니다. 지금 죽어서도 같은 무덤에 묻힐 벗이 되고자 이렇게 왔습니다." 하였다.
> 조신이 매우 기뻐하면서 함께 고향 마을로 돌아갔다. 40여 년을 생활하면서 자식 5명을 두었다. 집은 4면 벽뿐이고 거친 끼니조차 이어갈 식량이 없었다. 마침내 혼백이 떨어질 지경이었지만 서로 붙잡고 이끌고 하면서 4방으로 동냥을 다니었다. 이렇게 하기를 10년, 초야를 두루 다니다 보니 옷이 다 해어져 수도 없이 꿰맸지만 역시 몸뚱이를 가릴 수가 없었다.
> 마침 명주 해현 고개를 지나는데, 15살 된 큰 아이가 굶다가 갑자기 죽었다. 통곡하면서 수습하여 길 옆에 묻고 나머지 4식구를 인솔하여 우곡현(지금의 우현임)에 이르러 길가에 띠집을 짓고 살았다. 부부가 늙고 병들고 굶주려 일어나지를 못하였다. 10살 된 딸아이가 두루 돌아다니며 동냥을 하다가 사나운 개에게 물려 울부짖으며 앞에 와 쓰러졌다. 부모가 탄식하면서 몇 줄 눈물을 흘렸다. 이에 부인이 눈물을 닦고 갑자기 말하기를,

"내가 당신을 처음 만났을 때는 당신은 나이도 젊고 잘났으며 옷차림도 깨끗하였지요. 한 가지 맛있는 음식이 있으면 나누어 먹고 몇 자 되는 따뜻한 옷이 있으면 나누어 입었지요. 시집온 지 50년에 정분도 두터웠고 은혜와 사랑도 많고 해서 가위 두터운 인연이라고 할 만했습니다. 그러나 근년에 와서는 노쇠해지고 병도 날로 심해지고 배고픔과 추위도 날로 심히 핍박해 오는데, 사람들은 곁방살이나 간장 한 병도 용납하지 않습니다. 수많은 문전에서의 부끄러움은 차마 견디기 어렵고 아이들의 추위와 배고픔은 면해 줄 계책도 없는데 어느 겨를에 사랑하고 즐거워하는 부부의 정이 있겠습니까? 아름다운 얼굴과 예쁜 미소는 풀잎의 이슬처럼 잠깐이오, 지란지교같은 맑고 고운 결혼 약속은 회오리바람 앞에 버들꽃처럼 쉽게 사라집니다. 그대에게는 내가 누가 되고 나는 그대가 걱정이 되어 가만히 옛날의 즐거웠던 일들을 생각해 보니 마침 그것이 우환에 이르는 첫 단계가 된 것입니다. 그대와 제가 어찌 이 지경에 이르렀습니까. 뭇새가 함께 굶주리는 것보다는 차라리 짝 없는 난새가 되어 짝을 찾는 것이 낫지 않겠습니까. 차가우면 버리고 더우면 달라붙는 것이 인정상 차마 못할 바지만 행하고 그치고 하는 것은 사람이 할 수 있는 일이 아니요, 이별하고 합치고 하는 것도 다 운명이 하는 것입니다. 그러니 청컨대 이 말대로 합시다."라고 하였다.

조신이 이 말을 듣고 크게 기뻐하여 각자가 아이를 둘을 데리고 가려할 때 여자가 말하기를, "나는 고향으로 갈 터이니 당신은 남쪽으로 가세요."하고 막 이별을 하고 떠나려 하는 순간 잠에서 깼다. 타다 남은 등잔불은 가물거리고 밤은 어두워 갔다. 아침이 되니 수염과 머리털이 모두 세었고 정신은 멍청하고 도무지 인간 세상에 살 뜻이 없어졌다. 이미 괴로운 인생이 싫어졌고 평생 겪는 고통도 진저리가 난 듯했고 탐욕의 마음도 얼음 녹듯 풀려 나갔다. 이에 관음상을 대하기가 부끄럽고 뉘우치지 않을 수 없게 되었다. 돌아와 해현에 묻은 큰 아이의 무덤을 파보니 돌미륵이 나왔다. 잘 씻어서 이웃 절에 봉안하고 서울로 돌아와 장원의 책임을 벗고 사재를 기울여 정토사를 창건하였다. 부지런히 불도를 닦고 지내다가 어떻게 생애를 끝냈는지 알 수 없게 되었다.

평론하여 말하기를,
"이 전을 읽고서 책을 덮고 곰곰이 생각해 보니, 하필 조신의 꿈만 그렇겠는가 하는 생각이 들었다. 이제 인간 세상의 즐거움을 모두 알고 그것을 위해 아등바등 힘쓰고 있지만 그것은 한갓 꿈이라는 사실을 깨닫지 못하고 있을 뿐이다. 이에 가사를 지어 경계하여 말한다.

잠깐 동안이나마 즐거울 때의 생각은 이미 허망한 것
슬그머니 근심을 따라 젊은 얼굴이 늙어가는구나
어찌 가을날 맑은 밤을 꿈으로써
바야흐로 괴로운 인생도 한바탕 꿈임을 알게 될 것이로다.

몸 다스림의 여부는 먼저 성의를 다하는 것에 달린 것
홀아비는 미녀를 그리고 도둑은 장물을 꿈꾸는데
어찌 가을날 맑은 밤의 꿈으로써
가끔 눈을 감고 청량의 경지에 이를 수 있겠는가."

- 『삼국유사』 권 제3, 낙산2대성 관음정취 조신 조

㉠ 해설
- 형식 : 설화(전설), 사원연기설화(寺院緣起說話), 환몽(幻夢)설화
- 구성 : 3단 구성, 액자식 구성, 환몽구조[현실(배경, 문제 제시, 절실한 소망) → 꿈(소원 성취, 고통스러운 삶, 이별 – 꿈속에서의 체험) → 현실(각성, 귀의, 깨달음)]
- 주제 : 인생무상(人生無常)(세속적 욕망의 덧없음) – 남가일몽(南柯一夢), 한단지몽(邯鄲之夢), 일장춘몽(一場春夢)
- 시점 : 전지적 작가 시점
- 의의 : 몽자류 소설의 근원설화
  - 모티브상 : 꿈을 통한 비현실적 세계의 진술
  - 주제상 : 이루어질 수 없는 사랑을 꿈에서 실현 → 전기(傳奇)의 원형
  - 형식상 : 액자식 구성의 최초 형태
  - 기록상 : '옛날'로 시작되어 후대의 기록임을 암시

㉡ 특징
- 문학의 본질에 접근 : 흥미와 교훈
- 현대소설에 비견 : 짜임새 있는 구성, 일관성 있는 주제 추구
- 몽유록계 문학의 효시 중요
- 고대소설(「구운몽」), 현대소설(이광수의 「꿈」, 황순원의 「잃어버린 사람들」) 등에 영향

더 알아두기

고전시가의 주요 작품
- 고구려의 『우기』, 백제의 『서기』, 신라의 『국사』 등은 당시 국사의 기록화를 말해준다.
- 백제의 「도미처설화」는 「춘향전」의 근원설화이다.
- 신라의 「도솔가」는 노래명만 전하는 최초의 향가이다.
- 백제의 「정읍사」는 현존하는 유일한 백제 노래로서 고려 때 '우고'라는 궁중음악과 함께 불렸고 조선시대에는 궁중악으로 사용되기도 했다.
- 고구려의 「황조가」는 시가문학사상 서정시로 기록상의 효시이다.

(6) 변천

① 고대에는 음악, 무용, 시가가 분화되지 않은 원시 종합 예술을 즐겼다가 인간 생활이 복잡해지고 생활이 분화되면서 점차 시가 형태로 분리되었다.

② 시가는 다시 신화와 전설이 주가 되는 서사시와, 축도와 기원을 내용으로 하는 서정시로 분화되었다.

③ 삼국 정립의 시기에 이르면 한문화의 영향으로 인해 점차 집단적·서사적이던 노래가 개인적·서정적인 노래로 발전하게 되고, 인지가 발달하고 문화적 역량이 축적되면서 고대시가는 우리 고유의 정서를 바탕으로 외래의 것을 소화하여 점차 민족의 노래로 발전한다.

2 향가의 성격과 주요 작품 세계 중요

(1) 개념과 명칭
① 개념 기출 25

향가(鄕歌)란 광의(廣義)로는 기원 전·후기부터 있었던 '우리의 노래'라는 뜻에서 유래한 것이나, 오늘날에는 협의(狹義)로 삼국 통일기(6세기경)부터 고려 중기(13세기)까지 존재한 향찰(鄕札, 한자의 음과 훈을 빌려 표기하는 방식)로 표기된 신라의 노래 **사뇌가(詞腦歌)**를 뜻한다. 『삼국유사』에 실려 있는 14수와 『균여전』에 실려 있는 「보현십원가(普賢十願歌)」 11수를 합한 25수가 현재 전해진다.

② 명칭

향가는 사뇌가(詞腦歌 : 동방의 노래), 시내가(詩內歌), 사내악(思內樂), 도솔가(兜率歌 : 돗노래, 텃노래) 등의 여러 가지 명칭으로 쓰였다. 향가의 완성 형식인 10구체의 향가는 특히 '사뇌가'라 칭하고, 향가라는 한자어 명칭이 생기기 전에 이미 있었다.

(2) 형식 : 대체적으로 4구체, 8구체, 10구체 등이 있으며, 10구체가 가장 정제된 형식이다.
① 민요형
  ㉠ 4구체(초기) : 「서동요」, 「풍요」, 「헌화가」, 「도솔가」의 4수 중요
  ㉡ 8구체(과도기) : 「모죽지랑가」, 「처용가」의 2수 중요
② 완성형 : 10구체(사뇌가) – 「찬기파랑가」, 「제망매가」, 「혜성가」, 「보현십원가」 포함 19수

(3) 내용 : 향가는 숭고한 이상을 추구하여 불교적 신앙을 바탕으로 한 발원(發願), 안민치국(安民治國)의 노래, 그리고 신불(神佛)에 대한 발원(發願)을 나타내는 불교 신앙 등이 주를 이룬다. 기출 25

① 주술적 성격

작품	작자	내용
혜성가	융천사	내침한 왜구와 혜성을 물리쳤다는 축사의 노래
제망매가 기출 24	월명사	죽은 누이를 추모하며 재(齋)를 올리며 부른 노래
도솔가	월명사	두 개의 해가 나타난 괴변을 없애기 위해 부른 산화공덕의 노래 → 산화가
처용가	처용	아내를 침범하는 역신에게 관용을 베푼 노래 → 축신가
원가	신충	왕을 원망하는 노래

② 동요·참요적 성격 기출 24

작품	작자	내용
서동요	무왕	선화공주를 사모하여 아내로 맞이하기 위해 아이들에게 부르게 한 동요 → 신라 최초의 향가

③ 추모적 성격 기출 24

작품	작자	내용
모죽지랑가	득오	죽지랑을 사모하여 부른 애도의 노래
제망매가	월명사	죽은 누이를 추모하며 재를 올리며 부른 노래
찬기파랑가	충담사	기파랑을 찬양하여 부른 노래 → 최초 문답식

④ 기도적 성격

작품	작자	내용
천수대비가	희명	눈이 먼 아들을 위해 부른 노래 → 부녀자 작품

⑤ 유교적 성격 기출 25, 24

작품	작자	내용
안민가	충담사	군·신·민 각자의 할 일을 노래한 치국의 노래 → 왕의 요청으로 지음

⑥ 노동적 성격

작품	작자	내용
풍요	만성 남녀	성 안의 남녀들이 진흙을 나르며 부른 노래

⑦ 불교적 성격

작품	작자	내용
보현십원가	균여	불교의 교리를 대중에게 전파하기 위해 지은 노래 → 11수

⑧ 설교적 성격

작품	작자	내용
우적가	영재	도둑을 만나 도리어 회개시킨 설도의 노래

⑨ 민요적 성격

작품	작자	내용
헌화가	어느 소 끄는 노인	수로부인에게 철쭉꽃을 꺾어 바치며 부른 노래

> 체크 포인트
> - 신라 최초 향가: 「서동요」
> - 신라 최후 향가: 「처용가」

(4) 향가집 기출 25, 24

진성여왕(眞聖女王) 2년(888)에 각간(角干) 위홍(魏弘)과 대구화상(大矩和尙)이 향가집 『삼대목(三代目)』을 편찬했으나, 지금은 전하지 않는다. 한편 향가는 「보현십원가」로서 끝났으나, 고려 16대 예종이 지은 「도이장가」와 의종 때 정서가 지은 「정과정곡」을 향가의 잔영으로 보고 있다. 삼대(三代)란 상(上), 중(中), 하(下)의 삼대를 뜻한다.

(5) 작가 계층

향가 작가로는 승려, 화랑, 여류, 무명씨 등으로 여러 계층에 걸쳐 있는데, 현전하는 향가의 작자로는 승려가 가장 많다.

(6) 향가의 소멸

신라의 정형시인 향가는 신라 말엽의 정치적 혼란과 사회적 불안, 그리고 고려 초 한문학의 대두로 더 이상 발전, 지속되지 못했다. 왕조 교체기인 고려 초 균여 대사의 불교예찬을 내용으로 하는 「보현십원가」 11수를 마지막으로 소멸하였다.

(7) 주요 작품 세계

■ **제망매가(祭亡妹歌), 월명사(月明師)** 기출 23

生死路隱(생사로은)   생사 길흔
此矣有阿米次肹伊遣(차의유아미차힐이견)   이에 이샤매 머뭇거리고
吾隱去內如辭叱都(오은거내여사질도)   나는 가느다 말ㅅ도
毛如云遣去內尼叱古(모여운견거내니질고)   몯다 니르고 가느닛고
於內秋察早隱風未(어내추찰조은풍미)   어느 ᄀᆞᅀᆞᆯ 이른 ᄇᆞᄅᆞ매
此矣彼矣浮良落尸葉如(차의피의부량락시엽여) 이에 뎌에 뜨러닐 닙곤
一等隱枝良出古(일등은지량출고)   ᄒᆞᄃᆞᆫ 가지라 나고
去奴隱處毛冬乎丁(거노은처모동호정)   가는 곧 모ᄃᆞ론뎌
阿也彌陀刹良逢乎吾(아야미타찰량봉호오)   아야 미타찰아 맛보올 나
道修良待是古如(도수량대시고여)   도 닷가 기드리고다
                                – 『삼국유사』 권5 월명사 도솔가 조, 김완진 해독

① 배경설화

신라 서라벌의 사천왕사(四川王寺)에 피리를 잘 부는 한 스님이 있었는데, 그의 이름은 월명(月明)이었다. 그는 향가도 잘 지어 일찍이 죽은 누이를 위하여 재(齋)를 올릴 때 향가를 지어 제사를 지냈는데, 이렇게 노래를 불러 제사를 지내니 문득 광풍이 불어 지전(紙錢)이 서쪽으로 날아가 사라지게 되었다.

한편, 피리의 명수인 월명이 일찍이 달 밝은 밤에 피리를 불며 길을 지나가니, 달이 그를 위해 가기를 멈추었다. 이에 그 동리 이름을 '월명리(月明里)'라 하고, 그의 이름인 '월명(月明)' 또한 여기서 유래한 것이다.

② 해설
　㉠ 형식 : 10구체 향가, 추도가, 서정시가
　㉡ 성격 : 추모적, 애상적, 불교적
　㉢ 표현 : 비유(직유)법, 상징법
　㉣ 구성 : 3단 구성
　　• 기(1~4행) : 누이의 갑작스러운 죽음에 대한 인간적 괴로움과 혈육의 정
　　• 서(5~8행) : 누이와의 속세의 인연과 죽음에서 느끼는 무상감
　　• 결(9~10행)
　　　- 인간적인 슬픔과 고뇌의 종교적 승화 → 시상의 전환
　　　- 승려로서의 작가의 면모가 드러나며, 삶의 무상함을 뛰어넘어 슬픔의 종교적 승화를 이룸
　㉤ 시적 화자의 태도 : 이별의 슬픔을 종교적 신앙심으로 승화·극복 → 재회의 다짐
　㉥ 의의
　　• 서방정토왕생관(미타찰)에 입각하고, 불교의 윤회 사상이 기저를 이루며 숭고한 불교 의식이 나타나 있음
　　• 현존하는 향가 25수 중 그 문학성(표현기교와 서정성)이 가장 뛰어난 작품 **중요**
　　• 혈육의 '죽음' : 정지용의 「유리창」, 박목월의 「하관」과 맥을 같이 함
　㉦ 주제 : 죽은 누이의 명복을 비는 추모의 노래
　㉧ 어휘 **중요**
　　• 이른 바람 : 시적 대상(누이)이 어린 나이에 죽었음을 암시하며, 여기서 '바람'은 인간의 운명을 지배하는 초자연적인 힘을 상징
　　• 떨어지는 나뭇잎 : 누이의 죽음을 의미
　　• 한 가지 : 시적 화자와 대상이 남매지간임을 암시
　　• 아야 : 낙구(落句)의 감탄사(→ 10구체 향가의 특징)로, 극한적인 고뇌를 분출하고 종교적 초극이 이루어지는 전환점
　㉩ 표기 : 이두[향찰(鄕札)]
③ 특징
　㉠ 순수 서정시 : 인간 감정의 노출을 보여주는 순수 서정시이며, 사뇌가로서 그 표현이 세련된 경지에 이름 → 죽음의 본질을 시간성에서 공간성으로 치환시킴(죽음을 나뭇잎이 떨어지는 것에 비유)
　㉡ 1행~8행은 서정시, 9행~10행은 종교시의 성격을 보임
　㉢ 종교적(불교식) 서정시가 : 서방정토왕생관(西方淨土往生觀)

■ **처용가(處容歌)**

東京明期月良(동경명기월량)	식블 불긔 드래
夜入伊遊行如可(야입이유행여가)	밤드리 노니다가
入良沙寢矣見昆(입량사침의견곤)	드러사 자리 보곤
脚烏伊四是良羅(각오이사시량라)	가르리 네히어라
二肹隱吾下於叱古(이힐은오하어질고)	둘흔 내해엇고
二肹隱誰支下焉古(이힐은수지하언고)	둘흔 뉘해언고
本矣吾下是如馬於隱(본의오하시여마어은)	본딕 내해다마른
奪叱良乙何如爲理古(탈질량을하여위리고)	아사늘 엇디ᄒ릿고

― 『삼국유사』 권2 처용랑 망해사 조, 양주동 해독

① 배경설화

신라 제49대 헌강왕 때에는 태평성대(太平聖代)였다. 이때에 대왕이 개운포(開雲浦)에 놀러 나갔다가 곧 돌아오려고 잠시 물가에서 쉬는데, 문득 짙은 구름과 안개가 끼어 길을 분간하기 어려웠다. 왕이 이상히 여겨 신하에게 물으니, 이는 동해 용왕의 조화이므로 절을 세워 그를 위로해야 한다는 것이었다. 왕은 곧 용왕을 위하여 근처에 절을 세우도록 명하였는데, 왕의 명령이 떨어지자 안개가 걷히고 구름이 개어 그곳을 개운포라고 이름 지었다.

이윽고, 동해 용왕이 기뻐하여 일곱 아들을 데리고 헌강왕 앞에 나와 춤을 추며 용궁 음악을 아뢰게 했다. 그때 용왕의 아들 하나가 헌강왕을 따라 서울에 와서 정사(政事)를 보좌하였는데, 이름을 처용(處容)이라 했다. 왕은 미녀를 골라 아내를 삼게 하고 급간(級干) 벼슬을 주어 머물게 했다. 그의 아내가 매우 아름다웠으므로 역신(疫神)이 흠모하여, 사람의 형상을 꾸며 밤에 몰래 들어와 동침했다. 밖에서 놀다가 밤늦게 돌아온 처용은 그 광경을 보고 노래(처용가)를 부르고 춤을 추며 물러 나갔다. 그러자 역신이 감복하여 현형(現形)하여 꿇어앉아 말하기를, "내가 공의 아내를 흠모하여 지금 잘못을 범하였는데, 노하지 않으시니 감격하여 아름답게 여기는 바입니다. 이후로는 맹세코 공의 모습을 그린 그림만 보아도 그 집에는 들어가지 않겠습니다."라고 하였다. 이에 사람들은 처용의 형상을 문에 붙여서 사귀(邪鬼)를 쫓고 경사(慶事)를 맞는 표시로 삼았다.

한편 왕은 서울로 돌아와 영취산 동쪽 기슭의 경치 좋은 곳을 가려서 절을 세우고, 망해사(望海寺) 또는 신방사(新房寺)라 하였으니 이는 용을 위하여 세운 것이다.

② 해설
  ㉠ 성격 : 8구체 향가, 주술가[축사(逐邪)를 도모한 무가(巫歌)]
  ㉡ 표현 : 풍자적, 제유법(아내와 아내를 범한 대상을 '다리'로 표현)
  ㉢ 화자의 태도 : 관용적, 체념적
  ㉣ 의의
    • 주술가로서 본격적인 **무가(巫歌)**의 기원
    • 고려와 조선 시대에 걸쳐 의식무로 계승됨(고려 시대에는 내용이 부연되어 고려가요의 하나로 발전하고, 처용극의 일부로 가차되기도 함)

- 가사의 일부가 고려속요 「처용가」에 인용, 한글로 표기되어 전해짐으로써 향찰 문자해독의 중요한 열쇠가 됨
  ⑩ 주제 : 아내를 범한 역신을 감동·굴복시킨 축사와 벽사진경(辟邪進慶 : 사악한 귀신을 물리치고 경사를 맞아들임)
  ⑪ 표기 : 이두(향찰)
  ⑫ 신라 향가 중 가장 주술적인 내용을 가진 작품
  ⑬ 해석
    - 연구관점
      - 문학적 관점 : 문학적 내포와 시적 긴장감이 없는 지방문학으로 간주(조잡한 노래)
      - 불교적 관점 : 불교적 사심(捨心 : 어떤 것에 집착하지 않는 마음)을 성취한 고도의 문학으로, 봄(覺月 : 각월)이라는 천상적 이미지와 간음이라는 지상적 이미지, 그리고 처용과 역신의 대립에서 비롯된 긴장 조성
      - 역사사실적 관점 : 지방호족(처용 : 인질)의 중앙귀족(역신 : 타락자)에 대한 갈등이 표출된 문학
      - 민속신앙적 관점 : 무가, 주가, 주술의 원리를 내포한 문학, 굿이나 연극 속에서 불린 노래, 처용설화는 굿 또는 연극에 관한 보고서
      - 심리학적(정신분석학적) 관점 : 만인의 오이디푸스 콤플렉스의 표현
    - 민요격의 향가로 자신의 비극을 골계적으로 표현
    - 적극적인 관점과 화해, 포용의 문학, 자비의 미학을 표출

■ 도천수관음가(禱千手觀音歌), 희명

膝肹古召尸	무루플 고조며
二尸掌音手乎攴內良	둘 솑바당 모호누아
千手觀音叱前良中	千手觀音(천수관음)ㅅ 前(전) 아히
祈以攴白屋尸置內乎多	비슬볼 두누오다
千隱手叱千隱目肹	즈믄 손ㅅ 즈믄 눈흘
一等下叱放一等肹除惡攴	ᄒᆞᄃᆞᆫ홀 노ᄒᆞ ᄒᆞᄃᆞᆫ홀 더읍디
二于萬隱吾羅	둘 업는 내라
一等沙隱謝以古只內乎叱等邪	ᄒᆞᄃᆞᆫ사 그스시 고티누옷다라
阿邪也吾良遣知攴賜尸等焉	아으으 나애 기타샬둔
放冬矣用屋尸慈悲也根古	노틱 ᄡᅩᆯ 慈悲(자비)여 큰고

― 『삼국유사』

① 해석
무릎을 꿇고 / 두 손 바닥을 모아 / 천수관음 앞에 / 빌며 사뢰옵니다 / 천 개의 손과 천 개의 눈 중에서 / 하나를 내 놓아 하나를 덜어 / 둘 다 없나니 / 하나만 그윽히(정성스럽게) 고쳐 주옵소서. / 아아, 나에게 그 덕(德)을 끼쳐 주신다면 / 놓으시되 베풀어 주시는 자비는 얼마나 큰 것인가?

② **배경설화**

경덕왕 때 한기리(漢岐里)의 여인, 희명의 아이가 난 지 다섯 살 만에 갑자기 눈이 멀었다. 하루는 그 어머니가 그 아이더러 노래를 지어서 빌라고 하였더니 그만 눈이 떠졌다. 그를 예찬하여 시를 지었으니, "막대로 말을 삼고 파로 피리 불어 골목에서 뛰놀다가 하루아침 앞이 캄캄, 반짝이는 두 눈동자 어느덧 잃었고나. 만일에 관음보살 인자한 눈을 떠서 돌보지 않았다면 버들개지 휘날리는 몇 몇 해 봄 빛을 헛되이 지냈으니!"라 하였다.

③ **성격**: 10구체 향가, 종교적·주술적 노래
④ **주제**: 관음보살의 자비함과 눈을 뜨게 하고자 하는 어머니의 기원
⑤ **명칭**: 「천수대비가」, 「맹아득안가(盲兒得眼歌)」

3 고려속요의 성격과 주요 작품 세계 (중요)

(1) 개념과 형성 배경

① **개념**: 고려 시대 평민들이 부르던 속(俗)된 노래를 말하며 별곡과 더불어 고려가요의 한 부분을 담당한 특정 갈래이다.

② **형성 배경**

고대로부터 내려온 민요에서 형성된 것으로, 구전되어 오다가 훈민정음 창제 이후 조선 성종 때 이르러 문자로 정착하기에 이르렀다. 향가가 쇠퇴하면서 귀족층이 한문학으로 고려의 문단을 이끌어 나가게 되자, 평민층에서 새로이 나타난 고전시가 형태이다.

(2) 특징

① 고려 시대에 평민층에서 지어지고 불렸던 민요적 시가이다.
② 구전되다가 조선 시대에 훈민정음이 창제되면서 기록되고 정착되었다.
③ 평민들의 고통스러운 삶의 모습과 진솔한 사랑의 감정을 노래하고 있다.
④ 작품으로는 「동동」, 「청산별곡」, 「가시리」, 「정석가」 등이 있다.

(3) 형식

① 순우리말로 되어 있으며, 대부분이 분절식(分節式) 3음보로 되어 있다.
② 후렴구가 발달되어 있다.
③ 전후 양절(兩節)로 구분되며, 몇 개의 연이 연속되는 연장체(聯章體) 형식을 지닌다.
④ 3음보격, 3·3·2조, 3·3·3조, 3·3·4조의 음수율이 주조(主調)를 이룬다.
⑤ 분연체의 경우 각 연들 사이의 공통점은 어느 정도 인정된다.

(4) 내용

주로 남녀 간의 사랑, 자연에 대한 예찬, 이별의 아쉬움 등 현세적(現世的)·향락적(享樂的)인 것으로 평민들의 숨김 없는 인간성을 소박하고 진솔하게 표현하였다. 그중 남녀 간의 애정을 주제로 한 것은 조선조 학자들이 '남녀상열지사(男女相悅之詞)'는 '사리부재(詞俚不載)'라 하여 문헌에서 삭제 혹은 개작되기도 하였다.

(5) 의의

속요는 적나라한 인간성(人間性)과 풍부한 정서가 유려(流麗)한 국문으로 구사됨으로써 국문학상 중요한 유산으로서의 가치를 지니며, 특히 음악적인 경쾌한 운율에서 고대문학의 진수를 찾게 된다.

(6) 문헌

구전되다가 조선 성종 무렵부터 문자로 기록되어 『악학궤범(樂學軌範)』·『악장가사(樂章歌詞)』·『시용향악보(時用鄕樂譜)』·『대악후보(大樂後譜)』·『악학편고(樂學便考)』 등에 실려 전한다. 이외에 제목과 내용만 전하는 것이 『고려사』 「악지」에 30여 편이 소개되어 있다.

(7) 주요 작품 중요 기출 25

① **현실 도피 > 자연 친화**: 「청산별곡」
② **충(忠)·연군**: 「동동」, 「정석가」
③ **남녀상열지사**: 「쌍화점」, 「만전춘」, 「이상곡」
④ **효(孝)**: 「사모곡」, 「상저가」
⑤ **이별**: 「가시리」(귀호곡), 「서경별곡」
⑥ **정치 풍자**: 「유구곡」
⑦ **주술**: 「처용가」(향가 해독의 실마리)

작품	작자	내용
청산별곡(靑山別曲)	미상	현실 도피적인 생활상과 실연(失戀)의 애정(哀情)이 담긴 전 8연의 노래 → 고려속요의 백미(白眉)
동동(動動) 기출 24, 22	미상	월별로 그 달의 자연 경물이나 행사에 따라 남녀 사이의 애정을 읊은 전 13연의 달거리 노래
정석가(鄭石歌)	미상	임금(또는 임)의 만수무강을 축원한 전 6연의 분절체 노래
가시리 기출 22	미상	남녀 간의 애타는 이별의 슬픔을 그린 전 4연의 노래 → 「귀호곡(歸乎曲)」
상저가(相杵歌)	미상	방아를 찧으면서 부른 소박한 노동요로 4구체 비연시
서경별곡(西京別曲) 기출 22	미상	서경(평양)을 무대로 하여 남녀 이별의 정한을 표현한 이별가
쌍화점(雙花店)	충렬왕	남녀 간의 적나라(赤裸裸)한 애정을 표현한 노래
사모곡(思母曲) 기출 23	미상	어머니의 사랑을 낫에 비유한 소박한 노래로 비연시
만전춘(滿殿春)	미상	남녀 간의 애정을 대담·솔직하게 읊은 사랑의 노래로 시조 형식

(8) 후렴구

① 「**정읍사**」: 어긔야 어강됴리 아으 다롱디리
② 「**동동**」: 아으 動動다리
③ 「**가시리**」: 위 증즐가 大平盛代
④ 「**청산별곡**」: 얄리얄리 얄라셩 얄라리 얄라
⑤ 「**서경별곡**」: 위 두어렁셩 두어렁셩 다링디리
⑥ 「**사모곡**」: 위 덩더둥셩
⑦ 「**쌍화점**」: 더러둥셩 다리러디러 다리러디러 다로러거디러 다로러

(9) 주요 작품 세계

■ 쌍화점(雙花店)

雙花(店(솽화뎜)에 솽화 사라 가고 신된 回回(휘휘)아비 내 손모글 주여이다 이말숨미 이 店(뎜) 밧긔 나명들명 다로러거디러 죠고맛감 삿기광대 네 마리라 호리라 더러둥셩 다리러디러 다리러디러 다로러거디러 다로러 긔 자리예 나도 자라 가리라 위 위 다로러거디러 다로러 긔 잔 딕フ티 넙거츠니 업다	三藏寺(삼장스)애 블 혀라 가고 신된 그 뎔 社主(샤쥬)ㅣ 내 손모글 주여이다 이말스미 뎔 밧긔 나명들명 다로러거디러 죠고맛간 삿기샹좌ㅣ 네 마리라 호리라 더러둥셩 다리러디러 다리러디러 다로러거디러 다로러 긔 자리에 나도 자라 가리라 위 위 다로러거디러 다로러 긔 잔 딕フ티 넙거츠니 업다 (이하 생략)

① 해석

쌍화점에 쌍화 사러 가 있는데
회회(몽고인)아비가 내 손목을 쥡니다.
이 말이 이 가게 밖에 나고들면
다로러거디러 조그만 새끼광대 네 말이라 하리라.
더러둥셩 다리러디러 다리러디러 다로러거디러 다로러
그 자리에 나도 자러 가리라.
위 위 다로러거디러 다로러
그 잔 데 같이 지저분한 곳이 없다.

삼장사에 불을 켜러 가 있는데
그 절 중이 내 손목을 쥡니다.
이 말이 이 절 밖에 나고들면
다로러거디러 조그만 새끼상좌 네 말이라 하리라.
더러둥셩 다리러디러 다리러디러 다로러거디러 다로러
그 자리에 나도 자러 가리라.
위 위 다로러거디러 다로러
그 잔 데 같이 지저분한 곳이 없다.

② **해설**

고려속요의 하나로 전 4연 분절체이며, 『악장가사』에 실려 있으며, 풍자시이다. 고려 사회의 타락상과 성도덕의 문란함을 풍자로써 신랄하게 비판한 작품으로 조선 시대에는 '남녀상열지사'라고 하여 배척을 받았다.

㉠ 작가
- 오잠, 김원상, 석천보, 석천경 등의 합작 또는 이 중 어느 한 명
- 귀족계급, 놀이패 가무단
- 남장별대(男裝別隊)에 의해 불림

㉡ 형태 : 속요(민요), 시가극, 무가

㉢ 성격 : 직설적, 향락적, 풍자적

㉣ 내용 : 세태풍자, 음란가무, 무속제의, 남녀애정
- 풍자대상 (종요)
  - 제1장 : 외국인(만두 가게의 회회아비)
  - 제2장 : 승려, 불교(사주)
  - 제3장 : 왕실층(우뭇 용)
  - 제4장 : 상민층, 평민(술집아비)
- 음란가무 : '덦거츠니'의 풀이에 따른 해석
  - 우울한 것이, 답답한 것이, 거칠고 지저분한 것이
  - 거친 것이, 정돈되지 못하고 어수선한 것이
  - 울창한 것이
  - 무성하며 아늑하고 둘러싸이는 기분을 느끼는 것이(상대역, 주인공 모두 불의의 상황에 대한 풍자 아닌 풍자 현상)
  ※ 쌍화 : 호떡이나 만두를 뜻함

㉤ 출전 : 『악장가사』 (종요)

㉥ 문학사적 의의 : 남녀의 사랑과 이별에 대한 내용 중 특히 사랑을 이야기한 것인데, 사회의 타락상을 남녀의 관계로 노래해 상당히 성적(性的)인 내용이다.

■ 정석가(鄭石歌)

> 딩아 돌하 당금(當今)에 계샹이다
> 딩아 돌하 당금(當今)에 계샹이다
> 션왕셩딕(先王聖代)예 노니ᄋᆞ와지이다
>
> 삭삭기 셰몰애 별헤 나ᄂᆞ
> 삭삭기 셰몰애 별헤 나ᄂᆞ
> 구은 밤 닷 되를 심고이다
> 그 바미 우미 도다 삭나거시아
> 그 바미 우미 도다 삭나거시아
>
> 유덕(有德)ᄒᆞ신 님믈 여희ᄋᆞ와지이다
>
> 옥(玉)으로 련(蓮)ㅅ고즐 사교이다
> 옥(玉)으로 련(蓮)ㅅ고즐 사교이다
> 바희 우희 접듀(接柱)ᄒᆞ요이다
> 그 고지 삼동(三同)이 퓌거시아
> 그 고지 삼동(三同)이 퓌거시아
> 유덕(有德)ᄒᆞ신 님 여희ᄋᆞ와지이다
> (이하 생략)

① **해석**

[1] 징이여 돌이여 (임금님이) 지금에 (우리 앞에) 계시옵니다. / 징이여 돌이여 지금에 계시옵니다. / 태평성대에 노닐고 싶습니다.

[2] 바삭바삭한 가는 모래 벼랑에 / 바삭바삭한 가는 모래 벼랑에 / 구운 밤 닷 되를 심습니다. / 그 밤이 움이 돋아 싹이 나야 / 그 밤이 움이 돋아 싹이 나야 / 덕(德)이 있는 임과 이별하고 싶습니다.

[3] 옥으로 연꽃을 새깁니다. / 옥으로 연꽃을 새깁니다. / (그 꽃을) 바위 위에 접붙입니다. / 그 꽃이 세 묶음이 피어야 / 그 꽃이 세 묶음이 피어야만 / 유덕하신 임과 이별하고 싶습니다.

[4] 무쇠로 철릭(관복)을 말아 / 무쇠로 철릭(관복)을 말아 / 철사로 주름을 박습니다. / 그 옷이 다 헐어야 / 그 옷이 다 헐어야만 / 유덕하신 임과 이별하고 싶습니다.

[5] 무쇠로 큰 소를 주조하여다가 / 무쇠로 큰 소를 주조하여다가 / 쇠나무 산에 놓습니다. / 그 소가 쇠풀을 다 먹어야 / 그 소가 쇠풀을 다 먹어야만 / 유덕하신 임과 이별하고 싶습니다.

[6] 구슬이 바위에 떨어진들 / 구슬이 바위에 떨어진들 / (구슬을 꿰고 있는) 끈이야 끊어지겠습니까? / 천 년을 외따로 살아간들 / 천 년을 외따로 살아간들 / (임과의 사이의) 믿음이야 끊어지겠습니까?

② **성격**: 고려속요, 축도가(祝禱歌), 송축가

③ **표현**
　㉠ 과장법, 설의법, 완곡어법
　㉡ 반복 구문을 통한 리듬감 형성
　㉢ 불가능한 상황 설정을 통한 역설적 표현으로 영원한 사랑을 노래함
　㉣ 형식: 6연의 분절체, 3·3·4조의 3음보

④ **구성(짜임)**
　㉠ 1연: 태평성대 구가
　㉡ 2연: 임과의 영원한 사랑 희구(구운 밤이 모래밭에서 싹이 돋아 자랄 때까지)
　㉢ 3연: 임과의 영원한 사랑 희구(옥으로 새긴 연꽃이 바위에서 활짝 필 때까지)
　㉣ 4연: 임과의 영원한 사랑 희구(무쇠로 만든 옷이 해질 때까지)

ⓜ 5연 : 임과의 영원한 사랑 희구(무쇠로 만든 소가 쇠로 된 풀을 다 먹을 때까지)
ⓗ 6연 : 임을 향한 변함없는 사랑과 믿음
⑤ **주제** : 변함없는 영원한 사랑의 기원(태평성대의 기원)
⑥ **문학적 의의** : 임과의 영원한 사랑에 대한 염원을 역설적으로 표현하여 그 효과를 극대화하고 있는 고려가요로, 불가능한 상황을 전제로 논리를 전개하는 기발한 발상이 돋보임
⑦ **출전** : 『악장가사』(『시용향악보』에는 제1연만 수록됨)

■ 서경별곡(西京別曲)

> 서경(西京)이 아즐가 서경(西京)이 셔울히마르는
> 위 두어렁셩 두어렁셩 다링디리
> 닷곤 듸 아즐가 닷곤 듸 쇼셩경 고외마른
> 위 두어렁셩 두어렁셩 다링디리
> 여히므론 아즐가 여히므론 질삼뵈 브리시고
> 위 두어렁셩 두어렁셩 다링디리
> 괴시란 듸 아즐가 괴시란 듸 우러곰 좃니노이다
> 위 두어렁셩 두어렁셩 다링디리
> (이하 생략)

① **해석**
[1] 서경(평양)이 서울이지만 / 새로 닦은 곳인 작은 서울을 사랑합니다마는 / (임과) 이별하기보다는 차라리 / 길쌈 베를 버리고라도 / 사랑만 해주신다면 울면서 따르겠습니다.
[2] 구슬이 바위 위에 떨어진들 / 끈이야 끊어지겠습니까? / 천 년을 홀로 살아간들 / 믿음이야 끊어지겠습니까?
[3] 대동강이 넓은 줄을 몰라서 / 배를 내어 놓았느냐, 사공아 / 네 아내가 음란한 줄을 몰라서 / 다니는 배에 얹었느냐(태웠느냐), 사공아 / 대동강 건너편 꽃을 / 배를 타고 가기만 하면 꺾을 것입니다.

② **성격** : 고려속요, 개인적 서정시, 이별가
③ **형식** : 3·3·3조의 3음보, 분절체(3장)
④ **표현**
㉠ 반복법과 설의법, 비유법과 대구법
㉡ 함축적 시어를 통해 화자의 정서를 표현함
㉢ 매 구 끝에 후렴구를 두어 리듬감을 살림
㉣ 상징적 시어의 사용으로 화자가 처한 이별의 상황을 드러냄
⑤ **구성(짜임)**
㉠ 1연 : 이별을 아쉬워하는 연모의 정(여인의 목소리)
㉡ 2연 : 임에 대한 변함없는 사랑과 믿음의 맹세(남성의 목소리)
㉢ 3연 : 떠나는 임에 대한 애원(여인의 목소리)

⑥ **주제** : 이별의 정한
⑦ **의의** : 「청산별곡」과 더불어 창작성과 문학성이 뛰어난 고려속요. 「정석가」의 6연과 같은 내용으로 고려가요가 당대 민중에게 널리 구비 전승되었음을 알게 함
⑧ **출전** : 『악장가사』, 『시용향악보』
⑨ **시적 화자** : 이별을 적극적으로 거부하고 함께 있는 행복과 애정을 강조하며, 떠나는 임에 대해 불안과 질투의 감정을 숨기지 않고 드러내는 적극적인 삶의 태도를 지닌 사람

> **더 알아두기**
>
> - **고려가요** 기출 25, 24
>   향가에 비해 장형으로 발전된 것으로 연등회, 팔관회 등의 큰 행사에 맞추기 위한 것과 충, 효, 애정, 자연친화, 무속적인 것 등을 주제로 한 것이었다. 이 중에는 '남녀상열지사'라 하여 조선조에 이르러 「쌍화점」, 「만전춘」, 「이상곡」 등이 '사리부재(詞俚不載)'시 되었다.
>
> - **사리부재(詞俚不載)**
>   가사가 속되어 싣지 않는다는 뜻으로, 조선 시대 학자들이 고려 가사를 남녀상열지사(男女相悅之詞)라 하여 추하게 보아 『악학궤범』에 싣는 것을 꺼린 데서 온 말이다.

4 경기체가의 성격과 주요 작품 세계 **중요**

(1) 개념과 형성 배경

① **개념** : 고려 고종 때에 발생하여 조선 선조 때까지 약 350년간 계속된 별곡체(別曲體)의 시가

> **체크 포인트**
>
> 별곡(別曲) : 원래의 곡, 즉 원곡(原曲)과 전혀 내용이 다르게 만들어진 곡이라는 뜻

② **형성 배경** : 고려 중엽 무신(武臣)들의 집권기에 정권에서 물러난 문신(文臣)들이 초야에 묻혀 은일 주회(隱逸酒會)하면서 자신들의 감정을 읊은 데서 비롯되었다.

(2) 형식

① 구체적 사물을 나열하면서 객관적인 설명을 하는 교술시이다.
② 음수율은 주로 3음절과 4음절로 되어 있다(3·3·4와 4·4·4).
③ 음보율은 일률적으로 3음보이나, 4음보가 각 연에 한 번씩 끼어 있다.
④ 한 연은 전대절(前大節) 4행과 후소절(後小節) 2행, 총 6행으로 되어 있다.

(3) **별칭** : 노래 말미에 반드시 '경(景) 긔 엇더ᄒ니잇고' 또는 '경기하여(景幾何如)'라는 문구가 들어 있기 때문에 '경기하여가(景幾何如歌)'라고도 하며, 제목에 '별곡(別曲)'이라는 말이 붙어 있어서 속요의 「청산별곡」, 「서경별곡」 등과 구별하기 위해 달리 '별곡체(別曲體)'라고도 한다.

(4) **작가** : 대부분 특권층인 사대부들로 되어 있다.

(5) **내용** : 신흥 사대부들의 의욕에 찬 삶과 풍류는 물론 호사(豪奢)한 생활과 퇴폐적·향락적·현실도피적 성향을 노래하였으나, 그 이후로 서경(敍景)을 노래하는 것이 나타나기도 하였다.

작품	작자	내용
한림별곡(翰林別曲)	한림제유(翰林諸儒)	시부(詩賦), 서적(書籍), 명필(名筆), 명주(名酒), 화훼(花卉), 음악(音樂), 누각(樓閣), 추천(鞦韆)의 8연 → 경기체가의 효시
관동별곡(關東別曲)	안축	강원도 순찰사로 갔다가 돌아오는 길에 관동의 절경을 읊음
죽계별곡(竹溪別曲)	안축	안축의 고향인 풍기 땅 죽계와 순흥의 경치를 읊음

더 알아두기

경기체가 고려속요

구분	경기체가	고려속요
계층	사대부	평민
특성	교술 장르, 기록문학	서정 장르, 구전문학
운율	3·3·4조가 많음	3·3·2조가 많음
별칭	별곡체	별곡
내용	퇴폐적 노장 사상	진솔, 소박, 남녀상열지사
기록	한자	구전되다가 한글로 정착
영향	가사에 영향	시조에 영향(만전춘)
대표적인 작품	화산별곡, 상대별곡, 죽계별곡, 관동별곡, 한림별곡 등	청산별곡, 서경별곡 등
공통점	• 분절체 = 분장체 = 연장체(비연시 ×) • 3음보(3·3·2, 3·3·3, 3·3·4조) • 후렴구 있음 • 수록 문헌(『악학궤범』, 『악장가사』, 『시용향악보』)	

(6) 주요 작품 세계

■ 한림별곡(翰林別曲)

〈제1장〉	〈제2장〉
元淳文 仁老詩 公老四六 원슌문 인노시 공노ᄉ륙 李正言 陳翰林 雙韻走筆 니졍언 딘한림 솽운주필 沖基對策 光鈞經義 良鏡詩賦 튱긔딕책 광균경의 량경시부 위 試場ㅅ景 긔 엇더ᄒ니잇고 　　　시댱　경 (葉) 琴學士의 玉笋門生 琴學士의 玉笋門生 　　금학ᄉ　　옥슌문ᄉᆡᆼ 금학ᄉ　　옥슌문ᄉᆡᆼ 위 날조차 몃부니잇고.	唐漢書 莊老子 韓柳文集 당한셔 장로ᄌ 한류문집 李杜集 蘭臺集 白樂天集 니두집 난ᄃᆡ집 ᄇᆡᆨ락텬집 毛詩尙書 周易春秋 周戴禮記 모시샹셔 쥬역츈츄 주ᄃᆡ례긔 위 註조쳐 내 욌景 긔 엇더ᄒ니잇고. 　　　주　　　경 (葉) 太平廣記 四百餘卷 太平廣記 四百餘卷 　　태평광긔 ᄉ빅여권 태평광긔 ᄉ빅여권 위 歷覽ㅅ景 긔 엇더ᄒ니잇고. 　　　력남　경

① 해석

〈제1장〉
유원순의 문장, 이인로의 시, 이공로의 사륙변려문
이규보와 진화가 쌍운에 맞추어 써내려간 시
유충기의 대책, 민광균의 경서 풀이, 김양경의 시와 부
아, 글재주를 겨루는 시험장의 광경 그것이 어떠합니까.
금의의 곡순처럼 배출된 뛰어난 문하생들, 금의의 죽순처럼 배출된 뛰어난 문하생들
아, 나까지 몇 분입니까?

〈제2장〉
당서와 한서, 장자와 노자, 한유와 유종원의 문집
이백과 두보의 시집, 난대집(한대의 시문집), 백거이의 문집
시경과 서경, 주역과 춘추, 대대례와 소대례
아, 해석까지 외는 광경 그것이 어떠합니까?
태평광기 사백여권 태평광기 사백여권
아아, 열람하는 광경 그것이 어떠합니까?

※ 난대집: 한대의 시문집
※ 태평광기: 송대의 설화집

② 시대적 배경

㉠ 경기체가가 유행한 고려 고종 때는 안으로는 무신의 집권, 밖으로는 몽골의 침입 등으로 국토가 유린된 시대였다. 이러한 상황에서 한문의 도입이 융성해지면서 이인로, 이규보와 같은 걸출한 문인들이 배출되었다.

ⓒ 이 시기의 문신들은 집권 계급인 무신들과 영합하여 퇴폐적·향락적 생활을 하거나 자연 속에서 시와 술을 즐기며 현실도피적인 풍류를 일삼았다. 「한림별곡」에는 이러한 문인들의 생활상이 잘 나타나 있다.

③ 해설
  ㉠ 작가 : 한림제유
  ㉡ 성격 : 객관적, 귀족적, 향락적, 풍류적, 과시적
  ㉢ 제재 : 신흥 사대부들의 귀족적이고 향락적인 삶
  ㉣ 주제 : 신흥 사대부들의 학문적 수양 및 풍류
  ㉤ 운율 : 외형률(3·3·4조, 3음보 율격)
  ㉥ 화자의 태도 : 득의에 찬 자부심을 바탕으로 향락적 풍류 생활 영위, 과시적
  ㉦ 출전 : 『악장가사』, 『악학궤범』, 『고려사』

> **더 알아두기**
> 가사는 『악학궤범(樂學軌範)』과 『악장가사(樂章歌詞)』에 국한문(國漢文)으로, 『고려사(高麗史)』 「악지(樂志)」에는 한문과 이두(吏讀)로 각각 실려 전한다.

  ㉧ 의의 **중요**
   • 경기체가의 효시
   • 제가의 평가
    – 분위기가 들떠 있고 음란함(이이)
    – 무신정권에 아첨코자 함
    – 신흥 사대부의 득의에 찬 기상을 나타냄
   • 노래의 대상 : 8가지[문인, 서책(서적), 서도, 술, 꽃, 음악, 경치, 그네]
   • '경기체가'의 명칭 유래 : 노래 말미의 "위 …… 경 긔 엇더ᄒ니잇고"에서 따옴

④ 특징
  ㉠ 한자를 연결하여 우리말 율격에 맞추어 독특하고 개성적
  ㉡ 음보율, 각 연의 규칙적 반복, 후렴구 등을 통해 음악적 효과를 드러냄
  ㉢ 사물을 객관적으로 나열하고 지식을 과시함으로써 집단적 감흥을 추구
  ㉣ 8장은 우리말 위주의 시어로 표현되어 있어 문학성을 높게 평가

5 악장의 성격과 주요 작품 세계

(1) 개념과 형성 배경 기출 25

① **개념** : 악장(樂章)은 궁중의 여러 의식과 행사 및 연례, 즉 나라에서 거행하는 공식적인 행사에 사용되던 조선 초기의 송축가(頌祝歌)를 말한다.

② **형성 배경**
  ㉠ 중국에서 국가의 행사에 사용하던 공적인 음악의 노랫말을 가리키는 것이었으나 시가문학사에서의 악장은 조선조 초기에 궁중의 행사나 연회의 음악에 맞춰 노래했던 시가들을 가리킨다.
  ㉡ 고려 경기체가의 영향을 직접적으로 받아 이루어진 문학이다.

(2) 특성 : 특수 귀족층의 목적 문학(금방 소멸), 교훈적 목적성

(3) 내용 : 조선 건국의 정당성 강조, **조선 창업과 왕의 업적을 송축**, 왕의 만수무강 기원, 문물제도의 찬양, 후대 왕들에 대한 권계 등 기출 25

(4) 작가와 계층

① **작가** : 당시 권신(權臣)이면서 문(文)의 흐름을 주도하고 있었던 정도전(鄭道傳), 하륜(河崙), 변계량(卞系良), 권근(權近), 윤회(尹淮) 등이었으며, 주로 특권 귀족층에 한정되어 있어 진정한 국민문학으로 성장하기에는 결정적인 취약점을 지니게 되었다.

② **계층** : 고려 말에 정치 세력으로 등장하여 조선왕조를 건국하고 그 기틀을 확고히 다져나간 신흥 사대부와 그 후예인 조선 초기 핵심 관료층이다.

(5) 형식 : 일정하지 않음
  ① **경기체가체 악장** : 「상대별곡」(사헌부찬양), 「화산별곡」, 「오륜가」, 「연형제곡」
  ② **속요체 악장** : 「신도가」, 「감군은」, 「유림가」
  ③ **신체 악장** : 「용비어천가」, 「월인천강지곡」 기출 25

(6) 주요 작품 세계

■ **용비어천가**

① **작가** : 정인지, 권제, 안지 등 집현전 학자들
② **형식**
  ㉠ 2절 4구체의 대구 형식(1장과 125장은 2절 4구체가 아님)
  ㉡ 전절은 중국제왕의 사적, 후절은 조선왕조의 사적 찬양
③ **구성** : 10권 5책 125장(궁중음악 : 여민락, 치화평, 취풍형)

④ 창작 동기 중요
　㉠ 조선 건국의 정당성 도모 기출 24
　㉡ 후대 왕에 대한 권계
　㉢ 훈민정음의 실용성 시험과 국가의 권위 부여
⑤ 작품 내용
　㉠ 1장 : 해동 육룡이 ᄂᆞᄅᆞ샤~ [1절 3구(형식 파괴), 상대높임(이다) 생략, 6조 찬양, 개국송]
　㉡ 2장 : 불휘 기픈 남ᄀᆞᆫ ᄇᆞᄅᆞ매 아니 뮐씨 ~ (중국고사 없음, 순수 국어와 상징법 사용, 용비어천가 중 백미, 개국송)
　㉢ 4장 : 적인ㅅ 서리예 가샤 ~ (천도의 정당화, 사적찬)
　㉣ 48장 : 굴허에 ᄆᆞᆯ 디내샤 ~ (태조의 초인적 용맹, 사적찬)
　㉤ 67장 : 가ᄅᆞᆷ ᄀᆞ쇄 자거늘 ~ (위화도 회군 정당화, 천우신조, 사적찬)
　㉥ 125장 : 천세 우희 미리 정ᄒᆞ샨 ~ [후대 왕에 대한 경계, 경천근민, 하나라 태강왕의 고사를 인용하여 타산지석(他山之石)의 교훈을 줌]

> **체크 포인트**
> - 훈민정음으로 기록된 최초의 운문 : 「용비어천가」
> - 훈민정음으로 기록된 최초의 산문 : 『석보상절』

■ 악장 대표 작품 정리

작품	작자	연대	형식	내용	출전
문덕곡	정도전	태조 2년	한시현토체	조선의 창업 가운데 문덕을 찬양함	악학궤범
정동방곡	정도전	태조 2년	한시현토체	태조의 위화도 회군을 찬양한 무공곡	악학궤범, 악장가사
납씨가	정도전	태조 2년	한시현토체	태조가 야인(몽고의 나하추)을 격퇴한 무공을 찬양한 작품 기출 24	악학궤범, 악장가사, 시용향악보
봉황음	윤회	세종 11년	한시현토체	조선의 문물과 왕가의 축수를 노래	악학궤범
신도가	정도전	태조 3년	속요체	태조의 성덕과 창업을 기리며, 신도 한양의 형승 및 상복을 노래함 기출 24	악장가사
감군은	상진	명종 3년	속요체	임금의 성덕과 성은의 그지없음을 칭송	악장가사, 고금가곡
상대별곡	권근	세종 1년	경기체가체	상대 사헌부에서의 생활을 통하여 조선 창업의 위대함을 노래함	악장가사
화산별곡	변계량	세종 7년	경기체가체	조선 개국 창업을 찬양함	악장가사
용비어천가	정인지, 안지, 권제	세종 27년	신체	조선 6조의 위업 찬양과 후대의 왕에게 권계의 뜻을 일깨운 악장의 대표작. 서사시 기출 24	단행본
월인천강지곡	세종	세종 29년	신체	석가모니의 일대기를 그림 기출 24	단행본

6 시조의 특징과 흐름

(1) 개념과 형성 배경

① **개념**
   ㉠ '시조(時調)'는 조선 영조 대의 유명한 가객(歌客)인 이세춘(李世春)이란 사람이 만든 말로, 그 시절에 유행하는 노래곡조라는 뜻이다.
   ㉡ 고려 중기에 발생하여 말엽에 완성된 형태로서, 조선 시대를 거쳐 지금까지 창작되고 애송되는 우리 국문학의 대표적인 장르이다.

② **형성 배경**
   ㉠ 시조는 민요·무당의 노랫가락·향가·고려가요 등에서 발생하였다고 추정되고 있으나, 향가에서 기원하여 고려가요의 분장(分章) 과정에서 형성되었으리라고 보는 것이 지배적인 견해다.
   ㉡ 발생 초기에는 단가(短歌)의 가곡으로, 영조(英祖) 시대에는 시조(時調)의 창곡으로 흘러오다가 신문학기(新文學期) 이후에 시조시(時調詩)로서의 본격적인 시(詩) 형태로 발전하기에 이르렀다.

(2) 명칭 기출 25

원래 단가(短歌)·시여(詩餘)·신번(新飜)·신조(新調)·영언(永言)·가요(歌謠) 등으로 불려오다가 조선 영조 대의 가객(歌客) 이세춘(李世春)이 '시절가조(時節歌調)'라는 새로운 곡조를 만들어 부른 데서 시조로 굳어졌다.

(3) 형식

① 일반적 형식은 3장(초장, 중장, 종장) 6구 12음보 45자 내외가 기본형인 정형시이다.
② 음수율은 3·4조 또는 4·4조가 기조로 되어 있으나 한두 음절의 가감은 무방하다.
③ 4음보의 율격을 이루며, 종장의 첫 음보는 3음절로 고정되어 있고, 둘째 음보는 5음절 이상이어야 한다.
④ 종장의 첫 음보와 둘째 음보에 엄격한 제약이 따랐다.

(4) 종류 중요

① **평시조(平時調)** : 시조의 기본 형식으로 '단형시조'라고도 하며, 2수 이상의 평시조로 1편을 이룬 것을 '연시조(聯詩調)'라 부른다.
② **엇시조** : 초·중장 중에서 어느 한 장이 평시조보다 길어진 것으로서 '중형시조'라고도 한다(흔히 종장의 첫 구는 불변).
③ **사설시조(辭說時調)** : 종장의 첫 구를 제외하고 2장이 평시조보다 길어진 형태로서, 영·정조 이후 평민층에서 발생하였으며, '장형시조'라고도 한다.

(5) 내용
① 관념적인 유교 이념을 형상화한 작품이 많다(여말선초 고려의 유신들이 지은 회고가 또는 사육신의 절의가 등).
② 자연 속의 한가롭고 평화로운 삶을 노래하였다(순수 자연을 노래하기보다는 유교적 이념과 결부된 작품이 많음).
③ 애정의 세계를 표현하였다(특히, 기녀들의 작품들에 많음).

(6) 작가 계층 기출 25
일반 평민에서 임금에 이르기까지 다양한 계층에서 창작, 초기에는 주로 양반들에 의해 향유되었으나, 영·정조 이후에는 평민들에게까지 확대되었다.

(7) 시조집 기출 25, 22
① **청구영언[1728(영조4), 김천택]** : 시조 988수와 가사 17수 수록. 곡조별로 분류했으며, 유명씨(有名氏)를 전반에 싣고 간단히 작자를 소개하였다.
② **해동가요[1763(영조39), 김수장]** : 유명씨 568수와 무명씨 315수 수록. 작가별 분류. 자작시 117수를 포함. 영조 45년에 76수를 더 실어 증보하였다.
③ **고금가곡[1764(영조40), 송계연월옹]** : 시조 294수와 가사 11수 수록. 내용별로 분류. 120여 수가 3대 가집에 없는 것들이다.
④ **근화악부(정조?, 미상)** : 시조 394수와 가사 7수 수록. 주제별로 분류하였다.
⑤ **병와가곡집(정조?, 이형상)** : 시조 1109수 수록. 1956년에 발견된 시조집. 1권 1책의 사본. 정조 때 이형상이 엮은 것으로 추정된다.
⑥ **가곡원류[1876(고종13), 박효관·안민영]** : 시조 839수와 가사 17수, 여창유취 178수 수록. 곡조별 분류. 본명 해동악장, 청구악장
⑦ **화원악보(고종?, 미상)** : 시조 650수 수록. 곡조별로 분류

> **체크 포인트**
> • 3대 시조집 : 청구영언, 해동가요, 가곡원류

(8) 주요 작품

① 평시조 작품

■ 국화야 너는 어이(이정보)

> 국화(菊花)야 너는 어이 삼월동풍(三月東風) 다 지닉고
> 낙목한천(落木寒天)에 네 홀노 퓌엿는다
> 아마도 오상고절(傲霜高節)은 너뿐인가 ᄒᆞ노라.

해설
- 해제: 가을에 홀로 피는 국화를 선비가 지켜야 할 절개에 비유하여 기린 노래이다.
- 성격: 평시조, 절개가, 예찬적
- 표현: 의인법
- 주제: 선비의 높은 절개와 굳은 지조

■ 두류산 양단수를(조식)

> 두류산(頭流山) 양단수(兩端水)를 녜 듯고 이제 보니
> 도화(桃花) 뜬 묽은 물에 산영(山影)조차 잠겻셰라.
> 아희야 무릉(武陵)이 어듸오 나는 옌가 ᄒᆞ노라.

해설
- 해제: 지리산 양단수의 경치에 대해 감탄하며 예찬하고 있는 시조
- 성격: 평시조, 강호한정가(江湖閑情歌), 자연 친화적
- 표현: 돈호법, 문답법
- 주제: 두류산 양단수에 대한 감탄 및 예찬(이상향 추구)

■ 동지ㅅ둘 기나긴 밤을(황진이) 기출 22

> 동지(冬至)ㅅ돌 기나긴 밤을 한 허리 버혀 내어
> 춘풍(春風) 니불 아뤼 서리서리 너헛다가
> 어론 님 오신 날 밤이여든 구뷔구뷔 펴리라.

해설
- 해제: 추상적 시간을 구체적 사물로 형상화하여 임을 기다리는 마음을 드러낸 시조
- 성격: 평시조, 연정가(戀情歌), 낭만적
- 표현: 의태법, 비유법
- 주제: 정든 임을 그리워하는 애틋한 심정

■ 대쵸 볼 불근 골에(황희)

> 대쵸 볼 불근 골에 밤은 어이 뜻드르며
> 벼 뷘 그르헤 게는 어이 누리는고.
> 술 닉쟈 쳬쟝ᄉ 도라가니 아니 먹고 어이리.

해설
- 해제 : 풍요로운 가을 정취를 묘사하여 농촌 생활의 흥겨움을 노래한 시조
- 형식 : 평시조, 한정가(閑情歌)
- 표현 : 상황이 행위를 촉발한다는 식으로 표현한 것이 특징적임(술 닉쟈 ~) → 점층법, 시선의 이동에 따른 묘사, 설의법
- 주제 : 늦가을 농촌 생활의 풍요로운 정취

■ 뫼버들 골히 것거(홍랑) 기출 23

> 뫼버들 골히 것거 보내노라 님의손ᄃᆡ
> 자시는 창(窓)밧긔 심거두고 보쇼셔.
> 밤비예 새닙곳 나거든 날인가도 너기쇼셔.

해설
- 해제 : 조선 선조 때 경성의 기생 홍랑이 임과의 이별을 안타까워하며 부른 시조
- 형식 : 평시조, 연정가, 이별가
- 표현 : 상징법, 도치법, 애상적
- 주제 : 이별의 아쉬움, 임에게 보내는 사랑과 그리움
- 작가 : 홍랑 → 선조 때의 기생으로 시조 1수가 전해짐

■ 백설이 조자진 골에(이색)

> 백설(白雪)이 조자진 골에 구루미 머흐레라
> 반가온 매화(梅花)는 어늬 곳에 픠엿는고
> 석양(夕陽)에 홀로 셔 이셔 갈 곳 몰라 ᄒ노라.

해설
- 해제 : 고려 말 기울어져가는 고려 왕조에 대한 안타까운 심정을 읊은 시조
- 성격 : 평시조, 단시조, 우국적, 우의적
- 표현 : 풍유법, 상징적 시어 사용
- 주제 : 우국충정(기울어 가는 왕조에 대한 안타까움)

■ 말 업슨 청산이요(성혼)

> 말 업슨 청산(靑山)이요 태(態) 업슨 유수(流水) ㅣ로다.
> 갑 업슨 청풍(淸風)이요, 님ᄌ 업슨 명월(明月)이라.
> 이 중(中)에 병(病) 업슨 이 몸이 분별(分別)업시 늙으리라.

해설
- 해제 : 의연하고 꾸밈없는 자연을 벗 삼아 지내는 즐거움을 노래한 시조
- 성격 : 평시조, 한정가(閑情歌)
- 표현 : '업슨'의 반복으로 운율을 형성, 자연을 임자 없는 것으로 인식하는 시적 발상이 특징적임. 대구적 병렬의 표현법, 의인법·대구법
- 시적 화자의 태도 : 물아일체(物我一體)의 경지
- 주제 : 자연 동화로 인한 삶의 초월

■ 방 안에 혓는 촉불(이개)

> 방(房) 안에 혓는 촉(燭)불 눌과 이별(離別)ᄒ엿관ᄃᆡ
> 것흐로 눈물 디고 속타는 줄 모로는고.
> 뎌 촉(燭)불 날과 갓ᄒ여 속타는 줄 모로노다.

해설
- 해제 : 단종과 이별하는 슬픔을 촛불에 비유하여 형상화한 시조
- 성격 : 평시조, 사육신의 절의가(節義歌), 연군가(戀君歌), 홍촉루가(紅燭淚歌)
- 표현 : 의인법, 감정이입, 은유법, 직유법
- 주제 : 임(단종)의 처지를 염려하는 심회

수양산 바라보며(성삼문)

> 수양산(首陽山) 바라보며 이제(夷齊)를 한(恨)ㅎ노라.
> 주려 주글진들 채미(採薇)도 ㅎ눈것가
> 비록애 푸새엣 거신들 긔 뉘 싸헤 낫드니.

해설
- 해제 : 단종을 내쫓고 왕위에 오른 세조 아래에서 단종을 향한 자신의 지조와 절개를 굳게 지키겠다는 내용을 노래한 시조
- 성격 : 평시조, 고시조, 절의가(節義歌), 충의가(忠義歌)
- 표현 : 은유법, 중의법, 풍유법(백이와 숙제의 고사 인용)
- 주제 : 굳은 절의와 지조

이화우 훗쑬릴 제(계랑)

> 이화우(梨花雨) 훗쑬릴 제 울며 잡고 이별(離別)흔 님
> 추풍 낙엽(秋風落葉)에 저도 날 싱각는가
> 천 리(千里)에 외로운 꿈만 오락가락 ㅎ노매.

해설
- 해제 : 조선 명종 때 부안의 명기 계랑이 임을 그리워하며 부른 시조
- 성격 : 평시조, 이별가, 연정가, 애상적
- 표현 : 은유법, 시간적·공간적 거리감의 적절한 표현, 시간의 비약(봄 → 가을)
- 주제 : 이별한 임에 대한 애절한 그리움(오매불망 : 寤寐不忘)

이화에 월백ㅎ고(이조년)

> 이화(梨花)에 월백(月白)ㅎ고 은한(銀漢)이 삼경(三更)인 제
> 일지춘심(一枝春心)을 자규(子規) l 야 알냐마는
> 다정(多情)도 병(病)인 양ㅎ여 줌 못 드러 ㅎ노라.

해설
- 해제 : 이조년이 주도파의 모함으로 귀양살이를 하던 중, 임금에 대한 걱정과 유배지에서의 은둔 생활의 애상을 노래한 시조
- 성격 : 평시조, 서정시, 다정가
- 표현 : 의인법, 직유법, 시각과 청각적 심상의 조화, 백색의 이미지
- 주제 : 봄 밤의 애상적인 정서

■ 오백년 도읍지를(길재)

> 오백년 도읍지를 필마(匹馬)로 도라드니
> 산천(山川)은 의구(依舊)ᄒ되 인걸(人傑)은 간 듸 업다.
> 어즈버 태평연월(太平烟月)이 꿈이런가 ᄒ노라.

해설
- **해제**: 망국의 한과 아픔을 처절하게 노래한 회고가로 자연과 인간의 대비를 통해 인생무상의 정서를 노래한 시조
- **성격**: 평시조, 회고가, 감상적
- **표현**: 대조법, 영탄법, 대구법
- **주제**: 망국의 한과 회고의 정(맥수지탄: 麥秀之嘆)

■ 어져 내 일이야(황진이)

> 어져 내 일이야 그릴 줄을 모로ᄃ냐
> 이시랴 ᄒ더면 가랴마는 제 구틱여
> 보내고 그리ᄂ 정은 나도 몰라 ᄒ노라.

해설
- **해제**: 여성의 섬세한 표현이 부드럽고 고운 시어를 구성하고 있으며, 임을 위해 떠나보낸 뒤 말없이 임을 그리워하는 동양적인 여인의 모습을 그려내고 있는 시조
- **성격**: 평시조, 연정가
- **표현**: 우리말의 절묘한 구사를 통해 화자의 심리상태를 섬세하고 곡진하게 표현함. 도치법, 영탄법
- **주제**: 임을 그리워하는 회한의 정
- **가치**: 고려속요인 「가시리」, 「서경별곡」과 현대의 김소월 「진달래꽃」을 이어주는 이별시의 절창이라 할 수 있음

■ 추강에 밤이 드니(월산대군)

추강(秋江)에 밤이 드니 물결이 ᄎᆞ노미라
낙시 드리치니 고기 아니 무노미라
무심흔 ᄃᆞᆯ빗만 싯고 븬 ᄇᆡ 저어 오노미라

> **해설**
> - 해제 : 가을 달밤의 여유로운 모습을 나타낸 대표적 강호 한정가
> - 성격 : 평시조, 강호한정가, 전원가, 풍류적
> - 표현 : 유사한 통사구조(-니, -매라)와 각운의 반복에 의한 운율 형성, 영탄법
> - 주제 : 가을 달밤의 풍류와 정취
> - 화자의 태도 : 자연과 더불어 유유자적한 삶을 살고자 하는 자연인의 태도, 무위(無爲, 일부러 일을 만들지 않음)의 자세

■ 청산리 벽계수ㅣ야(황진이)

청산리(靑山裏) 벽계수(碧溪水)ㅣ야 수이 감을 자랑마라.
일도창해(一到滄海)ᄒᆞ면 도라오기 어려오니
명월(明月)이 만공산(滿空山)ᄒᆞ니 수여 간들 엇더리.

> **해설**
> - 해제 : 벽계수를 유혹하는 상황으로, 상대방에게 인생을 즐길 것을 권유하면서 현재적 순간을 강조하는 낭만적 태도를 보이는 시조
> - 성격 : 평시조, 연정가
> - 표현 : 중의법을 통해 화자의 의도를 분명히 드러냄
> - 주제 : 인생의 덧없음과 향락의 권유
> - 문학사적 의의 : 인생을 즐기고자 하는 작가의 가치관이 잘 드러나 있으며 기녀의 시조가 조선 전기 시조의 지평 확장에 기여하였음을 입증하는 대표적인 작품임

■ 천만리 머ᄂᆞ먼 길에(왕방연)

천만리 머ᄂᆞ먼 길에 고흔 님 여희압고
ᄂᆡ 마음 둘 듸 업셔 ᄂᆡ가에 안쟛시니,
져 물도 ᄂᆡ 안과 갓틱여 우러 밤길 예놋다.

> **해설**
> - 해제: 세조가 어린 단종을 폐위시켜 영월로 유배시켰을 때 호송을 담당했던 작가가 그 어린 임금을 홀로 두고 오는 슬프고 울적한 심정을 읊은 시조
> - 성격: 평시조, 단시조, 연군가
> - 정서와 태도: 비통하고 애절한 심정
> - 표현: 감정이입을 사용하여 화자의 감정을 드러냄, 슬픔의 크기를 '천만리'라는 수량화된 표현을 통해 효율적으로 드러냄
> - 주제: 고운 임(단종)과의 안타까운 이별, 임금에 대한 연민과 사모

■ 흥망이 유수ᄒ니(원천석)

> 흥망(興亡)이 유수(有數)ᄒ니 만월대(滿月臺)도 추초(秋草)ㅣ로다.
> 오백년 왕업(王業)이 목적(牧笛)에 부쳐시니
> 석양(夕陽)에 지나는 객(客)이 눈물계워 ᄒ노라.

> **해설**
> - 해제: 고려의 국운이 쇠퇴해지자 모두가 앞을 다투어 새 왕조로 기울어가는 시대에, 홀로 원주 치악산에 들어가 은둔 생활을 하며 고려 유신들의 충절을 노래한 시조
> - 성격: 평시조, 단시조, 회고가
> - 표현: 은유법, 영탄법, 중의법
> - 주제: 망국(고려의 멸망)의 한과 회고의 정(무상감)

② 사설시조 작품 중요

■ 붉가버슨 아해ㅣ들리

> 붉가버슨 아해(兒孩)ㅣ들리 거믜쥴 테를 들고 기천(川)으로 왕래ᄒ며
> 붉가숭아 붉가숭아 져리 가면 죽ᄂ니라. 이리 오면 ᄉᄂ니라. 부로나니 붉가숭이로다.
> 아마도 세상(世上) 일이 다 이러ᄒᆞᆫ가 ᄒ노라.

> **해설**
> - 현대어 풀이: 발가벗은 아이들이 거미줄 테를 들고 개천을 왕래하면서, "발가숭아 발가숭아 저리 가면 죽고 이리 오면 산다"고 하며 부를 것이 발가숭이로다. 아마도 세상 일이 모두 이런 것인가 하노라.
> - 성격: 풍자적
> - 표현: 역설적
> - 주제: 서로 모함하는 세태 풍자

■ 두터비 푸리를 물고

> 두터비 푸리를 물고 두험 우희 치두라 안자,
> 것넌 산(山) 부라보니 백송골(白松骨)이 써잇거늘 가슴이 금즉ᄒ여 풀덕 뛰여 내닷다가 두험 아래 잣바지거고.
> 모쳐라 놀낸 낼싀망졍 에헐질 번ᄒ괘라.

> **해설**
> • 현대어 풀이 : 두꺼비가 파리를 물고 두엄 위에 뛰어 올라가 앉아 건너편 산을 바라보니 흰 송골매가 떠 있기에 가슴이 섬뜩하여 펄쩍 뛰어 내닫다가 두엄 아래 자빠졌구나. 마침(다행히) 날랜 나였기에 망정이지 하마터면 다쳐서 멍들 뻔 하였구나.
> • 성격 : 풍자적, 우의적, 해학적
> • 표현 : 의인법, 대조법, 묘사법
> • 주제 : 중간관리를 빗대어 약육강식의 세태 풍자

■ 댁들에 동난지이 사오

> 댁들에 동난지이 사오. 져 쟝ᄉ야, 네 황화 그 무서시라 웨ᄂ다, 사쟈.
> 외골내육(外骨內肉), 양목(兩目)이 상천(上天), 전행후행(前行後行), 소(小)아리 팔족(八足), 대(大)아리 이족(二足), 청장(淸醬) ᄋ스슥ᄒᄂ 동난지이 사오.
> 쟝ᄉ야, 하 거복이 웨지 말고 게젓이라 ᄒ렴은.

> **해설**
> • 현대어 풀이 : 여러 사람들이여 동난지이 사시오. 저 장수야 네 물건을 무엇이라고 외치느냐, 사자. 겉은 딱딱하고 속은 연한 살이 있으며, 두 눈은 위로 솟아 하늘을 향했고, 앞뒤로 가는 작은 다리가 여덟 개, 큰 다리가 두 개 있으며, 청장이 아스슥 소리가 나는 동난지이 사시오. 장수야, 너무 그렇게 거북하게 외치지 말고 게젓이라고 하려무나.
> • 성격 : 해학적, 풍자적
> • 표현 : 대화체 구성, 돈호법
> • 주제 : 현학적인 한학자에 대한 풍자 또는 게젓장수의 허장성세 풍자

■ 나모도 바히돌도 업슨 뫼헤

> 나모도 바히돌도 업슨 뫼헤 매게 또친 가토릐 안과
> 대천(大川)바다 흔가온듸 일천석(一千石) 시른 ᄇᆡ에 노도 일코 닷도 일코 뇽총 근코 돗대 것고 치도 싸지고 ᄇᆞ람 부러 물결 치고 안개 뒤셧계 ᄌᆞ자진 날의 갈 길은 천리만리(千里萬里) 나믄듸 사면(四面)이 거머 어둑져믓 천지적막(天地寂寞) 가치노을 떳ᄂᄃᆡ 수적(水賊) 만난 도사공(都沙工)의 안과
> 엇그제 님 여흰 내 안히야 엇다가 ᄀᆞ을 ᄒᆞ리오

> **해설**
> - **현대어 풀이** : 나무도 돌도 전혀 없는 산에서 매한테 쫓기는 까투리의 마음과 대천 바다 한가운데 일 천 석 실은 배에 노도 잃고, 닻도 잃고, 용총(돛대의 줄)도 끊어지고, 돛대도 꺾이고, 키도 빠지고, 바람 불어 물결 치고, 안개 뒤섞여 잦아진 날에 갈 길은 천 리 만 리 남았는데 사면은 검어 어둑하고, 천지 적막 사나운 파도치는데 해적 만난 도사공의 마음과 엊그제 임 여읜 내 마음이야 어디에다 비교하리오?
> - **형식** : 사설시조, 서정시
> - **어조** : 절망적이고 절박한 여인의 목소리
> - **성격** : 별한가(別恨歌)
> - **표현** : 열거·비교·과장·점층법, 감정이입의 기법 사용과 상징적 표현이 농후
> - **제재** : 매에 쫓기는 까투리와 곤란한 처지에 빠진 도사공
> - **주제** : 사랑하는 임을 여의어 걷잡을 수 없이 절박한(참담한) 심정
> - **출전** : 『병와가곡집(瓶窩歌曲集)』

■ 귀쏘리 져 귀쏘리 어엿부다 져 귀쏘리

> 귀쏘리 져 귀쏘리 어엿부다 져 귀쏘리
> 어인 귀쏘리 지는 둘 새는 밤의 긴 소리 쟈른 소리 절절이 슬흔 소리 제 혼자 우러 네어
> 사창(絲窓) 여읜 줌을 슬쓰리 끼오는고야
> 두어라 제 비록 미물이나 무인동방(無人洞房)에 내 뜻을 알리는 너뿐인가 ᄒ노라.

> **해설**
> - **현대어 풀이** : 귀뚜라미 저 귀뚜라미 얄밉구나 저 귀뚜라미 어인 귀뚜라미 지는 달 새는 밤에 긴 소리 짧은 소리 하나하나 서글픈 소리 저 혼자 울어서 잠 못드는 부녀자의 창문을 얄밉게도 깨우는구나. 두어라 제가 비록 미물이지만 혼자있는 방에 내 뜻 아는 것은 귀뚜라미뿐인가 하노라.
> - **성격** : 연모가
> - **표현** : 의인법, 반복법, 감정이입, 반어법
> - **주제** : 독수공방(獨守空房)의 외로움, 임을 그리는 외로운 여인의 정

■ 창내고져 창을 내고져

> 창(窓) 내고져 창(窓)을 내고져 이내 가슴의 창(窓) 내고져
> 고모장즈 세(細)살장즈 ᄀ로다지 여다지에 암돌져귀 수돌져귀 크나큰 장도리로 쑥싹 박아
> 이내 가슴에 창(窓) 내고져
> 잇다감 하 답답홀지 여다져나 볼가 ᄒ노라.

> **해설**
> - 현대어 풀이 : 창을 내고 싶구나, 창을 내고 싶구나. 이 내 가슴에 창을 내고 싶구나. 고모장지, 세살장지, 가로닫이, 세로닫이에 암돌쩌귀, 수돌쩌귀, 큰 장도리로 뚝딱 박아서 나의 가슴에 창을 내고 싶구나.
> (그리하여) 이따금씩 너무 답답할 때면 (그 창문을) 여닫아 볼까 하노라.
> - 갈래 : 사설시조
> - 성격 : 해학가, 의지적
> - 정서 : 답답함
> - 주제 : 마음속에 쌓인 비애와 고통, 임을 그리는 애틋하고 절실한 심정
> - 표현상 특징 : 열거법, 반복법, 의태어 사용, 기발한 발상

7 가사의 유형별 이해

(1) 개념 : 가사란 고려 말 경기체가의 쇠퇴 이후, 시조가 그 형태를 갖추어 갈 무렵을 전후하여 나타난 문학 장르로, 주로 사대부(士大夫) 사회에서 널리 유행하였다.

(2) 조선 전기 가사

① **형성 배경**

고려 말 경기체가가 쇠퇴하고, 시조가 형태를 갖추어 조선 초에 이르면서 그것이 본격적으로 널리 보급되어 창작되고 있을 무렵을 전후하여 나타난 장르이다. 시조와 더불어 주로 사대부(士大夫) 사회에서 널리 창작되었다.

② **가사의 특징**

㉠ 고려 말 경기체가가 쇠퇴된 이후에 시조가 그 형태를 갖추어 갈 무렵을 전후하여 나타난 문학 장르로, 주로 사대부 사회에서 널리 유행하였다.

㉡ 작가의 계층이 조선 전기에는 주로 양반들이었고, 조선 후기에 이르러 평민, 부녀자까지 다양해졌다.

㉢ 3·4(4·4)조의 연속체(4음보)이며 마지막 구절은 시조의 종장과 같다.

㉣ 조선 전기에는 음풍농월(吟風弄月)을 목적으로 하여 서정적인 내용을 위주로 하는 작품들이 주로 창작되었다.

㉤ 충신연주지사와 벼슬을 버리고 자연에서 유유자적하는 삶 등을 표현하였다.

③ **가사의 내용**

자연 속에서 유유자적(悠悠自適)하는 심정을 읊은 서정적인 것과 임금의 은총에 대한 감사, 기행 등 서사적 성격의 특성이 보인다.

④ 주요 작품 기출 25

작품	작가	연대	내용
상춘곡	정극인	성종	태인(泰仁)에 은거하면서 상춘(賞春)과 안빈낙도(安貧樂道)를 노래함. 가사의 효시
면앙정가	송순	중종 19년	면앙정 주위 산수의 아름다움과 정취를 노래함
관서별곡	백광홍	명종 11년	관서 지방의 아름다운 경치를 읊음
성산별곡	정철	명종 15년	김성원의 풍류와 성산의 풍물을 노래함
관동별곡	정철	선조 13년	강원도 관찰사로 부임하면서 그곳의 자연 풍치를 노래한 기행가사(紀行歌辭)로, 「관서별곡」의 영향을 받음
사미인곡 기출 24, 23	정철	선조	창평에 귀양 가서 한 여인이 생이별한 남편을 그리워하는 형식을 빌려 연군(戀君)의 정을 노래한 것으로, 「정과정곡」의 전통을 이어받은 여성 취향의 작품
속미인곡 기출 24	정철	선조	「사미인곡」의 속편으로, 두 여인의 대화체 형식으로 된 연군지사, 송강의 작품 중 가장 뛰어나다는 평을 받고 있음
규원가 기출 23	허난설헌	선조	홀로 규방을 지키는 여인의 애원을 우아한 필치로 씀

(3) 조선 후기 가사

① 형성 배경
  ㉠ 임진왜란과 병자호란의 양난 이후 서민 의식과 산문정신의 영향으로 종래의 관념적, 서정적 가사가 서사적인 것으로 바뀌었다.
  ㉡ 내용 : 음풍농월식의 강호 한정이나 연군에서 벗어나, 널리 인간 생활을 그렸고, 위국충절(爲國忠君)의 기상을 읊는 등 매우 다양해졌다.
  ㉢ 양반 사대부의 가사에 대한 상대적 개념으로서 평민가사가 출현하였으며, 부녀자들의 내방가사는 여류문학의 세계를 열어 놓았다. 방대한 규모로 장형화한 산문적 내용의 작품들이 지어졌으며, 영·정조 이후 실학 사상의 영향으로 기행가사, 유배가사 등이 지어졌다.

② 특징
  ㉠ 전대의 정철의 서정적 가사문학은 박인로에 의해 서사적이며 뚜렷한 작가 의식으로 일관한 독특한 문학 세계를 형성하였다.
  ㉡ 평민가사, 내방가사 등이 지어졌다.
  ㉢ 내방가사는 규중(閨中) 부녀자들의 부덕(婦德), 애환 등 여자들의 심정과 생활을 노래하였다.
  ㉣ 기행가사, 유배가사 등의 장편가사는 형식상 변화는 없었으나, 내용이 더 산문적이고 수필적이다.

③ 분류
  ㉠ 평민가사 : 평민적인 생활의 사실적 표현 등에서 붙여진 명칭이며 작품으로는 소위 '12가사'를 비롯하여 「상사별곡」, 「백발탄」, 「우부가」, 「요부가」 등이 있는데, 대개 작가·연대 미상이다.
  ㉡ 내방가사 : 영조 이후 최근까지 특히 영남 지방을 중심으로 발달하였다. 여기에는 「계녀」, 「사친가」, 「화전가」, 「헌수가」, 「석별가」, 「망부가」, 「사향가」 등 많은 작품들이 있는데, 대부분 작가·연대 미상이며, 유형성을 띠고 있는 것도 하나의 특징이다.

(4) 주요 작품

■ 사미인곡(思美人曲)

(가) 이 몸 삼기실 제 님을 조차 삼기시니, 흔성 緣연分분이며 하늘 모를 일이런가. 나 흐나 졈어 잇고 님 흐나 날 괴시니, 이 므음 이 스랑 견줄 디 노여 업다. 平평生싱애 願원흐요디 흔디 녜쟈 흐얏더니, 늙거야 므스 일로 외오 두고 글이는고. 엇그제 님을 뫼셔 廣광寒한殿뎐의 올낫더니, 그 더디 엇디흐야 下하界계예 느려오니, 올 저긔 비슨 머리 얼킈연 디 三삼年년이라. 臙연脂지粉분 잇니마는 눌 위흐야 고이 홀고. 무음의 미친 실음 疊텹疊텹이 빠혀 이셔, 짓느니 한숨이오 디느니 눈믈이라. 人인生싱은 有유限흔흔디 시름도 그지업다. 無무心심흔 歲셰月월은 믈 흐르둧 흐는고야. 炎염涼냥이 째를 아라 가는 둧 고텨 오니, 듯거니 보거니 늣길 일도 하도 할샤.

(나) 東동風풍이 건둣 부러 積젹雪셜을 헤텨 내니, 窓창 밧긔 심근 梅매花화 두 세 가지 픠여셰라. 곳득 冷닝淡담흔디 暗암香향은 므스 일고. 黃황昏혼의 둘이 조차 벼마티 빗최니, 늣기는 둧 반기는 둧 님이신가 아니신가. 뎌 梅매花화 것거 내여 님 겨신 디 보내오져. 님이 너를 보고 엇더타 너기실고.

(다) 곳 디고 새 닙 나니 綠녹陰음이 실렷는디, 羅나幃위 寂젹寞막흐고 繡슈幕막이 뷔여 잇다. 芙부蓉용을 거더 노코 孔공雀쟉을 둘러 두니, 곳득 시름 한디 날은 엇디 기돗던고. 鴛원鴦앙衾금 버혀 노코 五오色식線션 플텨 내여 금자히 견화이셔 님의 옷 지어 내니, 手슈品품은 크니와 制제度도도 구줄시고. 珊산瑚호樹슈 지게 우히 白빅玉옥函함의 다마 두고, 님의게 보내오려 님 겨신 디 브라보니, 山산인가 구롬인가 머흐도 머흘시고. 千쳔里리 萬만里리 길흘 뉘라셔 추자갈고. 니거든 여러 두고 날인가 반기실가.

(라) 호르밤 서리김의 기러기 우러널 제, 危위樓루에 혼자 올나 水슈晶정簾념 거든 말이, 東동山산의 둘이 나고 北북極극의 별이 뵈니, 님이신가 반기니 눈믈이 절로 난다. 淸쳥光광을 쥐여 내여 鳳봉凰황樓누의 븟티고져. 樓누 우히 거러 두고 八팔荒황의 다 비최여, 深심山산 窮궁谷곡 졈낫 フ티 밍그쇼셔.

(마) 乾건坤곤이 閉폐塞식흐야 白빅雪셜이 흔 비친 제, 사름은 フ니와 놀새도 긋처 잇다. 瀟쇼湘샹 南남畔반도 치오미 이러커든, 玉옥樓누 高고處쳐야 더옥 닐너 므슴흐리. 陽양春츈을 부쳐 내여 님 겨신 디 쏘이고져, 茅모簷쳠 비췬 히를 옥누의 올리고져. 紅홍裳샹을 니믜츠고 翠취袖슈를 半반만 거더, 日일暮모 脩슈竹듁의 혬가림도 하도 할샤. 댜른 히 수이 디여 긴 밤을 고초 안자, 靑쳥燈등 거른 겻티 鈿뎐箜공篌후 노하 두고, 꿈의나 님을 보려 퇵 밧고 비겨시니, 앙금도 추도 출샤 이 밤은 언제 샐고.

(바) 하로도 열두 째 흔 둘도 셜흔 날, 져근덧 싱각 마라. 이 시름 닛쟈 흐니, 모음의 미쳐이셔 骨골髓슈의 께텨시니, 扁편鵲쟉이 열히 오나 이 병을 엇디 흐리. 어와 내 병이야 이 님의 타시로다. 출하리 싀어디여 범나븨 되오리라. 곳나모 가지마다 간 디 죡죡 안다가, 향 므든 늘애로 님의 오시 올므리라. 님이야 날인 줄 모르셔도 내 님 조추려 흐노라.

① **현대어 풀이**

(가) 이 몸이 태어날 때에 임을 따라서 태어나니 / 한평생을 살아갈 인연이며, 이것을 하늘이 모르겠는가. / 나 오직 젊었고 임은 오직 나를 사랑하시니 / 이 마음과 이 사랑을 비교할 곳이 다시 없구나. 평생에 원하되 임과 함께 살아가려고 하였더니 / 늙어서야 무슨 일로 외따로 두고 그리워하는가. / 엊그제는 임을 모시고 궁전에 올라 있었는데 / 그동안 어찌하여 속세에 내려와 있는가. / 내려올 때 빗은 머리가 헝클어진 지 삼년이라. / 연지와 분이 있지만 누굴 위해 곱게 단장하겠는가. / 마음에 맺힌 근심이 겹겹으로 쌓여 있어서 / 짓는 것이 한숨이요, 흐르는 것이 눈물이구나. / 인생은 유한한데 근심은 끝이 없다. 무심한 세월의 순환이 물 흐르듯 빨리 지나가는구나. / 더웠다 서늘해졌다 하는 계절의 바뀜이 때를 알아 갔다가는 다시 오니 / 듣거니 보거니 하는 가운데 느낄 일이 많기도 하구나.

(나) 봄바람이 문득 불어 쌓인 눈을 녹여 헤쳐내니 / 창 밖에 심은 매화가 두세 송이 피었구나. / 가뜩이나 차갑고 변화 없이 담담한데 매화는 그윽한 향기까지 무슨 일로 풍기고 있는가. / 황혼의 달이 쫓아와 베갯머리에 비치니 / 흐느껴 우는 듯, 반가워하는 듯하니 이 달이 임인가 아닌가. / 저 매화를 꺾어 내어 임 계신 곳에 보내고 싶구나. / 임이 너를 보고 어떻게 생각하실까?

(다) 꽃이 떨어지고 새 잎이 돋아나니 푸른 녹음이 우거져 나무 그늘이 깔렸는데 / 비단 휘장은 쓸쓸히 걸렸고 수놓은 장막 안은 텅 비어 있구나. / 연꽃 무늬가 있는 방장을 걷어놓고 공작 병풍을 두르니 / 가뜩이나 근심걱정이 많은데 하루 해는 어찌 이렇게 길고 지루하기만 할까. / 원앙 그림의 비단을 베어놓고 오색실을 풀어 내어서 / 금으로 만든 자로 재어서 임의 옷을 만드니 / 솜씨는 말할 것도 없고 격식까지 갖추어져 있구나. / 산호수로 만든 지게 위에 백옥함 안에 옷을 담아 놓고 / 임에게 보내려고 임이 계신 곳을 바라보니 / 산인지 구름인지 험하기도 험하구나. / 천만 리나 되는 머나먼 길을 누가 감히 찾아갈까. / 가거든 이 함을 열어두고 나를 보신 듯이 반가워하실까?

(라) 하룻밤 사이에 서리가 내릴 무렵에 기러기가 울며 날아갈 때에 / 높은 누각에 혼자 올라서 수정렴을 걷으니 / 동산에 달이 떠오르고 북쪽 하늘에 별이 보이니 / 임이신가 하여 반가워하니 눈물이 절로 나는구나. / 저 맑은 달빛과 별빛을 모두 모아서 임 계신 곳으로 부쳐 보내고 싶구나. / 그러면 임께서는 그것을 누각 위에 걸어두고 온 세상을 다 비추어서 / 깊은 두메 험한 산골짜기까지도 대낮같이 환하게 만드소서.

(마) 천지가 겨울의 추위로 얼어 붙어 생기가 막혀 흰 눈이 일색으로 덮여 있을 때 / 사람은 말할 것도 없거니와 날아다니는 새의 움직임도 끊어져 있구나. / 소상강 남쪽 둔덕과 같이 따뜻한 이곳도 이처럼 추운데 / 북쪽의 임이 계신 곳은 말해 무엇하리. / 따뜻한 봄기운을 활활 부쳐 일으켜 임 계신 곳에 쬐게 하고 싶어라. / 초가집 처마에 비친 따뜻한 햇볕을 임 계신 곳에 올리고 싶어라. / 붉은 치마를 여미어 입고 푸른 소매를 반쯤 걷어 / 해는 저물었는데 길게 자란 대나무에 기대어 서 보니, 헤아려보는 여러 생각이 많기도 많구나. / 짧은 해가 이내 넘어가고

긴 밤을 꼿꼿이 앉아 / 청사초롱을 걸어놓은 곁에 전공후를 놓아두고 / 꿈에서나 임을 보려고 턱을 바치고 기대어 있으니 / 원앙새를 수놓은 이불이 차기도 하구나. 이 밤은 언제나 다할 것인가?

(바) 하루는 열두 시간, 한 달은 서른 날, / 잠시라도 임 생각을 하지 말아서 이 시름을 잊으려 하니 / 마음속에 맺혀 있어 뼛속까지 사무쳤으니 / 편작 같은 명의가 열 명이 오더라도 이 병을 어찌하리. / 아, 내 병이야 이 임의 탓이로다. / 차라리 죽어 호랑나비가 되리라. / 그리하여 꽃나무 가지마다 간 데마다 앉았다가 / 향기 묻힌 날개로 임의 옷에 옮아가리라. / 임이야 그 호랑나비가 나인 줄 모르셔도 나는 끝까지 임을 따르려 하노라.

② **작품 개요** 기출 24

송강이 50세 되던 해에 조정에서 물러난 4년간 전남 창평으로 내려가 우거(寓居)하며 불우한 생활을 하고 있을 때 자신의 처지를 노래한 작품으로, 뛰어난 우리말의 구사와 세련된 표현이 돋보인다. 봄, 여름, 가을, 겨울의 계절적 변화에 따른 그리움을 노래하고 있으며, 외로운 신하가 임금을 그리워하는 심경은 계절의 변화와 관계없이 한결같음을 볼 수 있다.

③ **해설**

㉠ 작가 : 송강 정철

정철은 우리나라 시가문학의 정상의 작가이다. 관직이 우의정에까지 이르렀으며, 서인의 거두로 당쟁에 휘말려 많은 괴로움을 겪었다. 「관동별곡」과 「훈민가」, 「사미인곡」, 「속미인곡」 등 여러 작품을 남겼다.

㉡ 연대 : 선조 18 ~ 22년(1585 ~ 1589)

㉢ 갈래 : 서정가사, 양반가사, 정격가사

㉣ 형식 : 음수율은 3·4조가 주조를 이루고 전편이 126구로 되어 있다. 세밀히 살펴보면, 서사, 춘·하·추·동사, 결사 등 6단락으로 이루어졌다.

㉤ 성격 : 서정적, 연모적

㉥ 주제 : 연군의 정

㉦ 의의 기출 24
- 「속미인곡」과 더불어 가사문학의 극치를 이룬 작품으로, 우리말 구사가 뛰어나다.
- 「정과정」의 전통을 이은 충신연군지사(忠臣戀君之詞)이다.

㉧ 내용
- 「속미인곡」: 대화체를 통해 임금에 대한 그리움을 표현했다.
- 「사미인곡」: 자기 자신이 선조 임금을 그리는 충성을, 천하의 한 선녀가 지아비의 버림을 받고 하계에 내려와 지아비를 사모하는 심정에 기탁해서 노래하고 있다. 임에 대한 그리움으로 슬픔에 빠진 화자는 기러기에 비유했다. 서두 부분은 임(선조)과 나(여인에 비유한 송강)는 하늘이 아는 인연을 맺고 있으나 늙어서 헤어진 외로움을 말하고 있다. 그 뒤에는 4계절에 따라 임에 대한 그리움을 매화, 손수 지은 임의 옷, 청광, 양춘 등으로 표현했다. 본문 중 광한전의 원관념은 임금이 계신 서울이다.

> **더 알아두기**
>
> **사미인곡과 속미인곡의 비교** 종요
>
> | 구분 | 사미인곡 | 속미인곡 |
> |------|----------|----------|
> | 공통점 | 두 작품의 화자가 모두 천상의 백옥경에서 하계에 온 여성, 임을 그리워함, 다른 자연물이 되어 임을 따르겠다는 심정 ||
> | 차이점 | 독백체 | 대화체 |
> | | 범나븨 | 구즌 비, 낙월 |
> | | 소극적 | 적극적 |

ⓒ 특징
- 김만중은 『서포만필』에서 「관동별곡」, 「사미인곡」, 「속미인곡」을 가리켜 "우리나라의 참된 글은 오직 이 세 편뿐이다."라고 극찬했다. 종요
- 홍만종도 『순오지』에서 「사미인곡」을 제갈공명의 출사표에 비길 수 있다고 했다.

■ **용부가(庸婦歌)**

> 흉보기도 싫다마는 저 부인의 거동 보소
> 시집 간 지 석 달 만에 시집살이 심하다고
> 친정에 편지하여 시집 흉 잡아 내네
> 게엄할사 시아버니 암상할사 시어머니
> 고자질에 시누이와 엄숙하기 맏동서라
> 요악(妖惡)한 아우동서 여우 같은 시앗년에
> 드세도다 남녀 노복(奴僕) 들며 나며 흠구덕에
> 남편이라 믿었더니 십벌지목(十伐之木)되었에라
> 여기저기 사설이요 구석구석 모함이라 시집살이 못하겠네
> 간숫병을 기울이며 치마쓰고 내닫기와
> 보찜 싸고 도망질에 오락가락 못 견디어 승(僧)들이나 따라갈까
> 긴 장죽(長竹)이 벗이 되고 들구경하여 볼가
> 문복(問卜)하기 소일이라
> 겉으로는 시름이요 속으로는 딴 생각에
> 반분대(半粉黛)로 일을 삼고 털뽑기가 세월이라
> 시부모가 경계하면 말 한 마디 지지 않고
> 남편이 걱정하면 뒤받아 맞넉수요
> 들고 나니 초롱군에 팔자나 고쳐 볼까
> 양반 자랑 모도 하며, 색주가(色酒家)나 하여 볼가
> 남문 밖 뺑덕어미 천성이 저러한가
> 배워서 그러한가 본 데 없이 자라나서
> 여기저기 무릎맞침 싸홈질로 세월이며

남의 말 말전주와 들면은 음식 공론
조상은 부지(不知)하고 불공(佛供)하기 위업(爲業)할 제
무당 소경 푸닥거리 의복 가지 다 내주고
남편 모양 볼작시면 삽살개 뒷다리요
자식 거동 볼작시면 털 벗은 솔개미라
엿장사야 떡장사야 아이 핑계 다 부르고
물레 앞에 선하품과 씨아 앞에 기지개라
이집 저집 이간질과 음담패설(淫談悖說) 일삼는다
모함(謀陷) 잡고 똥 먹이기 세간은 줄어 가고 걱정은 늘어 간다
치마는 절러 가고 허리 통이 길어 간다
총 없는 헌 짚신에 어린 자식 들쳐 업고
혼인 장사(葬事) 집집마다 음식 추심(推尋) 일을 삼고
아이 싸움 어른 쌈에 남의 죄에 매맞히기
까닭없이 성을 내고 의뿐 자식 두다리며
며느리를 쫓았으니 아들은 홀아비라
딸자식을 다려오니 남의 집은 결딴이라
두 손뼉을 두다리며 방성대곡(放聲大哭) 괴이하다
무슨 꼴에 생트집에 머리 싸고 드러눕기
간부(姦夫) 달고 달아나기 관비정속(官婢定屬) 몇 번인가
무식한 창생들아 저 거동을 자세 보고
그른 일을 알았거든 고칠 개(改)자 힘을 쓰소
옳은 말을 들었거든 행하기를 위업하소

① **작품 개요**

인륜이나 도덕을 전혀 모르는 어리석은 부인[용부 : 庸婦]의 행위를 열거하고 그것을 통해 당대의 부녀자들을 경계하고 있다. 용부의 생생한 행적을 통해 그 당시의 파괴되어 가는 유교적 규범을 보여 줌으로써 주제를 반어적으로 드러내고 있다. 다소 과장된 내용과 속된 표현이 있지만 사실적인 묘사와 토속어가 돋보이고 풍자와 유머가 조화를 이루고 있다.

② **해설**

㉠ 갈래 : 서민가사
㉡ 작가 : 미상(조선 후기)
㉢ 성격 : **풍자적(골계미), 훈계적, 경세가(警世歌)**
㉣ 표현 : 열거법, 과장법, 대구법 → 과장되고 속된 표현, 사실적·구체적
㉤ 주제 : 여성들의 비행 풍자, 여자가 지녀야 할 바람직한 태도에 대한 깨우침

③ **특징**

㉠ 맨 마지막의 '그른 일을 알았거든 고칠 개(改)자 힘을 쓰소, 옳은 말을 들었거든 행하기를 위업하소'라는 내용을 통해 **경세가(警世歌)**임을 알 수 있다.
㉡ 등장인물을 희화화하여 개인의 갈등과 사회적 모순을 돌아보게 함으로써 시대의 변화를 촉구하고 있다.

ⓒ 봉건적인 속박을 운명으로 받아들이는 양반 여성과는 달리 「용부가」의 부인은 봉건 사회의 모순으로부터 벗어나고자 한다. 특히 '시집살이 못하겠네 간숫병을 기울이며, 색주가(色酒家)나 하여 볼가' 등을 통해 당시 조선 사회의 윤리 관념을 과감히 혁파하고 있다.

> **더 알아두기**
>
> **서민가사의 특징**
> - 현실적 모순의 폭로와 비판, 기존 관념에 대한 도전과 인간 본능 등이 주요 주제이다.
> - 비속어, 의태어, 의성어 등을 사용하였다.
> - 실학을 바탕으로 발생했다.

■ **안심가(安心歌)**

현숙한 내집 부녀 이 글 보고 안심하소
대저 생령 초목 군생 사생재천 아닐런가
하물며 만물지간 유인이 최령일네
나도 또한 한울님께 명복 받아 출세하니
자아시 지낸 일을 역력히 헤어보니
첩첩이 험한 일을 당코나니 고생일네
이도 역시 천정이라 무가내라 할길 없다

그 모르는 처자들은 유의유식 귀공자를
흠선해서 하는 말이 신선인가 사람인가
일천지하 생긴 몸이 어찌 저리 같잖은고
앙천탄식 하는 말을 보고 나니 한숨이오
듣고 나니 눈물이라 내 역시 하는 말이
비감회심 두지 말고 내 말 잠간 들었어라
호천 금궐 상제님도 불택 선악 하신다네
자조정 공경이하 한울님께 명복 받아
무정세월 여류파라 칠팔삭 지내나니
사월이라 초오일에 꿈일런가 잠일런가
천지가 아득해서 정신수습 못할러라
공중에서 외는 소리 천지가 진동할 때
집안사람 거동 보소 경황실색 하는 말이
애고애고 내 팔자야 무삼 일로 이러한고
애고애고 사람들아 약도사 못해볼까
침침칠야 저문 밤에 눌 대해 이 말 할꼬
경황실색 우는 자식 구석마다 끼어 있고

부귀자는 공경이오 빈천자는 백성이라
우리 또한 빈천자로 초야에 자라나서
유의유식 귀공자는 앙망 불급 아닐런가
복록은 다 버리고 구설앙화 무섭더라
졸부귀 불상이라 만고유전 아닐런가
공부자 하신 말씀 안빈낙도 내아닌가
우리라 무슨 팔자 고진감래 없을소냐
흥진비래 무섭더라 한탄 말고 지내보세

이러그러 지내나니 거연 사십 되었더라
사십 평생 이뿐인가 무가내라 할길없네
가련하다 우리 부친 구미산정 지을 때에
날 주려고 지었던가 할길 없어 무가내라
천불생무록지인이라 이 말이 그 말인가
곰곰히 생각하니 이도 역시 천정일네
한울님이 정하시니 반수기앙 무섭더라
댁의 거동 볼작시면 자방 머리 행주치마
엎어지며 자빠지며 종종걸음 한창할 때
공중에서 외는 소리 물구 물공 하였어라
호천 금궐 상제님을 네가 어찌 알까보냐
초야에 묻힌 인생 이리될 줄 알았던가
개벽시 국초 일을 만지 장서 나리시고
십이제국 다 버리고 아국 운수 먼저 하네
그럭저럭 창황 실색 정신수습 되었더라
(이하 생략)

① **해설**
  ㉠ 작가 : 최제우
  ㉡ 갈래 : 개화기 가사(1860년)
  ㉢ 목적 : 당시 사회에서 불안해하던 부녀자들을 안심시키기 위함
  ㉣ 출전 : 『용담유사(龍潭遺詞)』
  ㉤ 특징 : 천대받던 부녀자들의 덕을 칭송하고 좋은 시절이 오면 여성이 주체가 될 것임을 나타냄

② 『**용담유사(龍潭遺詞)**』
  ㉠ 1860년(철종 11)에 지은 「용담가」, 「안심가(安心歌)」, 「교훈가(敎訓歌)」를 비롯, 1861년에 지은 「도수사(道修詞)」, 「검결(劍訣)」, 「몽중노소문답가(夢中老少問答歌)」, 1862년에 지은 「권학가(勸學歌)」, 1863년에 지은 「도덕가(道德歌)」, 「흥비가(興比歌)」 등 9편의 가사를 모아서 엮은 책이다.
  ㉡ 서양세력의 동점(東漸)에 깊은 우려를 나타내고 이에 맞서기 위한 정신 자세로서 동학을 내세운다는 뜻이 주가 되어 있다.
  ㉢ 일반 민중과 부녀자가 이해하기 쉽도록 한글 가사체(歌辭體)를 빌려 동학의 사상을 펼쳤는데, 형식이나 문체는 비록 고전가사와 같지만 개화기의 문체를 처음으로 다루었다는 점에서 개화기 가사의 효시가 된다.

8 서사문학의 이해

(1) 서사문학의 전개
  ① 고려 시대의 서사문학은 구비로 전승되던 것을 문자로 기록한 설화와 고려 시대에 와서 창작된 패관문학이나 가전체 문학으로 나눌 수 있다. 기출 24
  ② 고려 중기에 패관들이 항간에 떠도는 이야기를 한문으로 기록한 것을 패관 문학이라 하는데, 이것이 한층 발달하여 사물을 의인화하여 계세징인(戒世懲人)을 목적으로 하는 가전이 지어졌다.
  ③ 구비·전승되어 오던 여러 가지 이야기들이 문헌에 수록되었는데, 대표적인 문헌으로는 일연(一然)의 『삼국유사(三國遺事)』와 성현(成俔)의 『용재총화(慵齋叢話)』 등이 있다.

(2) 패관문학(稗官文學) 기출 23
  ① 민간의 가담(街談)과 항설(巷說) 등을 토대로 한 문학이다.
  ② 패관은 항간에 떠도는 소문들을 수집·기록하는 벼슬이었는데 직책상 모은 이야기에 약간의 창작성(윤색)이 가미되면서 패관문학이 탄생되었다.
  ③ 한문학이 융성하던 고종 때를 중심으로 발달하였다.
  ④ 후대 소설의 모태가 되었다.
  ⑤ 한문학의 발달로 시문(詩文)을 한자로 기록함으로써 패관문학이 성행하게 되었다.

⑥ **작품** : 이인로의 『파한집(破閑集)』, 최자의 『보한집(補閑集)』, 이제현의 『역옹패설(櫟翁稗說)』, 이규보의 『백운소설(白雲小說)』 등이 전한다.

(3) 가전체 문학(假傳體文學) 중요

① 가전체 문학이란 물건을 의인화(擬人化)하여 세상 사람들에게 경계심을 일깨워 줄[계세징인(戒世懲人)] 목적으로 지은 이야기로서 설화에서 진일보한 소설적인 요소를 내포하고 있다. 가전체 문학의 효시로는 신라 시대에 설총이 지은 「화왕계(花王戒)」를 들 수 있다.

② **형성** : 설화와 서사시(敍事詩)가 활발히 수집·정리되고 창작되면서 의인체, 즉 가전체의 작품이 출현하게 되었다.

③ **특징**
  ㉠ 교훈을 목적으로 사람의 일생을 압축·서술한 교술 문학이다.
  ㉡ 물건을 의인화시킨 의인체 문학으로서 계세징인(戒世懲人)의 목적을 지니고 있다.
  ㉢ 패관문학이 개인의 창작이 아님에 비하여, 가전체 문학은 개인의 창작물이어서 소설에 한 발짝 접근된 형태이다.

④ **주요 작품** 기출 24

작품	작자	내용
국순전(麴醇傳)	임춘	술을 의인화(擬人化)하여 술이 사람에게 미치는 영향을 말함
국선생전(麴先生傳)	이규보	술과 누룩을 의인화함으로써 군자(君子)의 처신을 경계
죽부인전(竹夫人傳)	이곡	대나무를 의인화(절개 있는 부인)하여 절개를 나타냄
청강사자현부전(淸江使者玄夫傳)	이규보	거북을 의인화하여 어진 사람의 행적을 기리는 내용
저생전(楮生傳)	이첨	종이를 의인화하여 당시의 부패한 유생들을 비판
공방전(孔方傳)	임춘	돈을 의인화하여 재물욕을 경계
정시자전(丁侍者傳)	석식영암	지팡이를 의인화하여 자기의 처지를 알아야 함을 경계

■ **국순전(麴醇傳)**

> 국순(麴醇 : 진한 누룩)의 자는 자후(子厚 : 거나함)이다. 그 조상은 농서(隴西) 출신으로, 구십대 선조였던 모(牟 : 보리)는 후직(后稷)을 도와 백성들을 먹여 살린 공로가 있었으니, 시경에 이른바 "우리에게 보리를 끼쳐 주시매."라 했음이 바로 이것이다.
> 모가 처음에는 숨어서 벼슬하지 아니하면서 말하기를,
> "내 반드시 밭을 일군 뒤에라야 먹을 것이다."하고는 내내 밭이랑 사이에서 지냈었다.
> 임금이 그의 자손이 있단 말을 듣고 좋은 수레를 보낼 제, 군현이 이르는 곳마다 후히 하여 보내라 이르고, 신하들로 하여금 몸소 그의 오두막을 찾아가도록 하여 결국 절구와 절굿공이 사이에서 귀천 없이 교분을 맺기에 이르렀으니, 자신을 덮어 감추고 세상과 더불어 화합하게 되었다. 향기로운 김이 차츰 배어들어 넉넉하고 느긋한 기운이 있었던 터라 모는 이에 기뻐 말하였다.
> "나를 성공하게 한 이는 친구인데 어찌 믿음직스럽지 않겠습니까?"

> 이런 뒤로 맑은 덕이 알려지게 되고 마침내 그 집에 정문(旌門)을 세우도록 하였다.
> 임금을 따라서 원구(圓丘)에 제사한 공으로 중산후(中山候)에 봉하니 식읍(食邑) 일만 호(戶)와 식실봉(食實封) 오천 호에다 국(麴)이란 성씨를 내렸다.
> 오대손이 성왕(成王)을 보필하였던 바, 소신껏 사직을 맡아 다스려서 태평성대를 누리게 하였다.
> (이하 생략)

① **작품 개요**
  ㉠ 사물을 의인화해서 인간의 전기형식으로 이야기를 이끌어 나가는 작품이다. **술을 대상으로 해서 술의 폐해와 사회에서의 기능 등을 이야기한다.**
  ㉡ 「국순전」과 같은 산문작품을 가전체라고 하는데, 이것은 무엇(사물)을 빌려서 인간의 이야기를 하고 있는 내용이다. 즉, 인간의 전기를 어떠한 사물에 빗대어 이야기하고 있는 것이다. 이러한 작품에 속하는 것은 「정시자전」, 「청강사자현부전」, 「국선생전」, 「죽부인전」 등을 들 수 있다.

② **해설**
  ㉠ 작가 : 임춘
    • 명문거족의 후손, 부친 대 삼형제 모두 평장사(平章事)
    • 유(儒)·불(佛)·도교(道敎)에 두루 통함
    • 최초로 문기론(文氣論), 가전문학을 세움
    • 용사문학(用事文學)의 전범을 세움
    • 갈래 : 가전체
  ㉡ 성격 : 교훈적, 풍자적, 우의적, 서사적
  ㉢ 구성 : 3단(도입 - 전개 - 논평) 구성, 전기적·일대기적 구성
  ㉣ 제재 : 술(누룩)
  ㉤ 주제 : 위국충절(爲國忠節)의 교훈, 군자의 처신
  ㉥ 의의 **종요**
    가전체 작품의 효시이며, 술을 의인화한 이규보의 「국선생전」에 영향을 주었다. 술의 긍정적인 면과 부정적인 면을 두루 보여주고 있다.

> **체크 포인트**
>
> **가전체 문학 작품**
> • 「죽부인전」 : 이곡, 대나무를 의인화
> • 「공방전」 : 임춘, 돈(엽전)을 의인화
> • 「청강사자현부전」 : 이규보, 거북을 의인화
> • 「정시자전」 : 석식영암, 지팡이를 의인화
> • 「국순전」 : 임춘, 술을 의인화
> • 「국선생전」 : 이규보, 술을 의인화
> • 「저생전」 : 이첨, 종이를 의인화

③ 「국순전」과 「국선생전」과의 관계
　㉠ 영향
　　관련 인물과 지명, 서술 방식 등에 있어 많은 유사성이 있다. 이규보의 「국선생전」은 임춘의 「국순전」에서 제목, 관련 인물, 지명, 서술 방식 등의 영향을 받았다고 할 수 있다.
　㉡ 주제상의 차이점
　　「국순전」은 도량과 인품을 갖추고 있는 국순이 방탕한 군주에게 등용되었다가 세상을 어지럽히고 은퇴해서 죽는다는 내용으로, 정사를 돌보지 않는 군주까지 비판하면서 술로 인한 폐해를 드러냈다. 반면 「국선생전」은 도량이 크고 성품이 어질며 충성이 지극한 긍정적 인물인 국성을 통해, 제 본분을 지키고 반성하고 근신할 줄 아는 인간상을 그렸다.
　　두 작품 모두 술의 내력, 성질, 효능 등을 인간의 개성, 기질, 욕구 등으로 의인화하는 수법을 사용했다는 점에서는 공통적이지만 사건 구조와 인물형에 있어 상당한 차이를 보인다.

> **더 알아두기**
>
> **가전(假傳)**
> 열전이나 본기의 형태를 빌려서 인간 주변에 있는 동물이나 식물, 사물 혹은 심성을 소재로 하여 쓴 의인 전기체를 말한다. 일종의 의인체 소설에 접근한 형태로서 고려 중기 무신란 이후 등장한 사대부들의 의식, 즉 합리적으로 인간생활을 영위하려는 의식을 보여 주었다.

제2절 핵심예제문제

01 다음 중 가락국의 건국신화에 삽입되어 전하는 노래는?
① 「헌화가」
② 「구지가」
③ 「황조가」
④ 「사뇌가」

01 최초의 문학작품의 주된 갈래는 집단적 서사에 속하며, 『삼국유사』의 「가락국기」조 건국신화 속의 「구지가」는 우리 시가 기록상의 최초의 작품에 속한다. 김수로왕의 출현을 기대하는 가락국의 구간(九干)이 인도하는 무리가 구지봉에서 부른 집단요이다.

02 다음 중 국문으로 표기되어 전하고 있는 시가작품은?
① 「제망매가」
② 「황조가」
③ 「공무도하가」
④ 「정읍사」

02 ①·②·③ 한문(향가는 향찰)으로 표기되어 전해진다.

03 다음 중 4구체 향가가 아닌 것은?
① 「서동요」
② 「풍요」
③ 「모죽지랑가」
④ 「헌화가」

03 「모죽지랑가」는 8구체 향가이며, 4구체 향가는 「서동요」, 「풍요」, 「헌화가」, 「도솔가」이다.

정답 01 ② 02 ④ 03 ③

04 「제망매가」에서 남매 관계를 비유적으로 나타내고 있는 구절은?

① ᄒᆞᄃᆞᆫ 가지라 나고
② 어느 ᄀᆞᄉᆞᆯ 이른 ᄇᆞᄅᆞ매
③ 이에 뎌에 ᄠᅳ러딜 닙ᄀᆞᆫ
④ 아야 미타찰아 맛보올 나

04 'ᄒᆞᄃᆞᆫ(한, 같은) 가지'는 시적 화자와 대상이 남매 관계임을 암시한다.

05 「제망매가」에서 서정적 자아의 정서로 가장 적절하지 않은 것은?

① 안타까움
② 체념
③ 기원
④ 무상감

05 나이 어린 누이의 죽음을 안타까워하며 누이와의 속세의 인연과 죽음에서 느끼는 무상감이 잘 표현되어 있다.

06 「처용가」에 대한 설명으로 옳지 않은 것은?

① 연극의 성격을 띠고 고려와 조선 시대까지 계승되었다.
② 벽사진경의 성격을 띤 무가이다.
③ 향가의 가장 정제된 형식이며 서정성이 높다.
④ 원문은 향찰로 표기되어 있다.

06 「처용가」는 8구체 향가이다. 향가의 가장 정제된 형식은 10구체이며, 서정성이 높은 작품은 「제망매가」이다.

벽사진경(辟邪進慶)
사악한 귀신을 물리치고 경사를 맞아들임

정답 04 ① 05 ② 06 ③

07 「처용가」는 처용이 아내를 범한 역신에게 관용을 베푼 노래로, 신라 향가 중 가장 주술적인 내용을 가진 작품이다.

07 다음 중 「처용가」의 성격으로 알맞은 것은?
① 주술적
② 추모적
③ 참요적
④ 설교적

08 「처용가」와 같은 8구체 향가는 「모죽지랑가」이다.
①・② 4구체
④ 10구체

08 다음 중 「처용가」와 같은 형식의 작품은?
① 「헌화가」
② 「도솔가」
③ 「모죽지랑가」
④ 「찬기파랑가」

09 고려 시대는 표기문자의 부재로 문학이 구비 전승되거나 한문으로 번역되어 유지되었으므로, 국문학사상 공백기에 해당한다.

09 고려 시대를 국문학사상 공백기라고 말하는 가장 큰 이유는 무엇인가?
① 한문학의 번성
② 훈민정음 창제 이전
③ 향찰의 소멸
④ 문학이 문자로 정착하지 못함

정답 07 ① 08 ③ 09 ④

10 다음 중 고려속요의 후렴구가 잘못된 것은?

① 「동동」 : 아으 동동다리
② 「가시리」 : 어긔야 어강됴리 아으 다롱디리
③ 「서경별곡」 : 위 두어렁셩 두어렁셩 다링디리
④ 「청산별곡」 : 얄리얄리 얄라셩 얄라리 얄라

10 • 「가시리」 : 위 증즐가 大平盛代
• 「정읍사」 : 어긔야 어강됴리 아으 다롱디리

11 조선 시대 문학을 전기와 후기로 나눌 때 그 경계가 되는 것은?

① 갑신정변
② 병자호란
③ 임진왜란
④ 갑오개혁

11 임진왜란은 조선 시대 최대의 사건이었으며, 정치·문화·경제와 생활·언어·풍속에 이르기까지 거의 모든 면에 막대한 영향을 끼쳤으므로, 이를 조선 전기와 후기의 경계로 보고 있다.

근세문학
• 조선 전기 문학: 조선 건국으로부터 임진왜란까지의 문학
• 조선 후기 문학: 임진왜란으로부터 1894년 갑오개혁까지의 문학

12 다음 중 경기체가가 아닌 것은?

① 「관동별곡」
② 「죽계별곡」
③ 「한림별곡」
④ 「유구곡」

12 「유구곡」은 고려속요이다.

13 「공무도하가」에서 물[水]의 이미지와 가장 관련이 적은 것은?

① 배신
② 죽음
③ 사랑
④ 이별

13 '물'은 삶과 죽음의 경계, 이별, 죽음, 사랑의 의미를 내포하고 있다.

정답 10 ② 11 ③ 12 ④ 13 ①

14 채옹(蔡邕)은 중국 한나라 사람으로 이 사람의 저서 「금조」에서는 「공무도하가」의 저자가 곽리자고로 되어 있으므로 채옹은 배경설화 인물이 아니다.

14 다음 중 「공무도하가」에 대한 내용으로 옳지 않은 것은?

① 배경설화에 등장하는 채옹(蔡邕)을 통해서 이 노래의 전파 경로를 알 수 있다.
② 배경설화를 보면, 백수광부의 처는 남편을 따라 물에 빠져 죽은 것으로 되어 있다.
③ 한치윤의 「해동역사」에 실려 있다.
④ 작자에 관해서는 여옥, 백수광부의 처, 곽리자고 등 여러 설이 있다.

15 ② 「정읍사」의 주제는 '행상 나간 남편의 안전 기원'이다. 남편을 여읜 여인의 슬픔을 노래한 작품은 「공무도하가(公無渡河歌)」이다.
③ 현전하는 유일한 백제가요이며, 한글로 기록·전수되는 가장 오래된 가요이다.
④ 형식은 3연 6행이다.

15 다음 중 「정읍사」에 대한 설명으로 옳은 것은?

① 『악학궤범』 권5에 전한다.
② 남편을 여읜 여인의 슬픔을 노래하였다.
③ 현전하는 유일의 신라 노래이다.
④ 형식은 1연 3행이다.

16 「공무도하가」, 「황조가」, 「제망매가」는 모두 한자로 표기되어 전해졌다.

16 다음 중 국문으로 표기되어 전하는 작품은?

① 「공무도하가」
② 「황조가」
③ 「정읍사」
④ 「제망매가」

정답 14 ① 15 ① 16 ③

17 「정읍사」에서 '둘'의 의미와 대조를 이루는 시어는?

① 머리
② 즌 뒤
③ 져재
④ 내

17 '둘'은 위험한 곳인 '즌 뒤'를 밝혀 주는 밝음의 이미지로, 두 시어가 대조를 이루고 있다.

18 다음 중 「쌍화점」에 대한 설명으로 옳지 <u>않은</u> 것은?

① 『악장가사』에 실려 있으며, 『고려사』「악지」에는 한역작품이 실려 있다.
② 속요의 하나로 그 당시의 타락한 사회상을 풍자적으로 노래했다.
③ '남녀상열지사'라고 하여 조선조에는 배척을 받았다.
④ 주변 물건을 의인화하여 지은 작품이다.

18 주변 물건을 의인화하는 것은 가전체 문학으로, 가전체 문학에는 「국순전」, 「저생전」, 「청강사자현부전」등의 작품이 있다.

고려속요
- 민중의 삶의 애환, 남녀의 사랑과 이별 등을 주로 다루었다.
- 평민층이 향유했으며, 작가 미상의 작품이 많다.
- 「청산별곡」, 「만전춘」, 「정석가」 등의 작품이 있다.

19 고려속요인 「쌍화점」은 당시 고려 사회의 성적 타락상을 풍자하고 있는데, 다음 중 그 대상이 <u>아닌</u> 것은?

① 회회아비
② 샤쥬(社主, 寺主)
③ 우뭇 용
④ 삿기광대

19 풍자 대상
- 제1장 : 외국인(회회아비)
- 제2장 : 승려, 불교(사주)
- 제3장 : 왕실층(우뭇 용)
- 제4장 : 상민층, 평민(그 짓 아비)

정답 17 ② 18 ④ 19 ④

20 '술'을 의인화하여 술의 긍정적인 면과 부정적인 면을 두루 보여주었다.

21 「국순전」의 작가는 '임춘'이며, '이규보'는 「국선생전」의 작가이다.

22 元淳文 仁老詩 公老四六(원순문 인노시 공노ᄉ륙) : 유원순의 문장, 이인로의 시, 이공로의 사륙변려문

정답 20 ① 21 ③ 22 ①

20 다음 중 「국순전」의 핵심적인 내용은?
① 술의 장단점
② 술의 기능
③ 국화의 절개
④ 술의 다양성

21 다음 중 가전체 문학에 대한 설명으로 옳지 <u>않은</u> 것은?
① 가전체 작품으로는 「국선생전」, 「죽부인전」, 「청강사자현부전」 등이 있다.
② 주로 열전이나 본기의 형식을 빌리며, 교훈성·풍자성을 띤다.
③ 「국순전」의 작가는 이규보이다.
④ 인간 주변의 동식물, 사물 등을 소재로 한다.

22 다음은 「한림별곡」의 원문에 나오는 구절들이다. 이에 대한 해석으로 <u>잘못된</u> 것은?
① 인노시(仁老詩) : 어진 노인이 쓴 시(詩)
② 튱긔ᄃᆡ책(沖基對策) : 유충기(劉沖基)라고 하는 사람이 쓴 대책(對策)
③ 날조차 몃부니잇고 : 나를 포함하여 몇 사람이나 됩니까?
④ 시댱(試場)ㅅ경(景) : 시험장(과거 보는 곳)의 광경

23 다음 중 「한림별곡」의 문학사적 의의는 무엇인가?

① 한문문학의 효시
② 안빈낙도(安貧樂道)를 노래한 최초의 속요
③ 경기체가의 효시
④ 조선 시대 시가문학의 토대가 됨

23 「한림별곡」은 경기체가의 효시이다.

경기체가
- 한문에 토를 다는 정도의 시형
- 고려 중기 신흥 사대부들에 의해 형성
- 노래 말미에 반드시 '경(景) 긔 엇더ᄒ니잇고' 또는 '경기하여(景幾何如)'라는 문구가 들어 있음

24 밑줄 친 부분에 내재된 시적 화자의 정서와 가장 유사한 것은?

> 어져 내 일이야 그릴 줄을 모로ᄃ냐.
> 이시랴 ᄒ더면 가랴마는 제 구ᄐ여
> 보내고 그리는 정(情)은 나도 몰라 ᄒ노라.

① 산촌(山村)에 눈이 오니 돌길이 뭇쳐셰라.
  시비(柴扉)를 여지 마라 날 ᄎᄌ리 뉘 이시리.
  밤즁만 일편명월(一片明月)이 긔 벗인가 ᄒ노라.

② 이화우(梨花雨) 훗ᄲ릴 제 울며 잡고 이별(離別)ᄒᆫ 님
  추풍낙엽(秋風落葉)에 저도 날 싱각ᄂᆫ가
  천리(千里)에 외로운 ᄭᅮᆷ만 오락가락 ᄒ노매.

③ 노래 삼긴 사름 시름도 하도할샤.
  닐러 다 못닐러 불러나 푸돗ᄃ가
  진실(眞實)로 플릴 거시면은 나도 불러 보리라.

④ ᄶᅮᆷ은 듣는 대로 듯고 볏슨 쐴 대로 쐰다.
  청풍의 옷깃 열고 긴 파람 흘리 블 제,
  어디셔 길가는 소남ᄂᆡ 아는 드시 머무ᄂᆞᆫ고.

24 밑줄 친 부분은 임을 향한 그리움을 표현하고 있다.
① 산중에서 자연과 벗하며 고독하게 지내는 즐거움
③ 노래를 통해 세상의 시름을 잊음
④ 일하는 즐거움

정답 23 ③ 24 ②

25 사설시조는 부적절·부조화한 어휘 남용으로 음악과의 부조화를 일으켰다.

25 다음 중 사설시조에 대한 설명으로 옳지 않은 것은?

① 산문정신, 서민 의식을 배경으로 생겨났다.
② 내용은 상징과 묘사로써 애정세계, 패륜, 육감적인 것 등을 다채롭게 그렸다.
③ 단시조의 낡은 형태를 파괴하는 데 성공했다.
④ 음악과 조화를 이루는 데 성공했다.

26 고려의 국운이 쇠퇴해지자 모두가 앞을 다투어 새 왕조로 기울어가는 대세에, 작가는 홀로 원주 치악산에 들어가 은둔 생활을 하며 고려 유신들의 충절을 노래하였다. 망국(亡國, 고려의 멸망)의 한(恨)과 회고의 정(무상감)을 나타낸 작품이다.
② 고국의 멸망을 한탄함
① 큰 바다를 바라보며 하는 한탄이란 뜻으로, 어떤 일에 자기 자신의 힘이 미치지 못할 때 하는 탄식
③ 시기가 늦어 기회를 놓쳤음을 안타까워하는 탄식
④ 효도를 다하지 못한 채 어버이를 여읜 자식의 슬픔

26 다음 시조의 주제를 나타내기에 가장 적합한 한자성어는?

> 흥망(興亡)이 유수(有數)ㅎ니 만월대(滿月臺)도 추초(秋草)ㅣ로다.
> 오백 년(五百年) 왕업이 목적(牧笛)에 부쳐시니
> 석양(夕陽)에 지나는 객(客)이 눈물계워 ᄒ노라

① 망양지탄(望洋之嘆)
② 맥수지탄(麥秀之嘆)
③ 만시지탄(晩時之歎)
④ 풍수지탄(風樹之嘆)

27 서로 모해하는 약육강식의 험난한 세태를 풍자한 작품이다.

27 밑줄 친 부분을 바르게 풀이한 것은?

> 붉가버슨 兒孩(아해)ㅣ들리 거믜줄 테를 들고 ᄀ쳔(川)으로 왕래ᄒ며
> 붉가숭아 붉가숭아 져리 가면 죽ᄂ니라. 이리 오면 ᄉᄂ니라. 부로나니 붉가숭이로다.
> <u>아마도 世上(세상) 일이 다 이러ᄒ가 ᄒ노라.</u>

① 서로 모해하는 세상이다.
② 어린아이들의 놀이와 같다.
③ 도덕이 땅에 떨어진 세상이다.
④ 거미줄에 걸려 있는 잠자리 같다.

정답 25 ④ 26 ② 27 ①

28 다음 시조에 대한 설명으로 옳지 않은 것은?

> 수양산(首陽山) 바라보며 이제(夷齊)를 한(恨)ᄒ노라.
> 주려 주글진들 채미(採薇)도 ᄒ는 것가
> 비록애 푸새엣 거신들 긔 뉘 짜헤 낫ᄃ니.

① 굳은 절개와 충절을 노래한 시이다.
② 지은이는 사육신의 한 사람인 박팽년이다.
③ 배경이 되는 사건은 세조의 왕위 등극이다.
④ 중국 주나라의 백이와 숙제의 고사가 인용되어 있다.

28 제시된 시조를 지은 사람은 성삼문이다. 성삼문은 세종 때의 학자로 사육신의 한 사람이다.

29 다음 중 「조신몽 설화」에 대한 설명으로 잘못된 것은?

① 나말여초에 생겨난 전기문학 형성에 도움을 주었다.
② 이 설화의 내용을 고사성어로 표현하면 '일장춘몽(一場春夢)'이라고 말할 수 있다.
③ 『삼국사기』에 실려 전한다.
④ 꿈을 매개로 하여 사건을 전개해 나간다.

29 『삼국유사』에 실려 전한다.

30 정철의 가사 작품 중 김만중이 극찬한 작품이 아닌 것은?

① 「관동별곡」
② 「성산별곡」
③ 「사미인곡」
④ 「속미인곡」

30 김만중은 정철의 「관동별곡」, 「사미인곡」, 「속미인곡」을 '동방의 이소'라 극찬하였다.

정답 28 ② 29 ③ 30 ②

제3절 고전산문

1 고소설의 발달 과정

(1) 고소설의 흐름
① **소설의 바탕, 근원**: 이야기(설화)
② **내용에 따른 구분**: 신화계, 전설계, 민담계 이야기
③ 신화계 이야기에서 출발해 자아와 세계와의 갈등을 통해 자아 승리 → 민담계 이야기
④ 민담계 이야기는 소설에 가장 많은 영향을 줌

(2) 고소설의 발전 방향
① **한문소설 계보의 발전**: 사마천 사기 → 가전 → 조선초 의인체 소설 → 한문단편 → 한문소설
② **국문소설 계보의 발전**: 설화(이야기) → [판소리 → 판소리계 소설] → 국문소설

(3) 고소설의 내용상 특징 중요
① 권선징악의 주제
② 인간의 본능적 욕망을 긍정
③ 등장인물의 성격이 평면적
④ 이상주의적 세계관

(4) 고소설의 발달 과정
① 조선 전기 소설
  ㉠ (매월당) 김시습의 『금오신화』: 최초의 한문소설
    • 수록작품: 「이생규장전」, 「용궁부연록」, 「남염부주지」, 「만복사저포기」, 「취유부벽정기」
    • 특징: 우리나라 배경, 독자적 문학세계 구축 - 방외인 문학
    • 구우의 『전등신화』에서 영향을 받음
  ㉡ 임제의 「화사」(꽃의 의인화, 「화왕계」의 영향), 「수성지」(마음의 의인화), 「원생몽유록」
  ㉢ 남효온의 「수향기」: 한문으로 쓴 몽유소설
  ㉣ 심의의 「대관재몽유록」: 최치원을 왕으로 설정하고, 역대 문장가를 등장시킴
② 조선 후기 소설
  ㉠ 특징
    • 발생배경: 평민의 자각, 산문정신, 현실주의적 사고, 실학 바탕
    • 주제: 권선징악(천편일률적), 인과응보
    • 구성: 평면적·일대기적(순차적) 구성, 우연성, 전기적(비현실적) 요소, 행복한(인위적) 결말
    • 인물: 전형적·평면적 인물(등장인물의 정형성)

- 배경 : 주로 중국이었으나, 우리나라를 배경으로 하는 소설도 늘어남
- 작가와 문체 : 주로 미상, 운문체, 서술(해설 위주, 전지적 작가 시점) 중심

ⓒ 주요 작품
- 군담소설 중요
  - 역사군담소설 : 「임진록」, 「임경업전」, 「박씨전」, 「곽재우전」, 「최고운전」
    ※ 「박씨전」 : 병자호란 배경, 여성 주인공, 둔갑·도술소설
  - 창작군담소설 : 「유충렬전」, 「조웅전」, 「장국진전」, 「소대성전」

작품	작가	내용
임진록(壬辰錄)	미상	이순신, 조중봉 등의 전략과 서산 대사, 사명당의 신출귀몰한 도술로 왜군을 무찌르고, 사명당이 일본에 가서 항서를 받아 개선하는 등의 내용으로 한문본(漢文本)도 있음
유충렬전(劉忠烈傳)		유충렬의 무용(武勇)과 질박한 기상을 그린 것으로, 나라와 임금에 대한 충성심을 주제로 한 소설
조웅전(趙雄傳)		중국 송나라를 배경으로 조웅이 아버지의 원수를 갚은 무용담
임경업전(林慶業傳)		명나라의 위기를 구하고 병자호란의 치욕을 씻으려다 원통하게 죽은 임경업의 무용담
박씨전(朴氏傳)		병자호란 당시 남편을 도술로 성공시키고, 박색(薄色)인 박씨 부인도 미인이 되어 적장을 혼내 주었다는 내용으로 「박씨부인전」이라고도 함

- 「홍길동전」 중요
  - 작가 : 허균
  - 의의 : 최초 국문소설, 봉건제도 개혁, 적서차별 타파, 이상국 건설
  - 창작시기 : 광해군 때
  - 작품 배경 : 세종 때
- 「운영전」
  - 「유영전」, 「수성궁몽유록」이라고도 함
  - 궁중을 배경으로 김 진사와 운영의 비극적 사랑을 그린 작품
- 「구운몽」 중요
  - 작가 : 김만중
  - 제목의 의미
    ⓐ 구(九) : 등장인물, 성진(양소유) + 팔선녀
    ⓑ 운(雲) : 주제, 인생무상의 극복
    ⓒ 몽(夢) : 구성, 액자식 소설
  - 사상 : 유·불·선의 통합
  - 영향관계 : 조신몽 설화 → 구운몽 → 옥루몽, 옥련몽, 옥린몽 → 이광수의 『꿈』, 최인훈의 『구운몽』
  - 유배지에서 노모를 위로하고자 썼다고도 함

> **더 알아두기**
>
> **김만중의 다른 작품**
> - 「사씨남정기」: 숙종과 장희빈 풍자, 수필 「인현왕후전」과 비슷함
> - 「서포만필」
>   - 국어존중론
>   - 훈민정음을 '국서'라 부름
>   - 소설의 가치 인정
>   - "좌해진문장지차삼편": 정철의 「관동별곡」, 「사미인곡」, 「속미인곡」 극찬
>   ※ 좌해진문장지차삼편(左海眞文章只此三篇): 좌해(우리나라, 조선)에서 참된 글은 이 세 편뿐이로다.
> - 「윤씨행장」: 어머니인 윤씨가 살아있을 때의 행적을 추모한 글

- 「허생전」 중요 기출 25
    - 작가: 박지원
    - 내용
        ⓐ 주인공: 몰락한 양반
        ⓑ 병자호란 배경: 북벌론 주장
        ⓒ 중상주의: 해외무역 주장, 매점매석 경계
        ⓓ 유학자의 허위 비판
        ⓔ 실학 사상
        ⓕ 이상국 건설
        ⓖ 유학자의 신분 노출
        ⓗ 당시의 빈약한 경제 상황을 비판
        ⓘ 당시 지배 계층의 위선적 행동을 비판
    - 급진적이라는 비판을 피하기 위한 장치
        ⓐ '옥갑'이란 곳에서 밤새 비장들과 나눈 이야기의 일부
        ⓑ '윤영'이란 노인에게서 들었음
        ⓒ 미완성 결말

> **체크 포인트**
>
> **박지원의 소설**
> - 특징: 현실성, 풍자성, 한문소설
> - 작품: 「호질」, 「허생전」, 「양반전」, 「광문자전」, 「예덕선생전」, 「민옹전」, 「마장전」 등

ⓒ 고소설의 융성
- 임진왜란(1592년) 이후 융성
- 출판업과 인쇄술의 발달
  - 필사본에서 방각본(인쇄본)으로 발달
  - 방각본의 등장으로 대량 생산
  - 세책가(책을 빌려주는 사람) 등장
  - 전기수(傳奇叟, 소설 낭독자) 등장
  - 고소설 융성 이후 판소리계 소설의 발달

더 알아두기

고소설의 쇠퇴
- 중서민층을 유입시키지 못한 역사적 한계
- 새로운 사조와 문물의 도입으로 세계관 및 가치의 변모

체크 포인트

- 최초의 소설: 김시습의 『금오신화』
- 최초의 한글소설: 허균의 「홍길동전」 기출 22
- 군담소설: 「임진록」 – 임진왜란, 「박씨전」・「임경업전」 – 병자호란, 「유충렬전」, 「조웅전」, 「장국진전」, 「이대봉전」 기출 22
- 가정소설 기출 23
  - 계모형: 「장화홍련전」, 「황월선전」, 「김인향전」
  - 쟁총형(일부다처제 모순): 「사씨남정기」, 「월영낭자전」
- 우화소설: 「서동지전」, 「두껍전」, 「까치전」
- 애정소설: 「숙향전」, 「숙영낭자전」, 「백학선전」, 「영영전」, 「옥단춘전」, 「춘향전」, 「만복사저포기」 기출 23
- 김만중의 소설(한글): 「구운몽」, 「사씨남정기」 기출 23
- 박지원의 소설(한문): 『열하일기』 2편, 「방경각외전」 7편 기출 25, 22
  - 평민 주인공: 「마장전」, 「예덕선생전」, 「광문자전」
  - 몰락한 양반・중인・서얼 주인공: 「김신선전」, 「민옹전」, 「우상전」
  - 야유받는 양반 주인공: 「양반전」, 「호질」, 「허생전」

2 국문소설의 형성과 전개

(1) 국문소설의 의의

17세기 국문소설은 반봉건적 지향의 선구자들을 주인공으로 하는 「홍길동전」과 같은 작품들에서 그들의 의로운 행동이 표현되고, 모든 백성들이 착취와 압박 없이 행복하게 사는 나라를 세우는 것을 지향점으로 삼고 있다. 봉건사회현실의 불합리성에 대한 철저한 비판정신과 보다 좋은 생활에 대한 낭만적 지향에 기초하여 있는 그대로의 삶의 진실을 그려내기 위한 사실주의, 그리고 사람마다 자유롭고 행복하게 사는 이상사회를 형상적으로 펼쳐 보여주는 낭만주의의 결합 등의 사상·예술적 특성을 엿볼 수 있다. 이러한 요소들이 결합하여 국문소설이 오늘날까지 그 주요한 전통을 이루고 있는 것이라 해석된다.

(2) 국문소설의 발생 배경

17세기 국문소설이 임진왜란, 병자호란을 계기로 해서 사회경제 및 사상문화 분야에서의 전환적인 변화·발전을 보이면서 소설문학의 새로운 발전을 불러일으켰으며, 점차 본격적인 전성기와 발흥기를 맞게 되었다.

(3) 국문소설의 발생 요인

① 임진왜란 이후 초래된 서민의 자아 각성 및 새로운 문학 환경의 조성
② 오래 전부터 창작되어 온 한문소설 창작 경험의 축적
③ 국문의 광범위한 보급
④ 여성 독자층의 형성

(4) 국문소설의 성취점

① 훈민정음의 보급과 더불어 처음으로 국문소설이 등장하였다.
② 이전 시기의 비현실적 전기적 요소가 서서히 제거되면서 당대 인간들의 현실적인 사건과 소재를 생동감 있게 다루기 시작하였다.
③ 형식이 더 다양하게 발전하였다. 몽자류 소설이 나타나기 시작하고 의인화 소설이 더욱 발전하였으며, 단편 외에 중편·장편소설이 나오게 되었다.

(5) 국문소설의 형성 전개 과정

① 국문소설 발흥기의 주요 소설가인 허균이나 김만중은 모두 상층의 사대부 인물이면서 진보적 의식을 소유한 비판적 지식인이었다. 당시 사대부들이 정통 문학으로 간주한 것은 한문으로 쓰인 시와 산문인데, 이는 중국의 문학이 유입된 데서 비롯되었다. 그래서 국문소설은 더욱 천시되고 폄하되며, 소설은 풍속을 혼란스럽게 하고 인륜을 타락시킨다는 이유로 지배층에 의해 비난받았다. 그 결과 고전소설의 대부분은 작자와 창작연대를 정확히 알 수 없게 되었다. 이 점에서 허균과 김만중의 국문소설 창작은 커다란 혁신적 문학행위로 볼 수 있다.

② 국문소설이 적지 않은 것은 몰락 양반이나 서민 출신의 지식인들에 의해 다수의 소설이 창작되었기 때문이다. 이는 수사본으로 전해져서 전승과정에서 작자의 이름이 탈락되었다.
③ 시대의 발전과 함께 양반 사대부들의 소설문학에 대한 높은 사회적 요구가 계속되면서 1669년 「수호전」, 「서유기」 등의 소설작품들의 어구를 해석한 『소설어록해』가 간행되고 사회적 관심이 고조되었다. 또한 『화몽집』이 편찬되었다.

3 판소리계 소설의 현실인식

(1) 판소리계 소설의 기원

① 영·정조를 전후해 양반 중심의 문학이 서민 중심의 문학으로 전환하면서 가창을 위주로 한 희곡적인 문학이 형성되었는데, 이를 두고 '판소리'라는 용어로 지칭하고 있다.
② 설화를 바탕으로 먼저 판소리가 형성되고, 이것이 나중에 소설로 정착되었다고 추정하는 것이 판소리계 소설의 형성에 대한 통설이다.
③ 판소리계 소설은 서민문학의 산물이라고도 불리는데, 이는 조선조 사회제도에서 파생된 양반과 상민의 불편한 관계가 두드러지게 나타나기 때문이다.
④ **판소리계 소설** : 소설로 정착한 「춘향전」, 「심청전」, 「흥부전」, 「별주부전」, 「화용도」, 「장끼전」, 「배비장전」, 「옹고집전」, 「변강쇠전」

(2) 판소리계 소설의 계보

판소리계 소설은 판소리가 폭넓은 대중의 인기를 누리자 판소리의 사설을 그대로 베껴 쓰거나 혹은 사설에 약간의 수식을 보태어 필사하여 그것을 읽는 일에서 자연스럽게 이루어졌다.

근원설화	판소리 사설	판소리계 소설	신소설(이해조 개작)
방이설화, 은혜 갚은 까치 설화	박타령, 흥보가	흥부전	연(燕)의 각(脚)
구토지설	수궁가, 토별가	별주부전	토(兎)의 간(肝)
열녀설화, 암행어사 설화, 신원설화, 관탈민녀 설화	춘향가	춘향전	옥중화(獄中花)
효녀 지은 설화, 개안설화	심청가	심청전	강상련(江上蓮)

(3) 판소리계 소설의 특징 (중요)

① 적층문학으로 특정한 작가가 없으며 이본이 많다.
② 비속어와 고사성어, 순수한 우리말과 생생한 느낌의 의성어, 의태어가 사용되고 있다.
③ 판소리계 소설에서 시제는 거의 현재 진행형으로 처리된다.
④ 4·4조 중심의 운문체와 산문체가 결합되어 나타난다.
⑤ 근원설화 및 판소리와 밀접한 관련이 있다.
⑥ 조선 후기 서민 의식의 발달상을 반영하고 있다.
⑦ 겉으로 나타난 주제와 내면의 주제가 다르다.

4 소설 외의 산문문학

(1) 특징

① 소설만큼 성행한 것은 아니라 할지라도, 조선 후기에는 한글로 쓰인 교술산문 역시 상당수 창작되었다.
② 이 중 주목할 만한 작품으로는 『계축일기』, 『인현왕후전』, 『한중록』 등이 있다.
③ 이 작품들은 모두 궁중에서 일어난 비통한 사건의 전말을 기록한 것이라는 공통점이 있다.

(2) 작품

① **계축일기** : 인목대비 폐모사건 = 이항복의 시조 '철령 높은 봉에~'
② **인현왕후전** : 인현왕후, 장희빈, 숙종 사이의 사건에 대한 기록
③ **한중록(혜경궁 홍씨)** : 사도세자의 비극적 죽음 기출 25, 22
④ **산성일기** : 병자호란 배경
⑤ **요로원 야화기(박두세)** : 풍자수필

> **더 알아두기**
>
> **고대수필**
> - 고대수필은 거의 한문으로 된 것으로, 패관문학 또는 문집 속에 수록되어 전한다.
> - 국문으로 된 고대수필에는 일기, 기행, 내간, 추도문, 행장, 잡문 등이 있다.
> - 대표작: 「계축일기」, 「한중록」, 「인현왕후전」, 「산성일기」, 「의유당일기」, 「조침문」, 「요로원 야화기」, 「어우야담」, 「규중칠우쟁론기」 등
>   - 한글수필 : 「계축일기」, 「한중록」, 「인현왕후전」, 「의유당일기」, 「산성일기」 등
>   - 한문수필 : 「서포만필」, 「열하일기」, 「순오지」, 「시화총림」 등

5 작품 감상

(1) 만복사저포기(萬福寺樗蒲記) 기출 23

> **줄거리**
> 전라도 남원에 양생(梁生)이라는 노총각이 있었다. 그는 일찍이 부모를 여의고 만복사라는 절에서 방 1칸을 얻어 외롭게 살고 있었다. 젊은 남녀가 절에 와서 소원을 비는 날 그는 모두가 돌아간 뒤 법당에 들어갔다. 저포를 던져 자신이 지면 부처님을 위해 법연(法筵)을 열고, 부처님이 지면 자신에게 좋은 배필을 달라고 소원을 빈 다음 공정하게 저포놀이를 했는데 양생이 이기게 되었다. 양생이 탁자 밑에 숨어 기다리고 있자 15, 16세 정도 되는 아름다운 처녀가 외로운 신세를 한탄하며 배필을 얻게 해달라는 내용의 축원문을 읽은 다음 울기 시작했다. 이를 들은 양생은 탁자 밑에서 나가 처녀와 가연을 맺은 뒤 다시 만날 것을 약속하고 헤어졌다. 얼마 뒤 양생은 약속 장소에서 기다리다가 딸의 대상을 치르러 가는 양반집 행차를 만나 자신이 3년 전에 죽은 그 집 딸과 인연을 맺었음을 알게 되었다. 양생은 처녀의 부모가 차려놓은 음식을 혼령과 함께 먹고 난 뒤 홀로 돌아왔다. 어느 날 밤 처녀의 혼령이 나타나 자신은 다른 나라에서 남자로 태어났으니 양생도 불도를 닦아 윤회에서 벗어나라고 했다. 양생은 처녀를 그리워하며 지리산에 들어가 약초를 캐며 혼자 살았다고 한다.

① **작가**: 김시습(호: 매월당, 도봉, 청한자, 설잠, 자: 열경)
  ㉠ 생육신의 한 사람

> **더 알아두기**
> **생육신**
> 조선 시대에 세조가 단종으로부터 왕위를 빼앗자 벼슬을 버리고 절개를 지킨 여섯 신하로, 이맹전, 조여, 원호, 김시습, 성담수, 남효온 또는 권절을 이른다.

  ㉡ 『금오신화』, 『매월당집』, 『사유록』, 『집현당요해』

② **핵심정리**
  ㉠ 시대: 조선 전기
  ㉡ 갈래: 한문소설, 애정소설, 시애(屍愛)소설, 명혼(冥婚)소설
  ㉢ 특징
    • 한문 문어체의 미사여구 사용
    • 재자가인적(才子佳人的) 주인공 등장
    • 운문을 이용한 정서 표현의 극대화
    • 초현실적 신비로운 내용을 다룸
  ㉣ 제재: 남녀 간의 사랑
  ㉤ 주제: 시공을 초월한 사랑
  ㉥ 출전: 『금오신화(金鰲新話)』

③ 『금오신화』 개관
  ㉠ 의의 : 우리나라 최초의 소설
  ㉡ 명나라 구우의 『전등신화』의 영향을 받음
  ㉢ 전기적(傳奇的) : 비현실적, 기이한 이야기
  ㉣ 수록작품 : 「만복사저포기」, 「이생규장전」, 「취유부벽정기」, 「남염부주지」, 「용궁부연록」

(2) 양반전(兩班傳)

> **줄거리**
> 정선군에 어질고 글 읽는 것을 좋아하는 양반이 살았는데, 그는 몹시 가난하여 해마다 관청의 환곡을 빌려 먹은 것이 천 석(千石)이나 되었다. 이 사정을 알게 된 부자(富者)가 양반을 찾아가서 환곡을 대신 갚아 주기로 하고 양반을 샀다. 이 사실을 알게 된 군수는 매매 증서를 작성했다. 첫 번째 문서에 불만을 가진 부자의 요구에 증서를 다시 작성하였는데, 그 내용은 포악무도한 양반의 행위를 정당화하는 내용이었다. 문권 작성 도중에 부자는 머리를 내저으며 가 버리고 두 번 다시 말을 꺼내지 않았다고 한다.

① **작가** : 박지원(호 : 연암, 자 : 중미) **중요**
  ㉠ 조선 후기 문인, 실학자(정조 때 문체반정과 관련)
  ㉡ 주요 저서 : 『연암집』, 『열하일기』
② **핵심정리**
  ㉠ 시대 : 조선 후기
  ㉡ 갈래 : 한문소설, 단편소설, 풍자소설
  ㉢ 시점 : 전지적 작가 시점
  ㉣ 배경 : 시대적 – 18세기, 공간적 – 정선군, 사상적 – 실학 사상, 북벌론 비판
  ㉤ 특징
    • 양반 매매 문권
      – 문권 1 : 문권의 엄격한 준서 조항으로 양반 사류(士類)의 모습을 희화화
      – 문권 2 : 가문에 기대어 무단을 자행하는 일그러진 양반의 행태 표출
    • 경제적 무능과 허식적 생활태도를 풍자적인 어조로 비판함(허례허식, 공리공론)
    • **실사구시(實事求是)의 실학 사상이 드러남**
    • 당시의 시대상을 엿볼 수 있음
    • '도둑놈'이라는 표현을 통해 전횡(專橫)을 일삼는 양반을 풍자적으로 고발
    • 소재를 현실 생활에서 취하고 사실적으로 묘사
  ㉥ 주제 : 양반들의 공허한 관념과 특권 의식에 대한 비판
  ㉦ 출전 : 『연암집(燕巖集)』 권8 별집(別集) 「방경각외전」

(3) 운영전(雲英傳)

> **줄거리**
>
> 세종의 삼남인 안평대군의 수성궁은 세월이 흘러 폐허가 되었는데, 유영이라는 한 선비가 춘흥을 못 이겨 그곳을 찾아가 홀로 술잔을 기울이다가 문득 잠이 들어 밤을 맞는다.
> 한 곳에 이르니 어떤 청년이 아름다운 여인과 속삭이다가 유영이 오는 것을 보고 반갑게 맞이한다. 여인은 곧 시비를 불러 자하주(紫霞酒)와 성찬(盛饌)을 차려오게 한다. 그 뒤 세 사람이 대좌하여 술을 마시며 노래를 부른다. 분위기가 무르익자 유영이 그들의 성명을 물으니 청년은 김 진사, 여인은 안평대군의 궁녀 운영이라 한다. 유영이 안평대군 생시의 일과 김 진사의 슬퍼하는 곡절을 물으니 운영이 그들의 사연을 먼저 풀어 놓는다.
> 어느 날 안평대군과 궁녀들이 시를 짓고 있는데 김 진사가 찾아와 함께 어울려 시회(詩會)를 열게 된다. 그때 운영은 김 진사의 재모(才貌)에 마음이 끌려 그를 사랑하게 된다. 김 진사 또한 운영에게 정을 보내게 된다. 그 뒤 운영은 김 진사를 몰래 사모하다가 그에 대한 연정을 시 한 수에 옮겨, 마침 김 진사가 안평대군을 만나러 온 틈을 타 문틈으로 전달한다. 김 진사도 수성궁에 출입하는 무녀를 통하여 사랑의 답신을 보낸다. 운영과 김 진사의 관계를 눈치 챈 안평대군은 궁녀를 나누어 서궁으로 이주시키고 운영을 힐문하지만 운영은 죽을 각오로 사실을 부인하고 자백하지 않는다.
>
> 이런 일이 있은 뒤 중추절에 궁녀들이 개울로 빨래를 하러 나갈 기회를 얻자, 운영은 곧장 무녀의 집으로 달려가 연락하여 다시 김 진사를 만나 사랑을 나누고 궁중에서 다시 만날 것을 약속한다. 그날 밤 김 진사는 높디높은 궁장(宮墻)을 넘어가서 운영을 만나 운우지락(雲雨之樂)을 이룬다. 이후로 김 진사는 밤마다 궁장을 넘나들며 운영과 즐거움을 나눈다. 그러나 그해 겨울이 되자 눈을 밟고 궁중을 오간 김 진사의 발자국이 빌미가 되어 두 사람은 궁인들의 구설수에 오르게 된다. 마침내 안평대군에게도 의심을 사게 되어 운영은 탈출을 계획하고 김 진사의 사내 종 특(特)을 통하여 그의 가보와 집기들을 모두 궁외로 옮기게 되지만, 특(特)의 간계에 의하여 모두 빼앗기게 된다.
>
> 뒤늦게 이 사실을 안 안평대군은 대노하여 궁녀들을 불러 문초하기에 이른다. 안평대군이 운영을 하옥하자 그녀는 자책감으로 그날 밤 비단수건으로 목을 매어 자결하고 만다. 여기까지 운영이 진술하자 이 사실을 기록하고 있던 김 진사가 이번에는 운영의 뒤를 이어 술회한다.
> 운영이 죽자 김 진사는 운영이 지녔던 보물을 팔아 절에 가서 운영의 명복을 빈 다음 식음을 전폐하고 울음으로 세월을 보내다가 운영의 뒤를 따라 자결하고 만다. 이야기가 여기까지 이르자 김 진사와 운영은 슬픔을 억제하지 못한다.
>
> 이번에는 유영이 그들을 위로하여 "인세에 다시 태어나지 못함을 한하느냐?"라고 묻자 그들은 천상의 즐거움이 인세보다 더 큼을 말하고, 다만 옛날의 정회를 잊지 못하여 이곳을 찾아왔다고 말한다. 유영은 바다가 마르고 돌이 녹아도 사라지지 않을 자신들의 사랑을 세인에게 전하여 달라는 당부를 받는다.
>
> 이야기가 끝난 뒤 세 사람은 다시 술을 마신다. 유영이 술에 취해 졸다가 문득 산새 소리에 놀라 깨어보니 새벽이 밝았는데 다만 김 진사와 운영의 일을 기록한 책자만이 무료히 놓여 있었다. 유영은 그것을 가지고 돌아와 상자에 감추어두고, 그 뒤로는 침식을 전폐하고 명산대천을 두루 돌아 마친 바를 알지 못하였다고 한다.

① **작가**: 미상
② **핵심정리**
  ㉠ 시대: 조선 후기
  ㉡ 배경
    • 시간적: 조선 초기 ~ 중기
    • 공간적: 안평대군의 사궁인 수성궁, 천상계
  ㉢ 갈래: 염정소설, 몽유소설, 액자소설
  ㉣ 구성: **액자식, 몽유록식**
  ㉤ 시점: 전지적 작가 시점
  ㉥ 사상: 신선 사상, 불교 사상, 무교 사상
  ㉦ 특징
    • 조선 시대의 고대소설 중에서도 남녀 간의 애정을 미화한 대표적인 작품일 뿐 아니라 결말을 비극으로 처리한 유일한 소설이다.
    • 작품 구성의 주된 매체가 '시(詩)'이다.
    • 회상적 서술, 봉건적 애정관을 탈피한 자유연애 사상을 드러낸다.
    • 등장인물에 대한 개성적 성격 표현과 대화체의 문체를 사용함으로써 생동감 있는 구성과 함께 작품에 흥미를 더해 준다.
  ㉧ 주제: 궁녀들의 구속적인 궁중 생활과 김 진사와 궁녀의 비극적 사랑

> **더 알아두기**
>
> **등장인물의 성격**
> • 운영: 비인간적인 삶에서 벗어나 참된 삶을 살고 싶어하는 나약한 궁녀로, 순결하고 뜨거운 정열과 지성을 지닌 여인
> • 김 진사: 정서적이며 감상적인 인물로, 운영과의 순수한 사랑의 성취가 현실적 장벽에 가로막히자 운영의 뒤를 따라 죽음으로써 시공(時空)을 뛰어넘는 영원한 사랑을 획득함
> • 안평대군: 겉으로는 품위 있는 행동을 보이며 군자(君子)인 척하지만 위선적인 전근대적 사고를 지닌 인물

(4) 최척전(崔陟傳)

> **줄거리**
>
> 남원에 사는 최척(崔陟)이 정상사(鄭上舍)의 집으로 공부하러 다녔다. 어느 날, 옥영(玉英)이 창틈으로 최척을 엿보고 그에게 마음이 끌려 구애(求愛)의 시를 써서 보냈다. 그리고 시비(侍婢) 춘생을 보내 답신(答信)을 받아 오게 한다. 최척은 춘생을 통해 옥영의 이야기를 듣고 그녀를 사랑하게 되어, 부친의 친구인 정상사에게 혼사를 주선해 줄 것을 부탁한다. 옥영은 이 혼사(婚事)를 반대하는 어머니를 설득하여 마침내 둘은 약혼을 하게 된다.
>
> 혼인 날을 정해 놓고 기다리던 중 왜적의 침입을 막기 위해 남원 지역에 의병이 일어났고 최척도 여기에 참전하게 되었다. 혼인 날짜가 지나도록 최척이 돌아오지 않으므로 옥영의 어머니는 부자의 아들인 양생(梁生)을 사위로 맞으려 한다. 그러나 옥영은 최척이 돌아올 때를 기다려, 두 사람은 드디어 혼인을 하고 행복한 나날을 보낸다. 이때 맏아들 몽석이 태어난다.
>
> 정유재란으로 남원이 함락되면서, 옥영은 왜병의 포로가 되었고 최척은 흩어진 가족을 찾아 헤매다가 실심한 끝에 명나라 장수 여유문과 형제의 의를 맺고 중국으로 건너가 살게 되었는데, 자신을 매부로 삼으려는 여유문의 요구를 단호하게 거절한다. 한편 일본에 잡혀간 옥영은 계속 남자로 행세하면서 불심(佛心)이 깊은 왜인을 만나 우여곡절(迂餘曲折) 끝에 상선을 타고 다니면서 장삿일을 돕게 된다.
>
> 여러 해가 지나 여유문이 죽자 최척은 항주의 친구 송우(宋佑)와 함께 상선을 타고 여기저기로 떠돌아다니게 되었다. 그러던 어느 날, 안남(安南)에 배를 타고 갔다가, 상선을 타고 안남까지 오게 된 아내 옥영을 우연히 만나게 된다. 이들은 중국 항주(杭州)에 정착하여 둘째 아들 몽선을 낳아 가르며 십수 년 간 행복한 생활을 누린다. 몽선이 장성하게 되자 홍도(紅桃)라는 중국 여인과 혼인을 시킨다. 홍도는 임진왜란 때 조선에 출전했다가 실종된 진위경의 딸이었다.
>
> 이듬해 호족(胡族, 청나라)이 침입하여 최척은 처자식과 이별하고 명나라 군사로 출전하였다가 청군의 포로가 된다. 그는 포로 수용소에서 명나라의 청병(請兵)으로 강홍립을 따라 조선에서 출전했다가 역시 청군의 포로가 된 맏아들 몽석을 극적으로 만나게 된다. 부자는 함께 수용소를 탈출하여 고향으로 향한다.
>
> 한편 옥영은 주도면밀(周到綿密)한 계획을 세워 몽선·홍도와 더불어 천신만고(千辛萬苦) 끝에 고국으로 돌아와 일가가 다시 해후하여 단란한 삶을 누리게 된다.

① **작품 개요**

17세기 전반에 쓴 조위한의 작품이다. 임진왜란과 병자호란을 배경으로 한 작품으로, 전쟁으로 인한 당대 백성들의 역경과 고난을 사실적으로 표현하였다.

가족의 이산과 재회라는 구성의 유사성, 그리고 우연적 요소에 의한 사건전개 방식의 유사성이 군담·영웅소설과 밀접한 관련이 있다. 다만 「최척전」은 이러한 측면이 강하지 않아 비교적 사실적이다.

특히, 여주인공 옥영은 자신의 뜻에 따라 배우자를 결정했으며 강인한 의지와 슬기로 전쟁이 가져다 준 역경을 극복하고 운명을 개척해 나가는 여인으로 부각되었는데, 이것은 후대소설에서의 '춘향'처럼 강인하고 능동적인 여성상의 선구적 모습으로 파악할 수 있다. 그러나 옥영이나 최척이 영웅적 인물로 묘사되지 않은 것을 보면 이들은 대체로 몰락한 양반들의 후예로서 평범한 사람들임을 짐작할 수 있다.

② 핵심정리
　㉠ 작가 : 조위한(趙緯韓)
　㉡ 연대 : 1621년(광해군 13)
　㉢ 갈래 : 고전소설, 군담소설, 영웅소설
　㉣ 시점 : 전지적 작가 시점
　㉤ 주제 : 임진왜란과 병자호란을 배경으로 애정 문제와 가족의 이산과 재회의 과정 → 옥영과 최척의 만남과 이별, 홍도와 그 아버지의 이별과 만남을 중심으로 한 내용 전개를 통해 당시의 전란이 초래한 이산가족의 고통과 강한 가족애에 의한 재회
　㉥ 특징
　　• 유몽인의 『어우야담』에 수록된 「홍도」가 조위한에 의해 소설화된 것으로 본다.
　　• 임진왜란을 계기로 명·청 간의 세력교체를 배경으로 하여 조선·일본·중국·만주 간을 연결하는 최척과 옥영·몽선·몽석과 홍도의 이별·재회의 구성법이 고전소설의 참신한 맛을 더해주고 있다.
　　• 과거의 고전소설에서 도외시되었던 역사성과 지리적 감각이 이 작품을 계기로 사실적으로 접근되어 그 가치가 높다.
　　• 강항(姜抗)의 「간양록」이나 노인(魯認)의 「금계일기」에서 볼 수 있는 포로가 된 주인공의 행적을 중심으로 피로문학(被虜文學)이라는 새 장르의 가능성을 제기할 수 있다.
　㉦ 의의
　　• 사건 전개의 주요 요인으로 불교적 요소가 강하게 드러나 있다.
　　• 대체로 사실주의적 표현으로 당시의 우리나라 사회·역사의 본질적 문제를 제기하고 있다는 점에서 17세기 소설사에서 중요한 위치를 차지한다.

(5) 박씨전(朴氏傳)

> **줄거리**
> 조선 인조 때 서울 안국방(安國坊)에서 태어난 이시백(李時白)은 어려서부터 매우 총명하고 문무를 겸전하여 명망이 조야에 떨쳤다. 아버지 이 상공이 주객으로 지내던 박 처사의 청혼을 받아들여 시백은 박 처사의 딸과 가연(佳緣)을 맺게 된다.
> 박씨 부인은 천하의 박색이었으나 자신의 판단과 결심에 따라 행동하는 능동적 성품을 지닌 여인이었다. 그러나 여자의 현숙한 덕보다는 미색을 추구했던 시백은 신부의 용모가 천하의 박색임을 알고 실망하여 박씨를 대면조차 하지 않는다.
> 박씨는 이 공에게 청하여 후원에 피화당(避禍堂)을 짓고 여기에서 소일한다. 박씨는 자신의 여러 가지 신이(神異)한 일을 드러내 보이지만 시백은 거들떠보지도 않는다.
> 박씨는 원래 기이한 재주의 소유자로, 시기가 되어 허물을 벗고 절대가인이 되자 시백은 크게 기뻐하며 박씨의 뜻을 그대로 따른다.
> 이때 중국의 가달(可達)이 용골대 형제에게 삼만의 병사를 거느리고 조선을 침략하게 하였다. 그러나 박씨는 뛰어난 능력을 발휘하여 용골대 형제를 무찌른다.
> 박씨와 이시백은 국난(國難)을 극복하고 행복한 여생을 보낸다.

① 작품 개요
작가와 연대가 미상인 이 작품은 조선 19대 임금인 숙종 때 제작된 것으로 추정되며, 이본으로 「박씨 부인전」이 있다.

② 핵심정리
  ㉠ 갈래 : 고전소설, 도술소설, 군담소설, 역사소설
  ㉡ 주제 : 박씨의 초인적 도술과 병자호란의 치욕에 대한 보복
  ㉢ 의의 : 여성에게 영웅적 기상 부여
  ㉣ 등장인물
    • 박씨 부인 : 봉건적 남존여비 사상에 물들어 고루한 도덕규범과 낡은 인습에 순종하는 존재가 아닌 자신의 판단에 따라 행동하는 능동적 인물이다. 나라를 지키기 위해 지혜와 용맹을 떨치는 애국자이며, 이시백·임경업 등의 실재했던 역사적 인물과는 달리 작가의 허구에 의해 개성화된 가공적 인물이다.
    • 이시백 : 여자의 현숙한 덕보다는 미색을 추구하는 평범한 인물로, 박씨 부인이 육신의 허물을 벗고 절세미인으로 변신하자 자신의 과오를 뉘우치고 박씨 부인을 따르는 인물
  ㉤ 변신 모티프 : 박색 → 〈변신〉 → 절색

(6) 구운몽(九雲夢)

> **줄거리**
> 당나라 때 육관이라는 대사가 형산 연화봉에 큰 법당을 짓고 도를 실천하며 제자를 길렀는데 그중 성진이라는 제자가 가장 뛰어났다. 성진이 대사의 심부름으로 강론에 참여한 사례를 동정호의 용왕에게 전하러 갔다가 술을 마시고, 돌아오던 길에 남악 위부인이 대사에게 보낸 팔선녀와 만나 수작을 한다. 선방에 돌아온 이후에도 팔선녀의 생각이 떠나지 않고 불가의 적막함을 한탄한다. 이에 육관대사는 성진과 팔선녀를 인간 세계에 보낸다. 성진은 양소유란 인물로 환생하여 과거에 급제하여 입신양명의 길을 걷고, 팔선녀는 그 과정에서 여러 모습으로 환생하여 양소유와 부부의 연을 맺는다.
> 아홉 사람이 온갖 영화를 누리며 살던 중 호승으로 분(扮)한 육관 대사를 만나 지금까지의 모든 부귀영화가 꿈이었음을 알게 되고 꿈에서 깬 성진은 육관 대사의 정법을 물려받고 보살대도(菩薩大道)를 얻어 팔선녀와 함께 극락세계로 간다.

① 작품 개요 〔중요〕
「구운몽」은 조선 숙종 때 서포(西浦) 김만중(金萬重)이 남해(南海)에서 유배 생활을 하는 동안 어머니 윤씨를 위로하기 위하여 지은 한글 소설이다(한문본도 있음). 조선 시대 양반의 생활과 이상을 그린 대표적인 양반 소설이며, 꿈과 현실의 이중적인 구조인 환몽(幻夢) 구조로 이루어진 몽자류(夢字類) 소설의 효시가 되는 작품이다.

> **더 알아두기**
>
> 「구운몽」의 창작 시기에 대해서 여러 설이 있으나, 서포의 생애를 기록한 「서포연보(西浦年譜)」가 발견되면서, 서포가 1687년 9월부터 1688년 11월 사이 평안북도 선천(宣川)에서 유배 생활을 할 때 지은 것임이 분명해졌다.

② **핵심정리**

　㉠ 갈래 : 고전소설, 한글소설, 한문소설, 염정(艷情)소설, 전기(傳奇)소설, 몽자류(夢字類)소설, 양반소설, 적강(謫降)소설, 영웅(英雄)소설

　㉡ 문체 : 문어체, 산문체, 만연체

　㉢ 성격 : 불교적, 구도적

　㉣ 주제 : 인생무상, 제행무상(諸行無常)의 깨달음과 불생불멸(不生不滅)의 진리에 귀의함

　㉤ 시점 : 전지적 작가 시점

　㉥ 배경 : 중국 남악 형산의 연화봉(현실)/중국 일대(꿈), 당나라 때

　㉦ 표현방법
- 중국 고사나 관용적이고 비유적인 표현으로써 장면과 인물의 감정을 묘사함
- 우연적이며 전기적으로 사건을 전개함 → 비현실적인 세계
- 현실과 꿈의 이중적인 구조(환몽 구조)를 이루고 있음 → '현실 – 꿈 – 현실'

　㉧ 근원설화 : '조신몽(調信夢)' 설화(『삼국유사』), '남가일몽(南柯一夢)' 설화

　㉨ 의의 : 몽자류 소설의 효시, 양반소설의 대표작, 최초로 영문 번역되어 외국에 소개됨

　㉩ 창작 동기
- 개인적 동기 : 노모(老母) 윤씨를 위로하기 위해 창작함
- 문학적 동기 : 한국인은 한국어로 작품을 써야 한다는 '국민문학론'을 내세우고 폭넓은 지식을 바탕으로 창작에 임함

　㉺ 아류작 : 「옥루몽(玉樓夢)」, 「옥련몽(玉蓮夢)」

　㉻ 등장인물
- 성진 : 육관 대사의 수제자로 비범한 인물, 속세에 미련을 두고 속세에 환생(양소유)하여 팔 선녀와 더불어 갖은 부귀영화를 누리지만 그것이 한갓 허망한 꿈임을 깨닫고 본성을 발견한다.
- 육관 대사 : 세상의 모든 일을 관통할 수 있는 도통한 중이다. 성진의 스승으로서 성진의 번뇌를 성진으로 하여금 직접 벗도록 한다. 속세에 성진을 따라가 호승(胡僧)으로 나타나기도 한다.
- 팔선녀 : 성진과 함께 남녀의 정욕을 탐하고 속세를 흠모하다 인생무상을 깨닫는다.

> **더 알아두기**
>
> '구운몽'의 제목의 상징성
> - 구(九) : 성진(양소유) + 팔선녀(팔낭자) = 등장인물
> - 운(雲) : 인생의 부귀영화가 흘러가는 구름처럼 덧없음 = 소설의 주제 의식
> - 몽(夢) : 한 바탕의 꿈 = 소설의 구성

③ 「구운몽」의 구조

현실 – 선계 – 천상계	꿈 – 인간계	현실 – 선계 – 천상계
• 성(聖), 영원(永遠) • 불변의 세계, 비현실적 • 형이상학적 세계 • 회의하는 성진(금기의 파괴)	• 속(俗), 찰나(刹那), 수유(須臾), 잠시 • 형이하학적 세계 • 세속적 욕망을 성취하는 양소유(욕망의 달성)	• 성(聖), 영원(永遠) • 불변의 세계, 비현실적 • 형이상학적 세계 • 깨달음을 얻어 불도에 정진하는 성진

④ **사상적 배경** 중요

「구운몽」은 유교(儒敎), 불교(佛敎), 도교(道敎)가 융합된 가운데, 그중 불교의 공(空) 사상이 가장 중심에 있다.

㉠ 불교적 바탕 : 핵심적 주제를 이루는 사상
㉡ 유교적 바탕 : 입신양명, 부귀공명(당시 양반 사회의 이상적 인생관)
㉢ 도교적 바탕 : 작품의 비현실적 내용을 이루는 신선 사상

> **더 알아두기**
>
> 몽자류 소설
> - 몽자류 소설이란 그 제목이 '~몽(夢)'자로 끝나는 소설 작품들을 통틀어 이르는 말인데, 대개 꿈이 삽입되어 있으며, 그 꿈은 작품 구성에 있어서 중요한 역할을 맡는다.
> - 꿈속에서 노닐고, 체험한 것을 서술한 몽유록(夢遊錄)계 소설처럼 환몽 구조를 이루고 있다는 특징이 있지만, 몽유록계 소설의 주인공이 현실에서와 같이 꿈속에서 일을 벌여 나가는 반면, 몽자류 소설은 꿈은 헛된 세계라고 본다는 차이점이 있다.

(7) 배비장전(裵裨將傳)

> **줄거리**
> 제주 목사로 부임하게 된 한양의 김경(金卿)은 배비장에게 예방의 소임을 맡긴다. 이에 서울을 떠나게 된 배비장은 어머니와 부인 앞에서 여자를 가까이 하지 않겠다는 맹세를 한다. 제주에 도착한 배비장은 구관 사또를 모시던 정비장과 기생 애랑의 이별 장면을 보고, 애랑의 교태에 넘어가 자신의 앞니까지 뽑아 주고 가는 정비장을 비웃는다. 이후, 기생들과의 술자리를 멀리하고 홀로 깨끗한 체하는 배비장을 유혹하기 위해서 목사의 지시로 방자와 애랑이 계교를 꾸민다.
> 어느 날 녹림간 수포동에 억지로 함께 놀러간 배비장은 애랑이 목욕하는 모습을 보고는 배가 아프다며 일행을 먼저 보내고 방자와 실랑이를 벌이며 애랑을 훔쳐 보고 음식 대접도 받는다. 그 뒤 애랑을 못 잊어 병이 난 배비장은 방자를 시켜 편지를 보내고, 밤에 그녀의 처소로 몰래 오라는 답신을 받는다. 배비장은 방자가 지정한 개가죽 두루마기에 노벙거지를 쓰고 애랑의 집을 찾아간다. 배비장은 애랑의 집 담 구멍을 간신히 통과하여 애랑을 만나는데, 방자가 애랑의 서방 행세를 하며 들이닥친다. 애랑은 겁을 주며 배비장을 준비된 자루 속에 들어가게 한다. 서방인 척 들어온 방자가 자루가 수상하다며 두들기자 배비장은 거문고 소리를 낸다. 방자가 술을 사러 간다고 틈을 내준 사이에 배비장은 피나무 궤에 들어가서 몸을 숨긴다. 방자는 배비장이 숨어 들어가 있는 피나무 궤를 불을 질러 버리겠다고 위협을 하다가, 다시 톱으로 켜는 흉내를 하면서 궤 속에 든 배비장을 혼내 준다. 배비장이 든 피나무 궤는 목사와 육방관속 및 군졸들이 지켜보는 가운데 동헌으로 운반되고, 바다 위에 던져진 줄 안 배비장이 궤 속에서 도움을 청하자, 뱃사공으로 가장한 사령들이 궤 문을 열어 준다. 배비장은 알몸으로 허우적거리며 동헌 대청에 머리를 부딪쳐 온갖 망신을 당한다.

① 작품 개요

판소리 열두 마당의 하나인 「배비장타령」을 한글소설로 개작한 것으로, 조선 말기의 작가 미상의 작품이다. 당시의 지배층인 양반들의 위선을 폭로함으로써 서민들의 양반에 대한 보복 심리를 잘 묘사하였다. 「배비장전」의 줄거리를 구성하는 근간은 『태평한화골계전(太平閑話滑稽傳)』에 실려 있는 「발치설화(拔齒說話)」와 『동야휘집(東野彙集)』의 「미궤설화(米櫃說話)」에서 찾을 수 있다. 설화에서 판소리로, 다시 소설로 발전하는 과정을 살펴볼 수 있으며 풍자소설의 백미로 꼽힌다.

② 핵심정리

  ㉠ 형식 : 고대소설, 골계소설
  ㉡ 성격 : 해학적, 풍자적
  ㉢ 주제 : 양반의 위선을 폭로·풍자
  ㉣ 구성 : 순차적 구성
  ㉤ 특징
   • 성(性)에 대한 풍자를 통해 노골적으로 성을 표현하고 해학적인 웃음을 유발하여, 상층에서 내세우는 경화된 관념을 부정하고, 하층에서 얻은 발랄한 지혜를 긍정한다.
   • 기존의 설화를 이용했으면서도 구성이 좋고, 적극적인 주제 의식과 밀착되어 있다.
   • 서로 다른 신분 계층들 사이의 심각한 갈등 양상이 빚어지고 있었던 당대의 현실을 배경으로, 문학의 풍자성과 해학성의 깊이가 두드러진다.

> **더 알아두기**
>
> 「배비장전」은 판소리나 희곡 등으로 개작되어 공연됨으로써 사랑을 받아왔다. 근래에 들어서도 한국인의 낙천성과 풍자를 통한 해학미의 전통을 계승한 좋은 작품으로 평가되어 마당극 놀이나 연극, 뮤지컬 등으로 많이 상연될 정도여서 그 문학적 의의와 역사적 의미가 높다.

(8) 춘향전(春香傳)

> **줄거리**
>
> 전라도 남원 부사의 아들 이몽룡이 방자를 데리고 광한루에서 시를 읊고 놀다가, 퇴기(退妓) 월매의 딸인 춘향이가 향단을 데리고 광한루에서 그네를 뛰고 있는 장면을 보게 된다. 이에 이 도령은 방자를 시켜 춘향을 불러 보고 그 자태에 반해서 그날 밤으로 춘향을 찾아가 가약을 맺고, 그들은 이내 깊은 사랑에 빠진다.
> 그러다가 이 부사가 갑자기 서울로 영전하게 되어 이 도령과 춘향은 어쩔 수 없이 이별하게 된다. 새 남원 부사에 변학도라는 이가 부임해 오는데, 그는 천하의 호색가여서 춘향이 절세미인이란 말을 듣고 춘향이를 불러다가 수청(守廳)을 들라고 강요한다. 그러나 춘향이가 죽기를 맹세코 이를 거절하니, 결국 춘향은 하옥(下獄)되고 만다.
> 한편, 이 도령은 서울로 올라가 열심히 학업을 연마하여 문과에 급제하여 호남 지방의 암행어사를 제수받아 걸객으로 변장하고 내려온다. 이 도령은 춘향이 수청을 거부하다 옥중에서 온갖 고초를 당하고 있다는 말을 듣고, 부사의 생일 잔칫날에 동헌을 찾아가서 변 사또의 학정을 비판하는 시 한 수를 읊는다. 그리고 어사 출도를 단행하여 부사를 봉고파직(封庫罷職)하고 춘향을 구해 내어 백년가약을 맺고는 행복한 여생을 보낸다.

① **작품 개요**

ⓐ 「춘향전」은 한국문학을 대표하는 고전소설의 하나이다. 「춘향전」은 형성 과정부터가 철저한 민중문학으로서 특정한 개인이 지은 것이 아니라 설화를 바탕으로 하여 민중들이 스스로 집단적으로 창작한 적층문학이다. 따라서 표현이 과감하고 양반의 관습적 사유에서 벗어난 주제를 다루고 있는 특징이 있다. 특히 주제면에서는 평등을 바탕으로 한 인간 존중과 자유연애 사상, 표현면에서는 생생한 구어체를 통한 해학과 풍자, 반어, 열거, 대구, 과장 등 다채로운 수사법이 전개되고 있어 오늘날의 글쓰기에도 많은 시사점을 줄 수 있다.

ⓑ 「춘향전」은 오랜 세월을 두고 이루어진 우리 민족 고유의 문화 양식으로 설화, 판소리, 소설의 특성을 두루 갖추고 있을 뿐만 아니라 내용 면에서도 한민족의 전통적 정서를 잘 표현하고 있는 작품이다. 그러므로 작품을 읽는 과정에서 우리 민족의 전통적 삶의 방식을 볼 수 있을 뿐만 아니라, 현실에 대응하고 갈등을 해소해 나가는 방식에 대해서도 이해의 폭을 넓힐 수 있다.

ⓒ 「춘향전」은 지은이가 누구인지 알 수 없다. 정절을 지키는 여인의 이야기인 '열녀설화'를 바탕으로 여러 사람이 이런 이야기를 만들어 내고, 그것이 판소리로 불리어 사람들의 공감을 얻으면서 널리 전파되자, 그 판소리 사설을 소설로 펴낸 것으로 짐작된다. 따라서, 오랜 세월에 걸쳐 전해 오는 동안 한 사람의 지은이가 아닌 여러 사람이 이 이야기의 형성에 관여했다고 할 수 있으므로, 이를 가리켜 적층문학(積層文學)이라고 한다. 또 '설화 → 판소리 → 고대소설 → 신소설'의 순

서로 이루어졌다고 해서 '판소리계 소설'이라고도 한다. 판소리계 소설에는 「춘향전」이외에도 「심청전」, 「흥부전」, 「토끼전」 등이 있다.

② **핵심정리**
  ㉠ 갈래 : 고전소설, 애정소설, 판소리계 소설
  ㉡ 문체 : 구어체, 운문체와 산문체의 혼합
  ㉢ 성격 : 서사적, 운문적, 해학적, 골계적
  ㉣ 시점 : 전지적 작가 시점
  ㉤ 배경 : 조선 후기, 전라북도 남원
  ㉥ 주제
    • 춘향의 정절을 기림(본문 중심 주제)
    • 남녀 간의 지순한 사랑
    • 신분적 갈등의 극복을 통한 인간 해방
  ㉦ 특징
    • 판소리 특유의 해학적이고 풍자적인 표현이 나타난다.
    • 서술자의 편집자적 논평이 자주 나타난다.
    • 전라도 방언을 사용해 현장감을 드러낸다.
    • 다양한 수사법과 확장적 문체를 통해 표현의 극대화를 꾀한다.
    • 겉으로 나타난 주제와 내면의 주제가 다른 판소리계 소설의 특징이 나타난다(표면적으로는 여성의 정조를 강조한 것 같지만, 신분을 뛰어넘은 사랑의 승리를 표현).
  ㉧ 문체상의 특징
    • 운문체와 산문체가 결합되어 있다.
    • 음성 상징어가 사용되고 있다.
    • 대구, 열거, 반복 등의 표현이 많다.
    • 양반층의 언어와 서민층의 언어가 뒤섞여 있다.
  ㉨ 발전 과정 : 설화[열녀, 신원(伸冤), 박색, 관탈민녀, 암행어사, 염정, 명경 옥지환 교환 설화] → '춘향가'(판소리) → 「춘향전」(고전소설) → 이해조의 『옥중화(獄中花)』(신소설) → 이광수의 『일설 춘향전』(현대소설)

③ 「춘향전」의 근원설화 **중요**
  ㉠ 열녀설화 : 도미의 처(妻) 설화, 지리산녀 설화 등
  ㉡ 신원(伸冤)설화 : 억울하게 죽은 혼백을 위해 원수를 갚는다는 이야기
  ㉢ 염정(艷情)설화 : 성세창 설화
  ㉣ 암행어사 설화 : 어사 이시발의 실제담과 노진 박문수의 설화
  ㉤ 관탈민녀형(官奪民女型) 설화 : 도미의 처 설화, 우렁색시 민담, 지리산녀 설화, 숙향이굴 전설
  ㉥ 명경 옥지환(明鏡玉指環) 교환 설화 : 부절(符節)설화

> **체크 포인트**
>
> 「남원고사」
> 완판본보다 30년이 앞서고 작품의 양도 두 배 이상 되어 「춘향전」을 대표하는 대본으로 평가받기도 한다. 전체 줄거리는 「별춘향전」의 계통이지만 행문을 비롯한 부분 장면에서 상당한 개별성을 보여준다. 창작 의식이 뚜렷한 작가가 판소리 사설의 구성 원리를 이용한 장편소설화가 이루어진 것으로 민족문학의 다양한 소재를 최대한 삽입시켜 서술하고 있다. 또한 많은 재담과 가요, 고사성어를 사용하였으며, 사건의 전체적 흐름도 일관성이 있고 합리성을 띠고 있다.

④ 춘향전의 문학적 가치
 ㉠ 한국적인 정서 : 대부분의 고전소설이 중국을 배경으로 하여 사건의 전개도 비현실적인 요소가 많은 데 비해, 「춘향전」은 한국을 배경으로 하고 한국적 정서를 바탕으로 한다.
 ㉡ 자유연애와 인권 평등의 주제 : 봉건 시대의 엄격한 사회 계급 제도에 얽매였던 당시임에도 불구하고, 계급을 초월한 자유연애 사상의 고취와 인권 평등을 주제로 하였다.
 ㉢ 독특한 표현 방식 : 해학과 풍자가 풍부하고, 국문 소설 중에 가장 사실적인 표현을 살렸다.
 ㉣ 전형적인 인물 : 등장인물의 성격이 고대소설 중 가장 전형적인 인물로서 창조되었다.

(9) 규중칠우쟁론기 기출 22

> **줄거리**
>
> 규방의 부인이 침선(針線)에 사용하는 자(척부인), 바늘(세요각시), 가위(교두각시), 실(청홍흑백각시), 골무(감토할미), 인두(인화부인), 다리미(울낭자) 등 규중 칠우가 제각기 공을 다투다가 규방 주인의 책망을 듣는다. 그러자 이번에는 번갈아 인간의 인정 없음을 성토(聲討)하다가 주인 여자에게 또 야단을 맞는데, 감투 할미가 죄를 빌어 무사하게 되었다는 내용이다.

① 작품 개요
 짧은 분량에도 불구하고 밀도 있는 구성을 갖추면서, 규방에서만 느낄 수 있는 섬세한 정서를 잘 표출하고 있다. 자기 공을 내세우느라 남을 헐뜯는 것을 능사로 삼는 등장인물을 통해 인정 세태를 풍자하면서, 동시에 작중 인물들의 그러한 행위가 세상 남성들의 억지스러운 형태와도 자연스럽게 맞물리도록 하여, 여성의 입장에서 남성을 빈정대는 함축적 의미를 내포하고 있다. 이 작품은 사람의 일생이나 국가의 흥망 같은 거창한 문제를 다루는 가전체의 형식을 빌리면서도, 한문이 아닌 국문으로 여성의 관심사를 흥미롭게 서술하여 가전체의 새로운 방향을 개척하려는 시도를 했다는 점에서 높이 평가할 수 있다. 하지만 공감의 폭이 좁은 가전체의 한계를 벗어나기에는 미흡했다는 지적을 할 수 있다.
② 지은이, 연대 : 미상
③ 갈래 : 고전수필, 한글수필, 의인체 수필, 풍자문학

④ 특성
  ㉠ 사물을 의인화하여 세태를 풍자함
  ㉡ 3인칭 시점에 의한 객관적 관찰
  ㉢ 조침문과 더불어 의인화에 의한 내간체 수필의 쌍벽을 이룸
⑤ 문체 : 내간체
⑥ 성격 : 풍자적, 계세적, 우의적, 교훈적
⑦ 주제 : 역할과 직분에 따른 성실한 삶 추구

(10) 조침문 기출 22

> **줄거리**
> 명문(名門)에서 태어난 유씨 부인은 문한가(文翰家)에 출가하였으나, 가세가 빈한하고 자녀도 없는 데다가 과부로 삯바느질에 마음을 붙여 지내오던 중, 아끼던 바늘이 부러짐에 서러운 정을 이기지 못하여, 바늘을 의인화하여 제문 형식으로 추도하여 쓴 글이다.

① 작품 개요
  「조침문」은 일명 제침문(祭針文)이라고도 하는데, 국한문 혼용체이지만 국문수필로 분류된다. 조선 시대 때 일부 부녀자들 사이에서 주고받던 내간에 세련미가 더해져 내간체를 형성하게 되었다. 「조침문」은 내간체 수필의 대표적인 작품으로 꼽히는 여러 수작들이 수록되어 있다. 규방을 중심으로 한글이 보존·전수되었다는 점에서 내간과 내간체 작품을 다룬 「조침문」은 문학적·역사적으로 그 가치가 더 새롭다고 할 수 있다.
② 연대 : 조선 순조 때
③ 갈래 : 바늘을 의인화하여 제문(祭文)의 형식을 빌어 쓴 수필
④ 문체 : 내간체, 국한문 혼용체
⑤ 의의
  ㉠ 「의유당관북유람일기」, 「규중칠우쟁론기」와 더불어 여류수필의 백미
  ㉡ 문장의 가락이나 호흡이 우아하고 애절하여 문학적 가치가 높음
  ㉢ 여성적인 감각으로 신변적·일상적인 데서 소재를 취함
⑥ 주제 : 부러뜨린 바늘을 애도함

제3절 핵심예제문제

01 조선 후기 고소설의 발달 양상에 대한 설명이 <u>아닌</u> 것은?

① 19세기에는 수많은 애정소설이 쏟아져 나왔다.
② 소설의 독자 계층이 중인과 서민 계층으로 확대되었다.
③ 임진왜란과 병자호란은 소설의 융성에 큰 영향을 끼쳤다.
④ 한글소설이 등장하면서 한문소설은 거의 자취를 감추었다.

> 01 고대소설에는 한문소설과 국문소설이 병행하면서 발전하여, 한문본과 국문본 작품이 공존했다.

02 영웅소설의 일대기적 구성이 <u>아닌</u> 것은?

① 비천한 혈통에서 영웅으로 변모
② 비범한 능력
③ 비정상적 잉태 및 출생
④ 자라서 다시 위기에 직면

> 02 영웅소설의 주인공은 고귀한 혈통을 지니고 태어난다.

03 판소리계 소설의 특징이 <u>아닌</u> 것은?

① 영웅이나 미인만이 주인공으로 등장한다.
② 겉으로 내세운 주제와 내면에 감춘 주제가 서로 다르다.
③ 등장인물이 대개 희화화되고, 주동 인물과 반동 인물 사이에 대립·갈등 구조가 자리 잡고 있다.
④ 서민들의 일상적 언어와 양반들의 현학적 언어가 공존하고 있다.

> 03 영웅이나 미인이 아닌 평범한 사람들도 주인공으로 등장한다.

정답 01 ④ 02 ① 03 ①

04 조선 전기소설은 현실적인 인간 생활을 떠나 천상, 명부(冥府), 용궁 등에서 전개되는 기이한 사건을 다룬 소설을 의미한다.

『금오신화』의 특징
- 한국 전기체 소설의 효시
- 초기 소설의 형태로 주인공들은 모두 재자가인임
- 현실과는 거리가 있는 몽유적이고, 비현실적인 내용을 다룸

04 『금오신화』를 조선 전기소설로 보는 이유로 가장 옳은 것은?
① 비현실적 내용
② 전쟁의 비극성 강조
③ 영웅의 일생 소재
④ 현실을 은유적으로 표현

05 「만복사저포기」는 주인공 양생이 만복사에서 3년 전에 죽은 최낭자를 만나 사랑을 나누는 이야기이다.

05 『금오신화』 중 '양생'과 '최낭자'의 시공을 초월한 남녀 간의 사랑을 주제로 한 작품은?
① 「만복사저포기」
② 「취유부벽정기」
③ 「남염부주지」
④ 「용궁부연록」

06 「남궁선생전」은 허균의 한문소설이다. 박지원의 소설로는 「호질」, 「허생전」, 「양반전」, 「광문자전」, 「예덕선생전」, 「민옹전」, 「마장전」, 「김신선전」 등이 있다.

06 다음 중 박지원의 소설작품이 아닌 것은?
① 「양반전」
② 「호질」
③ 「광문자전」
④ 「남궁선생전」

정답 04 ① 05 ① 06 ④

07 다음 중 「양반전」에 대한 설명으로 가장 적절한 것은?

① 「허생전」, 「호질」과 더불어 김시습의 대표작이다.
② 실학파에 반기를 든 작가의 사회비판 의식을 담은 작품이다.
③ 「장산인전」, 「민옹전」, 「우상전」 등과 더불어 12전에 포함된다.
④ 실추된 양반의 참모습과 상민의 도덕성, 순수성을 참신하게 묘사한 수작이다.

07
① 「양반전」, 「허생전」, 「호질」은 모두 박지원이 지은 소설이다.
② 실사구시(實事求是)의 실학 사상이 돋보이는 작품이다.
③ 「장산인전」은 허균의 한문소설이다.

08 다음 중 군담소설이 아닌 것은 무엇인가?

① 「임진록」
② 「숙향전」
③ 「박씨전」
④ 「장국진전」

08 「숙향전」은 애정소설이다.

군담소설
「임진록」, 「박씨전」, 「임경업전」, 「유충렬전」, 「주웅전」, 「장국진전」, 「이대봉전」 등

09 다음 중 김만중과 관계가 없는 것은?

① 부친이 병자호란 중 전사하여 어머니 윤씨 부인에 의해 길러졌다.
② 「구운몽」은 覺·夢·覺의 구조를 지니고 있다.
③ 「구운몽」은 유교적인 사상을 바탕으로 한 작품이다.
④ 「구운몽」은 궁극적으로 현세의 삶의 공허함을 꼬집는 내용이라고 할 수 있다.

09 「구운몽」은 유교(儒敎), 불교(佛敎), 도교(道敎)가 융합된 가운데, 그중 불교의 공(空) 사상이 가장 중심에 있다.

정답 07 ④ 08 ② 09 ③

10 「구운몽」은 '조신몽(調信夢)' 설화(『삼국유사』), '남가일몽(南柯一夢)' 설화를 근원으로 한다.

10 다음 중 「구운몽」의 근원설화는?

① 「거타지신화」
② 「조신몽 설화」
③ 「방이설화」
④ 「연오랑 세오녀」

11 전지적 작가 시점으로 서술자의 편집자적 논평이 드러나 있다.

11 「춘향전」의 특징으로 적절하지 않은 것은?

① 판소리 특유의 해학적이고 풍자적인 표현이 나타난다.
② 서술자가 사건을 관찰하며 객관적으로 서술하였다.
③ 전라도 방언을 사용해 현장감을 드러내었다.
④ 다양한 수사법과 확장적 문체를 통해 표현의 극대화를 꾀하였다.

12 거타지 설화는 「심청전」의 근원설화이다.

12 다음 중 「춘향전」의 근원설화가 아닌 것은?

① 열녀설화
② 관탈민녀형 설화
③ 신원(伸冤)설화
④ 거타지 설화

정답 10 ② 11 ② 12 ④

13 다음 중 중국의 『전등신화』에서 영향을 받은 최초의 한문소설은?

① 『금오신화』
② 『용재총화』
③ 『백운소설』
④ 「홍길동전」

13 최초의 한문소설 『금오신화』는 중국 명나라 구우가 쓴 『전등신화(剪燈神話)』의 영향을 받았다.

14 다음 중 「홍길동전」이 지닌 문학사적 의미로 가장 중요한 것은?

① 고려 시대의 가전문학을 재생하여 전통을 계승했다.
② 행복한 결말로 긍정적 세계관을 드러냈다.
③ 한글로 표기된 국문소설이다.
④ 불교설화를 근원설화로 삼았다.

14 「홍길동전」은 허균이 지은 최초의 국문소설이며, 봉건 사회의 문제점을 비판한 사회소설이다. 서자인 홍길동을 통해 당시 사회의 모순과 부조리를 대담하게 고발하고, 적서차별 철폐, 탐관오리 응징, 이상국 건설 등을 엿볼 수 있는 작품이다.

15 「최척전」에 대한 설명으로 옳지 않은 것은?

① 전란으로 인한 가족의 이산과 재회를 중심 소재로 다루고 있다.
② 강인한 의지로 고난을 극복하는 영웅의 모습을 부각하고 있다.
③ 전쟁을 일으킨 이민족에 대한 적개심이 나타나 있지 않다.
④ 전쟁으로 인한 고난과 역경을 사실적으로 표현하고 있다.

15 「최척전」의 주인공 최척이나 그의 아내 옥영은 시련을 겪으면서 절망하고, 스스로 목숨을 끊으려고 하는 나약한 인간의 면모를 그대로 보여주는 등 기존 영웅소설들과는 차이가 있다.

정답 13 ① 14 ③ 15 ②

제4절 한문학

1 한문학의 이해

(1) 한문학의 개념
① **한문학의 정의** : 중국의 고전문학과 한국의 한문으로 된 문학. 문학의 한 장르를 형성하는 것으로 한시(漢詩)・한문・한학(漢學) 등을 통틀어 이르는 말이기도 하다.
  ㉠ 한문학의 발상지인 중국에서는 한문학이라는 말은 잘 쓰지 않고, 한대(漢代)의 문학을 가리켜 한문학이라고 한 예가 있다.
  ㉡ 한국이나 일본에서는 각기 자국(自國)의 문자가 창조되기 전까지는 한문자를 써왔고, 또 이것이 자국의 문자로 간주되기도 하였으므로 이때는 한문학이라는 말을 쓰지 않았다.
  ㉢ 최근 약 반세기 전에 이르러 한글이 본격적인 가치를 찾게 되자 비로소 한국 역대의 문학작품 중에서 한문자로 쓰인 것을 한문학이라 하여 정음문학(正音文學)과 구별을 짓게 된 것이다.
② **한국의 한문학**
  ㉠ 우리 겨레가 중세 동아시아 문학 규범을 통해 표현한 중세 문어(文語)문학의 일부이다.
  ㉡ 삼국 시대부터는 고대 가요, 향가로 지칭되는 운문과 고대설화 등의 산문문학이 발달했다.
  ㉢ 대표적인 작품으로는 「여수장우중문시(與隋將于仲文詩)」, 「치당태평송(致唐太平頌)」, 「화왕계(花王戒)」, 『화랑세기(花郎世記)』, 「왕오천축국전(往五天竺國傳)」, 「토황소격문(討黃巢檄文)」, 『계원필경(桂苑筆耕)』 등이 있다.

(2) 한문학의 분류
① **한문산문**
  ㉠ 운문체 : 음악이나 음송과 관련된 문장
  ㉡ 의론체 : 논리적인 글
  ㉢ 서사체 : 이야기 형식의 글
② **한문한시**
  ㉠ 한시의 정의
    • 일정한 격식에 따라 한문으로 지은 시로, 자연을 노래하거나 인생을 되새겨 보는 시적 정서가 함축된 표현 양식이다.
    • 일반적으로는 중국의 것뿐만 아니라 주변의 한자문화권에서 한자로 기록한 시까지를 포함하여 한시라고 한다.
  ㉡ 한시의 규칙 : 한시는 오언절구・칠언율시 등과 같은 형식과 평측(平仄)・압운(押韻)의 규칙을 지켜야 한다.

ⓒ 한시의 형식과 분류
  • 한시의 형식

구분	시형	운자
오언절구	4구 20자	2구와 4구의 마지막 글자
칠언절구	4구 28자	2구와 4구 혹은 1구의 마지막 글자까지 포함
오언율시	8구 40자	2·4·6·8구의 마지막 글자
칠언율시	8구 56자	1·2·4·6·8구의 마지막 글자

  • 분류
    - 고체시(古體詩) : 당나라 이전에 지어졌던 시로서 평측(平仄)법과 압운(押韻)법의 제약을 받지 않으며 구(句)수도 제한 없이 4자·5자·7자 등을 한 구로 하여 작자의 임의로 자유롭게 적은 시이다.
    - 근체시(近體詩) : 뜻을 위주로 지어졌던 한대(漢代)의 시는 육조 시대에 이르러 점차 기교로 흐르게 되었고 당나라 초기에 엄격한 압운법과 평측법이 수립됨으로써 종래의 시와 다른 근체시라는 새로운 시형이 탄생하였다.

> **더 알아두기**
>
> **압운법(押韻法)과 대구법(對句法)**
> • 압운법 : 특정한 곳에 공통의 운을 가진 글자를 배열하는 것을 압운(押韻 : 운을 단다)이라 한다. 한시는 고체시건 근체시건 짝수구의 마지막 글자에 압운한다. 그러나 고체시보다 근체시가 매우 엄격하다.
> • 대구법 : '대구(對句)'란 문법상 기능이 같고 풀이 순서가 비슷하며 의미상 짝을 이루는 두 구를 가리킨다. 이는 시적인 운율과 뜻을 강조하는 데 효과가 있다. 율시는 8구에서 중간 4구는 두 개의 상반되는 대구를 이루어야 하고 절구는 제1구와 2구, 3구와 4구가 대구를 이루나 필수적인 것은 아니다.

ⓔ 한시의 전개 방식
  • 起 : 시상을 불러일으킴
    예 松下問童子(송하문동자) : 찾아온 사람이 동자에게 스승의 거처를 물어 대답을 유발
  • 承 : 기구를 이어 전개함
    예 言師採藥去(언사채약거) : 스승이 계시지 않다는 단순한 사실을 전달
  • 轉 : 시상에 변화를 줌
    예 只在此山中(지재차산중) : 사실은 계시다고 알려 호기심을 유발함
  • 結 : 시상을 끝맺음
    예 雲深不知處(운심부지처) : 계신 곳을 모르겠다고 신비성을 부여하며 행적을 정리함

2 서정한시의 주요 작품 세계

(1) 삼국, 통일 신라기
① 이 시기의 한시는 종교, 정치, 외교의 공식적 기능에 더욱 기울어진 것으로 보았다.
② **개인의 서정을 표출한 한시** : 혜초(왕오천축국전)의 시, 김지장이 당의 구화산에 머무를 때 쓴 시와 같이 모두 8세기에 당으로 유학한 승려들이 지은 것이다.
　㉠ 주요 작가는 6두품 지식인들의 빈공과(당) 급제자들
　㉡ 이국에서의 외로움, 급제를 위한 고통, 빈곤, 귀국 후 신라에서 받은 소외감 등
　㉢ 현실 문제를 평이한 시어로 형상화
　㉣ 당의 문풍과 밀접한 관련 있음
③ **주요 작품**
　㉠ 與隋將于仲文詩(여수장우중문시)

神策究天文(신책구천문)	신통한 계책은 천문을 다 알았고
妙算窮地理(묘산궁지리)	묘한 계산은 지리를 통했도다.
勝戰功旣高(전승공기고)	전쟁에 이겨 공이 높았으니
知足願云止(지족원운지)	족함을 알거든 그만 그침이 어떠한고.

　　• 작가 : 을지문덕
　　• 특징 : 수나라의 30만 대군을 맞아 살수에서 싸우기에 앞서 적장인 우중문에게 조롱조로 지어 보낸 시
　㉡ 送童子下山(송동자하산)

空門寂寞汝思家(공문적막여사가)	절간이 적막하니 너는 집 생각나겠지
禮別雲房下九華(예별운방하구화)	구름방에서 작별하고 구화산을 내려가네
愛向竹欄騎竹馬(애향죽란기죽마)	대나무 울 가의 죽마타기 그리워
懶於金地聚金沙(나어금지취금사)	절에서의 수양을 게을리하더니
添甁澗底休招月(첨병간저휴초월)	산골물 병에 담다 달을 봄도 그치고
烹茗甌中罷弄花(팽명구중파롱화)	사발에 차 달이며 꽃 장난하는 것도 그만두고
好去不須頻下淚(호거불수빈하루)	잘 가거라 눈물은 자주 흘리지 말고
老僧相伴有煙霞(노승상반유연하)	노승에겐 벗할 안개와 노을이 있으니

　　• 작가 : 김지장
　　• 특징 : 김지장은 원래 신라의 왕족이지만 당나라로 넘어가 승려가 되었다. 그 당시 신라는 엄격한 골품제 사회여서 높은 위치까지 못 오르는 육두품 등 수 많은 지식인이 당나라로 넘어갔다. 빈공과에 응시하여 그 실력을 펼쳤지만, 차별적인 대우도 많이 받았다.

(2) 고려 전기

① 제4대 광종 때 '과거제도' 시행 → 한문학의 큰 발전
② 부와 권력을 독점하는 문벌 귀족을 장악하면서부터 무신의 난으로 귀족들이 무너지기까지 고려 전기의 한시는 귀족문화와 밀접한 관련 있음
③ 대표적인 것이 응제시인데 왕명으로 신하에게 제목을 주어 시를 짓게 함
④ 형식이나 내용의 제한이 없는 대신에 왕의 비위에 맞게 지어야 좋은 작품으로 평가됨
⑤ 주요 작품
  ㉠ 大同江(대동강에서) **중요**

雨歇長堤草色多(우헐장제초색다)	비 갠 긴 둑에는 풀빛이 다채로운데
送君南浦動悲歌(송군남포동비가)	그대를 남포에서 보내며 슬픈 노래를 부르네
大同江水何時盡(대동강수하시진)	대동강 물은 어느 때에나 다하려나
別淚年年添綠波(별루년년첨록파)	이별의 눈물이 해마다 푸른 물결에 더하네

  - 작가 : 정지상
  - 갈래 : 한시(漢詩), 칠언절구, 서정시
  - 압운 : 多(다), 歌(가), 波(파)
  - 특징 **중요**
    - 시의 중심이 이별이고 강, 눈물, 비로 단절의 슬픔이 묘사됨
    - 생명력을 드러냄으로써 이별의 슬픔이 역설적으로 표출
    - 감정의 절제가 잘 이루어졌음
    - 서경(西京)을 배경으로 함
  - 내용
    - 기구(起句) : 자연에 대한 시각적 이미지 덕분에 시가 우울하지 않고 산뜻한 느낌
    - 승구(承句) : 이별의 전경으로 아름다운 자연에서 헤어져야 하는 비극을 나타냄
    - 전구(轉句)·결구(結句) : 이별의 한을 나타내는 것으로 이별을 개인적인 차원에 국한시키는 것이 아니라 좀 더 인간 보편적인 의미로 환원시키고 그리움을 표출

  ㉡ 結綺宮(결기궁)

堯階三尺卑(요계삼척비)	요임금 섬돌은 석자로 낮았지만
千載稱其德(천재칭기덕)	영원히 그 인덕을 칭송받고
秦城萬里長(진성만리장)	진시황 만리장성 길었지만
二世失其國(이세실기국)	이세에 나라 잃었네
古今靑史中(고금청사중)	고금의 역사에
可以爲規式(가이위규식)	그것을 귀감으로 삼았네
隋皇何不思(타황하불사)	수양제는 어찌 생각도 없이
土木竭人力(토목갈인력)	토목공사 강행하여 백성 힘 소모했을까

- 작가 : 김부식 기출 23
- 특징 : 그의 국가관을 보여주는 교훈적인 시
- 내용 : 진시황은 큰 성을 쌓았지만, 그의 아들 이세가 나라를 잃는 것을 요임금의 검소함과 백성에게 베푼 큰 덕과 대조하면서 임금과 지배세력에 대하여 엄정한 규범을 제시하는 충실한 뜻을 담고 있다.

(3) 무신의 난, 고려 후기

① 중소지주층 출신의 신흥 사대부 출현
② 무신의 난은 종교적인 판도에도 영향을 미쳐 그동안 명맥만 유지해왔던 선종의 부흥을 일으킴
③ 대표 작가 기출 23
  ㉠ 이규보 : 동명왕의 영웅서사시와 농민시를 써 문벌들의 부패한 모습에서 벗어나 현실을 새롭게 인식하고 민중의 삶에 깊은 관심을 가지는 주체적인 문학을 이루려 함
  ㉡ 이제현 : 찬탈 왕조에 대한 비판, 절의자에 대한 애정을 나타내는 고려 왕조의 지속을 원하는 작품(소악부 : 민간에서 불리던 노래 모음 → 사대부들이 일반 백성 정서와 가깝게 지내려 함)
  ㉢ 안축, 이곡, 윤여형 : 민중의 참상에 깊은 관심을 기울인 시를 지음
④ 주요 작품
  ㉠ 七佛通戒偈(칠불통계게)

諸惡莫作(제악막작)	모든 악한 일은 짓지 말고
衆善奉行(중선봉행)	일체 착한 일은 받들어 행하라.
自淨其意(자정기의)	그 뜻을 스스로 청정하게 하면
是諸佛教(시제불교)	이것이 모든 부처님의 가르침이니라.

  - 특징 : 게송(불덕을 찬미하고 교리를 서술한 시구)
  - 내용 : 일곱 명의 부처님이 공통으로 주신 경계의 시구라는 뜻
  ㉡ 浮碧樓(부벽루)

昨過永明寺(작과영명사)	어제 영명사를 지나다가
暫登浮碧樓(잠등부벽루)	잠시 부벽루에 올랐네.
城空月一片(성공월일편)	텅 빈 성엔 한 조각 조각달 떠 있고
石老雲千秋(석로운천추)	늙은 돌 위엔 구름도 천추(千秋)나 되었네.
麟馬去不返(인마거불반)	기린마는 떠나가고 돌아오지 않는데
天孫何處遊(천손하처유)	천손은 지금 어느 곳에서 노닐고 있는고?
長嘯倚風磴(장소의풍등)	난간에 기대어 길게 휘파람 부니
山青江自流(산청강자류)	산은 푸르고 강물 절로 흐르네.

- 작가 : 이색
- 내용 : 정지상의 「송인」처럼 배경을 서경으로 잡았지만, 기린마를 타고 승천한 동명성왕을 생각하면서 고려가 하늘이 세운 나라인 것을 강조
- 주제 : 고려 전기 귀족과는 다른 신흥 사대부들의 자주적 역사 인식

(4) 조선 전기

① **훈구파(조선조 건설 – 정도전·권근 등) ↔ 사림파(고려의 절의 – 길재, 김종직 등)**
  ㉠ 훈구파
   - 재도지문(載道之文)을 강조 : 정도전
   - 태평성치를 장식하는 문장을 지어야 한다고 주장 : 권근
   - 시의 장식적 기교 중시 : 사장파
   - 현실 문제와 이완된 시 배출
  ㉡ 사림파
   - 성리학의 정신과 사유가 반영
   - 외물 인식에 있어 자신과 외물 사이에 개입이 없는 경지 추구
② 물아일체가 조선 전기 시문학의 지배적인 미의식
③ **방외인**
  ㉠ 천인(어무적), 반향적인 인물(김시습), 도가적 인물(정희량), 여류시인(황진이) 등
  ㉡ 새로운 유형과 형식을 시도 → 몽유록, 어무적의 「유민탄」, 정희량의 「혼돈주가」
④ **주요 작품**
  ㉠ 無題(무제)

> 眼垂簾箔耳關門(안수렴박이관문) 눈에는 발을 드리우고 귀에는 문을 닫았으나
> 松籟溪聲亦做喧(송뢰계성역주훤) 솔바람 시내 소리는 역시 떠들썩하네
> 到得忘言能物物(도득망언능물물) 나를 잊고 물을 물대로 보는 경지에 이르니
> 靈臺隨處自淸溫(영대수처자청온) 마음이 곳에 따라 절로 맑고 따뜻하네

   - 작가 : 서경덕
   - 특징 : 물아일체[자연과 인간 모두가 한 기(氣)로 이루어졌기 때문이라는 도의 사상이 간접적으로 드러남]

ⓒ 유민탄(流民歎)

蒼生難蒼生難(창생난창생난)	백성들의 어려움이여, 백성들의 어려움이여
年貧爾無食(연빈이무식)	흉년들어 너희들은 먹을 것이 없구나.
我有濟爾心(아유제이심)	나는 너희들을 구제할 마음 있어도
而無濟爾力(이무제이력)	너희들을 구제할 힘이 없구나.
蒼生苦蒼生苦(창생고창생고)	백성들의 괴로움이여, 백성들의 괴로움이여
彼有濟爾力(피유제이력)	저들은 너희들을 구제할 힘이 있어도
而無濟爾心(이무제이력)	너희들을 구제할 마음이 없구나
(이하 생략)	

- 작가 : 어무적
- 특징 : 백성들의 힘든 생활고를 탄식조로 나타낸 시로, 같은 구절을 반복하고, 정형 글자 수와 구를 맞추지 않는 등 파격적인 형식 시도

(5) 조선 후기 중요

① **작가층의 하향으로 양반 문화적 특징의 붕괴**
  ㉠ 사대부 계층에 국한되었던 한시의 작가층이 중인 계층까지 확대
  ㉡ 사대부들의 위항문학의 의의를 적극적으로 인정
  ㉢ 사회에 대한 통찰력이나 역사에 대한 안목으로 당대 현실에 대한 인식과 의식을 나타냄
  ㉣ 사상적·문화적으로 선진적인 입장, 이국의 경치와 문물을 시화하면서 이를 통해 자아성찰을 보여주기도 함

② **민족적 자기 인식의 출현으로 중화 중심의 세계관과 규범의 몰락**
  ㉠ 민족적 각성이 강하게 드러남 : 중국의 전범을 무시하고 우리에게 알맞은 형식과 내용을 가진 '조선시'를 창조하려 함
  ㉡ 역사에 대한 재인식 : 영사 악부(詠史樂府)
  ㉢ 「탐진촌요」, 「농가」, 「어가」: 하층민이 겪는 고통, 상층의 부패, 한자어의 차용 등을 묘사

③ **대상과 묘사에서 현실성의 제고**
  ㉠ 시의 대상과 묘사에서 사실성이 두드러짐
  ㉡ 박지원, 이덕무, 박제가 : 대상에 대한 관념적 이해에서 벗어나 세밀한 관찰을 통해 실상을 사실적으로 묘사

④ **주요 작품**
  ㉠ 노인일쾌사(老人一快事)

老人一快事(노인일쾌사)	늙은 사람 한 가지 즐거운 일은
縱筆寫狂詞(종필사광사)	붓 가는 대로 미친 말을 마구 써내는 일이라
	(중략)
我是朝鮮人(아시조선인)	나는 본래 조선사람
甘作朝鮮詩(감작조선시)	조선시 즐겨쓰리
卿當用卿法(경당용경법)	그대들은 그대들 법 따르면 되지
迂哉議者誰(우재의자수)	이러쿵저러쿵 말 많은 자 누구인가
區區格與律(구구격여률)	까다롭고 번거로운 격률을
遠人何得知(원인하득지)	먼 곳의 우리가 어떻게 알 수 있나
	(이하 생략)

  • 작가 : 정약용
  • 특징
    – '나는 본래 조선사람/조선시를 즐겨쓰리' : 조선시를 창조하려는 의식
    – '그대' : 조선과 중국의 변별성을 부각시킴
    – '먼 곳에 있는 우리(遠人)' : 공간 개념을 도입해 두 나라 사이의 객관적 거리감 형성
    – '번거롭다(區區), 우활하다(迂哉)' : 중국에서 맹종하는 규범 자체를 경시하고 중국 자체를 폄하함으로써 중국의 규범을 따르는 것이 아닌 우리 민족성에 맞는 조선시를 창조하려는 의지가 드러남

  ㉡ 果川道中1(과천도중1)

田家秋物眼甚娛(전가추물안심오)	시골의 가을 풍물에 눈이 즐거워
豌豆纖長蜀黍麤(완두섬장촉서추)	완두는 가늘게 자라고 접시꽃과 기장은 거칠구나
雅舅受霜光欲映(아구수상광욕영)	아구새는 아침 이슬 받아 빛나고
雁奴辭冷影初紆(안노사냉영초우)	기러기가 찬 곳을 피하니 그림자가 굽어진다

  • 작가 : 이덕무
  • 특징
    – '가늘게 자란 완두', '거친 접시꽃과 기장', '아침이슬 받아 빛난 아구새' 등 세밀하게 묘사한 표현들이 많다.
    – 전체적으로 회화적인 느낌이 많은데 이 시대 문학이 보여주는 사실성과 관찰성에 힘입은 결과라고 할 수 있다.

3 서사한시의 주요 작품 세계

(1) 고려 말기

① 건국 영웅서사시가 주를 이룸
② 몽골의 침입 및 지배에 대하여 이겨내고자 하는 의식을 바탕으로 함
③ **주요 작품**
   ㉠ 동명왕편(東明王篇) 기출 24

王知慕漱妃(왕지모수비)	왕이 해모수의 왕비인 것을 알고
仍以別室寘(잉이별실치)	이에 별궁에 두었는데,
懷日生朱蒙(회일생주몽)	해를 품고 주몽을 낳았으니
是歲歲在癸(시세세재계)	이 해가 계해년이었다.
骨表諒最奇(골표량최기)	골상이 참으로 기이하고
啼聲亦甚偉(제성역심위)	우는 소리가 또한 심히 컸다.
初生卵如升(초생란여승)	처음에 되만한 알을 낳으니
觀者皆驚悸(관자개경계)	보는 사람들이 깜짝 놀랐다.
王以爲不祥(왕이위불상)	왕이 상서롭지 못하게 여겨,
此豈人之類(차기인지류)	"이 어찌 사람의 종류인가"하고
置之馬牧中(치지마목중)	마구간 속에 두었더니
群馬皆不履(군마개불리)	여러 말들이 모두 밟지 않았다.
棄之深山中(기지심산중)	깊은 산 속에 버렸더니
百獸皆擁衛(백수개옹위)	온갖 짐승이 모두 옹위하였다.
母姑擧而育(모고거이육)	어미가 우선 받아서 기르니
經月言語始(경월언어시)	한 달이 되면서 말하기 시작하였다.
自言蠅噆目(자언승참목)	스스로 말하되, "파리가 눈을 빨아서
臥不能安睡(와불능안수)	누워도 편안히 잘 수 없다."하므로,
母爲作弓矢(모위작궁시)	어머니가 활과 화살을 만들어 주니
其弓不虛掎(기궁불허기)	그 활이 빗나가는 법이 없었다.
	(이하 생략)

• 작가 : 이규보
• 특징
   - 현존하는 우리나라 최고(最古)의 서사한시
   - 몽골의 침입에 맞서 항쟁을 하던 시기로 민족적 일체감과 긍지, 투쟁 정신을 고취하고자 하는 사회적 의미를 담음
   - 교훈적 성격을 가진 오언 282구의 작품
• 내용
   - 동명왕이 태어난 과정과 시련 등 일련의 과정을 통해 고구려라는 나라가 탄생하게 되는 과정이 나타나 있음

- 해모수에서 동명왕, 동명왕에서 유리왕으로 이어지는 영웅서사시는 우리 민족의 우월성과 역사의 유구함을 보여주며 당시 전개되던 요나라, 금나라에 대한 사대 외교에 반론 제기
- 우리나라의 동명왕과 해모수가 중국의 성인들보다 더 뛰어나다는 점을 암시

ⓒ 제왕운기(帝王韻紀)

初誰開國啓風雲 釋帝之孫名檀君 本紀曰 上帝桓因有庶子 曰雄云云 謂曰 下至三危太白 弘益人間歟故 雄受天符印三箇率鬼三千 而降太白山頂神檀樹下 是謂桓雄天王也云云 令孫女飮藥 成人身 與檀樹神婚而生男名 檀君據朝鮮之域爲王 故 尸羅高禮南北沃沮東北扶餘 穢與貊 皆檀君之壽也 理一千三十八年 入阿斯達山爲神不死故也	처음 누가 나라를 열고 풍운을 열었느냐, 제석의 손자니 이름하여 단군이라 본기에 말하기를 상제 환인에게 서자가 있어 웅이라 하였다. 삼위 태백으로 내려가 널리 인간을 이롭게 하겠다고 하였다. 웅이 천부인 3개를 받아 귀신 3천을 거느리고 태백산 꼭대기 신단수 아래에 내려오니 이 분이 단웅천왕이다. 손녀에게 약을 먹여 사람 몸이 되게 하여 단수의 신과 결혼하여 아들을 낳았다. 이름을 단군이라 하니 조선 땅에서 왕이 되었다. 따라서 시라, 고례, 남북옥저, 동북부여, 예맥 모두가 단군의 후손이다. 1038년을 다스리고 아사달 산에 들어가 신이 되니 죽지 않기 때문이다. (이하 생략)

- 작가: 이승휴
- 특징
  - 총 2권으로 나누어져 있으며, 우리나라의 역사에 대해서 얘기하고 있는 역사 서사시
  - 형식은 7언시와 5언시 모두 공존함
- 내용
  - 상권: 서(序)에 이어 중국 역사의 요점을 7언고시 264구로 써놓았다.
  - 하권(2부로 설명)
    ⓐ 1부: 단군의 전조선(前朝鮮)부터 고려로 통일되는 과정까지를 7언시(七言詩) 264구 1,460언으로 서영(敍詠)하고 있다.
    ⓑ 2부: 고려 태조 세계설화(世系說話)에서부터 필자 당대인 충렬왕 때까지를 5언시(五言詩)로 700언을 읊고 있다.

(2) 조선 전기

① 나라의 기본 이념의 변화(고려의 불교 → 조선의 성리학과 유학)로 생활방식과 사고방식이 점차 바뀌게 됨
② 신흥 사대부가 모색·주장하던 사상과 문학이 확고한 모습을 갖추고 널리 정착되면서 한문학에도 그 영향을 미침

③ 훈민정음이 창제되면서 한문학계에도 위기가 찾아오는 듯하였으나 사대부들이 훈민정음을 인정하지 않고, 계속해서 한문을 사용하여 시를 짓고 기득권층의 권력을 당연시하는 데 한문을 이용함

④ **주요 작품**
  ㉠ 기농부어(記農夫語)

> 지난해엔 이른 가뭄에 늦장마가 심해서
> 강가에 진흙 묻힌 것이 한 자나 되었네.
> 모래와 돌이 메워져 끝내 채소까지 더럽히고
> 풍성한 건 유룡과 능석뿐.
> 길가엔 여인과 아이가 배고프다 우니
> 보는 이들은 이를 탄식하네.
> 사채와 관가 세금은 밤낮으로 독촉하니
> 나는 더욱 백정의 부역 피하기 어렵네.
> 한 몸의 장정부역이 어지럽기는 삼과 같아
> 동쪽의 침입과 서쪽의 시끄러움이 번거롭고 가혹하네.
> 해마다 마와 밤을 주워도 지탱 못하는데
> 봄 밭에 흰 차조기 뜯는 사람 가득하네.
> 올해도 갈아서 싹이 이제 처음 돋아나는데
> 흙비 오고 음산하기 한 달이 지나서,
> 보리는 싹이 돋고 벼 뿌리는 썩었으니
> 천운도 어렵지만 백성들은 지쳐 절름거리네.
> 팔월 늦벼에 꽃이 한창 필 적에
> 동북풍 부는 탓에 여물지 못하는데,
> 도토리는 좀이요 채소는 벌레 먹는데다 오이까지 말라
> 기근이 해마다 들어 살 수가 없네.
> 내게는 좋은 밭 수십 두락 있지만
> 지난해에 벌써 힘센 자에게 빼앗겼고,
> 튼튼한 머슴 있어 밭 갈고 김매더니
> 작년에 병사로 충원되었다네.
> 어린 자식 옆에 있어 시끄럽게 떠들며
> 번갈아 나를 나무라나 못 들은 체할 뿐,
> 하늘이 들으실까 구중궁궐 깊은 곳에
> 달려가서 하소연하고픈 마음 한이 없어라.
> 비늘 달고 날개 달아 하느님께 외쳐보리라.
> 근심으로 병이 나서 아픈 마음 타는 듯하네.

- 작가 : 김시습
- 특징
  - 농민생활의 영락, 파산과 농민들의 질고에 대하여 썼으며 또 그것은 누구 때문인가를 폭로하였다.

- 농부들의 공소의 말을 적는 설화적 형식을 통하여 관료지주들의 각종 가렴주구와 토지겸병 등에 의한 이중·삼중의 착취를 폭로하고, 그로 인한 농민들의 전면적인 영락과정을 사실적으로 재현하였다.
- 전형적인 생활적 사실에 대한 생동한 묘사를 통하여 15세기 후반 이후 관리들에 의한 토지겸병이 날로 확대되어 가고 있던 정형을 보여줌. 관료지주들의 경제적 착취로 인하여 더는 생활을 유지할 수 없게 된 농민들의 처지가 얼마나 처참하였는가를 보여주었으며 봉건 위정자들에 대한 농민들의 항의 표현도 전달하였다.

(3) 조선 후기
① 한문학을 통해 위정자들이 자신들의 위세를 높이고, 능력을 검증하는 데 이용함
② 소재나 표현을 우리말 노래에 근접시켜 하층과 공감을 나누고자 하기도 함
③ 하층 백성을 주인공으로 하여 신분의 붕괴, 도덕관의 상실, 여성 수난, 비극적 결말 등을 생생하게 묘사하는 등 소설에 비해 문학의 사실성에 한층 근접함
④ **5언고시 형태가 주류를 이루고 대부분이 장시**: 당시 산문화 추세와 소설문학의 성행 등과 관계가 있을 것으로 추측됨
⑤ 주요 작품
  ㉠ 노객부원(老客婦怨)

東州城西寒日曛(동주성서한일훈)	동주 성 서쪽, 차가운 해 뉘엿뉘엿
寶蓋山高帶夕雲(보개산고대석운)	우뚝한 보개산이 저녁 구름 감싸 있다
皤然老嫗衣藍縷(파연로구의남루)	머리 허옇게 센 늙은 할미, 남루한 옷차림
迎客出屋開柴戶(영객출옥개시호)	손님 맞아 방을 나와 사립문을 열어준다
自言京城老客婦(자언경성로객부)	스스로 말하기를, 서울 늙은 나그네 아낙
流離破産依客土(유리파산의객토)	파산하여 떠돌다가 객지에 사는 신세가 되었다오
頃者倭奴陷洛陽(경자왜노함락양)	저 지난날 왜놈들이 서울을 함락시켜
提携一子隨姑郎(제휴일자수고랑)	외아들 손에 잡고 시어머니와 남편 따라
重跡百舍竄窮谷(중적백사찬궁곡)	삼백 리 길 걷고 걸어 깊은 골에 숨어왔소
夜出求食晝潛伏(야출구식주잠복)	밤에 나와 밥을 빌고 낮에는 숨어 살았소
姑老得病郎負行(고로득병랑부행)	시모 늙어 병을 얻어 남편이 업고 가니
蹠穿崢山不遑息(척천쟁산불황식)	험한 산길에 발바닥이 다 뚫어져도 쉬지도 못했소
是時天雨夜深黑(시시천우야심흑)	이런 때, 비는 내려 밤이 더욱 캄캄하니
坑滑足酸顚不測(갱활족산전불측)	길 미끄럽고 다리 시려워 언제 넘어질지 몰랐소
揮刀二賊從何來(휘도이적종하래)	칼 휘두르는 두 왜적은 어디서 왔는지
闖暗囁踪如相猜(틈암섭종여상시)	어둠 속에 머리 내밀며 서로 다투어 뒤를 밟아
怒刃劈胆胆四裂(노인벽두두사렬)	성난 칼날 목을 갈라서 목이 찢어졌소이다
子母倂命流寃血(자모병명류원혈)	어미와 아들 다 죽어 원한의 피 흐르고
我挈幼兒伏林藪(아설유아복림수)	나는 어린아이를 끌고 덤불 속에 엎드렸소
兒啼賊覺驅將去(아제적각구장거)	아이 울음에 들켜 잡혀가고 말았으니
只餘一身脫虎口(지여일신탈호구)	내 한 몸 겨우 남아 호랑이 굴을 벗어났지만

蒼黃不敢高聲語(창황불감고성어)	허둥지둥 경황없어 소리 높여 말조차 못했소
明朝來視二骸遺(명조래시이해유)	다음 날 아침 와서 보니 두 시체 버려져
不辨姑屍與郞屍(불변고시여랑시)	시모인지 남편인지 분간할 길 없었다오
烏鳶啄腸狗嚙骼(오연탁장구교격)	솔개와 까마귀 창자 쪼고, 들개는 살 뜯으니
蕢梩欲掩憑伊誰(나리욕엄빙이수)	삼태기와 흙수레로 덮어가리려해도 누가 도와주랴
辛勤掘得三尺窞(신근굴득삼척담)	석 자 깊이 구덩이를 천신만고로 겨우 파서
手拾殘骨閉幽坎(수습잔골폐유감)	남은 뼈골 손수 모아 봉토하고 나니
煢煢隻影終何歸(경경척영종하귀)	의지 없는 외그림자 끝내는 어디로 돌아갈까
隣婦哀憐許相依(인부애련허상의)	이웃 아낙 슬피 여겨 함께 살자 하여
遂從店裏躬井臼(수종점리궁정구)	이 주막에 더부살이 방아 찧고 물 길렀소
餽以殘飯衣弊衣(궤이잔반의폐의)	남은 밥 먹여 주고 낡은 옷 입혀 주어
勞筋煎慮十二年(노근전려십이년)	지치고 마음졸이기 열두 해가 되었다오
面皺髮禿腰脚頑(면려발독요각완)	주름진 얼굴, 듬성머리, 허리도 다리도 뻐근한데
近者京城消息傳(근자경성소식전)	근자에 서울 소식 드문드문 들려왔소
孤兒賊中幸生還(고아적중행생환)	내 불쌍한 아이는 적중에서 다행히도 살아나와
投入宮家作倀頭(투입궁가작창두)	대궐에 투숙하여 창두가 되었다 하오
餘帛在笥困倉稠(여백재사균창조)	옷장에는 남은 비단, 창고에는 곡식 가득하니
娶婦作舍生計足(취부작사생계족)	장가들고 집 마련하여 생계가 풍족하다 하나
不念阿孃客他州(불념아양객타주)	타관살이 나그네 처지 제 어미께 생각 못하니
生兒成長不得力(생아성장불득력)	낳은 아들 성장해도 그 덕을 보지 못하오
念之中宵涕橫臆(념지중소체횡억)	생각할수록 한밤중에 눈물이 가슴 적시고
我形已瘁兒已壯(아형이췌아이장)	내 꼴은 다 시들고 아들은 이미 장년이 되었소
縱使相逢詎相識(종사상봉거상식)	설사 서로 만나더라도 알아볼 리 있을까
老身溝壑不足言(노신구학불족언)	늙은 몸 구렁에 버려지는 건 더 말할 나위 없거니
安得汝酒澆父墳(안득여주요부분)	너의 술이라도 얻어 아비 묘에 올려볼 수 없겠는가
嗚呼何代無亂離(오호하대무란리)	아 슬프구나, 어느 시대인들 난리야 없으랴만
未若妾身之抱冤(미약첩신지포원)	이 못난 여편네가 품은 원한은 아직도 없었으리라

- 작가 : 허균
- 특징
    - '노객부원'은 해석하면 '늙은 나그네와 아낙의 원망'이라는 뜻
    - 난리에 적절히 대비하지 못한 조정에 대한 측면 비판 시도
    - 작가가 객점에서 만난 어떤 할머니의 신세 한탄을 그린 것으로 되어 있지만, 이렇게 미약한 백성의 가슴 아픈 이야기를 전면에 내세워 난리에 적절히 대비하지 못한 조정에 대한 측면 비판을 시도하고 있다.

ⓒ 파경합(破鏡合)
- 작가 : 이광사
- 특징
    - 남녀 간의 사랑을 묘사함
    - 여성의 주체적 지각의 성장이라는 긍정적인 측면과 여성의 정절 정신을 하층의 여성들에게까지 더욱 강화하려는 중세 회귀적 의도가 있음

ⓒ 도강고가부사(道康瞽家婦詞)
- 작가 : 정약용
- 특징
  - 여인의 비극적 생애를 그린 서사시
  - 사건의 핵심을 인륜 도덕의 타락이라는 사회적 문제로 끌고 감

4 한문소설의 주요 작품 세계

(1) 개념 및 정의
근대 이전 우리 조상들이 남긴 한자 또는 한문으로 기록된 소설 작품이다. 한문소설에는 다양한 서사 양식에 따라 출현한 지괴(志怪), 전기(傳奇), 설화(說話) 등이 포함된다.

> **더 알아두기**
> - 설화 : 허구를 바탕으로 한 서사구조가 빈약한 단순한 이야기를 기록한 것(신화, 전설, 민담 등)
> - 지괴나 전기 : 중국소설에서 전해진 형식으로, 지괴란 주로 괴이(怪異)한 사건으로 짜인 설화의 일종. 전기는 '기이(奇異)한 일을 전(傳)하다'라는 견해와, '사람에 대한 이야기(傳)'와 '기이(奇異)한 이야기'라는 의미로 보는 두 가지 학설이 대표적이다.

(2) 역사와 발전 단계
① 조선 시대 김시습의 『금오신화』가 출현하면서 소설문학의 새로운 단계로 진입하게 된다.
② 이후 한문소설은 임진왜란 이후의 군담소설과 염정소설, 17세기 허균의 일사(逸士)소설, 18~19세기의 한문 단편소설 등의 계보를 이어가며 주제나 형식 등에서 여러 가지 새로운 시도가 있었다.

(3) 주요 특성 및 연구 영역
① **주요 특성**
  ⊙ 중국소설과의 연관성 : 우리만의 설화에 기원한 것도 있지만 한문으로 기록되었을 뿐만 아니라 중국 문언소설의 영향을 받았다.
  ⓒ 독자성
  - 중국의 영향을 받았지만 주제나 제재에 있어서 우리의 현실을 반영하려는 노력의 결과로 독자적인 발전을 가져왔다.
  - 조선 시대 후기 연암 박지원의 소설이나 한문 단편소설은 사회적 변화상을 반영하고, 소설 속 인물 또한 사대부를 비롯해 하층민까지 확대되었다.

ⓒ 국문소설과의 관계성
- 한문소설은 국문소설의 출현과 발달에 영향을 미쳤다.
- 한문소설은 역사적 사실을 주로 다루었으나, 국문소설은 중국을 배경으로 상층 사회의 연애나 영웅담을 주로 다루었다.
- 조선 후기에는 국문소설과 한문소설이 다양한 방식으로 창작되고, 국한문 혼용체 소설까지 등장하였다.

② 한문소설의 연구 영역
㉠ 단편 한문소설
- 전기(傳奇)소설
  - 신라 후기와 고려 초기 문인 지식인들이 기이한 이야기를 소설적으로 가공해 형상적으로 표현한 양식이다.
  - 전기소설은 대표적인 단편소설로 우리나라 한문소설의 기원이 되는 설화, 즉 전기체 소설도 여기에 속한다.
  - 주요 작품 : 『삼국사기(三國史記)』와 『삼국유사(三國遺事)』에 보이는 「김현감호(金現感虎)」, 「조신(調信)」, 「온달(溫達)」, 「가실(嘉實)」 등
- 사전계(史傳系) 소설
  - 역사에 보이는 실제 인물을 대상으로 허구를 가미해 창작한 소설이다.
  - 주요 작품 : 『전우치전(田禹治傳)』, 『유연전(柳淵傳)』, 『장생전(蔣生傳)』, 『다모전(茶母傳)』 등
- 필기계(筆記系) 소설
  - 항간에 떠도는 이야기를 바탕으로 허구화하여 소설로 창작한 필기 또는 필기를 소설화한 것이다.
  - 주요 작품 : 박지원(朴趾源)의 『열하일기(熱河日記)』, 『옥갑야화(玉匣夜話)』에 수록된 「허생(許生)」과 「관내정사(關內程史)」의 「호질(虎叱)」, 『방경각외전(放璚閣外傳)』의 「양반전(兩班傳)」 등
- 우화(寓話)소설
  - 민간설화의 우화를 소설로 재창작한 것이다.

> **체크 포인트**
> 우화란 인격화된 동물이나 식물, 또는 일반 사물을 주인공으로 등장시켜 그들의 행동 속에 풍자와 교훈의 뜻을 나타내는 이야기이다.

  - 주요 작품 : 「토공전(兎公傳)」, 「서대주전(鼠大州傳)」, 「와사옥안(蛙蛇獄案)」 등
- 전기계(傳奇系) 소설
  - 형식적으로는 전기소설과 유사하지만 내용적으로 이미 전기소설의 여러 가지 제한적인 요소를 뛰어넘는 작품을 말한다.

- 주요 작품: 『절화기담(折花奇談)』, 『포의교집(布衣交集)』, 『정향전(丁香傳)』, 『지봉전(芝峯傳)』, 『종옥전(鍾玉傳)』 등
ⓒ 중장편 한문소설
- 재자가인(才子佳人) 소설
  - 애정류 전기소설은 짧은 분량에 남자 주인공을 중심으로 일방적인 전개를 벗어나지 못했지만, 재자가인 소설은 남녀 주인공 각자가 자신의 목소리를 갖고 욕망의 주체로 나타나며, 다른 인물들도 개성적으로 표현된다.
  - 주요 작품: 『동선기(洞仙記)』, 『홍백화전(紅白花傳)』 등
- 애정세태(愛情世態) 소설
  - 애정이나 세태를 다룬 작품들이 비록 전기소설이나 재자가인 소설들에도 보이지만 애정과 세태라는 주제가 상대적으로 더 부각되는 작품이다.
  - 주요 작품
    ⓐ 애정소설: 『숙향전(淑香傳)』, 『춘향신설(春香新說)』, 『광한루기(廣寒樓記)』 등
    ⓑ 세태소설: 『진대방전(陳大方傳)』, 『익부전(益夫傳)』, 『만강홍(萬江紅)』 등
- 연의류(演義類) 소설
  - 역사적인 사실을 부연하여 재미있고 알기 쉽게 쓴 책이나 창극이다.
  - 주요 작품: 정태제(鄭泰齊)의 『천군연의(天君演義)』, 유치구(柳致球)의 『천군실록(天君實錄)』, 정기화(鄭琦和)의 『천군본기(天君本紀)』 등이 있다.
- 가정·가문(家庭·家門)소설
  - 한 가정 내의 갈등을 다룬 것을 가정소설이라고 하고, 한 가문의 여러 대에 걸친 문제나 동시대 여러 가문 간의 갈등을 다룬 작품을 가문소설이라고 한다.
  - 주요 작품
    ⓐ 중편: 『사씨남정기(謝氏南征記)』, 『장화홍련전(薔花紅蓮傳)』 등
    ⓑ 장편: 『옥린몽(玉麟夢)』, 『일락정기(一樂亭記)』, 『효열지(孝烈志)』 등
- 영웅소설
  - 역사군담소설 또는 영웅을 다룬 작품으로, 군담류 소설이 대량으로 창작된 시기는 주로 임진왜란과 병자호란을 거치면서이다.
  - 주요 작품
    ⓐ 허구적 인물: 『남홍량전(南洪量傳)』, 『운향전(雲香傳)』 등
    ⓑ 실존했던 역사 영웅: 『임진록(壬辰錄)』, 『임경업전(林慶業傳)』, 『최고운전(崔孤雲傳)』, 『구운몽(九雲夢)』, 『옥루몽(玉樓夢)』 등

5 기타 산문문학

(1) 정통산문

『동문선』이 분류한 48종의 문장 갈래

① **글의 목적과 용도에 따라 일정한 대상에게 쓴 문장**
  ㉠ 임금이 신하에게 주는 글
  ㉡ 신하가 임금에게 올리는 글
  ㉢ 관리 상호 간이나 백성들에게 주는 공적·사적인 글
② **특정한 행사에 쓰이는 글**: 시가 중심
③ **작가 개인적인 의도에 따라 지어진 글**

> **체크 포인트**
> 조선조 후기에는 소설, 야담 같은 허구문학이나 여행록 같은 기행문이 많이 나타나 『동문선』의 유형을 벗어났다.

④ **주요 작품**
  ㉠ 삼국·통일신라: 광개토대왕 비문과 신이한 승려의 전, 주의에 속하는 설총의 「화왕계」 등
  ㉡ 고려 전기: 임춘과 이규보의 서신

(2) 전(傳)

① **고려 중기**: 가전은 원래 사마천이 『사기』 열전을 창시함으로써 시작된 전의 일종
② **조선조**: 가전이 작가의 위치 변화나 사대 정신의 변모와 병행함을 보여줌

> **체크 포인트**
> - 가전은 삽화적 구조로 이루어져 있지만, 삽화 사이에 인과관계는 없다.
> - 가전의 경우 논찬(論贊)은 허구의 개입으로 초래했을 진실성의 약화를 사관의 객관적인 공적 논평에 의해 보상하려는 서술자의 의도가 숨어있다.

③ **조선 전기**: 전은 당대 역사적 사건과 사상적 변화를 밀접하게 반영하면서, 입전 인물들이 자신이 속한 세계의 부정적 특징을 비판하거나, 반대로 자신들의 행위에 대한 명분을 확립하고 옹호하는 데 이용됨
④ **조선 후기**
  ㉠ 전은 그 고유영역을 지키기보다 인접 갈래와 결합으로 조금씩 그 성격이 변질되면서 소설화·역사화·야담화가 일어남
  ㉡ 전의 소설화는 허균, 박지원, 이옥의 전에서 볼 수 있음

> **더 알아두기**
>
> 전의 특징
> 입전 인물을 통해서 작가의 도덕적 의지나 규범적 인간상을 제시하는 데 있다.

(3) 몽유록

조선 시대 지식층 작가들이 꿈을 빌려 자신의 심회나 현실 비판, 이상 세계를 설정해서 그의 지향 의식을 묘사하는 허구적 서사문학

① **몽유 양식** : 서사 양식 중 꿈을 모티브로 한 서사
   ㉠ 전기소설 : 「조신전」, 「남염부주지」
   ㉡ 몽자류 소설 : 「구운몽」
   ㉢ 몽유록

② **몽유록에서 나타나는 특징**
   ㉠ 현실비판 지향의 작품들 : 작가의 공적인 비분이나 원한 서술.
      예) 「원생몽유록」, 「강도몽유록」, 「달천몽유록」
   ㉡ 꿈속에서 이상을 추구하는 작품들 : 작가 현실의 개인적인 좌절을 묘사.
      예) 「대관재몽유록」, 「안방몽유록」
   ㉢ 서술자, 몽유자의 역할은 몽중 사건의 참여자이기도 하고 방관자이기도 하다.

(4) 소설

① 한문소설의 시작을 『금오신화』로 보면서 초기소설 또는 전기소설의 명칭으로 부름

> **더 알아두기**
>
> 『금오신화』 기출 24, 23
> - 「이생규장전」: 이생(유교 교리 신봉. 우유부단 → 적극적), 최랑(진보적·능동적·개성적), 삶과 죽음의 경계선을 넘어선 간절한 소망과 사랑, 인귀교환소설
> - 「용궁부연록」: 한씨, 꿈에서 박연의 용궁에 초대되어 글짓기 재능을 뽐냄, 화려한 용궁 체험과 삶의 무상감
> - 「남염부주지」: 박생, 『전등신화』의 그늘에서 벗어나 자신의 사상을 잘 표현한 작품, 유교이념을 기반으로 한 불교 철리(哲理), 불교를 사도로 보나 필요성 인정
> - 「만복사저포기」: 양생이 부처님과의 저포놀이에서 이기고 난 후에 만난 여인과의 인연, 시공을 초월한 사랑, 인귀교환소설
> - 「취유부벽정기」: 홍생, 은왕의 후예 기자왕의 딸인 여인과의 만남, 도가적 사상, 명혼소설, 몽유소설

② **전기소설(『금오신화』이후)**
   ㉠ 이전의 작품들이 엄정한 대구와 화려한 문체로 이루어졌던 것과 달리 비교적 소박한 고문으로의 변화를 보여줌
   ㉡ 신이하고 기이한 이야기를 전한다는 작가의 저술 의도가 엿보임
   ㉢ 사건의 전개가 역사적 사실과 밀착되어 있음
      ⑩ 권필의 「주생전」, 조위한의 「최척전」, 작자 불명의 「위경천전」 등
   ㉣ 새로운 시대에 맞게 신이성을 배제하면서, 한문으로 된 전(傳)과의 결합으로 자신의 길을 찾은 것으로 나타남

③ **조선 후기 소설**
   ㉠ 허균: 전과 소설 양 방면에서 모두 취급
      ⑩ 「장생전」, 「손곡산인전」, 「엄처사전」, 「장산인전」, 「남궁선생전」 등
   ㉡ 소설사에서 작자는 주인공과 세계의 갈등을 효과적인 구조를 통해서 흥미 있게 형상화함
   ㉢ 박지원의 작품
      • 모두 9편으로, 작품에 대한 작자의 입전(立傳) 의식을 엿볼 수 있음
      • '외전'이라는 명칭에는 한문 단편이나 소설에 귀속시킬 수 있는 작가의 허구화 의도가 숨어있음
      • 부조리한 현실의 실상과 이면이 적나라하게 드러남
   ㉣ 이옥의 작품
      • 다양한 인물군과 사건을 다룸
         - 「심생전」: 중인 처녀와 사대부 남자의 신분 문제를 거론한 비극적인 사랑을 그림
         - 「유광억전」: 과거의 시제가 유출되는 것도 큰일이지만, 돈으로 답안지를 사서 합격한 자들에게 맡겨진 국가의 운명에 대한 염려와 비판이 함축되어 있음

(5) 여행록
① **조선 후기**: 기행문 외에 해외 체험을 기록한 여행록들이 새로운 세계에 대한 경이와 인식을 불러일으킴
   ㉠ 여행록의 청의 명칭: 「연행록(燕行錄)」, 「연행일기(燕行日記)」
   ㉡ 여행록의 일본의 명칭: 「해사일기(海槎日記)」, 「동사록(東槎錄)」

체크 포인트
- 청의 연행록: 김창업의 「연행일기」, 홍대용의 「연기」, 박지원의 「열하일기」, 김경선의 「연원직지」
- 일본의 사행록: 남용익의 「부상록」, 신규한의 「해유록」, 조엄의 「해사일기」
---

② **주요 작품**: 박지원의 『열하일기』
  ㉠ 총 26편으로 구성됨
  ㉡ 청의 고종 70세 축하식에 참석차 떠나는 박명원의 자제 군관으로 북경과 열하를 여행하고 서울에 도착하기까지 5개월 동안의 체험
  ㉢ 주요 여정은 여행의 경위를 날짜별로 기록
  ㉣ 중국 사대부와 교제하고 필담한 내용, 각종 명소에 대한 관광들을 주제별로 통합 → 사화·잡록·소초(小秒)의 형식으로 정리
  ㉤ 청을 바라보는 그의 시각의 선입견을 없애려 함
  ㉥ 사치와 무명, 검소와 빈궁을 구분하고 있음
  ㉦ 번성한 표면에 가려진 청의 이면의 고민도 잘 파악함
  ㉧ 『역경』의 우언과 『춘추』의 외전에 대해 언급함

(6) **비평**
  ① **체계 있는 문학론 수립**: 무신의 난 이후
    ㉠ 이인로의 『파한집』: '천하의 일 가운데 빈부귀천으로 고하를 삼지 않는 것은 오직 문장뿐'이라고 해서 문학의 독자적 가치 인정 기출 23
    ㉡ 이규보
      • 작시 문제보다는 시의 본질에 더 많은 관심을 나타냄
      • 시 창작이 흥(興)에 의해 주도되었음을 암시함
  ② **조선 전기**
    ㉠ 정도전의 문이재도론(文以載道論) 위에서 출발함
    ㉡ 문학작품을 사회적 상관 속에서의 효용적 기능 차원에서 주목하기 시작함
  ③ **조선 중기**
    ㉠ 작가: 허균, 이수광
    ㉡ 우리 시학이 가진 독자성을 부각시킴
    ㉢ 피지배 계층 시인에 대한 관심과 정당한 평가
  ④ **조선 후기**
    ㉠ 관각에 의해 전기의 재도(載道) 문학관이 이어짐
    ㉡ 정(情)의 문학, 하층의 문학에 대한 관심
    ㉢ 중인층의 문학 활동과 관련되어 나타난 천기론(天機論)
    ㉣ 김정희가 제기한 성령론(性靈論)이 관심을 끔
    ㉤ 문체에 관한 논의: 내용 면에서 경전을 전범으로 하고 표면에서는 일체의 인위적 수식을 배제한 문장

제 4 절 핵심예제문제

01 한문산문은 운문체, 의론체, 서사체로 분류한다.

01 한문산문의 분류에 포함되지 않는 것은?
① 운문체
② 의론체
③ 서사체
④ 역어체

02 고체시는 당나라 때의 규칙을 따르지 않는 시 전체를 가리키는 것이다.

02 당나라 규칙을 따르지 않는 시 전체를 무엇이라 하는가?
① 고체시
② 근체시
③ 운문시
④ 한시

03 고체시에는 '시경, 초사, 악부, 고시' 등이 있다.

03 다음 중 고체시에 해당하지 않는 것은?
① 시경
② 악부
③ 고시
④ 역경

정답 01 ④ 02 ① 03 ④

04 「황조가」에서 유리왕의 심정은 무엇인가?
① 외로움
② 부끄러움
③ 자기반성
④ 행복함

04 「황조가(黃鳥歌)」는 고구려 제2대 유리왕의 작품으로, 짝을 잃은 외로움을 비통한 심정으로 노래한 작품이다.

05 「황조가」를 집단적 서사시의 일부로 보았을 때의 주제로 알맞은 것은?
① 종족 집단의 단결과 화해
② 종족 간의 대립과 갈등에서 오는 고뇌와 번민
③ 부패가 만연한 사회를 비판하고 이를 개선
④ 경쟁관계에 있는 종족 집단이 혼인을 통해 친선관계를 맺음

05 「황조가」를 종족 간의 투쟁을 다룬 서사시로 보는 견해가 있는데, 이때에는 종족 간의 대립과 갈등에서 오는 번뇌를 주제로 한다.

06 「황조가」의 배경설화와 관계가 가장 적은 것은?
① 화희   ② 송씨
③ 치희   ④ 서희

06 「황조가」의 배경설화에는 화희, 치희, 송씨가 등장한다.

07 다음 중 이규보의 「동명왕편(東明王篇)」에 관한 설명으로 옳지 않은 것은?
① 우리나라 최초의 건국서사시로 평가할 수 있다.
② 다섯 자로 된 한시로서 총 282구에 이르는 대 장편 서사시이다.
③ 이규보는 동명왕의 신이한 사적에 대해 성(聖)과 신(神)으로 인식했다.
④ 이규보가 『삼국유사(三國遺事)』에 기록된 동명왕의 사적을 읽고 지었다.

07 「동명왕편」은 우리나라 최초의 건국서사시로, 이규보가 『구삼국사(舊三國史)』를 읽고 지었다.

정답 04 ① 05 ② 06 ④ 07 ④

08 「송인(送人)」은 정지상의 한시로, 동문선에 7언절구로 전해져 내려온다. 고려 인종 때의 작품으로 임과의 이별에서 오는 슬픔을 담아내고 있다.

08 다음 한시의 유형은 무엇인가?

> 雨歇長堤草色多(우헐장제초색다)
> 비가 갠 강둑에 풀잎이 푸른데
> 送君南浦動悲歌(송군남포동비가)
> 남포에 임 보내니 슬픈 노래 부르네.
> 大同江水何時盡(대동강수하시진)
> 대동강 물은 언제 마를 것인가?
> 別淚年年添綠波(별루년년첨록파)
> 해마다 이별의 눈물이 푸른 물결에 덧붙이네.

① 5언절구
② 5언율시
③ 7언절구
④ 7언율시

09 제시된 작품은 최치원의 「추야우중(秋夜雨中)」이다. 만리심(萬里心)은 먼 고향을 그리는 마음을 나타낸 시어로 심리적·정서적 거리감(고뇌의 깊이)을 표현한 것이다.

09 다음 작품에서 세상에 대한 시적 화자의 심리적 거리를 나타낸 시어는?

> 秋風惟苦吟(추풍유고음)
> 가을 바람에 괴로이 읊조리나
> 世路少知音(세로소지음)
> 세상에 알아주는 이 없네
> 窓外三更雨(창외삼경우)
> 창밖엔 밤 깊도록 비만 내리는데,
> 燈前萬里心(등전만리심)
> 등불 앞에 마음은 만리 밖을 내닫네.

① 삼경우(三更雨)
② 등전(燈前)
③ 만리심(萬里心)
④ 창(窓)

정답 08 ③ 09 ③

제5절 구비문학

1 설화의 특징과 갈래

(1) 설화의 역사
① **우리나라 기록에 의한 최초의 설화 구연**: 신라 때 신문왕 앞에서 「화왕계」를 지은 설총으로 평가됨
② **『삼국사기(三國史記)』**: 전통의 역사서이지만 열전에 보면 설화적인 요소가 가미된 여러 이야기가 실려 있음 기출 24
③ **『삼국유사(三國遺事)』**: 현존하는 우리나라 문헌 중에서 가장 오래된 설화집(150여 편) 기출 24
④ **패설(稗說)**: 고려 말 무신정권 시기에 문관들을 중심으로 관심을 끌었던 설화
⑤ **야담**: 조선 시대 양반 사대부들이 기이하거나 괜찮다고 생각하는 것들을 모아 놓은 것

(2) 설화의 특징
① **서사성**: 일정한 이야기 구조를 갖추고 사건이 전개됨
② **허구성**: 사실에 바탕을 둔 것이라도 말하는 사람의 의도에 따라 새롭게 꾸며짐
③ **교훈성**: 등장인물들의 행동을 통해 삶의 지혜를 깨닫게 함
④ **흥미성**: 듣는 이로 하여금 재미를 느끼게 함
⑤ **전승성·구전성**: 입에서 입으로 다른 사람 또는 다음 세대로 전달됨
⑥ **집단성**: 개인의 상상이나 독창성에 의지하기보다는 많은 사람에 의해 집단적·민족적으로 변형·창작됨

(3) 설화의 갈래
① **신화** 기출 22
  ㉠ 개념
    • 신이 주인공이고 신이 청자이며 신을 즐겁게 하기 위한 이야기
    • 범우주적 소재, 신성성과 진실성의 성격, 초능력을 지닌 주인공
  ㉡ 분류
    • 창세신화: 우주를 창조한 신에 대한 이야기. 서사무가 형태로 무당에 의해 구비 전승됨
    • 국조신화: 씨족의 처음이 되는 사람에 대한 설화
      - 북방지역 신화: 국가 체제가 정비된 이후에 시조가 태어나서 이미 있었던 국가와는 다른 새로운 국가를 건국
        예 「단군신화」, 「주몽신화」
      - 남방지역 신화: 처음으로 국가를 만들어 이 세상 최초의 왕으로 추대된다는 내용
        예 「박혁거세 신화」, 「수로왕 신화」
    • 부락신화: 공동체 형성과 결속을 다지기 위한 수단으로 부락민이 공동으로 만들어 낸 신화
    • 건국신화: 민족신화, 씨족신화로부터 발전
  ㉢ 기능: 공동체 강화, 상상력 강화, 세계관 반영

② 전설
　㉠ 개념
　　• 자연의 사물 현상에 대해 유래를 설명해 주는 방식을 취하는 설화
　　• 전설을 구연하고 계승시키는 전승자는 전설의 진실성과 실재성을 믿는 편
　　• 신화에 비해 한정된 시간과 공간을 가지고 있으므로 특정의 시간과 장소를 획득해야 함
　　• 신화의 주인공에 비해 전설의 주인공은 능력이 매우 떨어지는 존재임
　㉡ 분류
　　• 전국적 전설과 지역적 전설
　　　- 전국적 전설 : 대체로 역사적 인물이나 역사적 사전과 관련을 가지는 이야기로써 증거물이 바로 한국사 역사 그 자체이기에 한국의 국민은 모두 이를 사실로 인정할 수밖에 없는 이야기
　　　- 지역적 전설 : 증거물이 인지되는 범위가 그 지역 주민들의 직접 체험에 근거를 준 것으로서 일정한 한계를 가지는 이야기
　　• 인물전설과 사물전설
　　　- 인물전설 : 역사적으로 이름을 떨친 인물에 관한 이야기
　　　　예 최치원, 강감찬, 서경덕, 이황, 이이, 이지함 등

> **체크 포인트**
> 구전되는 인물전설이 반드시 역사적으로 국가를 위해 공헌한 인물의 이야기만은 아니다.
> 예 도선, 박상의, 명풍, 허준, 유이태, 김선달, 자린고비 등

　　　- 사물전설 : 자연물에 관한 전설과 인공물에 관한 전설로 나뉜다.
　　　　ⓐ 자연물 : 해・달・별 등의 천체 및 산이나 강 등 지상의 자연물, 호수, 암석, 수목 등에 얽힌 이야기
　　　　ⓑ 인공물 : 사원, 석탑, 성곽, 교량, 글씨, 그림, 조각 등 건축물이나 예술품 등의 조성 과정에 얽힌 이야기
　㉢ 작품 : 「장자못 전설」, 「오뉘 힘내기 전설」, 「오뉘탑 전설」, 「아기 장수 전설」, 「할미성 전설」, 「꾀꼬리성의 유래」
③ 민담 기출 24
　㉠ 성격
　　• 지어낸 이야기이기 때문에 일정한 내용에 구애받지 않고 자유로운 내용으로 꾸며짐
　　• 허구성이 가장 강하며, 증거물이 없음
　　• 민담은 전설과 달리 어느 시대라든가 어느 곳이라는 명시가 전혀 나타나지 않음
　　• 이야기 속에 등장하는 인물은 난관을 극복하고 운명을 개척하며 성공하는 인물
　㉡ 민담의 진행 구조 : 도입부, 전개부, 반전부, 종결부
　㉢ 민담의 가치 : 교육적, 오락적, 정치적

② 민담에 나타난 한국인의 의식
- 민담의 전승자들은 대체로 한자문화로부터 소외된 피지배 대중인 민중임
- 민담의 등장인물은 대체로 착한 사람과 악한 사람으로 나뉨
- 한국 민담에 나타나는 윤리 의식은 생활체험에 바탕을 둠
- 희망적이고 낙천적인 향유층의 의식을 찾을 수 있음
- 주인공이 이룩하는 성공의 내용은 결혼과 치부로 요약됨(주인공이 결혼하고, 부자가 됨)

구분	신화	전설	민담
내용	신에 대한 이야기	사물 현상의 유래, 기원을 설명하는 내용	현실에 바탕을 두는 삶의 지혜와 비판적인 내용
전승자의 태도	절대적인 믿음	신화처럼 전적으로 신봉하지 않음	허구의 이야기임을 공표하고 이야기함(흥미를 주려고 함)
시간과 장소	초월적인 시간과 신성한 장소	구체적인 시간과 장소	뚜렷한 시간과 장소가 나타나지 않음
증거물	포괄적(천지, 국가 등)	개별적(바위, 연못 등)	없음
주인공의 성격	신(神)	비범한 인물	평범한 인물
지역	한 민족이 살고 있는 한정된 지역	증거물 확보로 인한 한정된 지역	광범위한 지역(세계성)

2 민요의 특징과 갈래 중요

(1) 민요의 의의
① 예로부터 민간에 구전되어 내려오는 노래의 총칭
② 민중들 사이에서 저절로 생겨나서 전해지므로 악보에 기재되거나 글로 쓰이지 않고 구전(口傳)되는 것으로 창작자가 문제되지 않음
③ 악곡이나 사설이 지역에 따라 노래 부르는 사람의 취향에 맞게, 노래 부를 때의 즉흥성에 따라서 달라질 수 있음
④ **민속으로서의 민요**
  ㉠ 구비(口碑)전승의 하나이되, 생업·세시풍속·놀이 등을 기능으로 하여 생활과 밀접한 관련이 있음
  ㉡ 집단적 행위를 통하여 불리는 기회가 많은 점이 구비 전승의 다른 영역과 다름
⑤ **음악으로서의 민요**
  일반 민중이 즐기는 민속 음악에 속하는 창악이되, 전문적인 수련을 필요로 하지 않는 점에서 판소리·무가·시조·가사 등과 구별됨

⑥ **문학으로서의 민요**
   구비문학의 한 영역이며 일정한 율격을 지닌 단형시라는 점이 설화·속담·수수께끼 등에서는 찾을 수 없는 특징이 있음

(2) 민요의 특징
① 비전문성
② **현실 생활과 관련, 한(恨)과 체념의 정서** : 자연친화적 성격은 없음
③ 민중들 사이에서 자연스럽게 형성되어 구전되는 노래(노동, 의식, 놀이 진행)
④ 주로 2음보(노래로 부르기 위함)
⑤ 음악적인 성격과 문학적인 성격을 함께 가짐
⑥ 향토성이 매우 강하게 나타남
⑦ 작자는 민중 자신이기 때문에 거의 알 수 없음
⑧ 후렴구를 수반하여 장을 이어나가면서 부르는 것과 후렴구 없이 사설을 이어서 부르는 형태로 나누어짐
⑨ 민중의 생활감정을 비교적 솔직하게 나타냄
⑩ 민중들이 일상 생활에서 겪는 정한이 잘 나타나 있음. 특히 노동요에는 일하는 즐거움과 보람이 꾸밈없이 소박하게 나타남

(3) 민요의 역사
① **상대(上代)의 노래로 문헌에 남아 전하는 것** : 「공무도하가」, 「황조가」, 「구지가」로 모두 민요였을 가능성이 매우 큼
② **삼국 시대** : 기록이 신라에 편중된 한계가 있고, 종교적인 성격을 띤 것들이 많음. 「정읍사」는 조선 시대에 기록되었지만 백제 시대의 민요라는 것을 알 수 있음
③ **고려 시대** : 고려속요, 고려 말기에는 참요가 다수 만들어지기도 함

체크 포인트
참요 : 정치적 사건이나 상황에 대해 비판적이고 예언적으로 노래한 것으로 정치 민요

---

④ **조선 시대**
   ㉠ 전기 : 양반 사대부들이 관료 정치로 민요에 대한 관심은 거의 전무했던 것으로 보임
   ㉡ 후기 : 양반 사대부층의 몰락으로 중인·평민층이 등장하면서 민간의 노래나 민요에 대한 관심이 높아짐

> **더 알아두기**
>
> **시대별 민요 작품**
> - 고구려 : 황조가, 내원성, 명주가
> - 백제 : 지리산가, 무등산, 선운산, 방등산, 정읍사
> - 신라 : 회소곡, 해가사, 구지가, 대악, 풍요
> - 고려 : 서경, 대동강, 서경별곡, 청산별곡, 동동, 가시리, 사모곡, 연양가
> - 조선 : 춘향전에 들어 있는 농부가, 담바구타령, 민씨요, 경복궁타령
> - 현대 : 아리랑타령, 전봉준을 기리는 파랑새

(4) 민요의 기능 기출 24

① **노동** : 여러 사람이 함께 일하는데 보조를 맞추는 것 예 「방아타령」
② **유희** : 노동과정에서 오는 고통과 지루함을 덜게 하는 것 예 「강강술래」
③ **의식** : 인간의 소원을 빌거나 신을 즐겁게 하려고 찬양하는 노래 예 「지신밟기요」
※ 「상여소리」는 의식요이면서 노동요이다.

(5) 민요의 분류 기출 22

① **노동요**

　㉠ 농업노동요
　　• 우리 민요 가운데 가장 많고 다양함
　　• 선창자와 후창자가 주고받는 형태로 부르는 것이 원칙
　　• 전통적인 농업에서는 많은 일손의 조직적인 동원이 이루어졌고 이를 배경으로 농사의 모든 과정에서 다양한 민요 발생
　㉡ 길쌈노동요 : 내용이 풍부하고 가사가 세련됨
　㉢ 어업노동요 : 규칙적인 작업과정에서 부르는 민요로서 음악적으로도 매우 세련된 곡이 많음

② **의식요**

　㉠ 세시의식요 : 집안이 잘 되라는 축원의 내용 예 「지신밟기요」
　㉡ 장례의식요
　　• 인생의 덧없음을 한탄하면서 착하게 살아갈 것을 권하는 노래 예 「상여소리」
　　• 묘지가 완성되어 가는 과정 예 「달구질 소리」
　㉢ 신앙의식요

③ **유희요**

　㉠ 처녀들이 모여서 노는 놀이로 유희를 하면서 선후창으로 부르는 문답체 민요 예 「놋다리밟기」
　㉡ 추석이나 정월 대보름에 행해지는 민속놀이로 처음에는 진양조로 천천히 부르다가 점차 중모리, 중중모리, 자진모리로 빨라짐 예 「강강술래」

④ 비기능요
  ㉠ 실제적 기능이 없이 유흥을 부르는 민요
  ㉡ 지역에 따라 기능요로 불리기도 함

> **더 알아두기**
>
> 「아리랑」
> 지역에 따라 세부적 악곡이 다르며, 명칭도 지역명을 내세워 구별함(정서의 핵심은 이별의 정한)
> - 경기도·충청도 일대 중부 지역: 「노랫가락」, 「청춘가」 등
> - 경상도 지역: 「일군악」
> - 전라도 지역: 「육자배기」
> - 함경도 지방: 「신고산타령」
> - 평안도 지역: 「수심가」
> - 제주도 지역: 「오돌또기」

> **체크 포인트**
>
> 민요의 종류
> - 기능에 따라
>   - 기능요: 노동요, 의식요, 유희요
>   - 비기능요: 생활상 기능 없이 즐거움 때문에 부르는 노래
> - 장르에 따라: 교술민요, 서정민요, 서사민요, 희곡민요
> - 창자에 따라: 남요(男謠), 부요(婦謠), 동요(童謠)
> - 기타: 가창 방식, 시대, 지역에 따른 분류

(6) 주요 작품

■ 아리랑타령

이씨의 사촌이 되지 말고
민씨의 팔촌이 되려무나.
아리랑 아리랑 아라리오
아리랑 배 띄워라 노다 가세.

남산 밑에다 장충단을 짓고
군악대 장단에 받들어 총만 한다.
아리랑 아리랑 아라리오
아리랑 배 띄워라 노다가세.

아리랑 고개다 정거장 짓고
전기차 오기만 기다린다.

아리랑 아리랑 아라리오
아리랑 배 띄워라 노다가세.

문전의 옥토는 어찌 되고
쪽박의 신세가 웬 말인가.
아리랑 아리랑 아라리오
아리랑 배 띄워라 노다가세.

밭은 헐려서 신작로 되고
집은 헐려서 정거장 되네.
아리랑 아리랑 아라리오
아리랑 배 띄워라 노다가세.

① **작품 개요**
이 노래는 우리 민족에게 가장 폭넓게 불리는 대표적인 적층 민요로, 수록된 부분은 전 12연 중 1~5연이다. 언어 표현에서 세련된 시어보다는 일상어를 그대로 옮겨 놓았을 뿐만 아니라, 내용 자체도 변용하거나 굴절시키지 않고 직설적으로 전달하고 있다는 점에서, 민중의 구체적 삶에 바탕을 둔 생활감정, 그 현실을 반영하는 민요의 특징이 잘 드러나 있다. 그럼에도 불구하고 이 노래가 함축적 의미를 지니고 있는 까닭은 단 두 행에 표현된 구체적 사실 하나하나가 절실한 체험에서 우러나온 것이기 때문이다. 이 작품은 직접적인 언어로 표현되어 날카로운 풍자성을 드러내고 있으며, 동일한 곡조의 반복 구조로 구한말 민씨 세도정권 때부터 일제 강점기에 이르기까지 민족적 수난으로 인한 삶의 파괴와 민중의 체험을 노래하고 있다.

② **해설**
　㉠ 갈래 : 민요, 서정민요
　㉡ 성격 : 현실 비판적, 풍자적, 직설적
　㉢ 표현 : 반복법(후렴구), 대구법, 대유법, 제유법
　㉣ 운율 : 3음보
　㉤ 구성
　　• 1연 : 외척의 세도 비판
　　• 2연 : 실속 없는 신식 군대 비판
　　• 3연 : 현실과 유리된 개화 비판
　　• 4연 : 일제의 수탈에 대한 비판
　　• 5연 : 잘못된 개화에 대한 비판

③ **제재** : 민씨의 세도 정치 및 일제에 의한 수탈

④ **주제** : 위기에 처한 민족의 수난, 민족 수난의 현실에 대한 저항과 비판 의식(민씨의 세도정치 및 일제의 수탈을 고발함으로써 위기에 처한 민족 현실에 대한 비판적 의식을 드러냄)

⑤ **특징**
　㉠ 시간적 순서(역사적 흐름)에 따른 사상 전개
　㉡ 일상적 용어의 사용
　㉢ 의의 : 구비문학으로서의 적층성이 잘 반영되어 있으며, 민요 형식을 빌려 민중들의 시대 현실에 대한 비판을 노래함
　㉣ 작가 미상

■ 시집살이 노래

> 형님 온다 형님 온다 분고개로 형님 온다.
> 형님 마중 누가 갈까 형님 동생 내가 가지.
> 형님 형님 사촌 형님 시집살이 어떻데까.
> 이애 이애 그말 마라 시집살이 개집살이
> 앞밭에는 당추 심고 뒷밭에는 고추 심어,
> 고추 당추 맵다 해도 시집살이 더 맵더라.
> 　　　　(중략)
> 시아버지 호랑새요 시어머니 꾸중새요
> 동세 하나 할림새(고자질쟁이)요 시누 하나 뾰족새요
> 시아지비 뾰중새요 남편하나 미련새요
> 자식하난 우는 새요 나 하나만 썩는 샐세
> 　　　　(중략)
> 울었던가 말았던가. 베개 머리 소 이겼네(연못 만들겠네)
> 그것도 소이라고 거위 한 쌍 오리 한쌍(어린 자식들)
> 쌍쌍이 떼 들어오네.

① **작품 개요**

이 노래는 조선 후기 남성 중심의 봉건적인 대가족 제도 아래에서 각종 사회적·도덕적 구속에 얽매여 고된 시집살이를 하는 부녀자들의 생활을 사촌자매 간의 대화 형식으로 표현한 부요(婦謠)이다. 시부모와 시누이, 시아주버니의 학대, 남편의 무관심, 생활의 어려움 등에서 오는 한을 비판·풍자·비유·익살 등을 섞어 진솔하고도 실감나게 표현하였다.

② **해설**

　㉠ 갈래 : 서정민요, 부요(婦謠)
　㉡ 운율 : 4·4조, 4음보
　㉢ 문체 : 내간체, 대화체
　㉣ 성격 : 여성적, 서민적
　㉤ 표현 : 대화 형식, 반복, 대구, 대조, 열거 등의 다양한 표현법, 사실적이고 과장된 표현, 해학적이며 풍자적인 표현
　㉥ 제재 : 시집살이
　㉦ 마지막 연에는 해학적 체념이 보임
　㉧ 의의
　　• **전형적인 부요(婦謠)**의 하나로 시집살이의 어려움과 한이 절실하게 표현됨
　　• 서민들의 애환을 담은 민중의 노래로서 일종의 민중시
　㉨ 채록지 : 경상북도 경산 지방
　㉩ 작가 미상

3 무가의 특징과 주요 서사무가

(1) 무가의 의의
① 무가는 무속 양식에서 불리는 것으로, 전해오는 구비문학 중 신화적 내용을 가장 많이 담고 있다.
② 인류 역사가 시작되면서부터 생겨난 것으로, 제천의식과 같은 근원에서 비롯된 것으로 보인다.
③ 무가가 문학성을 가진 것은 신을 즐겁게 하기 위한 오신(娛神)의 거리가 있었기 때문이다.

(2) 무가의 개념
① 무가는 제의(祭儀)에서 무당이 가무(歌舞)로 굿을 할 때 신을 향해 구연하는 신가(神歌)이다.
② 무당의 신관(神觀)을 비롯한 우주관, 영혼관, 내세관, 그리고 존재근원에 대한 일체의 사고가 종합·체계화하여 직접 언어로 표현되는 것이어서 무속의 구비 경전으로 볼 수 있다.
③ 서사적 양식의 무가를 무속신화라 부르기도 한다.

(3) 무속과 무가
① 무와 그 유형
  ㉠ 무(巫)
   • 무속의례를 집전하는 주재자라고 할 수 있는데 신분적으로 특수 계층에 속함
   • 원래 무는 무속의례를 집전하는 여자만을 지칭하는 말이었으며, 상대적으로 남자에 대해서는 '격(覡)'이라는 말이 사용됨
  ㉡ 무의 분류
   • 강신무(降神巫) : 신이 내린 무당으로 무병을 앓고 입무식(내림굿)을 거쳐서 무가 됨
    – 성별이나 연령, 지식, 사회적 신분, 혈연적 내력 등은 상관없음
    – 지역적으로 한강 이북에 분포, 공수(신들림)가 있음
   • 세습무(世襲巫) : 대대로 세습되는 무당으로 무병이나 입무식을 거치치 않음
    – 신의 뜻을 인간에게 전달하는 기능을 가지지 못하며 인간의 뜻을 신에게 청원하는 기능
    – 한강 이남 분포, 동해안 세습무 집단의 굿이 대표적임
② 굿의 절차와 그 유형
  ㉠ 굿의 절차 : 청배(請拜, 신을 모심) → 오신(娛神, 신을 대접하고 즐겁게 놀림) → 송신(送神, 신을 돌려보냄)
  ㉡ 굿의 유형
   • 사갓굿(가정굿, 집굿) : 일반인들이 개인과 집의 안녕과 복락을 위해서 하는 사가의 굿
   • 마을굿(별신굿) : 일반인들이 부락의 안녕과 제화초복(除禍招福)을 위해서 하는 부락 단위의 집단적인 굿
   • 신굿 : 강신무들이 무당 자신을 위해서 하는 굿

③ 무의 유형과 굿의 관계
　㉠ 강신무의 굿 : 신이 내린 무당이기 때문에 '용하다'는 평가를 받기를 원함
　㉡ 세습무의 굿 : 세련되고 예술적으로 자신들의 무의를 갈고 닦으며 세속적이며 오락성이 강하기 때문에 '잘한다'는 평가를 받기를 원함

④ 굿과 무가
　㉠ 무가에 있어 '오신의 기능'이 중요한 위치를 차지하는데, 굿에 있어서의 이 오신은 음주와 가무를 통해 이루어짐
　㉡ '무'라는 그 글자 자체가 하늘과 땅을 연결시키는 중재자로서의 무의 성격과 그 중재의 방법이 음주와 가무에 의한 것임을 함께 보여주고 있는 것

(4) 무가의 자료와 특성 및 구연 방식

① 무가의 특성
　㉠ 주술성 : 점치고 굿하는 것으로 초자연적이고 신비한 힘을 빌어 인간의 능력을 뛰어넘어선 길흉화복을 점치는 것 → 무가의 본질
　㉡ 신성성 : 신이 무당에게 신비로운 힘을 주어 공수를 내리는 것
　㉢ 오락성 : 강신무보다는 세습무(용하지 않으므로 재미 위주 공연)가 문학적 가치가 높음
　㉣ 전승의 제한성 : 부르는 사람(무당)과 장소(의례)의 제한
　㉤ 율문성 : 3·4조 또는 4·4조로 율문이 정확하고, 4음보격의 율문으로 되어 있음

② 무가의 구연 방식

구송창(口誦唱)	연희창(演戱唱)
• 앉아서 입으로 읽으면서 하는 굿(독경무, 강신무 – 신성성, 원초적 형태) • 서울 지역의 서사무가 구연 형태	• 연극하듯 여러 가지 동작(재미있게)과 함께 하는 굿(세습무 – 오락성) • 동해안 세습무들의 구연 방식
창자 스스로 반주	반주무와 창자가 분리
낭송조로 일관하여 변화가 적음	말과 창, 창은 낭송이 아니고 악곡의 변화가 없는 가창
좌창(座唱)이며 수반되는 동작이 없음	입창(立唱)이며 보조 동작을 수반함
삽입되는 세속가요나 골계적인 재담이 적음	세속가요나 재담이 많이 삽입됨

(5) 무가의 갈래

① **서정무가** : 서정성이 특히 짙게 나타나는 무가(신과 인간이 화합되는 순간의 서정적 노랫가락)
　㉠ 무가의 민요 차용 : 무가에 나오는 노랫가락은 민요에도 존재하는 것이 많음(창부타령)
　㉡ 무가의 시조 차용 : 시조를 차용하고 있는 것도 나타남

② **서사무가** 기출 23
　㉠ 개념 : 특정한 주인공이 있고, 일정한 구조를 가지고, 일련의 사건을 갖추고 있음
　㉡ 유형 분류
　　• 제석본풀이 유형 : 생산신 또는 수복을 관장하는 신의 유래담으로, 「바리공주」와 함께 우리나라에서 가장 널리 전승되는 유형

- 바리공주 유형 : 오구굿 계통의 무속제의에서 불리는 서사무가, 바리공주는 사영신
  ※ 오구굿 : 죽은 사람의 영혼을 좋은 곳으로 인도하기 위해서 하는 굿
- 강림도령 유형 : 저승사자
- 연명설화 유형 : 정해진 명이 다 되어 죽기로 되어 있는 사람이 이 사실을 미리 알고, 자신을 잡으러 온 저승사자에게 인정을 베풀어 그 수명을 연장하였다는 내용의 서사무가

③ 희곡무가
  ㉠ 배역이 나누어져 있고, 대사와 행위를 통해서 전달된다는 점에서 희곡의 기본요건을 갖추고 있음
  ㉡ 전국의 무가 자료에 두루 나타나지만, 특히 제주도, 동해안, 황해도 등의 자료가 많이 채록·정리되어 있음

④ 교술무가
  ㉠ 서정·서사·희곡무가를 제외한 단편적인 무가들은 그 성격상 대부분이 교술무가로 처리될 수 있음
  ㉡ 공수 : 신이 무당을 통해서 자신의 의사를 전달하는 것, 가창되지 않고 쉽게 알아듣기 힘든 말로 구송되는 경우가 많으면 무당이 들고 있는 방울을 흔드는 것이 상례

(6) 무가의 문학성

무가가 가지고 있었던 신성성과 주술성이 약화되면서 점점 세속화되고 흥미 위주의 오락적인 측면이 강조된 과정이, 바로 무가가 문학적으로 성장한 과정이라고 할 수 있으며 세습무의 역할이 컸다고 할 수 있음

(7) 주요 작품

■ **세경본풀이 : 자청비 이야기**

> **줄거리**
> 김진국 부부는 절에 불공을 들여 딸을 얻고 이름을 자청비라고 한다. 자청비가 십오세에 냇가로 빨래를 갔다가 공부하러 가는 하늘 옥황 문도령을 만났다. 한눈에 문도령에게 반한 자청비는 남장을 하고 문도령을 따라 함께 공부하러 간다. 삼 년 동안 한 방에서 생활하면서도 자신이 여자임을 숨겼던 자청비는 공부를 마친 날 문도령에게 자신이 여자임을 알리는 편지를 남기고 집으로 돌아온다. 사실을 안 문도령은 자청비의 뒤를 쫓아와서 둘은 부모님 몰래 삼 개월을 함께 지낸다. 문도령이 하늘 옥황으로 올라간 어느 날 나무하러 간 정수남이 말과 소를 다 잡아먹고, 자청비에게 혼날 것이 두려워서 문도령이 선녀들과 노는 것을 보느라고 그랬다며 핑계를 댄다. 이 말을 들은 자청비는 정수남을 죽여 버린다.

> 이 일로 집에서 쫓겨난 자청비는 남장을 한 후, 사람을 살리는 꽃을 가지고 있는 사라대왕의 딸과 거짓으로 혼인을 하여 사람을 살리는 꽃을 구해 정수남을 살려 주고 다시 집을 떠난다. 자청비는 베를 짜는 할머니와 살다가 쫓겨나는 등의 온갖 고생을 겪다가 문도령을 만나게 된다. 문도령 부모는 자청비를 못마땅해 한다. 하지만 난이 일어나 문도령이 전쟁터로 나가게 되자 자청비가 대신 나가고, 남편 문도령을 사라대왕의 딸에게 보내 함께 살게 한다. 난을 평정하고 돌아 온 자청비는 남편이 사라대왕의 딸에게서 돌아오면서 말을 거꾸로 타고 오는 것을 보게 된다. 자신이 얼마나 보고싶지 않으면 그러랴 싶은 생각에 자청비는 남편을 떠나 지상으로 가기로 한다. 자청비는 오곡의 씨를 가지고 지상으로 내려와 농사신이 되고 정수남은 가축을 돌보는 우마신이 된다.

① **해설**
  ㉠ 「세경본풀이」는 수많은 제주도 무가 중에서 그 길이가 가장 길며 별칭 「자청비 신화」라고도 한다.
  ㉡ '세경'이란 지모 또는 곡모의 뜻을 지닌 신의 이름으로 해석되고 있으며, 농경·풍등의 여신으로 상징된다.
  ㉢ 주인공으로는 상세경(남성인 문도령), 중세경(문도령의 아내인 자청비), 하세경(자청비의 머슴인 정수남)으로 나눌 수 있다.
   • 대표적인 주인공은 중세경인 자청비인데 그녀의 계보는 지상의 김진국과 조진국 부부의 무남독녀로 태어나서 하늘 옥황 문선왕의 아들 '문도령'과 부부의 인연을 맺고 있다.
   • '자청비'가 지모·곡모의 뜻을 지닌 신으로 생산·양육의 여신으로 상징된다고 하면, '문도령'은 천부·태양신·월신의 뜻을 지닌 남성신으로 창조·생명의 신으로 상징된다고 하겠다.
   • '문도령'과 '자청비'의 사이에서 활동하고 있는 '정수남'은 '자청비'의 머슴이면서도 이 부부신의 관계를 흥미롭게 꾸며 주고 있다. 시종 부부신의 탄생, 성장, 사랑, 삶, 죽음, 부활 등의 흥미로운 이야기를 하면서도 전체적으로 볼 때는 농경·풍등과 관련되는 서사무가라고 할 수 있다.

② **성격** 중요
  ㉠ 주술성 : 무가는 무(巫)의 기능인 치병(治病), 예언, 점복(占卜) 및 사제자로서의 신이성을 나타내는 데 있어 그 주술적 효과가 실제적으로 나타난다.
  ㉡ 신성성 : 청자가 신(神)으로 설정된다.
  ㉢ 전승의 제한성 : 무당이라는 특정 집단에 의해 전승되며, 무가의 연행은 무의에서만 가능하기 때문에 전승에 제한성이 있다.
  ㉣ 오락성 : 무가의 구연은 흥미를 돋우는 구실을 해왔으며, 이것이 무가의 문학적 성장에 바탕이 되었다.
  ㉤ 율문성 : 무가는 악곡에 실려서 연행되며, 대체로 4음보격의 율문으로 구송되고 있다.

③ **종류** : 교술무가, 서정무가, 서사무가, 희곡무가

4 판소리의 특징과 구성 요소

(1) 판소리의 개념
① 판소리는 명창 1인과 고수 1인이 협동해 여러 사람을 상대로 긴 이야기를 노래로 부르는 전통적인 민속적 연예(演藝) 양식임
② 일차적으로는 국악(國樂)의 명칭이지만 국문학상의 한 장르 명칭으로 쓰이기도 함

(2) 판소리의 어원과 의의
① **어원**: '판(舞) + 소리(歌)'라고 보아 판놀음에서 유래했다는 설과, 판(板)은 중국에서 악조(樂調)를 뜻하는 것이어서 변화 있는 악조로 구성된 판창(板唱), 즉 판을 짜서 부르는 소리라는 설의 두 가지가 있음 기출 24
② **국문학사적 의의**: 양반문학과 서민문학을 통합하는 근대 문학적 위치임

(3) 판소리의 기원
① **소설 기원설**: 판소리 12마당 중 「화용도(적벽가)」만은 중국의 『삼국연의』 소설을 모본으로 하여 이루어졌다고 주장
② **설화 기원설(김동욱)**: 근원설화 + 또 하나의 근원설화 → 판소리 한마당 → 대본으로서의 정착 → 소설화
③ **무가 기원설**: 전라도 무가를 그 기원으로 봄
④ **이야기 기원설**: 강담사, 강독사(전기수), 강창사에서 근거를 찾음
⑤ **광대소학지희 기원설**: 혼자서 자문자답하며 주로 시사적인 것을 들어 풍자하는 독립적 연극으로 산대도감의 일부로 연행된 극

(4) 판소리의 구성 기출 22
① **구성 요소**
  ㉠ 필수적인 요소: 창자, 대본, 청중
  ㉡ 필수적인 것은 아니나 중요하다고 볼 수 있는 것이 고수나 청중들이 발하는 추임새
② **대본(사설)**
  ㉠ 창과 아니리로 구성. 이것은 다시 음악, 너름새(연극, 무용적 요소) 등과 어울려 조화를 이루어 하나의 판소리 완성에 기여
  ㉡ 추임새: 고수나 청중들이 발하는 것. 창자와 청중이 한데 어우러지게 하는 판소리 특유의 공동체적 성격을 드러나게 하는 요소
  ㉢ 아니리: 주로 지문으로만 되어 있는 것은 아니며 창의 부분에서는 청중의 강한 서정적 반응, 즉 긴장을 일으키는 내용이 나타나고, 아니리의 부분에서는 그것이 소멸되는, 곧 이완되는 방향으로 사설이 전개됨

③ 청중
판소리 성립에 필수적인 존재. '얼씨구, 좋다' 등의 추임새를 적절히 발할 때 판소리를 제대로 감상하는 태도를 지닌 청중이 됨

> **더 알아두기**
>
> **판소리 용어 해설**
> - 고수 : 북을 치는 사람
> - 광대 : 노래를 부르는 사람
> - 소리[唱] : 노래를 부름
> - 발림 : 노래를 부르면서 하는 무용적 동작, 즉 몸짓을 말함
> - 너름새 : 발림과 같으나 가사·소리·몸짓이 일체가 되었을 때를 일컫는 말
> - 추임새 : 고수가 발하는 탄성으로 흥을 돋우는 소리
> - 아니리(사설) : 창이 아닌 말로, 창 도중에 이야기하는 것

(5) 판소리의 특성

① **적층성**
판소리의 기원은 정확히 알 수 없으나 오랜 세월 동안 입에서 입으로 전해 오면서 그 줄거리에 새로운 부분이 첨가되고 때로는 삭제되고 때로는 윤색되기도 하였음

② **부분의 독자성**
㉠ 부분창을 하는 경우 창자들은 그 부분을 자연 확대하여 부르다 보니 앞뒤의 이야기와 모순되게 내용이 확대되기도 하는데 이를 '장면의 극대화'라고도 함
㉡ 부분의 극대화는 더늠으로 생겨난 것이라 할 수 있는데 더늠은 창자들의 하나의 재능의 결과로서 판소리의 진수가 제일 잘 나타난 부분으로 창자의 온갖 재주가 발휘되어 문학(사설)과 음악(창)이 조화의 극치를 이루고 있는 부분

> **체크 포인트**
>
> 더늠 : 창자들의 온갖 재능이 발휘되어 그야말로 사설과 창이 조화의 극치를 이루었다.

③ **종합 예술성**
④ **국민 예술(국민문학) 또는 민족 예술적인 성격**
⑤ **에로티시즘**
⑥ **해학성**(→ 판소리 전반에 나타나는 특성)

(6) 판소리의 역사

① **태동기(숙종 17세기)**
판소리 태동의 시기를 짐작게 해주는 만화본 춘향가는 18세기 중엽 완결된 형태로 나타나며 그 속에서 배비장타령이 이미 불리고 있음을 알 수 있음

② **형성기(경종 초 ~ 영조 말)**
연암(박지원) 등이 문학작품을 통해서 양반의 불의와 위선을 통렬히 고발하기도 함. 서민에 의한 양반고발문학이라 할 수 있는 「춘향가」나 「배비장타령」 등이 나올 수 있는 사회적 분위기가 충분히 무르익었던 시기

③ **융성기(정조 19세기 초 ~ 고종 20세기 초)**
㉠ 일단 영조 말까지 완성된 판소리 12마당은 최근 한 연구자에 의해 그 성립 시기가 밝혀진 송만재의 『관우회』에 「본사가」라 하여 전부 소개되어 나옴
㉡ 18세기 말부터는 양반들이 저술을 남길 정도로 판소리가 양반 세계에 보편화되었고 직접 소리판에 개입도 하여 사설의 변개에 영향을 주기도 함

④ **침체기(고종 말)** 기출 24
㉠ 융성기 이후 판소리는 일제의 탄압과 서구사조의 영향으로 줄곧 빛을 보지 못함
㉡ 부흥의 조짐: 1960년대 초부터 보이기 시작
  • 판소리는 정식으로 민족의 전통예술로서 국가의 보호를 받기 시작했고(무형문화재 지정), 또 국악예술학교나 국악협회 등의 기관이 창설되고, 일부 대학에서는 국악과가 개설되는 등의 고무적인 현상이 계속 일어남
  • 18세기의 12마당이 19세기에는 6마당으로 축소되고, 20세기에는 5마당으로 줄었던 것을, 더 이상 줄어드는 것에 종지부를 찍고 다시 확대해 가기 시작

> **더 알아두기**
> • 판소리 여섯 마당(신재효): 「춘향가」, 「흥부가(박타령)」, 「심청가」, 「적벽가」, 「토별가(수궁가)」, 「가루지기타령」 중요
> • 판소리 열두 마당: 여섯 마당 + 「배비장타령」, 「옹고집타령」, 「가짜신선타령」, 「강릉매화가」, 「왈자타령」, 「장끼타령」

⑤ **부흥기(1970년대 이후)**
민족의 전통예술로 국가의 보호를 받기 시작 → 무형문화재 지정

(7) 판소리의 특징 및 등장인물

① **특징**
㉠ 평민의식을 바탕으로 서민의 삶을 해학적으로 담고, 사회와 권력을 풍자하였다.
㉡ 창사(唱詞)의 내용에는 극적 요소가 많고, 체제는 소설적이기보다 희곡적이며, 문체는 산문이 아닌 시가체(詩歌體)이다.
㉢ 풍자 · 해학 등의 골계적인 수법을 풍부하게 구사하고 있다.

② **등장인물**
㉠ 등장인물의 성격이 입체화하고 주변적 인물들의 역할이 증대된다.
㉡ 등장하는 인물들은 개성 있는 인물이며 작자는 작품 속에서 특유의 풍자와 해학으로써 작중 인물 모두에 대해 거침없는 비판을 가하기도 한다.

(8) 주요 작품

① 춘향가

　㉠ 주제
- 조윤제 : 정절
- 김태준 : 민중의 유순과 굴종을 강요하는 문학에서 신흥계급의 승리를 대변하는 문학으로 바뀌었음
- 김동욱, 김기동 : 모두 사랑이란 주제에 귀결시키고 있음
- 조동일 : 열녀의 교훈은 표면적 주제라고 할 수 있고, 인간적 해방의 주장은 이면적 주제라고 할 수 있음

　㉡ 등장인물
- 방자의 기능과 역할
  - 서민 신분 향상과 희극미를 구현하는 주체로서의 역할을 다함
  - 방자는 즉응즉답하는 재주와 해학이 있고, 여러 가지의 성격을 두루 갖춘 입체적 인물의 전형임

　㉢ 사회성
- '금준미주천인혈', '옥반가효만성고', '촉루락시민루락', '가성고처원성고'
  - 양반에 의한 양반 비판이지만, 아마도 이것은 당시 대부분 서민이 하고 싶었던 양반 비판성이었을 것
  - '술 = 피', '좋은 안주 = 백성의 기름', '촛물 = 눈물', '노랫소리 = 원망소리'로 효과를 극대화함

② 심청가

　㉠ 주제
- 완판본을 대상으로 한 조동일의 소론 : 현실의 고통을 유교적 이념으로 해결하자는 표면적 주제와 현실을 있는 그대로 인정하자는 두 가지 주제(표면적 주제는 보수적 관념론, 이면적 주제는 진보적 현실주의)
- 경판본을 대상으로 한 정하영의 소론 : 아버지의 신체적 불구를 회복시키기 위한 딸의 대속적 자기희생을 추앙하고 기리는 것
- 황패강의 논고 : 「심청전」의 주제가 효라는 전제하에, 그것은 '그 자체의 특수한 구조'에 의하여 이루어진다고 보고 있음
- 김우종의 논문 : '주제의 상실'을 선언하면서, 작자가 흥미 위주로 작품을 이끌어 가기 위하여 '주제를 팔고 유흥가치를 산다'고 평하고, 따라서 이 작품은 아예 주제가 완성되어 있지 않다고 주장하고 있음

　㉡ 등장인물
- 입체적 인물이라 할 뺑덕어미 등장
  - 작품을 비장과 숭고의 분위기에서 해학과 생동의 분위기로 변화시킴
  - 새로운 아내상의 제시 : 심봉사에게 남편으로서의 의무와 책임을 일깨워 줌

　㉢ 사회성 : 적나라한 서민 생활의 묘사를 통해 해학미를 창조하고 인간 본성 긍정의 당위성을 주장

③ 박타령
  ㉠ 주제
    • 조동일
      - 표면적 주제 : 사람은 선량하고 도덕적이어야 함
      - 이면적 주제 : 천부의 대두로 가난해진 양반과 모든 기존 관념이 얼마나 심각한 곤경에 빠지게 되었는가를 여실히 보여주는 것
    • 임형택 : 현실적인 부조리
    • 서대석 : 의식주의 생활문제, 특히 '식'을 위한 투쟁이 중심
    • 이상택 : 피탈 계층의 수탈 계층에 대한 적대 의식과 부에 대한 열망의 극대화 현상을 구원하려는 것
  ㉡ 등장인물
    • 가장 현실적이고 입체적인 인물은 놀부
      - 작품을 활기있고 흥미롭게 하는 역할
      - 놀부는 그 악성으로 인하여 흥부의 선성을 상대적으로 돋보이게 함으로써 결국 「흥부전」의 작품적 성과를 높이는 구실
  ㉢ 사회성 : 양반제도가 경제력에 의하여 좌우되고 있었음을 보여줌

5 민속극의 특징과 작품 세계

(1) 민속극의 개념과 범위

① **민속극의 개념**

민간에서 행위로 전승되는 연극(무극・가면극・인형극)
  ㉠ 민간 전승 : 피지배 계층 다수의 생활이나 사고방식, 문화 등과 밀접한 관계를 맺어 스스로 변화와 적응을 거듭해 폭넓은 공감대를 형성함으로써 전해져 내려오는 것
  ㉡ 연극 : 가장한 배우가 집약적인 행위로 된 사건을 대화와 몸짓으로 표현하며 다른 무엇에 의존하지 않고 공연할 수 있는 예술

② **민속극의 범위** : 판소리, 무당굿놀이, 잡색놀이

(2) 민속극의 본질과 의의

① 민속극은 피지배 계층(민중) 다수의 삶과 사고방식에 깊이 관련되어 있음
② 양반에 대한 비판, 풍자의 정도가 큼

(3) 가면극

① 1960년대에 들어서며 가면극에 대한 무관심의 상황이 달라지기 시작했는데 우리 것과 가면극에 대한 인식이 높아지면서 연구가 본격화됨

② **개관과 채록본**
  ㉠ 지방이나 전승 집단에 따라 산대놀이, 탈춤, 탈놀이, 별신굿놀이, 덧보기 등 여러 가지의 명칭이 전래
  ㉡ 일반적으로 몇 개의 과장으로 구성되는데 각 과장은 첨예한 갈등과 대결을 보여주기만 할 뿐 일관성 있는 사건의 흐름으로 되어 있는 것은 아님
  ㉢ 각 과장은 상호 간의 관계가 거의 독립적
  ㉣ 하회 별신굿놀이 : 경북 안동 하회동에서 별신굿이라는 부락제의를 지낼 때 공연하는 가면극
  ㉤ 강릉 관노 탈놀이 : 강원도 강릉에서 성황제를 지낼 때 공연하던 가면극으로 연희자가 관노였기 때문에 관노 탈놀이라는 명칭이 붙게 됨
  ㉥ 야류 : 부산 근처에 분포된 가면극으로 일명 '들놀음'이라고 함
  ㉦ 오광대 : 다섯 광대 또는 다섯 과장으로 구성되었기에 오광대라고 하는데, 경남 지방에 분포되어 있던 가면극
  ㉧ 산대놀이 : 가장 널리 알려진 것으로 서울과 경기도 일원에 분포된 가면극
  ㉨ 해서탈춤 : 황해도 일대의 가면극으로 '탈춤'이라는 용어는 이 지방의 가면극을 일컫는 말이었다가 가면극 일반을 지칭하는 말로 보편화됨
  ㉩ 사당패의 덧보기 : 지역성을 떠나 유랑하는 연예인(남사당패) 집단에 의해 공연되는 가면극

③ **기원**
  ㉠ 외래적 요인 : 산대희설, 기악설(백제인 미마지가 중국에서 배워 일본에 전한 기악이 바로 우리 가면극의 기원)
  ㉡ 자체적 요인
    • 농경의식설 : 풍년을 비는 옛 사람들의 농경제 의식에서 비롯됨
    • 농악굿 기원설 : 농촌의 농악대굿에서 비롯됨
    • 무당굿 기원설 : 무당의 굿에서 비롯됨

④ **가면극의 발전 과정**
  ㉠ 농촌가면극 : 현재 전해지는 가면극들 중에서 하회별신굿 탈놀이나 함경도 북청 지방의 사자놀음, 강원도 강릉의 강릉 관노 탈놀이 등은 대표적인 농촌가면극이며 하회 별신굿놀이가 대표적임
  ㉡ 떠돌이가면극 : 남사당패의 유랑연예인 집단(덧보기)
  ㉢ 도시가면극 : 농촌가면극에 기반을 두고 떠돌이가면극의 매개를 받아 18세기경부터 상업도시들을 중심으로 생성·성장

⑤ **가면극의 극적 형식**
  ㉠ 피지배 계층의 생활양식이 가장 극명하게 드러남
  ㉡ 악사는 극중 인물과 대화를 나누며 극의 진행에 직접 개입

⑥ 가면극 대사의 특징
  ㉠ 예고나 설명 없이 직접 등장인물 상호 간의 대화로 이루어짐
  ㉡ 기존의 권위를 부정하고 비하시키는 어법이 많이 사용됨

(4) 인형극
  ① 개관과 범위
    ㉠ 인형을 사용하는 민속극으로 남사당패들이 공연하는 꼭두각시놀음과 발탈이 알려짐
    ㉡ 인형극으로 가장 알려진 것 : 꼭두각시놀음, 박첨지놀음, 홍동지놀음 등
  ② 기원
    ㉠ 중국에서 들어왔다는 견해 : 꼭두각시놀음의 '꼭두' 혹은 '곡도, 꼭독, 곡독, 곡둑' 등의 어휘가 중국에서 괴뢰를 뜻하는 '곽독'에서 온 말이며, 이것이 일본의 'guqutzu'로 되었다는 것
    ㉡ 우리 고유의 것이라는 견해 : 임재해에 의해서 제기, '민중 의식의 성장과 함께 사회적 갈등을 무대 속의 극적 갈등으로 형상화'했다는 결론
  ③ 인형극의 극적 형식
    ㉠ 일관성 있는 줄거리로 엮여 있지는 않으나 박첨지의 해설로 어느 정도의 일관성을 가짐
    ㉡ 박첨지는 가장 자주 등장하고 해설을 맡아 극을 진행시키는 구실을 함

(5) 무극
  ① 가면극이나 인형극이 독립적으로 공연되는 데 비해, 무극은 굿의 일부로서 공연됨
  ② 공연의 주체가 무당이나 무부들로 제한됨

(6) 민속극에 나타난 비판 의식
  ① 피지배 계층의 의식이 모든 기존의 권력에 대한 강한 비판 의식을 가장 직접적으로 표출함
  ② 가면극과 인형극에는 과장이나 거리가 나타나는데, 파계하는 고승, 터무니없는 권위를 내세우는 양반, 일방적 수난을 당하는 늙은 할미 등이 공통적으로 나타남

6 속담 및 수수께끼의 특징과 유형

(1) 속담과 수수께끼의 공통점
  ① 구비 전승됨
  ② 단문(대체로 20음절 이내이며, 길어도 40음절을 넘지 않음)
  ③ 서사적 줄거리 등이 없음
  ④ 교술산문
  ⑤ 말 이외의 가락 등이 쓰이지 않음

(2) 속담

① 개념과 실례
ㄱ. 개념
- 전체 언중의 사고와 지혜가 반영된 관용어
- 주로 일상 구어를 쓰며 비속어 등을 사용하기도 함
- 특수한 사례를 통한 비유적 방법을 써서 일반화함
- 교훈이나 경계, 풍자를 노리거나 적절한 표현수단이 됨

ㄴ. 실례
- '아껴야 한다'는 의미 : 티끌 모아 태산, 빗물도 모이면 못이 된다, 썩은 새끼도 쓰일 때가 있다, 조밥도 많이 먹으면 배부르다
- '아껴서 낭패를 본다'는 의미 : 궤 속에서 녹슨 돈으로는 똥도 못 산다, 아끼던 것이 찌로 간다, 술·담배 참아 소 샀더니 호랑이가 물어갔다, 기와 한 장 아끼다가 대들보 썩힌다

② 유형 및 기능
ㄱ. 내용에 따른 유형 분류 : 인생의 공리, 처세의 원리, 처사의 원리, 경제적 행위의 원리

ㄴ. 기능에 따른 유형 분류
- 교훈형 : 달도 차면 기운다, 기는 놈 위에 나는 놈 있다, 바늘 도둑이 소 도둑 된다.
- 풍자형 : 횃대 밑에서 호랑이 잡는다, 노처녀 보고 시집가라 한다.
- 표현형 : 저녁 굶은 시어미상, 게 눈 감추듯, 대보름날 개 같다.

ㄷ. 기능
- 교훈형 : 교훈과 경계를 목적으로 하는 격언이나 금언과 유사, 만고불변의 보편적 진리, 처세에 관한 내용
- 풍자형 : 어떤 행위나 행위자에 대한 비판과 조롱, 잘못에 대한 적절한 비판기능, 부정적 인간형을 특수한 사례를 들어 유형화하여 풍자
- 표현형 : 있는 그대로 절실하게 표현, 외모나 소리 등을 절묘하게 표현

③ 문학적 의미
ㄱ. 속담은 일상 대화나 다른 문학작품 속에 끼어서 그 의미를 강화시킴
ㄴ. 비판적인 시각이 담겨 있음
ㄷ. 비유적 특성에서 오는 문학적 의미 : 속담은 대개 직설적이지 않고 비유를 사용하여 말하기 때문에 얼마든지 새로운 의미를 생성해 내며 활용될 수 있는 다의성과 함축성을 가짐

(3) 수수께끼

① 개념 및 특성
ㄱ. 수수께끼의 요건
- 문과 답으로 구성
- 겨루기 형태를 띰
- 오답을 유도할 만한 장치를 가짐

ⓒ 수수께끼의 특성
- 반드시 묻는 이와 답하는 이가 함께 참여
- 겨루기의 특성상 유희적 성격이 짙게 드러남
- 오답을 유도할 만한 장치를 갖는 데 따른 특성

> **더 알아두기**
>
> **『삼국유사』의 수수께끼 – 여성을 지칭**
> - 봉투를 열어보면 두 사람이 죽을 것이요, 열지 않으면 한 사람이 죽을 것이다.
> - 중국에서 붉은색, 자주색, 흰색의 3색으로 그린 모란과 씨 석 되를 보내왔다.
> - 누가 내게 자루 없는 도끼를 빌려주겠는가, 내가 하늘을 받칠 기둥을 찍으리라.

② **유형 및 기능**
  ㉠ 유형
   - 음성적 유사성에 근거한 수수께끼(가위는 가위인데 자를 수 없는 가위는? → 팔월 한가위)
   - 은유적 표현을 통한 수수께끼(이 산 저 산 다 잡아먹고 입을 딱 벌리고 있는 것은? → 아궁이)
   - 헷갈리게 하는 수법으로 오답을 유도하는 경우(외삼촌 어머니의 외동딸은 누구인가? → 어머니)
  ㉡ 기능 : 말장난을 통해 오락성 강조, 은유적 표현을 통한 문학성의 강화, 지혜 겨루기

③ **문학적 의미**
  ㉠ 세심한 관찰력을 통해 시적 표현을 일구어냄
  ㉡ 오락성을 높여 문학의 한 효용인 쾌락을 돋우어 줌
  ㉢ 역전과 반전, 기발함으로 새로운 인식에 이르게 함

제5절 핵심예제문제

01 욕설·금기어 등은 구비 전승되기는 하나 문학이라고는 할 수 없으므로 구비문학에서 제외된다.

01 다음 중 구비문학의 범주에 속하지 않는 것은?

① 판소리
② 수수께끼
③ 속담
④ 육담(욕설)

02 시집살이에서 느끼는 어려움과 한을 대화 형식을 통해 직접적·사실적·해학적·풍자적으로 표현하였다.

02 다음 작품의 특징과 거리가 먼 것은?

> 형님 온다 형님 온다 분고개로 형님 온다.
> 형님 마중 누가 갈까 형님 동생 내가 가지.
> 형님 형님 사촌 형님 시집살이 어떱데까.
> 이애 이애 그말 마라 시집살이 개집살이

① 대화 형식을 통해 시집살이의 어려움을 표현하였다.
② 반복, 대구, 열거 등의 표현방법을 사용하였다.
③ 시집살이에 대한 한(恨)을 억제하여 표현하였다.
④ 4음보의 운율을 가진 서정민요이다.

03 무가의 특징으로는 신성성, 주술성, 유희성, 전승의 제한성, 포용성을 들 수 있다. 무가는 무속신앙의 산물이면서도 다른 종교에 대해 강한 배타의식을 갖지 않는다.

03 다음 중 무가가 다른 구비문학 갈래와 구별되는 특징으로 적절하지 않은 것은?

① 신성성
② 주술성
③ 유희성
④ 배타성

정답 01 ④ 02 ③ 03 ④

04 다음 중 속담의 특징이라고 할 수 없는 것은?
① 속담은 사회적 소산이다.
② 속담은 향토성을 반영한다.
③ 속담은 시대상을 반영한다.
④ 속담의 형식은 복잡하다.

04 속담의 특징
- 속담은 사회적 소산이다.
- 속담에는 민중의 생활철학이 반영되어 있다.
- 속담은 향토성을 반영한다.
- 속담은 시대상을 반영한다.
- 속담의 형식은 간결하다.
- 속담은 언어생활을 윤택하게 한다.

05 다음 중 판소리 용어로 틀린 것은?
① 고수 : 북을 치는 사람
② 발림 : 노래를 부르면서 하는 동작
③ 아니리 : 발림과 같으나 가사·소리·몸짓이 일체가 되었을 때를 일컫는 말
④ 자진모리 : 섬세하면서도 명랑하고 차분한 장단

05 아니리는 판소리에서 소리와 소리 사이에 가락을 붙이지 않고 이야기하듯 줄거리를 설명하는 부분이다. ③은 너름새에 대한 설명이다.

06 다음 중 「화왕계」와 가장 관계가 깊은 것은?
① 서민문학
② 귀족문학
③ 계녀문학
④ 우화문학

06 「화왕계」는 국문학사상 우화문학의 효시이다.

정답 04 ④ 05 ③ 06 ④

07 「화왕계」는 직접적인 방법이 아닌 꽃을 의인화하여 왕에게도 도덕 정치를 요구한 우화문학이다. 『삼국사기』 열전 설총 조에 실려 있으며, 가전체·의인체 문학에 영향을 주었다.

07 다음 중 「화왕계」에 대한 설명으로 옳지 않은 것은?

① 고려의 가전, 조선의 『화사』, 『수성지』 등으로 이어진 우화문학의 효시이다.
② 백두옹이라는 꽃이 주인공으로 등장하여 사람처럼 행동했다.
③ 설총의 작품으로 『삼국사기』에 소개되어 있다.
④ 절대자인 왕에게 직접적인 방법을 써서 비판한 글이다.

08 「단군신화」의 상징성
- 신단수: '하늘'과 '땅'을 연결 짓는 매개물
- 곰: 강인한 힘과 인내의 상징
- 곰과 호랑이: 토템신앙

08 다음 중 「단군신화」의 곰이 상징하는 것은?

① 관용
② 인내
③ 충성
④ 우월

09 '곰'과 '범'의 등장은 토테미즘 사상을 보여주는 부분이다.

09 「단군신화」에 대한 설명으로 바르지 않은 것은?

① 우리 민족의 건국이념이 잘 드러난다.
② 고대인의 금기(禁忌) 사상을 엿볼 수 있다.
③ 북방계 신화의 특징인 천손 하강구조를 지닌다.
④ 곰과 범의 등장은 서사구조의 흥미성을 높여주는 부분이다.

정답 07 ④ 08 ② 09 ④

10 우리나라 몽유록계 문학의 효시라 할 수 있는 것은?

① 「구운몽」
② 「화왕계」
③ 「침중기」
④ 「조신몽 설화」

10 몽유록계 문학의 효시가 되는 작품은 「조신몽 설화」이다.
  ※ 몽자류 소설의 효시 : 김만중의 「구운몽」

몽유록(夢遊錄)계와 몽자류(夢字類)
- 몽유록계 : '꿈속에서 노닐며 보고 듣고 경험한 것을 서술'한 것
- 몽자류 : 작품의 제목이 '몽(夢)'자로 이루어져 있으며, '꿈'이 작품 구조의 중요한 기능을 하는 것

11 「조신몽 설화」가 문학의 본질에 접근, 현대소설에 비견될 수 있다고 본다면 그 이유로 가장 알맞은 것은?

① 짜임새 있는 구성과 일관성 있는 주제
② 인생무상의 교훈적 주제와 등장인물들의 현실성 구현
③ 현실성 있는 배경 설정과 교훈적 주제 추구
④ 탄탄한 구성과 공(空) 사상의 구현

11 「조신몽 설화」는 구성이 탄탄하며 '인생무상(人生無常)'이라는 일관성 있는 주제를 가지고 있다는 점에서 현대소설과 비견된다.

정답 10 ④ 11 ①

제 2 장 실전예상문제

제1절 총론

01 구비문학의 범주에 들어가는 갈래로만 묶은 것은?

① 향가, 가전
② 무가, 가전
③ 신화, 향가
④ 신화, 무가

02 다음 고대시가에 대한 설명이 잘못된 것은?

① 「공무도하가(公無渡河歌)」: 익사한 남편을 애도
② 「황조가(黃鳥歌)」: 아내를 잃은 외로운 마음
③ 「정읍사(井邑詞)」: 달의 아름다움을 노래
④ 「구지가(龜旨歌)」: 주술적인 영신가

03 고대가요의 특징에 해당되지 않는 것은?

① 원시 종합 예술에서 분화(分化)되었다.
② 설화 속에 작품이 전해지는 기록문학이다.
③ 주술적이며 집단 서사시가 많다.
④ 부전가요가 많다.

---

01 구비문학의 대상 영역은 신화, 전설, 민담 등을 포괄하는 설화, 무가, 판소리, 민요, 민속극, 수수께끼 등이다. 그러므로 구비문학으로 인정받기 위해서는 문자로 기록되기를 거부하고 바로 구전(口傳)되어야 한다. 전승되는 것 중에서도 말로 계승되지 않는 것은 구비문학의 범주에 넣을 수 없다.

02 「정읍사」: 행상 나간 남편의 무사함을 기원하는 내용이다. 현존하는 백제 유일의 가요로 『악학궤범』 권5에 수록되어 있다.

『악학궤범』
1493년(성종 24) 왕명에 따라 제작된 악전(樂典)이다. 가사가 한글로 실려 있으며 궁중음악은 물론 당악, 향악에 관한 이론 및 제도, 법식 등을 그림과 함께 설명하고 있다. 「동동(動動)」, 「정읍사(井邑詞)」, 「처용가(處容歌)」, 「여민락(與民樂)」, 「봉황음(鳳凰吟)」 등의 작품이 수록되어 있다.

03 고대가요의 특징
- 집단적이고 서사적인 원시 종합 예술에서 개인적인 시가로 분리·발전하면서 고대가요가 형성되었다.
- 고대가요가 배경설화와 함께 전하는 것은 서사문학과 완전히 분리되지 않았음을 알 수 있는 증거이다.
- 한역되어 전하는 작품이 몇 수에 불과해 정확한 특성을 알 수 없다.

부전가요(不傳歌謠)
내용이 전해지지 않는 가요

정답 01 ④ 02 ③ 03 ②

제2절 고전시가

01 서사문학에 대한 설명으로 잘못된 것은?
① 소설(小說)의 모태가 되었다.
② 민족적 서정시(敍情詩)이다.
③ 구비문학(口碑文學)으로 다루어진다.
④ 유동성(流動性)이 많은 문학이다.

01 ②는 고대가요에 대한 설명이다.

02 고대시가에서 '노동요'라 할 수 있는 것은?
① 「황조가」
② 「도솔가」
③ 「공후인」
④ 「구지가」

02 「구지가」는 「영신군가」 또는 「영신가」라고도 한다. 가락국의 시조인 수로왕을 맞기 위해 구지봉에서 흙을 파며 구간과 중서가 부른 주술적인 노래로서, 주관적 감정을 표출하는 본격적인 서정시 이전의 몸 운동을 수반하는 군가(群歌), 노동요(勞動謠)의 성격을 띤다. 아류작으로는 「해가」가 있다.

노동요
노동의 능률을 높이거나 즐겁게 하기 위해 부르는 노래의 총칭

03 향가에 대한 설명으로 잘못된 것은?
① 중국시에 대비한 우리나라의 독특한 시가(詩歌)란 뜻이다.
② 『삼국사기』와 『균여전』에 전해진다.
③ 이두(吏讀)식 문자로 표기된 시가(詩歌)이다.
④ 10구체 향가는 격조 높은 서정시가로 세련된 수사와 투철한 시 정신을 구비하고 있다.

03 향가
- 정의: 본래 중국의 노래에 대한 우리의 노래를 의미하는데, 오늘날에는 한자의 음과 뜻을 빌어서 표기(향찰)한 신라의 노래를 말한다.
- 형식: 4·8·10구체
- 향가집: 『삼대목』 - 각간 위홍과 대구화상이 편찬했으나 현재 전해지지 않는다.
- 작가: 화가·승려 등 지배 계층
- 현전 향가: 『삼국유사』의 14수, 『균여전』의 11수
- 의의: 우리나라 시가의 완성된 형태로서 본격적 기록문학의 효시이다.

정답 01 ② 02 ④ 03 ②

04 악장은 조선 건국의 정당성과 합리성을 찾고 왕가의 무궁한 발전을 송축한 노래로, 조선 초기에 발생하여 잠시 쓰이다가 곧 소멸되었다.

04 다음 중 고려 시대의 국문학 장르가 아닌 것은?

① 경기체가
② 시조
③ 악장
④ 가전체

05 고려 시대에는 한문학이 귀족계급에 의하여 발달되어 고려속요와 경기체가 등이 불렸다.

05 고려 시대에 향가가 쇠퇴하게 된 원인과 관계가 없는 것은?

① 귀족들에 의한 한문학의 발달
② 향가의 주류 작가층의 쇠퇴
③ 승려들이 선종으로 방향 전환
④ 고려속요와 경기체가의 쇠퇴

06 고려속요는 시조에 영향을 주었으며 가사에 영향을 준 것은 경기체가이다.

경기체가
고려 고종 때에 발생하여 조선 선조 때까지 약 350년간 계속된 별곡체(別曲體)의 시가로서, 고려 중엽 무신들의 집권기에 정권에서 물러난 문신들이 초야에 묻혀 은일주회(隱逸酒會)하면서 자신들의 감정을 읊은 데서 비롯되었다.

06 고려속요에 대한 특징으로 옳지 않은 것은?

① 구전되다가 조선 시대에 훈민정음이 창제되면서 기록되고 정착되었다.
② 고려 시대에 평민층에서 지어지고 불렸던 민요적 시가이다.
③ 후대 가사에 영향을 주었다.
④ 고통스러운 삶의 모습과 진솔한 사랑의 감정을 노래하고 있다.

정답 04 ③ 05 ④ 06 ③

07 다음 고려가요 중에서 향가의 형식을 띠고 있는 것은?

① 「정석가」
② 「정과정」
③ 「서경별곡」
④ 「청산별곡」

08 다음 중 고려가요가 가장 많이 전해지는 책은?

① 『악학궤범』
② 『악장가사』
③ 『동문선』
④ 『고려사』 「악지」

09 남녀상열지사에 속하지 않는 고려가요는?

① 「만전춘」
② 「쌍화점」
③ 「이상곡」
④ 「청산별곡」

---

07 향가계 고려가요에는 「도이장가」, 「정과정」이 있는데, 「도이장가」는 향가에 가깝고 「정과정」은 고려가요에 가깝다.

향가계 가요
- 신라 때의 향가가 고려가요로 넘어가는 과도기에 생겨난 시가 형태로, 고려 때 창작되었으나 그 표기는 향찰로 되었거나 향가의 형식을 갖춘 시가(詩歌)를 말한다.
- 변천 과정
  - 신라 시대 이후, 줄곧 성장해 온 향가는 고려 초기까지 애창[고려 광종 때 균여대사는 「보현십원가(普賢十願歌)」를 지음]되다가 이를 기점으로 점차 사라졌다.
  - 향가는 고려 시대에 와서 새로운 문학 양식을 이루어 경기체가와 고려속요가 생기게 되었다.
- 의의 : 향가와 고려속요를 연결하는 교량적인 문학 형태이다.

08 『악장가사』는 가장 오래된 가집으로, 남녀상열지사로 제외되었던 고려가요가 가장 많이 실려 있다. 다른 가집에 실려 있지 않은 「정석가」, 「청산별곡」, 「사모곡」, 「쌍화점」, 「이상곡」, 「가시리」, 「만전춘」 등이 수록되어 있다.

09 「청산별곡」은 삶의 고뇌와 비애, 실연의 슬픔을 노래한 고려가요로 비유성과 문학성이 뛰어난 작품이다. 남녀상열지사는 고려속요의 내용 중 남녀 간의 뜨거운 사랑을 읊은 표현이 노골적인 가사를 말하는 것으로, '음사(淫事)'라고도 한다. 「만전춘」, 「쌍화점」, 「이상곡」 등이 여기에 속한다.

정답 07 ② 08 ② 09 ④

10 [문제 하단의 표 참고]

10 다음 중 고려속요와 경기체가의 공통점은?

① 향유 계층이 동일하다.
② 3·3·4조의 음수율을 가졌다.
③ 남녀 간의 애정을 묘사한 작품이 많다.
④ 대체로 분절체이며, 후렴구가 있다.

구분	경기체가	고려속요
계층	귀족	평민
특성	교술장르, 기록문학	서정장르, 구전문학
운율	3·3·4조가 많음	3·3·2조가 많음
내용	퇴폐적 노장 사상	진솔, 소박, 남녀상열지사
기록	한자	구전되다가 한글로 정착
영향	가사에 영향	시조에 영향(만전춘)
공통점	• 분절체 = 분장체 = 연장체(비연시 ×) • 3음보(3·3·2, 3·3·3, 3·3·4조) • 후렴구 있음 • 수록 문헌(악학궤범, 악장가사, 시용향악보)	

11 「유구곡」: 정치 풍자, 「정석가」: 영원한 사랑
① 「사모곡」, 「상저가」: 효를 노래함
② 「만전춘」, 「쌍화점」: 남녀상열지사
③ 「모죽지랑가」, 「찬기파랑가」: 추모하여 부른 노래

11 다음 중 주제가 유사한 것끼리 묶이지 않은 것은?

① 「사모곡」, 「상저가」
② 「만전춘」, 「쌍화점(雙花占)」
③ 「모죽지랑가」, 「찬기파랑가」
④ 「유구곡」, 「정석가」

정답 10 ④ 11 ④

12 경기체가에 대한 설명으로 옳지 않은 것은?

① 최초의 경기체가는 「한림별곡」이다.
② '경기체가'라는 명칭은 매 장 3행의 '위…경(景) 긔 엇더ᄒ니잇고'에서 따온 것이다.
③ 고려 시대에 발생하여 조선 중기까지 창작되었다.
④ 주로 서민층에 의해 지어지고 불렸던 노래이다.

13 조선 전기까지의 시조에 대한 설명으로 거리가 먼 것은?

① 주로 기녀들의 참여가 두드러지지만, 한편으로 중하층의 인물들도 활발하게 작가층에 편입된다.
② 새로운 지도이념으로 각광받게 된 주자학을 신봉하던 유학도들에 의해 창조된 시형이다.
③ 현재 남아 있는 시조집에서 비교적 초기의 작가들은 대부분 여말선초의 유학자들이다.
④ 한가롭고 평화로운 서정시가 주를 이루지만 내용은 주로 관념적인 유교이념을 서정화한 것이다.

14 다음에서 말하는 '이것'은 무엇을 설명하는 것인가?

> '이것'은 우리의 성정에 잘 맞는 생명력이 강한 시형이라고 할 수 있다. '이것'이 조선 시대를 거쳐서 오늘에까지 계승되고 있는 것은 우연(偶然)이 아닌 것이다.

① 장가(長歌)
② 향가(鄕歌)
③ 시조(時調)
④ 소설(小說)

---

12 경기체가
- 별곡체 시가로서 고려 중기 귀족 문인들 사이에서 발생한 독특한 형태의 정형시
- 형식
  - 분절체
  - '위~경 긔 엇더ᄒ니잇고'의 후렴구
  - 3·3·4조의 3음보
  - 한문과 이두로 표기
- 내용 : 고답적, 퇴폐적, 향락적, 현실 도피적

13 조선 전기에는 사대부 계층의 화려하고 득의에 찬 생활과 삶에 대한 기쁨을 과시하고 유교적이거나 도덕적인 훈계가 노래되었다.

14 시조(時調)
- 향가에 연원을 두고 고려속요의 분장 과정에서 발생하여 현재까지 이어온 대표적인 정형시이다.
- 형식 : 3장 6구 45자, 3·4(4·4)조 4음보
- 의의 : 우리나라 고유의 정형시이며 대표적 문학 장르이다.

정답 12 ④ 13 ① 14 ③

15 시조에 있어서 정형성이란 고정된 형식을 말하는데, 시조는 3장 6구(句) 12음보(각 장 4음보) 45자(字) 내외로 이루어져 있다. 후렴구는 고려가요 및 경기체가에 해당된다.

15 다음 중 시조의 정형성과 관계가 없는 것은?

① 음보
② 자수(字數)
③ 구수(句數)
④ 후렴구

16 ①·③·④는 고려속요로서 평민층에 의해 향유·구전된 평민문학이며, ②는 경기체가로서 귀족계급에 의해 발달된 귀족문학이다.

16 다음 중 평민문학에 속하지 않는 것은?

① 「서경별곡」
② 「한림별곡」
③ 「청산별곡」
④ 「만전춘」

17 『악장가사』를 「국조사장(國朝詞章)」이라고도 한다. 『악학궤범』은 성종 24년 성현, 유자광, 신말평 등이 왕명에 의해 편찬한 것이다. 곡조, 당악, 아악, 향악에 대한 치설과 악기, 관복, 연주 순서가 자세히 기록되어 있다.

17 다음 중 『악학궤범』과 관계가 없는 것은?

① 조선 성종 24년에 편찬되었다.
② 성현, 유자광, 신말평 등이 편찬하였다.
③ 「국조사장」이라고도 한다.
④ 곡조, 당악, 아악, 향악에 대한 치설과 악기, 관복, 연주 순서 등을 자세히 기록하였다.

정답 15 ④ 16 ② 17 ③

18 정철의 「관동별곡」의 한 구절 '江湖애 病이 깁퍼 竹林의 누엇더니'에서 '병(病)'과 관계 깊은 것은?

① 수구초심(首丘初心)
② 천석고황(泉石膏肓)
③ 연군지심(戀君之心)
④ 인생무상(人生無常)

18 천석고황(泉石膏肓) : '천석'은 산수의 경치, '고황'은 고치지 못할 고질병으로, 세속을 떠나 자연 속에 살고 싶은 마음이 고칠 수 없는 병처럼 굳어졌음을 뜻함. 연하고질(煙霞痼疾)과 비슷한 말
① 수구초심(首丘初心) : 여우가 죽을 때 제가 살던 언덕 쪽으로 머리를 돌린다는 뜻. 고향이나 근본을 잊지 않음을 가리키는 말
③ 연군지심(戀君之心) : 임금을 사랑하는 마음
④ 인생무상(人生無常) : 덧없는 인생

19 「상춘곡」의 영향을 받아 송순이 자연의 아름다운 풍경을 읊은 가사는?

① 「죽계별곡」
② 「관서별곡」
③ 「면앙정가」
④ 「상춘곡」

19 「상춘곡」(성종 1년, 정극인) → 「면앙정가」(중종 19년, 송순) → 「관서별곡」(명종 11년, 백광홍, 정철의 「관동별곡」에 영향을 줌) → 「환산별곡」(명종 1년, 이황) → 「성산별곡」(명종 15년, 정철) → 「관동별곡」(선조 13년, 정철) → 「사미인곡」·「속미인곡」(선조 18년~22년, 정철) → 「규원가」(선조 때 – 연대미상, 허난설헌)

정답 18 ② 19 ③

20
- **향가**: 신라 시대의 노래, 향찰 표기, 현재 25수가 전해짐
- **속요**: 고려 시대 평민들이 즐겨 부르던 민요적 시가 → 장가, 여요
- **시조**: 고려 중엽에 발생하여 말엽에 완성, 조선 시대에 성행한 우리 고유의 정형시
- **가사**: 고려 말에 경기체가가 쇠퇴하면서 시조가 형태를 갖추어갈 무렵에 나타난 장르로, 3·4, 4·4조의 연속체

별곡(別曲)
원래의 곡, 즉 원곡(原曲)과 전연 내용이 다르게 만들어진 곡이라는 뜻으로, 보통 한글로 기록된다.

20 시가(詩歌)의 발생순서로 옳은 것은?

① 향가 → 속요 → 시조 → 가사
② 향가 → 별곡 → 가사 → 시조
③ 별곡 → 향가 → 가사 → 시조
④ 속요 → 향가 → 시조 → 가사

21
- **3대 고시조집**: 『청구영언』, 『해동가요』, 『가곡원류』
- **4대 고시조집**: 『청구영언』, 『해동가요』, 『가곡원류』, 『병와가곡집』

각 작품의 작가
- 『청구영언(靑丘永言)』: 김천택
- 『해동가요(海東歌謠)』: 김수장
- 『가곡원류(歌曲源流)』: 박효관, 안민영
- 『병와가곡집(甁窩歌曲集)』: 이형상

21 다음 책들과 관계 있는 문학 형태는?

> 청구영언, 해동가요, 가곡원류

① 향가
② 경기체가
③ 신체시
④ 시조

정답 20 ① 21 ④

※ 다음 작품을 읽고 물음에 답하시오. (22 ~ 23)

(가)
임이여 물을 건너지 마오   公無渡河
임이 그예 물을 건너시네   公竟渡河
물에 빠져 돌아가시니   墮河而死
임이여, 이 일을 어찌할꼬   當奈公何

(나)
펄펄 나는 저 꾀꼬리는   翩翩黃鳥
암수가 서로 정답구나   雌雄相依
나의 마음속 외로움이여   念我之獨
뉘와 함께 돌아갈거나   誰其與歸

22 (가)와 (나)의 공통점으로 적절한 것은?

① 회상을 통해 이별의 슬픔을 심화하고 있다.
② 이별의 고통과 그것의 극복 의지가 드러나 있다.
③ 자신이 처한 상황에 대한 비애의 정서가 드러나 있다.
④ 당면한 문제 상황에 대해 자아성찰의 자세를 보이고 있다.

23 (가)의 시적 화자의 심리 변화 과정으로 적절한 것은?

① 당부 – 놀람 – 초조 – 원망
② 애원 – 초조 – 비애 – 탄식
③ 당부 – 원망 – 놀람 – 수용
④ 애원 – 염려 – 원망 – 비애

22 두 작품 모두 '이별'을 소재로 하면서, 이로 인한 비애의 정서가 드러나 있다. 그러나 상황 극복의 의지나 회상, 자아성찰이 공통적으로 드러나 있는 것은 아니다.

23
• 기(1구) : 물을 건너지 말라는 아내의 애원
• 승(2구) : 물을 건너가는 임
• 전(3구) : 임의 죽음 확인
• 결(4구) : 임을 잃은 슬픔

정답 22 ③ 23 ②

24 ㄹ은 서정적 자아의 정서가 집약된 구절로, 탄식과 원망의 애절한 울부짖음이 폭발하고 있다.

25 타하이사(墮河而死)의 '河'는 임의 부재라는 소극적인 뜻이 아닌 죽음의 의미로 확대되고 있다.

26 단군신화는 토테미즘과 같은 원시종교 사회였다.

정답 24 ④ 25 ③ 26 ③

24 다음 작품에서 화자의 정서가 집약된 부분은?

> ㉠ 임이여 물을 건너지 마오
> ㉡ 임이 그예 물을 건너시네
> ㉢ 물에 빠져 돌아가시니
> ㉣ 임이여, 이 일을 어찌할꼬

① ㉠
② ㉡
③ ㉢
④ ㉣

25 「공무도하가」의 각 구에 대한 설명으로 적절하지 <u>않은</u> 것은?

> 공무도하(公無渡河)　　타하이사(墮河而死)
> 공경도하(公竟渡河)　　당내공하(當奈公何)

① 공무도하(公無渡河) : '河'는 사랑을 의미한다.
② 공경도하(公竟渡河) : '河'는 사랑의 종말을 의미한다.
③ 타하이사(墮河而死) : '河'는 임의 부재를 의미한다.
④ 당내공하(當奈公何) : '何'는 시조의 종장에서 흔히 보이는 '~어쩌리'의 전통적 표현방식과 맥을 같이 한다.

26 「단군신화」에서 짐작할 수 있는 당시의 사회상으로 적절하지 <u>않은</u> 것은?

① 농경 중심 사회였다.
② 제정일치 사회였다.
③ 도교 중심 사회였다.
④ 토테미즘의 동물 숭배 사회였다.

27 다음 밑줄 친 부분을 통해 얻을 수 있는 효과는?

> 웅녀는 결혼할 사람이 없으므로 항상 신단수 아래에서 어린 애를 배게 해 달라고 빌었다. 이에 환웅이 잠시 사람으로 화하여 그와 혼인하니 자식을 배어 낳게 되어 이름을 단군왕검이라 했다. <u>이때는 요가 즉위한 50년 경인년(당고, 즉 요임금의 즉위년은 무진인데, 50년은 정사년이요, 경인년이 아니다. 의심스럽고 불확실하다)인데,</u> 평양성(지금의 서경이다)에 도읍하고 비로소 조선이라 칭했다. 또 도읍을 백악산 아사달에 옮겼는데, 그곳을 또 궁(방으로도 함)홀산 또는 금미달이라고도 하니 나라를 다스린 지 1500년이었다.

① 의구심 부여
② 흥미성 부여
③ 신성성 부여
④ 역사성 부여

27 역사적 사실을 기록함으로써 역사성을 부여하고 있다.

28 다음 중 작품과 출전의 연결이 잘못된 것은?

① 「공무도하가」 – 『해동역사』
② 「황조가」 – 『삼국사기』
③ 「구지가」 – 『삼국유사』
④ 「정읍사」 – 『악장가사』

28 [문제 하단의 표 참고]

작품명	작자	출전	내용
구지가	구간	『삼국유사』	주술적인 노래, 노동요
황조가	유리왕	『삼국사기』	임을 그리워하는 슬픔을 노래
공무도하가	백수광부의 아내	『해동역사』	물에 빠져죽은 남편의 죽음을 슬퍼한 노래
정읍사	행상인의 아내	『악학궤범』	구전되다가 국문으로 정착된 최고(最古)의 시가

정답 27 ④ 28 ④

29 ① 황조가(고구려 유리왕): 실연의 슬픔을 노래함
② 구지가(신라): 군왕 강림을 기원하는 주술적인 노래
③ 정읍사(백제): 행상나간 남편의 늦은 귀가를 염려하여 지은 유일한 백제가요, 구전되다가 국문으로 기록된 최고(最古)의 노래
④ 처용가(신라): 역신이 아내를 범하는 것을 노래로써 굴복시켰다는 무가

30 연대가 알려진 우리나라에서 가장 오래된 서정시는 「황조가」이다. 「공무도하가」는 연대가 알려지지 않은 가장 오래된 서정시이다.

31 「황조가」는 암수 꾀꼬리의 정다움을 보고 짝을 잃은 슬픔을 노래한 작품으로, '꾀꼬리'는 감정이입의 대상이 아닌 작가가 부러워하는 대상이다.
※「황조가」의 '새'는 화자가 부러워하는 대상이고, 「청산별곡」의 '새'는 화자의 감정이 이입된 소재이다. 「공무도하가」, 「가시리」, 「서경별곡」, 황진이의 시조 「진달래꽃」 모두 「황조가」와 같이 이별의 정한(情恨)을 노래한 작품이다.

정답 29 ① 30 ② 31 ①

29 다음 작품 중 고구려가요는 무엇인가?

① 「황조가(黃鳥歌)」
② 「구지가(龜旨歌)」
③ 「정읍사(井邑詞)」
④ 「처용가(處容歌)」

30 국문학사상 우리나라에서 가장 오래된 서정시는 무엇인가?

① 「공무도하가」
② 「황조가」
③ 「정읍사」
④ 「구지가」

31 각 작품의 핵심 소재가 가지는 의미로 틀린 것은?

① 「황조가」의 '꾀꼬리': 서정적 자아의 감정이입의 대상
② 「구지가」의 '거북': 주술적 상징물
③ 「정읍사」의 '달': 기원과 소망의 대상
④ 「공무도하가」의 '물': 삶과 죽음의 경계

※ 다음 작품을 읽고 물음에 답하시오. (32~33)

翩翩黃鳥 펄펄 나는 저 꾀꼬리는
雌雄相依 암수 서로 정답구나
念我之獨 나의 마음속 외로움이여
誰其與歸 뉘와 함께 돌아갈거나

32 작가의 외로운 심정이 구체화된 곳은?

① 翩翩黃鳥
② 雌雄相依
③ 念我之獨
④ 誰其與歸

32 작가의 외로운 심정이 구체화된 부분은 '念我之獨(염아지독 : 나의 마음속 외로움이여)'이다.

33 「황조가」는 다양한 견해로 해석되는데, 그 내용으로 적절하지 <u>않은</u> 것은?

① 종족 집단의 단결과 화해의 모색
② 계절적 제례의식에서 부른 사랑의 노래
③ 신화적 질서가 흔들리면서 새로운 시대로 넘어갈 조짐을 보이는 시대의 사랑 노래
④ 서정시가와 민요, 민족 고유 요소로서의 성격을 다 갖춘 노래

33 종족 간의 대립과 갈등에서 오는 고뇌와 번민을 다룬 서사시로 보는 견해도 있다.

정답 32 ③ 33 ①

34 '어긔야, 즌 디룰 드디욜세라'는 남편이 위험한 곳에 갈까 걱정하는 여인의 섬세한 감정이 잘 드러난 부분이다.
① 달님이시여 높이 높이 돋으시어
③ 어느 곳에나 놓으십시오.
④ 시장에 가 계시옵니까

34 「정읍사」에서 여인의 섬세한 감정이 가장 잘 드러난 대목은?

① 둘하 노피곰 도두샤
② 어긔야, 즌 디룰 드디욜세라
③ 어느이다 노코시라
④ 져재 내려신고요

35 '둘'은 '즌 디(→ 위험한 곳)'를 밝혀 주는 밝음의 이미지를 표현하고 있다.

35 「정읍사」에서 '둘'의 의미와 대조를 이루는 시어는?

① 머리
② 즌 디
③ 져재
④ 내

36 「정읍사」는 고려 일대를 거쳐 조선조에 이르기까지 궁중악으로 널리 불린 노래이며, 현존하는 백제의 유일한 노래이다. 그 문학성이 뛰어나 고대가요 중 가장 널리 불렸으며, 망부의 노래로서 남편을 기다리는 여인의 마음이 애틋하게 잘 묘사되어 있다.

36 다음 설명에 해당하는 작품은?

- 『악학궤범』에 그 가사가 전한다.
- 고려를 거쳐 조선에 이르기까지 궁중악으로 불렸다.
- 현재 전해지는 유일한 백제의 노래로 문학성이 뛰어나다.
- 후렴을 뺀 기본 시행(詩行)만 보면 3연 6구로 이루어져 시조의 형태와 유사하다.

① 「황조가」
② 「구지가」
③ 「정읍사」
④ 「도솔가」

정답 34 ② 35 ② 36 ③

37 각 시구를 해석한 것으로 적절하지 <u>않은</u> 것은?

(전강:前腔)	돌하 노피곰 도드샤
	어긔야 머리곰 비취오시라
	어긔야 어강됴리
(소엽:小葉)	아으 다롱디리
(후강전:後腔全)	져재 녀러신고요
	어긔야, 즌 딕롤 드딕욜셰라
	어긔야 어강됴리
(과편:過篇)	어느이다 노코시라
(금선조:金善調)	어긔야 내 가논 딕 졈그롤셰라
	어긔야 어강됴리
(소엽:小葉)	아으 다롱디리

① 머리곰 : 멀리 멀리
② 져재 : 시장
③ 녀러신고요 : 가 계신가요
④ 졈그롤셰라 : 잠시 쉬어 가세요

37 졈그롤셰라는 '저물까 두렵습니다'의 의미이다.

38 「제망매가」가 문학적으로 뛰어난 작품이라는 평가를 받는 데 가장 큰 기여를 하는 구절은?

① 생사 길흔 / 이에 이샤매 머뭇거리고
② 나는 가느다 말ㅅ도 / 몯다 니르고 가느닛고
③ ᄒᆞᄃᆞᆫ 가지라 나고 / 가논 곧 모드론뎌
④ 아야 미타찰아 맛보올 나 / 도 닷가 기드리고다

38 남매지간을 '한 가지'로 표현하여 뛰어난 문학성을 보이고 있다.

정답 37 ④ 38 ③

39 9~10행은 인간적인 슬픔과 고뇌의 종교적 승화로 시상의 전환이 이루어지는 부분이다. 승려로서의 작가의 면모가 드러나며, 삶의 무상함을 뛰어넘어 슬픔의 종교적 승화를 이루고 있다.

39 인간적인 슬픔과 고뇌의 종교적 승화로 시상의 전환이 이루어지는 부분은?

> 생사 길흔
> 이에 이샤매 머뭇거리고
> 나는 가느다 말ㅅ도
> 몯다 니르고 가느닛고
> 어느 ᄀ솔 이른 ᄇᆞᄅᆞ매
> 이에 뎌에 ᄠᅳ러닐 닙곤
> ᄒᆞᄃᆞᆫ 가지라 나고
> 가는 곧 모ᄃᆞ론뎌
> 아야 미타찰아 맛보올 나
> 도 닷가 기드리고다

① 3~4행
② 5~6행
③ 7~8행
④ 9~10행

정답 39 ④

40 (가)와 (나)에 대한 설명으로 옳은 것은?

> (가)
> 삶과 죽음의 길은
> 이승에 있음에 두려워하여
> 나는 간다는 말도
> 못 다 이르고 갔는가
> 어느 가을 이른 바람에
> 여기저기에 떨어지는 나뭇잎처럼
> 같은 나뭇가지에 나고서도
> 가는 곳 모르겠구나
> 아으 극락세계에서 만나 볼 나는
> 불도(佛道)를 닦으며 기다리겠다
> — 「제망매가(祭亡妹歌)」
>
> (나)
> 열치매
> 나타난 달이
> 흰구름 좇아 떠감이 아닌가
> 새파란 내(川)에
> 기랑의 모습이 있어라
> 이로 냇가 조약에
> 낭의 지니시던
> 마음의 끝을 좇과저
> 아으, 잣(栢)가지 드높아
> 서리를 모르올 화랑장이여!
> — 「찬기파랑가(讚耆婆郎歌)」

① (가)와 (나) 모두 선명한 색채 대비가 나타난다.
② (가)와 (나) 모두 대상이 되는 인물을 예찬하고 있다.
③ (가)에는 비유적 표현이, (나)에는 상징적 표현이 돋보인다.
④ (가)에는 비유적 표현이, (나)에는 반어적 표현이 사용되었다.

---

40 (가)는 직유를 포함한 비유의 수법이 돋보이고, (나)는 상징적 시어의 사용이 돋보인다.
①·② (나)에 해당하는 특징이다.
④ (나)에는 반어적 표현이 없다.

정답 40 ③

41 「제망매가」는 죽음을 나뭇잎이 떨어지는 것에 비유하여 죽음의 본질을 시간성에서 공간성으로 치환시켰다.

41 다음 중 죽음의 본질을 시간성에서 공간성으로 치환시킨 작품은?
① 「정읍사」
② 「제망매가」
③ 「헌화가」
④ 「도솔가」

42 「처용가」는 신라 향가 중 가장 주술적인 내용을 가진 작품으로 축사(逐邪)를 도모한 무가이다.
또한, 시대 현실에 대한 비판적 내용을 담고 있는 것이 아니라, 관용적이며 체념적인 성격을 가지고 있다.

42 「처용가」에 대한 설명으로 옳지 않은 것은?
① 원문은 향찰로 표기되어 있다.
② 시대 현실에 대한 비판적 내용을 담고 있다.
③ 주술가로서 본격적인 무가(巫歌)의 기원이다.
④ 고려 시대 일연이 쓴 『삼국유사』에 실려 있다.

43 「구지가」는 거북에게 머리를 내어놓을 것을 위협하면서 새로운 왕림을 기원하는 주술가이고, 「처용가」는 처용이 역신에게 관용을 베푸는 내용의 주술가이다.

43 「처용가」가 주술성을 획득하는 방법 면에서 다음의 「구지가」와 다른 점은?

> 거북아 거북아 / 머리를 내어라 // 내놓지 않으면 / 구워서 먹으리

	「구지가」	「처용가」
①	거북을 속임	역신을 달램
②	거북을 달램	역신을 위협함
③	거북을 꾸짖음	역신으로부터 벗어남
④	거북을 위협함	역신에게 관용을 베풂

정답 41 ② 42 ② 43 ④

44 「화왕계」에 대한 설명으로 적절하지 않은 것은?

① 소설적 구성을 보이고 있다.
② 왕에게 도덕 정치를 할 것을 직접적으로 요구하였다.
③ 설총의 작품이다.
④ 가전체・의인체 문학과 연계된다.

44 꽃의 비유를 들어 간접적으로 왕에게 도덕 정치를 요구하였다.

45 다음 중 「화왕계」와 같은 계통의 작품으로 볼 수 없는 것은?

① 「국순전」
② 「흥부전」
③ 「화사」
④ 「수성지」

45 「화왕계」는 의인체 문학의 효시가 되는 작품으로, 「국순전」, 「화사」, 「수성지」 모두 의인체 문학이다.
① 술을 의인화했다.
③ 꽃을 의인화했다.
④ 인간의 마음을 의인화했다.

※ 다음 작품을 읽고 물음에 답하시오. (46 ~ 47)

雙花店(솽화뎜)에 솽화 사라 가고신딘
回回(휘휘) 아비 내 손모글 주여이다
이 말소미 이 店(뎜) 밧긔 나명들명
다로러거디러 죠고맛감 삿기광대 네 마리라 호리라
더러둥셩 다리러디러 다리러디러 다로러거디러 다로러
긔 자리예 나도 자라 가리라
위 위 다로러거디러 다로러
긔 잔 디フ티 덦거츠니 없다

46 위 작품에 대한 설명으로 옳지 않은 것은?

① 『악장가사』에 실려 전한다.
② 향가의 하나이다.
③ 당시 고려 사회의 타락상을 풍자적으로 노래하였다.
④ 조선 시대에는 '남녀상열지사(男女相悅之詞)'라 하여 배척을 받았다.

46 고려속요의 하나로 전 4연 분절체이다. 「쌍화점」은 남녀의 사랑과 이별에 대한 내용 중 특히 사랑을 이야기한 것으로 사회의 타락상을 남녀의 관계로 노래해 상당히 성적인 내용이다.

정답 44 ② 45 ② 46 ②

47 '덦거츠니'에 대한 학자들의 해석은 다양하다.
대체로 '우울한 것이, 답답한 것이, 거칠고 지저분한 것이, 정돈되지 못하고 어수선한 것이, 울창한 것이, 무성하고 아늑하며 둘러싸이는 기분을 느끼는 것이' 등이다.

47 밑줄 친 '덦거츠니'에 대한 학자들의 풀이와 상관 <u>없는</u> 것은?

① 울창한 것이
② 부드러운 것이
③ 거친 것이
④ 우울하고 답답한 것이

48
- 「정읍사」: 어긔야 어강됴리 아으 다롱디리
- 「동동」: 아으 動動다리
- 「가시리」: 위 증즐가 大平盛代
- 「청산별곡」: 얄리얄리 얄라셩 얄라리 얄라
- 「서경별곡」: 위 두어렁셩 두어렁셩 다링디리
- 「사모곡」: 위 덩더둥셩
- 「쌍화점」: 더러둥셩 다리러디러 다리러디러 다로러 거디러 다로러

48 각 작품의 후렴구가 바르게 연결된 것은?

① 「청산별곡」: 위 두어렁셩 두어렁셩 다링디리
② 「가시리」: 위 증즐가 大平盛代
③ 「쌍화점」: 위 덩더둥셩 덩더둥셩
④ 「서경별곡」: 어긔야 어강됴리 아으 다롱디리

49 가전체 문학은 주로 고려 말에 성행하였다.

49 가전체 문학의 특징으로 옳지 <u>않은</u> 것은?

① 인간 주위의 사물이나 성격 등을 소재로 하여 쓴 의인전기체이다.
② 교훈성, 풍자성, 오락성의 성격을 갖는다.
③ 주로 고려 초에 성행하였으며, 대표 작가는 임춘, 이규보, 이곡 등이다.
④ 작품으로는 「국순전」, 「정시자전」, 「죽부인전」 등이 있다.

정답 47 ② 48 ② 49 ③

50 다음 가전체 작품과 의인화한 대상이 **잘못** 연결된 것은?

① 「공방전」 : 도자기
② 「청강사자현부전」 : 거북
③ 「정시자전」 : 지팡이
④ 「국선생전」 : 술

50
- 「공방전」 : 임춘, 돈(엽전)을 의인화
- 「죽부인전」 : 이곡, 대나무를 의인화
- 「국순전」 : 임춘, 술을 의인화
- 「국선생전」 : 이규보, 술을 의인화
- 「청강사자현부전」 : 이규보, 거북을 의인화
- 「저생전」 : 이첨, 종이를 의인화
- 「정시자전」 : 석식영암, 지팡이를 의인화

51 다음 시가에서 노래한 것은 무엇인가?

진경서 비백서 행서초서
전주서 과두서 우서남서
양수필 서수필 빗기드러
위 딕논 경 긔 엇더ㅎ니잇고

① 문인
② 서적
③ 명필
④ 면주

51 「한림별곡」 3장에 대한 내용이다. 3장은 명필(글씨)에 대한 것을 노래한 것으로 유행서체와 필기구 등 명필을 찬양하였다.

「한림별곡」 각 장의 소재
- 제1장 : 문인
- 제2장 : 서적
- 제3장 : 명필
- 제4장 : 명주(名酒)
- 제5장 : 꽃
- 제6장 : 음악
- 제7장 : 누각(경치)
- 제8장 : 그네(추천)

정답 50 ① 51 ③

52 ② 경기체가는 고려 고종 때 발생하여 조선 시대까지 이어진 별곡체(別曲體)의 시가로, 무신(武臣)들의 집권기에 정권에서 물러난 문신(文臣)들에 의해 쓰였다.
③ 경기체가의 향유 계층은 귀족·사대부들로, 귀족들의 퇴폐적이고 향락적인 생활을 그렸다.
④ 「서경별곡」은 고려속요이다.

52 경기체가에 대한 설명으로 옳은 것은?

① 3음보의 분절체를 이루고 한자로 기록되어 『악학궤범』, 『악장가사』 등에 전한다.
② 신라 시대에 발생하여 조선 시대까지 이어진 별곡체(別曲體)의 시가로, 주로 무신(武臣)들에 의해 쓰였다.
③ 귀족·양반층의 생활상을 진솔하고 소박하게 표현하였으며, 서경(敍景)을 노래한 작품도 나타났다.
④ 반드시 후렴구가 있으며, 주요 작품으로는 「서경별곡」, 「관동별곡」, 「죽계별곡」 등이 있다.

53 ③ 한호의 「집 방석(方席) 내지 마라」: 전원생활 속에서의 안빈낙도(安貧樂道)
① 황진이의 「어져 내 일이야」: 임을 그리워하는 마음
② 김상용의 「욕심난다 하고」: 남을 배려할 줄 아는 태도
④ 이항복의 「철령(鐵嶺) 노픈 峯(봉)을」: 유배의 정한과 억울한 심정 호소

53 다음 중 전원생활을 노래한 시조는?

① 어져 내 일이야 그릴 줄을 모로두냐
　이시라 ᄒᆞ더면 가랴마는 제 구틱여
　보내고 그리는 정은 나도 몰라 ᄒᆞ노라
② 욕심난다 하고 몹쓸 일을 하지 마라
　나는 잊어도 남이 내 모습 보느니라
　한 번을 악명을 얻으면 어느 물로 씻으리
③ 집 방석(方席) 내지 마라 낙엽(落葉)엔들 못 안즈랴
　솔불 혀지 마라 어제 진 둘 도다 온다
　아희야 薄酒山菜(박주산채)일망정 없다 말고 내여라
④ 철령(鐵嶺) 노픈 峯(봉)을 쉬어 넘는 져 구름아
　孤臣冤淚(고신원루)를 비사마 씌여다가
　님 계신 九重深處(구중심처)에 ᄲᅮ려 본들 엇드리

정답 52 ① 53 ③

54 (가)와 (나)의 작품에 공통적으로 적용될 수 있는 한자성어는?

> (가)
> 흥망(興亡)이 유수(有數)ㅎ니 만월대(滿月臺)도 추초(秋草) ㅣ 로다.
> 오백 년 왕업(王業)이 목적(牧笛)에 부쳐시니
> 석양(夕陽)에 지나는 객(客)이 눈물계워 ᄒ노라.
> — 원천석의 시조
>
> (나)
> 새와 짐승도 슬피 울고, 물과 뫼도 찡그리니 　鳥獸哀鳴海岳嚬
> 무궁화 온 세상이 이젠 망해 버렸어라. 　槿花世界已沈淪
> 가을 등불 아래 책을 덮고, 천고를 회상하니 　秋燈掩卷懷千古
> 사람으로 글자를 아는 사람 되기가 이렇게 어렵도다. 　難作人間識字人
> — 황현, 「절명시(絕命詩)」

① 각골통한(刻骨痛恨)
② 맥수지탄(麥秀之嘆)
③ 격세지감(隔世之感)
④ 남가일몽(南柯一夢)

54 두 작품은 공통적으로 망국(亡國)의 한을 노래하고 있다. '맥수지탄(麥秀之嘆)'은 고국의 멸망을 한탄한다는 뜻이다.

55 다음 시조에 대한 설명으로 옳지 <u>않은</u> 것은?

> 수양산(首陽山) 바라보며 이제(夷齊)를 한(恨)ㅎ노라.
> 주려 주글진들 채미(採薇)도 ᄒ는것가
> 비록애 푸새엣 거신들 긔 뉘 싸헤 낫드니.

① 지은이는 사육신의 한 사람인 박팽년이다.
② 굳은 절개와 충절을 노래한 시이다.
③ 배경이 되는 사건은 세조의 왕위 등극이다.
④ 중국 주나라의 백이와 숙제의 고사가 인용되어 있다.

55 제시된 시조를 지은 사람은 성삼문이다. 성삼문은 세종 때의 학자로 사육신의 한 사람이다.

정답　54 ②　55 ①

56 (바)는 임금이 돌아가신 슬픔을 노래하고 있는 작품이다.

56 각 작품에 대한 설명으로 옳지 않은 것은?

(가) 興亡(흥망)이 有數(유수)ᄒ니 滿月臺(만월대)도 秋草(추초)ㅣ로다.
오백 년 王業(왕업)이 牧笛(목적)에 부쳐시니
夕陽(석양)에 지나는 客(객)이 눈물계워 하노라.

(나) 房(방) 안에 혓는 燭(촉)불 눌과 離別(이별)ᄒ엿관듸
것츠로 눈물 디고 속타는 줄 모로는고.
뎌 燭(촉)불 날과 갓ᄒ여 속타는 줄 모로노라.

(다) 千萬里(천만리) 머나먼 길에 고흔 님 여희압고,
ᄂ 므음 둘 듸 업셔 닉가의 안잣시니
져 믈도 닉 안과 갓틔여 우러 밤길 예놋다.

(라) 간 밤의 우던 여흘 슬피 우러 지내여다.
이제야 싱각ᄒ니 님이 우러 보내도다.
져 믈이 거스리 흐르고져 나도 우러 녜리라.

(마) 朔風(삭풍)은 나모 긋틱 불고 明月(명월)은 눈 속에 츠듸,
萬里邊城(만리변성)에 一長劍(일장검) 집고 셔셔
긴 ᄑ람 큰 ᄒ 소릭에 거칠 거시 업세라.

(바) 三冬(삼동)에 뵈옷 닙고 巖穴(암혈)에 눈비 마자
구름 씬 볏뉘도 쐰 적이 업건마는
西山(서산)에 힌 지다 ᄒ니 눈물 겨워 ᄒ노라.

① (가) : 지난 시절에 대한 회고의 정이 드러난다.
② (나) : 임을 향한 슬픔이 드러난다.
③ (라) : 청각적 심상으로 자아의 정서를 드러내고 있다.
④ (바) : 임금의 은총에 대한 감사의 마음이 드러난다.

정답 56 ④

※ 다음 작품을 읽고 물음에 답하시오. (57 ~ 59)

(가) 어져 내 일이야, 그릴 줄을 모로두냐.
    이시라 ᄒ더면 가랴마ᄂᆞᆫ 제 구ᄐᆡ여
    보내고 그리ᄂᆞᆫ 情(정)은 나도 몰라 ᄒ노라.

(나) ᄆᆞ음이 어린 後(후) | 니 ᄒᆞᄂᆞᆫ 일이 다 어리다.
    <u>萬重雲山(만중운산)</u>에 어ᄂᆡ 님 오리마ᄂᆞᆫ
    <u>지ᄂᆞᆫ 닙 부ᄂᆞᆫ ᄇᆞ람</u>에 幸(힝)여 귄가 ᄒ노라.

(다) <u>冬至(동지)ㅅ달</u> 기나긴 밤을 한 허리를 버혀 내여
    <u>春風(춘풍)</u> 니불 아ᄅᆡ 서리서리 너헛다가,
    어론 님 오신 날 밤이여든 구뷔구뷔 펴리라.

(라) <u>梨花雨(이화우)</u> 훗ᄲᅮ릴 제 울며 잡고 이별ᄒᆞᆫ 님
    <u>秋風落葉(추풍낙엽)</u>에 저도 날 싱각ᄂᆞᆫ가.
    千里(천리)에 외로운 쑴만 오락가락ᄒ노매.

(마) 묏버들 골ᄒᆡ 것거 보내노라 님의손ᄃᆡ
    자시ᄂᆞᆫ 창 밧긔 심거 두고 보쇼셔.
    <u>밤비</u>예 새닙곳 나거든 날인가도 너기쇼셔.

57~59 작/품/해/설

(가) 어져 내 일이야~, 황진이
- 현대어 풀이
  아, 내가 한 일이예! 이렇게 그리워 할 줄을 몰랐단 말인가? 있으라고 말씀드리면 임께서 굳이 가셨겠는가? 보내놓고 나서 그리워하는 정은 나도 모르겠구나!
- 창작 배경
  작가가 사대부 황진사의 서녀로 태어난 것을 원망하여 스스로 시와 서예, 묵화와 음률을 배워 문인을 비롯한 석학들과 교류하였다.
- 정리
  - 성격: 평시조, 연정가
  - 표현: 우리말의 절묘한 구사를 통해 화자의 심리 상태를 섬세하고 곡진하게 표현함, 도치법, 영탄법
  - 주제: 임을 그리워하는 회한의 정
  - 가치: 고려속요인 「가시리」, 「서경별곡」과 현대 시인 김소월의 「진달래꽃」을 이어주는 이별시의 절창이라 할 수 있음

(나) ᄆᆞ음이 어린 後(후) | 니~, 서경덕
- 현대어 풀이
  마음이 어리석으니 하는 일이 모두 어리석구나. 구름이 겹겹이 쌓여 험난하고 높은 이 산중으로 어느 임이 나를 찾아오겠는가마는, 떨어지는 나뭇잎 소리와 바람 부는 소리에 혹시 임이 오는 소리가 아닌가 하노라.
- 창작 배경
  도학자 서경덕은 명기 황진이와 사제지간으로도 지냈다고 한다. 학자 서경덕

에게도 제자로서의 두터운 정이 생겨나 은둔 생활 중, 마음으로 서로를 기다리고 있는 심정을 꾸밈없이 표현하였다.
- 정리
  - 성격: 평시조, 연정가(戀情歌)
  - 표현: 도치법, 과장법
  - 주제: 임을 기다리는 선비의 애타는 심정

(다) 冬至(동지)ㅅ돌 기나긴 밤을~, 황진이
- 현대어 풀이
  동짓달의 기나긴 밤의 한가운데를 베어 내어 (둘로 나누어서) 따뜻한 이불 아래에 서리서리 넣어 두었다가 정든 임이 오시는 날 밤이면 굽이굽이 펴리라 (더디게 밤을 새리라).
- 정리
  - 성격: 평시조, 연정가(戀情歌)
  - 표현: 의태법
  - 주제: 정든 임을 그리워하는 애틋한 심정

(라) 梨花雨(이화우) 훗쑤릴 제~, 계랑
- 현대어 풀이
  배꽃이 비 내리듯 흩날릴 때, 울면서 소매를 부여잡고 이별한 임, 가을 바람에 낙엽이 지는 이때에 임도 나를 생각하고 있을까? 천리나 되는 머나먼 길에 외로운 꿈만 오락가락하는구나.
- 창작 배경
  당대의 시인이며 어진 선비였던 촌은 유희경이 작가와 정이 깊었는데, 그 뒤 촌은이 상경한 후로 소식이 없어서 수절의 다짐과 함께 이 시조를 지었다고 한다.
- 정리
  - 성격: 평시조, 이별가, 연정가
  - 표현: 은유법, 시간적·공간적 거리감의 적절한 표현
  - 주제: 이별한 임에 대한 애절한 그리움(寤寐不忘)

(마) 묏버들 갈히 것거~, 홍랑
- 현대어 풀이
  산 버드나무 가지를 꺾어서 보내드리옵니다. 님에게(임께서) 주무시는 창밖에 심어 두고 보시옵소서. 밤비에 새잎이 돋아나거든 마치 나를 본 것처럼 여겨 주옵소서.
- 창작 배경
  선조 6년에 작가가 친하게 연분을 나눈 고죽 최경창이 북해 평사로 경성에 상경하게 되자, 그를 영흥까지 배웅하고 함관령에 이르러 해 저문 날 비를 맞으며 버들가지와 이 시조를 지어 건네주었다고 한다. 2년 후 최경창이 다시 서울로 전출될 때 이 시조를 읊었고, 그 뒤 그가 병석에 누워 있다는 소식을 듣고 홍랑은 7주야를 달려 서울에 와 문병하였다. 결국 그것이 말썽이 되어 최경창은 벼슬을 내놓게 되었다고 한다.
- 정리
  - 형식: 평시조, 연정가, 이별가
  - 표현: 상징법, 도치법
  - 주제: 이별의 아쉬움, 임에게 보내는 사랑과 그리움
  - 작가: 홍랑 → 선조 때의 기생으로 시조 1수가 전해짐

57 각 작품에 드러나는 시적 자아의 정서로 옳지 않은 것은?

① (가) : 후회
② (나) : 체념
③ (라) : 고독
④ (마) : 그리움

57 (나)는 임을 기다리는 안타까움을 노래하고 있다.

58 다음 중 (다)에 대한 설명으로 옳지 않은 것은?

① 추상적 시간을 사물로 치환시킨 발상이 독창적이다.
② 우리말의 어감과 시적 자아의 정서를 잘 조화시켰다.
③ 전통적인 이별의 여심을 유교적 이념으로 승화시켰다.
④ 여성 특유의 섬세한 감각으로 진솔한 감정을 드러내었다.

58 정든 임을 그리워하는 애틋한 심정을 우리말의 어감을 살려 기발한 착상으로 노래한 작품이다. 유교적 이념으로 승화시킨 것과는 관련이 없다.

59 제시된 작품의 밑줄 친 시어 중 시간적인 거리감을 나타내고 있는 것은?

① 萬重雲山(만중운산) : 지는 닙
② 冬至(동지)ㅅ둘 : 春風(춘풍) 니불
③ 梨花雨(이화우) : 秋風落葉(추풍낙엽)
④ 묏버들 : 밤비

59 초장의 '이화우'와 중장의 '추풍낙엽'은 시간적인 거리감을 나타내 주는 시어로, 하얀 배꽃비가 눈보라처럼 흩날리던 어느 봄날에 옷소매 부여잡고 울면서 헤어진 님인데, 지금 낙엽이 우수수 떨어지는 가을이 되어도 소식이 없음을 안타까워하고 있다.

정답 57 ② 58 ③ 59 ③

60~61

작/품/해/설

- 현대어 풀이
  여러 사람들이여 동난지이 사시오. 저 장수야 네 물건을 무엇이라고 외치느냐, 사자. 겉은 딱딱하고 속은 연한 살이 있으며, 두 눈은 위로 솟아 하늘을 향했고, 앞뒤로 가는 작은 다리가 여덟 개, 큰 다리가 두 개 있으며, 청장이 아스슥 소리가 나는 동난지이 사시오. 장수야, 너무 그렇게 거북하게 외치지 말고 게젓이라고 하려무나.
- 주제: 현학적인 한학자에 대한 풍자 또는 게젓장수의 허장성세 풍자

60 조선 전기 시조는 훈민정음이 창제되어 평민·귀족 모두가 애창하게 되어 시조가 우리 국문학의 대표적인 문학 형식이 되는 기반을 마련하였다.

조선 전기 시조의 특징
- 고려 말에 완성된 시조는 조선 시대에 들어와 유학자들의 검소·담백한 정서 표현에 알맞아 크게 발전하였다.
- 조선 초기에는 회고가(懷古歌), 절의가(節義歌) 등이 지어졌고, 그 뒤로는 도덕가(道德歌), 한정가(閑情歌), 강호가(江湖歌) 등이 지어졌다.
- 단시조(單時調)로 짓던 시조를 여러 수로 묶어 한 주제를 나타내는 연시조(連時調)도 짓게 되었다.
- 16세기에 들어와 송순, 황진이 등에 의하여 문학성이 심화되었고, 정철도 뛰어난 시조 작품을 창작하였다.
- 유학자들의 작품이 관념적인 경향으로 흐른 것에 비하여, 기녀들의 작품은 고독과 한(恨)에 젖은 정서를 정교하고도 아름답게 표현하였다.

61 쉬운 우리말을 두고 한자 어휘로 게를 장황하고 수다스럽게 묘사하고 있는 게젓 장수의 허장성세(虛張聲勢)를 풍자하고 있다.

정답 60 ① 61 ②

※ 다음 작품을 읽고 물음에 답하시오. (60 ~ 61)

> 댁들에 동난지이 사오. 저 장수야, 네 황화 긔 무서시라 웨는다, 사쟈.
> 外骨內肉(외골내육), 兩目(양목)이 上天(상천), 前行後行(전행후행), 小(소)아리 八足(팔족), 대(大)아리 二足(이족), 淸醬(청장) ᄋᆞ스슥하는 동난지이 사오.
> 쟝ᄉᆞ야, 하 거복이 웨지 말고 게젓이라 ᄒᆞ렴은.

60 이 작품에 대한 다음의 평가와 가장 거리가 먼 설명은?

> 조선 전기 운문문학 형식을 완전히 탈피한 점에서 평민 작가의 대담한 문학정신을 찾아볼 수 있다.

① 한자 어휘를 나열하여 풍자의 묘미를 획득하였다.
② 생활 감정이 아무런 가식 없이 자연스럽게 표출되어 있다.
③ 거침없는 대화와 감각적인 표현으로 실감을 더해 주고 있다.
④ 게장수와의 대화 형식을 통해 상거래의 장면을 보여주었다.

61 밑줄 친 '거복이'의 문맥적 의미와 가장 유사한 것은?

① 거짓되게
② 장황하게
③ 난데없이
④ 옹골차게

62 다음 작품의 주제는 무엇인가?

> 붉가버슨 兒孩(아해) ㅣ 들리 거믜쥴 테를 들고 フ쳔(川)으로 왕래ᄒ며
> 붉가숭아 붉가숭아 져리 가면 쥭ᄂ니라. 이리 오면 ᄉᄂ니라. 부로나니 붉가숭이로다.
> 아마도 世上(세상) 일이 다 이러ᄒᆫ가 ᄒ노라.

① 서로 모해하는 약육강식의 험난한 세태
② 잠자리를 잡고 노는 아이들의 모습을 통해 평민들의 소박한 삶을 표현
③ 가난한 생활 속에서도 희망을 잃지 않고 열심히 살아가는 삶의 중요성을 표현
④ 조선 시대 아이들의 놀이 문화를 소개

62 어린이들이 잠자리를 잡기 위해 지기에게로 와야 산다고 부르듯이, 세상이 서로 모해(謀害 : 꾀를 써서 남을 해침)하는 약육강식(弱肉强食)의 세상임을 풍자하고 있다.

63 밑줄 친 '두터비'가 의미하는 것은?

> <u>두터비</u> ᄑ리를 물고 두험 우희 치ᄃ라 안자
> 것년 山(산) ᄇ라보니 白松骨(백송골)이 떠잇거놀 가슴이 금즉ᄒ여 풀덕 뛰여 내닷다가 두험 아래 잣바지거고.
> 모쳐라 놀낸 낼식망정 에혈질 번ᄒ괘라.

① 왕   ② 승려
③ 지방 관리   ④ 상인

63 가렴주구(苛斂誅求)를 일삼는 부패하고 무능한 지방 관리(양반층)를 의미한다.

64 가사와 시조의 공통점은 무엇인가?

① 형식   ② 주제
③ 작가층   ④ 출전

64 가사와 시조는 형식(4음보, 3·4조, 4·4조, 종장 첫 글자 3자)의 공통점을 갖는다.

정답 62 ①   63 ③   64 ①

65 대화체를 통해 임금에 대한 그리움을 표현한 것은 「속미인곡」이다.

65 「사미인곡」의 특징으로 적절하지 <u>않은</u> 것은?

① 「속미인곡」과 더불어 가사 문학의 극치를 이룬 작품으로 우리말의 구사가 뛰어나다.
② 서사, 춘·하·추·동사, 결사의 6단락으로 이루어졌다.
③ 「정과정」의 전통을 이은 충신연주지사(忠臣戀君之詞)이다.
④ 대화체를 통해 임금에 대한 그리움을 표현했다.

※ 다음 작품을 읽고 물음에 답하시오. (66 ~ 68)

(가) 이 몸 삼기실 제 님을 조차 삼기시니, ᄒᆞᆫ성 緣연分분이며 하ᄂᆞᆯ 모ᄅᆞᆯ 일이런가. 나 ᄒᆞ나 졈어 잇고 님 ᄒᆞ나 날 괴시니, 이 ᄆᆞ음 이 ᄉᆞ랑 견졸 ᄃᆡ 노여 업다. 平평生ᄉᆡᆼ애 願원ᄒᆞ요ᄃᆡ ᄒᆞᆫᄃᆡ 녀쟈 ᄒᆞ얏더니, 늙거야 므ᄉᆞ 일로 외오 두고 글이ᄂᆞᆫ고. 엇그제 님을 뫼셔 廣광寒한殿뎐의 올낫더니, 그 더딕 엇디ᄒᆞ야 下하界계예 ᄂᆞ려오니, 올 저긔 비슨 머리 얼킈연 디 三삼年년이라. 臙연脂지粉분 잇ᄂᆞ마ᄂᆞᆫ 눌 위ᄒᆞ야 고이 홀고. ᄆᆞ음의 미친 실음 疊뎝疊뎝이 ᄡᅡ혀 이셔, 짓ᄂᆞ니 한숨이오 디ᄂᆞ니 눈믈이라. 人인生ᄉᆡᆼ은 有유限혼ᄒᆞᆫᄃᆡ 시름도 그지업다. 無무心심ᄒᆞᆫ 歲셰月월은 믈 흐ᄅᆞᆺ ᄒᆞᄂᆞᆫ고야. 炎염凉냥이 ᄯᅢ를 아라 가ᄂᆞᆫ ᄃᆞᆺ 고텨 오니, 듯거니 보거니 늣길 일도 하도 할샤.

(나) 東동風풍이 건듯 부러 積젹雪셜을 헤텨 내니, 窓창 밧긔 심근 梅ᄆᆡ花화 두 세 가지 피여셰라. ᄀᆞᆺ득 冷닝淡담ᄒᆞᆫᄃᆡ 暗암香향은 므스 일고. 黃황昏혼의 ᄃᆞᆯ이 조차 벼마티 빗최니, 늣기ᄂᆞᆫ ᄃᆞᆺ 반기ᄂᆞᆫ ᄃᆞᆺ 님이신가 아니신가. 뎌 ⊙ 梅ᄆᆡ花화 것거 내여 님 겨신 ᄃᆡ 보내오져. 님이 너를 보고 엇더타 너기실고.

(다) 곳 디고 새 닙 나니 綠녹陰음이 실렸ᄂᆞᆫᄃᆡ, 羅나幃위 寂젹寞막ᄒᆞ고 繡슈幕막이 뷔여 잇다. 芙부蓉용을 거더 노코 孔공雀쟉을 둘러 두니, ᄀᆞᆺ득 시름 한ᄃᆡ 날은 엇디 기돗던고. 鴛원鴦앙衾금 버혀 노코 五오色ᄉᆡᆨ線션 플터 내여 금자히 견화이셔 ⓒ 님의 옷 지어 내니, 手슈品품은 ᄏᆞ니와 制졔度도도 ᄀᆞᆺ츨시고. 珊산瑚호樹슈 지게 우ᄒᆡ 白ᄇᆡᆨ玉옥函함의 다마 두고, 님의게 보내오려 님 겨신 ᄃᆡ ᄇᆞ라보니, 山산인가 구롬인가 머흐도 머흘시고. 千쳔里리 萬만里리 길흘 뉘라셔 ᄎᆞ자갈고. 니거든 여러 두고 날인가 반기실가.

정답 65 ④

(라) ᄒᆞᆯ밤 서리김의 기러기 우러녈 제, 危위樓루에 혼자 올나 水슈晶졍簾념 거든 말이, 東동山산의 ᄃᆞᆯ이 나고 北븍極극의 별이 뵈니, 님이신가 반기니 눈믈이 절로 난다. 淸쳥光광을 쥐여 내여 鳳봉凰황樓누의 븟티고져. 樓누 우희 거러 두고 ⓒ 八팔荒황의 다 비최여, 深심山산 窮궁谷곡 졈낫ᄀᆞ티 밍그쇼서.

(마) 乾건坤곤이 閉폐塞ᄉᆡᆨᄒᆞ야 白ᄇᆡᆨ雪셜이 ᄒᆞᆫ 비친 제, 사ᄅᆞᆷ은 크니와 놀새도 긋처 잇다. 瀟쇼湘샹 南남畔반도 치오미 이러커든, 玉옥樓누 高고處쳐야 더옥 닐너 므슴ᄒᆞ리. ⓔ 陽양春츈을 부쳐 내여 님 겨신 ᄃᆡ 쏘이고져. 茅모簷쳠 비친 ᄒᆡ롤 玉누의 올리고져. 紅홍裳샹을 니믜ᄎᆞ고 翠취袖슈를 半반만 거더, 日일暮모 脩슈竹듁의 혬가림도 하도 할샤. 댜ᄅᆞᆫ ᄒᆡ 수이 디여 긴 밤을 고초 안자, 靑쳥燈등 거른 겻ᄐᆡ 鈿뎐箜공篌후 노하 두고, ᄭᅮᆷ의나 님을 보려 ᄐᆡᆨ 밧고 비겨시니, 앙금도 ᄎᆞ도 출샤 이 밤은 언제 샐고.

66 ㉠~㉣ 중 임에 대한 그리움을 나타내는 표현이 아닌 것은?

① ㉠
② ㉡
③ ㉢
④ ㉣

66 (나)에서는 '梅미花화', (다)에서는 '손수 지은 님의 옷', (라)에서는 '淸쳥光광(맑은 달빛과 별빛)', (마)에서는 '陽양春츈(따뜻한 봄기운)'을 통해 임에 대한 그리움을 표현하고 있다.

67 (가)에서 밑줄 친 '괴시니'에 대한 풀이로 알맞은 것은?

① 괴로워하시니
② 미워하시니
③ 반성하시니
④ 사랑하시니

67 '나 ᄒᆞ나 졈어 잇고 님 ᄒᆞ나 날 괴시니'는 '나는 오직 졂어 있고 임은 오직 나만을 사랑하시니'로 풀이할 수 있다. 따라서 '괴시니'는 '사랑하시니'로 풀이할 수 있다.

정답 66 ③ 67 ④

68 연지는 여자가 화장할 때에 입술이나 뺨에 찍는 붉은 빛깔의 염료를 말한다.
① 인연
② 젊었고
③ 빗은 머리

68 (가)의 밑줄 친 시어 중 시적 자아가 여성임을 짐작할 수 있게 하는 시어는?
① 緣연分분
② 졈어 잇고
③ 비슨 머리
④ 臙연脂지粉분

69 봉건적인 속박을 운명으로 받아들이는 양반 여성과는 달리 「용부가」의 부인은 봉건 사회의 모순으로부터 벗어나고자 한다. 특히 '시집살이 못 하겠네 간숫병을 기우리며', '색주가(色酒家)나 하여 볼가' 등을 통해 당시 조선 사회의 윤리관념을 과감히 혁파하고 있다.

69 다음 중 「용부가」의 특징이 아닌 것은?
① 「용부가」에 등장하는 '부인'은 당시 사회의 봉건적인 속박을 수용하는 체념적 자세를 보인다.
② 파괴되어 가는 유교적 규범을 보여줌으로써 주제를 반어적으로 드러내고 있다.
③ 사실적인 묘사와 토속어가 돋보이고 풍자와 유머가 조화를 이루고 있다.
④ 어리석은 부인[庸婦]의 행위를 열거하고 그것을 통해 당대의 부녀자들을 경계하였다.

70 「안심가」는 구한말 외부세력(일본, 청)에 대한 우려와 저항 의식을 나타냈다.

70 「안심가」와 관련된 설명으로 적절하지 않은 것은?
① 당시 사회에서 불안해하던 부녀자들을 안심시키기 위한 목적으로 쓰인 개화기 가사이다.
② 개화기 가사는 신문명에 대한 내용을 통해 계몽, 교육의 목적을 달성하고자 한 것이다.
③ 천대받던 부녀자들의 덕을 칭송하고 좋은 시절이 오면 여성이 주체가 될 것임을 나타냈다.
④ 구한말 일본과 러시아의 세력에 대한 우려와 저항을 나타냈다.

정답 68 ④ 69 ① 70 ④

제3절 고전산문

01 '판소리계 소설'의 특징으로 적절하지 않은 것은?

① 겉으로 내세운 주제와 내면에 감춘 주제가 서로 다를 수 있다.
② 영웅·미인만이 아니라 평범한 사람들도 주인공으로 등장한다.
③ 등장인물을 사실적으로 그리고, 희화화하거나 과장하지 않는다.
④ 서민들의 일상적 언어와 양반들의 현학적 언어가 공존하고 있다.

01 판소리계 소설은 주로 서민들의 일상을 풍자와 해학 등의 골계적인 수법을 구사하여 표현의 극대화를 꾀한다.

판소리의 특징
- 주로 서민들의 일상생활을 해학적으로 풍자하였다.
- 창사(唱詞)의 내용에는 극적 요소가 많고, 체재는 소설적이기보다 희곡적이며, 문체는 산문이 아닌 시가체(詩歌體)이다.
- 풍자·해학 등의 골계적인 수법을 효과적으로 구사하였다.

02 고소설의 발달과정으로 옳은 것은?

① 설화 → 판소리 → 고전소설(판소리계 소설) → 신소설 → 현대소설
② 판소리 → 설화 → 고전소설(판소리계 소설) → 신소설 → 현대소설
③ 판소리 → 고전소설(판소리계 소설) → 설화 → 신소설 → 현대소설
④ 설화 → 판소리 → 신소설 → 고전소설(판소리계 소설) → 현대소설

02 고소설의 발달과정
설화 → 판소리 → 고전소설(판소리계 소설) → 신소설 → 현대소설

정답 01 ③ 02 ①

03 고전소설의 등장인물은 평면적 성격을 갖는다.

03 고전소설의 내용상 특징이 아닌 것은?
① 권선징악적인 주제
② 인간의 본능적 욕망을 긍정함
③ 등장인물의 성격이 입체적임
④ 이상주의적 세계관

04 『금오신화』에는 「이생규장전」, 「용궁부연록」, 「남염부주지」, 「만복사저포기」, 「취유부벽정기」가 수록되어 있다.

04 다음 중 『금오신화』에 수록된 작품은?
① 「조신몽 설화」
② 「용궁부연록」
③ 「구운몽」
④ 「수성지」

05 평면적·일대기적(순차적) 구성, 우연성, 전기적(비현실적) 요소를 띤다.

05 조선 후기 소설의 특징이 아닌 것은?
① 평민의 자각과 산문정신에 입각하여 발생하였다.
② 평면적·일대기적 구성을 이루며, 전기성(傳奇性)을 띠지 않는다.
③ 해설 위주의 전지적 작가 시점이 중심을 이룬다.
④ 대체적으로 행복한 결말을 맺는다.

정답 03 ③ 04 ② 05 ②

06 다음 한글소설에서 군담소설이 <u>아닌</u> 것은?

① 「장풍운전」
② 「박씨전」
③ 「유충렬전」
④ 「임경업전」

06 한글소설의 주요 작품
- 애정소설: 「숙향전」, 「숙영낭자전」, 「옥단춘전」
- 가정소설: 「사씨남정기」, 「장풍운전」, 「화문록」
- 군담소설: 「임경업전」, 「박씨전」, 「유충렬전」
- 풍자소설: 「배비장전」, 「이춘풍전」, 「장끼전」

07 『금오신화』를 전기소설로 보는 이유로 가장 옳은 것은?

① 환상적 내용
② 전쟁의 비극성 강조
③ 영웅의 일생 소재
④ 현실을 은유적으로 표현

07 전기소설은 현실적인 인간생활을 떠나 천상, 명부(冥府), 용궁 등에서 전개되는 기이한 사건을 다룬 소설을 의미한다.

『금오신화』의 특징
- 한국 전기체 소설의 효시
- 초기소설의 형태로 주인공들은 모두 재자가인임
- 현실과는 거리가 있는 몽유적이고, 비현실적인 내용을 다룸

08 다음 중 「만복사저포기」와 관련된 설명으로 옳지 <u>않은</u> 것은?

① 한문 문어체의 미사여구를 사용하여 시공을 초월한 사랑을 그렸다.
② 주인공은 재자가인(才子佳人)이다.
③ 조선 전기 작품으로 명혼(冥婚)소설이다.
④ 이 작품이 실려 있는 『금오신화』는 명(明)나라 구우(瞿佑)의 『전등신화(剪燈新話)』에 영향을 주었다.

08 『금오신화(金鰲新話)』는 중국 명(明)나라 구우(瞿佑)가 지은 『전등신화(剪燈新話)』의 영향을 받았다.

정답 06 ① 07 ① 08 ④

09 다음 「양반전」에서 작가 박지원이 비판하고자 했던 것은 무엇인가?

> 세수할 때 주먹을 비비지 말고, 양치질해서 입내를 내지 말고, 소리를 길게 뽑아서 여종을 부르며, 걸음을 느릿느릿 옮겨 신발을 땅에 끄은다. 그리고 고문진보(古文眞寶), 당시품휘(唐詩品彙)를 깨알같이 베껴 쓰되 한 줄에 백 자를 쓰며, …… (이하 생략)

① 허례허식 숭상
② 무위도식 행위
③ 독선적 행위
④ 벌열정치 횡포

10 「양반전」에 대한 설명으로 틀린 것은?

① 조선 후기 한문소설, 풍자소설이다.
② '문권 1'에서는 문권의 엄격한 준서 조항을 통해 양반 사류의 모습을 희화화하였다.
③ 『열하일기』에 수록되어 있으며, 실사구시(實事求是)를 그 내용으로 삼았다.
④ 양반들의 경제적 무능과 허식적 생활태도를 풍자적인 어조로 비판하였다.

11 다음 중 실학 사상과 관계가 있는 작품은?

① 「허생전」   ② 「구운몽」
③ 「운영전」   ④ 「놀부전」

---

09 제시된 부분은 「양반전」 1차 문권에 있는 내용으로 경제를 모르고 생활 능력도 없으면서 실용성 없는 공리공론만을 일삼고, 허례허식만을 숭상하는 양반상을 비판하고 있다. 2차 문권에는 벌열정치의 횡포를 폭로하는 동시에 무위도식하면서 무단적이고 전횡적인 행위만을 일삼는 양반상을 통렬하게 비판하고 있다.

10 『연암집(燕巖集)』 권8 별집(別集) 「방경각외전」에 수록되어 있다.

11 실사구시(實事求是)의 실학 사상이 드러나는 작품은 「허생전」이다.

정답 09 ① 10 ③ 11 ①

12 「운영전」의 가장 큰 특징은 무엇인가?

① 조선 시대의 고대소설 중 결말을 비극으로 처리한 유일한 소설이다.
② 신선 사상, 불교 사상, 무교 사상을 최초로 다루었다.
③ 안평대군의 사궁(私宮)인 수성궁을 배경으로 하여 금기시되었던 왕족들의 생활상을 그려냈다.
④ 봉건적 사회관념을 벗어날 수 없었던 남녀간의 사랑을 통해 당대 사회를 비판하였다.

13 「운영전」에 대한 설명으로 옳지 않은 것은?

① 봉건적 애정관을 탈피한 자유연애 사상을 다루었다.
② 등장인물에 대한 개성적 성격 표현과 대화체의 문체를 사용함으로써 작품에 흥미를 더해 주었다.
③ 액자식 구성을 이용해 궁녀들의 구속적인 궁중 생활과 비극적 사랑을 효과적으로 표현하였다.
④ 주인공인 '이생'과 '운영'은 사랑을 이루기 위해 적극적으로 행동하는 인물 유형이다.

---

12 조선 시대의 고대소설 중에서도 남녀 간의 애정을 미화한 대표적인 작품일 뿐 아니라 결말을 비극으로 처리한 유일한 소설이다.

13 「운영전」의 주인공은 '김 진사'와 '운영'이다.

등장인물의 성격
- 운영 : 비인간적인 삶에서 벗어나 참된 삶을 살고 싶어 하는 나약한 궁녀, 순결하고 뜨거운 정열과 지성을 지닌 여인
- 김 진사 : 정서적이며 감상적인 인물로, 운영과의 순수한 사랑의 성취가 현실적 장벽에 가로막히자 운영의 뒤를 따라 죽음으로써 시공(時空)을 뛰어넘는 영원한 사랑을 획득함

※ 다음 작품을 읽고 물음에 답하시오. (14 ~ 16)

한 무녀가 대군의 궁에 드나들면서 사랑과 신용을 얻고 있었는데, 이 소문을 들은 진사님이 그 집을 찾아가 보니 나이가 삼십도 못되는 얼굴이 아주 예쁜 여자로서 일찍 과부가 되고는 음녀로 자처하고 있었는데, 진사님을 보고는 주찬을 성대히 갖추고서 대접하므로, 진사는 잔을 잡았으나 마시지는 아니하고 말하기를,
"오늘은 급한 일이 있으니 내일 다시 오겠소."
했답니다. 다음날 또 가니 또한 그렇게 하므로 진사는 감히 입을 열지 못하고 또 말하기를,
"내일 또 오겠소."/ 했답니다.
무녀는 진사의 얼굴이 속된 티를 벗어난 것을 보고 마음속으로 기뻐하였답니다. 그러나 연일 진사가 왔다가는 말 한 번 하지 않으므로 나이 어린 선비로 반드시 부끄러워 말을 하지 않는 것이니, 내가 먼저 정으로써 돋우어 붙들어 놓고 밤을 새우면서 같이 자리

정답 12 ① 13 ④

라 마음먹었답니다. ⓐ <u>다음날 목욕하여 짙은 화장을 하고 화려한 옷을 입고 꽃 같은 담요와 옥 같은 자리를 깔아 놓고 작은 계집종으로 하여금 망을 보게 하였답니다.</u> 김 진사가 또 그 얼굴과 옷의 화려함과 베풀어 놓은 것의 아름다움을 보고 이상하게 여겼더니, 무녀가,

"오늘 저녁은 어떤 저녁이기에 이와 같이 훌륭한 분을 뵈옵게 되었을까."

하였으나, 김 진사는 뜻이 없었기 때문에 대답도 하지 아니하고 초연히 즐거워하지 않고 있으니,

무녀가 또 말하길,

"과부의 집에 젊은이가 어찌 왕래하기를 꺼리지 아니하는지요?"

"점이 신통하다던데 어찌 내가 찾아오는 뜻을 알지 못하오?"

하니, 무녀가 즉시 영전에 나아가 앉아서 신에게 절을 하고는, 방울을 흔들고 점대롱을 어루만지면서 온몸을 추운 듯이 떨며 한참 몸을 움직이다가 입을 열어 말하더랍니다.

"당신은 정말 가련합니다. 불안한 방법으로써 그 뜻을 이루기 어려운 계교를 성취시키고자 하니, 다만 그 뜻을 이루지 못할 뿐만 아니라 삼 년이 못 가서 황천의 사람이 되겠습니다."

그래서 진사는 울면서 사례하고는,

"당신이 비록 말하지 아니해도 나는 다 알고 있소. 그러나 마음 속에 맺힌 한은 백약으로도 풀 수 없으니, 만일 당신으로 말미암아 다행히 편지를 전하게 된다면 죽어도 영광이겠습니다."

"비천한 무녀로서 비록 신사(神祀)로 인해 때로 혹 드나들지만, 부르시지 않으면 감히 들어가질 못합니다. 그러하오나 진사님을 위하여 한번 가보겠습니다." / 하더랍니다.

"조심하오, 잘못 전하고서 화의 기틀을 만드는 일이 없도록 하여 주오."

㉠ <u>무녀가 편지를 갖고 궁문에 들어가니, 궁 안의 사람들이 모두 그녀가 오는 것을 괴이히 여기기에, 무녀는 권사(權詐)로써 대답하고는 틈을 엿보아 들을 사람이 없는 고로 저를 끌고 가서 편지를 주더이다.</u> 제가 방으로 들어와서 뜯어보니 그 편지의 사연은 이러했습니다.

(이하 생략)

---

14 김 진사가 무녀를 찾은 이유는 운영과의 사랑을 알아보기 위해서인데, '무녀'는 음녀를 자처하고 있는 인물로, 김 진사를 유혹하여 하룻밤을 함께 보내려 하고 있으므로 ④와 같이 말할 수 있다.

정답 14 ④

14 ⓐ에 나타난 인물의 언행에 대한 평가로 가장 적절한 것은?

① 구제할 것은 없어도 도둑 줄 것은 있다더니.
② 마음 한번 잘 먹으면 북두칠성이 돌본다더니.
③ 거짓말도 잘만 하면 논 닷 마지기보다 낫다더니.
④ 상대는 생각도 하지 않는데 김칫국부터 마신다더니.

15 다음 밑줄 친 시어 중 ㉠의 '무녀'와 기능이 유사한 것은?

> 오누이들의 / 정다운 얘기에
> 어느 집 질화로엔 / 밤알이 토실토실 익겠다.
>
> 콩기름 불 / 실고추처럼 가늘게 피어나던 밤
>
> 파묻은 불씨를 헤쳐 / 잎담배를 피우며
>
> "고놈, 눈동자가 초롱 같애"/ 내 머리를 쓰다듬어 주시던 할머니,
> 바깥엔 연방 눈이 내리고. / 오늘 밤처럼 눈이 내리고.
>
> 다만 이제 나 홀로 / 눈을 밟으며 간다.
> 오우버 자락에 / 구수한 할머니의 옛 이야기를 싸고,
> 어린 시절의 그 눈을 밟으며 간다.
>
> 오누이들의 / 정다운 얘기에
> 어느 집 질화로엔 / 밤알이 토실토실 익겠다.
>   – 김용호, 「눈 오는 밤에」

① 질화로
② 콩기름 불
③ 눈
④ 할머니의 옛 이야기

---

15 '무녀'는 김 진사와 운영을 이어주는 매개 역할을 한다. 제시된 시에서는 화자가 눈 오는 밤에 할머니에 대한 추억을 떠올리고 그리워하고 있다. 따라서 '눈' 역시 현재와 과거를 이어주는 매개 역할을 하고 있다.

정답 15 ③

16 궁궐이라는 막힌 공간에서 일생을 보내야 했던 궁녀들의 삶에 대한 설명이다. 이에 근거하여 이 작품의 주제를 추리한다면, 김 진사와의 사랑을 갈구하는 운영의 태도를 통해 사회 구조에 얽매여 살아가야 했던 운영의 진정한 삶을 위한 노력으로 파악할 수 있다.

16 다음 내용에 근거하여 '운영의 삶의 태도'를 중심으로 이 작품의 주제를 추리했을 때, 가장 적절한 것은?

> 궁녀들은 궁궐이라는 막힌 공간에서 주로 일상생활과 관련된 일을 했는데, 각각의 역할에 따라 소속 부서가 나뉘어 있었다. 왕의 침실을 담당하는 '지밀'은 왕과 왕비의 신변 보호 및 일체의 식사를 담당하는 '소주방', 음료 및 과자 등을 만드는 '생과방', 빨래와 옷의 뒷손질을 맡은 '세답방' 등에서 일을 했다. 이들은 일생 동안 궁궐의 담장 안에서 살아야 하는 아픔을 감수해야 했다.

① 신분 관계를 초월한 남녀 간의 사랑
② 진정한 삶의 회복을 위한 인간성 해방
③ 남성 중심의 가부장적 사회 구조 비판
④ 무분별한 애정 행각에 대한 비판과 풍자

17 임진왜란과 병자호란을 배경으로 한 작품으로, 전쟁으로 인한 당대 백성들의 역경과 고난을 사실적으로 표현하였다.

17 「최척전」의 배경이 되는 사건으로만 옳게 묶인 것은?

① 갑오개혁, 신미양요
② 임진왜란, 임오군란
③ 임진왜란, 병자호란
④ 병자호란, 갑신정변

정답 16 ② 17 ③

18 「최척전」에 대한 설명으로 옳은 것은?
① 최치원의 작품으로, 유몽인의 『어우야담』에 수록된 「홍도」를 소설화하였다.
② 사건 전개의 주요 요인으로 도교적 요소가 강하게 드러나 있다.
③ 초현실주의적 표현으로 당시의 우리나라 사회·역사의 본질적 문제를 제기하고 있다는 점에서 그 가치성이 높다.
④ 여주인공 옥영은 후대소설에서의 '춘향이'처럼 강인하고 능동적인 여성상의 선구적 모습으로 파악할 수 있다.

19 다음 중 「최척전」이 속하는 소설 장르는?
① 군담소설
② 가계소설
③ 쟁총형 소설
④ 애정소설

20 「박씨전」과 관련된 내용으로 거리가 먼 것은?
① 도술소설, 군담소설, 역사소설이다.
② 박씨의 초인적 도술과 병자호란의 치욕에 대한 보복 심리가 담겨져 있다.
③ 박씨가 추녀(醜女)에서 미인(美人)으로 변하는 변신 모티브를 특징으로 한다.
④ 박씨 부인은 봉건적 남존여비 사상에 물들어 고루한 도덕 규범과 낡은 인습에 순종하는 존재이다.

18 ① 유몽인의 『어우야담』에 수록된 「홍도」가 조위한에 의해 소설화된 것으로 본다.
② 사건 전개의 주요 요인으로 불교적 요소가 강하게 드러나 있다.
③ 사실주의적 표현을 사용하여 우리나라 사회·역사의 본질적 문제를 제기하였다

19 ② 가문 간의 갈등과 가족 구성원 간에 발생할 수 있는 문제를 다룬 고전소설이다.
③ 처첩 간에 남편의 사랑을 독차지하기 위해서 싸움을 일으키는 이야기이다.
④ 남녀 간의 애정을 주제로 한 작품이다.

20 「박씨전」은 봉건적 남존여비 사상에 물들어 고루한 도덕 규범과 낡은 인습에 순종하는 존재가 아닌 자신의 판단에 따라 행동하는 능동적 인물이 등장한다.

정답 18 ④ 19 ① 20 ④

21 배경 자체가 상징적인 의미를 갖기도 한다.

22 「구운몽」의 '성진'은 육관 대사의 수제자로 비범한 인물이다. 속세에 미련을 두고 속세에 환생(양소유)하여 팔선녀와 더불어 갖은 부귀영화를 누리지만 그것이 한갓 허망한 꿈임을 깨닫고 본성을 발견하는 인물이다.

「구운몽」
조선 시대 양반의 생활과 이상을 그린 대표적인 양반소설이며, 꿈과 현실의 이중적 구조인 환몽 구조로 이루어진 몽자류 소설의 효시가 되는 작품이다.

21 소설에서 '배경'의 역할이 아닌 것은?

① 배경 자체가 상징성을 띠지는 않는다.
② 인물과 행동에 신빙성을 부여한다.
③ 주인공의 의식과 사상 형성에 영향을 줄 수 있다.
④ 작품의 분위기를 형성한다.

22 김만중이 「구운몽」에서 '성진'을 통해 의도하려 한 것은?

① 이상과 현실의 괴리
② 이상 세계의 아름다움
③ 유교적 이념의 우월성
④ 세속적 욕망의 덧없음

※ 다음을 읽고 물음에 답하시오. (23 ~ 26)

(가) 승상이 성은을 감격하여 고두사은(叩頭謝恩)하고 거가(擧家)하여 취미궁(翠微宮)으로 옮아가니, 이 집이 종남산 가운데 있으되, 누대의 장려(壯麗)함과 경개(景槪)의 기절(奇絕)함이 완연(宛然)히 봉래(蓬萊) 선경(仙境)이니, 왕 학사(王學士)의 시에 가로되, "신선의 집이 별로 이에서 낫지 못할 것이니, ㉠ 무슨 일로 퉁소를 불고 푸른 하늘로 향하리오?"하니, 이 한 글귀로 가히 경개를 알리러라.

(나) 승상이 정전(正殿)을 비워 조서(詔書)와 어제(御製) 시문(詩文)을 봉안(奉安)하고 그 남은 누각대사(樓閣臺榭)에는 제 낭자가 나눠 들고, 날마다 승상을 모셔 ㉡ 물을 임(臨)하며 매화를 찾고 시를 지어 구름 끼인 바위에 쓰며 거문고를 타 솔바람을 화답하니, 청한(淸閑)한 복(福)이 더욱 사람을 부뤄할 배러라.

(다) 대사 가로되, "선재(善哉), 선재라. 너희 팔 인이 능히 이렇듯 하니 진실로 좋은 일이로다." 드디어 법좌에 올라 경문을 강론하니, 백호(白毫) 빛이 세계에 쏘이고 하늘 꽃이 비같이 내리더라. 설법함을 장차 마치매 네 귀 ㉢ 진언(眞言)을 송(誦)하여 가로되,

정답 21 ① 22 ④

일체유위법(一切有爲法) 여몽환포영(如夢幻泡影) 여로역여전(如露亦如電) 응작여시관(應作如是觀)이리 이르니, 성진과 여덟 이고(尼姑)가 일시에 깨달아 불생불멸할 정과(正果)를 얻으니, 대사 성진의 계행(戒行)이 높고 순숙(純熟)함을 보고, 이에 대중을 모으고 가로되, "내 본디 전도함을 위하여 중국에 들어왔더니, 이제 정법(正法)을 전할 곳이 있으니 나는 돌아가노라." 하고 염주와 바리와 정병(淨瓶)과 석장과 금강경 일 권을 성진을 주고 서천(西天)으로 가니라.

23 위 글의 서술자에 대해 바르게 설명한 것은?

① 등장인물이며, 자신이 체험한 사건을 전달하고 있다.
② 작품 밖에 있으며, 등장인물들의 속마음까지 전달하고 있다.
③ 작품 밖에서 사건을 객관적으로 전달하고 있다.
④ 관찰자의 입장에 있으나 사건에 개입하여 해석하기도 한다.

23 제시된 글의 시점은 전지적 작가 시점이며, 화자는 등장인물의 심리와 사건 전개의 전후 사정을 모두 알고 있다.

24 다음 중 ㉠의 구체적인 의미로 가장 적절한 것은?

① 무엇 때문에 신선(神仙)이 사는 세계를 동경하겠는가?
② 승상이 사는 곳이 바로 신선이 사는 곳이다.
③ 통소를 불고 하늘로 향하면 신선이 될 수 있다.
④ 신선이 사는 곳의 경치가 승상이 사는 곳의 경치보다 더 아름답다.

24 ㉠은 승상이 사는 곳이 신선이 사는 곳만큼 아름다우므로 통소를 불며 하늘에 있는 신선의 세계를 부러워하지 않는다는 뜻이다.

25 밑줄 친 ㉡과 그 뜻이 가장 유사한 한자성어는?

① 은인자중(隱忍自重)
② 음풍농월(吟風弄月)
③ 가렴주구(苛斂誅求)
④ 다다익선(多多益善)

25 음풍농월: 맑은 바람과 밝은 달에 대하여 시를 지어 읊으며 즐김
① 마음속으로 참으며, 몸가짐을 신중히 함
③ 조세 따위를 가혹하게 거두어들여, 백성을 못 살게 들볶음
④ 많으면 많을수록 더욱 좋음

정답 23 ② 24 ① 25 ②

26 진언(眞言)은 『금강경(金剛經)』의 한 구절로 모든 유위(有爲)의 법은 꿈과 헛것, 물거품, 그림자와 같으며, 이슬과 번개 같다는 내용을 담고 있다.

27 고대소설에는 사건 전개가 우연적이고, 전기적(傳奇的)인 요소가 많다는 특징이 있다.

28 「구운몽」은 조선 시대 양반층의 생활상과 함께 이상을 반영한 대표적인 양반소설로 꼽힌다.

26 밑줄 친 ⓒ의 중심 내용으로 적절한 것은?

① 인생은 돌고 도는 것이다.
② 착한 사람이 복을 받는다.
③ 세상의 모든 것은 부질없다.
④ 살아 있는 모든 것은 소중하다.

27 「구운몽」에 대한 다음 설명 중 옳지 않은 것은?

① 현실과 꿈의 이중적인 구조(환몽 구조)를 이루고 있다.
② 필연적으로 사건을 전개한다.
③ 최초의 몽자류 소설 작품이다.
④ 불교의 '공(空) 사상'이 가장 주된 사상적 배경을 이루고 있다.

28 「구운몽」의 문학사적 의의로 옳지 않은 것은?

① 『삼국유사』에 수록된 「조신몽 설화」의 영향을 받았다.
② 몽자류계 소설인 「옥루몽」, 「옥련몽」 등에 영향을 주었다.
③ 조선 시대 서민층의 생활상을 반영한 대표적인 평민소설로 꼽힌다.
④ 양반문학에서 평민문학으로 넘어가는 과도기적 중개자 역할을 수행했다.

정답 26 ③ 27 ② 28 ③

29 '발치설화(拔齒說話)'를 기본으로 하여 당시의 지배층인 양반들의 위선을 폭로함으로써 서민들의 양반에 대한 보복 심리를 묘사한 작품은?

① 「장끼전」
② 「배비장전」
③ 「토끼전」
④ 「이춘풍전」

29 「배비장전」의 줄거리를 구성하는 근간은 『태평한화골계전(太平閑話滑稽傳)』에 실려 있는 '발치설화(拔齒說話)'와 『동야휘집(東野彙集)』의 '미궤설화(米櫃說話)'에서 찾을 수 있다. 판소리 열두마당의 하나인 「배비장타령」을 한글소설로 개작한 것으로, 당시의 지배층인 양반들의 위선을 폭로함으로써 서민들의 양반에 대한 보복 심리를 잘 묘사하였다.

30 병자호란을 소재로 한 '군담계 영웅소설'로 바르게 짝지어진 것은?

① 「운영전」, 「박씨전」
② 「운영전」, 「최척전」
③ 「임경업전」, 「박씨전」
④ 「숙향전」, 「최척전」

30 군담계 영웅소설
• 임진왜란을 배경으로 한 소설: 「임진록」
• 병자호란을 배경으로 한 소설: 「박씨전」, 「임경업전」
• 임진왜란과 병자호란을 배경으로 한 소설: 「최척전」

31 「춘향전」의 특징과 거리가 먼 것은?

① 판소리 특유의 해학적이고 풍자적인 표현이 나타난다.
② 서술자의 편집자적 논평이 자주 나타난다.
③ 전라도 방언을 사용해 현장감을 드러냈다.
④ 다양한 수사법과 서민층의 언어만을 사용하여 표현의 극대화를 꾀했다.

31 「춘향전」에는 양반층의 언어와 서민층의 언어가 뒤섞여 있다.

정답 29 ② 30 ③ 31 ④

32 등장인물의 성격이 가장 전형적이며, 수많은 이본(異本)이 존재한다.

32 다음 중 「춘향전」의 문학적 가치가 아닌 것은?
① 등장인물의 성격이 고대소설 중 가장 진취적이며, 이본(異本)은 존재하지 않는다.
② 계급을 초월한 자유연애 사상의 고취와 인권 평등을 주제로 하였다.
③ 해학과 풍자가 풍부하고, 국문소설 중에 가장 사실적인 표현을 살렸다.
④ 한국을 배경으로 하고 한국적 정서를 바탕으로 한다.

※ 다음을 읽고 물음에 답하시오. (33 ~ 35)

"금준미주(金樽美酒)는 천인혈(千人血)이요, 옥반가효(玉盤佳肴)는 만성고(萬姓膏)라. 촉루락시(燭淚落時) 민루락(民淚落)이요, 가성고처(歌聲高處) 원성고(怨聲高)라."
위 글의 뜻은, '금동이의 아름다운 술은 일만 백성의 피요, 옥소반의 아름다운 안주는 일만 백성의 기름이라. 촛불 눈물 떨어질 때 백성 눈물 떨어지고, 노랫소리 높은 곳에 원망 소리 높았더라.' 이렇듯이 지었으되, 본관은 몰라보고 운봉이 위 글을 보며 내념(內念)에
'아뿔싸, 일이 났다.'
이때, 어사또 하직하고 간 연후에 공형(公兄) 불러 분부하되,
"야야, 일이 났다."
㉠ 공방(工房) 불러 포진(鋪陳) 단속, 병방(兵房) 불러 역마(驛馬) 단속, 관청색 불러 다담 단속, 옥 형리(刑吏) 불러 죄인 단속, 집사(執事) 불러 형구(刑具) 단속, 형방(刑房) 불러 문부(文簿) 단속, 사령 불러 합번(合番) 단속, 한참 이리 요란할 제 ㉡ 물색없는 저 본관이
"여보, 운봉은 어디를 다니시오?"
"소피(所避)하고 들어오오."
본관이 분부하되,
"춘향을 급히 올리라."
고 주광(酒狂)이 난다.

정답 32 ①

33 밑줄 친 ㉠이 의미하는 것은 무엇인가?

① 춘향을 문초할 준비를 하고 있다.
② 암행어사 출도에 바쁘게 대비하고 있다.
③ 어사또의 지시 사항을 충실히 수행(遂行)하고 있다.
④ 본관의 인자함을 여러 사람에게 알리고 있다.

34 다음 중 ㉡의 문맥적 의미로 가장 적절한 것은?

① 겁이 없는
② 정신 없는
③ 눈치 없는
④ 여유 없는

35 밑줄 친 어사또의 한시를 통해 비판하고 있는 내용과 가장 관계 깊은 한자성어는?

① 지록위마(指鹿爲馬)
② 가렴주구(苛斂誅求)
③ 혹세무민(惑世誣民)
④ 부화뇌동(附和雷同)

---

33 ㉠에서 반복되고 있는 '단속(團束)'의 의미는 '주의를 기울여 다잡거나 보살핌'이다. 그러므로 각 담당자를 불러 어사 출도에 대비하고 있음을 알 수 있다.

34 '물색없다'는 말은 '말이나 행동이 형편에 맞거나 조리에 닿지 아니하다'를 뜻하는 말로, 여기서는 '눈치 없는'의 의미로 쓰였다.

35 가렴주구: 세금을 가혹하게 거두어들이고, 무리하게 재물을 빼앗음
① 윗사람을 농락하여 권세를 마음대로 함
③ 세상을 어지럽히고 백성을 속임
④ 주견이 없이 남들의 언행에 덩달아 좇음

정답 33 ② 34 ③ 35 ②

36 걸객으로 행세했던 암행어사가 자신의 신분을 드러냄으로써 반전이 이루어지고 극적인 긴장감과 흥미가 높아진다.

36 다음 글에 대한 설명으로 가장 적절한 것은?

> 이때에 어사또 군호(軍號)할 제, 서리(胥吏) 보고 눈을 주니 서리, 중방(中房) 거동 보소. 역졸(驛卒) 불러 단속할 제 이리 가며 수군, 저리 가며 수군수군, 서리 역졸 거동 보소. 외올 망건(網巾), 공단(貢緞) 쌔기 새 평립(平笠) 눌러 쓰고 석 자 감발 새 짚신에 한삼(汗衫), 고의(袴衣) 산뜻 입고 육모방치 녹피(鹿皮) 끈을 손목에 걸어 쥐고 예서 번뜻 제서 번뜻, 남원읍이 우군우군, 청파역졸(靑坡驛卒) 거동 보소. 달 같은 마패(馬牌)를 햇빛같이 번듯 들어
> "암행어사 출도(出道)야!"

① 전체적으로 비장감이 감도는 상황을 나타내고 있다.
② 국면의 반전을 통해 극적인 긴장감과 흥미를 높이고 있다.
③ 사투리를 사용함으로써 작품의 지방색을 실감나게 한다.
④ 인물 간의 갈등을 고조시켜 주제를 드러냈다.

37 '문'과 '바람', '물'과 '목'이 뒤바뀐 표현으로, 이를 통해 본관의 당황한 모습을 해학적으로 보여주고 있다.

37 웃음을 유발하는 방식이 다음과 가장 유사한 것은?

> "어 추워라, 문 들어온다, 바람 닫아라. 물 마른다, 목 들여라."

① 한양 올라간 이 도령인지 삼 도령인지, 그 놈의 자식은 일거 후 무소식 하니.
② 아, 이 양반이 허리 꺾어 절반인지, 개다리소반인지, 꾸레미전에 백반인지.
③ 어이구, 그만 정신없다 보니 말이 빠져서 이가 헛나와 버렸네.
④ 도둑이 도망가다 세 갈래 길을 만났다. 어느 길로 도망갈까? 왼쪽 길. 왜냐하면 도둑은 바른 길로 가지 않으므로.

정답 36 ② 37 ③

38 다음 '춘향'의 말에 대한 설명으로 적절하지 않은 것은?

> 춘향이 기가 막혀
> "내려오는 관장(官長)마다 개개이 명관이로구나. 수의(繡衣) 사또 듣조시오. 층암절벽(層巖絕壁) 높은 바위 바람 분들 무너지며, 청송녹죽(靑松綠竹) 푸른 남기 눈이 온들 변하리까? 그런 분부 마옵시고 어서 바삐 죽여 주오."

① 자신의 절개를 굳게 지키려는 의지를 보인다.
② 어사또가 자신을 죽이지 못할 것이라고 확신하고 있다.
③ 비유와 대구를 통해 자신의 생각을 드러낸다.
④ 반어의 기법을 이용하여 말하고 있다.

39 「구운몽」에 대한 설명으로 잘못된 것은?

① 「사씨남정기」의 작가가 지은 작품이다.
② 국문본과 함께 한문본도 현재 전해지고 있다.
③ 작품의 지역적 배경이 우리나라로 되어 있다.
④ 인생의 부귀영화가 덧없음을 깨닫게 된다는 줄거리다.

40 「구운몽」이 영웅소설의 일반적 특징과 다른 점은?

① 주인공이 출장입상(出將入相)하는 출중한 기량이 있다.
② 난관을 극복하는 장면이 있다.
③ 한 주인공의 일대기를 중심으로 쓰였다.
④ 내용의 상당 부분이 애정 관계를 다루고 있다.

38 ① 어사또의 정체를 모르고 있던 춘향은 변사또와 같은 태도를 보이는 어사또에게 실망하고 죽음을 각오하고 있다.
③ '층암절벽(層巖絕壁) 높은 바위 바람 분들 무너지며, 청송녹죽(靑松綠竹) 푸른 남기 눈이 온들 변하리까?'를 통해 알 수 있다.
④ '내려오는 관장(官長)마다 개개이 명관이로구나'를 통해 알 수 있다.

39 「구운몽」은 중국 당나라를 배경으로 하고 있다.

40 ①·②·③은 영웅소설에 나오는 일반적인 내용이지만, ④는 「구운몽」만의 특징이다.

정답 38 ② 39 ③ 40 ④

※ 다음을 읽고 물음에 답하시오. (41 ~ 42)

> ㉠ "네 승흥하여 갔다가 흥진하여 돌아왔으니 내 무슨 간예함이 있으리오? 네 또 이르되 인세에 윤회할 것을 꿈을 꾸다 하니, 이는 인세와 꿈을 다르다 함이니, 네 오히려 꿈을 채 깨지 못하였도다. '장주가 꿈에 나비 되었다가 나비가 장주되니' 어니 거짓 것이요 어니 진짓 것인 줄 분변치 못하나니, 어제 성진과 소유가 어니는 진짓 꿈이요 어니는 꿈이 아니뇨?"

41 위 글에서 대사가 성진에게 깨우쳐 주고자 하는 내용은?

① 꿈은 허무한 것이니, 꿈에 연연해하지 말라.
② 꿈과 현실을 하나로 보고, 이 모두를 구원하는 데 힘써라.
③ 꿈과 현실을 구별하려고 하지 말라.
④ 꿈은 꿈이고, 현실은 현실이다.

41 대사는 꿈과 현실을 하나로 보고, 꿈과 현실을 분별하려는 생각 자체도 부정해야 한다는 점을 강조하고 있다.

42 ㉠의 문맥상의 의미로 가장 가까운 것은?

① 속세의 부귀영화가 그리워 꿈을 꾸었고 허무함을 느껴 깨어났다.
② 네 복으로 부귀영화를 누렸고 복이 다하여 끝났다.
③ 기분이 좋아서 부귀영화를 탐하였고 기분이 좋지 않아 끝났다.
④ 흥이 나서 세상 밖으로 나갔다가 흥이 다하여 산으로 왔다.

42 '네가 세속적 욕망에 대한 그리움이 생겨서 갔다가 부귀공명에 대한 허무감 때문에 돌아왔으니 내가 관여할 것이 뭐가 있겠느냐?'의 뜻이다.

43 「허생전」에 대한 설명으로 틀린 것은?

① 계층 간의 갈등을 다룬 본격 사회소설이다.
② 당시의 모순된 사회 현실을 비판한 풍자문학이다.
③ 이용후생의 실천적 사상을 주장하였다.
④ 개성적 인물을 설정하고 어느 정도 우연성을 탈피하였다.

43 허생은 실리와 실용을 위해서는 가식과 허위를 없애 버려야 함을 지적하며, 당시 사대부들의 고착된 인습을 비판하고 있다. 계층 간의 갈등이 직접적으로 드러나지는 않는다.

정답 41 ② 42 ① 43 ①

44 「허생전」의 작가의 작품 중 인재 등용의 모순을 풍자한 작품은 무엇인가?

① 「마장전」
② 「우상전」
③ 「예덕선생전」
④ 「양반전」

>>>🔍

작품	내용	비고
호질	유학자와 수절 과부의 위선을 폭로하고 북학론을 주장하며 실학 사상을 내용으로 함	『열하일기』
봉산학자전	허생이란 선비를 등장시켜 경영 농업과 실학 사상을 주장	『방경각외전』
양반전	양반들의 허위에 찬 생활과 허례를 폭로·비판한 소설	『방경각외전』
예덕선생전	인분(똥)을 나르는 예덕 선생의 마음이 곧고, 덕이 높음을 그려 양반들의 위선을 공박함	『방경각외전』
민옹전	민옹의 일화를 중심으로 타락된 사회를 풍자함	『방경각외전』
김신선전	선비의 현실 도피적·소극적 생활 태도를 풍자함	『방경각외전』
우상전	학식이 높고 시에 능한 우상이 불행한 일생을 보낸 이야기로, 조정의 인재 등용 실책과 양반의 무능함을 풍자함	『방경각외전』
마장전	세상의 거짓됨을 풍자하고 벗을 사귀기 어려움을 강조함	『방경각외전』
열녀함양박씨전	지나친 수절을 강요하는 풍속을 비판하고 여성에게 강요된 윤리의 부당성 고발	『연상각선본』

44 [문제 하단의 표 참고]

정답 44 ②

제4절 한문학

01 「동명왕편」의 창작의도
- 중국 중심주의의 탈피, 원래 성인국(聖人國)임을 후손들에게 알림
- 당시 전개되던 요나라, 금나라에 대한 사대외교에 반론 제기
- 일부 사람들의 고려의 신라 정통론 주장에 고구려 정통론을 주장
- 『삼국사기』식 사관(史觀)에 반론 제기

02 「동명왕편」은 우리나라 최초의 건국서사시로 장편서사시이면서 우리 민족의 우월성과 역사의 유구함을 강조한 작품이다. 동명왕이 태어난 과정과 시련 등 일련의 과정을 통해 고구려라는 나라가 탄생하게 되는 과정이 나타나 있다.

03 「동명왕편」은 작가 이규보가 『구삼국사(舊三國史)』를 보고 지은 것이다. 후에 『제왕운기』, 『용비어천가』 등에 직·간접적 영향을 주었다.

04 오언(五言)의 운문체로 되어 있다.

---

01 「동명왕편」의 창작 의도로 옳은 것은?
① 중국 중심주의의 탈피와 한인(漢人)의 후손임을 주장
② 요나라, 금나라와의 친선 외교 주장
③ 고려의 신라 정통론 주장에 고구려 정통론을 주장
④ 신화를 통해 민중을 계도(啓導)

02 이규보의 「동명왕편」에 대한 설명 중 거리가 먼 것은?
① 중심 무대는 한반도 만주벌판이다.
② 외세를 이용한 신라의 통일을 비판하였다.
③ 민족의 자긍심과 우월감을 강조하였다.
④ 고려가 고구려를 계승한 사실을 강조하였다.

03 「동명왕편」을 창작할 당시 소재가 되었던 작품은?
① 『삼국유사(三國遺事)』
② 『삼국사기(三國史記)』
③ 『제왕운기(帝王韻紀)』
④ 『구삼국사(舊三國史)』

04 「동명왕편」에 대한 설명으로 옳지 않은 것은?
① 우리나라 최초의 영웅서사시이다.
② 영웅의 출생과정을 그렸다.
③ 『동국이상국집(東國李相國集)』에 수록되어 있다.
④ 칠언(七言)의 서사체로 민족의 우월성과 역사의 유구함을 강조하였다.

정답 01 ③ 02 ② 03 ④ 04 ④

제5절 구비문학

01 구비문학의 개념과 상관이 없는 것은?
① 민중적 문학
② 사회적 문학
③ 구연되는 문학
④ 말로 된 문학

02 다음 중 설화문학과 관계가 없는 것은?
① 신화·전설·고담·동화·우화·잡설 같은 것의 총칭이다.
② 상상적·공상적이며, 서사적인 형식을 갖는다.
③ 전기적·우화적·전승적인 요소를 갖추고 있다.
④ 서정문학의 원형이 되었다.

03 다음 중 구비문학에 대한 일반적 설명으로 올바른 것은?
① 구비 전승된 것이라도 문자로 기록되어야만 구비문학에 속할 수 있다.
② 개인의 창작행위로 인하여 만들어진다.
③ 보편적인 내용과 단순한 구조를 가진다.
④ 구비문학 각 갈래마다 특정 계층의 사람들만이 참여할 수 있다.

---

01 구비문학의 성격
- 민중적·민족적 성격의 문학
- 구연되는 문학
- 말로 된 문학
- 문자로 기록되지 않고 입에서 입으로 구전되는 문학
- 적층문학이며 공동작의 문학
- 보편적인 내용과 단순한 구조를 가진 문학

02 설화는 서사문학의 원류가 되었고, 고대가요는 서정문학의 원형이 되었다.

설화문학의 특징
- 민족적·평민적인 내용으로 한민족의 생활감정과 풍습이 단적으로 드러난다.
- 상상적·공상적이며, 서사적인 형식을 갖는다.
- 전기적·우화적·전승적인 요소를 갖추고 있다.
- 한 민족 사이에서 구전되어 온 문학이다.

설화문학 작품
- 고구려:「동명왕건국신화」,「온달설화」,「미천왕 설화」등
- 백제:「도미설화」
- 신라:「조신몽 설화」,「귀토설화」등

03 문자로 정착된 구비문학은 엄밀한 의미에서 이미 구비문학이 아니다. 구비문학은 공동작의 문학이다. 구비문학은 작자나 향유자가 될 수 있는 자격과 기회가 널리 개방되어 있는데, 이는 널리 개방된 공동의 문학적 광장이라 할 수 있다.

정답 01 ② 02 ④ 03 ③

04 설화는 소설문학의 기원을 이룬다는 점에서 국문학사상 의의가 있다.
  ※ 신화 → 전설 → 설화 → 고대소설

04 설화의 문학적 의의로 가장 중요한 것은?
  ① 서사(敍事)문학의 발달을 촉진시켰다.
  ② 산문(散文)문학의 폭을 확대시켰다.
  ③ 소설문학의 근원이 되었다.
  ④ 평민(平民)문학의 토대가 되었다.

05 무가는 구연자와 청자가 구분되어 있지 않다.

05 다음 설명 중 잘못된 것은 무엇인가?
  ① 무가는 구연자와 청자가 일치한다.
  ② 이야기는 아니지만 일상어로 구연된다는 점에서 속담과 수수께끼는 설화와 마찬가지 성격을 가진다.
  ③ 판소리의 전승집단은 광대로서 소리에 재능을 가진 사람이 참여할 수 있다.
  ④ 설화의 전승집단은 다른 어떤 구비문학보다 넓다.

06 민요는 창자 스스로의 필요성에서 부르고 창자가 스스로 즐기기 위해서 부른다.

06 다음 설명 중 옳지 않은 것은?
  ① 설화에는 신화·전설·민담 등이 있다.
  ② 수수께끼는 반드시 묻는 이와 답하는 이가 함께 참여한다.
  ③ 민요는 창자 스스로의 필요성에 의해서라기보다는 공동의 이익에 한해서 존재한다.
  ④ 민요는 창자만으로도 존재하는 자족적(自足的)인 성격을 지닌다.

정답 04 ③ 05 ① 06 ③

07 다음 중 판소리에 대한 설명으로 적절하지 않은 것은?
① 판소리는 부분적 개작이 쉽게 허용되지 않아 고정된 상태로 전승되었다.
② 판소리 사설은 사대부들의 정신세계를 패러디화하면서 골계를 창출하는 방향으로 꾸며져 있다.
③ 판소리 사설의 미학적 기조는 골계미뿐만 아니라 비장미도 있다.
④ 판소리는 장면이 극대화되어 독자적 성격을 가지면서 전체에서 이탈하는 모습을 보인다.

07 판소리는 부분적 개작이 쉽게 허용되었고 그 결과 부분이 비대해져서 독자적 성격을 띠게 되었다.

08 지배층과 피지배층을 기준으로 구비문학의 성격을 살필 때의 설명으로 틀린 것은?
① 설화는 피지배층의 의식뿐만 아니라 지배층의 의식 또한 담고 있다.
② 민요는 피지배층의 삶에 근거한 노래이다.
③ 무가는 특정 계층의 의식이 침투할 수 있는 소지가 적다.
④ 민속극에는 상대적으로 지배층의 시각이 많이 개입되어 있다.

08 민속극
피지배층 다수의 생활이나 사고방식, 문화 등과 밀접한 관계를 맺어 스스로 변화와 적응을 거듭, 폭넓은 공감대를 형성함으로써 전해져 내려오는 것

09 다음 중 '수수께끼'에 대한 설명으로 적절하지 않은 것은?
① 수수께끼의 형식은 단어가 먼저 있고 정의가 뒤따른다.
② 수수께끼의 정확한 어원 및 최고 문헌 사용례는 미상이다.
③ 수수께끼라는 말이 고어에 나타나지 않는 점으로 보아 그 용어의 역사는 오래되지 않은 듯하다.
④ 간혹 과거 일인 학자들의 영향을 받아 '미(謎)'라는 용어가 사용되기도 했다.

09 수수께끼의 형식은 어휘사전과 반대로, 개념(정의)이 먼저 있고 명칭(단어)이 뒤따른다.

정답 07 ① 08 ④ 09 ①

10 ② 추임새 : 광대의 흥을 돋우고 관객의 반응을 대변하는 고수와 관객의 탄성
　③ 광대 : 연기를 하는 사람(창, 아니리, 발림을 한다)
　④ 휘모리 : 소리가 가장 빠른 곡조

판소리 장단
- 진양조 : 가장 느린 곡조. 슬픈 장면을 연창할 경우
- 중모리 : 중간 빠르기의 곡조. 안정감을 줌
- 중중모리 : 중모리보다 조금 빠른 곡조. 흥겨움과 우아한 느낌
- 자진모리 : 빠른 곡조. 명랑하고 상쾌한 느낌
- 엇모리 : 평조음. 기본 장단에 대한 엇장단. 평화스러움과 경쾌한 분위기를 느낌

11 참여하는 층은 다른 구비문학에 비해 폭이 넓어 여가를 가질 수 있는 사람이면 누구나 즐길 수 있다.

12 · 판소리 여섯 마당
「춘향가」, 「심청가」, 「토별가」, 「흥부가」, 「적벽가」, 「변강쇠타령」

· 판소리 열두 마당(정노식의 「조선창극사」)
「춘향가」, 「심청가」, 「흥부가(박타령, 흥보가)」, 「수궁가(토끼타령)」, 「적벽가(화용도타령)」, 「변강쇠타령(가루지기타령)」, 「배비장타령」, 「강릉매화타령」, 「옹고집타령」, 「장끼타령」, 「무숙이타령」, 「숙영낭자타령」

정답 10 ① 11 ③ 12 ④

---

10 다음 중 판소리에 쓰이는 용어에 대한 설명이 옳은 것은?
① 아니리 : 창이 아닌 말로, 창 도중에 하는 이야기
② 추임새 : 노래를 부르면서 하는 몸짓
③ 광대 : 북 치는 사람
④ 휘모리 : 소리가 가장 느린 곡조

11 설화의 성격을 <u>잘못</u> 설명한 것은?
① 다른 구비문학에 비해 문자 정착의 기회가 많다.
② 설화는 모든 사람이 참여해서 만드는 것이기 때문에 작가는 있지만 알 수가 없다.
③ 설화에 참여하는 층은 다른 구비문학에 비해서 폭이 좁다.
④ 설화의 내용은 특별한 사건이나 현상이 중심을 이룬다.

12 판소리 여섯 마당과 관계가 <u>없는</u> 것은?
① 「토별가」
② 「변강쇠타령」
③ 「적벽가」
④ 「배비장타령」

13 민속극의 특성과 거리가 먼 것은?
① 민중성
② 교술성
③ 해학성
④ 폭로성

14 전설에 대한 다음 설명 중 틀린 것은?
① 지역을 벗어나 증거물과 멀어지면 민담으로 전이되거나 문헌설화로 굳어진다.
② 전설은 특정의 시간과 장소를 획득하여 증거물을 제시한다.
③ 전설의 전승자는 전설의 진실성과 실재성을 믿지 않는다.
④ 전설의 주인공은 신화의 주인공에 비해 능력이 매우 떨어지는 존재이다.

15 다음 중 탈춤에 해당되지 않는 것은?
① 봉산 탈춤
② 꼭두각시 인형놀이
③ 고성 오광대놀이
④ 동래야류

16 「조신몽 설화」의 작품 구조로 옳지 않은 것은?
① 3단 구성
② 액자식 구성
③ 열린 결말 구조
④ 환몽구조

13 • 민속극의 특성
민중성, 골계성, 축제성, 비판성, 오락성, 폭로성
• 민속극의 범주
탈춤, 인형극, 무극(舞劇) 등

14 전설의 전승자는 전설의 진실성과 실재성을 믿는다.

15 꼭두각시 인형은 전래하는 우리나라 유일의 민속 인형극으로서 양반 계층에 대한 평민들의 비판을 소재로 남사당패에 의해 연희되었다.

16 「조신몽 설화」는 3단 구성, 액자식 구성, 환몽 구조[현실(배경, 문제 제시, 절실한 소망) → 꿈(소원 성취, 고통스러운 삶, 이별 – 꿈속에서의 체험) → 현실(각성, 귀의, 깨달음)]의 작품 구조를 이루고 있다.

정답 13 ② 14 ③ 15 ② 16 ③

17 「조신몽 설화」는 몽유록계 문학의 효시로서 고대소설 「구운몽」, 현대소설에서 이광수의 「꿈」, 황순원의 「잃어버린 사람들」 등에 영향을 주었다.

18 이루어질 수 없는 사랑을 꿈에서 실현하는 '전기(傳奇)'의 원형이 된다.

19 • 일상의 민요
 - 노동요: 가사노동요(개인), 사회노동요(집단)
 - 여가요: 개인여가요, 집단여가요
 • 비일상의 민요
 - 의식요: 신앙의식요, 통과의식요
 - 정치요: 비판정치요, 예언정치요

정답 17 ① 18 ② 19 ①

17 「조신몽 설화」에 대해 바르게 설명한 것은?

① 몽유록계 문학의 효시
② 서사문학의 백미
③ 최초의 구비문학
④ 행복한 결말

18 「조신몽 설화」를 몽자류 소설의 근원설화로 보는 근거로 옳지 않은 것은?

① 모티브상: 꿈을 통한 비현실적 세계의 진술
② 주제상: 이루어질 수 없는 사랑을 꿈에서 실현하는 자유연애사상의 원형
③ 형식상: 액자식 구성의 최초 형태
④ 기록상: '옛날'로 시작되어 후대의 기록임을 암시

19 다음 중 일상적으로 행해지는 노래가 아닌 것은?

① 의식요
② 집단여가요
③ 사회노동요
④ 개인여가요

20 다음 중 민요에 관한 설명으로 옳지 않은 것은?

① 민요는 입에서 입으로 구전되는 노래이다.
② 민요는 비전문적인 민중의 노래이므로 누구나 부를 수 있다.
③ 주로 현실 생활과 관련된 한(恨)의 정서와 자연 친화적 삶을 노래한다.
④ 한 고장의 향토적 색깔을 깊이 담고 있다.

21 민요의 성격과 관련이 없는 것은?

① 전문성
② 민중성
③ 향토성
④ 구비성

22 다음 중 민속극에 속하는 것은 무엇인가?

① 민간속신어
② 판소리
③ 무당굿놀이
④ 가면극

23 다음 중 민요를 '장르적 성격'에 따라 나눈 것은?

① 교술민요
② 노동요
③ 부요(婦謠)
④ 비기능요

---

20 현실 생활과 관련, 한(恨)과 체념의 정서를 노래하지만, 자연 친화적 성격은 없다.

21 민요는 '구비성, 민중성, 향토성, 비전문성, 현실성'의 성격을 갖는다.

22 민속극의 범위: 가면극, 인형극, 무극

23 민요의 분류
- 장르에 따라: 교술민요, 서정민요, 서사민요, 희곡민요
- 기능에 따라
  - 기능요: 노동요, 의식요, 유희요
  - 비기능요: 생활상 기능 없이 즐거움 때문에 부르는 노래
- 창자에 따라: 남요(男謠), 부요(婦謠), 동요(童謠)
- 기타: 가창방식, 시대, 지역에 따른 분류

정답 20 ③ 21 ① 22 ④ 23 ①

※ 다음 작품을 읽고 물음에 답하시오. (24 ~ 26)

> 이씨의 사촌이 되지 말고
> 민씨의 팔촌이 되려무나.
> 아리랑 아리랑 아라리오
> 아리랑 배 띄워라 노다가세.
>
> 아리랑 고개다 정거장 짓고
> 전기차 오기만 기다린다.
> 아리랑 아리랑 아라리오
> 아리랑 배 띄워라 노다가세.
>
> 문전의 옥토는 어찌 되고
> 쪽박의 신세가 웬 말인가.
> 아리랑 아리랑 아라리오
> 아리랑 배 띄워라 노다가세.
>
> 남산 밑에다 장충단을 짓고
> 군악대 장단에 받들어 총만 한다.
> 아리랑 아리랑 아라리오
> 아리랑 배 띄워라 노다가세.
>
> 밭은 헐려서 신작로 되고
> 집은 헐려서 정거장 되네.
> 아리랑 아리랑 아라리오
> 아리랑 배 띄워라 노다가세.

24 세련된 시어가 아닌 일상적 용어를 사용하여 민족 현실을 비판하였다.

24 위 노래에 대한 설명으로 적절하지 <u>않은</u> 것은?

① 우리 민족의 절박했던 상황이 잘 드러나 있다.
② 민중들의 시대 현실에 대한 비판이 드러나 있다.
③ 세련된 시어로 민족 현실에 대한 비판을 직설적으로 드러내고 있다.
④ 구비문학(口碑文學)의 적층성(積層性)이 반영되어 있는 민요이다.

정답 24 ③

25 밑줄 친 '이씨의 사촌이 되지 말고 / 민씨의 팔촌이 되려무나'의 속뜻은?

① 흔한 이씨 성보다 드문 민씨 성이 좋다는 뜻
② 황후 민씨의 세도가 황제 고종을 압도할 정도로 세다는 뜻
③ 이씨는 왕족으로 일제의 일차적인 탄압의 대상이 되어 살기 어렵다는 뜻
④ 우국지사 민영환의 자결을 찬양해야 한다는 뜻

25 '이씨'는 고종, '민씨'는 명성황후를 가리키는 것으로 당시 황후의 세력이 고종보다 세다는 것을 나타낸 말이다.

26 위 작품이 불린 시기는 언제인가?

① 조선 초기
② 조선 중기
③ 개화기
④ 현대

26 「아리랑타령」은 구한말 민씨 세도정권 때부터 일제 강점기에 이르기까지 민족적 수난으로 인한 삶의 파괴와 민중의 체험을 노래하고 있다. 이 작품은 직접적인 언어로 표현되어 날카로운 풍자성을 드러내고 있으며, 동일한 곡조의 반복 구조로 이루어졌다는 특징이 있다.

27 가면극에 대한 설명 중 틀린 것은?

① 각 과장 사이의 관계는 서사적으로 정연한 인과성과 통일성을 갖는다.
② 춤과 노래가 곁들여지기도 한다.
③ 등장인물들은 대사와 몸짓으로 극을 진행한다.
④ 각 과장은 첨예한 갈등과 대결을 보여준다.

27 가면극의 각 장면들은 서로 유기적인 연결성이 없는 독립적인 내용이다.

정답 25 ② 26 ③ 27 ①

28 「시집살이 노래」는 조선 후기 남성 중심의 봉건적인 대가족 제도 아래에서 각종 사회적·도덕적 구속에 얽매여 고된 시집살이를 하는 부녀자들의 생활을 사촌자매 간의 대화 형식으로 표현한 부요(婦謠)이다. 가부장적 사회에서 느끼는 삶의 고통과 한을 직접적으로 표현하고 있다.

29 '고추 당추 맵다 해도 시집살이 더 맵더라'는 시집살이의 어려움을 직접적으로 표현한 부분이다.

30 사촌자매 간의 대화 형식을 통해 '부녀자들의 시집살이 어려움'이라는 공감적 영역을 확보할 수 있다.

28 다음 중 「시집살이 노래」에 대한 설명으로 옳지 <u>않은</u> 것은?
① 평범한 일상어로 되어 있으면서도 언어의 묘미를 잘 살리고 있다.
② 부당한 속박을 고발하고 이에 대해 항거하고자 하는 의지가 엿보인다.
③ 서민 여성의 고통과 좌절, 허무와 애환 등 한스러운 삶을 표현한 부요(婦謠)이다.
④ 가부장적 사회에서 느끼는 삶의 고통과 한을 내적으로 억제하면서 감정을 절제하여 표현하고 있다.

29 「시집살이 노래」의 다음 표현 중 시적 화자의 마음을 가장 잘 요약한 것은?
① 형님 온다 형님 온다 분고개로 형님 온다.
② 고추 당추 맵다 해도 시집살이 더 맵더라.
③ 오리(五里) 물을 길어다가 십리(十里) 방아 찧어다가.
④ 시아버지 뾰중새요 남편 하나 미련새요.

30 「시집살이 노래」에서 대화체를 통해 얻을 수 있는 효과로 가장 적절한 것은?
① 공감의 영역 확보
② 현실적 고통의 강조
③ 과장적 표현의 효과적 전달
④ 풍자적 효과의 달성

정답 28 ④ 29 ② 30 ①

31 다음 중 무가의 가창 방식에 관한 설명으로 가장 적절하지 <u>못한</u> 것은?

① 구송창과 연희창으로 나눌 수 있다.
② 연희창은 반주무와 창자가 분리되어 있다.
③ 구송창은 입창(立唱)으로 반드시 수반되는 동작이 필요하다.
④ 구송창본에는 삽입되는 세속가요나 골계적인 재담이 연희창본에 비하여 적다.

31 연희창은 입창(立唱)이며 보조 동작을 수반한다.

32 다음 중 무가(巫歌)의 성격이 <u>아닌</u> 것은?

① 주술성
② 오락성
③ 제한성
④ 사실성

32 무가(巫歌)는 주술성, 신성성, 오락성, 전승의 제한성, 율문성의 특징이 있다.

33 다음 중 무가(巫歌)의 특성에 대한 설명으로 옳지 <u>않은</u> 것은?

① 치병(治病), 예언 등의 주술성이 있다.
② 청자는 일반 대중이다.
③ 무격이나 무속을 떠나서는 존재할 수 없다.
④ 신을 즐겁게 하기 위한 의도로 문학성을 가미했다.

33 청자는 신(神)을 대상으로 한다(신성성).

정답 31 ③ 32 ④ 33 ②

34 무가의 특징
주술성, 오락성, 신성성, 전승 제한, 율문 전승

34 무가가 갖는 특징으로, 다른 구비문학의 갈래들과 구별되는 것이 아닌 것은?
① 주술성
② 오락성
③ 정치성
④ 신성성

35 무가(巫歌)는 무(巫)라는 특정 집단에 의해 전승되며, 무가의 연행은 무의(巫意)에서만 가능하기 때문에 전승에 제한성이 있다.

35 무가(巫歌)의 제한성에 관한 설명으로 옳은 것은?
① 무가(巫歌)는 악곡에 실려서 연행된다.
② 무가(巫歌)의 연행은 무의(巫儀)에서만 가능하다.
③ 무가(巫歌)는 사제자로서의 신이성을 나타낸다.
④ 무가(巫歌)는 청자가 신(神)으로 설정된다.

36 무가는 굿판에서 무당이 부르는 노래를 말하며 구비문학으로서 신을 즐겁게 하기 위한 오신의 거리가 있기 때문에 문학성을 가지게 된다. 무가의 구연은 흥미를 돋우는 구실을 해왔으며, 이것이 무가의 문학적 성장에 바탕이 되었다.

36 무가(巫歌)가 문학성을 갖는 이유는 무엇인가?
① 신을 즐겁게 하기 위한 오신(娛神)의 거리가 있기 때문이다.
② 민요와 마찬가지로 오랫동안 민중과 함께 한 역사를 가졌기 때문이다.
③ 무가의 주술적 효과가 실제적으로 나타나기 때문이다.
④ 4음보격의 율문으로 구송되었기 때문이다.

정답 34 ③ 35 ② 36 ①

37 판소리 공연의 3대 구성요건이 <u>아닌</u> 것은?

① 대본
② 청중
③ 창자
④ 추임새

37 판소리 구성의 필수적인 3요소
창자, 대본, 청중

38 다음 중 입체적 인물이라 보기 <u>어려운</u> 것은?

① 「심청가」의 심청
② 「심청가」의 뺑덕어미
③ 「춘향가」의 방자
④ 「춘향가」의 춘향

38 「심청가」의 심청은 평면적 인물이다.

39 판소리에서 서민 의식이 성장했음을 보여주고 서민 생활의 모습을 진실하게 표현하려는 의도가 잘 드러난 판소리의 특성은 무엇인가?

① 적층성
② 표면적 주제
③ 해학성
④ 반윤리성

39 해학성은 판소리 전반에 나타나는 특성이다.

정답 37 ④ 38 ① 39 ③

40 속담의 개념
- 전체 언중의 사고와 지혜가 반영된 관용어이다.
- 교훈이나 경계, 풍자를 노리거나 적절한 표현수단이 된다.
- 특수한 사례를 통한 비유적 방법을 써서 일반화한다.
- 주로 일상 구어를 쓰며 비속어 등을 사용하기도 한다.

41 속담과 수수께끼 모두 말 이외의 가락이 쓰이지 않는다.

42 민요가 생겨난 유래 및 시조의 형식은 '3장, 6구, 12음보'라고 하는 것처럼 민요의 형식을 무엇이라고 단정하는 내용은 해당 제시문에는 없다.

정답 40 ② 41 ④ 42 ①

---

40 다음 중 속담의 개념을 잘못 설명한 것은?

① 특수한 사례를 통한 비유적 방법을 써서 일반화한다.
② 가능한 한 고상한 언어를 선택하며, 한자어를 선호하는 경향이 강하다.
③ 교훈이나 경계, 풍자를 노리거나 적절한 표현수단이 된다.
④ 전체 언중의 사고와 지혜가 반영된 관용어이다.

41 속담과 수수께끼의 특성으로 적절하지 않은 것은?

① 갈래상으로는 교술 산문에 속한다.
② 서사적 줄거리가 없다.
③ 길이가 짧고 특별한 능력이 없어도 구연 가능하다.
④ 말 이외에도 가락(곡조) 등이 빈번하게 사용된다.

42 다음 글에서 다루어진 내용과 가장 거리가 먼 것은?

> 한국 구비문학의 보편적 갈래는 설화, 민요, 무가이다. 설화는 민중 사이에 전승되어 온 이야기로서 신화, 전설, 민담 등이 여기에 속한다. 민요는 민중들 사이에서 불려오던 소박한 노래로서 노동요, 의식요, 유희요 등이 있는데, 노동요로는 농업노동요와 길쌈노동요가 많고, 의식요로는 장례의식요가 많이 전승되며, 유희요로는 '강강술래' 등이 전해진다. 무가는 굿을 할 때 무당이 부르는 노래로서 오늘날까지 매우 많은 자료가 전승되고 있는데, 장편의 축원무가와 수십 종의 서사무가, 그리고 10여 종의 무극(巫劇)이 전한다. 이처럼 설화와 민요, 그리고 무가는 수천 년의 오랜 역사 동안 우리 문학과 문화의 기층을 이루며 민족의 삶을 다독여 주었다.

① 민요의 유래와 형식
② 전승된 무가 자료의 개략적인 상황
③ 구비문학이 가지는 민족 문화적 의의
④ 설화의 개념과 하위 범주

제3장 현대문학

- **제1절** 현대문학의 이해
- **제2절** 현대시
- **제3절** 현대소설
- **제4절** 현대수필
- **제5절** 현대희곡
- **실전예상문제**

합격을 꿰뚫는 기출 키워드

제 3 장 현대문학

제1절 현대문학의 이해
개화기 문학, 계몽문학, 『창조』, 『폐허』, 『백조』, 순수문학, 해방문학, 전쟁문학, 주지파·생명파·시문학파·청록파

제2절 현대시
외형률, 내재율, 시어, 비유, 상징, 감정이입, 최남선의 신체시, 구인회, 윤동주, 이육사, 모더니즘, 주지시, 이상화, 김소월, 한용운, 「빼앗긴 들에도 봄은 오는가」, 「바다와 나비」, 「청노루」, 「진달래꽃」

제3절 현대소설
소설의 3요소, 인물·사건·배경, 소설의 시점, 신소설, 김동인, 「감자」, 현진건, 「운수 좋은 날」, 이효석, 「메밀꽃 필 무렵」, 윤흥길, 「장마」, 이해조, 「자유종」, 이상, 「날개」

제4절 현대수필
수필의 특성, 경수필, 중수필, 「서유견문(西遊見聞)」, 피천득, 「멋」, 계용묵, 「구두」

제5절 현대희곡
희곡의 3요소, 희곡의 삼일치(三一致)의 법칙, 레제드라마, 신파극, 김우진, 토월회, 유치진, 「토막」, 극예술연구회

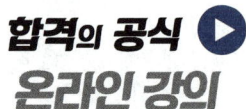 

보다 깊이 있는 학습을 원하는 수험생들을 위한
시대에듀의 동영상 강의가 준비되어 있습니다.
www.sdedu.co.kr ➔ 회원가입(로그인) ➔ 강의 살펴보기

제3장 현대문학

제1절 현대문학의 이해

1 문학의 특징

(1) 문학의 개념
① 언어와 문자라는 형식을 통하여 인생을 구체적으로 탐구하고 표현하는 창조의 세계이다(상상력을 통한 체험의 언어 표현).
② 인간의 가치(개성, 독특한 것) 있는 인생 체험을 통해 얻은 삶의 진실을, 상상력을 발휘하여 언어(말과 글)로 표현한 예술의 한 갈래이다.
③ '글로 쓰인 모든 것'을 뜻하나, 지금은 실용적인 글을 빼고 예술적인 장식이 이루어진 글을 뜻한다.
④ 언어를 통해 구현하는 미적 실체, 즉 인간을 인간답게 하는 변별적 자질로서 언어능력을 최대한 활용하는 가치행위이다.
⑤ 여러 관계를 맺는 과정과 그 결과 속에 존재하는데, 크게 문학과 사회, 문학과 언어, 문학과 사상이라는 세 축을 설정할 수 있다.
⑥ 문학은 인간 사회의 구조물로서 인간 정신의 형상화, 인간 사회의 대상화, 그리고 세계의 언어적 질서화라고 부를 수 있다.

(2) 문학의 기원
① **심리학적 기원설**: 예술의 창작 심리, 아름다움 창조하려는 욕구에 의해 시작된다고 보는 입장이다.
  ㉠ 모방 본능설: 인간은 모방 본능을 가지고 있어, 이 본능 때문에 문학이 생겼다는 학설
    예 플라톤, 아리스토텔레스
  ㉡ 유희본능설(유희충동설): 인간은 유희 본능을 가지고 있는데 여기서 문학이 발생했다는 학설
    예 칸트, 실러, 스펜서
  ㉢ 자기과시설: 문학과 예술은 자기를 스스로 표현하려는 본능(과시)에 의하여 창작되어진다는 학설
    예 허드슨
② **발생학적 기원설(실용설)**: 문학이나 예술은 심미성보다는 실용성 때문에 발생했다는 학설
  예 그로세

(3) 언어의 분류
① **과학적 언어** : 개념의 정확성을 바탕으로 삼는 언어로, 대상과 언어의 관계가 1대1의 대응 관계, 외연(denotation), 언어의 지시적 사용, 진술 위주이다. 예 국어사전, 법조문, 과학 논문, 공문서
② **문학적(예술적) 언어** : 과학적 언어와 상충적 관계, 내포를 통한 언어의 함축적 의미에 의한 사용을 의미한다. 예 시 – 비유·상징, 소설 – 아이러니·풍자

(4) 문학의 기능
① **문학의 기능에 대한 두 입장**
  ㉠ 쾌락설 : 문학은 아름다움과 재미를 통해서 독자에게 흥미와 즐거움을 준다.
  ㉡ 교훈설 : 문학의 효용은 독자나 사회에 대한 교훈과 영향력을 끼치는 데 있다.
② **문학의 기능**
  ㉠ 교시적(敎示的) 기능 : 문학은 독자들에게 교훈을 주고 인생의 진실을 보여 주어 삶의 의미를 깨닫게 한다는 입장
  ㉡ 쾌락적(快樂的) 기능 : 문학은 독자에게 고차원적인 정신적 즐거움이나 미적 쾌감을 준다는 입장
  ㉢ 종합적(綜合的) 기능 : 참다운 문학의 기원은 교훈설과 쾌락설, 어느 하나에 치우치지 않은 종합적인 것으로 이해되어야 한다. 문학은 독자에게 고차원적인 정신적 즐거움을 주는 동시에, 인생이 무엇이며, 어떻게 살아야 하는 것인지를 가르치는 기능도 함께 수행해야 하기 때문이다.

(5) 문학의 요건
① **감동성** : 작가의 사상이나 감정의 요소가 독자에게 감명을 줄 수 있어야 한다.
② **평이성** : 전문적 또는 일부에 국한된 내용이 아니라 일반 독자에게도 쉬워야 한다.
③ **쾌락성** : 독자에게 미적·예술적 감동을 주는 것이어야 한다.
④ **언어성** : 언어가 가지는 미적 요소에 주목하여야 한다.
⑤ **개연성** : 있었던 사실의 나열이 아니라, 있음직한 사건을 언어적으로 형상화한 것이어야 한다.

2 현대문학의 범위

(1) 현대문학의 형성
① 현대문학은 한국 사회의 근대화 과정을 배경으로 하여 성립된다.
② 개화계몽 시대에 새롭게 등장한 신문과 잡지 등을 통해 문학의 대중적 기반이 확대되자, 새로운 문학 양식들이 새로운 요구에 부합되는 주제를 담고 국문문학의 형태로 등장했다.
③ 신소설이 대중적인 문학 양식으로 자리 잡고, 새로운 자유시 형식이 실험되기 시작하고, 근대적인 연극 공연이 처음으로 무대 위에서 이루어지기도 했다.

(2) 현대문학의 역사

① 개화기 문학(신문학)
- ㉠ 현대문학사에서 최초로 꼽히는 것은 이인직(李人稙)의 신소설 『혈(血)의 누(淚)』(1906)이며, 최초의 신시(또는 신체시)는 최남선(崔南善)의 『해(海)에게서 소년에게』(1908)이다.
- ㉡ 주제는 젊은이들과 여성의 해방, 계급타파, 관습의 개혁 등 근대적 자각을 나타낸 것이 많으며 시와 소설이 대개 과거의 양식을 버리고 본격적인 문학형태를 갖추기 시작했다.
- ㉢ 작품
  - 신소설 : 이인직의 『귀(鬼)의 성(聲)』·『은세계』·『치악산』, 이해조의 『자유종』·『빈상설(上雪)』·『모란병(牡丹屛)』·『춘외춘(春外春)』, 최찬식의 『추월색(秋月色)』, 구연학의 『설중매(雪中梅)』, 조일제의 『장한몽(長恨夢)』 등
  - 창가 : 최남선의 『경부철도가(京釜鐵道歌)』 등 기출 24

② 계몽 문학
- ㉠ 신소설 이후 1910년대 말까지는 이광수(李光洙)의 작품이 주를 이루었다.
- ㉡ 작품
  - 『어린 희생』(이광수, 1910)은 신문학사상 최초의 단편이다.
  - 『무정(無情)』(이광수, 1917~1918)은 최초로 성공한 근대 장편소설로서 한국 문학에 지대한 영향을 끼쳤다.
  - 『흙』, 『재생(再生)』, 『개척자』, 『마의태자』(이광수) 등 장편 및 역사소설을 많이 남겼다.

③ 예술지상파의 문학
- ㉠ 『창조』, 『폐허』, 『백조』 등 동인지의 등장으로 이광수의 문학에 반기를 들기 시작했다.
- ㉡ 이광수의 문학이 민족을 계몽하고 민족 의식을 고취하겠다는 목적 의식을 분명히 함으로써, 문학이 다른 목적을 위한 수단에 불과하다는 사실을 반박하고 나선 대표적인 작가는 김동인이었다.
- ㉢ 주요한, 염상섭, 전영택, 홍사용, 박종화, 이상화, 현진건 등 비록 계보는 달랐지만 문학의 경향은 모두 같았다. 이들의 문학은 그 후 '예술지상파의 문학'이라 불렸다.

④ 프로문학(신경향파)
- ㉠ 프로문학이란 프롤레타리아의 문학을 약칭한 것으로 **무산 계급의 해방을 위한 계급투쟁으로서의 문학**을 표방했다.
- ㉡ 백조파 김기진이 1923년 『개벽』에 『클라르테 운동의 세계화』를 연재하여 프로문학 시대의 막을 열었다.
- ㉢ 박영희가 합세, 프로문학 운동을 적극화하면서 1925년에는 카프(KAPF : 조선 프롤레타리아 예술가동맹)가 조직되고 최서해, 이기영, 조명희, 임화 등이 1920년대 말까지 왕성하게 활동하였다.

⑤ 순수문학
- ㉠ 순수문학의 주축이 된 문인은 **구인회(九人會)**에 속한 이태준, 이효석, 유치진, 정지용, 김기림 등으로, 사상성·목적성·사회성이 배제된 순수문학 이론이 평론가 김환태에 의해 정립되었다.

ⓒ 작가와 작품
- 박용철(『시문학』 창간) : 구인회의 동인으로 시적 언어에 대한 감수성을 바탕으로 순수 서정의 세계 구축
- 김영랑 : 섬세한 언어 감각
  - 「돌담에 속삭이는 햇발」 : 순수 서정시, 「독을 차고」 : 1930년대 후반 식민지 현실의 악화로 강한 의지를 드러냄 기출 24
  - 잘 다듬어진 언어로 한국적 정서를 담은 서정시를 발표, 순수 서정시의 새로운 경지를 개척함
- 정지용 : 절제의 미학 기출 23
  - 초기 : 자신의 감정을 그에 적절한 사물로 대치 : 「유리창」(1930) 기출 24
  - 후기 : 산수시
    ⓐ 감정의 절제를 자연과의 만남을 통해 보여줌(결연한 시인의 정신)
    ⓑ 「장수산」(1939) : 고요한 자연의 정경과 깊은 내면 세계를 교묘하게 조화
  - 섬세하고 독특한 언어로 대상을 맑고 산뜻하게 묘사함
- 구인회(1933) 기출 24, 22
  - 결성 : 이종명, 김유영, 이태준, 이무영, 이효석, 유치진, 김기림, 정지용, 조용만
  - 발족한 지 얼마 안 되어 이종명, 김유영, 이효석이 탈퇴하고 박태원, 이상, 박팔양이 가입하였으며, 그 뒤 유치진, 조용만 대신 김유정, 김환태(金煥泰)가 들어와 언제나 인원수는 9명이었다.
  - 잡지 『시와 소설』 발간
- 이효석 : 인간 본능의 순수성
  - 초기 : 경향문학, 동반자 작가, 계급 문제
  - 「메밀꽃 필 무렵」(1936) : 농촌 배경, 인간의 본성과 사회적 관계
  - 「돈」(1933) : 성적 좌절을 가져온 근대화의 상징 도시
- 김유정 : 순박한 사람들의 다양한 삶 재현
  - 「봄봄」(1935), 「동백꽃」(1936) : 사춘기를 맞이 하고 있는 남녀의 관계
  - 「소낙비」(1935), 「금따는 콩밭」(1935), 「땡볕」(1937) : 경제적 궁핍으로 인간성 파괴 ⇒ 삶의 비극

⑥ **암흑기**
ⓐ 윤동주, 이육사, 이윤재 등이 일본의 탄압으로 절필하였다.
ⓑ 대표적 문예지 『문장(文章)』을 폐간시키고, 『인문평론』을 『국민문학』으로 바꾸어 한국어 반, 일본어 반의 체제를 일본어 일색으로 바꾸게 하였다.
ⓒ 『동아일보』, 『조선일보』 등 민족지를 폐간시켜 한국어에 의한 문학 활동을 말살시키려고 하였다.
ⓓ 소설가 유진오・김동인, 시인 주요한・김소운・노천명・김동환・서정주 등, 평론가 최재서・박영희・김기진・김문집・백철 등이 반민족적 친일문학을 발표했다.

⑦ 해방문학
　㉠ 1945년 8·15 광복 이후 대한민국의 문학은 '해방문학'의 시기를 맞는다.
　㉡ 표현의 자유를 얻은 문학시대, 민족적 자각과 함께 민족적 유산에 대한 모든 발견과 연구가 가능해진 시대로서 문인들의 움직임이 활발해졌다.
　㉢ 이념의 갈등이 문학논쟁으로 나타나서 김동리·조연현 등 순수문학파와 김동석 등 프로문학파의 논쟁이 치열했다. 기출 24

⑧ 전쟁문학
　㉠ 6·25 전쟁 후 전쟁시, 애국시가 주류를 이룸 : 조지훈의 「역사 앞에서」, 유치환의 「보병과 더불어」
　㉡ '후반기' 동인 결성 : 박인환, 김수영, 전봉건 중심의 모더니즘 전개(전란 직후 고달픈 삶, 허무주의, 비극적 현실 의식) → 박인환의 「목마와 숙녀」(전후의 허무감)

⑨ 1970년대 이후의 문학
　㉠ 1970년대의 유신체제와 급격한 산업화 및 남북공동성명은 참여문학에서 두드러진 주제가 되거나 또는 정치적 사건으로 나타났다.
　㉡ 황석영의 『객지』, 이문구의 『장한몽』, 윤흥길의 『아홉 켤레의 구두로 남은 사내』, 조정래의 『청산댁(靑山宅)』, 김정한의 『인간단지』 등이 모두 **도시산업화로 인한 후유증**을 주로 나타낸 것이다.
　㉢ 1970년대 이후에는 부와 권력으로부터 소외된 이른바 **민중에 대한 관심이 증대됨**으로써 황석영의 『장길산』 같은 대작이 나오고, 김지하·신경림·정호승 등의 시작 활동이 많아지면서 민중문학의 유파가 형성되었다. 기출 24

3 현대문학의 갈래와 개념

(1) 문학의 갈래

① **정의** : 문학의 갈래란 문학 작품을 유형별로 구분하여 질서 있게 체계화한 문학의 양식체계를 의미한다. 문학의 갈래를 설정하는 기준에는 여러 가지가 있는데, 문학의 갈래는 크게 상위 갈래(기본 갈래)와 하위 갈래(변종 갈래)로 나뉜다.
　㉠ 갈래의 개념 : 문학 작품을 유형별로 분류하여 질서화한 문학 양식 체계(장르)
　㉡ 갈래 구분의 필요성 : 유사한 성격을 가진 작품들을 몇 개의 유형으로 나누어 그 공통성 위에서 개별 작품의 질서와 구조를 깊이 있게 이해하고 평가하는 방법이 필요하다.
　㉢ 갈래 구분의 기준
　　• 2분법
　　　- 언어의 형태 : 운문문학과 산문문학
　　　- 언어의 전달 방식 : 구비문학과 기록문학

- 3분법
  - 가장 전통적인 갈래 구분
  - 서정, 서사, 극으로 구분
- 4분법(현대문학의 기본 갈래)
  - 문학 작품을 자아와 세계와의 대립 구조로 파악하는 방법
  - 작품 내적 자아와 작품 내적 세계, 작품 외적 자아와 작품 외적 세계의 개념 설정
  - 서정, 교술, 서사, 극으로 구분

② 상위 갈래의 구분
  ㉠ 언어의 형태에 따른 갈래
   - 운문(韻文)문학 : 고대에서부터 발달된 형태로, 리듬을 중심으로 하여 일정한 규율에 따라 배열된다. 운문의 정신은 주관성과 서정성에 바탕을 두며, 정서적이고 감성적인 효과를 준다.
   - 산문(散文)문학 : 근대에 와서 발달된 형태로 의미를 중심으로 하여 **아무런 규율 없이 배열**된다. 산문의 정신은 객관성과 과학성에 바탕을 두며, 논리적이고 이지적인 효과를 준다.
  ㉡ 언어의 전달 방식에 따른 갈래
   - 구비문학 : 문자라는 기록 수단이 발명되기 이전에 입에서 입으로 전해진 문학으로, 특히 여러 사람에 의해 개작되었기 때문에 민족의 보편적 성격이 반영된다.
   - 기록문학 : 구비문학을 기록하는 것에서 출발, 본격적인 개인의 창의가 반영되는 문학으로 현대문학의 대종을 이루고 있다.
  ㉢ 표현 양식에 따른 갈래
   - 3분법
     - 서정 양식 : 객관적 세계와 작가의 체험이 자아에 의해 흡수되고 정서화된 표현으로, '시'가 대표적 장르이다.
     - 서사 양식 : 일련의 사건을 객관적으로 서술하여 간접적으로 전달하는 것으로, '소설'이 대표적 장르이다.
     - 극 양식 : 인간의 행위와 사건의 전개를 눈앞에서 직접 연출해 보이는 것으로, '희곡'이 대표적 장르이다.
   - 4분법 : 시, 소설, 수필, 희곡

(2) 현대문학의 개념
① 문학사에서의 현대문학이란 의식면·기법면에서 전대의 문학과는 다른 현대적인 양상을 보인 문학을 가리킨다.
② 감각이나 기법적 측면은 물론 작가의 **현실 의식이나 주제 의식면에서 전대의 문학과 확연히 구별되는** 문학이다.

(3) 현대문학의 특징
한국의 현대문학은 고전문학의 전통을 계승하면서 서구문학의 기법을 주체적으로 수용하여 새롭게 발전해 온 것이며, 각 시기마다의 시대적 특성을 반영하면서 발전되어 왔다.

① **자신의 정체성에 대한 의문**
　㉠ 홀로 떨어진 개인은 공동체에 속해 있을 때보다 불안하고 소속이 없는 상태이므로 자신이 누구인가에 대한 질문을 끊임없이 하게 된다.
　㉡ 현대문학에서는 자신의 정체성에 불안을 느끼는 인물들이 자주 등장한다. 현대문학 속의 주인공들은 대체로 '나는 누구인가?'를 궁금해 하며 답을 찾으려 한다.

② **자본주의적 관계 속에서 살아가는 인간의 모습**
　㉠ 현대 세계는 자본주의적 관계가 중심이 되는 세계이다.
　㉡ 돈은 무언가를 얻기 위해 필요한 것이었지만 현대에 와서 돈은 수단이 아닌 목적이 되었고 '타인'은 돈을 얻기 위한 수단이 될 뿐이다.
　㉢ 모든 것이 상품이 되는 자본주의 사회에서는 예술도 하나의 상품이 된다.

③ **문자 중심의 문학**
　㉠ 과거의 문학은 문자로만 된 것도 있었지만 때로는 음악이나 그림과 결부되어 전해졌다. 구비문학은 문자화되지 않고 음성으로만 전승되었다.
　㉡ 현대로 이행하는 과정에서 인쇄술이 발전하기 시작하였고 이에 따라 문학은 문자 중심으로 이동하였다.
　㉢ 인쇄술의 발전은 대량 생산과 대량 소비를 가능하게 만들었다.
　㉣ 대량 생산은 문자를 해독하는 능력을 지닌 대중의 등장과 아울러 문학이 폭발적으로 발전하는 계기가 되었다.

4 한국 현대문학의 흐름

(1) 현대문학 시작기(1910 ~ 1920년대)
① 신문・잡지의 발표지면 확대로 인하여 작가, 독자층, 문예동인지가 다양화되었으며 서구문학의 수용과 전통문학 계승이 활발하였다. 계급문학(KAPF)의 전개, 국민문학파 결성 등 본격적 현대문학을 추구하는 움직임이 나타났다.

② **작품** 기출 23
　㉠ 우리말의 사용과 민족적 정서 표현 : 김소월의 「진달래꽃」・「초혼」
　㉡ 조국 광복에의 염원과 의지 : 이상화의 「빼앗긴 들에도 봄은 오는가」, 한용운의 「님의 침묵」
　㉢ 계급주의 문학의 추구 : 임화의 「우리 오빠와 화로」

(2) 문학 변화기(1930 ~ 1940년대)
① 일제탄압으로 인하여 목적문학이 퇴조하고 순수문학과 통속문학으로 분리되었으며 기교, 언어, 주제, 소재 등의 문학적 관심이 다양화되었고 발표지면도 확대되었다.
② 서정주, 유치환 등 원시적 생명력에 대한 시적 관심을 시로 창작한 생명파가 등장하였다.
③ 작품 기출 23
  ㉠ 세련된 언어 감각과 음악성을 강조한 순수 서정 : 김영랑의 「모란이 피기까지는」, 박용철의 「떠나가는 배」, 신석정의 「꽃덤불」
  ㉡ 주지주의 경향과 시각적 이미지, 실험정신 : 정지용의 「유리창」·「바다」, 김광균의 「와사등」, 이상의 「오감도」·「거울」
  ㉢ 원시적 생명력에 대한 시적 관심 : 서정주의 「귀촉도」·「무등을 보며」, 유치환의 「생명의 서」·「바위」·「깃발」 기출 24

(3) 문학 암흑기(1940년대 ~ 광복)
① 일제의 극심한 탄압으로 인해 문학적 암흑기였으며 저항시인 윤동주, 이육사를 배출해냈다.
② 향토적인 소재로 민족성을 자극하는 시, 자연을 소재로 이상적 세계를 노래한 시가 등장했다.
③ 작품
  ㉠ 향토적 정서와 이상향으로서의 자연 : 박두진의 「해」·「향현」·「들국화」
  ㉡ 저항과 고뇌의 시 : 이육사의 「절정」·「광야」·「꽃」, 윤동주의 「서시」·「자화상」·「별 헤는 밤」

(4) 전후 문학기(광복 ~ 1950년대)
① **해방기 문학(8·15 이후 ~ 6·25 이전)** : 식민지적 한계를 극복하려는 의지를 반영하고 일제치하의 체험, 삶의 인식을 작품화하려는 경향이 두드러졌다. 또한 해방 후 고향 회귀의 문제 외 자기성찰, 민족적 정서를 노래한 작품 활동도 활발하였다.
② **전후문학(6·25 이후~)** : 전후문학세대의 등장으로 목가적 타성의 파괴, 새로운 기교·형식을 추구하고 현대세계의 치열한 고뇌와 자의식을 그렸다. 또한 전통문학과 모더니즘 문학의 두 흐름이 복합화되었고 전통지향의 문학을 추구하는 움직임도 활발하였다.
③ 작품
  ㉠ 청록파 : 조지훈의 「승무」·「봉황수」·「고풍의상」, 박두진의 「청산도」, 박목월의 「나그네」·「이별가」·「하관」·「가정」
  ㉡ 전쟁 체험의 형상화 : 유치환의 「보병과 더불어」, 구상의 「초토의 시」
  ㉢ 전후의 혼란을 서정적으로 노래 : 박인환의 「목마와 숙녀」
  ㉣ 전통적 서정주의 계승 : 박재삼의 「흥부 부부상」·「추억에서」, 서정주의 「동천」

(5) 현대문학 성숙기(1960년대 ~ 1970년대)

① **1960년대 문학**: 순수문학과 참여·민중문학의 다극화 시대를 연 본격적인 현대문학이 시작된 시기이며 4·19 혁명과 5·16 군사혁명의 시작으로 **참여·민중문학이 본격화**되었다. 또한 현실과의 관계에서 문학의 본질과 기능을 재검토해 보려는 문학관의 정립이 문제시되는 모더니즘의 시대였다.
기출 25

② **1970년대 문학**: 1960년대의 문학을 변증법적으로 극복해냈으며 정치적 상황 변화와 산업화 경향에 따라 첨예한 문학 정신의 대립이 있었다. 산업화의 부산물로서의 문학적 관심사가 등장하고 「창작과 비평」, 「문학과 지성」 같은 계간지를 중심으로 비평 활동이 이 시기의 문학론의 방향을 주도했다.

③ **작품**
  ㉠ 사회 비판과 현실 참여 의식: 김수영의 「어느 날 고궁을 나오면서」·「풀」·「사령」, 김지하의 「오적」·「황톳길」, 신동엽의 「껍데기는 가라」·「그의 행복을 기도드리는」 기출 25
  ㉡ 소외된 계층에 대한 애정: 신경림의 「목계장터」·「가난한 사랑 노래」·「농무」, 정희성의 「저문 강에 삽을 씻고」

(6) 다원 문학기(1980년대 이후)

① **1980년대 문학**: 탄압과 저항, 한계와 가능 등 우리 사회의 어두운 면과 밝은 면이 엇갈리고 있던 탄압시대인 5공 시절과 1988년 종반기 해금시대로 요약되는 이 시대는 **극도의 양극성**을 지니고 있었다.

② **1990년대 문학**: 1990년대는 민중문학의 이름으로 꽃을 피우던 민주화 갈구의 지형이 파괴되면서 주도적 흐름 없이 방황과 혼돈의 늪에 빠졌다. 단일한 흐름을 거부하고 다양한 소재, 일상성 천착, 존재의 문제, 영상문화세대의 감각적 현실 묘사 등이 1990년대 문학의 특징이며 상품문학이 정착화됐다.

③ **작품**
  ㉠ 민중들의 자유와 권리 노래: 박노해의 「노동의 새벽」, 김남주의 「함께 가자 우리 이 길을」
  ㉡ 억압적 시대를 살아가는 현대인: 최승호의 「북어」·「대설주의보」
  ㉢ 내용과 형식의 새로운 시도: 장정일의 「라디오와 같이 사랑을 끄고 켤 수 있다면」, 오규원의 「프란츠 카프카」
  ㉣ 전통적 감수성: 정호승의 「슬픔이 기쁨에게」, 송수권의 「산문에 기대어」

> **더 알아두기**
> **현대문학(3·1 운동 이후부터 현대까지의 문학)의 시기별 구분**
> • 모색기: 1919년에서 1920년대 말까지를 이른다.
> • 정립기: 1930년에서 1945년 8·15 광복까지를 이른다.
> • 전환기: 8·15 광복에서 6·25 전쟁까지를 이른다.
> • 발전기: 6·25 전쟁 이후부터 1950년대 말까지를 이른다.
> • 성숙기: 1960년대 이후의 문학을 이른다.

제1절 핵심예제문제

01 한국의 현대문학은 고전문학의 전통을 계승하면서 서구문학의 기법을 수용하여 새롭게 발전해 왔다.

01 한국 현대문학에 대한 설명으로 옳지 않은 것은?
① 일제 강점기의 우리 문인들은 조국을 일제에서 벗어나게 하려고 노력하였다.
② 한국의 현대문학은 전통문학과 결별하고 서양문학을 적극적으로 수용하였다.
③ 해방 이후 현대문학은 분단의 아픔과 이를 극복하려는 성격을 보여주었다.
④ 한국 현대문학은 역사적 사건의 실상을 그려내고 그 의미를 밝혀내는 데 힘썼다.

02 시각적 이미지를 중시하는 시는 1930년대에 많이 쓰였다.

02 1920년대 시문학에 대한 설명으로 적절하지 않은 것은?
① 시인들이 시를 발표할 기회가 많아졌다.
② 시를 투쟁 수단으로 보는 시인도 있었다.
③ 시각적 이미지를 중시하는 시가 많이 쓰였다.
④ 민족이 처한 현실문제에 깊은 관심을 가졌다.

정답 01 ② 02 ③

03 다음 중 문학의 개념에 대한 설명으로 가장 적절한 것은?

① 언어를 표현 수단으로 하는 예술이다.
② 작품의 장단점을 가려 그 가치를 평가하는 활동이다.
③ 인생과 인생 체험을 연구하는 학문이다.
④ 인생을 아름답게 꾸미는 예술이다.

03 문학은 언어로써 사상과 감정을 표현하여 독자에게 감동과 쾌락을 주는 언어예술이다.

04 다음 중 문학의 개념에 대한 설명으로 옳지 않은 것은?

① 여러 관계를 맺는 과정과 그 결과 속에 존재하는데, 크게 문학과 사회, 문학과 언어, 문학과 사상이라는 세 축을 설정할 수 있다.
② '글로 쓰인 모든 것'을 뜻하나, 지금은 실용적인 글을 포함한 예술적인 장식이 이루어진 글이다.
③ 문학은 인간 사회의 구조물로서 인간 정신의 형상화, 인간 사회의 대상화, 그리고 세계의 언어적 질서화라고 부를 수 있다.
④ 언어와 문자라는 형식을 통하여 인생을 구체적으로 탐구하고 표현하는 창조의 세계이다.

04 '글로 쓰인 모든 것'을 뜻하나, 지금은 실용적인 글을 제외하고 예술적인 장식이 이루어진 글이다.

정답 03 ① 04 ②

제2절 현대시

1 한국 현대시의 특징

(1) 시의 정의

시(詩)란 인간의 경험, 느낌, 정서 등을 유기적 구조를 지닌 **운율적(韻律的)** 언어로 형상화한 운문(韻文)문학이다.

(2) 시의 특성 중요

① **정서성** : 주관성으로서 시인의 순화된 개성적 정서가 상상(想像)이라는 장치를 통하여 표현된다.
② **사상성** : 시의 내용으로서 시인의 인생관, 세계관이 깔려 있다.
③ **운율성** : 음악성으로서 운율적 언어로 표현된다.
④ **압축성** : 간략성으로서 가능한 소수의 언어로 함축성 있게 표현된다.
⑤ **영상성** : 심상(Image)을 가리키는 말로, 시의 정서가 사상과 결합되어 심상(心象)에 비친 모양으로 형상화된다.

(3) 시의 구성 요소

① **음악적 요소** : 시의 음악성은 운율(음성, 리듬)로써 구현되는데, 그 원리는 일정한 음성적 특징을 의도적으로 반복하는 것이다. → 순수시에서 중시
  ㉠ 운(韻, Rhyme) : 같거나 유사한 소리를 규칙적으로 반복하는 언어의 음악성
  ㉡ 율(律, Rhythm) : 음절의 수나 행의 수, 일정한 어휘나 구절의 주기적 반복으로 인해 생기는 음악적 효과
② **회화적 요소** : 시의 심상(心象) → 주지시, 회화시에서 중시
  ㉠ 심상(心象, Image) : 시어의 작용에 의하여 독자의 마음속에 감각적으로 재현되는 영상
  ㉡ 비유와 상징 : 구체적인 감각을 통하여 독자의 머릿속에 심상을 재현하는 시적인 기교
③ **의미적 요소** : 시어(詩語)와 문장이 표출하는 함축적 의미와 정서 → 관념시, 철학시에서 중시

> **더 알아두기**
>
> **시의 내용적 요소와 형식적 요소**
> - 시의 내용적 요소
>   - 주제 : 시에 담긴 지은이의 느낌이나 중심되는 생각. 주로 암시적으로 표현
>   - 소재 : 주제를 나타내기 위하여 사용한 글감
>   - 심상(Image) : 시어의 작용에 의하여 독자의 마음 속에 떠오르는 영상
> - 시의 형식적 요소
>   - 시어 : 시에 쓰인 말로서 운율, 심상, 함축적 의미
>   - 시행 : 시의 한 줄 한 줄
>   - 연 : 시에서 한 줄 띄어 쓴 한 덩어리
>   - 운율 : 시어들의 소리가 만들어 내는 가락

(4) 운율(韻律)의 갈래

① **외형률(外形律)** : 시의 외형상 분명히 드러나 있는 운율로 정형시에서 흔히 볼 수 있다.
  ㉠ 음위율(音位律) : 한시의 압운(押韻)처럼 일정한 음이 일정한 위치에 반복되는 운율
   - 두운(頭韻) : 각 시행의 머리 운을 일치시키는 방법
   - 요운(腰韻) : 각 시행의 가운데 운을 일치시키는 방법
   - 각운(脚韻) : 각 시행의 마지막 운을 일치시키는 방법
  ㉡ 음성률(音聲律) : 음의 고저(高低), 장단(長短), 강약(强弱), 음질(音質) 등에 의해서 반복되는 운율
  ㉢ 음수율(音數律) : 일정한 수의 음절이 규칙적으로 반복되는 운율
  ㉣ 음보율(音譜律) : 일정한 수의 음절로 된 음보가 한 호흡 간에 3~4번 규칙적으로 반복되는 운율로서 우리 시에서 가장 두드러진 운율

② **내재율(內在律)** : 외형상의 규칙성은 띠지 않지만 작품의 내면에 흐르는 개성적 운율로 자유시에서 흔히 볼 수 있다.

> **더 알아두기**
>
> **운율을 이루는 요소**
> - 동음 반복 : 특정한 음운을 반복하여 사용
> - 음수 반복 : 일정한 음절 수를 반복하여 사용
> - 의성어, 의태어 사용 : 감각적 반응을 일으킴
> - 통사적 구조 : 같거나 비슷한 문장의 짜임을 반복하여 사용

(5) 시의 언어(시적인 언어)

시어(詩語, Poetic Language)는 시에서 사용되는 언어로 일상어이면서도 일상어 속에 용해될 수 없는 풍부하고 다양한 정서적 의미와 독자성을 갖는 언어이다.

① 언어의 두 가지 측면 중요
　㉠ 지시적 의미[외연(外延), 사전적 의미, 개념 표시] : 사전(辭典)에 정의된 대로의 말의 일반적 의미, 즉 사회적으로 공인된 비개인적 의미이며, 모든 사람에게 같은 뜻으로 파악되는 언어로, 이는 객관적 논술이나 설명에 쓰인다.
　㉡ 함축적 의미[내포(內包), 정서 환기] : 지시적 의미를 구체적인 문맥 속에서 확대·심화시킨 언어가 지닌 다의적(多義的)·암시적·상징적인 의미로 독자의 감각적·정서적 반응을 불러일으키는 글(문학, 광고 등)에 쓰인다.

> **더 알아두기**
> **시의 언어와 과학의 언어 비교**
> • 시어(Poetic Language)
> 　- 언어의 함축성에 의존한다.
> 　- 간접적·개인적이다.
> 　- 지시적 의미보다 정서적으로 사용된다.
> 　- 객관적 사실보다는 표현을 중시하여 시의 감동을 높인다.
> • 일상어, 과학의 언어
> 　- 언어의 개념 표시에 의존한다.
> 　- 직접적·비개인적이다.
> 　- 논리적·객관적이다.
> 　- 어떤 사실을 정확히 알리는 지시적 기능이 중요하다.

② **시어의 특성**
　㉠ 시어는 시인의 느낌이나 태도·해석을 나타낸다.
　㉡ 시어는 생략과 압축의 언어로 이루어져 있으며 때로는 응축적·비약적이기도 하다.
　㉢ 시어는 간접적·개인적·주관적이다.
　㉣ 문학적 언어가 그러하듯이 시어 역시 구체성을 띠게 된다.
　㉤ 시어에서는 리듬, 이미지, 어조 등이 중요한 역할을 수행한다.
　㉥ 시어는 도치, 반복, 점층 등의 방법에 의하여 긴장과 대립의 구조를 갖는다.

> **체크 포인트**
> **시어의 특징**
> • 함축성 : 내포적 의미
> • 음악성 : 반복되는 율동감
> • 다의성 : 중의성, 애매성, 모호성

(6) 시의 심상(心象, Image) 중요

시인의 마음속에 나타난 세계를 구체적 사물의 연상이나 비유적 표현을 통해 나타냄으로써 우리의 머릿속에 재구성되는 감각적 영상

① **심상의 제시 방법**
  ㉠ 묘사(서술)적 심상 : 직접적인 묘사나 서술에 의해 시에 나타난 언어 그 자체만을 표현한다.
    예 푸르고 잔잔한 호수
  ㉡ 비유적 심상 : 나타내고자 하는 내용의 특징을 살릴 수 있는 사물이나 언어를 끌어다 표현하는 방법으로 **원관념과 보조관념이 성립된다.**
    예 내 마음은 호수요
  ㉢ 상징적 심상 : 시 가운데 원관념은 없고 보조관념만이 나타난다는 점에서 비유와 다르다.
    예 십자가 → 기독교, 비둘기 → 평화, 청포도 → 민족 고유의 정서 또는 민족 의식

② **심상의 갈래**
  ㉠ 시각적 심상 : 색채, 명암(明暗), 모양, 동작 등을 시각(눈)을 통해 떠올리는 심상
    예 알락달락 알록진 산새알
  ㉡ 청각적 심상 : 청각(귀)을 통해 떠올리는 소리에 대한 심상
    예 개울물 돌돌돌 길섶으로 흘러가고
  ㉢ 후각적 심상 : 냄새를 통해 구현되는 심상
    예 매화 향기(梅花香氣) 홀로 아득하니
  ㉣ 미각적 심상 : 맛으로 구현되는 심상
    예 메밀묵이 먹고 싶다. 그 싱겁고도 구수하고
  ㉤ 촉각적 심상 : 피부의 감각으로 구현되는 심상
    예 아름다운 영원을 내 주름 잡힌 손으로 어루만지며
  ㉥ 공감각적 심상 : 하나의 감각이 다른 감각으로 전이되어 일어나는 심상
    • 감각의 전이(轉移)
      예 종소리의 동그라미 → 청각의 시각화
    • 감각적 대상이 아닌 것을 감각적으로 표현
      예 푸른 웃음, 푸른 설움
  ㉦ 회화적 심상 : 시에서 어떤 한 풍경을 그림같이 묘사
    예 새로 두 시의 급행열차가 들을 달린다.

(7) 수사법

① **비유법**
  ㉠ 직유법 : 'A는 B와 같다'라는 식으로 원관념과 보조관념을 직접 연결시키는 방법으로 '~같이', '~처럼', '~인양', '~듯'과 같은 표현이 쓰인다.
    예 구름은 솜사탕처럼 생겼다.

ⓒ 은유법 : 'A는 B이다'라는 식으로 원관념과 보조관념을 매개물 없이 직접 연결하는 방법
    예 내 마음은 호수요.
  ⓓ 상징법 : 원관념이 없이 보조관념만으로 사물을 표현하는 방법
    예 빼앗긴 들에도 봄은 오는가
  ⓔ 의인법 : 사람이 아닌 동물, 또는 무생물이나 생물의 모습을 사람처럼 표현하는 방법
    예 해님을 보고 방긋 웃는 꽃
  ⓜ 활유법 : 식물이나 무생물을 생명이 있는 것처럼 표현하는 방법
    예 산이 으르렁거린다.
  ⓗ 풍유법 : 속담이나 격언을 사용하여 원관념을 나타내는 방법
    예 서당개 삼 년이면 풍월을 읊는다.
  ⓢ 대유법
    • 제유법 : 부분을 나타내는 말로 전체를 대신하여 표현하는 방법
      예 나에게 빵을 주세요(부분이 전체를 나타냄).
    • 환유법 : 특정한 대상을 그것과 밀접한 관련이 있는 다른 대상에 빗대어 표현하는 방법
      예 소주 한 병을 먹었다(병은 술을 나타냄).
  ⓞ 중의법 : 한 단어에 두 가지 뜻을 포함하여 표현하는 방법
    예 울엄매야, 울엄매('울엄매'를 '우리 엄마'로도 '울어 버릴 엄마'로도 해석 가능함)
  ⓩ 의성법 : 의성어를 사용하여 표현하는 방법
    예 소쩍새는 소쩍 소쩍 솥이 적다고
  ⓧ 의태법 : 의태어를 사용하여 표현하는 방법
    예 이 마을 전설이 주절이 주절이 열리고.

② **강조법**
  ㉠ 과장법 : 실제보다 크거나 작게, 많거나 적게, 멀거나 가깝게, 깊거나 얕게 표현하는 방법
    예 손바닥만한 땅덩어리, 쥐꼬리만한 월급 봉투
  ㉡ 영탄법 : 감탄어를 사용하여 강한 의지나 고조된 감정을 표현하는 방법
    예 님은 갔습니다. 아아 사랑하는 나의 님은 갔습니다.
  ㉢ 반복법 : 같은 어구나 문장을 반복하여 표현하는 방법
    예 봄이 왔다, 봄이 왔어. 따뜻한 봄이 왔어.
  ㉣ 점층법 : 점점 그 뜻이 강하고 크게 표현하는 방법
    예 시냇물 모여서 큰 강물, 큰 강물 모여서 바닷물
  ㉤ 점강법 : 점점 그 뜻이 약하고 작게 표현하는 방법
    예 돌멩이 깨뜨려 자갈돌, 자갈돌 깨뜨려 모래알
  ㉥ 연쇄법 : 앞 구절의 뒷부분을 뒤 구절의 앞부분이 다시 받아 이어달리기식으로 표현하는 방법
    예 닭아 닭아 우지 마라. 네가 울면 날이 새고, 날이 새면 나 죽는다.
  ㉦ 비교법 : 서로 비교되는 둘 이상을 맞세워 표현하는 방법. '~보다', '~만큼' 등의 표현이 주로 쓰인다.
    예 바다보다 넓은 마음

ⓞ 미화법 : 아름다운 말로 표현하는 방법
  예 어머니 품에서는 모두가 왕자요, 공주였다.
ⓧ 열거법 : 내용상 관련이 있는 말들을 늘어놓는 방법
  예 조국이여, 동포여, 내 사랑하는 소녀여!
ⓩ 억양법 : 처음에 치켜 올렸다가 낮추거나, 처음에 낮췄다가 치켜 올리는 방법
  예 그는 비록 가난하고, 권력도 없지만 존경할 만한 인물이다.

③ **변화법**
  ㉠ 도치법 : 문장의 서술 순서를 바꾸어 놓는 방법
    예 겨울 바다에 나는 가 보았지.
  ㉡ 설의법 : 평범한 판단을 반어적으로 의문 형태로 표현하는 방법
    예 어떻게 이 지경에 이르렀단 말이냐?
  ㉢ 문답법 : 묻고 답하는 형식으로 표현하는 방법
    예 그것은 무엇인가? 그것은 다름 아닌 자유와 진리이다.
  ㉣ 대구법 : 구절을 맞세워 표현하는 방법
    예 인생은 짧고 예술은 길다.
  ㉤ 인용법 : 다른 사람의 말을 인용하여 표현하는 방법
    예 사람들은 바하를 가리켜 '음악의 아버지'라고 부른다.
  ㉥ 거례법 : 예를 들어 표현하는 방법
    예 독일 국민처럼 우리도 남과 북이 서로를 이해해야 한다.
  ㉦ 반어법 : 실제 의미와 반대되게 표현하는 방법
    예 나라를 빼앗기니 참 속이 시원도 하겠다.
  ㉧ 생략법 : 문장의 끝을 생략하는 방법
    예 그 처참한 광경이란……
  ㉨ 돈호법 : 대상의 이름을 불러 주의를 환기시키는 방법
    예 여러분! 제 말을 들어 보십시오.
  ㉩ 현재법 : 과거나 미래의 일을 현재 일어나고 있는 것처럼 표현하는 방법으로 소설이나 일기, 기행문 등에 많이 쓰인다.
  ㉪ 역설법 : 겉으로 보아 모순적인 표현을 사용하여 그 내포된 의미를 암시하는 방법
    예 나는 기다리고 있을 테요, 찬란한 슬픔의 봄을.

(8) 서정적 자아와 감정이입

① **서정적 자아(抒情的 自我)** : 주제를 효과적으로 형상화하기 위해 의도적으로 설정하는 작중 화자(作中話者)로서, 시 속에서 말하는 사람을 가리킨다. 김소월의 「엄마야 누나야」에서는 어떤 남자 어린이가 서정적 자아가 될 것이고, 이육사의 「광야」에서는 지사적이고 예언자적인 남성이 서정적 자아가 될 것이며, 우리 민요 「아리랑」의 서정적 자아는 임과 이별하는 애달픈 여인이 될 것이다.

② **어조(語調, Tone)** : 어조를 서정적 자아의 목소리라고 한다면 그 목소리는 강하거나 약하거나, 남성적이거나 여성적인 어떤 가락을 지닌다. 이때의 시의 서정적 목소리를 어조(Tone)라고 한다. 유치환

의 「깃발」, 이육사의 「광야」, 박두진의 「3월 1일의 하늘」은 남성적 어조를, 정서의 「정과정」, 정철의 「사미인곡」・「속미인곡」, 김소월의 「진달래꽃」, 서정주의 「국화 옆에서」, 한용운의 「님의 침묵」은 여성적 어조를 나타내는 작품이다.
- ③ 감정이입(感情移入) : 타인이나 자연물 또는 예술작품 등에 자신의 감정을 이입시켜 서정적 자아의 정서를 효과적으로 표현하는 방법으로, 의인법으로 구체화된다. 중요

(9) 시의 분류

① **형식상**
- ㉠ 정형시(定型詩) : 일정한 운율(정형률)에 맞추어 쓰는 시로, 외형적으로 자유시나 산문시와 구별되며, 한시(漢詩)의 절구와 율시, 시조 등이 이에 속한다.
- ㉡ 자유시(自由詩) : 형식에 구애됨이 없이 자유롭게 쓴 시로 내재율을 취한다. 시조 이외의 현대시가 이에 속한다.
- ㉢ 산문시(散文詩) : 형태는 산문이지만, 시적인 함축성과 내면적 운율이 있는 시로 자유시 보다 최근에 나타난 시 형태이다.

② **내용상**
- ㉠ 서정시(抒情詩) : 개인의 주관적 감정이나 정서를 다룬 시로 대부분의 현대시가 이에 속한다.
- ㉡ 서사시(敍事詩) : 역사적 사실이나 위대한 인물들의 이야기를 다룬 시로 소설의 원조라 할 수 있다.
  - 예 김동환의 「국경의 밤」, 호머(Homer)의 「일리아드」・「오디세이」 등
- ㉢ 극시(劇詩) : 연극적인 내용을 시의 형식으로 표현한 것을 말한다. 셰익스피어의 희곡은 대부분 극시로 씌어졌다.
  - 예 괴테의 「파우스트」 등

③ **국문학사상**
- ㉠ 창가가사(唱歌歌詞) : 갑오개혁 직후 서구 사상의 영향을 받아 나타난 시 형식으로, 3・4, 4・5, 7・5조 등의 리듬을 자유로이 선택하였으며, 평등・독립 사상과 같은 내용이 주조를 이루었다.
- ㉡ 신체시(新體詩) : 창가 가사와 자유시 사이의 징검다리 역할을 한 과도기적인 시가 형태로, 최남선의 「해에게서 소년에게」가 최초의 작품이다. 기출 24, 23
- ㉢ 자유시(自由詩) : 1919년 이후 오늘날까지 존속한 것으로서 주요한의 「불놀이」가 최초의 작품이다. 기출 24

④ **주제의 내용상**
- ㉠ 주정시(主情詩) : 인간의 감정이나 정서를 주된 내용으로 한 시
- ㉡ 주지시(主知詩) : 인간의 지적(知的)인 면을 주된 내용으로 한 시
- ㉢ 주의시(主意詩) : 인간의 의지적인 측면을 주된 내용으로 한 시

⑤ **성격상**
- ㉠ 낭만시 : 비애, 울분과 같은 퇴폐적이고 감상적인 감정을 노래한 시로, 1920년대 전후에 유행되었다. 박종화, 홍사용, 이상화 등의 시가 대표적이다.

- ⓒ 전통시 : 우리 민족의 **전통적인 정한(情恨)**, 유교적인 휴머니즘, 향토적 정서 등을 현대 감각으로 형상화한 시로, 김소월의 시가 대표적이다.
- ⓓ 순수시 : 주옥같은 언어로 섬세한 정서의 순화를 미묘한 음악성을 살려 표현한 시로, **정치적 목적 의식이 배제**된다. 김영랑, 박용철, 신석정 등이 대표적인 시인이다.
- ⓔ 목적시 : 예술성보다는 어떤 정치나 도덕 등을 계몽, 선전하기 위하여 쓰인 시로, '경향시'라고도 한다. 1926년을 전후한 신경향파 및 카프(KAPF)파의 시가 대표적이다.
- ⓕ 참여시 : 시인도 시대와 사회에 대해 책임과 사명을 가지고 현실에 대한 참여를 통하여 어떤 변혁을 촉구해야 한다는 의도에서 쓰인 시로 김춘수, 김수영, 전봉건 등의 시가 대표적이다.
- ⓖ 주지시 : 낭만적 감정과 음악성을 배격하고 이미지와 지성을 중시한 회화적인 시로, 에즈라 파운드에 이어 T. S. 엘리엇에 의해 완성되었다. 김광균, 김기림의 시가 대표적이다.
- ⓗ 상징시 : 시에 있어서 의미보다도 음악적 리듬과 언어가 지닌 상징적 표현을 중요시한 시로, 주요한의 「불놀이」가 최초의 상징시라 할 수 있다.
- ⓘ 초현실주의시 : 인간의 내면 세계를 중시하여 자동기술법을 바탕으로 쓰인 시로, 이상의 「오감도」 등이 이에 속한다. 기출 23

2 한국 현대시의 흐름 중요

(1) 현대시의 출발

① **개화 시기** : 19세기 말 일본의 침략에 저항하는 형식으로 나타난 우리나라의 현대시는 새로운 서구적 문물에 대한 국민들의 관심을 높이기 위하여 발생한 것으로, 작품은 형태적 측면에서는 **현저히 전통적인 운문 양식**을 이어받고 있었으며, 내용은 **평등·독립 사상** 등이 주조를 이루었다.

② **최남선의 신체시** : 형태적인 새로움이 보다 확실히 나타나게 된 것은 육당(六堂) 최남선에 의해서였으며, 그 대표적인 작품으로 「해(海)에게서 소년에게」(1908)를 들 수 있다. 그러나 이 또한 시대적·사회적 요청에 부응하는 계몽적 성격에서 완전히 벗어난 것은 아니었다. 기출 23

(2) 1910년대 말

① **계몽성에서의 탈피** : 현대시가 신체시의 계몽성에서 탈피하여 서정시, 자유시로 발전하기 위해서는 「태서문예신보」(1918)에 의한 서구시의 수용 과정을 겪을 필요가 있었다. 이를 통해 시의 형식과 운율에 대한 새로운 자각이 생기게 되었으며, 이러한 자각은 1920년대 시로 연결되었다.

② **서구 상징시의 도입** : 김억, 주요한, 황석우 등에 의한 프랑스 상징시(象徵詩)의 도입은 1920년대 초기 시단에 커다란 영향을 끼쳤다. 그러나 프랑스의 상징시는 우리나라에서는 서정시로 변모하고 만다. 그것은 프랑스 상징시의 철학성보다는 음악성이 더 중요성을 띠었기 때문이다. 기출 24

> **체크 포인트**
>
> **주요한의 「불놀이」** 기출 22
> - 최초의 자유시
> - 『창조』에 발표

③ 1919년 문예동인지인 『창조』가 발표되었다.

(3) 1920년대

① 특징
  ㉠ 교훈시에 반발하는 순수한 서정시를 지향하였다고 할 수 있다.
  ㉡ 3·1 운동의 실패 이후, 1920년대의 시는 이른바 '**병적인 낭만주의, 주관주의, 감상주의**'로 빠져들었다.
  ㉢ 3·1 운동 이후의 민족적 비애와 절망감으로 전기시의 주류를 형성하였다.
  ㉣ 최남선 등의 신시, 신체시에 대한 거부와 반동에서 탄생하였다.

② **문학사적 의의**: 1910년대의 시를 계승하여 현대적 의미의 자유시 형식을 확립·발전시켰다.

③ **문학적 경향**: 민족의 주권 상실과 시대의 울분을 시로써 표현하려는 경향이 매우 짙었다. 따라서 개인적으로는 쉽게 이겨낼 수 없는 시대 전체에 대한 부정적 인식을 어둠, 눈물, 죽음, 탄식 등의 절망적 태도로 형상화하여 시적 상상력을 감상적·퇴폐적으로 표현하였다.

> **더 알아두기**
>
> **퇴폐적 낭만주의**
> - 우울한 시대 의식과 개인적 절망 노래(『폐허』, 『백조』)
> - 오상순, 황석우, 박종화, 홍사용, 이상화, 박영희
> - 원인
>   - 3·1 운동의 좌절
>   - 세기말적 퇴폐풍조 유입
>   - 제1차 세계대전 이후의 외래적 허무주의

④ **신경향파, 카프(조선 프롤레타리아 예술가 동맹)**: 투쟁적 사회 의식 노래(김기진, 박영희)

⑤ **대표 시인** 기출 23
  ㉠ 김소월: 전통적 정감을 민요적 리듬으로 구성하여 독자적 시 세계 확장, 다시 돌아오지 않은 임 설정
  ㉡ 한용운: 시집 『님의 침묵』에서 불교의 형이상학적인 내용을 여성적인 리듬으로 형상화하여 아름다운 시로 표현, 다시 돌아오는 임 설정 기출 25

(4) 1930년대 기출 22

① **특징**: 1930년대의 시는 사상과 표현에 있어서 1920년대에 비해 훨씬 더 세련성을 띠게 되었다. 서구의 문예사조 등이 대거 유입되어 많은 오류와 모순을 드러내면서도 다각적으로 실험되었으며, 근대시로부터 현대시로의 전환이 본격적으로 시작되었다.

② **문학사적 의의**: 1920년대 시의 감상적이고 퇴폐적인 낭만주의에 반발함으로써 순수 서정시의 개척 및 발전을 가져왔으며, 1930년대 모더니즘 시론가(詩論家)들에 의하여 체계적인 시론화 작업이 시도되었다.

③ **문학적 경향**: 시의 주제와 표현 방법에 있어 1920년대의 그것과는 많은 차이를 보여준다. 무엇보다도 순수 서정시에의 관심과 개척이 대표적인 것으로 시어에 대한 현대적 인식, 시의 음성 구조와 의미 구조의 조화를 위한 노력, 회화적 이미지의 조형 등에 역점을 두었다.

④ **구인회의 활동**: 김기림·이효석·이종명·김유영·유치진·조용만·이태준·정지용·이무영 등이 창립회원이다. 구인회라는 이름은 회원 수에서 비롯된 것으로, 창립한 지 얼마 안 되어 이종명·김유영·이효석이 탈퇴하고, 대신 박태원·이상·박팔양이 새로 들어왔으며, 그 뒤 유치진·조용만 대신에 김유정·김환태로 바뀌었으나 회원 수는 항상 9명을 유지했다. 창립할 때는 친목단체임을 내세웠으나, 1920년대 우리나라 문단의 큰 흐름이었던 프롤레타리아 문학에 반대하는 순수예술을 지향하였다.

⑤ **세 유파의 형성**: 시문학파, 모더니즘 시파, 생명파가 형성되어 활동하였다.

> **더 알아두기** 기출 23
>
> - **시문학파**: 순수시(시문학 동인)
>   - 김영랑, 박용철, 신석정, 이하윤
>   - 프로 문학에 대한 반발
>   - 섬세한 언어의 아름다움
>   - 일체의 이념적·사회적 관념 배제
>   - 음악성 강조
>
> - **모더니즘**: 주지시
>   - 김기림, 김광균, 장만영
>   - 이미지 강조(이미지즘)
>   - 도시와 서구, 현대적 풍경 묘사
>   - 참담한 현실 외면
>   - 방법적 측면에만 기울어 시의 깊이 미흡
>   - 표현의 선명성

(5) 1940년대

① **특징**: 1940년부터 광복에 이르는 시기는 한국 문학사의 암흑기로서, 표면적으로는 한국 현대시사의 단절상을 드러낸다. 그러나 이면적으로는 은밀하고 적극적인 저항 정신이 관류하던 시기로서 청록파와 이육사, 윤동주 등이 이 시기의 대표적인 시인이었다.

② **문학사적 의의**: 일본의 강압적인 우리 문화 말살 정책하에서도 청록파의 전통적인 시 정신과 이육사, 윤동주의 저항시들이 그 빛을 발하였다.

③ **문학적 경향**: 이 시기에는 이육사, 윤동주에 의해 적극적인 저항시와 은둔적인 성격을 띤 목가풍의 시들이 쓰였으며, 일본의 강요에 의한 어용시 또한 발표되었다.

(6) 8·15 광복 이후

1945년 8월 15일, 일본의 무조건 항복으로 해방이 된 우리나라는 우리말과 글을 되찾고, 우리 겨레의 사상과 감정을 자유로이 표현할 수 있게 되었다. 이에 따라 문학에 있어서도 좌·우익의 갈등이 표출되기도 하였으며, 청록파와 생명파 시인의 전통적 고유 정신의 발굴과 승화·정진이 이루어졌다.

> **체크 포인트**
>
> - 윤동주 기출 22
>   - 사색적이고 지고지순한 도덕적 완벽성을 지향한 감각적인 서정시를 추구하였다.
>   - 민족과 시대를 책임지는 주체자로서의 자아완성을 기하였다.
>   - 식민지 지식인이 겪는 정신적 고통과 인간 자체의 생명적 아픔을 순수하고 섬세한 표현으로 노래하였다.
> - 이육사
>   - 『자오선』 동인이며, 혁명가, 시인이다.
>   - 간결한 심상과 매운 절개 의식이 특징적이다.
>   - 남성적 호쾌를 보이는 어조로 독자적 경지를 보여준다.
>   - 「청포도」, 「광야」: 민족의 미래 혁신을 아름답고 장엄한 미로 형상화하였다.
>   - 「절정」: 시대의 고통을 집약하고, 개인적 수용의 한계를 읊었다.

(7) 6·25 전쟁에서 1960년대까지

① **종군·전후 시인군**: 6·25 전쟁은 모든 국민을 고통과 공포와 죽음의 비극 속으로 몰아넣었고, 시인들 역시 전쟁이라는 극한 상황에 동참하여 종군시(從軍詩)를 썼으며, 전후의 시인들은 시대적 고통의 표정 뒤에 감추어진 허무와 절망을 시로 표현하였다. 이리하여 일단의 전후(戰後) 시인군이 형성되었다.

② **1960년대의 시**: 1960년대는 각종 문예지의 창간과 본격적인 동인지의 출현에 의해 시문학 풍토가 더욱 다원화되었다. 그러나 시를 이루는 기본 정신이 순수와 참여의 양대 주류로 뚜렷이 갈라지는 시기였다. 4·19 혁명의 충격에 의해 야기된 이러한 경향은 1970년대로 연결된다.

> **더 알아두기**
>
> **한국 현대시의 주제**
> - 1910년대: 민중을 계몽하고, 민족 의식을 고취하는 애국주의적 경향의 교훈시가 주류를 이루었다.
> - 1920년대: 전반기의 시에서는 1910년대의 정신을 거부했지만, 3·1 운동 이후의 절망감과 세기말적 풍조의 유입 등으로 인해 주관적 감상주의에 빠지고 말았다. 후반기에 이르러 시어에 대한 자각이 뚜렷해지는 등 현대시의 진정한 기점이 마련되었다.
> - 1930년대: 시문학파는 시어에 대한 자각을 구체화시켜 심화된 정감을 한국적인 운율로 재구성함으로써 순수 서정시의 세계를 이룩하였다. 모더니즘 시인들은 도시와 근대적 풍경 속에서 시의 주제를 찾기에 힘썼으며, 기계 문명과 도시 생활의 영향 속에서 사물과 세계를 보는 새로운 시각과 방법론을 갖게 되었다. 모더니즘에 대한 반동으로 인간적인 문제와 생명의 탐구에 주력한 생명파 시인들, 시간을 초월하는 생명의 고향을 추구하기 위해 자연을 찾아 나선 청록파 시인들이 나타났다.

- 1940년대 : 전반기에는 일제의 압제에 대한 저항 의식을 드러낸 시가 쓰였고, 후반기에는 모더니즘 시 운동이 전개되었다.

(8) 주요 문예지 중요 기출 25, 23, 22

문예지	특징
소년(少年)	우리나라 최초의 월간 잡지로, 융희 2년(1908) 최남선이 주관하여 발간하였으며, 신문화 개척의 선구라 일컫는다. 정치·경제 등 일반문화에 관한 문장 이외에 특히 문학에 주력하여 우리나라 현대 문학의 발판 역할을 하였으나, 1911년에 폐간되고 그 후신으로 『샛별』이 발간되었다. 최남선의 신체시 「해에게서 소년에게」가 실렸다.
청춘(靑春)	『소년』이 한·일 합방에 반대하는 기사로 폐간된 후인 1914년, 최남선에 의하여 발간된 월간 종합계몽지이다. 봉건사회에 대한 대담한 비판, 근대 문화의 소개·보급에 힘썼다. 편집 내용은 문예란에서부터 자연과학란에 이르기까지 매우 광범위하였으며 청년들의 계몽에 힘썼다. 이광수의 「어린 벗에게」 등이 연재되었다.
태서문예신보 (泰西文藝新報)	1918년 장두철의 주재로 도쿄에서 발간한 순수문예지, 순한글로 발간된 주간잡지로 서구문예사조의 소개 등 여러 면에서 문학사적인 의의를 지닌다. 이미 문단에 등장한 작가들의 작품 외에 3·1 운동 이후에 등장한 작가들의 습작시 작품들도 많이 발표되었다.
창조(創造)	우리나라 최초의 순수문예지로서 1919년 2월, 김동인·주요한·전영택 등에 의해 발간되었다. 3·1 운동 후, 동인들이 분산되어 잠시 중단되기도 했으나(2호까지 발간), 1920년 다시 김동인에 의해 속간, 9호까지 발간되었다. 기성 문단에 대해 예리한 비판적 태도를 취하였으며, 주요한의 「불놀이」, 김동인의 「약한 자의 슬픔」 등이 실렸다.
개벽(開闢)	『개벽』은 우리나라의 본격적인 종합지로, 1920년 현진건·이상화·염상섭·김동인·박종화·김기진 등에 의해 천도교(天道敎)를 배경으로 하여 창간되었다. 당시의 문화주의적·사회주의적인 시대 조류를 반영시키기 위해 국민지도에 앞장섰으며, 한때 박영희·김기진 등이 프롤레타리아 문학론(프로 문학론)을 발표하기도 했다.
폐허(廢墟)	1920년 염상섭·오상순·황석우·남궁벽·김억 등 자연주의 작가들이 발간한 문학동인지로, 퇴폐적·세기말적·사실적·이상주의적인 여러 사상 경향을 보여주었다. 낭만주의적인 정신을 기초로 하여 사상 계몽에 큰 공헌을 했으나 2호를 내고 중단, 1923년에 『폐허 이후』라는 이름으로 속간되었다.
장미촌(薔薇村)	1921년에 황석우·변영로·노자영·박종화·박영희 등이 중심이 되어 창간한 우리나라 최초의 시동인지(詩同人誌)이다. 낭만주의라는 특정한 문학사조 목표를 명백히 표방하고 나선점과 우리나라 최초의 시 전문잡지였다는 점에 의의가 크다. 2호를 내고 중단되었다.
백조(白潮)	1922년 1월, 홍사용·이상화·현진건·박종화·박영희·노자영 등이 창간한 문학동인지이다. 초기 낭만주의 문학운동의 중심이 되었으며, 3·1 운동 이후 민족적 좌절감과 절망으로 인하여 감상주의적인 세계를 추구했다. 3호를 내고 폐간되었으나, 『창조』, 『폐허』 등과 함께 기미년 직후의 3대 문예지로 꼽힌다.
조선문단 (朝鮮文壇)	1924년 9월, 방인근이 출자하고 이광수의 주재로 창간된 순수문예지이다. 민족주의적 색채가 짙었으며, 당시 문단인을 총망라해 신인 발굴에 공이 컸다. 1935년에 이학인이 속간하였으나, 1936년에 다시 폐간되었다.
해외문학 (海外文學)	외국문학의 번역·소개·연구와 동시에 우리 문학의 발달을 도모하고, 세계 문학과의 교류를 위하여 1926년 '해외문학연구회(海外文學硏究會)'가 조직되고, 이듬해인 1927년에 『해외문학』이 발간되었다. '해외문학연구회'의 회원은 김진섭·정인섭·이하윤·이선근·이헌구·김광섭·장기제 등이었다.

시문학(時文學)	1930년에 발간된 순수시문학지로, 김영랑·박용철 등이 중심이 되었다. 주제(主題)보다도 기교적인 가치를 중시하고 서정적·감각적 분야를 과감하게 개척, 시를 구상적(具象的)인 방향으로 이끈 공이 컸다.
문장(文章)	1939년 4월에 창간된 월간 순수문예지이다. 박목월·조지훈·박두진·김종한·이한직·박남수·곽하신·임옥인 등 많은 시인이 배출되어 우리 문학의 수준을 높였다. 문단에서는 이들을 순수문학파라 칭했다. 창간호에는 이광수의 「무명(無明)」, 유진오의 「이혼」 등이 실렸다. 1941년 4월 폐간되었다.

(9) 주요 유파 기출 25, 23

① **주지파 문학(主知派文學)**

지성과 이성의 의식활동을 중요시하는 입장의 문학으로, 최재서(崔載瑞)가 주관한 『인문평론(人文評論)』을 통해 영국의 주지적(主知的) 문학을 우리 문단에 소개하였다. 김광균·장만영 등의 시인이 이에 호응하여 모더니즘(Modernism)의 신시(新詩) 운동을 전개하였고, 이상(李箱)은 심리주의 소설을 썼다.

② **생명파(生命派, 인상파)**

탐미주의적(耽美主義的) 순수문학을 한 시문학파(詩文學派)의 기교와 주지파(모더니즘파)의 메커니즘, 경향파의 이데올로기 등에 불만을 품고 순수문학을 들고 나선 일군의 작가, 즉 1936년에 창간된 『시인부락』에 속한 작가들을 말한다. 현실을 현실대로 전제해 놓고 예술을 위해 작품을 쓰는 순수문학을 인간주의적 순수문학으로 발전시켰다. 대표적인 작가로는 황순원·김영수·계용묵, 시인으로는 서정주·유치환 등을 들 수 있다.

③ **시문학파(詩文學派)** 중요

프로문학 전성기에 이에 대한 문학사적인 반동으로 해외문학파가 등장하여 신흥문학운동을 전개하게 되었다. 1927년 도쿄에서 주로 외국 문학도들이 모여 '해외문학 연구회'라는 동인회를 구성하고, 그 기관지 해외문학을 창간 2호까지 냈다. 이에 활약한 동인들은 김영랑·박용철·김진섭·이헌구·정인섭·이하윤·함대훈·서항석·김광섭·손우성 등으로, 그들은 주로 외국문학에 대한 이론 및 작품의 번역·소개에 주력하였다. 해외문학파의 동인 중 다수가 참가해서 발행한 잡지로는 『시문학』과 『문예월간』이 있다.

④ **청록파(靑鹿派)** 중요 기출 24

1940년을 전후하여 『문장』의 추천을 받아 등장한 시인 박목월(朴木月)·조지훈(趙芝薰)·박두진(朴斗鎭) 세 사람을 가리키는 말이다. 이들이 1946년에 합동시집 『청록집(靑鹿集)』을 간행함으로써 이런 명칭이 붙었다. 이들의 시는 율조(律調)와 서정, 전통적인 자연관 등으로 인하여 순수시의 대명사라 할 수 있다.

> **체크 포인트**
>
> - 한국 현대시에서 정서와 사상이 일체가 되어 원숙한 시로 발전한 시파: 생명파, 청록파
> - 문학 대중화 논쟁을 촉발시킨 '임화'의 시: 「우리 오빠와 화로」
> - 대표적인 동인지 순서 기출 24, 23, 22
>
> 1919 창조 — 1920 폐허 — 1921 장미촌 — 1922 백조 — 1923 금성 — 1924 영대 — 1927 해외문학 — 1929 삼천리 — 1930 시문학 — 1936 시인부락 — 1937 자오선 — 1939 문장

- 1920년대 좌익과 우익의 대립 잡지
  개벽(좌익) ↔ 조선문단(우익)
  ※ 절충: 문예공론
- 최초의 순문예 동인지: 창조
- 최초의 시전문 동인지: 장미촌
- 낭만주의 3대 동인지: 백조, 폐허, 장미촌
- 1920년대 3대 동인지: 창조, 폐허, 백조
- 1930년대 순수시 계승 잡지
  시문학(1930) → 문예월간(1931) → 문학(1933) → 시원(1935) → 문장(1939)

(10) 시인에게 있어서의 현실과 자연 – 이상화와 김소월

① **경향**
  ⊙ 이상화(대구 출생): 외향적, 현실적 삶의 개선, 사회 의식의 문학
  ⓒ 김소월(평북 출생, 본명 김정식): 내향적·개인적 삶의 문제, 근원적 문제, 애정, 자연, 영원한 것

② **시관** 중요
  ⊙ 이상화
  - 식민지 시대 작가의 시대적·사회적인 책임을 강조
  - 문학의 미적인 기능을 함께 고려
  - 작가의 현실과 역사에 참여하는 양심 역설
  - 작품: 「나의 침실로」, 「빼앗긴 들에도 봄은 오는가」 등 기출 24
  ⓒ 김소월 기출 23
  - 도시에 대한 혐오, 자연 예찬
  - 도시문명보다 향토적 자연현상에 참된 시적 진실이 있으며, 인간에게는 이를 깨닫는 영혼이 있다고 봄 → 이 영혼이 이상적인 미(美)의 옷을 입을 때 '시혼(詩魂)'이 됨
  - 시간과 공간을 넘어선 시혼의 불변성 강조
  - 작품: 「진달래꽃」, 「산유화」, 「초혼」 등

③ **시문학적 의의**
  ⊙ 이상화
  - 유연하고 활달한 산문시 형식의 거침없는 구사
  - 허무주의적·개인적 시세계에서 민족의 현실과 저항의지를 노래하는 방향으로 변모
  ⓒ 김소월 기출 23
  - 시의 정서에서 나타나는 전통지향성(자연관과 한의 정서)
  - 시의 율격에 배어있는 전통 계승적 면모(민요조의 세련된 변형)

참고 **현대시조**

(1) 시조(時調)의 개관
① 정의: 3장 6구 45자 내외의 형식으로 된 우리 민족 고유의 대표적 정형시
② 발생: 시조는 신라 향가와 고려가요(속요)의 영향을 받아 고려 중엽에 발생하여 고려 말에 국문학의 한 장르로서 정립되었다.
③ 명칭
  ㉠ 시조 이전의 명칭: 단가(短歌), 시여(詩餘), 신조(新調), 영언(永言) 등
  ㉡ 시조란 이름은 조선 시대 영조 때의 가객(歌客) 이세춘(李世春)이 붙인 창곡상(唱曲上)의 명칭으로 시절가조(時節歌調)의 준말이다.
④ 기본 형식
  ㉠ 초장·중장·종장의 3장, 6구, 12음보, 45자 내외로 구성된다.
  ㉡ 각 장은 2구, 4음보, 15자 내외로 구성된다.
  ㉢ 각 음보는 3·4조, 또는 4·4조의 기본 음수율로 되어 있다.
  ㉣ 종장 제1음보는 3음절로 고정되며, 제2음보는 5음절 이상이다.
⑤ 시조 부흥·개혁 운동의 흐름
  ㉠ 시조의 통어성: 시는 언제나 사상과 정서를 통어(統御)하는 형식을 지니는데, 시조에서는 3장 6구 45자 내외라는 통어로 나타난다.
    • 구속성과 자유성: 시조의 제한된 형식은 사상과 정서를 구속하는 한편, 세련된 미를 부여하는 틀이다. 그러나 그 틀 안에서는 얼마든지 자유로울 수 있다는 사실을 말해 준다.
    • 한계성: 민족의 정서를 표현하는 데 가장 알맞았던 시조 형식도 다양해진 현대적 삶에 적응하기에는 한계가 있었다.
  ㉡ 개혁 운동과 자유시와의 대결
    • 개혁 운동: 1920년대, 일제 강점기라는 시대 상황에서 최남선, 손진태, 이병기 주도의 국민 문학 운동에 앞장선 문인들에 의해 전개되었다. '우리의 것, 한국적인 것'에 대한 강한 애착과 서구문학의 무비판적 수용에 대한 반성에서 비롯되었다.
    • 자유시와의 대결
      - 개혁론: 시조 개혁 운동에서는 전통적인 시조에서의 제한된 소재와 상투적인 주제, 지나친 과장 등의 측면을 벗어나려는 노력이 강하게 대두되었다.
      - 자유시와의 대결: 현실적인 정감의 표현과 취재 범위의 확장 및 연작의 시도 등으로 나타난 시조 개혁 운동은 현대의 자유시와 대결하여 생존권을 획득하기 위한 노력이었다.

(2) 현대시조의 개념 및 특성
① 현대시조의 개념: 우리 민족의 성정(性情)에 가장 알맞은 문학 양식인 시조를 민족시로 계승·발전시키기 위해, 고시조의 형식상의 제약을 탈피하여 현대인의 생활 감정을 다양하게 표현한 시조로 대체로 갑오개혁(1894년) 이후의 시조를 뜻한다.
② 현대시조의 특성
  ㉠ 형식상(形式上)
    • 고시조의 율격(律格)을 계승하였다.
    • 음절 수의 대담한 파격(破格)을 이룬다.

- 시행의 배열이 자유롭다.
- 연시조(連時調)가 많으며, 제목이 있다.
ⓒ 내용상(內容上)
- 복잡다기한 현대인의 생활을 반영하는 다양한 사상·감정을 주제로 표현한다.
- 자아의 내면 세계를 표현한다.
- 개성적·사색적·관조적 특성을 보인다.
ⓒ 표현상(表現上)
- 다양한 표현 기교를 사용하여 개성적이고 참신한 이미지를 제시한다.
- 현대시의 표현 기교를 원용하여 긴밀한 구조를 이루며 회화성을 중시한다.
- 시어의 자연스러운 호흡을 중시한다.

(3) 현대시조의 흐름 기출 23

현대시조는 1920년대 후반부터 시조 부흥 운동이 일어나, 1930년대 말기에 와서 심화·발전하였다.

① **현대시조의 태동** : 갑오개혁 이후 일제의 침략을 비난하는 내용의 시가가 나타나게 되었고, 이 시기의 시조에 대해 적극적 관심을 보인 사람이 육당(六堂) 최남선(崔南善, 1890~1957)이다. 그는 『소년』, 『청춘』의 잡지를 통해 민중의 계몽 및 근대정신의 고양에 힘을 기울였으며, 시조의 대중화에 노력하는 한편, 그 자신도 「국풍사수(國風四首)」 등 일련의 작품들을 발표하였다. 그러나 그 주제는 계몽적 색채를 벗어나지 못했고, 그의 초창기 시조 부흥 운동은 서구적 문학의 조류에 휩쓸려 성과를 거두지 못했다.

② **시조 부흥 운동의 본격적 전개**
  ㉠ 배경 : 1920년대는 민족의 자아 인식이 강화되고, 전통 문화에 대한 애착이 더욱 강하게 표출되던 시기이다.
  ㉡ 동기 : 1925년에 결성된 카프(KAPF)에 대항하여 민족적인 것을 수호해야 하겠다고 나선 문인들의 모임인 국민문학파가 결성되었다. 국민문학파에 속한 문인들로는 최남선, 이광수, 양주동, 이병기 등이 있었다. 이들은 KAPF에 대항해서 민족 문학으로서의 시조(時調)를 부흥·발전시켜야 한다고 주장하였다.
  ㉢ 운동의 전개 : 최남선은 1926년 『조선문단』에 발표한 「조선 국민 문학으로서의 시조」란 글에서 시조가 우리 민족의 성정에 가장 잘 어울리는 시형임을 강조하며 시조의 부활을 제창하였다. 그의 『백팔번뇌(百八煩惱)』(1926)는 최초의 개인 창작 현대시조집이고, 『시조유취(時調類聚)』는 당시로서는 가장 방대한 고시조집이었다. 그밖에 이광수, 정인보 등의 작품은 고시조에서 현대시조로 넘어가는 교량적 역할을 하였다.

③ **시조의 본격적 현대화** : 가람 이병기는 시조 부흥을 위한 이론적 근거를 마련하는 데 힘쓰는 한편, 창작 활동을 통해서 시조가 현대 문학의 한 장르로 발전하기 위해 필요한 서정성을 개척하였으며, 『문장(文章)』의 시조 선고(選考) 위원으로 있으면서 김상옥, 이호우 등 유망한 시조 작가들을 발굴·육성하여 이은상과 더불어 시조의 본격적 현대화에 기여하였다.

④ **현대시조의 심화** : 1940년대 『문장』을 통해 등단한 김상옥, 이호우에 의해 현대시조는 심화·발전되었다. 김상옥은 심성화(心性化)된 풍경을 통한 서정의 세계를 개척했고, 이호우는 현대적 심상을 활용하여 내면 세계를 형상화하는 데 성공하여 현대시조의 격을 높였다. 그 밖에 조종현, 이태극, 정완영, 이영도 등이 현대시조의 심화·발전에 기여한 시인이다.

3 한국 현대시 주요 작품 이해

(1) 김남조, 「설일(雪日)」

> 겨울 나무와 / 바람 / 머리채 긴 바람들은 투명한 빨래처럼 / 진종일 가지 끝에 걸려 / 나무도 바람도 / 혼자가 아닌 게 된다 // (중략) 이적진 말로써 풀던 마음 / 말없이 삭이고 / 얼마 더 너그러워져서 이 생명을 살자 / 황송한 축연이라 알고 / 한 세상을 누리자 // 새해의 눈시울이 / 순수의 얼음꽃 / 승천한 눈물들이 다시 땅 위에 떨구이는 / 백설을 담고 온다.

해설
- 성격 : 서정적, 서술적, 관조적, 종교적
- 운율 : 음운, 음절, 통사 구조 등의 반복에 의한 리듬감 형성
- 서정적 자아 : 차분하면서도 설득적이며 자신을 성찰하는 자세
- 심상 : 시각적 심상이 두드러짐
- 제재 : 나무, 바람, 눈
- 표현 : 서술적 문체로 시적 의미 전달, 운율적 언어의 사용, 시각적 심상의 언어 사용, 청유형 어미 사용
- 주제 : 삶에 대한 너그러움과 긍정적 자세, 고독의 극복, 신의 섭리에 귀의함
- 눈시울 → 눈물 → 승천 → 백설 → 얼음꽃 : 상승과 하강의 순환적 심상

(2) 한용운, 「님의 침묵」

> 님은 갔습니다. 아아, 사랑하는 나의 님은 갔습니다. / 푸른 산빛을 깨치고 단풍나무 숲을 향하야 난 적은 길을 걸어서, 참어 떨치고 갔습니다. / 황금(黃金)의 꽃같이 굳고 빛나든 옛 맹서(盟誓)는 차디찬 티끌이 되야서 한숨의 미풍(微風)에 날아갔습니다. / (중략) 그러나 이별을 쓸데없는 눈물의 원천(源泉)을 만들고 마는 것은 스스로 사랑을 깨치는 것인 줄 아는 까닭에, 걷잡을 수 없는 슬픔의 힘을 옮겨서 새 희망의 정수박이에 들어부었습니다. / 우리는 만날 때에 떠날 것을 염려하는 것과 같이, 떠날 때에 다시 만날 것을 믿습니다. / 아아, 님은 갔지마는 나는 님을 보내지 아니하얏습니다. / 제 곡조를 못 이기는 사랑의 노래는 님의 침묵(沈默)을 휩싸고 돕니다.

해설
- 성격 : 낭만적, 상징적, 의지적
- 어조 : 연가풍의 여성적 어조, 영탄적 어조
- 특징 : 불교의 윤회설과 공(空) 사상에 바탕을 둠
- 제재 : 님과의 이별
- 주제 : 님에 대한 영원한 사랑(존재의 회복을 위한 신념과 희구)

(3) 신경림, 「목계장터」

> 하늘은 날더러 ⓐ <u>구름</u>이 되라 하고 / 땅은 날더러 ⓑ <u>바람</u>이 되라 하네. / 청룡 흑룡 흩어져 비 개인 나루 / 잡초나 일깨우는 잔바람이 되라네. / 뱃길이라 서울 사흘 목계 나루에 / 아흐레 나흘 찾아 박가분 파는 / 가을볕도 서러운 방물 장수가 되라네. // 산은 날더러 ⓒ <u>들꽃</u>이 되라 하고 / 강은 날더러 ⓓ <u>잔돌</u>이 되라 하네. / 산서리 맵차거든 풀 속에 얼굴 묻고 / 물여울 모질거든 바위 뒤에 붙으라네. // 민물 새우 끓어 넘는 토방 툇마루 / 석삼년에 한 이레쯤 천치로 변해 / 짐 부리고 앉아 쉬는 떠돌이가 되라네. // 하늘은 날더러 바람이 되라 하고 / 산은 날더러 잔돌이 되라 하네.

해설
- 갈래: 자유시, 서정시
- 성격: 서정적, 향토적, 비유적
- 특징
  - 자연물을 통해 삶의 애환을 드러냄
  - 대비적 시어를 통해 화자의 삶에 대한 인식을 드러냄(유랑과 정착 사이의 갈등)
  - 반복을 통하여 시적 의미 강조
  - 4음보 율격을 사용해 운율감 부여
  - 장터를 배경으로 서민 삶의 애환을 토속적 언어로 나타냄
  - 이효석의 소설 「메밀꽃 필 무렵」의 주인공인 '허생원'이 읊었을 만한 시
- 주제: 떠돌이 민중의 상실감과 애환
- ⓐ·ⓑ: 유랑 또는 방황
- ⓒ·ⓓ: 정착 또는 안식

(4) 조지훈, 「봉황수(鳳凰愁)」

> ⓐ <u>벌레 먹은 두리기둥</u>, 빛 낡은 단청 풍경 소리 날아간 추녀 끝에는 ⓑ <u>산새</u>도 ⓒ <u>비둘기</u>도 둥주리를 마구 쳤다. 큰 나라 섬기다 ⓓ <u>거미줄</u> 친 옥좌 위에 여의주 희롱하는 ⓔ <u>쌍룡</u> 대신에 두 마리 ⓕ <u>봉황새</u>를 틀어 올렸다. 어느 땐들 봉황이 울었으랴만 푸르른 하늘 밑 추석(甃石)을 밟고 가는 나의 그림자. 패옥 소리도 없었다. 품석 옆에서 정일품, 종구품 어느 줄에도 ⓖ <u>나의 몸둘 곳은 바이 없었다</u>. 눈물이 속된 줄을 모를 양이면 봉황새야 구천에 호곡하리라.

해설
- 갈래: 산문시, 서정시
- 율격: 내재율
- 성격: 회고적, 고전적, 서정적
- 심상: 비유적 심상
- 구성: 단연(單聯)으로 된 산문시
- 제재: 봉황의 용상(龍床), 퇴락한 고궁
- 주제: 망국의 비애와 그 극복 의지
- 특징: 역사적 현실에 대한 비판 의식을 고전적 소재를 통해 나타냄

- 사대주의로 인한 망국의 슬픔 : 맥수지탄(麥秀之嘆)
- 선경후정의 시상 전개, 감정의 절제
- ⓐ・ⓑ・ⓒ・ⓓ : 외세의 침탈
- ⓔ : 역사의 참모습 ↔ ⓕ : 힘 없는 역사
- ⓖ : 망국의 부재감(不在感)

(5) 이육사, 「절정」

매운 계절의 채찍에 갈겨 / 마침내 ⓐ 북방으로 휩쓸려오다. // 하늘도 그만 지쳐 끝난 ⓑ 고원 / 서릿발 칼날 진 그 위에 서다. // 어데다 무릎을 꿇어야 하나 / 한 발 재겨 디딜 곳조차 없다. / 이러매 눈감아 생각해 볼밖에 / 겨울은 강철로 된 무지갠가 보다.

해설
- 갈래 : 자유시, 서정시, 상징시
- 율격 : 내재율
- 성격 : 의지적, 지사적, 남성적
- 제재 : 현실의 극한 상황
- 주제 : 극한 상황의 역설적 극복 의지
- 특징
  - 간결한 표현 속에 시적 의미를 응축함으로써 단호하고 강한 느낌을 줌
  - 시적 상황을 계절적 이미지와 공간적 이미지를 이용하여 효과적으로 형상화함
  - 강하고 극단적인 어휘들을 사용하고 역설을 통해 주제 의식을 효과적으로 강조
- ⓐ・ⓑ : 극한 상황
- 모순 형용 : 강철로 된 무지개

(6) 윤동주, 「서시」 기출 25

죽는 날까지 하늘을 우러러 / 한 점 부끄럼이 없기를 / 잎새에 이는 바람에도 / 나는 괴로워했다. // 별을 노래하는 마음으로 / 모든 죽어 가는 것을 사랑해야지. / 그리고 나한테 주어진 길을 걸어가야겠다. // 오늘 밤에도 ⓐ 별이 ⓑ 바람에 스치운다.

해설
- 갈래 : 자유시, 서정시
- 율격 : 내재율
- 성격 : 성찰적, 고백적, 의지적, 참여적, 반성적
- 어조 : 엄숙하고 정결한 분위기, 절대 순결을 윤리적 지표로 삼은 청년의 양심 고백적 목소리, 고백적 어조와 의지적 어조
- 심상 : 별과 바람의 시각적 심상

- 제재 : 별(이상의 세계와 순수한 양심)
- 주제 : 부끄러움이 없는 순결한 삶에 대한 소망, 부끄러움 없는 삶에 대한 간절한 소망
- 특징
  - 대조적 심상의 부각(별과 바람)
  - 서술과 묘사에 의한 표현
  - 자연적 소재에 상징적 의미를 부여함
- ⓐ는 순수함·이상, ⓑ는 일제 치하의 시련

(7) 김수영, 「폭포」

폭포는 ㉠ <u>곧은</u> 절벽(絶壁)을 무서운 기색도 없이 떨어진다. // 규정(規定)할 수 없는 물결이/ 무엇을 향(向)하여 떨어진다는 의미(意味)도 없이 / 계절(季節)과 주야(晝夜)를 가리지 않고 / 고매(高邁)한 정신(精神)처럼 쉴 사이 없이 떨어진다. // ⓐ <u>금잔화(金盞花)</u>도 인가(人家)도 보이지 않는 ⓑ <u>밤</u>이 되면 / 폭포(瀑布)는 ㉡ <u>곧은</u> 소리를 내며 떨어진다.

해설
- 갈래 : 자유시, 서정시, 주지시
- 율격 : 내재율
- 성격 : 주지적, 관념적, 상징적, 참여적, 산문적, 직설적
- 심상 : 역동적 심상, 청각적 심상
- 어조 : 힘차고 격정적인 어조, 강인하고 의지적인 어조
- 제재 : 폭포, 현실의 부정적 모순과 인간의 나태한 심성
- 주제 : 부정적 현실과 타협하지 않는 양심과 지조
- '폭포'의 보조관념 : 고매한 정신, 곧은 소리
- ⓐ : 따뜻함 ↔ ⓑ : 암담한 현실
- ㉠ : 현실적·구체적, '쭉 뻗은'의 뜻
- ㉡ : 정신적·추상적, '올바른 양심'의 뜻
- 김수영의 「폭포」와 관련된 양심과 지조를 지키는 인물 : 김정한 「수라도」의 '오봉선생', 「모래톱 이야기」의 '갈밭새 영감', 이희승의 「딸깍발이」의 '남산골 샌님'

(8) 김수영, 「풀」

풀이 눕는다. / 비를 몰아오는 동풍에 나부껴 / 풀은 눕고 / 드디어 울었다. / 날이 흐려서 더 울다가 / 다시 누웠다. // 풀이 눕는다. / 바람보다도 더 빨리 눕는다. / 바람보다도 더 빨리 울고 / 바람보다도 먼저 일어난다. // 날이 흐리고 풀이 눕는다. / (중략) 바람보다 늦게 누워도 / 바람보다 먼저 일어나고 / (중략) 날이 흐리고 풀뿌리가 눕는다.

> **해설**
> - 성격 : 상징적, 현실 참여적
> - 제재 : 풀
> - 주제 : 풀의 끈질긴 생명력
> - 특징
>   - 대립구조의 나열
>   - 풀(민중) ↔ 바람(현실의 억압)

(9) 신동엽, 「껍데기는 가라」

> 껍데기는 가라. / 사월(四月)도 ⓐ <u>알맹이</u>만 남고 / 껍데기는 가라. // 껍데기는 가라. / 동학년(東學年) 곰나루의, 그 아우성만 살고 / 껍데기는 가라. // 그리하여, 다시 / 껍데기는 가라. / 이곳에선, / ⓑ <u>두 가슴과 그 곳까지 내논</u> / 아사달 아사녀가 / 중립(中立)의 초례청 앞에 서서 / 부끄럼 빛내며 / 맞절할지니 // 껍데기는 가라. / 한라에서 백두까지 / ⓒ <u>향그러운 흙가슴</u>만 남고. / 그, ⓓ <u>모오든 쇠붙이</u>는 가라.

> **해설**
> - 갈래 : 자유시, 참여시
> - 제재 : 이 땅의 순수한 존재
> - 주제 : 외세에 대한 배격과 자주 통일의 소망
> - 운율 : 내재율
> - 성격 : 저항적, 의지적, 직설적
> - 특징
>   - 1960년대 부정부패로 얼룩진 현실에 대해 직설적 어조로 저항하고 있음
>   - '껍데기는 가라'라는 구절을 여러 번 반복함으로써 시인의 간절한 바람을 강조
>   - 우리 민족의 역사 속에서 중요한 소재를 시에 사용
>   - 현실 인식 면에서 유사한 시 : 김수영의 「푸른 하늘을」, 신석정의 「전아사(餞迓詞)」
>   - 전쟁이라는 폭력과 비평화 거부 면에서 유사한 시 : 정한모의 「나비의 여행」, 박봉우의 「나비와 철조망」・「휴전선」
> - ⓐ・ⓑ・ⓒ : 순수 ↔ ⓓ : 무기, 분단의 현실, 비순수

(10) 이상화, 「빼앗긴 들에도 봄은 오는가」

> 지금은 남의 땅 - 빼앗긴 ⓐ <u>들</u>에도 ⓑ <u>봄</u>은 오는가? // 나는 온몸에 햇살을 받고, / 푸른 하늘 푸른 들이 맞붙은 곳으로, / 가르마 같은 논길을 따라 꿈속을 가듯 걸어만 간다. // (중략) 강가에 나온 아이와 같이, / 짬도 모르고 끝도 없이 닫는 내 혼아 / 무엇을 찾느냐, ⓒ <u>어디로 가느냐, 웃어웁다</u>, 답을 하려무나. // 나는 온 몸에 풋내를 띠고 / 푸른 웃음, 푸른 설움이 어우러진 사이로 / 다리를 절며 하루를 걷는다. 아마도 봄 신령이 지폈나 보다. // 그러나 지금은 - 들을 빼앗겨 봄조차 빼앗기겠네.

> **해설**
> - **성격**: 저항적, 상징적, 격정적
> - **제재**: 빼앗긴 들
> - **주제**: 국권 회복에 대한 염원
> - **특징**
>   - 향토적·함축적 시어 사용
>   - 여성적 심상
>   - 역설적 의문을 통해 긴장감을 줌
>   - 일제 강점기의 현실 인식과 좌절감
>   - 일제 강점기 최고의 저항시라 부름
> - ⓐ: 국토
> - ⓑ: 광복
> - ⓒ: 지나친 감정 노출

(11) 김소월, 「바라건대는 우리에게 우리의 보습 대일 땅이 있었더면」

> 나는 꿈꾸었노라, 동무들과 내가 가지런히 / 벌가의 하루 일을 다 마치고 / 석양에 마을로 돌아오는 꿈을, / 즐거이, 꿈 가운데. // 그러나 집 잃은 내 몸이여, / 바라건대는 우리에게 우리의 보습 대일 땅이 있었더면! / 이처럼 떠돌으랴, 아침에 저물손에 / 새라 새로운 탄식을 얻으면서. // (중략) 그러나 어쩌면 황송한 이 심정을! 날로 나날이 내 앞에는 / 자칫 가늘은 길이 이어가라. 나는 나아가리라.

> **해설**
> - **갈래**: 자유시, 서정시
> - **성격**: 저항적, 의지적, 참여적
> - **어조**: 의지에 찬 남성적 어조
> - **제재**: 빼앗긴 국토
> - **주제**: 삶의 터전을 빼앗긴 일제 치하의 현실 인식과 그에 대한 극복 의지
> - **특징**
>   - 김소월 시에서 보기 드문 강렬한 역사 의식이나 초극의 의지가 나타나 있음
>   - 민족과 동포의 비참함을 땅의 상실이라는 구체적 현실에 바탕을 둠

(12) 이육사, 「교목(喬木)」

> 푸른 하늘에 닿을 듯이 / 세월에 불타고 우뚝 남아서서 / 차라리 봄도 꽃피진 말아라. // 낡은 거미집 휘두르고 / 끝없는 꿈길에 혼자 설레이는 / 마음은 아예 뉘우침 아니라. // 검은 그림자 쓸쓸하면 / 마침내 호수 속 깊이 거꾸려져 / 차마 바람도 흔들진 못해라.

해설
- 갈래 : 자유시, 상징시, 저항시
- 율격 : 내재율
- 성격 : 지사적, 극기적, 상징적, 저항적, 현실참여적
- 심상 : 시각적 심상
- 어조 : 강인하고 의지적인 어조
- 제재 : 교목
- 주제 : 암담한 현실에 대한 치열한 극복 의지
- 특징
  - 절제된 언어 사용
  - 상징에 의한 암시적 표현을 사용
  - 각 연을 부정어로 종결하여 강한 저항 의지 보임
  - 이육사의 「꽃」과 유사함

(13) 심훈, 「그날이 오면」

> 그날이 오면 그날이 오면은 / 삼각산이 일어나 더덩실 춤이라도 추고 / (중략) 나는 밤하늘에 나는 ⓐ <u>까마귀</u>와 같이 / 종로의 인경을 머리로 들이받아 울리오리다.

해설
- 갈래 : 자유시, 서정시
- 표현 : 강건하고 호소력 있는 어조
- 성격 : 희생적, 의지적, 저항적, 역동적
- 심상 : 청각적, 시각적 심상
- 어조 : 남성적
- 제재 : 조국 광복
- 주제 : 광복에 대한 강렬한 소망과 자기 희생 의지
- 특징 : 미래 지향적, 극한적인 시어 사용, 경어의 종결 어법 사용, 자기 희생 강조(까마귀)
- ⓐ : 희생정신의 극대화

(14) 신경림, 「가난한 사랑 노래」

> 가난하다고 해서 외로움을 모르겠는가 / 너와 헤어져 돌아오는 / 눈 쌓인 골목길에 새파랗게 달빛이 쏟아지는데. / 가난하다고 해서 두려움이 없겠는가 / (중략) 가난하다고 해서 사랑을 모르겠는가 / 내 볼에 와 닿던 네 입술의 뜨거움 / 사랑한다고 사랑한다고 속삭이던 네 숨결 / 돌아서는 내 등 뒤에 터지던 네 울음. / 가난하다고 해서 왜 모르겠는가 / 가난하기 때문에 이것들을 / 이 모든 것들을 버려야 한다는 것을.

해설
- 갈래 : 자유시, 서정시
- 율격 : 내재율
- 경향 : 휴머니즘적
- 성격 : 현실적, 감각적, 서정적
- 특징 : 이야기 형식으로 나열, 설의적인 동일 구문(가난하다고 해서 ~ 모르겠는가)을 반복함
- 제재 : 가난 – 현대인 모두가 가지고 있는 마음의 가난함
- 주제 : 인간적 진실의 따뜻함과 아름다움, 따뜻한 인간애

(15) 김영랑, 「모란이 피기까지는」

> ⓐ <u>모란이 피기까지는</u> / 나는 아직 나의 ⓑ <u>봄</u>을 기다리고 있을 테요. / 모란이 뚝뚝 떨어져버린 날, / 나는 비로소 봄을 여읜 설움에 잠길 테요. / (중략) 모란이 피기까지는 / 나는 아직 기다리고 있을 테요, ⓒ <u>찬란한 슬픔의 봄을</u>.

해설
- 갈래 : 자유시, 서정시, 순수시
- 성격 : 낭만적, 유미적, 상징적
- 어조 : 여성적 어조
- 표현 : 역설적 표현, 수미쌍관적 구성으로 주제를 부각, 고유어를 다듬어 섬세하게 표현, 상징법·반복법·과장법·활유법 등을 적절히 구사
- 제재 : 모란의 개화
- 주제 : 소망이 이루어지기를 기다림
- 특징 : '기다림 → 좌절 → 기다림'의 순환론적 세계관, 비장미(슬픔 속에서 느끼는 아름다움)
- ⓐ·ⓑ : 소망이나 보람
- ⓒ : '역설법'이지만 직설법으로 고치면 '슬플 정도로 찬란한 봄'을 의미

(16) 유치환, 「깃발」

이것은 소리 없는 아우성. / 저 푸른 해원(海原)을 향하여 흔드는 / 영원한 노스탤지어의 손수건. / 순정은 물결같이 바람에 나부끼고 / 오로지 맑고 곧은 이념(理念)의 푯대 끝에 / 애수(哀愁)는 백로처럼 날개를 펴다. / 아! 누구인가? / 이렇게 슬프고도 애닯은 마음을 / 맨 처음 공중에 달 줄을 안 그는.

해설
- 갈래 : 자유시, 서정시, 주의시
- 성격 : 상징적, 낭만적, 역동적, 감상적, 허무적, 의지적
- 어조 : 애달픈 어조
- 제재 : 깃발
- 주제 : 이상향에 대한 향수와 그 비애
- 특징
  - 이상향에 대한 동경과 좌절, 낭만적 아이러니의 세계, 생명 의식과 허무 의지
  - 1~5행 : 상승, 6~9행 : 하강
  - '깃발'의 보조관념 : 아우성, 손수건, 순정, 애수, 마음

(17) 천상병, 「귀천」

나 하늘로 돌아가리라 / 새벽 빛 와 닿으면 스러지는 / 이슬 더불어 손에 손을 잡고, // 나 하늘로 돌아가리라 / 노을 빛 함께 단 둘이서 / 기슭에서 놀다가 구름 손짓하면은, // 나 하늘로 돌아가리라 / 아름다운 이 세상 ⓐ 소풍 끝내는 날, / 가서 아름다웠더라고 말하리라 ……

해설
- 갈래 : 자유시, 서정시, 순수시
- 성격 : 관조적, 독백적, 낭만적, 낙천적, 능동적, 시각적
- 어조 : 내면적이고 독백적인 목소리
- 제재 : 귀천(죽음의 수용)
- 주제 : 삶에 대한 달관과 죽음의 정신적 승화
- 표현 : 3음보의 반복과 변조, 담백하고 평이한 진술, 맑고 투명한 이미지 구사, 독백조의 진실한 어조
- ⓐ : 무엇에도 얽매이지 않은 자유로운 삶

(18) 정지용, 「유리창 1」

유리에 ⓐ <u>차고 슬픈 것</u>이 어른거린다. / 열없이 붙어 서서 입김을 흐리우니 / 길들은 양 ⓑ <u>언 날개</u>를 파다거린다. // 지우고 보고 지우고 보아도 / 새까만 밤이 밀려나가고 밀려와 부딪히고, / 물먹은 ⓒ <u>별</u>이, 반짝, 보석처럼 백힌다. // 밤에 홀로 유리를 닦는 것은 / ㉠ <u>외로운 황홀한 심사이어니</u>, / 고흔 폐혈관이 찢어진 채로 / 아아, 늬는 ⓓ <u>산ㅅ새</u>처럼 날러갔구나!

해설
- 갈래 : 서정시, 자유시
- 성격 : 애상적, 감각적, 회화적, 상징적
- 어조 : 감정을 절제한 차분한 어조
- 심상 : 선명한 시각적 이미지
- 표현
  - 화자의 슬픔을 억제하여 차분한 어조로 나타냄
  - 대상의 선명한 시각적 이미지를 통해 화자의 정서를 간접적으로 표현
  - 서로 상반되는 정서를 동시에 결합한 역설적 표현
- 주제 : 죽은 아이에 대한 그리움과 슬픔, 자식을 잃은 슬픔
- 특징
  - 슬픈 감정을 절제된 언어로 표현
  - 「유리창」은 화자의 슬픈 감정을 엄격히 절제, 김현승의 「눈물」은 슬픈 감정을 신앙으로 극복
- ⓐ・ⓑ・ⓒ・ⓓ : 죽은 자식을 나타내는 보조관념
- ㉠ : 역설법

(19) 김현승, 「눈물」

더러는 / 옥토(沃土)에 떨어지는 작은 생명이고저……. // 흠도 티도, / 금가지 않은 / 나의 전체는 오직 이뿐! // 더욱 값진 것으로 / 드리라 하올 제, // 나의 가장 나아종 지니인 것도 오직 이뿐! // 아름다운 나무의 꽃이 시듦을 보시고 / 열매를 맺게 하신 당신은 // 나의 웃음을 만드신 후에 / 새로이 나의 눈물을 지어 주시다.

해설
- 갈래 : 자유시, 서정시
- 성격 : 종교적, 명상적, 상징적
- 제재 : 눈물(아들의 죽음)
- 주제 : 자식을 잃은 슬픔을 기도로 승화함
- 특징
  - 경어체를 사용한 경건한 분위기를 형성함
  - 웃음(일시적, 변하기 쉬운 것) ↔ 눈물(지속적, 변하지 않는 것)
  - 기독교적 절제

(20) 백석, 「여승」

> 여승(女僧)은 합장(合掌)하고 절을 했다. / 가지취의 내음새가 났다. / 쓸쓸한 낯이 옛날같이 늙었다. / 나는 불경(佛經)처럼 서러워졌다. // 평안도(平安道)의 어느 산 깊은 금덤판 / 나는 파리한 여인에게서 옥수수를 샀다. / 여인(女人)은 나 어린 딸아이를 따리며 가을밤같이 차게 울었다. // (중략) 어린 딸은 도라지꽃이 좋아 돌무덤으로 갔다. // 산(山)꿩도 섧게 울은 슬픈 날이 있었다. / 산(山)절의 마당귀에 여인의 머리오리가 눈물방울과 같이 떨어진 날이 있었다.

해설
- **갈래** : 자유시, 서정시
- **율격** : 내재율
- **성격** : 애상적, 서사적, 감각적, 회상적, 현실 반영적
- **표현** : 감각적 어휘의 구사, 시상의 절제와 압축, 직유법
- **어조** : 회상적
- **심상** : 비유적
- **제재** : 한 여자의 일생
- **주제** : 가족 공동체의 붕괴로 인한 한 여인의 비극적인 삶
- **특징**
  - 일제 강점기 한 여인의 비극적 삶, 가족 공동체의 상실
  - 서사적(역순행적) 구성 : ① 남편이 집을 나감 → ② 여인이 딸과 함께 옥수수를 팔고다님 → ③ 딸의 죽음 → ④ 여승이 된 여인을 만남

(21) 김광균, 「외인촌」

> 하이얀 모색(暮色) 속에 피어 있는 / 산협촌(山峽村)의 고독한 그림 속으로 / 파아란 역등(驛燈)을 단 마차가 한 대 잠기어 가고 / 바다를 향한 산마루 길에 / 우두커니 서 있는 전신주 위엔 / 지나가던 구름이 하나 새빨간 노을에 젖어 있었다. // (중략) ⓐ 분수(噴水)처럼 흩어지는 푸른 종소리.

해설
- **갈래** : 자유시, 서정시, 주지시
- **성격** : 회화적, 감각적, 묘사적, 주지적, 즉물적
- **율격** : 내재율
- **어조** : 은근하고 정감어린 애상적 어조
- **심상** : 시각적, 공감각적 심상
- **제재** : 외인촌의 풍경
- **주제** : 이국적 정취를 통한 도시인의 고독과 우수
- **특징** : 저녁 무렵을 시간의 흐름에 따라 전개함
- **ⓐ** : 공감각적 표현(청각의 시각화)으로, 비약과 확산의 이미지

(22) 김광균, 「와사등」

차단-한 등불이 하나 ⓐ <u>비인 하늘</u>에 걸리어 있다. / 내 ⓑ <u>호올로</u> 어딜 가라는 슬픈 신호냐. // (중략) ⓒ <u>공허한 군중</u>의 행렬에 섞이어 / 내 어디서 그리 무거운 비애를 지고 왔기에 / 길-게 늘인 그림자 이다지 어두워 // 내 어디로 어떻게 가라는 슬픈 신호기 / ⓓ <u>차단-한 등불</u>이 하나 ⓔ <u>비인 하늘</u>에 걸리어 있다.

해설
- 갈래 : 자유시, 서정시, 주지시
- 성격 : 회화적, 감각적, 주지적
- 심상 : 시각적, 촉각적, 공감각적
- 어조 : 애상적 어조, 암울한 어조
- 운율 : 겉으로 드러나는 운율은 없으나, 부분적으로 3음보(제2연) 및 2음보(제3연)의 율격이 보인다.
- 제재 : 와사등(가스등)
- 주제 : 현대인의 고독감과 불안 의식
- ⓐ · ⓑ · ⓒ · ⓔ : 고독감
- ⓓ : 문명과의 단절감, 거부감

(23) 김기림, 「바다와 나비」

아무도 그에게 수심(水深)을 일러준 일이 없기에 / 흰 ⓐ <u>나비</u>는 도무지 ⓑ <u>바다</u>가 무섭지 않다. // 청(靑)무우 밭인가 해서 내려갔다가는 / 어린 날개가 물결에 절어서 / 공주(公主)처럼 지쳐서 돌아온다. // 삼월(三月)달 바다가 꽃이 피지 않아서 서글픈 / 나비 허리에 새파란 초생달이 시리다.

해설
- 갈래 : 자유시, 서정시, 주지시
- 율격 : 내재율
- 어조 : 객관적이고 간결하며 단호한 목소리
- 심상 : 시각적 심상(흰나비, 푸른 바다, 새파란 초생달)
- 성격 : 감각적, 상징적, 묘사적
- 제재 : 나비, 바다, 초생달
- 주제 : 새로운 세계의 동경과 좌절, 고요한 마음에 대한 동경
- 특징
  - '나비'가 '바다'에 갔다가 지쳐서 돌아오는 행위 : '근대'라는 거대한 문명 앞에 무릎 꿇는 당시 지식인의 모습(새로운 세계에 대한 동경과 좌절감) → 주지적 모더니즘
  - '바다, 청무우밭, 초생달'이 주는 푸른색과 한 마리 '흰 나비'로 표현되는 색감(청·백)의 대비(대조) → 근대의 문명 앞에 시인 자신이 꿈꾸던 바가 좌절됨으로써 무기력해지는 모습이 형상화
  - 청(靑)과 백(白)의 이미지 : 이육사의 「청포도」 - 청색(청포도, 하늘, 푸른 바다, 청포)과 흰색(흰 돛단배, 은쟁반, 하이얀 모시 수건)의 시각적 이미지를 통해 이상적(풍요롭고 평화로운) 삶의 세계를 소망함

- ⓐ 나비 : 순수한 생명체(거대한 신문명 속의 순진무구한 시적 자아) ↔ ⓑ 바다 : 비생명체의 공간(거칠고 냉혹한 현실)

(24) 김광섭, 「성북동 비둘기」

성북동 산에 ⓐ 번지가 새로 생기면서 / 본래 살던 ⓑ 성북동 비둘기만이 번지가 없어졌다. / 새벽부터 돌 깨는 산울림에 떨다가 / 가슴에 금이 갔다. / (중략) 아침 구공탄 굴뚝 연기에서 ㉠ 향수를 느끼다가 / 산 1번지 채석장에 도루 가서 / ㉡ 금방 따낸 돌 온기에 입을 닦는다. // (중략) 사람과 같이 평화를 즐기던 / ⓒ 사랑과 평화의 새 비둘기는 / 이제 산도 잃고 사람도 잃고 / 사랑과 평화의 사상까지 / 낳지 못하는 쫓기는 새가 되었다.

해설
- 갈래 : 자유시, 서정시, 주지시, 참여시
- 율격 : 내재율(산문적 진술에 의한 자유로운 율격)
- 성격 : 주지적, 비판적, 산문적, 상징적
- 어조 : 관찰과 고발의 비판적 어조
- 제재 : 비둘기
- 주제 : 자연의 파괴와 인간성 상실 비판 → 문명 비판적(모더니즘 계열)
- ⓐ : 문명
- ⓑ : 산업화로 삶의 터전을 상실한 도시의 소시민층, 시인 자신, 상실된 사랑과 평화의 상징
- ⓒ : 인간에 의해 사랑과 평화의 관계가 깨짐
- ㉠·㉡ : 사랑과 평화가 있던 과거와 잃어버린 자연에 대한 향수를 역설적으로 표현
- 박남수의 「새」(포수로 설정된 인간과 대립)와의 공통점 : 인간의 비정함으로 인하여 피해를 입은 존재들(자연)

(25) 박남수, 「새」

하늘에 깔아 논 / 바람의 여울터에서나 / 속삭이듯 서걱이는 / 나무의 그늘에나, 새는 / 노래한다. 그것이 노래인 줄도 모르면서 / 새는 그것이 사랑인 줄도 모르면서 / (중략) ⓐ 새는 울어 / 뜻을 만들지 않고, / 지어서 ⓑ 교태로 / ㉠ 사랑을 가식하지 않는다. // ⓒ 포수는 ⓓ 한 덩이 납으로 / 그 순수를 겨냥하지만, / 매양 쏘는 것은 / ㉡ 피에 젖은 한 마리 상한 새에 지나지 않는다.

해설
- 갈래 : 자유시, 서정시, 주지시
- 성격 : 문명 비판적, 주지적, 상징적
- 운율 : 내재율
- 어조 : 비판적 어조
- 제재 : 새(의도와 가식이 없는 순수의 표상)
- 주제 : 자연의 순수함과 아름다움에 대한 신뢰(생명의 순수함과 아름다움을 인간의 인위성과 파괴성에 대립시켜 문명 비판적 주제를 제시함)

- ⓐ : 의도나 가식이 없는 자연 그대로의 순수성
- ⓑ : 가식, 비순수 → 인간의 교언영색(巧言令色)을 비판
- ⓒ : '새'와 대립되는 가식적 인간, 자연의 순수성을 파괴하는 인간문명
- ⓓ : 인간의 비정함, 기계 문명의 상징
- ㉠의 이면적 의미 : 인간은 사랑을 가식한다.
- ㉡ : 속화된 비순수. 인간이 추구하는 순수와 이상이 항상 불완전한 성격을 가진다는 인식을 형상화

(26) 김춘수, 「꽃」 기출 24

> 내가 그의 이름을 불러 주기 전에는 / 그는 다만 / 하나의 몸짓에 지나지 않았다. // 내가 그의 이름을 불러 주었을 때 / 그는 나에게로 와서 꽃이 되었다. // (중략) 우리들은 모두 / 무엇이 되고 싶다. / 너는 나에게 나는 너에게 / 잊혀지지 않는 하나의 눈짓이 되고 싶다.

해설
- 갈래 : 자유시, 서정시, 주지시, 상징시
- 성격 : 관념적, 주지적, 상징적, 인식론적
- 어조 : 갈망적 어조
- 특징 : 명명(命名) 행위에 의한 인식을 바탕으로 함
- 표현 : 의미의 점층적 확대(단계적인 의미의 심화 과정을 보임)
- 제재 : 꽃
- 주제 : 존재의 본질 탐구에 대한 소망
- 특징
  - 몸짓(무의미) → 꽃(의미 부여) → 눈짓(가치 있는 관계)
  - 김춘수의 「꽃을 위한 서시」 : 존재의 본질 탐구에 대한 시작과 좌절을 '얼굴을 가리운 나의 신부'로 드러냄

(27) 박목월, 「청노루」

> 머언 산 청운사(靑雲寺) / 낡은 기와집. // 산은 자하산(紫霞山) / 봄눈 녹으면, // 느릅나무 / 속잎 피어 가는 열 두 굽이를, // 청노루 / 맑은 눈에 // 도는 / 구름.

해설
- 갈래 : 자유시, 서정시
- 성격 : 낭만적, 서경적, 전통적, 관조적, 향토적, 묘사적, 회화적
- 심상 : 묘사에 의한 심상 제시
- 어조 : 담담하게 찬탄하는 어조
- 표현
  - 조사를 생략하여 체언으로 마감함
  - 'ㄴ' 음(비음)을 반복 사용함으로써 아늑하고 은은한 분위기를 돋움

- 특징
  - 시선의 이동에 따른 시상 전개(원경 → 근경)
  - 담수채의 동양화와 같은 느낌
  - 마치 한 폭의 동양화를 보는 듯한 청아한 느낌
- 제재 : 청노루(생명의 청신한 본향인 자연)
- 주제 : 봄의 정경과 정취

(28) 김소월, 「산유화」 기출 24

> 산에는 꽃피네. / 꽃이 피네. / 갈 봄 여름 없이 / 꽃이 피네. // 산에 / 산에 / 피는 꽃은 / ⓐ <u>저만치</u> 혼자서 피어 있네. // 산에서 우는 작은 새여. / 산이 좋아 / 산에서 / 사노라네. // 산에는 꽃이 지네. // 꽃이 지네. / 갈 봄 여름 없이 / 꽃이 지네.

해설
- 갈래 : 서정시, 자유시, 낭만시
- 성격 : 민요적, 전통적, 낭만적
- 표현
  - 반복과 변조, 절제된 시어 사용
  - 3음보를 바탕으로 한 동량적 반복에 의한 대칭 구조
  - 시행의 배열과 연의 구조가 규칙적
  - 평범한 시어를 통해 비범한 인식의 세계 형상화
- 제재 : 꽃
- 주제 : 인생과 자연의 근원적 고독
- 특징
  - 이 시의 '새'와 김소월의 「접동새」의 '새'와의 공통적 이미지 : 한(恨)
  - 「진달래꽃」과 「산유화」의 '꽃'이 지니는 공통점은 자기 동일시의 대상물(객관적 상관물)이라는 것이고, 차이점은 「진달래꽃」의 '꽃'은 시적 자아의 사랑의 표상인 반면, 「산유화」의 '꽃'은 자연의 대유를 의미한다는 것이다.
- ⓐ : 자연과 동화되지 못한 거리감, 고독감, 애매모호, 다의성

(29) 김종길, 「성탄제」

> 어두운 방 안엔 / 바알간 숯불이 피고, // (중략) 나는 한 마리 어린 짐승, / 젊은 아버지의 서늘한 옷자락에 / 열로 상기한 볼을 말없이 부비는 것이었다. // 이따금 뒷문을 눈이 치고 있었다. / 그 날 밤이 어쩌면 성탄제의 밤이었을지도 모른다. // 어느 새 나도 / 그 때의 아버지만큼 나이를 먹었다. // 옛 것이란 거의 찾아볼 길 없는 / 성탄제 가까운 도시에는 / 이제 반가운 ⓐ <u>그 옛날의 것이</u> 내리는데, // ⓑ <u>서러운 서른 살 나의 이마에</u> / 불현듯 아버지의 서느런 옷자락을 느끼는 것은, // 눈 속에 따오신 ⓒ <u>산수유</u> 붉은 알알이 / 아직도 내 ⓓ <u>혈액</u> 속에 녹아 흐르는 까닭일까.

> **해설**
> - **갈래** : 자유시, 서정시
> - **성격** : 회상적, 주지적, 문명 비판적
> - **어조** : 어린 시절을 회상하는 독백적 어조
> - **제재** : 성탄일의 추억
> - **주제** : 아버지의 사랑에 대한 그리움
> - **특징**
>   - 흰색과 붉은색의 대조, 과거에서 현재로 시간이 이동함
>   - 눈(현재 : 성탄제 무렵) → 눈(과거 : 성탄제 무렵) → 아버지의 사랑(따뜻함) → 아버지에 대한 그리움(서늘함)
> - ⓐ : 회상의 매개체(눈)
> - ⓑ : 동심의 세계로부터 멀어져 어른이 됨
> - ⓒ : 아버지의 순수한 사랑, 시상을 지배함
> - ⓓ : 혈육의 정

(30) 김소월, 「진달래꽃」

> 나 보기가 역겨워 / 가실 때에는 / 말없이 고이 보내 드리오리다. // 영변(寧邊)에 약산(藥山) / 진달래꽃, / 아름 따다 가실 길에 뿌리오리다. // 가시는 걸음 걸음 / 놓인 그 꽃을 / 사뿐히 즈려 밟고 가시옵소서. // 나 보기가 역겨워 / 가실 때에는 / ⓐ 죽어도 아니 눈물 흘리오리다.

> **해설**
> - **갈래** : 자유시, 서정시, 민요시
> - **성격** : 토속적, 민요적, 유교적, 여성적
> - **어조** : 여성적 어조, 여인의 애절한 목소리
> - **경향** : 유교적 휴머니즘
> - **운율** : 7·5조의 3음보 율격, 각운
> - **제재** : 진달래꽃
> - **주제** : 승화된 이별의 정한(情恨)
> - **특징**
>   - 전통적 정서와 율조
>   - 유교적 휴머니즘
>   - 역설과 반어의 표현
>   - 연 단위의 규칙적 배열
>   - 「헌화가」 → 「도솔가」 → 「가시리」 → 황진이의 시조 → 「아리랑」 → 「진달래꽃」으로 정서적 전통 계승
> - ⓐ : 반어법과 도치법, 애이불비(哀而不悲)의 정서

(31) 박목월, 「하관(下棺)」

> 관(棺)이 내렸다. / 깊은 가슴 안에 ⓐ <u>밧줄로 달아 내리듯</u>, / 주여 / 용납하소서. / 머리맡에 성경을 얹어 주고 / 나는 옷자락에 흙을 받아 / ⓑ <u>좌르르 하직(下直)했다.</u> // (중략) 이제 / ⓒ <u>네 음성을 / 나만 듣는 여기는 눈과 비가 오는 세상.</u> // 너는 / 어디로 갔느냐. / 그 어질고 안스럽고 다정한 눈짓을 하고. / 형님 ! / 부르는 목소리는 들리는데 / 내 목소리는 미치지 못하는. / ⓓ <u>다만 여기는 / 열매가 떨어지면 / 툭 하는 소리가 들리는 세상.</u>

해설
- 갈래 : 자유시, 서정시
- 율격 : 내재율
- 성격 : 서정적, 기구적(祈求的), 잠언적(箴言的), 사색적, 상징적
- 어조 : 기도하듯 담담하게 속삭이는 목소리
- 심상 : 하강적(下降的) 이미지
- 특징
  - 형용사적 수식을 최대한 억제하여 시적 긴장을 주제에 집중되게 함
  - 박목월의 「하관」은 단절감으로 끝나지만, 「이별가」에서는 교류로 시상 전개
- 제재 : 아우의 죽음
- 주제 : 죽은 아우에 대한 간절한 그리움
- ⓐ : 형제의 인연
- ⓑ : 소멸의 슬픔을 감각적으로 표현함
- ⓒ·ⓓ : 단절감과 거리감, 수직적이고 하강적인 이미지

(32) 이형기, 「낙화」

> 가야 할 때가 언제인가를 / 분명히 알고 가는 이의 / 뒷모습은 얼마나 아름다운가. // 봄 한철 / 격정을 인내한 / 나의 사랑은 지고 있다. // 분분한 낙화 / 결별이 이룩하는 축복에 싸여 / 지금은 가야 할 때 // 무성한 녹음과 그리고 / 머지않아 열매 맺는 / 가을을 향하여 / 나의 청춘은 꽃답게 죽는다. // 헤어지자 / 섬세한 손길을 흔들며 / 하롱하롱 꽃잎이 지는 어느 날 // 나의 사랑, 나의 결별 / 샘터에 물 고인 듯 성숙하는 / 내 영혼의 슬픈 눈.

해설
- 갈래 : 자유시, 서정시
- 성격 : 역설적, 의지적, 사색적, 독백적
- 율격 : 내재율
- 제재 : 낙화(落花)
- 주제 : 이별의 수용과 달관
- 특징 : 자연 현상에서 삶의 이치나 섭리를 발견하고 역설적 표현으로 중심 시상을 표현하고, 의인화를 통해 자연에서 깨달음을 이끌어 냄

- 이형기의 「낙화」: 꽃잎이 떨어지는 모습을 빌려 헤어짐을 아름답게 수용
  참고 조지훈의 「낙화」: 삶의 쓸쓸함과 적막감
- '개화(만남) → 낙화(이별) → 결실(성숙)'로 이어지는 변증법

(33) 유치환, 「생명의 서(書)」

나의 지식이 독한 회의(懷疑)를 구하지 못하고 / 내 또한 삶의 애증(愛憎)을 다 짐지지 못하여 / 병든 나무처럼 생명이 부대낄 때 / 저 머나먼 아라비아의 ⓐ 사막으로 나는 가자. // 거기는 한 번 뜬 백일(白日)이 불사신같이 작열(灼熱)하고 / 일체가 모래 속에 사멸한 영겁(永劫)의 허적(虛寂)에 / 오직 알라의 신(神)만이 / 밤마다 고민하고 방황하는 열사(熱沙)의 끝. // 그 열렬(烈烈)한 고독 가운데 / 옷자락을 나부끼고 호올로 서면 / 운명처럼 반드시 ⓑ '나'와 대면(對面)케 될지니 / 하여 '나'란, 나의 생명이란 / 그 원시의 본연(本然)한 자태를 다시 배우지 못하거든 / 차라리 나는 어느 사구(沙丘)에 회한 없는 백골을 쪼이리라.

해설
- 갈래: 자유시, 서정시, 주의시(主意詩)
- 성격: 상징적, 의지적, 남성적, 관념적, 독백적
- 율격: 내재율
- 어조: 남성적, 독백적, 직설적
- 제재: 생명
- 주제: 생명의 본질 추구
- 특징
  - 단호하고도 웅변조의 말투
  - 개념에 충실한 나머지 관념적 시어와 어려운 한자어의 사용이 빈번함
  - 내적 독백의 다짐과 강한 의지의 표출
  - 인생의 허무함을 극복하고자 극한 상황을 설정
- ⓐ: 극한적인 시련과 고난의 장소이며, 삶의 본질을 탐구할 수 있는 장소(역설적 공간)
- ⓑ: 현실적 자아가 추구하는 대상(근원적 생명과 순수성으로서의 자아)

제 2 절 핵심예제문제

01 시의 언어 : 시인의 사상·감정을 표출하는 함축적 의미의 언어이다.
- 함축성에 의존한다.
- 간접적이고 개인적이다.
- 비약적이거나 날카롭다.
- 느낌, 태도, 해석을 나타내는 말이다.
- 객관적 사실보다는 표현을 중시하고 시의 감동을 높인다.

02 심상이 전이된 표현 : 두 종류 이상의 감각이 섞여서 하나의 효과를 나타내는 것을 말한다.
④ 청각적 심상과 촉각적 심상 병존
① 청각 → 후각(공감각적 심상)
② 청각 → 시각(공감각적 심상)
③ 청각 → 시각(공감각적 심상)

03 유치환의 「깃발」은 이상향에 대한 동경과 좌절, 생명 의식과 허무 의식을 표현한 시이다.

01 다음 중 시어의 특성으로 가장 알맞은 것은?
① 지적·윤리적
② 추상적·서술적
③ 지시적·설명적
④ 함축적·내포적

02 다음 중 심상(心象)이 전이(轉移)된 표현이 아닌 것은?
① 향기로운 님의 말소리에 귀먹고
② 흔들리는 종소리의 동그라미 속에서
③ 창문에 아롱지는 청자빛 빗소리
④ 머리맡에 찬물을 솨아 퍼붓고는

03 다음 중 현실 참여적 성향이 내포된 작품이 아닌 것은?
① 김수영의 「폭포」
② 신동엽의 「껍데기는 가라」
③ 신경림의 「농무」
④ 유치환의 「깃발」

정답 01 ④ 02 ④ 03 ④

04 다음 중 시인에 대한 설명으로 <u>틀린</u> 것은?

① 김소월 : 전통적인 정감을 민요적 리듬으로 구성하여 독자적 시 세계를 확장하였다.
② 김영랑 : 개성적 정서를 한국적 운율로 재구성하는 데 주력했다.
③ 정지용 : 인간적인 문제와 생명적인 구경(究竟)의 탐구에 주력하였다.
④ 한용운 : 불교의 형이상학적 내용을 여성적 호흡과 리듬으로 형상화했다.

04 정지용은 현대적 감성으로 한국적·동양적인 멋과 정감의 세계를 자유롭게 왕래하면서 한국의 언어들이 시에서 미처 가져보지 못한 새로운 매력을 창조하였다.
③은 생명파 시인에 관한 내용으로, 서정주, 유치환 등을 들 수 있다.

05 다음 중 1919년에 간행된 문예동인지로 주요한이 「불놀이」를 발표하기도 했던 잡지는?

① 『태서문예신보』
② 『폐허』
③ 『창조』
④ 『장미촌』

05 『창조』는 우리나라 최초의 순수문예지로, 1919년 2월에 김동인, 주요한, 전영택 등에 의해 발간되었다. 주요한의 「불놀이」, 김동인의 「약한 자의 슬픔」이 수록되어 있다.

정답 04 ③ 05 ③

06 '진달래꽃'은 시적 화자의 분신으로, 임에 대한 사랑과 정성을 상징한다. ②와는 관련이 없다.

06 김소월의 「진달래꽃」에서 '진달래꽃'이 가진 상징적 의미로 볼 수 없는 것은?

① 시적 화자의 분신
② 과감하고 냉정한 이별의 선언
③ 임에 대한 정성과 순종의 상징
④ 시적 화자의 아름답고 강렬한 사랑의 표상

07 ① 직유법
② 의인법
③ 역설법

07 다음 중 은유법으로 쓰인 문장은?

① 구름에 달 가듯이 가는 나그네
② 물고기들이 지루한지 뻐끔뻐끔 하품을 한다.
③ 중국어가 참으로 맛있네요.
④ 너는 나의 나침반이다.

정답 06 ② 07 ④

제3절 현대소설

1 한국 현대소설의 특징

(1) 현대소설 개관

① **정의**: 현실 세계에서 있을 수 있는 허구(Fiction)의 세계를 작가의 상상력에 의해 가공적으로 꾸며 낸 산문문학의 대표적인 형태이다.

② **소설의 특성**
  ㉠ 허구성(虛構性): 소설은 현실을 바탕으로 하지만, 어디까지나 작가의 상상에 의해 꾸며진 이야기로 현실보다 더 실감나게 표현된다. → 가공적(架空的) 사실
  ㉡ 진실성(眞實性): 이야기의 전개나 인물의 설정 등에 있어서 진실성을 찾아내어 표현한 문학이어야 한다. → 진리 탐구
  ㉢ 예술성(藝術性): 소설은 단순한 흥미 위주의 이야기가 아니라 예술로서의 형식미와 기교를 갖추어야 한다.
  ㉣ 모방성(模倣性): 소설은 현실을 소재로 하여 변경시킨 것으로 현실이 반영된다.
  ㉤ 서사성(敍事性): 소설은 인물·사건·배경 등을 갖춘 일정한 이야기의 형식을 지닌 문학이다. → 산문적 표현
  ㉥ 서술성(敍述性): 소설은 서술을 본질로 하며, 여기에 묘사와 대화[구어체 산문(口語體 散文)]가 더해진다.
  ㉦ 객관성(客觀性): 시가 주관적인 문학임에 비하여, 소설은 객관적인 문학이다.

③ **소설의 3요소**
  ㉠ 주제(主題, Theme): 작가가 나타내려는 중심 사상으로 작가의 인생관·세계관 등이 나타난다.
  ㉡ 구성(構成, Plot): 이야기의 전개나 사건의 필연성 등을 유기적으로 결합하여 주제를 효과적으로 표현한다.
  ㉢ 문체(文體, Style): 작가의 개성적 특성을 나타내는 독특한 문장의 체제로서 문장의 스타일이 된다.

④ **소설 구성의 3요소**
  ㉠ 인물(人物, Character): 작가의 상상력에 의해 창조된 사건의 행위자이며, 이야기의 주체이다.
  ㉡ 사건(事件, Action): 인물의 성격 사이에서 빚어지는 갈등에 의해 구체화되는 이야기의 줄거리이다.
  ㉢ 배경(背景, Setting): 작중 인물이 처해 있는 시대적·사회적·장소적 환경이나 분위기로서, 사건 진행에 논리적이고 필연적인 의미를 부여하는 데 도움이 된다.

⑤ **문예사조에 따른 소설의 분류** 중요
  ㉠ 낭만주의(浪漫主義) 소설: 고전주의(古典主義)에 대한 반동으로 발생하여 감정적이고, 주관적이며, 낭만적인 경향을 띤 소설을 가리킨다. 우리나라에서는 1920년대 이후 나도향, 김유정 등이 낭만주의 소설을 썼다.

- ⓒ 사실주의(寫實主義) 소설 : 낭만주의 소설에 대한 반동으로 발생하여 인간의 현실을 있는 그대로 객관적·합리적으로 묘사한 소설이다. 리얼리티(Reality)를 중시하며, 현실을 과장하지 않고 표현하기 때문에 감정이 절제되고 공상(空想)에 빠지지 않는 특징이 있다. 우리나라에서는 **김동인, 현진건** 등이 사실주의 소설을 썼다.
- ⓒ 자연주의(自然主義) 소설 : 자연과학의 엄밀성을 소설에 적용한 것으로, 인물을 하나의 객관적 **자연물로 보고 본능적(本能的)**인 욕망, 빈곤 등의 힘에 의해 인간이 어떻게 반응하는가를 객관적으로 묘사한 소설로서 우리나라에서는 염상섭의 「표본실의 청개구리」(1921)가 최초의 자연주의 소설로 평가된다.
- ② 심리주의(心理主義) 소설 : 20세기에 들어와서 인간의 **무의식(無意識)**의 세계를 추구한 소설이다. 프로이트의 정신분석학의 영향으로 인간의 내면 심리를 주로 묘사하며, 1인칭 주인공의 의식의 흐름에 따라 기술하는 특징을 지닌다. 우리나라에서는 **이상(1930년대)**에 의해 처음 시도되었다.
- ⑩ 실존주의(實存主義) 소설 : 실존주의 철학을 바탕으로 인간이 일정한 상황에 봉착하였을 때 어떻게 행동하고, 그의 자유 의지에 따라 무엇을 선택하는가에 초점을 맞추고, 개인의 주관성, 자기 정체의 불분명성, 세계의 불명료성과 부조리성 등을 묘파하려는 경향을 보이는 소설이다. 우리나라의 경우 전후 문학에서 이와 같은 경향을 띤 작품들이 많이 나타났다.

⑥ **소설의 인물(人物, Character)**
- ㉠ 인물(人物)의 개념
  - 소설의 이중적 의미 : 등장인물 및 그 인물의 개성, 캐릭터(Character)라고도 한다.
  - 인물의 중요성
    - 행동의 주체, 주제의 구현자이다.
    - 실제 인물의 복사(Copy)가 아닌 작가의 상상력에 의해 창조된 인물이다.
    - 소설의 구성 요소 중에서 인물 설정이 가장 중요한 까닭은, 소설의 궁극적 대상이 인물을 통한 인간성의 탐구와 인간의 문제를 다루는 데 있기 때문이다.
- ㉡ 인물의 유형
  - 역할에 따른 분류
    - 주동 인물(主動人物, Protagonist) : 작품의 주인공, 주동적 역할을 수행하는 긍정적 성격의 인물이다.
      예 「춘향전」에서 '이도령'이나 '춘향'
    - 반동 인물(反動人物, Antagonist) : 주인공에 대립되는 반대자, 적대자, 갈등을 일으키는 부정적 성격의 인물이다.
      예 「춘향전」에서 '변사또' 같은 인물
  - 성격에 따른 분류
    - 전형적(典型的) 인물 : 어떤 특정 부류나 계층의 보편적인 성격을 대표하는 인물로 공시적 보편성을 지닌다.
      예 「흥부전」에서 '흥부'는 선인(善人)의 전형

- 개성적(個性的) 인물 : 어떤 특정 사회의 부류나 계층에 속하지 않는 독자적인 성격의 인물로 독특한 개성을 지닌다.
  - 예「춘향전」에서 '이도령' : 신분을 뛰어넘는 사랑을 하는 개성적 면모를 보여줌
- 성격 변화 여부에 따른 분류
  - **평면적(平面的) 인물**(정적 인물, 2차원적 인물) : 한 작품 속에서 처음부터 끝까지 성격 변화를 보이지 않는 인물이다.
    - 예「심청전」에서 '심청'
  - **입체적(立體的) 인물**(동적, 발전적, 3차원적, 원형적 인물) : 환경, 상황 등의 영향으로 사건의 진전에 따라 성격의 변화를 보이는 인물이다.
    - 예「춘향전」에서 '춘향'
- 인생의 어떤 면을 보여주는가에 따른 분류
  - 비극적 인물 : 제도나 인습, 인간의 탐욕 등에 의해 희생되는 비극적인 면을 보여주는 인물이다.
  - 희극적 인물 : 인생의 희극적인 면을 보여 주는 인물로서 성격적으로 해학적·희화적인 면모를 보이며 시대나 사회 현실에 대해 풍자적인 태도를 보이는 인물이다.

ⓒ 인물의 갈등
- 개인과 개인의 갈등 : 주동 인물과 반동 인물 간의 갈등이다.
- 개인과 사회의 갈등 : 개인이 현실을 살아가면서 사회 속에서 겪는 갈등이다.
- 개인과 운명과의 갈등 : 고대 그리스 비극에서 사용되었던 갈등으로, 개인의 삶이 운명에 의해 파괴되는 것이 보통이다.
- 외적 자아와 내적 자아의 갈등 : 개인의 양면적 자아, 즉 선(善)과 악(惡), 진실과 허위 등이 이루는 개인의 심리적 갈등이다.

⑦ **소설의 시점** 중요
ⓐ 1인칭 주인공(서술자) 시점 : **주인공 '나'가 자기 자신의 이야기를 하는 시점이다.**
- 자기 자신의 이야기를 하는 시점, 즉 허구화된 '나'의 이야기 진행 방식이다.
- 주동 인물의 내면 세계를 제시하는 데 효과적이다.
- 인물과 독자와의 심리적 거리가 가깝다.
- 서간체 소설, 수기체 소설, 사소설(私小說), 심리소설 등에 주로 쓰인다.
- 주정적인 낭만주의 계열의 소설과 현대 심리소설에서 많이 볼 수 있다.
- 작품의 예 : 이상의 「날개」, 유진오의 「창랑정기」, 김유정의 「동백꽃」, 최서해의 「탈출기」, 알퐁스 도데의 「별」 등

ⓑ 1인칭 관찰자 시점 : **1인칭 목격자 시점, 1인칭 관찰자 서술이라고도 한다.**
- 작품 속에 등장하는 관찰자인 '나'가 주인공의 이야기를 서술한다(나 ≠ **주인공**).
- '나'는 관찰자이며 인물의 초점은 주인공에게 있다.
- '나'의 눈에 비친 외부 세계만을 다룰 수 있는 제한이 있다.
- '나'가 주인공을 직접 묘사하고 그 행동에 대해 언급할 수 있다.
- 객관적인 관찰자의 눈에 비친 인간 내면 세계를 그리는 데 효과적이다.

- 주인공의 내면을 숨김으로써 긴장과 경이감을 자아낸다.
- 작품의 예 : 주요섭의 「사랑손님과 어머니」, 김동인의 「붉은 산」, 현진건의 「빈처」, 「고향」 등

ⓒ 전지적 작가 시점 : **작품에 등장하지 않는 서술자가 마치 신처럼 모든 것을 알고 사건을 서술한다.**
- 서술자가 전지적 위치에서 작중 인물의 심리 상태나 행동의 동기, 감정, 의욕 등을 해석·분석하여 서술한다.
- 서술자가 작품에 광범위하게 관여하기 때문에 독자의 상상적 참여가 제한될 우려가 있다.
- 작가의 사상과 인생관이 직접 드러난다.
- 작가는 작품 속에 직접 개입하여 사건을 진행시키고 인물을 논평한다.
- 고대소설과 장편소설에 많이 쓰인다.
- 작품의 예 : 이효석의 「메밀꽃 필 무렵」, 김만중의 「구운몽」, 염상섭의 「삼대」, 이광수의 「무정」 등

ⓔ 작가 관찰자 시점 : 3인칭 제한적 시점, 흔히 3인칭 시점으로 불린다.
- 작가가 외부 관찰자의 위치에서 객관적 태도로 서술하는 방법이다.
- 외부 관찰에 의거하여 해설이나 평가를 하지 않고, 인물이나 사건을 있는 그대로 제시한다.
- 현대 사실주의에서 주로 사용되는 시점으로, 단편소설에서는 극적 효과를 얻기 위한 수법으로 효과적이다.
- 극적이고 객관적인 특성을 지니며, 판단은 독자에게 맡긴다.
- 작품의 예 : 황순원의 「소나기」, 염상섭의 「임종」·「두 파산」 등

> **더 알아두기**
>
> **소설의 시점(視點, Point of View)** 중요
> - 서술자와 등장인물의 거리가 가장 가까운 시점 : 1인칭 주인공 시점
> - 서술자와 등장인물의 거리가 가장 먼 시점 : 3인칭 관찰자 시점
> - 등장인물과 독자와의 거리가 가장 가까운 시점 : 3인칭 관찰자 시점

2 한국 현대소설의 흐름

(1) 신소설(新小說) 중요 기출 22

신소설은 개화기에 등장한 소설 장르로, 당시 독서 대중의 확대와 출판 기술의 발달 등을 배경으로 나타난 대중적인 소설이었다. 신소설은 전기(傳記)식의 고전소설에서 벗어나 사건 중심적이고 묘사성을 지닌 소설로 발전하여 근대소설로 이어지는 중요한 교량 역할을 했다. 이러한 신소설은 내용에 있어서도 유교적 가치관을 비판하고, 신교육 강조, 자유 결혼관 주장, 신문명 도입 강조, 신여성관, 근대적 민주 사상 등을 주장했다. 그리고 신소설은 친일적인 성격도 매우 짙었다.

① **신소설의 명칭** : 1906년 2월 『대한매일신보』 광고란에 처음으로 사용되었다.
② **신소설의 효시** : 이인직의 「혈의 누」(1906년) 중요
③ **주요 작가와 작품** 기출 25, 24
  ㉠ 이인직 : 「혈의 누」, 「모란봉」, 「귀의성」, 「치악산」, 「은세계」 등
  ㉡ 이해조 : 「강상련」, 「화의혈」, 「고목화」, 「구마검」 등
  ㉢ 최찬식 : 「추월색」, 「안의성」, 「춘몽」 등
  ㉣ 안국선 : 「금수회의록」, 「공진회」
④ **신소설의 주제** : 친일적 성격, 중국 비판, 자유연애, 남녀평등, 근대 교육, 신문명 도입, 풍속 개량, 여성의 사회 참여 등 중요

> **체크 포인트**
>
> **신소설의 창작 배경**
> - 근대 개혁에 대한 열광
> - 발표지면의 증대
> - 인쇄술의 발달과 출판시장의 성장
> - 우리 소설의 전통 축적 · 일본 및 서구 소설의 영향

(2) 근대문학

① **근대문학의 개념**
  ㉠ 근대적 자아의 각성이 이루어진 문학을 말한다.
  ㉡ 귀족 중심의 개념에서 탈피하여 시민 계층(자아각성)이 보편적인 인간 사랑의 정신을 구현한 문학이다.
  ㉢ 문학 외적 · 내적으로 그 전 단계의 문학을 극복한 문학이다.
② **근대소설의 특징** : 영웅적 형상의 약화, 단선적 서술구조의 약화, 전지적 서술자의 후퇴, 시간적 경향에 공간적 경향으로의 이행을 보인다.
③ **근대소설의 효시** : 이광수의 「무정」

> **체크 포인트**
>
> **고대소설에서 신소설로의 변화 양상**
> - 고대소설의 인물은 영웅적 · 전형적이었으나, 신소설의 인물은 갈등과 회의적인 보통 이하의 사람
> - 고대에는 주인공을 중심으로 하나의 주인공의 이야기가 진행되는 반면 근대에는 복선적으로 바뀜
> - 고대에는 전지적 작가 시점에서 근대에는 화자 시점의 다변화
> - 고대에는 이야기 전개가 시간적 흐름을 뛰어넘을 수 없었으나 근대에는 사건 중심으로 바뀜

(3) 1910년대의 소설: 1900년대에 나타났던 신소설이 더욱 성행하였으며, 권선징악(勸善懲惡)적 주제(主題)와 봉건 사상(封建思想)에서 탈피, 인도주의(人道主義)의 바탕 위에서 개화 사상(開化思想) 및 자유연애 결혼(自由戀愛結婚)을 주장한 계몽소설이 주로 발표되었다. 또한 최초의 장편소설인 이광수의 「무정」이 발표된 것도 이 시기였다.

> **더 알아두기**
>
> • 「무정」의 근대 문화적 특징 **중요**
>   - 서술시간 구조가 고전소설과 달랐다. → 주인공의 출생부터 시작하는 것이 아니라 주인공 형식이 행복한 고민을 하는 장면부터 시작한다.
>   - 주인공이 영웅적 인물이 아니라 일상인이었다.
>   - 1910년대 당시의 사회 현상을 반영하고 있었다.
>   - 언문일치(言文一致)에 가까운 문체를 사용하였다.
>
> • 「무정」의 한계 **중요**
>   - 지도자적 상층 인물의 성격
>   - 구조자의 등장
>   - 주인공의 관습적 인물 형상
>   - 영웅소설의 구조(고난 → 극복 → 보상)
>   - 전지적 작가 시점 채택
>   - 계몽적 성격 → 문학성 약화

(4) 1920년대의 소설

3·1 운동 이후 일본의 문화 정책에 따라 다수 동인지 문단(同人誌文壇)이 형성되면서 계몽주의에서 탈피하여 사실주의적·자연주의적 경향으로 발전하였으며, 단편소설의 형태가 확립되었다. 작가로는 김동인, 염상섭, 나도향, 전영택, 최서해 등이 있다. 이 중 염상섭은 서울 중인층의 언어로 묘사했다.

① 사실주의

작가	작품
김동인	「감자」, 「배따라기」, 「태형」, 「목숨」 등 (다양한 문예사조)
염상섭 **기출** 25, 23	「표본실의 청개구리」, 「암야」, 「만세전」 등 (사실주의, 자연주의)
현진건	「빈처」, 「술 권하는 사회」, 「운수 좋은 날」, 「B사감과 러브레터」 등 (사실주의)
나도향	「뽕」, 「물레방아」, 「벙어리 삼룡이」 등 (낭만주의)

② 계급소설의 등장

작가	작품
주요섭	「인력거꾼」, 「살인」 등
최서해	「고국」, 「그믐 밤」, 「탈출기」, 「홍염」, 「박돌의 죽음」, 「기아와 살육」 등
박영희	「사냥개」, 「철야」, 「지옥 순례」 등
조명희	「농촌 사람들」, 「낙동강」 등

(5) 1930년대의 소설

만주 사변 이후의 언론 탄압에 의한 현실 도피기를 맞아 사실적 방법에서 상징적 방법으로 변모하였다. 줄거리나 사건의 전개보다도 인간의 내부를 파고들어 갔으며, 이때부터 무의식 세계(無意識世界)를 다루는 경향이 일어났다. 작가로는 이효석, 유진오, 채만식, 이무영, 계용묵, 이상, 심훈, 김동리, 황순원 등이 있다.

① **모더니즘과 지식인 소설** 기출 24, 23

이 시기에는 현대 도시 문명이 지닌 병적인 징후와 도시가 지닌 세태를 제시하고 관찰하며 비판하는 모더니즘 소설이 문단의 큰 흐름으로 자리 잡았다. 이들 모더니즘 소설은 주로 지식인 계급이 주인공으로 제시된다는 점에서 지식인 소설이라고 부르기도 한다. 이상은 초현실주의적인 문학관을 기반으로 자신의 의식을 투시, 분석한 끝에 놀랄만한 현대적인 언어로 현재 지식인의 탈출구 없는 삶을 그려내고 있다. 박태원은 세태소설을 통해 소시민의 삶의 양태를 상세하게 묘사하였다. 유진오, 채만식의 일부 작품들은 식민지하 지식인의 내적 고민과 방황을 그려내는 데 충실하였다.

작가	작품
이상 기출 22	「실화」, 「날개」, 「봉별기」, 「종생기」 등 (심리소설, 실험정신)
박태원 기출 23	「소설가 구보 씨의 일일」, 「천변풍경」 등 (소시민의 삶)
채만식 기출 24, 22	「소망」, 「레디메이드 인생」, 「치숙」, 「탁류」, 「인텔리와 빈대떡」 등 (진보 풍자)
유진오	「김강사와 T교수」, 「창랑정기」 등

② **농민문학의 대두와 농민소설**

일제 강점기의 농촌은 일본 제국주의의 일차적인 수탈 대상이었다. 따라서 일제의 수탈이 극에 이른 1930년대의 우리 농촌은 빈곤과 식민지적 모순의 구체적인 현장이기도 했다. 이러한 농촌 문제가 본격적으로 나타난 것은 1931년 『동아일보』 주도로 시작된 '브나로드 운동'으로, 이 운동은 지식인들이 농촌으로 들어가 봉사활동하는 것을 담은 농촌 계몽 소설을 탄생시켰다. 이 소설의 대표작으로는 이광수의 「흙」과 심훈의 「상록수」가 있다.

이와 함께 민족 운동의 계몽성이나 사회주의의 목적과는 상관없이 농촌 사회의 궁핍하고 고통스런 농민의 생활 실상과 형태를 사실적으로 다룬 농민소설들이 있다. 김유정은 「봄봄」, 「동백꽃」 등을 통해 농촌을 배경으로 한 향토적 서정미가 넘치는 문학 세계를 보여주었고, 「소낙비」 등의 작품을 통해 농촌의 궁핍한 현실과 절망적인 침체상을 그렸다. 또, 병든 도시를 떠나 농촌으로 회귀하는 이무영의 작품 등이 있다.

작가	작품
이광수	「흙」
심훈	「상록수」
김유정 기출 22	「봄봄」, 「동백꽃」, 「소낙비」, 「금 따는 콩밭」, 「만무방」, 「노다지」 등
이무영	「제1과 제1장」, 「흙의 노래」, 「농민」 등

③ 김동리의 토속적 신비주의

이러한 일련의 작품 이외에 토속적이고 신비적인 경향으로 독자적인 지평을 열어간 작가 김동리의 소설로는 「무녀도」, 「바위」, 「을화」, 「황토기」 등을 들 수 있다.

(6) 1940년대의 소설

「동아일보」, 「조선일보」, 『문장』, 『인문평론』 등의 폐간으로 시작된 일본의 문화 말살 정책에 의해 우리 문학이 공백기에 들어간 시기이다.

(7) 1950년대의 소설 기출 22

광복(光復)과 6·25 전쟁을 소재로 하는 소설이 많이 나타나기 시작하였다. 젊은 작가들은 서구문학을 수입하기 시작하였으며, 전후의 인간상(人間像)을 다각도(多角度)에서 날카롭게 파헤쳤다. 김성한, 선우휘, 오상순 등이 대표 작가로 손꼽힌다.

① 전쟁 체험의 형상화

이 시기 소설의 가장 큰 특징 중의 하나는 전쟁 체험의 형상화이다. 전쟁의 비극적 체험은 인간 실존에 대한 근본적인 반성을 가져왔고, 인생의 무의미성이라는 인식을 낳았으며, 뿌리 깊은 허무와 절망을 안겨주었다. 이 시기의 소설은 이러한 전쟁 체험의 형상화와 함께 한국소설의 리얼리즘 발전에 귀중한 원동력을 제공하기도 하였으나 총체성의 견지에서 현실을 수습하고 새로운 비전을 제시하는 소설 본래의 요구에는 미치지 못하였으며, 단지 세태 묘사의 수준에서 비극적 전후의 상황을 반영하는 정도에 머물렀다는 비판을 받기도 한다.

② 관념적이고 추상적인 보편의 세계 추구

전쟁으로 인한 정신적 황폐감을 지적 유희나 관념으로 위로할 수밖에 없었던 당대 사회의 문화·사회학적인 조건을 반영하여 관념적이고 추상적 세계를 다루는 소설들이 나타났으며, 이것은 이후 관념소설과 지식인 소설의 초석이 된다는 의의를 지니기도 했다.

③ 전후의 비참함과 부조리한 현실 고발

전쟁기나 전쟁 이후의 우리 사회는 그 여파로 인하여 엄청난 고통을 겪어야 했다. 따라서 이 시기에는 전쟁의 상흔을 치료해야 할 뿐만 아니라, 민족 분단의 비극도 극복해야 할 과제로 떠올랐으며, 전후에 겪게 된 가치관의 혼란 상태도 치유해야 했다. 이 시기에 발표된 대부분의 소설들이 전후의 부조리한 현실과 그것을 극복하고자 하는 자세를 보인 것도 바로 이런 이유 때문이었다.

(8) 현대소설 시기별 묶음 (중요)

① 일제 식민지 시대

㉠ 가난(빈곤) : 일제 강점기 하층민의 비참한 삶
- 김동인, 「감자」: 전지적 작가 시점
  환경으로 인한 한 여인의 타락과 비극적 종말을 그린 자연주의 소설. 한 여성이 환경에 따라 어떻게 운명이 변하는가를 '환경 결정론'의 입장에서 보여줌. **현실의 추악한 면(물적 욕구 추구), 인간의 존엄성 상실이 그려져 있음**
- 나도향, 「물레방아」: 전지적 작가 시점
  - 본능적 육욕(신치규) + 물질에 대한 탐욕(방원 아내) → 인간의 도덕성 타락
  - 이면적 주제 : 일제의 상업 자본에 의한 한민족의 정신적 순결성 훼손 비판
  - 소재 '물레방아' → 인생의 덧없음(운명의 수레), 에로티시즘(성적 충동), 서정성(농촌의 향토적 배경)
- 현진건, 「빈처」: 1인칭 주인공 시점
  - 경제적으로 무능한 지식인인 '나'를 등장시켜 당대의 식민지 현실의 암울함을 비판. 물질 위주의 사회 속에서 정신적인 예술을 추구하기가 어려움을 잘 보여줌
- 현진건, 「운수 좋은 날」: 전지적 작가(부분적 작가 관찰자) 시점
  - 첫 부분의 배경 묘사(눈 : 기대하는 바 → 행운, 얼다가 만 비 : 현실 → 불행 암시)
  - 돈과 아내의 운명이 대칭을 이루는 구조 : **행운의 절정 순간 아내의 죽음이라는 정반대 상황을 제시**
  - 반어적 구조 : 새침하게 흐린 품이 눈이 올 듯하더니, 눈은 아니 오고 얼다가 만 비가 추적추적 나리는 날이었다. 이날이야말로, 동소문(東小門) 안에서 인력거꾼 노릇을 하는 김 첨지에게는 오래간만에도 닥친 운수 좋은 날이었다.

㉡ 일제하 고향의 상실과 피폐함 고발
- 현진건, 「고향」: 1인칭 관찰자 시점
  - 일제하의 한민족의 빼앗긴 고향과 그로 인한 비참한 생활을 고발
  - 액자소설 : 외부(1인칭 나의 이야기) + 내부(3인칭 그의 이야기)
  - '나'는 현실을 한때 외면하려 했으나, '그'의 한탄을 듣고 조선의 현실을 재인식함
- 김정한, 「사하촌」: 3인칭 관찰자 시점
  - 가뭄으로 타들어가는 (초여름) 흉년에도 소작료를 모두 바쳐야 하는 농촌의 피폐한 수탈 현장과 농민들의 저항 의식을 사실주의적 수법으로 그림
  - 억압받고 착취당하는 농민(상징물 '지렁이')들의 끈질긴 삶을 통해 이 땅의 민중에 대한 애정을 보여 주고, 결말 부분에서 모순에 대항(보광리 중의 마을 ↔ 성동리 소작인 마을)하는 민중의 모습을 제시함
- 유진오, 「김강사와 T교수」: 전지적 작가 시점
  - 식민지 시대의 구체적 단면(사상·자유 억압, 경제적 불균형, 조선 지식인의 현실 적응 실패) 제시
  - 작가가 실제로 동경제국대학 강사로 지냈던 체험을 근거로 한 작품으로, 출세를 위해 아첨과 모략을 일삼는 일본인 T교수와 무기력한 한국인 김강사를 대조시켜 당시의 지식인상을 제시

- 도시적 삶의 황폐성(지식인이 정상적으로 살아갈 수 없는 사회적 모순과 노예적 삶에 대한 비판)
- 박태원, 「소설가 구보 씨의 일일」: 전지적 작가 시점
  - 1930년대 무기력한 문학인의 눈에 비친 일상사
  - 구보: 세태 관찰의 주체, 무직의 소설가로 난청·난시로 신체적 불안감
  - 어머니: 아들의 늦은 귀가와 결혼을 걱정함
  - 구성: 외출해서 전차 안 → 다방 → 경성역 대합실 → 다방 → 거리 → 술집 → 귀가
  - 공간의 의미: 현실적 공간(서울에서의 하루), 의식의 공간(첫사랑을 시작한 어린 소년기 ~ 동경 유학 시절)

ⓒ 농촌, 농민의 삶
- 이효석, 「산」: 전지적 작가 시점
  - 자연과의 교감(交感)으로 행복을 느끼고, 그 생활에 자족(自足)하는 인간형을 서정적인 문체로 묘사
  - 어떤 면에서는 이 소설의 진정한 등장인물은 '나무'일 수도 있음 → 주인공 '중실'은 이 모든 나무들을 가족으로 인식함. 자연을 경제적 이익 대상, 정복의 대상으로만 생각하는 자연관과 배치됨
- 이효석, 「메밀꽃 필 무렵」: 전지적 작가 시점
  - 만남과 헤어짐의 구도를 갖춘 「메밀꽃 필 무렵」은 '길'이라는 무대에서 유랑인의 삶을 상징적으로 그려내고 있음
  - 장돌뱅이 생활의 애환을 통해 삶의 한 단면을 그려냄. 달밤의 메밀꽃밭을 배경으로 설정한 시적인 묘사가 이효석의 서정적 문체와 함께 독특한 분위기를 자아냄
  - 식물(메밀꽃)과 동물(나귀·허 생원)은 모두 달의 생명력 아래 신비롭게 움직여 감 (→ 달은 여성이며, 생명력의 표상, 물레방앗간도 순환과 회귀 측면에서 달의 변형에 지나지 않음)
  - '동이'의 아버지 찾기 모티프: 천상(天上)의 여성적인 생명력(달)과 대비되어 지상에서는 부성(父性)의 탐색
- 이광수, 「흙」: 전지적 작가 시점
  - 당시 성행한 농촌 계몽 운동에서 소재를 취한 인도주의적 경향이 짙은 작품. 무지와 핍박의 농촌 '살여울'을 부유한 이상촌으로 건설하고자 하는 '허숭'의 노력이 작가의 민족주의적 사상과 결합하여 표현된 작품
- 심훈, 「상록수」: 전지적 작가 시점
  - 농촌 계몽 운동을 하는 남녀의 순결한 애정. 심훈의 감성적 정서를 주조로 한 계몽소설
  - 작품 전체를 통해 흐르는 민족주의 사상과 주인공의 희생적인 사랑이 감동적임

② **해방(1945년) 직후**: 귀향 의식, 분단 의식, 인간 군상들의 변모 비판
  ㉠ 이태준, 「해방 전후」: 전지적 작가 시점
    • 반성과 희망이 교차하는 민족사의 갈림길을 배경으로 작가 자신의 행적과 사유를 그린 자전적 기록(일제 강점기하의 한 문인의 갈등)이자 보고(報告) 문학

- 지조를 잃지 않기 위해 일제에 비협조적이었던 주인공 '현'은 광복 후 순수 문학가에서 좌익 계열로 전향한 소설 작가 → '바람이 차나 어딘지 부드러운 벌써 봄바람이다. 현은 담배 한 대 피우고 회관으로 내려왔다. 친구들은 '프로 예맹'과의 합동도 끝나고 이번에 '전국 문학자 대회' 준비로 바쁘고들 있었다.'(소설의 마지막 문단으로 작가 이태준의 '월북'과 연관됨)
  ⓒ 채만식, 「논 이야기」: 전지적 작가 시점
    - 8·15 광복 직후 과도기의 사회상을 풍자, 국가 농업 정책(토지)에 대하여 비판한 농촌소설
    - 지식인으로서 당대 농민의 참상을 관찰하여 객관적으로 폭로하고, 농민을 수탈하는 사회 제도에 대한 날카로운 비판과 개혁 의지를 냉소적인 태도로 묘사 → 독특한 풍자적 세계 구축
③ **6·25 전후**: 전쟁의 후유증, 전후의 참상과 현실의 부조리 고발, 전쟁의 폐허 속에 고통받는 인간성 옹호
  ㉠ 하근찬, 「수난이대」: 혼합시점(전지적 작가 + 3인칭 관찰자 + 1인칭 주인공) 기출 22
    - 민족사의 비극을 '세상을 잘못 만나서'에서처럼 외부적 요인에서 찾음
      참고 신동엽의 시 「봄은」: 봄은 / 남해에서도 북녘에서도 / 오지 않는다. → 민족 분단의 비극을 바다와 대륙 밖에서 온 외부적 상황의 소산물로 인식
    - 민족사의 비극을 화합으로 극복하고자 하는 태도: 외나무다리를 두 부자가 건너는 모습
      참고 박두진의 시 「해」: 해야, 고운 해야. 늬가 오면 늬가사 오면, 나는 나는 청산이 좋아라. 훨훨훨 깃을 치는 청산이 좋아라. 청산이 있으면 홀로래도 좋아라. → 8·15 광복의 기쁨을 '해'를 통해 상징적으로 노래한 시로 사랑과 평화, 조화와 질서로 통합되는 화해의 세계를 추구
  ㉡ 이범선, 「오발탄」: 전지적 작가 시점 기출 22
    - 민족의 분단 문제를 서민들의 생활상을 통해 형상화
    - 전쟁 뒤 고향을 떠난 **월남 피난민 가족의 비참한** 삶의 단면을 보여 줌. 뿌리 뽑힌 자들의 가난과 고통, 그리고 편안한 삶을 방해하는 비정한 현실을 심도 있게 묘사
    - **'오발탄'의 상징성**: 인물의 희망과 현실 사이의 괴리(주인공의 현실에서의 고통) → 작품의 주제 의식을 함축
    - 주인공 '철호'의 치통(齒痛)의 의미: 아프지만 참고 살아온 삶을 의미. 절망에 빠진 그가 치아를 뽑는 행위는 지금까지 벗어나지 못한 가난과 가족에 대한 부담감으로부터 벗어나고자 하는 의식임
  ㉢ 손창섭, 「비 오는 날」: 전지적 작가 시점
    - 6·25 전쟁이 인간을 얼마나 황폐화시킬 수 있는가를 보여 줌(→ 이범선의 「오발탄」)
    - 전쟁의 후유증으로 무기력한 삶을 살아가는 한 인간의 우울한 내면 심리를 다룬 전후문학
    - '피난처 부산, 폐가와 장마'라는 배경 또한 주제 의식과 관련
    - 객관적 인물 묘사보다는 처음부터 작가에 의해 주관화된 냉소적인 관찰의 인물 묘사: 간접 화법에 의한 대화, 부사어 및 '것이다'의 빈번한 사용
  ㉣ 윤흥길, 「장마」: 전지적 작가 시점
    - 전쟁으로 빚어진 한 가족의 비극(국군으로 전사한 아들을 둔 외할머니와 빨치산 아들을 둔 할머니가 한 집에서 극단적인 대립)과 그 극복

- '구렁이'라는 샤머니즘(인간의 정서적 동질성)의 상징적 장치로 두 할머니가 화해하고 분단 극복의 장을 마련함

④ 1960 ~ 1970년대

㉠ 현실 비판과 참여 : 당대 사회의 모순과 부조리
- 김정한, 「모래톱이야기」 : 1인칭 관찰자 시점
  - 현실에 대한 작가의 저항 정신과 고발 정신(소외 계층인 하층 계급의 삶에 대한 처절한 투쟁과 암담한 현실을 사실적 수법으로 그림)
  - 한국 전쟁으로 전사한 아버지와 가진 자의 앞잡이인 깡패를 물속에 던지고 잡혀간 할아버지를 둔 소년의 이야기 → 내 땅을 부당하게 빼앗기고 섬(조마이섬)을 송두리째 집어 삼키려는 유력자(有力者)에게 저항하는 한 농민(갈밭새 영감)의 처절한 투쟁을 통하여 비참한 농촌 현실을 증언함
  - 산업화・도시화로 인한 노동자 집단의 빈곤, 농촌의 피폐와 해체 : 공동체 삶의 파괴
- 황석영, 「삼포 가는 길」 : 전지적 작가 시점
  - 산업화로 인한 민중들의 궁핍한 삶 → 미래에 대한 희망 상실 → 작품 결말부에서 작중 인물들은 순수한 애정을 통해 서로를 이해 → 산업 사회를 이끌어가는 민중의 연대 의식
  - 여운을 남기는 기법으로 결말처리 : '기차가 눈발이 날리는 어두운 들판을 향해서 달려갔다.' → 작중 인물의 떠돌이 삶이 계속될 것임을 보여줌
- 이청준, 「눈길」 : 1인칭 관찰자 시점
  - 근대화 과정에서 점차 사라져 가고 있는 전통적 '효(孝)'에 대한 문제를 조명, 물질적 가치에 젖어 있는 이기적인 자식과 그 자식에 대한 노모의 사랑이 대비(대조)됨
  - '눈길'의 의미 : 아직 깜깜한 새벽길, 급히 상경하는 자식이 안쓰러워 자식과 함께 나선 눈길, 그러나 자식이 상경하고 난 뒤 눈물을 흘리며 돌아서는 눈길은 몰락한 집안의 '어머니'가 겪어온 인고(忍苦)의 생애 전체를 포괄하는 의미를 지님
  - '빛'의 대조적 의미 : 자식이 떠난 뒤에 시린 눈으로 차마 보지 못했던 과거 속의 '아침 햇빛'과 부끄러워서 '나'로 하여금 차마 눈을 뜨지 못하게 하는 '전등 불빛'이 묘한 대조를 이룸
- 조세희, 「난장이가 쏘아 올린 작은 공」 : 1인칭 주인공 시점 기출 24
  - 12편의 연작소설, 도시 빈민의 궁핍한 생활과 자본주의의 모순된 구조 속에서 노동자의 현실적 패배를 잘 그리고 있음
  - 난장이로 대변되는 가난한 소외 계층과 공장 노동자의 삶의 모습, 그리고 1970년대의 노동 환경을 폭로・고발, 작품 결말부의 '영희의 절규'는 더 이상 난장이로 남지 않겠다는 강한 의지를 보여줌

㉡ 인간 욕구의 추구와 파멸 : 현실 원칙과 쾌락(꿈・이상) 추구 사이의 괴리
- 김동인, 「광염소나타」 : 1인칭 관찰자(주인공) 시점 [1]
  - 천재적 예술가를 옹호하려는 입장(K씨)과 사회의 도덕과 윤리, 규범을 중시하는 입장(모씨)의 대립적 인간관계를 설정해놓고 전자(前者)를 긍정하는 태도를 보임

---

[1] 이 작품은 1930년 발표되었으나 편집상 이 부분에서 설명합니다.

- 천재적 음악성을 지닌 주인공 백성수는 약값을 위해 담뱃가게를 도둑질하다 감옥에 가고 그 사이 어머니는 죽음 → 출옥 후 담뱃가게에 방화(放火)하고 광기(狂氣) 상태에서 무의식 중 작곡을 함 → 그 후 K씨를 만나 본격적으로 작곡을 하나 범죄적인 행위에서만 악상을 찾아 냄 → 결국 파괴적 행위로 자신을 파멸시킴
- 나도향,「물레방아」: 전지적 작가 시점 2)
    - 본능적인 육욕(肉慾)(신치규)과 물질적 탐욕(방원 아내)이 빚어낸 도덕적 인간성의 타락, 상전(신치규)의 탐욕에 대항하는 종(이방원)의 비극적 삶
    - 이면적 주제: 당시 일제에 의해 왜곡되어 도입된 상업 자본으로 **한민족의 정신적 순결성이 훼손되어 가는 것을 비판적으로 보여줌**
    - 신치규와 방원 아내의 밀회 장소이면서 방원 아내의 죽음의 장소로 제시된 물레방앗간의 의미: 부정한 애욕의 표출 장소, 파탄(종말)의 장소

ⓒ 존재의 본질과 삶의 근원 탐색 기출 23
- 김승옥,「무진기행」: 1인칭 주인공 시점
    - 일상을 벗어나고 싶은 보편적 인간 심성을 기본 줄기로 하여 주인공인 '내'가 서울을 떠나 무진으로 갔다가 다시 서울로 돌아온다는 '떠남 → 추억의 공간(고향) → 복귀'의 여로(旅路) 구조임
    - '나'의 존재를 확인하기 위해 떠난 무진에서 무진중학교 음악 교사인 '하인숙'을 만나 그녀의 모습('허무'를 벗어나기 위해 무진을 떠나려 함)에서 자신의 과거 모습을 보게 되고 사랑을 느끼나, 안개(허무)처럼 축축하게 배어드는 센티멘털리즘에서 서서히 벗어나 일상의 공간으로 다시 돌아옴
- 김승옥,「서울, 1964년 겨울」: 1인칭 관찰자 시점
    - 현대 사회의 지식인 내면의 고뇌와 인간적 유대가 없는 소외 의식(익명성)을 그림
    → '나'와 '안'은 동갑내기(25세)로 선술집에서 우연히 만나 대화를 나누나 결코 자신의 진심은 말하지 않는 개인주의로 무장된 자들인 데 비해, '외판원 사내'는 자신의 모든 것을 이야기하며 고뇌와 슬픔을 공유하기를 바라나 '나'와 '안'은 받아주지 않고 부담스러워함. 세 사내는 여관에 와서도 각기 다른 방을 쓰고 '안'은 '외판원 사내'가 자살할 것을 짐작하면서도 말리지 않음
    - '외판원 사내'가 자살하고, '나'와 '안'이 도망치려는 작품 결말부의 '개미'가 상징하는 것: 꿈틀거리고 있는 양심

ⓔ 한(恨)의 예술적 승화, 종교적 구원
- 이청준,「선학동 나그네」: 전지적 작가 시점
    -「서편제」,「소리의 빛」과 함께 연작을 이루는 작품으로, 주제 의식은 한(恨) 맺힌 삶을 '소리'를 통해 승화시키는 데 있음
    - 등장인물들은 비정상적인 삶을 살아가는 인물들로서, 오직 소리 하나에 신명을 바치며 떠돌이로 일생을 살아온 아버지와 소경인 딸, 그리고 미련을 버리지 못하고 누이를 찾아 헤매는 오라비 등 한(恨) 맺힌 삶의 모습을 그림

---

2) 이 작품은 1925년 발표되었으나 편집상 이 부분에서 설명합니다.

- 여운을 남기는 결말 처리 → 황석영의 「삼포 가는 길」
- 김동리, 「등신불」: 외부 – 1인칭 시점, 내부 – 3인칭 시점
  - 인간 고뇌의 종교적 구원을 그린 액자소설[등신불 + 인성(人性) + 불성(佛性), 소신공양 = 자기구원 + 타인구제]
  - '나'와 '만적'이 대비되고 있는 구성 : '나'는 살아남기 위해서 맹서의 혈서[작은(소승적) 불교 귀의], '만적'은 큰(대승적) 불교 귀의 → 자기 몸을 희생하여 뜻을 이룬 공통점
  - 대사의 마지막 말 "자네 바른손 식지를 물어보게."의 의미 → 희생을 통한 성불, 구원

ⓜ 순수한 애정과 이룰 수 없는 사랑
- 나도향, 「벙어리 삼룡이」: 전지적 작가 시점[3]
  - '삼룡'은 벙어리라는 신체적 결함 외에 옴두꺼비 같은 모습의 소유자이며, 물건 취급을 받는 하인의 신분임 → 이런 삼룡이가 새색시를 연모함은 일견 환상적·낭만적 행위로 여겨질 모르지만 새색시에 대한 연정은 자연스러운 것임. 왜냐하면 오생원 아들의 새색시에 대한 억압과 학대는 삼룡에게 동정을 넘어서서 연모의 정을 품게 했기 때문임
- 주요섭, 「사랑손님과 어머니」: 1인칭 관찰자 시점[4]
  - 동심의 눈을 통해 젊은 과부와 남편의 옛 친구 사이의 미묘한 연정과 심리적 갈등(어머니의 은근한 애정과 전통적 인습 사이의 갈등)을 선명하고 사실적으로 묘사
  - 어린 소녀('나')에게 관찰자 역할을 맡김 → 자칫 통속적이기 쉬운 사랑을 신선한 각도에서 바라보게 함

ⓑ 운명론
- 김동인, 「배따라기」: 외부 – 1인칭 관찰자 시점, 내부 – 전지적 작가 시점[5]
  - 액자소설, 어느 화창한 봄날, 나(작중 화자)는 대동강으로 봄 경치를 구경 갔다가 '영유 배따라기'를 부르는 '그'를 만나 오해와 질투로 사랑하는 이를 잃은 '그'의 이야기를 들음
  - 아내와 아우 사이를 오해하여 아내는 물에 빠져 자살하고 동생은 형의 오해와 형수의 죽음에 충격을 받아 방랑 → 10년이 지난 어느 날 바람으로 배가 부서져 정신을 잃었을 때 아우가 간호하고 있었음 → 단잠을 깨고 나니 아우가 떠남. 아우는 세상사를 숙명적으로 받아들이고 자책과 회한 속에서 유랑 → '그'는 동생을 찾아 방랑
  - **운명 앞에서 인간의 무력함과 끝없는 회한, 바다를 배경으로 한 서정적 비애감이 소설의 주조를 이룸**
  - '만남과 헤어짐'의 구조 → 이인직의 「혈의 누」(1906, 계몽적 성격의 신소설, 자주독립·신교육 사상과 새로운 결혼관)
- 최인훈, 「광장」: 외부 – 1인칭 시점, 내부 – 전지적 작가 시점 기출 22
  - 4·19 혁명을 계기로, 그동안 우리 사회에서 금기시되어 온 이데올로기와 남북 분단의 비극을 정면으로 다룬 장편소설
  - 남북한의 문제를 '밀실'과 '광장'이라는 인간의 본래적인 존재의 문제와 연결시킴, 여기서 '밀실'이란 자신만의 내밀한 삶의 공간이며, '광장'이란 사회적 삶의 공간을 의미함
  - 작가는 북쪽 사회구조의 폐쇄성과 집단 의식의 강제성을 고발하는 동시에 남쪽의 사회적 불

---

3) 이 작품은 1925년 발표되었으나 편집상 이 부분에서 설명합니다.
4) 이 작품은 1935년 발표되었으나 편집상 이 부분에서 설명합니다.
5) 이 작품은 1921년 발표되었으나 편집상 이 부분에서 설명합니다.

균형과 방일(放逸)한 개인주의를 비판(제3자 입장에선 어느 쪽도 진정한 인간적 삶의 충족이 어려움)
- 주인공의 자살을 통해 이념 선택의 한계를 극적으로 제시 → 분단 상황에 대한 비판적 인식

3 한국 현대소설 주요 작품

(1) 이해조, 「자유종」

> **줄거리**
> 이 작품은 특정한 줄거리 없이 이야기가 전개되고 네 사람의 토론자가 주고받는 열네 개의 대화와 서두에서 화자의 대화를 합쳐 열다섯 개의 대화로 구성되어 있는 토론소설 형식의 정치소설이다. 이 작품에서 가장 두드러지게 드러나고 있는 토론의 주제는 여성과 신교육이다. 이것은 개화 조선의 사회적 변화에 적응하기 시작한 여성들의 입장을 보여 준다는 점에서 그 사회사적인 의미가 주목되기도 한다. 새로운 교육의 중요성을 역설하기 위해 국가 발전을 위한 근대적 학문의 필요성을 강조하고, 신학문 교육의 실천 과제로서 국어 국문의 확대, 여성 교육의 실시, 교육 제도의 개선, 자녀 교육의 방법 등을 논하고 있으며, 교육 기회의 균등화를 위한 봉건적인 사회제도인 서얼문제와 반상제도의 해체를 주장하고 있다.

① **특징**
  ㉠ 여성해방, 여성교육의 필요성
  ㉡ 종래 교육 방법 비판
  ㉢ 적서차별, 신분제도 철폐
  ㉣ 미신 타파
  ㉤ 근대 문명에 대한 투철한 의식과 외국관, 자주독립에 대한 확고한 신념
  ㉥ 토론체의 문체를 사용함
  ㉦ 특정한 사건의 전개가 없음
  ㉧ 강한 시대 의식과 진보적 여성관을 담음

② **해설**
  ㉠ 시대 : 1910년대
  ㉡ 갈래 : **신소설, 계몽소설, 토론체 소설**
  ㉢ 배경
    • 시간적 : 1908년 음력 1월 16일(대보름 다음 날)
    • 공간적 : 이매경 부인의 집
  ㉣ 주제 : 새로운 교육의 중요성과 근대적 학문의 필요성

③ **작가** : 이해조(李海朝, 1869~1927), 호는 열재(悅齋). 한국 근대소설의 형성 과정에서 가장 활발한 작품 활동을 하였으며, 작품 경향은 초기의 정치소설적 형태로부터 후기로 올수록 점차 대중적인 흥미를 강조하는 쪽으로 변하여, 당대의 풍속에 대한 폭넓은 관심을 보여줌. 「강명화실기」, 「자유종」, 「화의 혈」, 「구마검」, 「구의산」 등이 있음

(2) 이광수, 「무정」

> **줄거리**
> 서울 경성 학교 영어 교사 이형식은 김 장로의 딸 김선형에게 영어 개인 교습을 하다가 그녀의 미모에 매혹된다. 또한 그즈음 이형식은 어린 시절의 동무이며 또 자기를 귀여워해 주던 박진사의 딸인 박영채가 투옥된 아버지를 구하기 위해 기생이 되었다는 사실을 알게 된다. 박영채는 이형식에 대한 정절을 지키고 있었으나 이형식의 마음은 김선형에게 기울어져 있었다.
> 한편 박영채는 경성 학교의 배학감에게 순결을 짓밟히고서, 이형식에게 유서를 남기고 자살을 결심한다. 그러나 동경 유학생인 김병욱을 만나 자살을 단념하고, 음악과 무용을 공부하기 위해 일본으로 가게 된다. 이형식 역시 김선형과 약혼하고 미국으로 유학길에 오른다. 김병욱과 박영채, 이형식과 김선형은 우연히 기차 안에서 만나게 된다. 그들은 도중에 삼랑진에서 홍수 때문에 고생하는 수재민을 돕기 위해 자선 음악회를 열고 우리 민족을 구할 힘을 가진 사람이 될 것을 다짐하며 유학길에 오르며 각자의 앞날을 설계한다.

① **특징**
  ㉠ 현대 장편소설의 효시
  ㉡ 삼랑진 수재민을 위해 개최한 자선 음악회를 계기로 형식, 선형, 영채 사이의 삼각관계가 애정 갈등에서 동지적 유대 관계로 전환됨
  ㉢ 전지적 작가 시점을 이용하여 등장인물의 내면 심리와 의식은 물론, 행동이나 대화의 외연적 의미까지 설명하고 있음

② **해설**
  ㉠ 시대 : 1910년대
  ㉡ 갈래 : **장편소설, 계몽소설**
  ㉢ 시점 : 전지적 작가 시점
  ㉣ 배경
    • 시간적 : 일제 강점하의 개화기
    • 공간적 : 서울, 평양, 삼랑진 등
  ㉤ 성격 : 민족주의적, 계몽적, 사실적
  ㉥ 주제 : 민족적 현실의 자각과 새로운 사회에 대한 열망

③ **작가** : 이광수(李光洙, 1892~1950), 호는 춘원(春園). 초기의 이광수는 봉건적 사회제도를 타파하고자 한 사회사상가로서 가부장제를 배격하고, 자유연애를 주창하였으며, 조혼의 폐습을 이야기하였음. 그러나 민족개량과 문화주의로 일관하던 춘원은 1937년 동우회사건으로 구속되어 옥고를 겪고, 정신적인 지주 도산 안창호가 죽고 나자, 중국의 일본군 위문을 위한 모임(북지황군위문작가단) 결성식의 사회를 맡게 되고, 이를 계기로 본격적인 친일행위로 들어서게 됨. 대표작으로는 「무정」, 「개척자」, 「흙」 등이 있음 기출 25

(3) 김동인, 「감자」

> **줄거리**
> 복녀는 가난했지만 정직한 농가의 유교적 가율(家律)로 자란 농민의 딸이다. 그녀는 막연하나마 도덕에 대한 의식도 가지고 있었다. 그녀가 시집 간 20년 연상의 남편은 게으르고 무능했기 때문에 전답도 없어지고 신용도 떨어져, 막벌이는 물론 행랑살이마저 못하게 되자 칠성문 밖 빈민굴로 쫓겨나 살게 된다. 복녀가 빈민굴로 온 그해 여름 기자묘 솔밭에 송충이가 들끓었다. 이를 없애는 데 이곳 아낙네들을 인부로 쓰게 됐다. 복녀도 굶고만 있을 수 없어 인부로 자원했고, 어느 날 일에 나갔다가 감독의 호감을 산다. 복녀도 여느 여자 인부처럼 작업 대신 정조 제공만으로 품삯을 많이 받게 된다. 이때부터 복녀는 도덕과 인생을 보는 눈이 달라진다. 송충이 잡히는 여름으로 끝난다. 그 후에도 복녀의 매음은 계속됐고, 가을에는 중국인 채마밭의 감자며 배추를 도둑질까지 한다. 어느 날 밤 복녀는 고구마 한 바구니를 도둑질하고 일어서다가 주인인 왕 서방에게 들켜 죄의 대가로 몸을 판다. 이를 계기로 왕 서방은 수시로 복녀와 매음하게 된다. 그 후 왕 서방이 한 처녀를 사오자, 복녀는 질투심에 불타 낫을 품고 신혼방에 뛰어든다. 그러나 복녀는 도리어 왕 서방의 손에 죽고 만다. 사흘 뒤에 복녀의 시체는 왕 서방과 남편 등의 흥정과 모의에 의해 뇌일혈로 죽었다는 진단에 따라 공동묘지에 묻힌다.

① **특징**
  ㉠ 자연주의적 관점을 사용함
  ㉡ **평안도 사투리와 하층 사회의 비속어를 구사함**
  ㉢ 장면 중심으로 사건을 전개시켜 집약적 효과를 거둠
  ㉣ 1925년 『조선문단』 4호에 발표된 단편소설로서, 복녀라는 한 여인의 도덕적인 전락과 파멸의 과정을 그린 자연주의 계열의 작품
  ㉤ 한 도덕적인 인간이 새로운 환경 속에서 어떻게 외적 행동 변화와 내적 심리적 변화를 일으키는가를 빠른 템포로 보여줌
  ㉥ 한계점 : 기존의 도덕을 내던진 인간의 추악한 면을 드러내는 것 이상으로 더 보여주는 것이 없음
  ㉦ 사실주의 경향으로 나아가지 못한 점 : 가난의 요인을 사회 병리적 현상이 아닌 '게으름'에서 찾고 있으며, 이를 한 개인의 문제로 파악

② **해설**
  ㉠ 시대 : 1920년대
  ㉡ 갈래 : 단편소설, 자연주의 소설
  ㉢ 시점 : 전지적 작가 시점
  ㉣ 배경 : 일제 강점기, 1920년대 평양 칠성문 밖의 빈민굴
  ㉤ 주제 : 현실의 추악함과 인간의 존엄성 상실

③ **김동인의 문학적 공헌** : 金東仁, 1900 ~ 1951, 호는 금동
  ㉠ 결정론에 입각한 자연주의 문학 도입, 문학의 독자성·자율성을 확립(예술성 위주의 문학관)
  ㉡ **최초의 문예동인지 『창조』, 『영대』 등을 간행**
  ㉢ 「광염 소나타」 등 유미주의 경향의 작품을 발표
  ㉣ 호칭에 '그'라는 3인칭을 쓰고 과거시제를 도입
  ㉤ 간결체 문장을 확립

④ 「감자」의 문학사적 의의
  ㉠ 평안도 사투리와 하층사회의 비속어를 구사하고 있는 점
  ㉡ 필요 없는 설명의 과감한 삭제, 사건의 빠른 진행, 묘사의 간결한 처리 등의 수법으로 집약적 효과를 살린 점
  ㉢ 경멸과 야유의 인생관 제시로 문학의 개성을 보여준 점
  ㉣ 복녀를 통해 식민지 시대의 민족적 빈곤의 비극을 어느 정도 상상할 수 있게 해준 점

> **체크 포인트**
> 1920년대 3대 단편작가: 김동인, 현진건, 이효석

(4) 현진건, 「운수 좋은 날」 기출 25

> **줄거리**
> 인력거꾼 김 첨지에게 오랜만에 닥친 '운수 좋은 날'이었다. '재수가 옴 붙어서 근 열흘 동안 돈 구경도 못한 김 첨지'에게 아침부터 손님들이 줄을 이었기 때문이다. 아침 맷바람에 80전을 번 김 첨지는 병든 아내에게 설렁탕을 사 줄 수 있어 기뻐한다. 집에는 약은커녕 끼니를 잇지 못한 아내가 병석에 누워 있는 것이다. 그는 모처럼만에 찾아든 행운을 잃지 않기 위하여 우중에도 열심히 손님을 실어 나른다. 기적에 가까운 벌이를 하였다는 기쁨 뒤에는 집의 아내가 죽지나 않았나 하는 근심이 그를 엄습한다. 귀로에 치삼이라는 친구를 만나 선술집에 들어가 술을 한 잔 나눈다. 술잔을 나누는 사이 김 첨지는 주정을 하기 시작한다. 돈이 있다고 호기를 부리는가 하면 돈 팔매질을 하고, 마누라가 죽었다고 엉엉 우는가 하면 젊은 여자에게 인력거를 거절당한 것을 흉내내기도 한다. 김 첨지는 아내에 대한 불안감으로 횡설수설한다. 마침내 아내가 먹고 싶다는 설렁탕을 한 그릇 사 가지고 집으로 돌아간다. 그러나 아내는 이미 싸늘한 시체로 변해 있었다.

① 특징
  ㉠ 3인칭의 객관적 서술로 구성, 노동 계층의 의식을 반영
  ㉡ 플롯의 전개
    • 문제의 제기 : 인력거꾼인 김 첨지에게 '예기치 않은 행운'이 닥치는 부분
    • 복잡화 : 행운과 불길한 예감의 반복 및 치삼과의 만남
    • 클라이맥스 : 김 첨지가 설렁탕을 사들고 와서 보게 된 아내의 죽음
    • 대단원 : 넋두리에 해당하는 김 첨지의 독백
  ㉢ 작품의 의의 중요
    • 「운수 좋은 날」은 결국 운수 나쁜 날로 전환시킬 수 있는 반어법적 기교의 탁월성이 잘 드러남
    • 돈의 가치를 교묘한 방법으로 설득시킴으로써 현실감각을 느끼게 한 점 – 현실문제는 가난에 있음을 보여줌
    • 치밀하고 섬세한 사실주의적인 묘사를 취한 점과 조화에 바탕을 둔 구성 및 기교 확립의 탁월성

② 한계점
- 작가의 개입이 자주 나와 극적 제시의 방법을 잘 살리지 못함
- 클라이맥스 이후에 보이는 김 첨지의 행동에 대한 장황한 해설이 소설의 치밀한 구성에 손상을 주고 있음
- 가난의 본질적인 근원과 근본적인 모순에까지 작가의 시각이 미치지 못함

② 해설
- ㉠ 시대 : 1920년대
- ㉡ 갈래 : 단편소설, 사실주의 소설
- ㉢ 시점 : 전지적 작가 시점(부분적으로 작가 관찰자 시점 혼용)
- ㉣ 배경 : 일제 강점기의 서울
- ㉤ 성격 : **반어적, 사실적, 비극적**
- ㉥ 특징
  - 전지적 작가 시점과 작가 관찰자 시점의 혼용
  - 추보식 단일 구성을 사용함
  - 비속한 말을 그대로 쓴 구어체를 구사함
- ㉦ 제재 : 인력거꾼의 하루
- ㉧ 주제 : 일제 강점하의 가난한 하층민의 비참한 삶에 대한 고발

③ **작가** : 현진건(玄鎭健, 1900~1943), 호는 빙허(憑虛). 치밀한 구성과 객관적 묘사로 사실주의적 단편소설을 많이 남김. 「빈처」, 「운수 좋은 날」, 「술 권하는 사회」, 「B사감과 러브레터」 등이 있음

(5) 최서해, 「홍염(紅焰)」

> **줄거리**
> 문 서방은 본래 경기도 어느 곳의 소작인이었는데 10여 년 동안 소작인 생활을 하여도 형편이 나아지질 않자 아내와 딸을 데리고 서간도로 이주했다. 그러나 이 곳에서의 생활도 전혀 나아진 것이 없었고 중국인 지주인 인가의 소작인이 되어 다시 소작인 생활을 한다.
> 흉년이 계속되자 소작료가 밀리게 되었고 절망에 빠진 문 서방 내외에게 어느 날 인가가 찾아온다. 인가는 올해는 빚을 갚으라고 소리를 고래고래 지르다가 억센 손으로 문 서방을 구타하기 시작한다. 그러자 문 서방의 아내는 인가의 팔에 매달려 살려달라고 애원하지만 소용이 없었고, 인가는 빚(흉년이어서 소작료를 체납하게 되자 빚이 된다) 대신 강제로 문 서방의 딸을 데려간다.
> 딸을 빼앗긴 문 서방은 중국 되놈들에게는 '조선 거지', 한국인들에게는 '딸 팔아 먹은놈'이라고 손가락질을 당하고, 아내마저 딸을 그리워하다 미쳐서 죽고 만다.
> 아내가 죽은 다음 날 밤, 문 서방은 인가의 집으로 달려가 불을 지르고, 도끼로 인가를 해쳐 죽인 뒤 딸을 부여안는다.

① 특징
- ㉠ '홍염'은 '붉은 불꽃'이라는 뜻으로, 기존의 질서에 대한 전면적 부정과 항거의 정신이 방화와 살인이라는 극단적 행동으로 표출되는 파괴적 이미지로 그려지고 있음

ⓒ 주인공 문 서방은 가난하다는 이유로 온갖 수탈과 멸시를 당하고 이를 인내했지만, 그 가난 때문에 딸까지 빼앗기는 처참한 상황에 이르고 그로 인해 아내까지 죽게 되자 내면적인 각성을 하게 됨. 그것은 사회적 자아의 발견이며 적극적 항거의 태도로, 홧김에 불을 지르는 낭만적 대응이 아니라, 끓어오르는 분노와 누적된 울분이 폭발되어 '불꽃(홍염)'으로 상징화된 것

② **해설**
  ㉠ 갈래 : 단편소설, 경향소설
  ㉡ 배경
   • 시간적 : 1920년대 일제 식민지 치하
   • 공간적 : 중국 서간도 빼허[白河], 조선인 이주민 마을
   • 사상적 : 사회주의 사상과 계급 사상
  ㉢ 시점 : 전지적 작가 시점
  ㉣ 성격 : 사실적, 현실 고발적, 신경향파적
  ㉤ 주제 : 간도에서의 조선인 이주민들의 비참한 삶과 악덕 지주에 대한 그들의 저항, 간도 이민 생활의 곤궁과 지주에 대한 울분과 징계

③ **작가** : 최서해[崔曙海, 본명 최학송(崔鶴松), 1901~1932], 호는 서해(曙海)·설봉(雪峰). 신경향파의 대표적 작자로, 체험을 바탕으로 하층민의 빈궁을 주요 문제로 다룸.「탈출기」,「박돌의 죽음」,「홍염」 등이 있음

(6) 채만식,「치숙(痴叔)」

> **줄거리**
> 일본에 가서 대학까지 나온 아저씨가 착한 아주머니를 친정으로 보내고 신교육을 받은 여성과 살림을 차린다. 사회주의 운동을 하다가 잡혀가 5년 만에 풀려난 아저씨는 감옥에서 악화된 폐병 때문에 목숨이 아주 위태로운 지경에 이른다. 아주머니는 아저씨가 감옥에 가 있는 동안 식모살이를 하면서 어렵게 번 돈을 아저씨의 치료비로 아낌없이 쓰고 무려 3년 동안이나 아저씨의 병간호에 지극한 정성을 쏟는다. 이러한 아주머니의 정성 때문에 아저씨의 병은 조금씩 차도를 보인다. 몸이 좀 낫자 아저씨는 다시 사회주의 운동을 하겠다고 나선다. 일본인 주인에게 잘 보여 장사를 해 부자가 돼서 일본 여자와 결혼하는 것이 '나'의 꿈이다. 그런데 아저씨는 부자를 타도하는 운동인 사회주의에 대한 미련을 버리지 못하고 있으니 정말 소름이 끼칠 정도이다. 남의 재산을 빼앗아 먹자는 불한당 질을 계속 하겠다는 것을 보면 아저씨는 헛공부를 했음에 틀림없다. 친정살이 하던 아주머니의 은공을 갚아야 할 것이 아니냐고 충고해도 막무가내이다. 오히려 적반하장 격으로 내 쪽을 딱하다고 하니 정말 한심한 노릇이다.

① **특징**
  ㉠ 역논리의 기법, 즉 칭찬과 비난의 전도라는 아이러니에 의한 풍자의 실상을 구체적으로 나타냄
   예 '나' : 왜놈의 앞잡이, '아저씨' : 사회주의자
   작품의 화자이기도 하며, 일본인 밑에서 만족스럽게 살아가는 인물의 전형이기도 한 '나(소년)'를 통해 지식인의 박해와 수난이 바보같이 조롱되고 있음 → 아이러니를 기조로 한 모순의 페이소스를 통해 사회주의 지식인의 정치적 수난의 문제를 제기함

- ⓒ '치숙'의 아저씨의 경우처럼 그가 긍정하고자 하는 인물은 희롱의 대상이 됨 → 곧 그의 문장의 아이러니는 그가 부정적인 인간을 긍정적으로 보여주려는 과정에서 자연히 생겨남
- ⓓ 채만식의 반어기법은 강력한 비판정신의 소산으로서, 일제하 검열제도를 피하면서도 공격하고자 하는 당대의 제도나 구조에 대해 신랄한 비판을 퍼붓고자 하는 고민의 결과

② **해설**
- ㉠ 시대 : 1930년대
- ㉡ 갈래 : 단편소설, 풍자소설
- ㉢ 시점 : 1인칭 관찰자 시점
- ㉣ 배경 : 일제 강점기, 서울
- ㉤ 성격 : 식민지 시대 상황이 사실적으로 묘사되고 있는 소설로서 풍자적 성격이 강함
- ㉥ 특징
  - 속어나 비어 등을 많이 사용하여 사실성을 높이고 있음
  - 대화적 문체를 구사하여 '나'와 '아저씨'와의 의식상의 괴리를 극명하게 드러냄
  - 주인공인 소년이 혼자 지껄이는 넋두리 형식으로 일관함
  - 풍자의 심층화를 통해 식민지 사회의 병리적 현상들을 역설적으로 드러냄
- ㉦ 주제 : 일제 강점하에 순응하는 태도에 대한 비판과 풍자, 사회주의 지식인의 현실 무능력 비판

③ **작가** : 채만식(蔡萬植, 1902~1950). 동반자적 경향에서 풍자성 강한 사회소설로 전환함. 대표작으로 「레디메이드 인생」, 「태평천하」, 「탁류」, 「치숙」 등이 있음

(7) 김유정, 「소낙비」

> **줄거리**
> 흉작과 빚으로 삶의 터전인 농토를 잃고 떠돌아다니는 유랑민인 춘호는 살기 좋은 곳을 찾아다니다가 산골 마을로 찾아든다. 춘호는 자기에게 주어진 시련을 슬기롭게 극복하지 못하고 노름과 아내의 매음을 통해 이를 극복하고자 한다.
> 쇠돌엄마는 춘호 처와 같은 천한 농부의 계집인데, 동리의 부자 이 주사와 배가 맞아 팔자를 고친다. 지난 늦은 봄 달 밝은 밤에 보름 계추를 보러 산모퉁이로 나간 남편이 돌아오지 않자 잠자리에 들려는데 황소 같은 이 주사가 춘호 처를 겁탈하려 들었다. 춘호 처는 쇠돌엄마가 속곳과 버선 자랑을 할 때 속으로 자기도 잘했으면 쇠돌엄마처럼 호강했으리라고 생각한다.
> 올봄에 오 원을 주고 산 오두막살이 집에서 춘호가 감자를 씻고 있는 아내를 노려본다. 요 며칠 뒷산에서 밤마다 큰 노름판이 벌어지는 것을 안 춘호는 한몫 보아 서울로 갈 꿈을 꾼다.
> 그러나 밑천을 장만할 수가 없어서 그는 사나흘 밤이나 눈을 붙이지 못하고 아내에게 노름 돈으로 이 원을 꿔오라고 조른다. 용모가 빼어난 아내는 묵묵부답이다. 춘호는 노기충천하여 불현듯 문지방을 떠다밀며 벌떡 일어나 지게 막대를 들고 아내에게 달려든다. 춘호가 아내의 연한 허리를 모질게 후려치자 아내는 눈물을 흘리면서 싸리문 밖으로 내달린다. 싸리문 안에 아직도 지게 막대를 들고 서있는 것을 본 아내는 쇠돌엄마 집으로 향한다. 당장 돈 이 원을 만들기 위해서는 보리라도 꾸어다가 파는 수밖에 없다고 생각한 것이다. 마음에 내키지 않는 발걸음을 하면서 춘호 처는 헛발질을 하지 않을까 걱정한다.

쇠돌엄마는 집에 없었다. 그녀는 소낙비를 만나 살의 윤곽이 드러난 젖은 몸으로 쇠돌엄마가 나타나기를 기다린다. 이 주사가 지우산을 쓰고 쇠돌네 집으로 향한다. 아무도 보는 사람이 없는 것을 안 춘호 처는 쇠돌네 봉당으로 들어선다. 그녀는 이 주사에게 끌려들어가 관계를 갖는다. 목욕도 하지 않았다고 모욕과 수치를 당하지만 이 주사로부터 이 원을 받기로 한다.
분이 풀리지 않은 춘호는 뿌루퉁하니 홀로 앉아 있다. 아내가 들어오자 춘호는 주먹뺨을 냅다 붙인 뒤에 다시 매를 잡으려든다. 춘호 처는 기겁을 하면서 돈이 되었다고 한다. 갑자기 남편의 태도가 돌변한다. 부부는 모처럼 나란히 누워서 서울에 대해 이것저것 이야기한다. 춘호는 이 원을 가지고 노름을 해서 있는 돈을 깡그리 몰아 올 생각에 기뻐한다. 밤새도록 내리던 비가 아침에야 그친다. 춘호는 아내의 머리를 빗겨서 맵시 있게 쪽을 질러주고 공을 들여 삼아 논 짚신을 신겨 돈을 받으러 보낸다.

① **특징**
   ㉠ 「따라지 목숨」이라는 원제목을 갖고 있는 이 작품은 1930년대 한국 유랑 농민의 서글픈 삶의 한 단면을 그리고 있음
   ㉡ 당대의 농촌의 현실을 충실히 반영하고 있는데, 이것은 이념적 바탕에 의한 것이 아니라 풍속을 충실히 반영하려는 작가 의식에서 비롯된 것

② **해설**
   ㉠ 갈래 : 단편소설
   ㉡ 배경 : 1930년대 농촌
   ㉢ 경향 : 사실주의
   ㉣ 시점 : 작가 관찰자 시점
   ㉤ 주제 : 농촌 사회의 현실적 모순과 도착(倒錯)된 성 윤리 풍자

③ **작가** : 김유정(金裕貞, 1908~1937). 농촌을 소재로 해학적인 문체를 구사, 토속인 세계를 그림. 대표작으로 「소낙비」, 「동백꽃」, 「봄봄」 등이 있음 기출 22

체크 포인트

김유정 문학의 특성 기출 22
- 아이러니한 상황의 설정
- 방언의 효과
- 특유의 개성적인 문체

(8) 이상, 「날개」

> **줄거리**
> '나'는 유곽과 같은 33번지 어떤 방에 접객업소에 나가는 아내와 세를 들어 살면서 그날그날을 의욕도 없이 방에서 뒹굴며 산다. 아내는 상당한 미인이며, 나는 아내의 미모를 내심 사랑하고 있다. 그런데 어느 날 아내의 방에 손님이 찾아온다. 아내는 그 곳에서 음식을 시켜 먹고 몸을 팔기도 한다. 그럼에도 불구하고 나는 그것에 대해서 아무런 반응을 보이지 않는다. 나는 단지 아내가 주는 밥을 먹을 뿐이고, 아내는 자기의 직업 때문에 나라는 존재를 불편하게 여기고, 그래서 나는 아내가 수면제를 주면 그것을 먹고 잠을 잘 뿐이다. 나는 그 수면제가 아스피린인 줄 알고 먹은 후 낮잠을 자거나 혼자서 공상에 잠기며 시간을 보내는 것이다.
> 그러던 어느 날 나는 아내를 연구한다. 나는 아내가 외출하고 나면 아내의 화장품 냄새를 맡고 돋보기로 화장지를 태우면서 아내의 체취를 맡는다. 나를 죽음으로 몰고 갔을지도 모를 수면제를 한 번에 여섯 알이나 먹고 일주일 동안 자고 일어난 나는 아내의 매음 행위를 본 후 나를 낮이나 밤이나 재워 놓고 아내가 무슨 짓을 했는가 하는 생각으로 모순에 봉착한다.
> 나는 바지 주머니 속에 남은 돈을 가지고 미스꼬시 백화점 옥상에 올라 26년간의 과거를 생각한다.
> 나는 정오의 사이렌이 울릴 때 현란한 거리의 풍경을 바라보면서 '날개야 다시 돋아라. 날자. 날자. 날자. 한 번만 더 날자꾸나. 한 번만 더 날아 보자꾸나.'라고 외친다.

① 특징
  ㉠ 1936년 『조광』에 발표된 자의식이 강한 심리소설
  ㉡ 내용 : 외견상 부부의 성적 도착상태를 그린 「날개」는 폐쇄된 시공으로부터 개방된 시공으로 이행하려는 의식을 의미
  ㉢ 구성
    • 모두(冒頭, Prologue) : 혼잣말과 내적인 독백, 소설적인 서술
    • 소설적인 전개
      – 전반부 : 나의 침잠(폐쇄성)을 보여주는 내용
      – 후반부 : 나의 외출이 탈출로 비약하는 내용
  ㉣ 억압된 자아 의식을 '방'이라는 밀폐된 구조로 표현
  ㉤ 서두에 도입부가 제시되어 나의 역설적 논리가 나타남
  ㉥ 나의 분열된 내면 세계를 의식의 흐름 수법을 이용해 표현
  ㉦ 주인공 '나'의 자폐적인 세계를 역설적인 독백체로 표현

② 해설
  ㉠ 시대 : 1930년대
  ㉡ 갈래 : 단편소설, 심리소설
  ㉢ 시점 : 1인칭 주인공 시점
  ㉣ 배경 : 시간적(1930년대), 공간적(서울의 33번지 집의 골방, 18가구가 사는 집, 백화점 옥상 등)
  ㉤ 성격 : 고백적, 상징적
  ㉥ 제재 : 도착(倒錯)된 삶과 자아 분열
  ㉦ 주제 : 자의식의 심화과정과 극복을 위한 몸부림

③ **작가**: 이상(李箱, 1910~1937). 심리주의 기법에 의해 내면 세계를 다룸. 초현실주의적 경향을 띰. 대표작으로 「날개」, 「종생기」, 「봉별기」 등이 있음

④ **문학사적 위치·특성**
  ㉠ 부정적인 자기 폐쇄를 통해서 사회와의 정당한 통로를 차단당한 인간의 파산을 여실하게 보여줌
  ㉡ 다양한 실험정신의 표출을 통해서 표현되어야 할 것과 표현해야 하는 기교 사이에는 떼어낼 수 없는 긴밀한 관계가 있다는 것을 뚜렷하게 인식한 점, 즉 지적인 재치와 심리주의를 도입

제3절 핵심예제문제

01 다음 중 최초의 신소설 작가와 그 작품은?

① 이인직의 「혈의 누」
② 이해조의 「고목화」
③ 안국선의 「공진회」
④ 이광수의 「무정」

02 다음 중 신소설의 주제가 <u>아닌</u> 것은?

① 자유결혼관 주장
② 남녀평등
③ 신문명의 도입 강조
④ 권선징악

03 다음 내용과 관련 있는 소설은?

- 치밀하고 섬세한 사실주의적 묘사
- 김 첨지, 인력거, 설렁탕, 아내의 죽음
- 식민지 시대의 궁핍한 현실과 하층민의 참담한 생활

① 「빈처」
② 「운수 좋은 날」
③ 「무영탑」
④ 「술 권하는 사회」

---

01 최초의 신소설은 1906년에 발표된 이인직의 「혈의 누」이다.

02 신소설은 전기(傳記)식의 고전소설에서 벗어나 사건 중심적이고 묘사성을 지닌 소설로 발전하여 근대소설로 이어지는 중요한 교량 역할을 했다. 이러한 신소설은 내용에 있어서도 유교적 가치관을 비판하고, 신교육 강조, 자유결혼관 주장, 신문명 도입 강조, 신여성관, 근대적 민주 사상 등을 주장했다.

03 현진건의 「운수 좋은 날」의 훌륭한 점은 치밀하고 섬세한 사실주의적 묘사를 취한 점과, 조화에 바탕을 둔 구성 및 기교의 확립에 있다.

정답 01 ① 02 ④ 03 ②

04 「무정」의 근대소설적 요소
- 서술시간 구조가 고전소설과 다르다. – 주인공의 출생부터 시작하는 것이 아니라 주인공 형식이 행복한 고민을 하는 장면부터 시작한다.
- 주인공이 영웅적 인물이 아니라 일상인이었다.
- 1910년대 당시의 사회 현상을 반영하고 있었다.
- 언문일치(言文一致)에 가까운 문체를 사용하였다.

04 이광수의 「무정」이 지니고 있는 근대소설적 요소는?
① 구조자가 등장하고 있는 점
② 주인공들이 지도자의 위치에 있는 점
③ 전지적 작가 시점의 사용
④ 1910년대의 사회현실을 그린 점

05 1930년대 민족 운동의 계몽성이나 사회주의 목적과는 상관없이 농촌 사회의 궁핍하고 고통스런 농민의 생활 실상과 형태를 사실적으로 다룬 농민소설들이 등장했다. 김유정의 「봄봄」, 「동백꽃」 등은 농촌을 배경으로 한 향토적 서정미가 넘치는 문학 세계를 보여 주었고, 김유정의 「소낙비」, 박영준의 「모범경작생」 등에서는 농촌의 궁핍한 현실과 절망적인 침체상을 그렸으며, 병든 도시를 떠나 농촌으로 회귀하는 이무영의 작품 등이 있다.

05 농촌소설 또는 농민문학을 지향했던 1930년대의 작가는?
① 채만식, 박영준
② 이무영, 박영준
③ 정비석, 김유정
④ 유진오, 이효석

06 김동인 「감자」의 플롯(Plot)
- 제시 단계 : 빈민굴이라는 환경 속에서 '복녀'의 등장
- 복잡화 단계 : 남편의 게으름과 성(性)의 눈뜸
- 클라이맥스 단계 : 질투심이 '복녀'의 죽음을 야기
- 대단원 : '복녀'의 주검을 둘러싼 암거래

06 다음 중 김동인의 작품 「감자」의 클라이맥스 부분에 해당하는 것은?
① 빈민굴이라는 환경 속에서의 '복녀'의 등장
② 남편의 게으름과 '복녀'의 성(性)의 눈뜸
③ '복녀'의 주검을 둘러싼 암거래
④ 질투심이 '복녀'의 죽음을 야기

정답 04 ④ 05 ② 06 ④

07 현진건의 다음 작품 중 식민지 시대의 궁핍한 현실을 주제로 하지 않은 것은?

① 「무영탑」
② 「술 권하는 사회」
③ 「고향」
④ 「빈처」

07 「무영탑」: 한 석수(石手)의 지고지순한 사랑과 예술혼을 다룬 역사 소설
② 일제하의 지식인의 절망과 고뇌를 드러냄
③ 일제하의 한민족의 빼앗긴 고향과 그로 인한 비참한 생활을 고발
④ 경제적으로 무능한 지식인인 '나'를 등장시켜 당대의 식민지 현실의 비참한 삶과 암울함을 비판

정답 07 ①

제4절 현대수필

1 한국 현대수필의 특징

(1) 수필의 개념

수필은 작가 자신의 인생과 자연에 대한 체험과 관조의 내용을 자유로운 형식으로 표현한 문학적 산문의 한 갈래이다. 수필의 연혁은 남송(南宋)의 홍매(洪邁)가 지은 「용재수필(容齋隨筆)」과 프랑스의 몽테뉴가 지은 「수상록」에서 '수필'이란 용어와 'Essay'란 단어가 유래되었다.

(2) 수필의 역사

① **서양의 수필**: 기원전 4, 5세기경 플라톤의 『대화편』으로부터 시작되어, 1세기경 세네카의 「서간집」, 아우렐리우스의 『명상록』으로 발전했다. 그러나 진정한 의미의 수필은 16세기 프랑스의 철학자 몽테뉴가 『수상록』을 내면서 시작되었다고 보는 것이 옳으며, 그 뒤 17세기 영국의 베이컨을 거쳐 19세기 찰스 램 등으로 이어지며 발전했다.

② **우리나라의 수필**: 우리나라의 수필은 초기의 한문 수필과 훈민정음 창제 뒤의 국문 수필, 그리고 신문학 이후의 근대 수필로 나눌 수 있다.

　㉠ 한문수필: 신라 혜초의 『왕오천축국전』, 최치원의 『쌍녀분』 등이 초기의 작품이고 고려 때에는 이규보의 『백운소설』, 이인로의 『파한집』, 이제현의 『역옹패설』 등이 대표적이며, 조선에 와서는 서거정의 『태평한화골계전』, 성현의 『용재총화』, 박지원의 『열하일기』 등이 유명하다.

　㉡ 국문수필: 주로 여성들에 의해 쓰였는데 유씨 부인의 「조침문」, 작가 미상의 「규중칠우쟁론기」, 연안 김씨의 「의유당 관북유람일기」, 김인겸의 「일동장유가」 등이 잘 알려져 있다.

　㉢ 근대수필: 1885년 유길준의 「서유견문」을 시작으로 이광수와 최남선에 의해 본격적으로 쓰여졌다. 이광수의 「금강산 기행」, 최남선의 「심춘순례」, 「백두산근참기」가 발표되고 뒤이어 김진섭, 이양하, 피천득 등의 뛰어난 수필가가 나왔다. 기출 24

(3) 수필의 특성 중요 기출 22

① **무형식의 자유로운 산문**: 무형식의 자유로운 산문문학으로서 이는 형식이 다양하다는 뜻이지, 아무렇게나 써도 된다는 뜻은 아니다.

② **다양한 제재 및 구성**: 인생이나 자연 등 그 소재가 다양하며 무제한적이다.

③ **개성적·고백적인 문학**: 글쓴이의 개성과 적나라한 심성(心性)이 생생하게 드러나는 자기 고백적인 문학이다.

④ **관조적(觀照的)·심미적·철학적인 문학**: 표면적인 사실만을 쓰지 않고 현실을 재해석하는 심미적·철학적 가치가 드러나는 글이다.

⑤ **유머·위트·비평 정신에 바탕을 둔 문학**: 지성이 정서적으로 처리되며 마음의 여유에서 비롯되는 유머와 위트가 나타난다.

⑥ **간결한 산문체의 문학** : 정서적 감동의 효과를 위해 간결하게 쓰이는 산문이다.
⑦ **비전문성의 문학** : 생활인이면 누구나 쓸 수 있는 산문 형태이나, 사물에 대한 통찰력과 개성이 드러나야 한다.

(4) 수필의 구성
① **구성 요소**
  ㉠ 제재(題材) : 수필의 재료(소재)로서, '청춘, 자연, 인생, 체험…' 등 모든 것이 수필의 제재가 될 수 있다.
  ㉡ 구성(構成) : 수필의 짜임으로, 단순 구성·복합 구성·산만 구성·긴축 구성 등이 있다.
  ㉢ 문체(文體) : 글에 나타나는 글쓴이의 개성을 말한다.
  ㉣ 주제(主題) : 글쓴이가 나타내려고 하는 주된 생각으로, 여기에는 글쓴이의 인생관·세계관 등이 반영된다.

② **구성 유형**
  ㉠ 단순 구성 : 한 가지 이야기를 단일한 구조 속에 써 나가는 것으로 주제를 선명히 드러내주거나, 단조로운 구성이 되어 예술적 구조미가 결여될 수도 있다.
  ㉡ 복합 구성 : 두 가지 이상의 이야기를 합쳐 복잡하게 구성한 것으로 주된 제재의 배열에 다른 제재가 배합되는 경우와 대등한 몇 개의 제재가 나열되는 경우가 있다. 이는 예술적 구조를 이룰 수 있으나, 깊이 있는 내용의 표현은 어렵다.
  ㉢ 산만 구성 : 일정한 통일된 계획이 없이 써 나가는 구성법으로, 외관상 산만하고 무질서해보이면서도 전체적으로는 주제를 선명하게 나타내 주는 방법이다.
  ㉣ 긴축 구성 : 처음부터 끝까지 빈틈없이 유기적으로 연결을 맺어가는 방법으로써 질서정연하게 전개되어 예술적 구조미를 보여 주나, 판에 박힌 듯한 인상을 줄 수 있다.

③ **구성 방법**
  ㉠ 직렬적(直列的) 구성 : 수필의 각 부분이 원인과 결과, 시간적 순서, 공간적 순서 등에 따라 유기적으로 배열되는 방식으로, 이 방식의 전형이 3단 구성 방식이다.
  ㉡ 병렬적(竝列的) 구성 : 수필의 각 부분이 독자적으로 존재하면서 주제의 형상화에 기여하는 방식으로, 소재를 단위별, 항목별로 배열하여 서술하는 방식이다.
  ㉢ 혼합적(混合的) 구성 : 직렬적 구성 방식과 병렬적 구성 방식이 혼합되어 있는 방식이다.

(5) 수필의 제재
① **체험** : 생활·여행 등 필자가 직접 겪은 일로서 수필의 집필 동기가 구체적 내용이 된다.
② **관찰** : 자연·사회 등 어떤 현상에 대한 필자의 세심한 관심이나 지배적 인상으로, 일종의 경이로움을 제시한다.
③ **독서** : 독서를 통한 간접 경험이나 감상은 필요한 경우에 인용됨으로써 효과를 배가한다.
④ **사고(思考)** : 사물에 대한 관조적·해석적·명상적인 내용으로, 죽음·종교 등 인생론적인 것이 대부분이다.

(6) 수필의 분류

① **형식상 분류** : 서술체 수필, 일기체 수필, 서간체 수필, 기행체 수필 등이 있다.

② **태도상 분류**

　㉠ 경수필(輕隨筆, Miscellany) : 가벼운 문장의 흐름으로 독자를 즐겁게 해줌이 목적이며, 개인적이고 주관적인 글로서 '나'가 드러나는 것이 일반적이다. 경수필은 주로 개인적인 감성과 정서 또는 상상적인 경험에 바탕을 두었는데 주로 문인·예술가에 의해 창작되었다.

　　예 이양하의 「나무의 위의(威儀)」

　㉡ 중수필(重隨筆, Essay, Formal Essay) : 무거운 문장의 흐름으로 독자에게 무엇인가 알려줌이 목적이며, 사회적이고 객관적인 글로서 '나'가 드러나지 않음이 일반적이다. 또한 보편적인 논리와 이성에 바탕을 두었으며, 어떤 개념의 분석에 관심을 두었는데 주로 학자·사상가에 의해 창작되었다.

　　예 김진섭의 「모송론(母頌論)」

경수필	중수필
가벼운 내용	무거운 내용
몽테뉴적 수필	베이컨적 수필
감성 중시	이성 중시
일정한 주제 없음	일정한 주제 있음
일본의 '사소설'과 비슷함	-

③ **내용상 분류** : 사색적 수필, 비평적 수필, 담화적 수필, 개인적 수필, 연단적 수필, 성격 소묘 수필 등이 있다.

④ **진술 방식상 분류**

　㉠ 교훈적(敎訓的) 수필 : 주제를 직접 전달하는 진술 방식을 사용하는 수필로, 오랜 체험이나 사색에서 얻은 예지를 바탕으로 교훈적인 내용을 다룬 수필이다.

　　예 이광수의 「우덕송」, 심훈의 「대한의 영웅」, 이양하의 「나무」 등

　㉡ 희곡적(戱曲的) 수필 : 대화를 중심으로 하거나 극적인 구조를 가진 수필로, 필자가 경험한 사건이 극적인 요소를 지니고 있거나 필자가 의도적으로 극적인 구성을 사용하여 희곡적인 결말을 지닌 수필이다.

　　예 계용묵의 「구두」, 이숭녕의 「너절하게 죽는구나」 등

　㉢ 서정적(抒情的) 수필 : 고도의 비유적 심상을 동원해 한 편의 시같이 쓰는 수필로, 일상생활에서 느낀 정서를 주정적·주관적으로 표현하는 것으로 문학성이 두드러진다.

　　예 이효석의 「청포도의 사상」·「화초(花草)」, 이양하의 「신록예찬」, 김진섭의 「백설부(白雪賦)」 등

ⓔ 서사적(敍事的) 수필 : 사건이나 이야기를 전달하는 형식의 수필이며, 어떤 사실에 대하여 필자의 주관을 개입시키지 않고 객관적으로 서술해 가는 수필로 기행수필이 대표적이다.
  ㉮ 최남선의 「백두산근참기(白頭山覲參記)」, 이병기의 「낙화암 찾는 길에」, 김동인의 「대동강」, 노천명의 「묘향산」, 양주동의 「연북록(研北錄 : 필자의 학문에 대하여 다양하게 술회)」, 이희승의 「딸깍발이」 등

2 한국 현대수필의 흐름

(1) 근대적 수필의 형성(1910 ~ 1920년대)

① 형성 요건
  ㉠ 19세기 후반 이래의 정치·사회적 격동에 따라 문학인의 의식이 변화되었다.
  ㉡ 개화기 이래 수입된 서구 문학의 영향을 받았다.
  ㉢ 개화기 이래 싹튼 국어·국문(國文)에 대한 자각이 일어났다.
  ㉣ 신문·잡지·동인지 등 발표지가 확충되었다.

② 특징
  ㉠ 기행문적 수필 : 갑오개혁(1894) 이후 '수필'이라는 문학 장르를 인식하고 쓴 작품은 별로 없고, 거의 수필적 기행문들이다.
  ㉡ 근대수필의 선구자 : 근대수필은 주로 최남선, 문일평(文一平), 신채호(申采浩) 등 민족주의적 학자들이 쓰고 발전해 갔으나, 그 이전에 「서유견문(西遊見聞)」을 쓴 유길준에 의해 이미 그 길이 열려 있었다.

> **더 알아두기**
>
> 「서유견문(西遊見聞)」 기출 22
> - 1889년에 쓰여서 1895년에 간행된 유길준의 구미(歐美) 여행 견문기로, 기행문적 수필의 효시가 되는 작품이다.
> - 내용 개관 : 총 24편. 서양의 역사·지리·상업·산업·정치·풍속·예술 등 광범위한 소개와 기행 견문
> - 작품의 가치 : 당시의 개화 사상을 집대성한 명저(名著)로, 근대 최초의 국한문 혼용체 문장이고, 언문일치(言文一致) 문장 운동의 선구적 저서이다.

③ 1910년대의 수필(근대수필의 태동)
  ㉠ 기행수필 : 최남선의 「반순성기(半巡城記)」(1909)·「평양행(平壤行)」(1909)과 이광수의 「남유잡감(南遊雜感)」(1918) 등 기행수필의 새로운 진술 방식이 나타났다.
  ㉡ 감상수필 : 전영택의 「독어록(獨語綠)」(1917) 등에 의해 감상(感想)수필의 새로운 양상이 움텄다.

④ 1920년대 수필(근대 수필의 정착)
  ㉠ 교훈적 수필 : 이광수의 「우덕송(牛德頌)」(1925)과 같은 교훈적 진술 방식의 수필
  ㉡ 서사적 기행수필 : 최남선의 「심춘순례(尋春巡禮)」(1926)·「백두산근참기(白頭山覲參記)」(1927)와 이광수의 「금강산유기(遊記)」(1924) 및 이병기의 「낙화암을 찾는 길에」(1929) 등 민족주의 의식이 강한 작품들
  ㉢ 서정적 수필 : 염상섭의 「국화와 앵화(櫻花)」(1926) 같은 참신한 감각과 새로운 문체의 수필

(2) 수필문학의 본격화(1930 ~ 1940년대의 문학적인 수필)
  ① 배경 : 수필문학의 이론이 소개되고, 전문적인 수필가가 등장하였으며, 발표 지면이 확대되었다. 『동광』, 『조광』, 『박문』, 『문장』, 『인문평론』 등이 있다.
  ② 특징
    ㉠ 1930년대에 들어서면서 한국 수필사에 새로운 국면이 열리게 되었다. 그 전까지는 시인, 작가 및 학자들의 '여기(餘技)의 글'이었던 수필이 이 무렵부터 전문적인 수필가라고 할 만한 사람들에 의한 '문학적인 수필', '에세이적 수필'로 변모하게 되었다.
    ㉡ 1940년대 수필문학은 다른 장르와 달리, 일제 말기 및 해방 직후의 몇 해 동안 대체로 새로운 움직임이 없이 주로 그때까지 발표된 것을 정리하는 데 그친 면이 있다.
    ㉢ 기행적 수필을 탈피하여 인생, 사회, 자연 등 다양한 소재가 수필의 영역으로 확장되었다.
    ㉣ 문학적으로 세련된 기법과 개성 있는 문체가 나타났다.

(3) 수필문학의 확대(1950 ~ 1960년대 이후)
  1950년대 이후의 수필 문학에서는 이전의 어느 시기보다도 교훈적인 것과 서정적인 것이 크게 늘어났다.

> **체크 포인트**
> **수필의 종류(내용에 따른 분류)**
> • 서사·기록적 수필 : 사실 중심
> • 비평적 수필 : 의견 중심
> • 사색적 수필 : 인생과 자연을 소재로 함
> • 담화적 수필 : 일상의 이야기 중심

3 한국 현대수필 주요 작품 이해

(1) 피천득, 「멋」
① **작품 개요**: 가난하여도 궁상맞지 않고 인색하지 않으며, 허심하고 관대하며 여백의 미(美)가 있는 내면의 아름다움이 진정한 '멋'임을 피력
② **작가**: 피천득(1910 ~ 2007)
  ㉠ 호는 '금아(琴兒)'
  ㉡ 일상에서의 생활감정을 친근하고 섬세한 문체로 곱고 아름답게 표현

(2) 계용묵, 「구두」
① **작품 개요**: 징을 박은 구두 발자국 소리 때문에 빚어지게 된 긴박한 한 순간을 포착해 쓴 체험담이다. 이러한 작품에서는 극적인 사건이 중심이 되므로 소설을 읽는다는 느낌이 들기도 한다.

> **더 알아두기**
> - 갈래: 경수필, 희곡적 수필
> - 구성: 기·서·결의 3단 구성
> - 성격: 감상적, 극적, 서사적, 신변잡기적
> - 표현
>   - 간결한 문장과 의성어를 적절히 구사하여 긴장감을 효과적으로 표현
>   - 3단 구성을 통해 희곡적 사건과 사건의 배경, 필자의 소신을 적절히 구사
>   - 구두의 '징'이라는 금속성과 인간의 감정이 대조됨
> - 제재: 구두
> - 주제
>   - 섬세한 부분까지 신경 써야 하는 세태 비판
>   - 현대사회의 왜곡된 인간관계 비판

② **작가**: 계용묵(1904 ~ 1961)
  ㉠ 본명은 하태용(河泰鏞)
  ㉡ 1935년에 대표작 「백치 아다다」를 발표, 수필집으로는 『상아탑』이 있다.

(3) 이희승, 「딸깍발이」
① **작품 개요**: 궁핍한 삶 속에서도 자기 의지와 지조를 지키면서 인간의 도리를 다했던 옛날 지식인의 참된 모습을 작가는 '딸깍발이'에서 찾고 있다. 가난하지만 비굴하지 않고 불의를 따르지 않으며, 품의를 결코 잃지 않는 선비 정신을 강조하고 있는 셈이다. 그러나 현실은 이와 다르다. 이기주의에 빠져 들고, 눈앞의 일에만 급급한 현대인들에게 '딸깍발이'의 정신이 필요하다.
② **작가**: 이희승(1896 ~ 1989)
  ㉠ 자는 성세(聖世)
  ㉡ 국어학자로, 『국어대사전』을 편찬하였다. 작품으로는 「박꽃」, 「벙어리 냉가슴」 등이 있다.

(4) 법정, 「무소유(無所有)」

① **작품 개요**: 수필은 삶에 대한 진지한 탐색과 사색의 결과물이라고 할 수 있다. 누구나 단순히 지나쳐 버릴 수 있는 사소한 것에서도 삶에 대한 다양한 의미를 발견해 낸다. 「무소유(無所有)」 역시 이러한 맥락에서 이해될 수 있는 작품이다.

이 작품에는 두 편의 이야기가 나온다. 하나는 『간디 어록』을 읽고 생각한 간디의 생활상, 또 하나는 난(蘭)에 얽힌 지은이의 체험이다. 인간의 소유욕이 빚어내는 역사의 비극과 인간성의 상실을 경계하며, 이러한 욕심에서 해방될 때 진정한 자유와 행복을 얻을 수 있음을 역설하고 있다. '크게 버리는 사람만이 크게 얻을 수 있다.'라는 이 수필의 결구는 우리가 깊이 생각해야 할 인생의 진리를 상징적으로 보여 주고 있으며, 또한 지은이 자신의 인생관을 함축적으로 나타내고 있다.

② **작가**: 법정스님(1932~2010)
 ㉠ 속명은 박재철
 ㉡ 한국의 승려이자 수필작가로, 『무소유』, 『오두막 편지』 등의 수필집이 있다.

(5) 피천득, 「수필」

① **작품 개요**: 이 글은 개념적 지식에 해당하는 내용을 정서적이고, 함축적인 언어로 치환(置換)해서 보여 주고 있다는 점에서 창조적인 문학성을 지니고 있다. 따라서 감상하는 입장에서는 단순히 비유의 함축성을 해독하는 데만 치중할 것이 아니라, 그러한 표현이 만들어 내는 수필로서의 미감(美感)을 느낄 수 있도록 해야 한다. 첫 구절의 수필에 대한 정의에서 단적으로 드러나듯이, 필자가 생각하는 수필이란 강렬하고 뚜렷한 무엇이 아니라 연륜과 여유 속에서 약간의 파격과 개성을 통해 우러나온 삶에 대한 조용한 반성이다. 여기서 수필이 문학으로서 수행하는 예술적 기능을 이해할 수 있다.

② **작가**: 피천득

(6) 나도향, 「그믐달」

① **작품 개요**: 이 작품은 '그믐달'에서 느끼는 애절함과 한스러움을 구체화하기 위해 여러 가지 비유의 대상을 끌어들이고 있다. 특히, 직유법에 의한 표현은 대상에 대한 느낌에 구체성을 더해 주고 있다.

② **작가**: 나도향(1902~1927)
 ㉠ 본명 경손(慶孫), 호 도향(稻香)
 ㉡ 「젊은이의 시절」, 「환희」 등의 애상적인 작품들을 발표하였고 이후 「물레방아」, 「뽕」 등을 발표하면서 객관적인 사실주의적 경향을 보여 주었다.

(7) 이희승, 「오척단구(五尺短軀)」

① **작품 개요**: 작은 키로 세상의 놀림을 받았던 서러움을 소개하다가 "키 크고 싱겁지 않은 사람이 없다."는 표현으로 말머리를 돌려 키가 작기로 유명한 과거 국내외의 인물들을 들어 인간의 평가는 어디까지나 육체적인 면보다는 정신적인 면에서 찾아야 한다는 점을 시사하였다.

② **작가** : 이희승(1896~1989)
　　㉠ 호 일석(一石)
　　㉡ 저서로『국어대사전』, 작품「박꽃」·「벙어리 냉가슴」등이 있다.

(8) 김소운,「목근통신(木槿通信)」
① **작품 개요** : 일본인의 모멸에 대한 항의를 담아 쓴 서간체 수필과 한국문화의 일제 잔재 등에 대해 쓴 글들을 모은 책으로, 일본 지성인들의 양식에 호소하고 충격을 준 글이다. 여기서 '목근(木槿)'은 무궁화를 뜻한다.
　　일본잡지『선데이 마이니치』에 실린 한국을 비하하는 대담기사에 격분해 1951년 부산『국제신보』에 수필「목근통신」을 연재하여 한국에 대한 일본인들의 멸시에 대해 강력한 항의와 분노를 표시하면서도 34년간 일본에 체류했던 경험을 바탕으로 단순한 반일이나 친일의 입장을 떠나 객관적으로 일본을 바로 알자는 생각을 나타냈다.
② **작가** : 김소운(1907~1981)
　　㉠ 본명 교중(敎重), 호 삼오당(三誤堂)
　　㉡ 20세부터 일본시단에서 활약하여『조선민요집』,『조선시집』등 많은 작품을 일본에 소개하는 데 큰 공헌을 했다.

> **더 알아두기**
>
> • 문학 비평의 관점 **중요**
> 　- 모방·반영론 : 현실 중심
> 　- 표현·생산론 : 작가 중심
> 　- 효용·영향·수용론 : 독자 중심
> 　- 구조·절대·존재론 : 작품 중심
>
> • 문학 연구의 방법 **중요**
> 　- 역사주의적 방법 : 역사적 상황, 시대, 작가의 생애 중심 → 가장 객관적
> 　- 심리주의적 방법 : 작가나 등장인물의 내면 심리·정신분석학 도입
> 　- 신화원형적 방법 : 인류의 보편성, 동질성 추구(신념은 일원적, 방법은 다원적)
> 　- 사회·문화적 방법 : 문학의 현실 참여 관점
> 　- 형식주의적 방법 : 작품 자체의 유기적 질서 중시 → 구조주의, 신비평이라고도 함

제 4 절 핵심예제문제

01 피천득의 「수필」에 제시된 '수필'의 특징
- 수필은 청춘의 글은 아니요, 서른여섯살 중년 고개를 넘어선 사람의 글이다.
  - 체험과 관조
- 수필가 찰스 램은 언제나 램이면 된다.
  - 자기 고백적인 개성의 문학
- 수필은 마음의 산책이다. 그 속에는 인생의 향취와 여담이 숨어 있는 것이다.
  - 심미성, 철학성
- 수필이 비단이라면 번쩍거리지 않는 바탕에 약간의 무늬가 있는 것이다. 그 무늬는 읽은 사람의 얼굴에 미소를 띠게 한다.
  - 유머와 위트

02 제시된 내용은 피천득의 「수필」의 일부로 수필은 담백한 가운데 유머와 위트를 통해 그윽한 미감(美感)을 주는 것임을 말한다.

01 "수필은 청춘의 글은 아니요, 서른여섯 살 중년 고개를 넘어선 사람의 글이다."에 해당하는 수필의 특성은?

① 개성의 문학
② 무형식의 산문
③ 체험과 관조
④ 유머와 위트

02 다음에서 지적하는 것은 수필의 어떤 특성인가?

> 수필이 비단이라면, 번쩍거리지 않는 바탕에 약간의 무늬가 있는 것이다. 그 무늬는 읽는 사람의 얼굴에 미소를 띠게 한다.

① 산문의 문학
② 유머와 위트의 문학
③ 무형식의 문학
④ 다양한 제재의 문학

정답 01 ③ 02 ②

03 다음 중 수필의 특성이 아닌 것은?

① 자유로운 형식의 문학
② 자기 고백의 문학
③ 전문적인 개성의 문학
④ 심미적·철학적 문학

03 수필은 생활인이면 누구나 쓸 수 있는, 전문성을 필요로 하지 않는 대중적인 문학이다.

04 다음 글의 중심 소재인 '달'의 특징으로 가장 적절한 것은?

> 나는 그믐달을 몹시 사랑한다.
> 그믐달은 요염하여 감히 손을 댈 수도 없고, 말을 붙일 수도 없이 깜찍하게 예쁜 계집 같은 달인 동시에 가슴이 저리고 쓰리도록 가련한 달이다.
> 서산 위에 잠깐 나타났다 숨어버리는 초승달은 세상을 후려 삼키려는 독부가 아니면 철모르는 처녀 같은 달이지마는 그믐달은 세상의 갖은 풍상을 다 겪고 나중에는 그 무슨 원한을 품고서 애처롭게 쓰러지는 원부와 같이 애절하고 애절한 맛이 있다.
> 보름에 둥근달은 모든 영화와 끝없는 숭배를 받는 여왕과 같은 달이지마는, 그믐달은 애인을 잃고 쫓겨남을 당한 공주와 같은 달이다.
> 초승달이나 보름달은 보는 이가 많지마는 그믐달은 보는 이가 적어 그만큼 외로운 달이다. 객창 한 등에 정든 임 그리워 잠 못 들어 하는 분이나 못 견디게 쓰린 가슴을 움켜 잡은 무슨 한 있는 사람이 아니면 그 달을 보아 주는 이가 별로 없을 것이다.

① 인간과 교감이 가능한 자연이다.
② 무미건조한 기계적 대상물이다.
③ 찬양과 숭배의 종교적 대상물이다.
④ 끈질긴 생명력을 가진 민중을 의미한다.

04 이 글에서 그믐달은 멀리 떨어져 고고함만 뽐내는 대상이 아니라 인간과 교감을 나누는 대상물이다.

정답 03 ③ 04 ①

05 수필의 대상은 작가 자신이다. 그러므로 좋은 수필은 독자 앞에서 자기를 말없이 부각시킨다.

05 다음 중 수필에 대한 설명으로 적절한 것은?

① 초기에는 대중적인 경향을 보였으나 근래에 와서 비대중적인 문학 양식으로 인식한다.
② 수필은 특별한 표현 기교를 요구하지 않는다.
③ 수필은 다른 문학과 달리 지성을 기반으로 하지 않는다.
④ 수필문학의 대상은 결국 작가 자신이다.

06 수필의 특성
무형식의 문학, 개성의 문학, 비평정신의 문학, 산문문학, 제재가 다양한 문학, 심미적·예술적 가치의 문학

06 다음 중 수필의 특성으로 적절하지 <u>않은</u> 것은?

① 완결성의 문학
② 무형식의 문학
③ 개성의 문학
④ 비평정신의 문학

정답 05 ④ 06 ①

제5절 　현대희곡

1 　한국 현대희곡의 특징

(1) 희곡의 개념

① 희곡의 3요소(要素)
  ㉠ 해설[解說, 전문(前文), 프롤로그(Prologue)] : 무대, 등장인물, 시간, 장소 등을 설명한 글로서 희곡의 첫머리에 온다.
  ㉡ 지문(地文) : 등장인물의 동작·표정·심리 등을 설명하고, 배경·분위기·효과 등을 지시하는 글이다.
  ㉢ 대사(臺詞) : 등장인물끼리 주고받거나 혼자 중얼거리는 말을 의미한다. 대사는 행동에 의한 양식으로, 사건을 진행시키며, 인물의 생각·성격을 나타내고 사건의 분위기를 드러내는 기능을 한다.
    - 대화(對話) : 등장인물 상호 간에 주고받는 말이다.
    - 독백(獨白) : 상대방 없이 혼자 중얼거리는 말을 뜻한다.
    - 방백(傍白) : 관객은 들을 수 있으나, 상대방은 듣지 못한다는 약속 아래 하는 말이다.

> **더 알아두기**
>
> **희곡의 내용적 구성 요소**
> - 인물 : 대화와 구성을 통해 인물을 설정하는데, 희곡 속의 인물은 의지적·개성적·전형적이어야 한다.
> - 사건 : 희곡 속의 사건은 주제를 향해서 갈등과 긴장을 일으키고, 압축되고 집중되며 통일된 것이어야 한다.
> - 배경 : 사건이 일어나는 때(시간)와 곳(장소)이 제시된다.

② 희곡의 구성(構成)
  ㉠ 희곡의 삼일치(三一致)의 법칙 **중요**
    - 시간(時間)의 일치 : 희곡에서 전개되는 이야기는 24시간 이내의 것이어야 한다.
    - 장소(場所)의 일치 : 희곡의 사건은 한 장소 안에서 이루어져야 한다.
    - 행동(行動)의 일치 : 모든 행동은 단일 줄거리(주제) 내에서 끝나야 한다.

> **더 알아두기**
>
> **희곡의 제약**
> 희곡문학의 특성은 희곡이 무대 상연을 전제하고 있다는 점에서 비롯된다.
> - 시간과 공간의 제약을 받는다.
> - 작가의 직접적인 묘사나 직접적인 해설이 불가능하다.
> - 전적으로 내면적인 심리 상태나 정신세계를 표현하기 어렵다.

ⓛ 희곡의 구성단위 : 희곡의 구성은 대사가 모여서 장(場, Scene)을 이루고, 장이 모여서 막(幕, Act)을 이룬다. 단막극도 있으나 보통 3막 또는 5막으로 구성된다.
- 막(Act) : 막을 올리고 내리는 데서 생기는 구분으로 대개 장면(장소)의 변화, 긴 시간(계절)의 변화 등을 나타낸다.
- 장(Scene) : 일정한 사건의 한 단위를 주는 것으로 대체로 조명이 꺼졌다가 켜지는 것으로 구분되며, 장면의 변화가 없는 짧은 시간의 경과에 사용된다.

ⓒ 희곡의 구성 단계
- 발단 : 시간적·공간적 배경과 인물이 나타나고 이야기의 실마리가 드러난다.
- 전개 : 주동 인물과 반동 인물 사이의 갈등과 대결이 점차 노골화되고 격렬해지며, 중심 사건과 부수적 사건이 교차되어 흥분과 긴장이 고조된다. '상승'이라고도 한다.
- 절정 : 심리적 갈등이나 주동 세력과 반동 세력 간의 대결이 최고조에 이르러, 극적 장면이 나타나는 부분이다. 주제가 드러난다.
- 반전 : 서로 대결하던 두 세력 중 뜻하지 않은 쪽으로 대세가 기울어지는 단계로 결말을 향하여 급속히 치닫는 부분이다. '하강'이라고도 한다.
- 대단원 : 갈등이 해소되고 모든 사건이 종결에 이르는 부분으로 긴장과 흥분이 해결된다. '파국'이라고도 한다.

③ **희곡의 종류(種類)**

㉠ 형식에 따른 분류
- 단막극 : 하나의 작품이 하나의 막으로 구성된 것으로 현대극에서 자주 나타난다.
  예 고동률「소」, 차범석「고구마」 등
- 장막극 : 막의 구분이 있는 것으로 고전극의 원칙인 5막극을 비롯해 4막, 3막, 2막극 등이 있다.
  예 유치진「원술랑」, 실러「빌헬름 텔」 등

ⓒ 성격에 따른 분류
- 비극(悲劇, Tragedy) : 인간의 행동이 외부적인 거대한 힘이나 운명의 흐름에 부딪혀서 패배하게 되는 것을 주제로 한 희곡으로, 관객으로 하여금 연민과 정서를 통해 감정의 정화(카타르시스 ; Catharsis)를 느끼게 한다.

> **더 알아두기**
>
> **카타르시스(Catharsis)**
> 아리스토텔레스가「시학」의 '비극론'에서 처음 사용한 용어로서 '감정을 정화(淨化)함'을 뜻한다. 즉, 연극의 효과를 설명하는 말로, 비극을 봄으로써 관객의 마음속에 쌓인 울적한 감정을 쏟게 하여 정화하는 것을 뜻한다.

- 희극(喜劇, Comedy) : 인간의 성격이나 행동에 존재하는 모순·부조화와 같은 약점을 묘사하여 골계미(滑稽美)를 나타낸다. 희극은 경쾌함과 동시에 웃음이 주가 되며, 대체로 행복한 결말로 끝맺게 된다.

- 희비극(喜悲劇, Tragicomedy) : 희극과 비극의 혼합 형태로서 보통 비극적인 진행 뒤에 희극적인 결말이 온다.
ⓒ 내용에 따른 분류 : 제재나 주제에 따라 심리극, 운명극, 사회극, 영웅극, 계몽극, 종교극, 사극 등이 있다.
ⓓ 창작 의도에 따른 분류
- 창작 희곡(Original Drama) : 무대 상연을 목적으로 창작한 희곡이다.
- 각색(脚色) 희곡 : 소설, 시나리오 등을 기초로 각색한 희곡이다.
- 레제드라마(Lesedrama) : 무대 상연을 목적으로 하지 않고, 읽히기 위한 목적으로 쓴 희곡으로서 괴테의 「파우스트」 2부가 대표적이다.

더 알아두기

소설과 희곡의 차이

구분	소설	희곡
전달 방식	읽히기 위한 것으로 언어에 의해 간접적으로 전달된다.	읽을 수 있는 측면도 있으나 주로 배우의 말과 동작으로 보여준다.
등장인물	많은 인물을 제약 없이 등장시킬 수 있다.	수적으로 제약을 받으며, 주역과 상대역으로 나뉘어져 대립과 갈등을 보이는 뚜렷한 성격의 인물이 등장한다.
시간·공간	제약을 받지 않는다.	제약을 받는다.
표현	묘사와 서술로 이루어진다.	주로 대사와 지시문으로 이루어진다.

(2) 한국 현대희곡의 흐름

① **1910년대** : 신극의 태동과 신파극의 성행 기출 24
  ㉠ 신극의 태동 : 1908년 '원각사'가 처음 창립되면서 이인직이 「은세계」를 공연하고 「춘향전」, 「심청전」, 「흥부전」 같은 판소리를 창극(唱劇)의 형태로 공연한 데서 비롯되었다.

  체크 포인트
  - 「은세계」
    1908년 이인직의 작품으로 반봉건의 개화 사상 고취라는 주제를 담고 있다. '원각사'에서 상연되었으며 신연극의 효시가 되는 작품이다.
  - **원각사** : 한국 최초의 서양식 사설극장

  ㉡ 신파극(新派劇)의 융성 중요
  - 개막 : 1911년 임성구(林聖九)의 '혁신단'이 창립되어 「불효천벌(不孝天罰)」을 공연하면서 신파극의 막이 올랐다.

- 경향 : 일본 신파극의 영향을 받았으며, 예술성보다 대중의 흥미에 영합하여 저급한 흥행물인 오락극의 성격을 띠었다.
- 신파극의 주제 : 대부분이 개화·계몽, 신교육, 멜로드라마, 미신 타파를 주제로 하는 점에서 신소설과 비슷하며, 극의 성격상 군사극(軍事劇), 가정비극, 탐정극 등으로 나눌 수 있다.
- 전용 극장 : 1920년대에 신파극의 전용 극장인 동양극장이 설립되어 신파극이 융성하고 1930년대에 전성기를 누렸다.
- 최초의 신파극 창작 희곡 : 조중환의 「병자삼인」(1912)이 창작되었다. 기출 22

체크 포인트

신파극의 목표
권선징악(勸善懲惡), 풍속개량, 진충갈력(盡忠竭力 : 충성을 다하고 힘을 바침)

② 1920년대 : 근대극의 대두
㉠ 근대극(近代劇)의 대두
- 영향 : 서구 리얼리즘의 영향을 받아 근대 시민의 사상과 감정을 사실성(事實性)을 바탕으로 표현했다.
- 기간 : 신파극과 근대극이 상당 기간 함께 전개되었다.
- 시작 : 1920년대에 일본 유학생 중심의 '극예술협회'의 연극 활동에서부터 시작되었다.

㉡ 본격적인 근대희곡의 출현
- 최초의 본격 극작가 : 김우진(金祐鎭, 1897~1926)은 유교적 도덕관을 탈피하여 근대 사회에 맞는 사회 개혁과 생명, 죽음 같은 인생의 본질을 주제로 다루어 근대 의식과 예술성을 고양시켰다.
- 기타 작가들 : 연극 운동을 하여 번역극을 쓴 윤백남, 박승희, 김정진 등이 있다. 이외에 홍사용이 '토월회'에 관계하며 「향토심」을 쓰는 등 김동환, 이무영, 채만식, 유진오, 이효석 같은 시인, 소설가들도 틈틈이 희곡을 썼다.

작품명	작가	연대	주제	비고
산돼지	김우진	1926	식민지 지식인의 삶의 방향 모색	사실주의적 경향
아리랑	나운규	1926	억압 속에서도 굴하지 않는 민족 정신	변사 해설용 시나리오

더 알아두기

토월회
- 저질 신파극에 대항
- 서구적인 근대극의 싹을 심는 데 이바지함

③ **1930년대 : 현대극의 확립과 발달**
  ㉠ 사실주의 희곡의 확립 : 1930년대는 우리 희곡사에서 전성기를 이룬 때라 할 만큼 근대 주류인 리얼리즘 희곡이 많이 발표되었으며, '극예술연구회'의 활약이 돋보였다.
  ㉡ 주요 작가 : 유치진, 이광래, 김진수
  ㉢ 작품 경향 : 당시의 시대 상황을 반영하고 인간의 실제적 생존 문제를 더 중시한 것이 특색이다.
  ㉣ 극예술연구회 : 근대극 운동 중요 기출 23, 22
    • 본격적인 신극 단체
    • 주동 인물 : 해외문학파(홍해성, 유치진, 서항석, 김진섭 등)
    • 활동 : 본격적인 신극 수립을 위해 관중 교도, 배우 양성, 기성극계의 정화를 시도함
    • 서구 근대극을 그대로 계승한 리얼리즘극 공연

작품명	작가	연대	주제	비고
토막(土幕) 기출 25, 22	유치진	1932	수탈당하는 빈민층의 꿈과 좌절	전형적인 사실주의 희곡
임자 없는 나룻배	이규환	1932	일제의 억압 속에 사는 인물의 비극	유성 영화
소 기출 25	유치진	1934	일제하 가난에 시달리던 농촌의 실상	사실주의 희곡
동승(童僧)	함세덕	1939	어머니에 대한 그리움과 사랑	상징적 결말

> **체크 포인트**
> 근대 신극운동과 관련된 단체
> 극예술협회, 토월회, 극예술연구회

④ **1940년대(암흑기의 희곡)** : 1930년대 말 이후 희곡과 시나리오 문학도 암흑기를 맞았다. 작가들은 친일문학으로 전락하거나, 현실에서 관심을 돌려 역사나 민족, 농촌에서 소재를 구하는 소극적 저항 문학에 관심을 기울였다.

작품명	작가	연대	주제	비고
맹진사댁 경사	오영진	1943	인간의 탐욕과 우매함	대표적인 희곡

⑤ **광복 후의 희곡(1945년 이후)**
  ㉠ 8·15 광복 직후 : 좌·우익의 대립이 극심해지고, 민족진영은 자기분열을 겪었다.
  ㉡ 6·25 전쟁 이후 : 6·25 전쟁을 겪고 난 다음에 등장한 극작가들은 전쟁의 참상 속에 허덕이는 인간상을 주로 그렸다.
  ㉢ 극예술협회 발족(1947년) 중요
    • 극예술연구회의 신극정신 계승
    • 프로극에 대항, 민족극 표방

㉣ 국립극장 설치(1950년)

작품명	작가	연대	주제	비고
조국	유치진	1946	애국, 애족 정신의 고취	3·1 운동을 소재로 한 희곡
유관순	유치진	1948	유관순의 고귀한 애국 정신	광복 직후의 항일 영화의 대표작
살아있는 이중생 각하	함세덕	1949	친일 잔재 세력의 이중성	사회 풍자극

더 알아두기

연극의 개념과 특성
- 개념 : 배우의 연기에 의해서 희곡을 무대 위에서 형상화시키는 것
- 연극의 3요소 : 희곡, 배우, 관객
- 특성
  - 종합 예술이다.
  - 인류 역사상 가장 오래된 예술 형태로 의욕만 있으면 누구나 창작 과정에 참여할 수 있다.
  - 과거의 이야기도 무대 위에서는 현재화되어야 한다.
  - 시간적·공간적 제한을 받는다.
  - 배우를 통해 관객에게 직접 전달된다.

2 한국 현대희곡 주요 작품 이해

(1) 유치진, 「토막」 기출 23

이웃 여자	: 무서운 사연이라니?
명서 처	: 맙시사! 당치도 않은! 이 조선 천지에 그런 일이 있어서 어쩔려구.
이웃 여자	: 어찌 됐어? 내게 좀 들려 주구랴.
명서 처	: ……뭐라던가? 에그, 정신 봐! 얘 금녀야, 그 뭐라더라, 네 오빠 했다는 것 말야.
금녀	: 또 그런 얘길…….
이웃 여자	: 한 이웃에 살면서, 피차에 기울 게 뭐냐?
명서 처	: 얘, 갑갑하다. 이 애미한테 한 번만 더 들려 주렴. 그 구장이 하구 간 소리 말야.
금녀	: 그런 맹탕 거짓말이래두.
명서 처	: 뭐?
금녀	: 윗마을 오빠의 친구에게 알아봤더니, 오빠 헌 일은 정말 훌륭한 일이래요. 우리두 이런 토막살이에서 죽지 말구, 좀 더 잘 살아 보자는…….
명서 처	: 그럼 그렇지. 그래, 종신 징역을 산다는 건 정말이라디?
이웃 여자	: 종신 징역?
명서 처	: 거짓말야! 거짓말! (미친 듯이 부르짖는다.)

금녀	:	암, 거짓말이죠!
명서 처	:	종신 징역이란 감옥에서 죽어 나온단 말 아냐? 젊어서 새파란 그가! 금지옥엽 내 자식이! 내겐 아무래도, 아무래도 믿을 수 없는 일야! 그런 청천에 벼락 같은 일이 우리 명수의 신상에 있어 어쩔랴구! 신문에만 난 걸 보구 그걸 우리 명수라지만 그런 멀쩡한 소리가 어딨어? 이 넓은 팔도 강산에 얼굴 같은 사람이 없구, 최명수란 이름 석 자 가진 사람이 어디 우리 자식 하나뿐일 거라구? 이건 누가 뭐래두 난 안 믿어.
금녀	:	어머니, 이러시다가 병이나 나시문 어떻게 해유? 설사 오빠가 죽어 나온대두 조금도 서러울 건 없어유. 외려 우리의 자랑이에유. 오빠는 우릴 위해서 싸웠어유. 이런 번듯한 일이 또 있겠수? 더구나 이런 토막에서 자란 오빠는, 결단코 이 토막을 잊지 않을 거유. 병드신 아버지를 구하시려구, 늙으신 아버지를 섬기시려구, 그리구 이 철부지 나를 불쌍히 여기셔서, 오빠는 장차 큰 성공을 해 가지고 꼭 한 번 이 토막에 찾아오셔요. 전보다 몇 배나 튼튼한 장부가 되어 오실거야. 여기를 떠날 때만 해두, 오빠는 나무를 하거나 끌밭을 매거나 남의 두 몫은 했었는데, 지금쯤은 어머니, 오빤 얼마나 대장부가 됐겠수?
명서 처	:	……옳아! 그놈은 몸도 크구 기상도 좋았겠다! 그놈이 지금은 얼마나 훌륭한 장골이 됐겠니? 제 어미도 몰라보게 됐을 거야. …… 아아, 명수야! 이제 명수가 저 사립문에 나타나서 장부다운 우렁찬 목소리로 이 어미를 부르고, 떠벅떠벅 내 앞으로 걸어와서 그 억센 손으로 이 여윈 팔목을 덜컥 붙잡을 것이다. …… 그러면 이 토막에도 서기(瑞氣)가 날 거야.
금녀	:	아무렴, 서기가 나구말구! 이 어두운 땅도 환해질 거예유. …… 그러면 어머니는 따리 파시노라구 거리거리로 떨고 다니실 필요두 없을 거구…….

① **등장인물**
  ㉠ 최명서 : 병들고 가난한 늙은이, 생활력이 전혀 없다. 그러나 가장으로서의 체통과 위엄은 잃지 않고 있음
  ㉡ 명서 처 : 아들에 대한 무조건적인 사랑과 희망을 가지고 있는 생활력이 강한 아낙네
  ㉢ 금녀 : 최명서의 딸로서 병약한 처녀, 등장인물 중 유일하게 예지를 가진 인물
  ㉣ 강경선과 아내 : 명서 내외의 친구, 빈농·등짐장수로 전락함, 빚에 몰려 집을 빼앗기고 야반도주함
  ㉤ 삼조 : 돈을 벌러 일본으로 건너가는 젊은이

② **구성**
  ㉠ 발단 : 삼조가 명서에게 소식을 전할 것을 약속함
  ㉡ 전개 : 재산을 빼앗기게 된 경선. 명수가 구속된 소식을 들음
  ㉢ 절정 : 경선이 솔가(率家)하여 떠나고 명수 때문에 온 가족은 비탄에 빠짐
  ㉣ 대단원 : 명수가 백골로 돌아오자 명수네 가족은 절규함

③ **핵심 정리**
  ㉠ 갈래 : 희곡, 장막극, 사실극
  ㉡ 배경 : 1920년대 어느 빈한한 농촌
  ㉢ 경향 : 민족 의식 고취
  ㉣ 표현 : 1920년대 농민의 궁핍한 생활상을 사실적으로 표현

◍ 의의 : 한국 근대극의 출발
◍ 주제 : 일제시대 한국 농촌의 현실과 비참한 삶

④ 작품의 이해와 감상 기출 24
  ㉠ 1920년대 일제 강점기하의 궁핍한 농촌을 배경으로 하여 시대상을 사실적으로 그려 내고 있다.
  ㉡ '토막'이라는 어두운 공간을 중심으로 삶의 기반을 상실한 채 파멸해 가는 한 가정의 비극을 통하여 일제의 악랄한 식민 통치를 비판하고 있다.
  ㉢ 상업주의 연극에 식상한 사람들이 갈망해 온 정통적 연극의 출발을 알리는 작품이었다.
  ㉣ 리얼리즘 희곡의 한 전형(典型)으로서 식민지 시대의 현실을 강렬하게 고발한 작품이라는 문학사적 의의를 지닌다.

⑤ 「토막」의 문학사적 의미 기출 24
  ㉠ 우리 현대희곡사에서 구체적인 사회 현실을 다룬 본격적인 희곡으로는 첫 작품이자 사실주의 희곡의 첫 작품이다.
  ㉡ 유치진의 처녀작인 동시에 대표작인 이 작품은 일제 강점하의 현실을 강력하게 고발하여 당시 무대로 올려졌을 때 대단한 반향을 불러일으켰다.

(2) 오영진, 「맹진사댁 경사」

> **줄거리**
>
> 1막 1장 : 맹진사 태량의 안사랑. 돈으로 진사벼슬을 산 허풍과 위선의 상징인 맹진사가 건너마을 양반댁과의 혼사를 성사시키고 기고만장하여 들어온다. 맹문가의 경사라고 좋아하던 맹씨가문의 효원이 신랑의 선도 보지 않았다는 태량의 말에 한심하여 반대의 뜻을 표하나 보내온 예물과 권세 높은 양반댁과의 혼사라는 데만 정신이 팔려 이를 들으려고도 하지 않는다. 철없고 거만한 딸 갑분과 비록 몸종이지만 착하고 속 깊은 입분이와의 대비를 보여주며, 입분이와 삼돌과의 관계, 갑분을 부러워하는 동네 처녀들, 으시대는 갑분 등의 모습들로 1장이 마무리된다.
>
> 1막 2장 : 밤 깊은 맹진사집 안사랑. 맹태량이 참봉과 더불어 궁색하고 망신스런 맹씨 가문 족보를 바꿔치기 하는 장면이 회화적으로 보여진다. 윗대로 올라가도 아전은 고사하고 사농공상 중 꼴찌만 골라했던 족보를 포도대장에게 상감만 뺀 영의정까지 마음껏 고쳐넣는 장면이다. 그 때 갑분아가씨를 생각하며 신령님께 빌고 있는 입분이의 갸륵한 모습을 지켜보던 유생이 하룻밤 깃들기를 원한다. 맹진사는 처음에는 거절했으나 그 유생이 건넛마을 김판서댁 동네에서 온 유생이라는 사실을 알게 되자 서둘러 맞이하고 결국 신랑이 절름발이라는 사실까지 알게 된다.
>
> 1막 3장 : 효원과 태량의 아버지 맹노인을 비롯, 일가친척들이 모두 모여 침통한 모습으로 긴급회의를 하고 있다. 문자를 써가며 왈가왈부 해보지만 애초에 태량이 선을 안 본 것이 잘못이므로 묘책이 없이 다들 나가버리고 애가 탄 태량이 노망있는 맹노인에게 상황을 설명하고 묘안을 구하려 하지만 상황만 더 악화될 뿐이다. 그 때 갑분이를 달래며 진정만 있으면 신랑이 배안에 병신이면 어떠냐는 입분이의 모습을 본 태량이 계략을 꾸며 갑분이를 빼돌리고 천종 입분이를 타일러 시집 보내려는 속셈으로 삼돌도 단속하고 입분이도 달래는 등 제딴에는 수완을 부려보는데, 그 모습을 본 효원은 태량이 혐오스럽기만 하다.

2막 1장 : 다음 날 아침, 뜰 안에 가득 모인 작인들에게 일장 훈시를 하고 있는 참봉. 얘기인 즉, 입분이가 갑분아가씨가 되어 건넛마을 도라지골로 시집간다는 얘기인데 혼란스러워지자 명태량이 나타나 그 상황을 더 코믹하고 헷갈리게 만든다. 비록 종의 신분이지만 지혜롭고 똑똑한 삼돌은 약속을 어긴 양반들에 대해 반감을 표시하고, 이런 삼돌이 때문에 혼례식에 어려움이 닥칠까봐 태량은 입분이 대신에 갑분아가씨를 주겠노라 엉겁결에 약속을 하고 만다. 신부단장을 갖춘 입분이는 끝까지 시집가기를 거부하고 이를 달래는 태량과 부인 한씨, 참봉 등 제 꾀에 서글퍼져서 화를 내고 훌쩍거리는 웃지 못할 상황을 연출해낸다.

2막 2장 : 말을 탄 신랑의 행차 소리가 무대를 가득 메우는 가운데, 참봉이 뛰어들어 오면서 신랑이 소문과는 달리 훤칠한 미남자라는 사실을 알린다. 일대의 혼란. 신랑이 등장하자 맹진사는 너무 놀라 신랑을 걸어보게 하고 만져보는 등 추태를 보인다. 급히 갑분을 데려오게 하지만 신랑댁과 맹노인의 재촉으로 입분이와 혼례가 치러진다.

2막 3장 : 촛불이 하늘거리는 행랑방. 신랑 미언은 이 일이 다 자신이 꾸민 일이라고 말하며, 깨끗한 마음씨와 진심을 간직한 입분이를 아내로 택했음을 밝힌다. 촛불이 꺼지자 갑분이, 맹진사, 한씨 등은 허물어지고, 나타난 삼돌이 맹진사를 장인어른이라고 부르며, 대단원의 막이 내린다.

① 등장인물
  ㉠ 맹진사 : 허영적 인간으로 명예획득을 위해 노력하나 그를 이룰 능력이나 품격이 부족
  ㉡ 맹노인 : 90대 노인으로 타인의 말을 잘 알아듣지 못하여 대화 속에서 웃음 유발
  ㉢ 맹효원 : 유일하게 맹진사를 꾸짖는 적대적 인물이지만 가문에 위기가 왔을 때는 힘을 합함
  ㉣ 입분이 : 마음씨가 곱고 순종적인 여인상
  ㉤ 갑분이 : 내면보다 외면을 중시하며 입분이와 함께 전형적인 인물
② 구성
  ㉠ 발단 : 혼인 성사와 함께 시작, 맹진사와 맹효원의 갈등
  ㉡ 상승 : 김명정이 등장하여 김미언이 절름발이라고 소문을 냄, 맹진사가 신부를 바꿔치기로 결정
  ㉢ 위기 : 미언이 절름발이가 아니라는 사실이 밝혀지기 직전까지 입분이가 대신 시집갈 것이라는 소식을 접한 삼돌이의 난동
  ㉣ 하강 : 미언의 등장부터 입분이가 사실을 밝히는 장면까지 다시 갑분이를 불러오려고 하나 맹노인으로 인해 수포로 돌아감
  ㉤ 대단원 : 미언이 자신의 거짓 소문에 대해 해명하는 부분부터 끝까지 극 전반부에 걸쳐 감추어져 있던 비밀의 이유 공개, 서로의 진정성을 확인한 미언과 입분
③ 주제
한국의 양반 사회를 배경으로 가문 의식의 허실, 구습결혼제도의 모순, 전통적 계층 사회의 비인간성 등을 풍자함으로써 사랑의 참뜻과 인간성의 회복 강조
④ 작품의 의의
  ㉠ 작품의 전체적 기조는 한국적 해학과 웃음에 있으며 한국 신극에서 드물게 보이는 정통희극의 여러 가지 요소를 갖춤
  ㉡ 1943년은 일제시대 말기로서 민족적 요소가 말살되어버린 당시에 오영진이 굳이 이와 같은 전통적 소재에 관심을 두었다는 사실은 중요한 의미를 지님

제5절 핵심예제문제

01 홍해성(洪海星), 유치진(柳致眞), 서항석(徐恒錫), 김진섭(金晋燮) 등이 결성하였다.

01 극예술연구회에 관한 내용으로 틀린 것은?
① 1930년대 조직된 본격적인 신극단체이다.
② 김우진, 나운규, 이규환 등이 결성하였다.
③ 관중 교도, 배우 양성, 기성극계의 정화를 시도하였다.
④ 서구 근대극을 그대로 계승한 리얼리즘극을 공연하였다.

02 1908년 이인직의 「은세계」가 원각사에서 처음 공연되었다.

02 개화기 원각사에서 최초의 창작극으로 공연된 작품은?
① 「혈의 누」
② 「은세계」
③ 「모란봉」
④ 「빈상설」

03 1930년대는 극문학의 전성기로, 본격적인 리얼리즘 희곡이 발표되었다.

1930년대 희곡의 특징
- 현대극의 확립과 발달 시기
- 사실주의 희곡의 확립 및 희곡의 전성기를 이룸
- '극예술연구회'의 활약
- 주요 작가: 유치진, 이광래, 김진수
- 작품 경향: 당시의 시대 상황을 반영하고 인간의 실제적 생존 문제를 중시

03 다음 중 1930년대 희곡의 특징으로 옳은 것은?
① 3·1 운동 이후의 서구 리얼리즘 운동은 여전히 실험적인 수준에 머물고 있었다.
② 아직 상업극의 등장이 요원한 시기였다.
③ 연극 활성화에 자극받아 많은 소설가들이 희곡 창작에 힘을 쏟았다.
④ 카프 계열의 작가들은 상업성을 띠는 대중적인 희곡은 발표하지 않았다.

정답 01 ② 02 ② 03 ③

04 다음 중 한국 최초의 근대희곡 작품은?

① 윤백남, 「운명」
② 이광수, 「규한」
③ 임선규, 「사랑에 속고 돈에 울고」
④ 조중환, 「병자삼인」

04 「병자삼인」: 1912년
① 1921년
② 1917년
③ 1936년

05 다음 중 1930년대 한국 근대극에 대한 설명으로 옳지 <u>않은</u> 것은?

① 동양극장 연극의 주제는 의리, 인정, 애정, 갈등이었지만 그 밑에 깔려 있는 것은 민족의 설움이었다.
② 1930년대는 대중적인 신파극의 전성기였다.
③ 정통 신극운동이 활발했고, 본격적인 신극이 깊숙이 뿌리를 내렸다.
④ 임선규의 「사랑에 속고 돈에 울고」, 이서구의 「어머니의 힘」 등이 큰 인기를 끌었다.

05 신극운동을 이끌었던 극예술연구회는 1938년 '극연좌'라는 흥행단체로 개편, 1939년 강제 해산되었다. 1930년대는 정통 신극운동이 고초를 겪는 반면 대중적인 신파극은 전성기를 누린 시대이다.

정답 04 ④ 05 ③

제3장 실전예상문제

제1절 현대문학의 이해

01 고전문학은 대부분 권선징악(勸善懲惡)이 주제이다.

01 다음 중 현대문학의 형성에 관한 내용으로 옳지 않은 것은?
① 새로운 문학 양식들이 새로운 요구에 부합되는 주제를 담고 국문문학의 형태로 등장했다.
② 대부분 권선징악(勸善懲惡)이 주제이다.
③ 개화·계몽시대에 새롭게 등장한 신문과 잡지 등을 통해 문학의 대중적 기반이 확대되었다.
④ 근대적인 연극 공연이 처음으로 무대 위에서 이루어졌다.

02 구인회(九人會)는 순수문학과 관련된 조직이다. 순수문학의 주축이 된 문인은 구인회(九人會)에 속한 이태준, 이효석, 유치진, 정지용, 김기림 등으로, 사상성·목적성·사회성이 배제된 순수문학 이론이 평론가 김환태에 의해 정립되었다.

02 다음 중 프로문학(신경향파)의 특징이 아닌 것은?
① 무산계급의 해방을 위한 계급투쟁으로서의 문학을 표방했다.
② 백조파 김기진이 1923년 『개벽』지에 「클라르테 운동의 세계화」를 연재하여 프로문학 시대의 막을 열었다.
③ 구인회가 주축이 되어 활동했다.
④ 1925년에는 카프(KAPF : 조선 프롤레타리아 예술가동맹)가 조직되고 최서해, 이기영, 조명희, 임화 등의 활동이 1920년대 말까지 왕성하게 나타났다.

정답 01② 02③

03 순박한 사람들의 다양한 삶을 재현한 작품을 쓴 김유정의 작품이 아닌 것은?

① 「돈」
② 「금따는 콩밭」
③ 「봄봄」
④ 「땡볕」

03 「돈」은 이효석의 작품이다. 김유정은 순박한 사람들의 다양한 삶을 재현하였다.
- 「봄봄」(1935), 「동백꽃」(1936) : 사춘기를 맞이하고 있는 남녀의 관계
- 「소낙비」(1935), 「금따는 콩밭」(1935), 「땡볕」(1937) : 경제적 궁핍으로 인간성 파괴 ⇒ 삶의 비극

04 현대문학에서 암흑기에 해당하는 사건이 아닌 것은?

① 윤동주, 이육사, 이윤재 등이 일본 탄압 때문에 절필하였다.
② 대표적 문예지 『문장』을 폐간시키고, 『인문평론』을 『국민문학』으로 바꾸어 한국어 반, 일본어 반의 체제를 일본어 일색으로 바꾸게 하였다.
③ 「동아일보」, 「조선일보」 등 민족지를 폐간시켜 한국어에 의한 문학 활동을 말살시키려고 하였다.
④ 이념의 갈등이 문학논쟁으로 나타나서 김동리・조연현 등 순수문학파와 김동석 등 프로문학파의 논쟁이 치열했다.

04 ④는 해방문학에 관한 내용이다.

05 다음 중 전후 문학기(광복~1950년대)에 해당하는 작품이 아닌 것은?

① 조지훈, 「승무」
② 유치환, 「보병과 더불어」
③ 박인환, 「목마와 숙녀」
④ 박노해, 「노동의 새벽」

05 전후 문학기(광복~1950년대) 작품
- 청록파 : 조지훈의 「승무」・「봉황수」・「고풍의상」, 박두진의 「청산도」, 박목월의 「나그네」・「이별가」・「하관」・「가정」
- 전쟁 체험의 형상화 : 유치환의 「보병과 더불어」, 구상의 「초토의 시」
- 전후의 혼란을 서정적으로 노래 : 박인환의 「목마와 숙녀」
- 전통적 서정주의 계승 : 박재삼의 「흥부 부부상」・「추억에서」, 서정주의 「동천」

정답 03 ① 04 ④ 05 ④

06
- 3분법
  - 가장 전통적인 갈래 구분
  - 서정, 서사, 극으로 구분
- 4분법(현대문학의 기본 갈래)
  - 문학 작품을 자아와 세계와의 대립 구조로 파악하는 방법
  - 작품 내적 자아와 작품 내적세계, 작품 외적 자아와 작품 외적 세계의 개념 설정
  - 서정, 교술, 서사, 극 갈래로 구분

07 문학은 쾌락적 기능과 교시적(敎示的) 기능을 갖는다.

문학의 3대 특성

- 항구성: 문학에서 받은 쾌락적 감동의 정서는 시간과 시대를 초월하여 영원히 간직하게 된다(역사성).
- 보편성: 인간의 정서와 감동은 근본적으로 동일하여 보편성을 지닌다(일반성).
- 개성: 문학 작품의 정서는 보편적이나, 작가의 주관적 체험과 정서는 독특한 것이므로 작품의 표현은 개성적이다(특수성).

08
① 평이성: 전문적 또는 일부에 국한된 내용이 아니라 일반 독자에게도 쉬워야 한다.
③ 언어성: 언어가 가지는 미적 요소에 주목하여야 한다.
④ 쾌락성: 독자에게 미적·예술적 감동을 주는 것이어야 한다.

06 문학의 갈래에서 3분법에 해당하지 <u>않는</u> 것은?

① 서정
② 교술
③ 서사
④ 극

07 문학의 기능으로 가장 바람직한 것은?

① 지적 쾌락을 통하여 감동의 세계로 몰아간다.
② 즐거운 감동과 함께 진리를 교시(敎示)한다.
③ 윤리적 교훈을 주어 정신적 변화를 일으키게 한다.
④ 작가의 개성을 드러내어 인상을 간직하게 한다.

08 문학의 요건 중 다음에 해당하는 것은?

> 있었던 사실의 나열이 아니라, 있음직한 사건을 언어적으로 형상화한 것이어야 한다.

① 평이성
② 개연성
③ 언어성
④ 쾌락성

정답 06 ② 07 ② 08 ②

제2절 현대시

01 다음 중 시의 특징이 <u>아닌</u> 것은?
① 정서와 상상을 통한 문학이다.
② 내포적 언어에 의한 언어예술이다.
③ 압축적 형식미를 중시하는 문학이다.
④ 극적(劇的)인 정화(淨化)와 공감의 문학이다.

01 극적인 정화는 카타르시스를 느낄 수 있는 '희곡'의 특징이다.
- 시의 5대 특성: 운율성, 사상성, 정서성, 영상성, 압축성
- 시와 문학의 구별: 시는 운율적 언어와 내포적 언어로 된 대표적인 언어 예술이다.

02 시어(詩語)의 특징으로 알맞은 것은?
① 언어의 개념 표시에 의존한다.
② 직접적 · 비개인적이다.
③ 언어의 함축성을 중시한다.
④ 지시적 기능을 중시한다.

02 ① · ② · ④는 일상어의 특징이다.

시어의 특징
- 언어의 함축성에 의존한다.
- 간접적 · 개인적이다.
- 지시적 의미보다 정서적으로 사용된다.
- 객관적 사실보다는 표현을 중시하여 시의 감동을 높인다.

03 다음에서 설명하는 작가는 누구인가?

- 주지시파의 대표 작가
- 이미지즘 강조
- 주요 작품: 「와사등」, 「추일서정」, 「설야」

① 이육사
② 김광균
③ 조지훈
④ 박남수

03 김광균은 주지시의 대표적 작가로, 도시의 고독과 우수, 문명 비판적 작품을 많이 남겼다. 「와사등」, 「데생」, 「외인촌」, 「추일서정」, 「설야」 등의 작품이 있다.

정답 01 ④ 02 ③ 03 ②

04 「오감도」는 이상의 연작시이다.

04 다음 중 시인과 작품이 잘못 짝지어진 것은?

① 한용운, 「님의 침묵」
② 주요한, 「불놀이」
③ 김영랑, 「오감도」
④ 윤동주, 「십자가」

05 시문학파에는 '김영랑, 박용철, 신석정, 이하윤' 등이 있다.

05 다음 중 시파와 시인이 잘못 짝지어진 것은?

① 시문학파 : 김영랑, 김소월
② 백조파 : 홍사용, 이상화
③ 생명파 : 유치환, 서정주
④ 청록파 : 박목월, 조지훈, 박두진

06 ① 시문학파
② 카프(KAPF) 문학
④ 생명파

06 1930년대 모더니즘 시에 대한 설명으로 옳은 것은?

① 참다운 시, 즉 순수한 서정시에 대한 뚜렷한 의식을 지니고 있다.
② 문학 작품은 이데올로기를 효과적으로 전달하기 위한 수단과 방법이라고 생각했다.
③ 기계문명과 도시생활의 영향 속에서 사물과 세계를 보는 새로운 방법론을 가졌다.
④ 생명의 깊은 충동과 삶의 의미, 고독 등을 다루었다.

정답 04 ③ 05 ① 06 ③

07 다음 중 '청록파'에 대한 설명으로 옳은 것은?

① 심화된 정감을 한국적인 운율로 재구성하는 자각이 뚜렷하였다.
② 자연미의 재발견과 국어미의 순화 및 생명원천의 이데아 추구 등에 주력하였다.
③ 전통보다는 개인의 특성을 중요하게 여긴다.
④ 식민지 지식층이 겪는 정신적 고통과 인간 자체의 생명적 아픔을 순수하고 섬세한 표현으로 노래하였다.

08 1921년 황석우·변영로·노자영 등이 중심이 되어 창간한 우리나라 최초의 시동인지(詩同人誌)는?

① 『백조』
② 『창조』
③ 『장미촌』
④ 『폐허』

09 다음 중 1930년대 시에 대한 설명으로 잘못된 것은?

① 근대시로부터 현대시로의 전환이 본격적으로 시작되었다.
② 시어에 대한 현대적 인식, 시의 음성 구조와 의미 구조의 조화를 위한 노력, 회화적 이미지의 조형 등에 역점을 두었다.
③ 김기림·이효석·이종명·김유영·유치진 등의 '구인회'가 활동하였다.
④ 시대 전체에 대한 부정적 인식을 절망적 태도로 형상화하여 시적 상상력을 감상적·퇴폐적으로 표현하였다.

---

07 ①시문학파, ③모더니즘, ④윤동주에 대한 설명이다.

청록파
- 박목월, 박두진, 조지훈
- 전통적 시, 새로운 자연과 생명의 추구
- 자연미의 재발견과 국어미의 순화

08 『장미촌』은 1921년에 황석우·변영로·노자영·박종화·박영희 등이 중심이 되어 창간한 우리나라 최초의 시동인지(詩同人誌)이다. 낭만주의라는 특정한 문학사조 목표를 명백히 표방하고 나선 점과 우리나라 최초의 시 전문잡지였다는 점에서 의의가 크다.
① 1922년 홍사용·이상화·현진건·박종화 등이 창간한 문학동인지이다. 초기 낭만주의 문학운동의 중심이 되었으며, 3·1 운동 이후 민족적 좌절감과 절망으로 인하여 감상주의적인 세계를 추구했다.
② 우리나라 최초의 순수문예지로서 1919년 2월에 김동인·주요한·전영택 등에 의해 발간되었다.
④ 1920년 염상섭·오상순·황석우·남궁벽 등 자연주의 작가들이 발간한 문학동인지로, 퇴폐적·세기말적·사실적·이상주의적인 여러 사상 경향을 보여주었다.

09 ④는 1920년대 시의 특징이다.

정답 07 ② 08 ③ 09 ④

10 ②는 1930년대 시에 대한 설명이다. 1920년대 전반기의 시에서는 1910년대의 정신을 거부했지만, 3·1 운동 이후의 절망감과 세기말적 풍조의 유입 등으로 인해 주관적 감상주의에 빠지고 말았다. 후반기에 이르러 시어에 대한 자각이 뚜렷해지는 등 현대시의 진정한 기점이 마련되었다.

11 창조(1919) - 폐허(1920) - 장미촌(1921) - 백조(1922) - 금성(1923)

12 「그날이 오면」은 심훈의 작품이다.

정답 10 ② 11 ① 12 ②

---

10 다음 중 시대별 시의 주제가 잘못된 것은?

① 1910년대 : 민중을 계몽하고, 민족 의식을 고취하는 애국주의적 경향의 교훈시가 주류를 이루었다.

② 1920년대 : 시문학파는 시어에 대한 자각을 구체화시켜 심화된 정감을 한국적인 운율로 재구성함으로써 순수 서정시의 세계를 이룩하였다.

③ 1930년대 : 모더니즘 시인들은 도시와 근대적 풍경 속에서 시의 주제를 찾기에 힘썼으며, 기계 문명과 도시 생활의 영향 속에서 사물과 세계를 보는 새로운 시각과 방법론을 갖게 되었다.

④ 1940년대 : 전반기에는 일제의 압제에 대한 저항 의식을 드러낸 시가 쓰여지고, 후반기에는 모더니즘 시 운동이 전개되었다.

11 다음 중 문예지가 발간된 순서로 옳은 것은?

① 창조 - 폐허 - 장미촌 - 백조 - 금성
② 백조 - 창조 - 장미촌 - 폐허 - 금성
③ 창조 - 백조 - 장미촌 - 금성 - 폐허
④ 창조 - 장미촌 - 백조 - 금성 - 폐허

12 다음 중 작가와 작품이 잘못 연결된 것은?

① 이육사, 「청포도」
② 유치환, 「그날이 오면」
③ 서정주, 「자화상」
④ 김춘수, 「꽃」

13 「님의 침묵」, 「알 수 없어요」 등의 시들을 통하여 불교의 형이상학적 내용을 여성적 호흡과 리듬으로 형상화한 시인은?

① 한용운
② 김소월
③ 이상화
④ 주요한

> 13 • 한용운: 불교의 형이상학적 주제를 여성적 호흡과 리듬으로 형상화 (님의 침묵, 알 수 없어요 등)
> • 김소월: 민요적 리듬과 서정적 시어의 구성(진달래꽃)

14 다음 중 김소월 시의 특징이 아닌 것은?

① 전통 지향적
② 감상적 서정주의
③ 민요조 지향적
④ 서구적 낭만주의

> 14 김소월 작품의 시문학적 의의
> • 시의 정서에서 나타나는 자연관과 한의 정서·전통 지향성을 구사한다.
> • 시의 율격에 배어 있는 전통 계승의 민요조의 세련된 리듬을 노래한다.

15 다음 밑줄 친 '길'의 상징적 의미로 볼 수 없는 것은?

> 잃어버렸습니다.
> 무얼 어디다 잃었는지 몰라
> 두 손이 주머니를 더듬어
> 길에 나아갑니다.
>
> 돌과 돌과 돌이 끝없이 연달아
> 길은 돌담을 끼고 갑니다.
>
> 담은 쇠문을 굳게 닫아
> 길 위에 긴 그림자를 드리우고
>
> 길은 아침에서 저녁으로
> 저녁에서 아침으로 통했습니다.
>
> — 윤동주, 「길」

① 자아 성찰의 공간
② 삶의 목표를 달성하기 위한 방법
③ 시적 화자가 처한 현실적 상황을 상징하는 공간
④ 잃어버린 자신의 참모습을 회복하기 위한 삶의 과정

> 15 윤동주의 시는 대부분 자아 성찰을 통한 자기완성을 지향하는 특징을 갖는데, 자아 성찰의 공간으로 등장하는 것이 주로 '방·우물·길' 등의 이미지이다. 그중 '길'은 탐색의 과정과 출발과 도착의 과정을 지닌 행위의 공간이므로 '길'의 공간성은 도달해야 할 목적지를 지닌다. 윤동주의 「길」은 바로 그 목적지를 향해 가는 과정으로서의 길이며, 목적지에 다다르기 위해 시련을 극복해야 하는 정신적인 세계로서의 길이다. 나아가 깊은 자아 성찰을 지향하며, 본래의 자아를 회복하려는 형이상학적인 의미를 담고 있다.

정답   13 ①   14 ④   15 ②

※ 다음 작품을 읽고 물음에 답하시오. (16～18)

(가) 이것은 ㉠ 소리없는 아우성
　　저 푸른 해원(海原)을 향하여 흔드는
　　㉡ 영원한 노스탈지어의 손수건
　　순정은 물결같이 바람에 나부끼고
　　오로지 맑고 곧은 ㉢ 이념의 푯대 끝에
　　애수는 백로처럼 날개를 펴다
　　아 누구던가
　　이렇게 슬프고도 애달픈 ㉣ 마음을
　　맨 처음 공중에 달 줄을 안 그는
　　　　　　　　　　　　　　　　　　- 유치환, 「깃발」

(나) 모란이 피기까지는
　　나는 아직 나의 봄을 기다리고 있을 테요.
　　모란이 뚝뚝 떨어져 버린 날
　　나는 비로소 봄을 여읜 설움에 잠길 테요.
　　오월 어느 날 그 하루 무덥던 날
　　떨어져 누운 꽃잎마저 시들어 버리고는
　　천지에 모란은 자취도 없어지고
　　뻗쳐오르던 내 보람 서운케 무너졌느니
　　모란이 지고 말면 그뿐 내 한 해는 다 가고 말아
　　삼백예순 날 하냥 섭섭해 우옵내다.
　　㉮ 모란이 피기까지는
　　나는 아직 기다리고 있을 테요, 찬란한 슬픔의 봄을.
　　　　　　　　　　　　　　　　　　- 김영랑, 「모란이 피기까지는」

16 두 편의 시는 모두 이상 세계에 대한 소망을 드러내고 있지만, 현실 자체를 부정적으로 보지는 않는다.

16 (가), (나)의 공통점으로 가장 적절한 것은?

① 이상 세계에 대한 동경을 보여주고 있다.
② 1930년대 순수시의 전통을 계승하고 있다.
③ 도치와 반어의 표현 기법을 사용하고 있다.
④ 현실에 대한 시적 화자의 태도가 비관적이다.

정답 16 ①

17 밑줄 친 ㉠~㉣ 중 함축적 의미가 <u>다른</u> 것은?

① ㉠
② ㉡
③ ㉢
④ ㉣

17 비유적 이미지로 '깃발'의 모습과 의미를 표현하고 있다. '아우성', '손수건', '순정', '애수', '마음'의 5개의 보조 관념들은 모두 깃발을 은유하고 있다.

18 (나)에서 밑줄 친 ㉮에 드러난 태도와 가장 유사한 것은?

① 서(西)으로 가는 달같이는 / 나는 아무래도 갈 수가 없다. / 바람이 파도를 밀어 올리듯이 / 그렇게 나를 밀어 올려다오. / 향단아.
　　　　　　　　　　　　　　　　　　- 서정주, 「추천사」

② 내 마음의 어딘 듯 한 편에 끝없는 / 강물이 흐르네 / 돋쳐 오르는 아침 날 빛이 빤질한 / 은결을 도도네
　　　　　　　　　　　　　　　- 김영랑, 「끝없는 강물이 흐르네」

③ 대대로 슬픈 노정(路程)이 집산(集散)하고 / 알맞은 자리, 저만치 / 위의(威儀) 있는 송덕비(頌德碑) 위로 / 맵고도 쓴 시간이 흘러가고….
　　　　　　　　　　　　　　　　　　- 김용호, 「주막에서」

④ 그믐처럼 몇은 졸고 / 몇은 감기에 쿨럭이고 / 그리웠던 순간들을 생각하며 나는 / 한 줌의 톱밥을 불빛 속에 던져주었다.
　　　　　　　　　　　　　　　　　　- 곽재구, 「사평역에서」

18 ㉮는 이상 세계에 대한 끝없는 갈망을 드러내고 있다. 이러한 갈망은 서정주의 「추천사」에 잘 드러나 있다. 비록 도달할 수 없는 세계라는 것을 알지만, 그 세계에 대한 갈망의 끈을 놓지 않는 인간의 안타까운 모습이 작품에 그대로 드러나 있다.
② 미묘한 마음을 순수 서정의 세계로 형상화시키고 있다.
③ 고달픈 삶의 모습들이 오고가는 주막의 애환 어린 모습을 드러내고 있다.
④ 삶에 대한 연민이 잘 드러나 있다.

정답　17 ③　18 ①

※ 다음 작품을 읽고 물음에 답하시오. (19 ~ 20)

> 아무도 그에게 수심(水深)을 일러준 일이 없기에
> 흰나비는 도무지 바다가 무섭지 않다.
>
> 청(靑)무우 밭인가 해서 내려갔다가는
> 어린 날개가 물결에 절어서
> 공주(公主)처럼 지쳐서 돌아온다.
>
> 삼월(三月)달 바다가 꽃이 피지 않아서 서글픈
> 나비 허리에 새파란 초생달이 시리다.
> — 김기림, 「바다와 나비」

19 위 시의 작자와 관계 깊은 시적 경향은?
① 몽환적 상징주의
② 감상적 낭만주의
③ 주지적 모더니즘
④ 경향적 현실주의

20 위 시에 나타나는 1930년대 모더니즘 시의 특징은?
① 청각성
② 사실성
③ 향토성
④ 회화성

19 제시된 작품은 서구 모더니즘에 바탕을 둔 시로, 시각적·공감각적 심상 등 감각적 이미지가 중심을 이루고 있다. 이 시는 새로운 세계에 대한 동경과 좌절을 그리고 있으며 '나비'는 순수한 생명체, '바다'는 비생명체의 공간으로 거칠고 냉혹한 현실을 나타내고 있다.

20 김기림의 「바다와 나비」는 감정이 극도로 절제되고, 이미지만으로 세계를 감각적으로 드러낸 작품이다. 이 시를 지배하고 있는 색채 이미지는 청색과 백색인데, 바다의 푸른빛은 차갑고 냉혹한 현실의 이미지, 초승달의 파란빛은 안타까운 슬픔의 이미지, 청무우밭의 푸른빛은 동경과 꿈의 이미지, 나비의 흰빛은 순수하고 나약한 존재의 이미지를 각각 갖는다.

정답 19 ③ 20 ④

※ 다음 작품을 읽고 물음에 답하시오. (21 ~ 24)

> 나 보기가 역겨워
> 가실 때에는
> ㉠ 말없이 고이 보내 드리오리다.
>
> 영변(寧邊)에 약산(藥山)
> ⓐ 진달래꽃
> ㉡ 아름 따다 가실 길에 뿌리오리다.
>
> 가시는 걸음 걸음
> 놓인 그 꽃을
> ㉢ 사뿐히 즈려 밟고 가시옵소서.
>
> 나 보기가 역겨워
> 가실 때에는
> ㉣ 죽어도 아니 눈물 흘리오리다.

21 다음 중 위 작품에 대한 설명으로 적절하지 <u>않은</u> 것은?

① 이별의 정서를 3음보 민요조 율격에 담아 표현하고 있다.
② 식민 통치라는 시대적 현실로부터 오는 고뇌와 슬픔이 바탕에 깔려 있다.
③ 시적 자아의 정서를 자연물에 의탁하여 표현하고 있다.
④ 함축적인 시어를 사용하여 표현하고자 하는 의도를 강조하고 있다.

22 다음 중 밑줄 친 ⓐ의 상징적인 의미로 볼 수 있는 것은?

① 살아남은 자의 부끄러움
② 순수한 영혼의 표상
③ 임을 향한 축복
④ 시련 극복의 굳센 의지

21 이 시는 사랑하는 임과의 이별의 정한(情恨)을 노래한 시이다.

22 '꽃'은 이별의 정한을 표시하는 전통적인 사물로서, 이 시에서의 '진달래꽃'은 시적 화자의 분신이며 임을 향한 변함없는 사랑을 상징한다. 또한 떠나는 임에 대한 축복이라는 함축적인 의미도 지닌다.

정답 21 ② 22 ③

23 ⊙은 원망이 아니라 인종(忍從)과 체념을 나타낸다.

23 밑줄 친 ㉠~㉣에 대한 설명 중 옳지 <u>않은</u> 것은?

① ㉠ : 겉으로는 체념하고 있지만 원망의 감정이 담겨 있다.
② ㉡ : 떠나는 임을 오히려 축복해 주는 뜨거운 사랑을 담고 있다.
③ ㉢ : 떠나는 임에게 자신을 확인시켜서 마음이 돌아서기를 기대하는 심정을 느낄 수 있다.
④ ㉣ : 속으로 몹시 울겠다는 뜻을 반어적으로 표현하고 있다.

24 내면의 심리와는 상반된 역설과 반어는 시적 인상을 강화시키지만, 전통성(傳統性)의 근거로는 부적절하다.

24 위 시를 전통적인 시라고 평가하는 이유와 거리가 <u>먼</u> 것은?

① 한(恨)을 소재로 함
② 역설과 반어의 표현적 전통
③ 3음보의 운율적 전통
④ 「서경별곡」, 「가시리」와의 정서적 접맥(接脈)

※ 다음 작품을 읽고 물음에 답하시오. (25 ~ 28)

> 유리(琉璃)에 차고 슬픈 것이 어른거린다.
> 열없이 붙어 서서 입김을 흐리우니
> 길들은 양 언 날개를 파다거린다.
> ㉠ 지우고 보고 지우고 보아도
> 새까만 밤이 밀려 나가고 밀려와 부딪히고,
> ㉡ 물 먹은 별이, 반짝, 보석(寶石)처럼 백힌다.
> 밤에 홀로 유리를 닦는 것은
> 외로운 황홀한 심사이어니,
> 고흔 폐혈관(肺血管)이 찢어진 채로
> 아아, 늬는 산(山)ㅅ새처럼 날러갔구나!

정답 23 ① 24 ②

25 위 글에서 지시하는 대상이 동일한 것으로 볼 수 없는 것은?

① 차고 슬픈 것
② 언 날개
③ 물 먹은 별
④ 유리

25 시적 대상은 죽은 아들이다. '유리(琉璃)'는 죽은 아들과 시적 화자(아버지)를 연결시켜 주는 기능과 단절시키는 이중적 기능을 한다.

26 위 작품에 대한 설명으로 옳지 않은 것은?

① 시각적 심상을 효과적으로 사용하고 있다.
② 대화 형식을 통해 극적인 느낌이 들도록 형상화하고 있다.
③ 감상적 정서를 절제하여 표현하고 있다.
④ 모순 어법을 구사하여 시어의 함축성을 높이고 있다.

26 이 시는 대화 형식과 관계가 없으며, 자식을 잃은 아버지의 슬픔을 애상적 어조로 담담하게 그리고 있다.

27 밑줄 친 ㉠에 담긴 의미에 대한 설명으로 적절한 것은?

① 화자가 얼른 날이 밝아 어둠이 물러가기를 바라고 있음을 알 수 있다.
② 화자와 아이를 가로막는 존재가 무엇인지를 알 수 있다.
③ 죽은 자식에 대한 그리움이 절실함을 알 수 있다.
④ 죽은 자식의 행동을 따라해 보고 있다.

27 유리창을 닦는 것은 유리창에 어른거리는 아이의 모습을 더 잘 볼 수 있도록 하기 위한 것이다.

정답 25 ④ 26 ② 27 ③

28 ㉡에는 시적 화자의 감정이 대상에 이입되어 있다.

28 밑줄 친 ㉡에 대한 설명으로 옳지 않은 것은?
① 화자의 눈에는 눈물이 고여 있다.
② '별, 보석'은 죽은 자식을 가리킨다.
③ 시적 대상과 감정적으로 거리를 두고 매우 객관적인 위치에서 슬픔을 조망하였다.
④ 죽은 아이의 영상을 비유적으로 표현하였다.

※ 다음 작품을 읽고 물음에 답하시오. (29 ~ 33)

까마득한 날에
하늘이 처음 열리고
어데 닭 우는 소리 들렸으랴

모든 산맥(山脈)들이
바다를 연모(戀慕)해 휘달릴 때도
참아 이 곳을 범(犯)하던 못하였으리라

끊임없는 광음(光陰)을
부지런한 계절(季節)이 피여선 지고
큰 강물이 비로소 길을 열었다

지금 눈 나리고
㉠ 매화 향기(梅花香氣) 홀로 아득하니
내 여기 가난한 노래의 씨를 뿌려라

다시 천고(千古)의 뒤에
백마(白馬) 타고 오는 초인(超人)이 있어
이 광야(曠野)에서 목놓아 부르게 하리라

정답 28 ③

29 위 시의 표현 방식과 거리가 먼 것은?

① 광야의 형성 과정을 산맥들이 바다를 연모해 휘달린 역동적인 모습으로 형상화(形象化)하였다.
② 광야의 신성함을 '백마 타고 오는 초인'의 신비한 이미지로 표현하였다.
③ 각 연을 3행씩 표현하고 각 연이 1행에서 3행으로 가며 점차 길어지게 하여 음악성을 잘 드러내고 있다.
④ 시간의 흐름을 꽃이 피고 지는 것으로 형상화하였다.

29 광야의 신성함이 형상화되어 있는 부분은 2연으로, 바다를 향해 힘차게 뻗어 내리던 산맥들도 광야를 범하지 못하였다는 것을 통해 광야의 신성함을 드러내고 있다. '백마'가 신비로운 이미지를 지니고 있지만, 이 시에서의 '백마'는 초인의 고귀하고 순결함을 부각시키기 위한 소재이다.

30 위 작품에 대한 설명으로 적절하지 않은 것은?

① 역사적인 현실 문제를 개인의 경험에 투영해 시상을 전개하였다.
② 시간의 흐름에 따라 시상을 전개하였다.
③ 남성적 어조는 화자의 굳은 의지를 보여준다.
④ 자기희생적인 의지를 상징적인 시어를 통해 노래하였다.

30 개인적인 경험에 투영시키지는 않았다.

31 위 시의 흐름으로 보아 긴밀하게 연결되는 이미지끼리 짝지은 것은?

① 하늘 – 바다 – 강물
② 산맥 – 눈 – 매화 향
③ 닭 – 광음 – 광야
④ 까마득한 날 – 지금 – 천고의 뒤

31 이 시는 '과거(까마득한 날) – 현재(지금) – 미래(천고의 뒤)'의 순서로 시상이 전개되고 있다.

정답 29 ② 30 ① 31 ④

32 '매화'는 눈 내리는 냉혹한 현실 속에서도 꽃을 피우고 향기가 있을 만큼 강인한 존재, 조국의 광복을 비유한다.

33 광야는 태초의 신성한 공간이며 우리 민족의 역사가 태동한 삶의 터전이다.

34 촉각적 심상
촉각(살갗)을 통해 '감촉'을 떠올리는 심상 → 내 손에 호미를 쥐어 다오. / 살찐 젖가슴과 같은 부드러운 이 흙을 / 발목이 시도록 밟아도 보고, 좋은 땀조차 흘리고 싶다.

정답 32 ③ 33 ④

32 밑줄 친 ㉠에 대한 설명으로 가장 적절한 것은?

① 암울한 현실을 상징한다.
② 연약하고 고독한 존재이다.
③ 강인한 지조를 가진 존재를 형상화한 것이다.
④ 너무나도 깨지기 쉬운 희망을 비유한다.

33 밑줄 친 '광야'의 의미로 가장 적절한 것은?

① 현실로부터 유리된 피난처
② 원시적인 신비함을 지닌 공간
③ 고통과 시련의 현장
④ 민족사가 시작된 역사의 현장

34 다음 이상화의 「빼앗긴 들에도 봄은 오는가」에서 촉각적 이미지가 쓰인 연은?

> (가) 지금은 남의 땅 – 빼앗긴 들에도 봄은 오는가?
> 　　나는 온몸에 햇살을 받고
> 　　푸른 하늘 푸른 들이 맞붙은 곳으로
> 　　가르마 같은 논길을 따라 꿈속을 가듯 걸어만 간다.
>
> (나) 입술을 다문 하늘아, 들아
> 　　내 맘에는 나 혼자 온 것 같지를 않구나!
> 　　네가 끌었느냐, 누가 부르더냐, 답답워라. 말을 해다오.
> 　　　　　　　　(중략)
>
> (다) 혼자라도 가쁘게나 가자.
> 　　마른 논을 안고 도는 착한 도랑이
> 　　젖먹이 달래는 노래를 하고, 제 혼자 어깨춤만 추고 가네.
>
> 　　나비 제비야 깝치지 마라.
> 　　맨드라미 들마꽃에도 인사를 해야지.
> 　　아주까리기름을 바른 이가 지심 매던 그 들이라 다 보고 싶다.

(라) 내 손에 호미를 쥐어 다오.
　　살찐 젖가슴과 같은 부드러운 이 흙을
　　발목이 시도록 밟아도 보고, 좋은 땀조차 흘리고 싶다.
　　　　　　(이하 생략)

① (가)　　　　　　② (나)
③ (다)　　　　　　④ (라)

35 다음 작품에 드러난 태도와 가장 가까운 것은?

바람보다 늦게 누워도
바람보다 먼저 일어나고
바람보다 늦게 울어도
바람보다 먼저 웃는다.
날이 흐리고 풀뿌리가 눕는다.

① 껍데기는 가라. / 사월도 알맹이만 남고 / 껍데기는 가라.
　　　　　　　　　　　　　　　　　- 신동엽, 「껍데기는 가라」
② 동방은 하늘도 다 끝나고 / 비 한 방울 내리잖는 그 때에도 / 오히려 꽃은 빨갛게 피지 않는가? / 내 목숨을 꾸며 쉼 없는 날이여
　　　　　　　　　　　　　　　　　- 이육사, 「꽃」
③ 이적진 말로써 풀던 마음 / 말없이 삭이고 / 얼마 더 너그러워져서 이 생명을 살자. / 황송한 축연이라 알고 / 한 세상을 누리자.
　　　　　　　　　　　　　　　　　- 김남조, 「설일」
④ 섬진강물이 어디 몇 놈이 달려들어 / 퍼낸다고 마를 강물이더냐, / 지리산이 저문 강물에 얼굴을 씻고 / 일어서서 껄껄 웃으며 / 무등산을 보며 그렇지 않느냐고 물어 보면 / 노을 띤 무등산이 그렇다고 훤한 이마 끄덕이는 / 고갯짓을 바라보며 / 저무는 섬진강을 따라가며 보라 / 어디 몇몇 애비 없는 후레자식들이 / 퍼 간다고 마를 강물인가를.
　　　　　　　　　　　　　　　　　- 김용택, 「섬진강1」

35 '풀'은 민중의 끈질긴 저항성과 생명력을 의미한다. ④에 제시된 작품에서도 이 땅의 민중이 가지는 삶의 넉넉함과 끈질긴 생명력이 나타나 있다.

정답 34 ④　35 ④

36 다음 괄호 안에 들어갈 단어로 가장 적절한 것은?

> 문학은 인간의 상상력을 활용하여 현실의 모습을 그려낸다. 다시 말해, 작가의 상상력에 의하여 현실을 재창조·재구성하여 작품 속에 도입하는 것이다. 이렇게 볼 때 문학과 현실은 (   ) 관계에 있다고 할 수 있다.

① 대등적(對等的)
② 대비적(對比的)
③ 상보적(相補的)
④ 유추적(類推的)

36 작가의 상상력에 의하여 현실을 재창조·재구성하여 작품 속에 도입한다고 하였으므로 괄호 안에 들어갈 적절한 말은 '유추적'이다.

37 고민, 좌절, 절망의 끝에서 허무 의식을 떨치고 일어서려는 강인한 의지를 노래한 시로, 관념적인 문제를 엄숙하고 웅장한 남성적 독백조로 표현한 시는?

① 이육사의 「꽃」
② 윤동주의 「자화상」
③ 유치환의 「생명의 서」
④ 김광균의 「와사등」

37 이육사의 「꽃」은 이육사의 주된 작품 경향인 남성적이고 의지적인 어조를 바탕으로 하고 있으며, 반복적인 구조를 활용하여 더욱 강렬한 느낌을 전달한다.

정답 36 ④ 37 ①

※ 다음 작품을 읽고 물음에 답하시오. (38 ~ 39)

> 머언 산 청운사
> 낡은 기와집
>
> 산은 자하산
> 봄눈 녹으면
>
> 느릅나무
> 속잎 피어나는 열두 구비를
>
> 청노루
> 맑은 눈에
>
> 도는
> 구름

38 위 시에 대한 설명이 <u>틀린</u> 것은?

① 청운사, 자하산, 청노루 등이 만들어내는 세계는 현실공간이다.
② 시점의 이동은 원거리의 카메라에서 시점을 차츰 확대하는 효과를 보인다.
③ 1연과 2연이 화면의 전체적인 외곽선의 처리라면, 그 이후는 세부적인 채색이다.
④ 동양적 여백의 미학이 드러난다.

39 다음 중 위 시의 특징이 <u>아닌</u> 것은?

① 겨울의 정경과 정취가 드러난다.
② 이상적 자연의 세계를 그리고 있다.
③ 정적 이미지와 동적 이미지가 조화를 이루고 있다.
④ 비유적 표현으로 인생의 참된 본질을 추구하고 있다.

---

38 '청운사, 자하산, 청노루'는 상상 속의 공간 및 존재이다.

39 서경적・묘사적・관조적 표현으로 봄의 정경과 정취를 노래하고 있다.

[정답] 38 ① 39 ①

40 성북동 비둘기의 '새'는 현대 문명으로부터 쫓기는 자연을 의미하는 것으로, 자연과 인간으로부터 소외되고, 사랑과 평화를 낳지 못하는 새를 의미한다.

40 김광균의 「성북동 비둘기」에서 '쫓기는 새'가 상징하는 의미와 거리가 먼 것은?

① 순수한 자연성을 잃어가고 있는 인간들
② 인간성마저 상실하고 서로 단절되는 현대인
③ 산업화의 주역으로 안정된 삶을 추구하는 사람들
④ 도시화·산업화 속에서 점차 파괴되는 자연과 환경

41 '가르마 같은 논길, 삼단 같은 머리, 살찐 젖가슴과 같은 부드러운 이 흙' 등의 자연적 소재를 활용한 비유는 향토적 정서를 나타내며 친근하고 여성적인 이미지, 국토의 이미지의 표현이라 볼 수 있다.

41 이상화의 「빼앗긴 들에도 봄은 오는가」에서 국토의 이미지를 표현하는 것으로 보기 어려운 것은?

① 삼단 같은 머리
② 가르마 같은 논길
③ 젖먹이 달래는 노래
④ 살찐 젖가슴과 같은 부드러운 이 흙

정답 40 ③ 41 ③

제3절 현대소설

01 1920년대 소설의 특징으로 옳지 <u>않은</u> 것은?

① 계몽주의, 인도주의에 입각한 설교문학 성격
② 순수문예지 중심의 창작 발생
③ 사실적 묘사와 서민층 인물의 형상화
④ 당대 현실에 대한 관심을 주제로 함

01 1920년대 소설은 3·1 운동 이후 계몽주의에서 탈피하여 사실주의적·자연주의적 경향으로 발전하였으며, 단편소설의 형태가 확립되었다. 젊은 문인들이 춘원 이광수의 계몽적 인도주의 사상에 입각한 설교문학을 극복하기 위해 사상성보다 예술성에 치중한 문학운동을 전개하였다. 이 시기의 대표적인 작가로는 김동인, 염상섭, 나도향 등이 있다.

02 다음 중 신소설의 창작 배경으로 옳지 <u>않은</u> 것은?

① 신문 발간에 따른 발표 지면의 확대
② 근대적 자아의 각성에 따른 민중 의식 성장
③ 인쇄술의 발달과 출판시장의 성장
④ 일본을 통한 서구소설의 영향

02 **신소설의 창작 배경**
• 근대 개혁에 대한 열광
• 발표 지면의 증대
• 인쇄술의 발달과 출판시장의 성장
• 우리 소설의 전통 축적
• 일본 및 서구소설의 영향

03 1930년대 소설의 특징으로 적절하지 <u>않은</u> 것은?

① 다양한 주제와 소설 기법이 전개되어 농민소설, 역사소설, 가족소설 등이 등장하였다.
② 현대 도시 문명이 지닌 병적인 징후와 세태를 비판하는 모더니즘 소설이 발표되었다.
③ 유진오, 채만식 등은 식민지하 지식인의 내적 고민과 방황을 그려내는 데 충실했다.
④ 현진건, 염상섭 등에 의해 사실주의적 수법이 자리 잡히면서 근대소설이 정착되기 시작했다.

03 현진건, 염상섭 등에 의해 사실주의적 수법이 자리 잡히면서 근대소설이 정착된 시기는 1920년대이다.

정답 01 ① 02 ② 03 ④

04 세태소설을 통해 소시민의 삶의 양태를 상세하게 묘사한 작가는 박태원이다.

김동인의 공적
- 최초의 순문예지인 『창조』 창간
- 다양한 문예사조에 입각한 작품 창작
- 문학의 독자성 주장 → 예술성 고양
- 비속어·사투리 사용 → 사실성 높임
- 과거 시제 사용

05 김유정의 작품으로는 「봄봄」, 「동백꽃」, 「소낙비」, 「금 따는 콩밭」, 「만무방」, 「노다지」 등이 있다. 「농민」은 이무영의 작품이다.

06 「무정」은 신소설에 비하여 남녀 간의 애정문제를 구체화하였고, 섬세한 심리묘사로까지 나타내었다. 이 작품은 우리나라 최초의 근대 장편소설로서 민족 의식의 고취와 자유연애 사상을 주제로 하고 있으며, 계몽을 통하여 민족의 근대화를 이룩하려는 열망을 담고 있다.

정답 04 ② 05 ④ 06 ③

---

04 김동인의 문학사적 공적으로 옳지 <u>않은</u> 것은?
① 다양한 문예사조에 입각한 작품 창작
② 세태소설을 통해 소시민의 삶의 양태를 상세하게 묘사
③ 문학의 독자성과 예술성 고양
④ 비속어와 사투리 사용을 통한 사실적 표현

05 다음 중 김유정의 작품이 <u>아닌</u> 것은?
① 「봄봄」
② 「소낙비」
③ 「금 따는 콩밭」
④ 「농민」

06 이광수의 「무정」에서 등장인물의 삼각관계를 통해 알 수 있는 근대소설의 특징은?
① 문명개화 사상
② 복고주의 언어
③ 인물의 심리묘사
④ 서술시점의 변화

07 1920년대 우리나라 소설문학에 대한 설명으로 옳지 않은 것은?
① 단편소설보다는 장편소설이 소설 문단의 중심을 이루었다.
② 초기의 작가들은 계몽성을 거부하고 예술성을 중시하였다.
③ 당대 사회현실에 대해 많은 작가들이 관심을 기울였다.
④ 중반 이후 프로문학이 등장하였다.

07 1920년대에는 장편소설보다는 단편소설이 소설 문단의 중심을 이루고 있었다.

1920년대 소설의 특징
- 사상성보다는 예술성을 중시하였다.
- 계급투쟁과 사회에 대한 적의를 살인과 방화라는 극단적인 양식으로 표출하였다.
- 장편소설보다는 단편소설이 중심을 이루었다.

08 『창조』에 발표된 김동인의 최초의 단편소설은?
① 「약한 자의 슬픔」
② 「감자」
③ 「배따라기」
④ 「태형」

08 「약한 자의 슬픔」은 1919년 한국 최초의 종합 문예동인지 『창조』 창간호에 발표된 김동인의 처녀작이다.

09 다음 중 작가와 작품이 바르게 짝지어진 것은?
① 박태원, 「김강사와 T교수」
② 현진건, 「모범 경작생」
③ 심훈, 「흙」
④ 이무영, 「제1과 제1장」

09 ① 「김강사와 T교수」: 유진오
② 「모범 경작생」: 박영준
③ 「흙」: 이광수

정답 07 ① 08 ① 09 ④

10 동반자 작가는 공산주의 혁명운동에 직접 참가하지는 않지만 동조적인 입장을 취하는 문학경향을 가진 작가를 말한다. 대표적 작가로 이효석, 이무영, 채만식 등을 들 수 있다.
① 염상섭 – 자연주의·사실주의문학
② 1920년대 소설 – 단편 중심
③ 최서해 – 신경향파 소설, 카프문학

10 다음 중 서로 관계있는 것끼리 바르게 짝지어진 것은?

① 염상섭 : 카프문학
② 1920년대 소설 : 장편 중심
③ 최서해 : 역사소설
④ 이효석 : 동반자 작가

11 이효석의 「메밀꽃 필 무렵」은 인간 심리의 순수한 자연성을 표출한 낭만주의 소설이다. 강원도 봉평에서 대화에 이르는 길을 공간적 배경으로 삼아 그 길을 가는 세 인물의 과거사를 보여줌으로써 인간의 본연적 사랑을 드러냈다. 푸른 달빛에 젖은 메밀꽃이 흐드러지게 피어 있는 밤길 묘사는 시적인 정취와 낭만성, 탐미주의 성향을 드러낸다.

11 세련된 언어와 아름답고 신비한 시적 분위기를 효과적으로 표현한 이효석의 작품은?

① 「감자」
② 「메밀꽃 필 무렵」
③ 「산골나그네」
④ 「동백꽃」

12 「물레방아」는 나도향의 작품이다.
②·③·④ 채만식의 작품이다.

12 다음 중 작가가 다른 하나는 무엇인가?

① 「물레방아」
② 「치숙」
③ 「태평천하」
④ 「레디메이드 인생」

정답 10 ④ 11 ② 12 ①

13 다음 중 이상의 「날개」에 대한 설명으로 옳지 않은 것은?

① '여성 모티브'를 사용하여 일상적 삶에서의 도피를 모색한다.
② 당대의 어떤 평론가는 이 작품을 '리얼리즘의 파괴'라고 극찬했다.
③ 에로스적인 것과 타나토스적인 것이 무질서하게 혼용되어 나타난다.
④ 인간의 자기 해체를 통한 참다운 자아를 확립하려는 주제를 갖는다.

13 최재서는 그의 평론집인 『문학과 지성』에 수록된 '「날개」와 「천변풍경」에 관하야'란 글에서 「천변풍경」은 세태 풍정을 묘사함으로써 리얼리즘의 확대를 이루하였으며, 「날개」는 고도로 지식화된 소피스트의 주관 세계를 보여줌으로써 리얼리즘의 심화를 가져왔다고 평가하였다.

※ 다음 글을 읽고 물음에 답하시오. (14~18)

새침하게 흐린 폼이 눈이 올 듯하더니 눈은 아니 오고 얼다가 만 비가 추적추적 내리는 날이었다. 이 날이야말로 동소문 안에서 인력거꾼 노릇을 하는 김 첨지에게는 오래간만에도 닥친 ⑤ 운수 좋은 날이었다. 문 안(거기도 문 밖은 아니지만) 들어 간답시는 앞집 마나님을 전찻길까지 모셔다 드린 것을 비롯으로, 행여나 손님이 있을까 하고 정류장에서 어정어정하며 내리는 사람 하나하나에게 거의 비는 듯한 눈결을 보내고 있다가 마침내 교원인 듯한 양복쟁이를 동광학교까지 태워다 주기로 되었다.
첫 번에 삼십 전, 둘째 번에 오십 전 – 아침 댓바람에 그리 흔치 않은 일이었다. 그야말로 재수가 옴 붙어서 근 열흘 동안 돈 구경도 못한 김 첨지는 십 전짜리 백동화 서 푼, 또는 다섯 푼이 찰깍하고 손바닥에 떨어질 제 거의 눈물을 흘릴 만큼 기뻤었다. 더구나 이 날 이때에 이 팔십 전이라는 돈이 그에게 얼마나 유용한지 몰랐다. 컬컬한 목에 모주 한 잔이라도 적실 수 있거니와, 그보다도 앓는 아내에게 설렁탕 한 그릇도 사다줄 수 있음이다. 그의 아내가 기침으로 쿨룩거리기는 벌써 ⑥ 달포가 넘었다. ⑥ 조밥도 굶기를 먹다시피 하는 형편이니 물론 약 한 첩 써 본 일이 없다. 구태여 쓰라면 못 쓸 바도 아니로되, 그는 병이란 놈에게 약을 주어 보내면 재미를 붙여서 자꾸 온다는 자기 신조에 어디까지 충실하였다. 따라서 의사에게 보인 적이 없으니 무슨 병인지는 알 수 없으되, 반듯이 누워 가지고, 일어나기는 새로 모로도 못 눕는 걸 보면 중증은 중증인 듯. 병이 이러한 정도로 심해지기는 열흘 전에 조밥을 먹고 체한 때문이다. 그 때도 김 첨지가 오래간만에 돈을 얻어서

정답 13 ②

> 좁쌀 한 되와 십 전짜리 나무 한 단을 사다 주었더니, 김 첨지의 말에 의지하면, 그 오라질 년이 숟가락은 그만두고 손으로 움켜서 두 뺨에 주먹덩이 같은 혹이 불거지도록 누가 빼앗을 듯이 처박질 하더니만, 그 날 저녁부터 가슴이 땅긴다, 배가 켕긴다고 눈을 홉뜨고 지랄병을 하였다. 그때 김 첨지는 열화와 같이 성을 내며, "에이, 오라질 년, 조랑복은 할 수가 없어, 못 먹어 병, 먹어서 병, 어쩌란 말이야! 왜 눈을 바루 뜨지 못해!"하고, 김 첨지는 앓는 이의 뺨을 한 번 후려갈겼다. 홉뜬 눈은 조금 바루어졌건만 이슬이 맺히었다. 김 첨지의 눈시울도 뜨끈뜨끈하였다.
>
> (후략)

14 위 작품에 대한 설명으로 바르지 않은 것은?

① 작가의 전지적 시점으로 서술되어 등장인물의 내면을 잘 알 수 있다.
② '비가 추적추적 내리는' 배경은 사건 전개의 결과를 암시하고 있다.
③ 전체적으로 볼 때 퇴폐적 낭만주의 경향의 작품이라 할 수 있다.
④ 단 하루 동안의 일과를 통해 하층민의 고단한 삶의 모습을 보여주고 있다.

15 위 작품에 나타난 표현방식은 무엇인가?

① 심리묘사를 통한 현실 비판
② 반어를 통한 현실 모순 토로
③ 상징적이고 함축적인 어휘 구사
④ 자동기술법에 의한 무의식 반영

14 「운수 좋은 날」은 대표적인 사실주의 경향의 작품이다.

15 「운수 좋은 날」은 3인칭의 객관적 서술로 구성되어 인력거꾼인 김 첨지에게 '예기치 않은 행운'이 닥치면서 이야기가 전개된다. 일제 강점하의 가난한 하층민의 비참한 삶에 대한 고발을 주제로 하는 작품이다. 특히 반어나 상황의 아이러니를 통해 현실감을 돋보이게 하고 극적인 구성으로 생동감을 보여주고 있다.

정답 14 ③ 15 ②

16 밑줄 친 ⓒ과 같은 표현 의도를 담고 있는 문장은?

① 어인 귀뚜라미 지는 달 새는 밤에 긴 소리 짧은 소리 마디마디 슬픈 소리 제 혼자 울어 가며 사창(紗窓) 여읜 잠을 살뜰히도 깨우는구나.
② 뽕나무 뿌리가 산호가 되도록애 천국의 사랑을 받읍소서.
③ 나는 아름다운 님의 말소리에 귀먹었습니다.
④ 밤이면 밤마다 나의 거울을 / 손바닥으로 발바닥으로 닦아 보자.

16 '운수 좋은 날'은 반어적 표현이다. 운이 좋게 돈을 많이 번 하루였지만 김 첨지의 아내가 죽은 날이기도 하기 때문이다. ⓒ은 귀뚜라미 울음소리로 인해 잠이 깼음에도 불구하고 '살뜰히도'라는 긍정적 표현을 사용하여 반어적으로 표현하였다.

17 밑줄 친 ⓒ의 뜻으로 바른 것은?

① 보름(십오 일)
② 한 달(삼십 일)
③ 한 달 남짓(삼십여 일)
④ 여러 달(백 일 이상)

17 '달포'는 한 달이 조금 넘는 기간을 말한다.
'남짓'은 크기, 수효, 부피 따위가 어느 한도에 차고 조금 남는 정도임을 나타내는 말이다.

18 밑줄 친 ⓒ의 뜻과 가장 가까운 한자숙어는?

① 옥반가효(玉盤佳肴)
② 구절양장(九折羊腸)
③ 십시일반(十匙一飯)
④ 삼순구식(三旬九食)

18 몹시 가난한 상황을 나타내는 표현이다.
삼순구식(三旬九食): 삼십 일 동안 아홉 끼니 밖에 먹지 못한다는 뜻으로, 몹시 가난함을 이르는 말
① 옥반가효(玉盤佳肴): 「춘향전」에 나오는 이몽룡의 한시로, '금쟁반에 떨어지는 눈물은 백성의 눈물', 즉 탐관오리의 횡포를 비판한 시조의 한 구절
② 구절양장(九折羊腸): 아홉 번 꼬부라진 양의 창자라는 뜻으로, 꼬불꼬불하며 험한 산길을 이르는 말
③ 십시일반(十匙一飯): 밥 열 술이 한 그릇이 된다는 뜻으로, 여러 사람이 조금씩 힘을 합하면 한 사람을 돕기 쉬움을 이르는 말

정답 16 ① 17 ③ 18 ④

19 이해조「자유종」의 내용
- 자유 및 여성 교육의 필요성
- 신학문의 필요성
- 적서차별 및 반상제도의 철폐
- 미신 타파
- 근대문명에 대한 투철한 의식과 외국관
- 자주독립에 대한 확고한 신념

19 다음 중 「자유종」의 내용이 <u>아닌</u> 것은?

① 자유 및 여성 교육의 필요성
② 신학문의 필요성
③ 적서차별 및 반상제도의 철폐
④ 일제의 수탈에 대한 저항

20 김동인의 「감자」
- 평안도 사투리와 하층민의 비속어 사용
- 불필요한 설명 삭제, 빠른 사건의 전개, 묘사의 간결한 처리 수법 등의 집약적 효과로 단편의 장점을 살림
- 현실의 추악한 면(물적 욕구 추구), 인간의 존엄성 상실이 그려져 있음
- 복녀라는 한 개인을 통해 식민지 시대의 민족적 빈곤의 비극을 제시

20 '복녀'라는, 가난한 농가에서 정직하게 자란 여인이 환경의 영향을 받아 타락해 가는 과정을 그린 자연주의 계열의 소설은?

① 「날개」
② 「치숙」
③ 「배따라기」
④ 「감자」

21 장면 중심으로 구성하여 복녀의 타락 과정을 빠른 템포로 진행시켜 단편소설의 특징을 잘 살렸다.

21 김동인의 「감자」의 소설적 특징이 <u>아닌</u> 것은?

① 사건을 액자식 구성으로 설정하여 긴장감을 조성하였다.
② 자연주의적 관점을 사용한 단편소설이다.
③ 장면 중심으로 사건을 전개하여 집약적 효과를 드러내고 있다.
④ 하층사회의 비속어를 사용하였다.

정답 19 ④ 20 ④ 21 ①

22 다음에서 설명하는 작가는?

- 간결하고 현대적 문체를 사용하여 문장 혁신에 공헌하였다.
- 최초의 문학동인지 『창조』를 발간하였다.
- 계몽주의적 경향에 맞서 사실주의적 수법을 사용하였다.
- 대표작으로 「광염 소나타」, 「배따라기」 등이 있다.

① 현진건
② 황순원
③ 김동인
④ 김동리

23 다음 괄호 안에 들어갈 알맞은 말은?

최서해의 문학적 경향을 한마디로 요약하면 (　　　)이라 할 수 있다.

① 빈궁문학
② 계급주의 문학
③ 독립문학
④ 인텔리문학

24 「홍염」에서 작품의 제목이 상징하는 것은 무엇인가?

① 기존의 질서에 대한 전면적 부정과 항거
② 가족을 잃은 슬픔을 낭만적으로 승화
③ 극한 상황을 극복하고 꿈꾸는 세계를 이룸
④ 현실에 대한 체념과 자학(自虐)

---

22 ① 현진건: 사실주의를 개척한 근대 단편소설의 선구자
② 황순원: 서정적인 아름다움과 예술적 성과의 한 극치를 실현한 소설가
④ 김동리: 고유의 토속성과 외래사상과의 대립을 통해 인간성의 문제를 그린 소설가

23 최서해는 농촌과 도시를 배경으로 한 빈궁문학, 민족 궁핍화 부각, 빈궁으로 인한 소시민의 절규 등 식민지 시대 초기의 민족 궁핍화 현상을 주로 다루었다.

24 '홍염'은 '붉은 불꽃'이라는 뜻으로, 작품에서는 기존의 질서에 대한 전면적 부정과 항거의 정신이 방화와 살인이라는 극단적 행동으로 표출되는 파괴적 이미지로 그려지고 있다.
③ 반항과 분노의 폭발을 보이는 것으로 끝을 맺을 뿐 그러한 시대 현실을 극복한 상황을 표현하지는 않았다.

정답 22 ③ 23 ① 24 ①

25 「홍염」은 전지적 작가 시점이다.

25 다음 중 「홍염」과 가장 관련이 적은 것은?

① 일제 강점기
② 경향소설
③ 작가 관찰자 시점
④ 현실 고발적

26 대화적 문체를 구사한 것은 맞지만 다양한 실험주의를 보인 작가는 이상이다.

26 다음 중 「치숙」의 특징이 아닌 것은?

① 아이러니를 기조로 한 모순의 페이소스를 통해 사회주의 지식인의 정치적 수난의 문제를 제기하였다.
② 등장인물의 이중적 성격과 대화적 문체를 구사하여 실험적 소설 형식의 틀을 마련하였다.
③ 일제 강점하에 순응하는 태도에 대한 비판과 풍자, 사회주의 지식인의 현실 무능력을 비판하였다.
④ 풍자의 심층화를 통해 식민지 사회의 병리적 현상들을 역설적으로 드러냈다.

27 ② 김동인
③ 최서해
④ 채만식

27 다음 중 이상에 대한 설명으로 옳은 것은?

① 구인회의 동인이었으며, 소설 작품에 지적인 재치와 심리주의를 도입하였다.
② 문학의 독자성을 주장하고 예술의 고양(高揚)에 노력했다.
③ 극단적 범죄 양식을 통해 실험정신을 다양하게 표현하여 소설의 유형을 경직화시켰다.
④ 역설적 효과를 가장 효과적으로 사용한 작가이다.

정답 25 ③ 26 ② 27 ①

28 현진건의 문학사적 공적으로 옳지 않은 것은?
① 치밀하고 섬세한 사실주의적 묘사
② 조화의 극치를 얻을 수 있는 구성 및 기교의 확립
③ 사실주의 기법의 완성
④ 주인공과 보조인물 사이의 거리가 주는 효과를 최대한 살림

28 ④는 김유정 문학의 특징이다.

29 「소낙비」에 관한 설명으로 틀린 것은?
① 1930년대 한국 유랑 농민의 서글픈 삶의 한 단면을 그리고 있다.
② 작가의 이념적 바탕이 아닌 작가 의식의 발로(發露)를 위해 당대의 농촌현실을 충실히 반영하지는 못했다.
③ 작가 관찰자 시점의 사실주의 경향의 소설이다.
④ 등장인물을 통해 농촌 사회의 현실적 모순과 도착(倒錯)된 성 윤리를 풍자하였다.

29 당대의 농촌의 현실을 충실히 반영하고 있는데, 이것은 이념적 바탕에 의한 게 아니라 풍속을 충실히 반영하려는 작가 의식에서 비롯된 것이다.

30 다음 중 「소낙비」의 작가는 누구인가?
① 황순원
② 최서해
③ 김동리
④ 김유정

30 김유정
- 「소낙비」, 「봄봄」, 「산골나그네」, 「동백꽃」 등의 작품을 썼다.
- 희화적·골계적 문학 세계로 해학미가 넘친다.
- 해학미를 통해 어두운 농촌현실을 살아갈 수밖에 없는 농민들의 삶을 사실적으로 제시하였다.

정답 28 ④ 29 ② 30 ④

31 최서해는 「박돌의 죽음」, 「큰 물 진 뒤」 등의 작품을 통해 폭력과 살상을 반복하여 다루었다.

31 최서해의 소설 작품에서 반복적으로 나타나는 소설적 특징은 무엇인가?
① 폭력과 살상
② 아이러니의 페이소스
③ 매춘과 빈궁
④ 쾌락의 추구

32 • 1인칭 시점: 작품에 '나'가 등장할 때
 - '나'가 주인공 : 1인칭 주인공 시점
   예 이상의 「날개」
 - '나'가 관찰자 : 1인칭 관찰자 시점
   예 주요섭의 「사랑손님과 어머니」
• 3인칭 시점: 작품에 '이, 그, 고유명사' 등 3인칭 인물이 주인공일 때
 - 등장인물의 외부 묘사 : 3인칭 작가 관찰자 시점
   예 황순원의 「소나기」
 - 등장인물의 내면 묘사 : 3인칭 전지적 작가 시점
   예 박지원의 「허생전」

32 다음과 관계 있는 소설의 시점은?

> 서술자가 외부 관찰자의 입장에서 이야기를 서술하는 방식으로 일체의 해설이나 평가 없이 독자의 판단에 맡기게 된다. 극적 효과 및 객관성 확보에 적합하며, 인물이나 사건을 있는 그대로 제시한다.

① 1인칭 주인공 시점
② 1인칭 관찰자 시점
③ 작가 관찰자 시점
④ 전지적 작가 시점

33 액자식 구성은 이야기가 이루어지는 상황(외부 이야기)과 주제와 관련된 이야기(내부 이야기)로 구성되는 방법으로, 시점이 바뀐다.
① 두 개 이상의 사건이 교차되면서 진행되는 방식으로, 주로 장편소설에서 쓰인다.
② 독립된 이야기들이 하나의 주제 아래 구성되는 방법으로, 동일한 주인공이 서로 다른 이야기에 등장하기도 한다.
④ 하나의 사건이 단순하게 진행되는 구성이다.

33 외부 이야기와 내부 이야기로 구성되는 소설의 구성방식은?
① 복합 구성
② 피카레스크식 구성
③ 액자식 구성
④ 단순 구성

정답 31 ① 32 ③ 33 ③

34 다음 작품에서 '바람'의 역할로 적절하지 <u>않은</u> 것은?

> 문 서방의 아내가 죽은 그 이튿날 밤이었다. 그날 밤에도 바람이 몹시 불었다. 그 바람은 강바람이어서 서북에 둘리인 산 때문에 좀한 바람은 움쩍도 못하던 달리소(문 서방의 사위 인가의 땅)까지 범하였다. 서북으로 산을 등지고 앞으로 강 건너 높은 절벽을 대하여 강골밖에 터진 데 없는 달리소는 강바람이 들어차면 빠질 데는 없고 바람과 바람이 부딪쳐서 흔히 회오리바람이 일게 된다. 이날 밤에도 그 모양으로, 달리소에는 회오리바람이 일어서 낟가리가 날리고 지붕이 날리고 산천이 울려서 혼돈이 배판할 때 빙세계나 트는 듯한 판이라 사람은커녕 개와 도야지도 굴 속에서 꿈쩍 못하였다.

① 인물 간의 갈등을 표면화시키는 계기가 된다.
② 인물의 심리상태를 간접적으로 전달한다.
③ 자연적 배경을 형성하는 요소로 작용한다.
④ 비극적 사건이 제시될 것임을 암시한다.

35 다음 중 식민지 시대 도시적 삶의 황폐성을 다룬 작품으로만 묶인 것은?

① 「레디메이드 인생」, 「탁류」
② 「치숙」, 「복덕방」
③ 「소설가 구보 씨의 일일」, 「만세전」
④ 「제1과 제1장」, 「불꽃」

---

34 이 작품에서의 '바람'은 작품의 자연적 배경인 간도의 혹독한 겨울을 대표하는 요소 중 하나이다. 특히 사건의 전개 과정에서 중요한 역할을 담당하는데, 지문에서는 아내의 죽음으로 분노하는 문 서방의 심리를 드러내며, 음산한 분위기를 조성하여 독자들의 긴장감을 조성한다. 또한 결말부분에 살인과 방화라는 비극적 사건이 제시될 것임을 암시하는 역할을 한다.

35 ② 「복덕방」은 해방 직후 궁핍한 사회상을 그린 작품이다.
③ 「만세전」은 지식인의 절망과 고뇌를 그린 작품이다.
④ 「제1과 제1장」은 농촌소설이며, 「불꽃」은 전후소설이다.

정답 34 ① 35 ①

36 이상은 여성 모티브와 섹스 모티브를 통해 쾌락과 현실적 삶에서의 해방을 추구하였다.

36 이상의 「날개」에 등장하는 여성 모티브와 섹스 모티브의 의미는 무엇인가?

① 아름다움과 자유
② 개성과 창조
③ 사랑과 퇴폐
④ 쾌락의 추구와 해방

37 현진건의 작품 중 「무영탑」, 「B사감과 러브레터」, 「적도」 등은 인물의 순결한 애정을 주제로 한 작품이다.

37 현진건의 작품 중 식민지 시대의 궁핍한 현실을 주제로 한 작품이 아닌 것은?

① 「빈처」
② 「술 권하는 사회」
③ 「고향」
④ 「무영탑」

38 「홍염」의 주인공 문 서방은 가난하다는 이유로 온갖 수탈과 멸시를 당하고 이를 인내했지만, 그 가난 때문에 딸까지 빼앗기는 처참한 상황에 이른다. 그로 인해 아내까지 죽게 되자 내면적인 각성을 하게 되어 인가의 집에 불을 지르는 적극적 항거의 태도를 보인다.

38 최서해의 「홍염」에 대한 설명으로 옳지 않은 것은?

① 식민지 시대 초기의 민족 궁핍화 현상을 부각시킨다.
② 폭력과 살상, 극한 상황이 나타난다.
③ 극한 상황의 원인은 가난에 있다.
④ 결국은 딸을 되찾는 해피엔딩으로 결말을 맺는다.

정답 36 ④ 37 ④ 38 ④

39 다음 설명에 해당하는 작가와 그 작품이 바르게 연결된 것은?

- '죽음 또는 자살 충동'의 유희화와 나르시시즘이 등장한다.
- 주제는 실존적 자기 동일성에 대한 확인이라고 할 수 있다.
- 작품에는 '깨어남'과 '잠'의 변증법적 논리가 자리 잡고 있다.
- 여성 모티브와 섹스 모티브가 등장하며 실험성을 엿볼 수 있다.

① 이상, 「날개」
② 채만식, 「태평천하」
③ 이효석, 「메밀꽃 필 무렵」
④ 유진오, 「김강사와 T교수」

39 이상의 「날개」
- 여성 모티브와 섹스 모티브가 등장하여 그의 실험성을 엿볼 수 있다.
- '깨어남'과 '잠'의 변증법적 논리가 자리 잡고 있다.
- '죽음 또는 자살 충동'의 유희화와 나르시시즘이 드러난다.
- 에로스적인 것과 타나토스적인 것이 무질서하게 혼용되어 나타난다.
- 주제는 실존적 자기 동일성을 확인하는 것이다.

40 다음 중 현진건의 「운수 좋은 날」에 대한 설명으로 옳지 않은 것은?

① 전지적 작가 시점과 작가 관찰자 시점이 혼용되었다.
② 비속한 말을 그대로 쓴 구어체를 사용하였다.
③ 추보식 단일 구성을 사용하였다.
④ 부조리한 사회를 살아가는 지식인의 고뇌가 드러나 있다.

40 ④는 현진건의 「술 권하는 사회」에 대한 설명이다.

정답 39 ① 40 ④

제4절 현대수필

01 수필의 특성
- 무형식의 자유로운 산문
- 다양한 제재 및 특성
- 개성적·고백적인 문학
- 심미적·철학적인 문학
- 유머·위트·비평 정신에 바탕을 둔 문학양식
- 간결한 산문체 문학
- 비전문적 문학

01 수필문학의 형식상 특징을 가장 적절하게 나타낸 것은?

① 운율적이고 정서적인 형식
② 긴밀한 구조의 형식
③ 무형식의 형식
④ 조직적이고 논리적인 형식

02 수필은 '붓 가는 대로 쓰는 글', 곧 형식이나 내용의 제한이 없이 마음의 여유를 가지고 인생과 사물에 대한 느낌과 사색을 비교적 자유로운 형식으로 쓰는 글이기 때문에 독자와의 교감(交感 : 서로 맞대어 느낌)을 가장 중시한다.

02 밑줄 친 부분의 풀이로 알맞은 것은?

> 수필은 인생과 사물에 대한 개인의 느낌과 사색을 비교적 자유로운 형식으로 쓴 대화적 산문이다.

① 독자와의 교감(交感)을 중시하는 문학이다.
② 희곡적 구성으로 이루어지는 문학이다.
③ 극적 대화가 삽입되는 문학이다.
④ 대화체의 문체를 중시하는 문학이다.

03 수필은 작가가 자신의 인생과 자연에 대한 체험을 자유로운 형식으로 표현한 문학적 산문이다. 그러므로 수필은 산문의 서정시이기 때문에 수필 문장은 넓은 의미에서 은유적인 문장으로 압축된다.

03 다음 중 언어의 함축적 의미를 중시하는 것은?

① 과학논문
② 국어사전
③ 법조문
④ 수필

정답 01 ③ 02 ① 03 ④

04 수필에 대한 설명으로 옳지 <u>않은</u> 것은?
   ① 자기중심의 표현이다.
   ② 문학의 영역을 가장 넓혀주는 장르이다.
   ③ 일상생활에서 소재를 얻는다.
   ④ 실험적·객관적이다.

04 실험적인 것은 맞지만 수필은 주관적인 문학이다.

05 수필의 중심 내용이 <u>잘못</u> 연결된 것은?
   ① 서사·기록적 수필 : 사건·의견 중심
   ② 비평적 수필 : 의견 중심
   ③ 사색적 수필 : 인생과 자연을 소재로 함
   ④ 담화적 수필 : 일상의 이야기 중심

05 서사·기록적 수필은 사건과 사실을 중심으로 전개된다.

06 다음 설명에 해당하는 수필의 작가는?

   > 가난하여도 궁상맞지 않고 인색하지 않으며, 허심하고 관대하며 여백의 미(美)가 있는 내면의 아름다움이 진정한 '멋'임을 피력하였다.

   ① 이희승
   ② 피천득
   ③ 윤오영
   ④ 법정

06 제시된 작품은 「멋」으로, 작가는 피천득이다. 그밖에 「인연」, 「수필」, 「은전 한 닢」 등의 작품이 있다.

정답 04 ④ 05 ① 06 ②

07 계용묵의 「구두」에서 '구두'가 상징하는 것은 무엇인가?
① 물질 만능주의와 소비 중심주의 세태
② 현대사회의 왜곡된 인간관계 비판
③ 눈앞의 일에만 급급한 속도 위주 사회
④ 여유 있는 삶을 통한 진정한 자아 발견

07 구두의 '징'이라는 금속성과 인간의 감정을 대조하였으며, 간결한 문장과 적절한 의성어를 구사하여 긴장감을 효과적으로 표현하였다. 작가는 '구두'를 통해 섬세한 부분까지 신경 써야 하는 세태와 현대사회의 왜곡된 인간관계를 비판하고 있다.

08 다음 밑줄 친 부분이 의미하는 수필의 특성은?

> 수필이 비단이라면 번쩍거리지 않는 바탕에 약간의 무늬가 있는 것이다. 그 무늬는 읽은 사람의 얼굴에 미소를 띠게 한다.
> – 피천득, 「수필」

① 자기 고백
② 간결한 산문
③ 체험과 관조
④ 유머와 위트

08 피천득의 「수필」에 나타난 '수필'의 특성
• 수필은 청춘의 글은 아니요, 서른여섯 살 중년 고개를 넘어선 사람의 글이다. – 체험과 관조
• 수필가 찰스 램은 언제나 램이면 된다. – 자기 고백적인 개성의 문학
• 수필은 마음의 산책이다. 그 속에는 인생의 향취와 여담이 숨어 있는 것이다. – 심미성, 철학성

09 김소운 작가가 「목근통신」을 창작하게 된 동기는 무엇인가?
① 한국에 대한 일본인들의 멸시에 대한 항의
② 일제치하 우리 민족의 비극에 대한 일본의 공식적 사과 요구
③ 일본 문화의 부정적 성격을 통해 우리나라에서 하루빨리 일제의 잔재가 사라져야 함을 피력
④ 과거사를 청산하고 일본과 한국의 우방(友邦) 체제 확립을 촉구

09 김소운은 일본잡지에 실린 한국을 비하하는 대담기사에 격분해 1951년 부산 『국제신보』에 수필 「목근통신」을 연재하였다. 한국에 대한 일본인들의 멸시에 대해 강력한 항의와 분노를 표시하면서도 34년간 일본에 체류했던 경험을 바탕으로 단순한 반일이나 친일의 입장을 떠나 객관적으로 일본을 바로 알자는 생각을 나타냈다.

정답 07 ② 08 ④ 09 ①

10 「무소유」를 통해 작가가 말하고자 한 궁극적인 주제는 무엇인가?

① 자연을 소중히 하자.
② 수도(修道)에 정진하자.
③ 버리면 오히려 부유해지는 법이다.
④ 모든 것은 마음먹기에 달렸다.

10 법정스님의 「무소유」는 인간의 괴로움은 무엇인가에 집착하거나 더 많은 것을 가지려고 하는 소유욕에서 비롯되는 것임을 강조하고, 버릴수록 오히려 부유해진다는 것을 보여주고 있다.

11 「은전 한 닢」에 등장하는 '거지'의 성격으로 적절한 것은?

① 자신이 지닌 소유욕의 허망함을 깨닫는다.
② 자기의 소망을 이루기 위해 인내심을 갖고 노력한다.
③ 성실한 삶의 자세를 지니고 남의 도움 없이 살아 나간다.
④ 다른 사람을 돕기 위해 자기의 삶을 절제하며 돈을 모은다.

11 거지는 한 푼 한 푼 얻은 각전 닢을 모아 그토록 갖고 싶던 은전 한 닢으로 바꾸었다. 이를 통해 소망을 이루기 위해 인내심을 가지고 노력한 거지의 성격을 알 수 있다.

정답 10 ③ 11 ②

제5절 현대희곡

01 • 희곡의 3요소: 해설, 대사, 지문
 • 연극의 3요소: 희곡, 관객, 배우

01 희곡의 3요소가 <u>아닌</u> 것은?

① 해설 ② 대사
③ 관객 ④ 지문

02 희곡은 대사, 소설은 대화와 지문을 통해 표현한다.
[문제 하단의 표 참고]

02 다음 중 희곡과 소설의 공통점이 <u>아닌</u> 것은?

① 대화의 사용
② 성격의 묘사
③ 주제 내포
④ 표현의 기제

[희곡과 소설의 차이점]

구분	희곡	소설
등장인물	제약 있음	제약 없음
시·공간	제약 있음	제약 없음
전제	무대상연	읽는 것
표현	대사	대화와 지문

03 희곡의 삼일치(三一致)의 법칙
 • 시간(時間)의 일치: 희곡에서 전개되는 이야기는 24시간 이내의 것이어야 한다.
 • 장소(場所)의 일치: 희곡의 사건은 한 장소 안에서 이루어져야 한다.
 • 행동(行動)의 일치: 모든 행동은 단일 줄거리(주제) 내에서 끝나야 한다.

03 희곡의 삼일치 법칙에 포함되지 <u>않는</u> 것은?

① 인물
② 장소
③ 행동
④ 시간

정답 01 ③ 02 ④ 03 ①

04 1910년대 근대극의 특징이 아닌 것은?

① 신극이 태동하고 신파극이 성행하기 시작하였다.
② 원각사가 창립되어 이인직의 「은세계」가 최초로 공연되었다.
③ 「춘향전」, 「심청전」, 「흥부전」 같은 판소리를 창극(唱劇)의 형태로 공연하였다.
④ 민족자각운동이 광범위하게 번지면서 연극운동 역시 민족운동의 차원에서 전개되었다.

04 ④는 1920년대의 특징이다.

05 신파극과 관련된 설명으로 옳지 않은 것은?

① 1911년 임성구(林聖九)의 '혁신단'이 창립되어 「불효천벌(不孝天罰)」을 공연하면서 신파극의 막이 올랐다.
② 우리나라 신파극은 일본의 영향을 받았으며, 1910년대에는 대중성보다는 예술성을 추구하였다.
③ 최초의 신파극 창작 희곡은 조중환의 「병자 3인」이다.
④ 1920년대 들어 예술협회와 민중극단 등의 출현으로 신파극이 더욱 발전하였으며, 신파극 전문극단인 조선연극사가 창립되기도 했다.

05 일본 신파극의 영향을 받아 예술성보다 대중의 흥미에 영합하여 저급한 흥행물인 오락극의 성격을 띠었다.

06 1920년대 근대극의 특징으로 옳은 것은?

① 서구 리얼리즘의 영향을 받아 근대 시민의 사상과 감정을 사실성(事實性)을 바탕으로 표현했다.
② 카프계열의 작가들이 신파극에 참여하기 시작하였다.
③ 유치진의 「토막」, 함세덕의 「동승」 등이 발표되면서 희곡사의 전성기를 이루었다.
④ 극예술연구회가 창립되어 신극정신을 계승하고 프로극에 대항하기 시작하였다.

06 ②·③ 1930년대 특징이다.
④ 광복 이후 특징이다.

정답 04 ④ 05 ② 06 ①

07 1930년대 해외문학파가 주동하여 결성한 단체는 극예술연구회이다.

07 다음에서 설명하는 연극단체는 무엇인가?

- 1930년대 해외문학파가 주동하여 결성
- 서구 사실주의 도입을 통해 신극운동에 기여하고 이 방면의 계몽을 위해 노력
- 본격적인 신극 수립을 위해 관중 교도, 배우 양성에 힘씀
- 기성극계의 정화 시도
- 홍해성, 김진섭, 유치진, 서항석 등이 주로 활동

① 조선극우회 ② 토월회
③ 극예술협회 ④ 극예술연구회

08 일제 강점기 도쿄(東京) 유학생들이 중심이 되어 결성한 신극운동 단체로, 김기진·이서구·김을한 등이 활동하였다.

08 다음에서 설명하는 연극단체는 무엇인가?

- 서구적인 근대극의 싹을 틔우는 데 이바지함
- 김기진, 박승희 등이 활동
- 초기에는 문학과 연극을 구체적으로 연구하는 동인회 성격이었으나 점차 상업적 성격으로 변모

① 동우회 ② 토월회
③ 극예술연구회 ④ 조선연극사

09 1930년대에는 유치진의 주도하에 극예술연구회가 창립되어 근대극 운동을 전개하였고, 동양극장이라는 신파극 전용극장이 생겨나면서 상업적 연극의 대중화를 이룩하였다.

09 1930년대 연극사의 가장 큰 특징은 무엇인가?

① 국립극장 설치를 통한 민족극 정립
② 신극의 위축으로 인한 상업극의 기승
③ 극예술연구회를 통한 근대극 운동의 전개
④ 연극과 영화의 혼합극인 연쇄극 등장

정답 07 ④ 08 ② 09 ③

10 다음 중 1930년대 희곡 작품이 아닌 것은?

① 유치진의 「토막」
② 이규환의 「임자 없는 나룻배」
③ 유치진의 「소」
④ 나운규의 「아리랑」

10 나운규의 「아리랑」은 억압 속에서도 굴하지 않는 민족정신을 그린 1920년대 작품이다.
① 1932년, 수탈당하는 빈민층의 꿈과 좌절
② 1932년, 일제의 억압 속에 사는 인물의 비극
③ 1934년, 일제하 가난에 시달리던 농촌의 실상

※ 다음 작품을 읽고 물음에 답하시오. (11 ~ 13)

명서 : 나는 여태 개 돼지같이 살아 오문서, 한 마디 불평두 입 밖에 내지 않구 꾸벅꾸벅 일만 해 준 사람이여. 무엇 때문에, 무엇 때문에 내 자식을 이 지경을 맨들어 보내느냐? 응, 이 육실 헐 눔들! (일어서려고 애쓴다.)
금녀 : (눈물을 씻으며) 아버지! (하고 붙든다.)
명서 : 놓아라! 명수는 어디루 갔니? 다 기울어진 이 집을 뉘게 남겨 두구 이눔은 어딜?
금녀 : 아버지! 아버지!
명서 : (궤짝을 들구 비틀거리며) 이놈들아, 왜 뼉다구만 내게 갖다 안기느냐? 내 자식을 죽인 눔이 이걸 마저 처치해라! (기진하여 쓰러진다. 궤짝에서 백골이 쏟아진다. 밭은 기침! 한동안)
명서 처 : (흩어진 백골을 주우며) 명수야, 내 자식아! 이 토막에서 자란 너는 백골이나마 우리를 찾아왔다. ㉠<u>인제는 나는 너를 기다려서 애태울 것두 없구, 동지 섣달 기나긴 밤을 울어 새우지 않아두 좋다!</u> 명수야, 이제 너는 내 품안에 돌아왔다.
명서 : …… 아아, 보기 싫다! 도루 가져 가래라!
금녀 : 아버지, 서러 마세유. 서러워 마시구 이대루 꾹 참구 살아가세유. 네, 아버지! 결코 오빠는 우릴 저버리진 않을 거예유. 죽은 혼이라두 살아 있어, 우릴 꼭 돌봐 줄 거예유. 그때까지 우린 꾹 참구 살아가유. 예, 아버지!
명서 : …… 아아, 보기 싫다! 도루 가지고 가래라!
금녀의 어머니는 백골을 안치하여 놓고, 열심히 무어라고 중얼거리며 합장한다.
㉡<u>바람 소리</u>, 적막을 찢는다.

― 막 ―

― 유치진, 「토막」

정답 10 ④

11 이 작품은 묵묵히 일만 계속 했는데도 원하지 않은 결과를 얻게 된 명수 부모와 사회와의 갈등을 다루고 있다.

11 위 작품에 대한 설명으로 적절하지 않은 것은?
① 암울한 시대적 상황을 사실적으로 표현한 작품이다.
② 한 집안의 몰락을 통해 우리 민족의 고통스런 현실을 담아내고 있다.
③ 아들의 죽음을 통해 빚어지는 가족 간의 내면적 갈등을 형상화하고 있다.
④ 사실주의 희곡의 한 전형으로 식민지 시대의 현실을 강렬하게 고발한 작품이다.

12 ㉠은 자식을 먼저 보내 애가 타고 밤을 새워 울어야 하는 부모의 슬픔을 반어적으로 표현한 것이다. ③ 역시 임을 보낼 수 없다는 반어적 표현이며, ①은 공감각적 표현, ②는 역설, ④는 촉각적 심상이 두드러진다.

12 밑줄 친 ㉠과 발상 및 표현이 비슷한 것은?
① 얼룩백이 황소가 / 해설피 금빛 게으른 울음을 우는 곳.
② 님은 갔지마는 나는 님을 보내지 아니하였습니다.
③ 나보기가 역겨워 / 가실 때에는 / 말없이 고이 보내 드리오리다.
④ 어머니의 고추밭에 나가면 / 연한 손에 매운 물 든다 저리가 있거라.

13 무대 위에 부는 바람 소리로 명서네 가족의 비극적 결말을 강조한다.

13 밑줄 친 ㉡에 대한 설명으로 가장 적절한 것은?
① 암울한 현재 상황을 극복할 것임을 보여준다.
② 미래에 대한 희망을 나타낸다.
③ 무대의 배경을 야외로 이동하는 것을 나타낸다.
④ 무대 연출을 통해 비극성을 강조한다.

정답 11 ③ 12 ③ 13 ④

14 다음 밑줄 친 부분에 알맞은 어조나 태도는?

> 도념 : 어머님, 이대루 그냥 도망이라두 가시지요.
> 미망인 : 그렇게는 못 한단다. 넌 이 절에 남어서 스님의 말씀 잘 듣구 있어야 한다.
> 도념 : 촛불만 깜박깜박하는 법당을 또 어떻게 혼자 지켜요? 궂은비가 줄줄 내리는 밤이나 부엉이가 우는 새벽엔 무서워 죽겠어요.
> 미망인 : <u>너한테는 그게 숙명이니까 내 힘으루는 어떻게 할 도리가 없구나.</u>
>
> 미망인, 도념을 누구에게 빼앗길 듯이 세차게 안고 운다. 정심, 산문에서 나온다.
>
> 정심 : 도념아, 빨리 종 쳐라.
> 도념 : (눈물을 닦고) 네.
>
> — 함세덕, 「동승(童僧)」

① 담담하게
② 다정다감하게
③ 절규하는 목소리로
④ 풀이 죽은 표정으로

14 미망인이 도념을 데리고 가고 싶으나 씻어야 할 죄가 많다는 주지 스님의 말을 듣고 단념하는 부분이다. 감정을 숨기고 도념을 다독거리면서도 굳은 의지를 보여야 하므로 담담한 표정으로 연기해야 한다.

15 신파극에 대한 설명과 거리가 먼 것은?

① 과장된 연기와 발성법이 특징이다.
② 잘 짜여진 희곡 대본을 사용하였다.
③ 일본에서 들어온 통속적인 오락이다.
④ 멜로드라마 같은 감상적 주제의 작품이 많다.

15 신파극은 감상적 정조와 과장된 연기 양식을 주로로 하여 1910년대부터 광복 전까지 널리 유행하였던 연극 양식 중의 하나이다. 예술성보다는 대중의 흥미에 영합하여 저급한 흥행물인 오락극의 특징을 보여주었다.

정답 14 ① 15 ②

합격의 공식 시대에듀

우리 인생의 가장 큰 영광은 결코 넘어지지 않는 데 있는 것이 아니라
넘어질 때마다 일어서는 데 있다.

– 넬슨 만델라 –

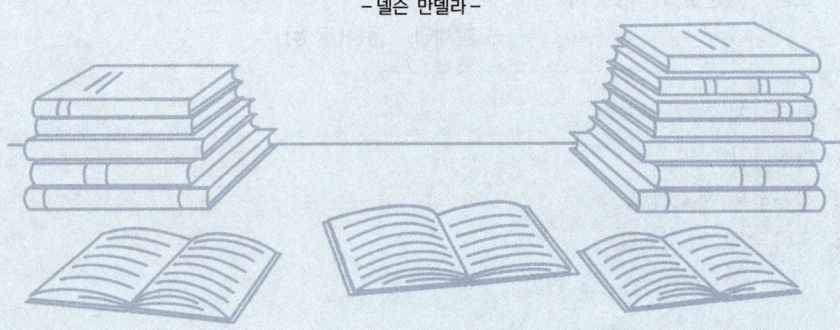

부록

최종모의고사

- **최종모의고사** 제1회
- **최종모의고사** 제2회
- **정답 및 해설**

얼마나 많은 사람들이 책 한 권을 읽음으로써 인생에 새로운 전기를 맞이했던가.

– 헨리 데이비드 소로 –

합격의 공식 ▶ 온라인 강의

보다 깊이 있는 학습을 원하는 수험생들을 위한
시대에듀의 동영상 강의가 준비되어 있습니다.
www.sdedu.co.kr → 회원가입(로그인) → 강의 살펴보기

제1회 최종모의고사 | 국어

제한시간: 50분 | 시작 ___시 ___분 - 종료 ___시 ___분

정답 및 해설 475p

01 다음 중 신라 최초의 향가 작품은?
① 「서동요」
② 「공무도하가」
③ 「처용가」
④ 「제망매가」

02 우리나라 3대 시조집에 해당하지 않는 것은?
① 『청구영언』
② 『병와가곡집』
③ 『해동가요』
④ 『가곡원류』

03 다음 중 「공무도하가」와 가장 관련이 없는 것은?
① 「정읍사」
② 「가시리」
③ 「황조가」
④ 「진달래꽃」

04 다음 중 「화왕계」와 관련이 없는 것은?
① 의인체
② 꽃
③ 설총
④ 직접적 표현

05 「쌍화점」의 풍자대상이 아닌 것은?
① 선비
② 외국인
③ 왕실층
④ 평민

06 다음 중 「한림별곡」의 특징은?
① 가사문학의 백미(白眉)
② 대화체
③ 순수국문 표기
④ 경기체가의 효시(嚆矢)

07 「동명왕편」에 대한 설명으로 적절하지 않은 것은?
① 최초의 영웅서사시이다.
② 중국 중심주의에서 탈피하여 우리나라가 원래 성인국(聖人國)임을 후손들에게 알리기 위해 창작하였다.
③ 고려의 고구려 정통론을 주장하였다.
④ 『삼국사기』식 사관(史觀)에 따라 저술하였다.

08 우리나라 가전체 문학의 효시는?
① 「국선생전」
② 「국순전」
③ 「정시자전」
④ 「청강사자현부전」

09 사설시조의 특징으로 적절하지 않은 것은?
① 20세기 초 현대시조로 발전, 오늘날까지 창작되고 있다.
② 실학의 영향을 받았다.
③ 생활 주변의 일용잡사(日用雜事)가 그 소재이다.
④ 풍자미, 희극미를 구현한다.

10 송강 정철의 가사작품이 아닌 것은?
① 「태평사」
② 「성산별곡」
③ 「관동별곡」
④ 「속미인곡」

11 다음 중 「허생전」과 관련이 없는 것은?
① 병자호란
② 중상주의
③ 이상국
④ 성리학

12 「운영전」에 관한 설명으로 적절하지 않은 것은?
① 염정소설, 몽유소설, 액자소설이다.
② 전지적 작가 시점의 조선 후기 작품이다.
③ 봉건적 애정관을 탈피한 자유연애 사상을 그렸다.
④ 김 진사와 궁녀의 사랑이 이루어지는 행복한 결말이 주 내용이다.

13 문학의 3대 장르에 속하지 않는 것은?
① 시
② 소설
③ 수필
④ 희곡

14 작가와 그의 한문학 문집이 바르게 연결된 것은?
① 이규보, 『파한집』
② 이제연, 『삼국사기』
③ 박지원, 『초정집서』
④ 김부식, 『익재난고』

15 다음 중 띄어쓰기가 옳지 못한 것은?
① 바른대로 말해라.
② 그녀가 떠난 지 벌써 5년이 지났다.
③ 사장님이 계속 이러시면 회사를 그만둘 테야.
④ 사실을 말하기는 커녕 더 큰 거짓말만 하면 되겠니?

16 1930년대 우리나라 현대시의 특징으로 알맞은 것은?

① 부정적인 현실 인식이나 퇴폐적인 경향에 빠지게 하였다.
② 김억, 주요한 등에 의해 서구 상징시가 도입되었다.
③ 한국 문학사의 암흑기로서, 표면적으로는 한국 현대시사의 단절상을 드러낸다.
④ 순수 서정시의 개척 및 발전을 가져왔으며, 김기림·이효석 등의 구인회가 결성되었다.

17 윤동주 시의 특징과 가장 거리가 먼 것은?

① 간결한 심상과 강한 절개(節槪) 의식이 특징적이다.
② 민족과 시대를 책임지는 주체자로서의 자아완성을 기하였다.
③ 식민지 지식층이 겪는 정신적 고통과 인간 자체의 생명적 아픔을 노래하였다.
④ 순수하고 섬세한 감각적 서정시를 추구하였다.

18 다음 작품에서 가장 두드러지는 심상은 무엇인가?

> 하이얀 모색(暮色) 속에 피어 있는
> 산협촌(山峽村)의 고독한 그림 속으로
> 파아란 역등(驛燈)을 단 마차가 한 대 잠기어 가고
> 바다를 향한 산마루 길에
> 우두커니 서 있는 전신주 위엔
> 지나가던 구름이 하나 새빨간 노을에 젖어 있었다.
> 　　　　　(중략)
> 분수(噴水)처럼 흩어지는 푸른 종소리.

① 청각
② 시각
③ 촉각
④ 공감각

19 다음 중 1930년대 작품이 아닌 것은?

① 「봄봄」
② 「소낙비」
③ 「흙」
④ 「광장」

20 일제 강점기에 등장한 시문학 유파가 아닌 것은?

① 미래파
② 청록파
③ 생명파
④ 시문학파

21. 신파극에 대한 설명으로 바르지 않은 것은?
   ① 1911년 임성구(林聖九)의 '혁신단'이 창립되어 「불효천벌(不孝天罰)」을 공연하면서 신파극의 막이 올랐다.
   ② 최초의 신파극 창작 희곡은 이인직의 「은세계」이다.
   ③ 대부분이 개화·계몽, 신교육, 미신타파를 주제로 하는 점에서 신소설과 비슷하다.
   ④ 신파극 전용 극장인 동양극장이 설립되어 신파극이 융성하게 되었다.

22. 다음 중 수필의 특징이 아닌 것은?
   ① 무형식의 산문
   ② 유머와 위트
   ③ 전문성·개성적 문학
   ④ 고백적·철학적 문학

23. 훈민정음의 창제 정신이 아닌 것은?
   ① 자주
   ② 애민
   ③ 실용
   ④ 평등

24. 다음 중 표준어가 아닌 것은?
   ① 깡총깡총
   ② 소고기
   ③ 사돈
   ④ 멋쟁이

25. 다음 중 간접 높임말과 간접 낮춤말로 동시에 사용할 수 있는 것은?
   ① 댁
   ② 진지
   ③ 말씀
   ④ 돌아가시다

26. 다음과 관련 있는 사람은 누구인가?

   - '법고이지변(法古而知變) 창신이능전(創新而能典)'이라 하여 옛것을 본받되 오늘의 현실에 맞게 변화할 줄 알아야 하며, 새것을 만들되 옛것에서 배워야 함을 주장
   - 고문(古文)의 절정

   ① 김부식
   ② 이제현
   ③ 박지원
   ④ 김창협

27. '한글'의 작명부는 누구인가?
   ① 최남선
   ② 주시경
   ③ 이윤재
   ④ 최현배

28 다음 ㉠, ㉡에 차례로 들어갈 말은?

> 언어는 사람의 (㉠)이나 (㉡)을 음성이나 문자로 나타낸 것이다.

	㉠	㉡
①	사상	감정
②	사상	습관
③	경험	감정
④	경험	습관

29 방언의 특징이 아닌 것은 무엇인가?

① 유지성
② 통일성
③ 진보성
④ 분화성

30 다음 문장은 총 몇 개의 단어로 구성되어 있는가?

> 동생은 아빠를 닮아서 참 좋다.

① 6개
② 7개
③ 8개
④ 9개

31 다음에서 설명하고 있는 것은 무엇인가?

> 우리가 보고 느끼고 있는 그대로의 실제 세계는 객관적 세계이지만 언어를 통해 인식하는 세계는 인간이 파악하는 주관적 세계로, 언어로 표현되지 않는 객관적 사실이나 현상은 실제 존재하여도 인간이 인식하거나 구별을 하지 못한다는 말이다. 결국 말이 사고를 지배한다는 것을 의미한다.

① 행동주의 이론
② 합리주의 이론
③ 언어의 절대성 이론
④ 언어의 상대성 이론

32 '한글'에서 '한'의 의미로 옳지 않은 것은?

① 삼한(三韓)의 한(韓)
② 일(一)
③ 한(限)
④ 대(大)

33 다음 중 고려 시대 작품이 아닌 것은?

① 「정읍사」
② 「한림별곡」
③ 「청산별곡」
④ 「가시리」

34 국문으로 창작된 최초의 소설과 작가는?

① 「이생규장전」, 김시습
② 「홍길동전」, 허균
③ 「호질」, 박지원
④ 「구운몽」, 김만중

35 다음 작품에서 화자의 외로움의 정서가 집약되어 있는 부분은?

> ㉠ 펄펄 나는 저 꾀꼬리는
> ㉡ 암수 서로 정답구나
> ㉢ 나의 마음속 외로움이여
> ㉣ 뉘와 함께 돌아갈거나

① ㉠
② ㉡
③ ㉢
④ ㉣

36 다음 중 판소리 여섯 마당에 해당하지 않는 것은?

① 흥부가
② 적벽가
③ 심청가
④ 장끼타령

37 우리나라 최초 월간잡지로, 최남선에 의해 발간되었으며, 「해에게서 소년에게」가 실려 있는 문예잡지는?

① 『소년』
② 『개벽』
③ 『창조』
④ 『어린이』

38 다음에서 설명하는 작가는?

> • 사실주의적 수법을 사용하고 예술지상주의를 표방하였다.
> • 비속어와 사투리를 사용하여 사실성을 높였다.
> • 순수문예지인 『창조』를 발간하였다.

① 최서해
② 조명희
③ 김동인
④ 김유정

39 문학의 4대 요소가 아닌 것은?

① 정서
② 문자
③ 사상
④ 형식

40 다음에서 설명하는 유파는?

> • 1940년을 전후하여 『문장』지의 추천으로 등장하였다.
> • 박목월, 조지훈, 박두진 세 사람을 가리킨다.
> • 이들의 시는 율조와 서정, 전통적인 자연관 등으로 인하여 순수시의 대명사라 한다.

① 청록파
② 생명파
③ 시문학파
④ 프로문학파

01 향가에 대한 설명으로 틀린 것은?

① 4구체, 8구체, 10구체의 형식으로 이루어지며, 10구체가 가장 정제된 형식이다.
② 현재 『삼대목(三代目)』, 『삼국유사(三國遺事)』, 『균여전(均如傳)』에 실려 전한다.
③ 작가층은 대부분 승려와 화랑이며, 향찰로 기록하였다.
④ 우리나라 최초의 향가는 「도솔가」이다.

02 다음 중 「공무도하가」와 관련이 없는 것은?

① 「공후인」
② 백수광부
③ 여옥
④ 화희

03 우리 시가 기록상의 최초의 작품은?

① 「구지가」
② 「공무도하가」
③ 「정읍사」
④ 「황조가」

04 다음 시조의 특징은?

간밤의 자고 간 그 놈 암아도 못니즐다
와야ㅅ놈의 아들인지 즌 흙에 뽐내드시
두더지 영식인지 국국기 뒤지드시 사공
놈의 덩녕인지 사어띠 질으듯이 평생에
처음이요 흉증이도 야르제라
전후에 나도 무던이 격거시되 참맹세
간밤 그 놈은 참아 못니즐까 하노라

① 충·효 사상을 담고 있다.
② 초, 중, 종장 중 어느 한 장이 길어졌다.
③ 단아하고 함축적 어휘를 사용하였다.
④ 초, 중, 종장을 포함하여 4장으로 처리하였다.

05 다음 중 「단군신화」와 가장 관련이 적은 것은 무엇인가?

① 통과제의
② 제정분리
③ 인본주의
④ 토테미즘

06 「정읍사」에 대한 설명으로 옳은 것은?

① 남편을 여읜 슬픔을 노래했다.
② 『악장가사』 권5에 전한다.
③ 현전하는 유일한 백제가요이다.
④ '즌 듸'는 남편을 존경하는 마음을 의미한다.

07 「제망매가」에 관한 설명으로 옳지 <u>않은</u> 것은?

① 8구체 향가로, 현존하는 향가 중 문학성이 가장 뛰어난 작품이다.
② 인간적인 슬픔과 고뇌를 종교적으로 승화하였다.
③ '한 가지'는 시적 화자와 대상이 남매지간임을 암시하는 시어이다.
④ 서방정토왕생관(西方淨土往生觀)을 드러내는 불교적 서정시가이다.

08 「처용가」에 대한 평가 중 '민속신앙적 관점'이 드러난 것은?

① 굿이나 연극 속에서 불려진 노래이다.
② 문학적 내포와 시적 긴장감이 없는 지방 문학이다.
③ 불교적 사심(捨心)을 성취한 고도의 문학이다.
④ 만인의 오이디푸스 콤플렉스를 표현하였다.

09 다음 중 작품 속에서 의인화한 대상이 바르게 연결되지 <u>않은</u> 것은?

① 「죽부인전」 : 대나무
② 「국순전」 : 술
③ 「공방전」 : 나침반
④ 「정시자전」 : 지팡이

10 고려 시대의 평민들이 부르던 민요적 시가로 '여요(麗謠)' 또는 '장가(長歌)'라고 불리는 평민문학은?

① 경기체가
② 고려가요
③ 향가
④ 가전체

11 다음 중 전원생활을 노래한 시조가 <u>아닌</u> 것은?

① 대쵸 볼 불근 골에 밤은 어이 뜻드르며,
  벼 뷘 그르헤 게는어이 느리는고.
  술 닉쟈 체쟝ᄉ 도라가니 아니 먹고 어이리.
② 동창(東窓)이 볼갓느냐 노고지리 우지진다.
  쇼 칠 아히는 여튀 아니 니럿느냐
  재 너머 ᄉ래 긴 밧츨 언제 갈려 ᄒ나니.
③ 삿갓세 도롱이 닙고 세우 중에 호믜메고
  산전(山田)을 훗매다가 녹음(綠陰)에 누어시니
  목동(牧童)이 우양(牛羊)을 모라 잠든 날을 깨와다.
④ 북창(北窓)이 ᄆᆞᆰ다커늘 우장(雨裝) 업시 길을 난이
  산에는 눈이 오고 들에는 ᄎᆞ비로다
  오늘은 ᄎᆞ비 맛갓시니 얼어 잘까 ᄒ노라

12 「사미인곡(思美人曲)」에 대한 설명으로 틀린 것은?

① 「속미인곡」과 더불어 가사 문학의 극치를 이룬 작품으로, 우리말 구사가 뛰어나다.
② 대화체를 통해 임금에 대한 그리움을 표현했다.
③ 계절의 변화에 따른 임금에 대한 그리움과 충성을 표현했다.
④ 음수율은 3·4조가 주조를 이루고 전편이 126구로 되었다.

13 다음 중 민요의 특징이 아닌 것은?

① 구비성
② 민중성
③ 주술성
④ 비전문성

14 다음 중 군담소설은 무엇인가?

① 「박씨전」
② 「숙향전」
③ 「화문록」
④ 「이춘풍전」

15 조선 시대 문학을 전기와 후기로 나눌 때의 기준이 되는 것은?

① 갑신정변
② 병자호란
③ 임진왜란
④ 갑오개혁

16 다음에서 설명하는 인물은 누구인가?

- 식민지 시대 작가의 시대적·사회적인 책임을 강조
- 외향적·현실적 삶의 개선
- 주요 작품 : 「나의 침실로」, 「빼앗긴 들에도 봄은 오는가」

① 한용운
② 이육사
③ 김광균
④ 이상화

17 다음 중 이상향에 대한 동경과 좌절, 생명의식과 허무 의지를 노래한 작품은?

① 유치환, 「깃발」
② 이육사, 「절정」
③ 김수영, 「폭포」
④ 심훈, 「그날이 오면」

18 다음 중 「무정」의 근대소설적인 특징으로 알맞은 것은?

① 구조자의 등장
② 언문일치(言文一致)에 가까운 문체를 사용
③ 지도자적 상층 인물의 성격
④ 영웅 소설의 구조

19 일제 강점하 가난한 하층민의 비참한 삶을 고발한 작품으로, 예기치 않은 행운과 아내의 죽음을 반어적으로 표현한 작품은?

① 「화수분」
② 「운수 좋은 날」
③ 「감자」
④ 「홍염」

20 다음 설명에 해당하는 단체는?

> • 극예술연구회의 신극정신 계승
> • 프로극에 대항, 민족극 표방

① 토월회
② 극예술협회
③ 동양예술회
④ 혁신단

21 언어습득이론 중 어린이가 언어를 습득하는 것을 선천적인 것으로 보는 이론은 무엇인가?

① 합리주의
② 경험주의
③ 절대주의
④ 상대주의

22 다음 중 「수필」의 작가는 누구인가?

① 계용묵
② 나도향
③ 법정
④ 피천득

23 현실 참여 관점에서 문학을 연구하는 방법은?

① 역사주의적 방법
② 사회·문화적 방법
③ 형식주의적 방법
④ 심리주의적 방법

24 세종대왕이 훈민정음을 창제한 이유로 가장 적절하지 <u>않은</u> 것은?

① 배우기 어려운 한자를 없애고, 대신 한글을 사용하기 위해
② 한문에 표준음이 정해져 있지 않아 서로 뜻이 통하지 않는 경우가 있으므로
③ 유교 정신을 실천하고 질서를 확립하기 위해
④ 백성, 즉 많은 사람이 글자를 알 수 있게 하기 위해

25 주체 높임법의 특징이 <u>아닌</u> 것은?

① 서술어의 주체를 높이는 방법이다.
② '-시-'나 '께서'를 사용한다.
③ '뵙다', '여쭙다' 등의 특수 어휘를 사용한다.
④ '자다'나 '주무시다'와 같이 높임의 어휘가 따로 있는 경우에는 높임의 어휘를 사용한다.

26 다음 작품의 작가는 누구인가?

> 雨歇長堤草色多
> 送君南浦動悲歌
> 大同江水何時盡
> 別淚年年添綠波

① 최치원
② 정지상
③ 이인로
④ 박은

27 다음 문장은 총 몇 개의 단어로 구성되어 있는가?

> 나는 우리 선생님이 제일 좋다.

① 7개
② 8개
③ 9개
④ 10개

28 다음 밑줄 친 조사의 종류는 무엇인가?

> ㉠ 철수가 책을 읽는다.
> ㉡ 그녀는 얼굴만 예쁜 것이 아니라 마음씨도 곱다.

	㉠	㉡
①	주격 조사	접속 조사
②	호격 조사	보조사
③	주격 조사	보조사
④	보격 조사	접속 조사

29 오늘날 우리가 사용하고 있는 한글 자모의 명칭이 수록된 한자 학습서는 무엇인가?

① 『조선어문법』
② 『훈몽자회』
③ 『말모이』
④ 『한글모죽보기』

30 다음 ㉠, ㉡에 들어갈 숫자는 무엇인가?

> 국어의 음운은 (㉠)개이고, 한글 자모의 숫자는 (㉡)자이다.

	㉠	㉡
①	28	40
②	24	40
③	40	28
④	40	24

31 다음 작품의 핵심 소재의 의미가 옳지 <u>않은</u> 것은?

① 「공무도하가」의 '물' : 삶과 죽음의 경계
② 「황조가」의 '꾀꼬리' : 서정적 자아와 대립
③ 「구지가」의 '거북' : 주술적 상징물
④ 「정읍사」의 '달' : 애정의 대상

32 가사의 일부가 고려속요에 인용, 한글로 표기되어 전해짐으로써, 향찰 문자 해독의 중요한 열쇠가 된 작품은 무엇인가?

① 「처용가」
② 「정석가」
③ 「서경별곡」
④ 「쌍화점」

33 춘향전의 발달 과정이 올바르게 나열된 것은?

① 춘향가 → 설화 → 춘향전 → 이해조의 옥중화 → 이광수의 일설 춘향전
② 설화 → 춘향가 → 춘향전 → 이해조의 옥중화 → 이광수의 일설 춘향전
③ 설화 → 춘향가 → 춘향전 → 이광수의 일설 춘향전 → 이해조의 옥중화
④ 춘향가 → 설화 → 춘향전 → 이광수의 일설 춘향전 → 이해조의 옥중화

34 다음 중 『금오신화』에 수록된 작품이 아닌 것은?

① 「만복사저포기」
② 「이생규장전」
③ 「최척전」
④ 「용궁부연록」

35 「조신몽 설화」의 주제와 관련된 한자성어는?

① 남가일몽(南柯一夢)
② 가렴주구(苛斂誅求)
③ 낭중지추(囊中之錐)
④ 호가호위(狐假虎威)

36 다음 ㉠, ㉡에 들어갈 알맞은 작품은?

현대문학사에서 최초로 꼽히는 것은 이인직의 (㉠)이며, 최초의 신시(또는 신체시)는 최남선의 (㉡)이다.

	㉠	㉡
①	『귀의 성』	『해에게서 소년에게』
②	『은세계』	『경부철도가』
③	『치악산』	『경부철도가』
④	『혈의 누』	『해에게서 소년에게』

37 다음 작품의 제목은 무엇인가?

더러는 / 옥토에 떨어지는 작은 생명이고저 …… //
흠도 티도 / 금가지 않은 / 나의 전체는 오직 이뿐! //
더욱 값진 것으로 / 드리라 하올 제, //
나의 가장 나아종 지니인 것도 오직 이뿐!

① 「광야」 ② 「유리창」
③ 「하관」 ④ 「눈물」

38 다음 중 피천득의 수필이 아닌 것은?

① 「은전 한 닢」
② 「멋」
③ 「오척단구」
④ 「인연」

39 다음에서 설명하는 시인은?

• 한국인의 전통적 정서를 깔끔한 민요 조로 노래했다.
• 대표작으로 「산유화」, 「못잊어」, 「산」 등이 있다.

① 김소월 ② 정지용
③ 김영랑 ④ 조지훈

40 다음 중 띄어쓰기가 옳지 않은 것은?

① 집 밖에 나가서 놀자.
② 너는 너 대로 하렴.
③ 그 친구를 본 지 1년이 다 되어 가.
④ 슈퍼마켓에서 갈치 두 마리를 샀다.

제1회 정답 및 해설 | 국어

01	02	03	04	05	06	07	08	09	10	11	12	13	14	15	16	17	18	19	20
①	②	③	④	①	④	②	①	①	④	④	③	③	④	④	①	④	④	④	①
21	22	23	24	25	26	27	28	29	30	31	32	33	34	35	36	37	38	39	40
②	③	④	①	③	②	②	①	③	②	④	③	①	②	④	④	①	③	②	①

01 정답 ①
「서동요」는 신라 최초의 향가이며, 「처용가」는 신라 최후의 향가이다.

02 정답 ②
우리나라 3대 시조집은 『청구영언』, 『해동가요』, 『가곡원류』로, 『청구영언』은 시조집의 효시이다. 『병와가곡집』은 곡조별로 편찬한 것으로 1956년에 새로 발견되었고, 다른 가집에는 없는 오음도(五音圖) 등의 기록으로 시조집 연구의 새로운 국면을 제공하였다.

03 정답 ③
「공무도하가」는 여성의 비극적 상심(傷心)을 노래한 것으로 「정읍사」, 「가시리」, 「진달래꽃」으로 연결되는 전통적 정한의 세계를 표현한 작품이다.

04 정답 ④
「화왕계」는 꽃의 비유를 들어 왕에게 도덕 정치를 요구한 의인체 설화로, 국문학상의 우화문학의 효시이며, 후에 가전체·의인체 문학에 영향을 준 작품이다. 의인체는 사물의 비유를 들어 말하고자 하는 바를 표현하므로, 직접적 표현이 아닌 비유적·간접적 표현 방법이다.

05 정답 ①
「쌍화점」의 풍자대상
- 제1장 : 외국인(회회아비)
- 제2장 : 승려, 불교(사주)
- 제3장 : 왕실층(우뭇 용)
- 제4장 : 상민층, 평민(그 짓 아비)

06 정답 ④
「한림별곡(翰林別曲)」
- 경기체가의 효시
- 한자를 연결하여 우리말 율격에 맞추어 독특하고 개성적 표현
- 음보율, 각 연의 규칙적 반복, 후렴구 등을 통해 음악적 효과를 드러냄
- 사물을 객관적으로 나열하고 지식을 과시함으로써 집단적 감흥을 추구

07 정답 ④
「동명왕편」의 창작의도
- 중국 중심주의의 탈피, 원래 성인국(聖人國)임을 후손들에게 알림
- 당시 전개되던 요나라, 금나라에 대한 사대 외교에 반론 제기
- 일부 사람들의 고려의 신라 정통론 주장에 고구려 정통론을 주장
- 『삼국사기』식 사관(史觀)에 반론 제기

08 정답 ②
우리나라 가전체 문학의 효시는 '술'을 의인화한 임춘의 「국순전」이다.

09 정답 ①
부적절·부조화한 어휘 남용으로 음악과의 부조화를 일으켜 19세기 이후 쇠퇴하기 시작하여, 20세기에 소멸되었다.

10 정답 ①
「태평사」는 노계 박인로의 작품이다.

11 정답 ④
「허생전」은 실학 사상을 바탕으로 한 박지원의 소설이다.

「허생전」
- 병자호란 배경 : 북벌론 주장
- 중상주의 : 해외무역 주장, 매점매석 경계
- 유학자의 허위 비판
- 이상국 건설
- 유학자의 신분 노출

12 정답 ④
궁녀들의 구속적인 궁중 생활과 김 진사와 궁녀의 비극적 사랑을 그린 소설로, 조선 시대의 고대소설 중에서도 남녀 간의 애정을 미화한 대표적인 작품일 뿐 아니라 결말을 비극으로 처리한 유일한 소설이다.

13 정답 ③
수필은 문학의 4대 장르에 속한다.

14 정답 ③
① 『파한집』의 작가는 이인로이다.
② 『삼국사기』의 작가는 김부식이다.
④ 『익재난고』의 작가는 이제현이다.

15 정답 ④
'는커녕'은 조사라서 붙여야 한다. '말하기는커녕'이 맞다.
① '바른대로'는 '사실과 다름없이'를 의미하는 한 단어로, 단어 자체가 하나의 부사이기 때문에 붙여 써야 한다.

16 정답 ④
① 1920년대, ② 1910년대, ③ 1940년대

17 정답 ①
①은 이육사 시의 특징이다.

18 정답 ④
해당 작품은 김광균의 「외인촌」으로, '분수(噴水)처럼 흩어지는 푸른 종소리'의 공감각적 표현(청각의 시각화) 표현이 두드러진다.

19 정답 ④
「광장」은 전후의 비참함과 부조리를 고발한 최인훈의 소설로, 1960년대 작품이다.

20 정답 ①
② 청록파 : 1939년 『문장』의 추천으로 시단에 등단한 조지훈·박두진·박목월을 가리킨다.
③ 생명파 : 순수문학을 들고 나선 일군의 작가, 즉 1936년에 창간된 『시인부락』에 속한 작가들을 말한다.
④ 시문학파 : 1930년대 시전문지 『시문학』을 중심으로 순수시 운동을 주도했던 유파이다.

21 정답 ②
② 최초의 신파극 창작 희곡은 조중환의 「병자삼인」(1912)이다. 「은세계」는 이인직의 신소설이다.

22 정답 ③
수필은 비전문성을 특징으로 한다.

23 정답 ④
훈민정음의 창제 정신은 '자주·애민·실용' 정신이다.

24 정답 ①
① '깡충깡충'이 표준어이다.

25 정답 ③
- 직접 높임말 : 주무시다, 계시다, 잡수시다, 돌아가시다, 드리다, 뵙다, 여쭈다 등
- 간접 높임말 : 진지, 말씀, 성함, 치아, 약주, 댁 등
- 직접 낮춤말 : 저('나'를 낮춤)
- 간접 낮춤말 : 말씀, 졸고(拙稿) 등

26 정답 ③
① 고문(古文) 운동
② 고문풍의 정착
④ 한유의 작문태도를 숭상, 고문의 이상을 신축변화에 두었음

27 정답 ②
주시경은 '한글'이라는 명칭을 가장 먼저 썼으며 한글 체계를 만들어 보급하고, 한국어 연구에 공헌하였다.

28 정답 ①
언어 = 내용(사상, 감정) + 형식(음성, 문자)

29 정답 ③
방언의 특징
- 유지성
- 혼합성
- 통일성
- 보수성
- 개신성
- 분화성
- 계급성

30 정답 ②
동생, -은, 아빠, -를, 닮아서, 참, 좋다

31 정답 ④
말이 사고를 지배한다고 설명하는 이론은 언어의 상대성 이론이다.

32 정답 ③
한(限)은 몹시 억울하거나 원통하여 원망스럽게 생각하다는 뜻으로 '한글'에서 '한'의 의미가 아니다.

33 정답 ①
「정읍사」는 백제의 가요이다.

34 정답 ②
국문으로 창작된 최초의 소설은 「홍길동전」이며 작가는 허균이다.

35 정답 ④
정다운 꾀꼬리와 대비되어 화자의 외로움이 집약되어 있는 부분은 ㉣의 '뉘와 함께 돌아갈거나'이다.

36 정답 ④
- 판소리 여섯 마당(신채효) : 「춘향가」, 「흥부가(박타령)」, 「심청가」, 「적벽가」, 「토별가(수궁가)」, 「가루지기타령」
- 판소리 열두 마당 : 여섯 마당 + 「배비장타령」, 「옹고집타령」, 「가짜신선타령」, 「강릉매화가」, 「왈자타령」, 「장끼타령」

37 정답 ①
「해에게서 소년에게」가 실려 있는 잡지는 『소년』(1908)이다.

38 정답 ③
김동인은 비속어와 사투리를 사용하며 사실주의적 수법을 사용하였고 예술지상주의를 표방하였다. 또한 순수문예지인 『창조』를 발간하였다.

39 정답 ②
문학의 4대 요소 : 정서, 사상, 상상, 형식

40 정답 ①
청록파는 1940년을 전후하여 『문장』지의 추천을 받아 등장한 시인 박목월, 조지훈, 박두진 세 사람을 가리키는 말이다. 이들이 1946년에 합동 시집 『청록집』을 간행함으로써 '청록파'라는 명칭이 붙었다.

제 2 회 정답 및 해설 | 국어

01	02	03	04	05	06	07	08	09	10	11	12	13	14	15	16	17	18	19	20
②	④	①	②	②	③	①	①	③	②	④	④	③	①	③	④	①	②	②	②

21	22	23	24	25	26	27	28	29	30	31	32	33	34	35	36	37	38	39	40
①	④	②	①	③	②	①	③	②	④	④	①	②	③	①	④	④	③	①	②

01 정답 ②

향가는 『삼국유사』에 14수, 『균여전』에 11수가 전해지며, 진성여왕(眞聖女王) 2년(888)에 각간(角干) 위홍(魏弘)과 대구화상(大矩和尙)이 향가집 『삼대목(三代目)』을 편찬했으나, 지금은 전하지 않는다.

02 정답 ④

화희는 「황조가」의 배경설화에 등장하는 인물로, 「공무도하가」와는 관련이 없다.
① 은 「공무도하가」의 악곡명이다.
②·③의 백수광부, 곽리자고, 여옥은 「공무도하가」의 배경설화에 등장하는 인물들이다.

03 정답 ①

『삼국유사』의 「가락국기」조 건국신화 속의 「구지가」는 우리 시가 기록상의 최초의 작품에 속한다. 김수로왕의 출현을 기대하는 가락국의 구간(九干)이 인도하는 무리가 구지봉에서 부른 집단요이다.

04 정답 ②

사설시조는 초·중·종장 중 어느 한 장이 상당히 길어지는 특징이 있다. 이 시조는 어느 창기가 간밤에 맞은 손님의 성적 능력에 대해 찬탄하고 잊지 못하는 내용을 담은 시조이다.

05 정답 ②

② '단군 – 제사장', '왕검 – 정치적 군장'을 뜻하는 말로, 제정일치 사회였음을 보여준다.
① '통과제의(입례식)'는 한 세계에서 다른 세계로 넘어가는 의식으로, 고난을 통한 곰의 환인(換人) 과정을 의미한다.
③ 널리 인간을 이롭게 하는 홍익인간(弘益人間)의 이념과 곰과 범이 인간이 되기를 원했다는 점에서 인본주의 사상이 반영되어 있음을 알 수 있다.
④ '곰'과 '호랑이'가 등장하는 것으로 보아 토테미즘 사회였음을 알 수 있다.

06 정답 ③

「정읍사」는 현전하는 유일한 백제가요로, 국문으로 표기된 가장 오래된 노래이다.
① 남편을 여읜 슬픔을 노래한 것은 「공무도하가」이다.
② 『악학궤범』 권5에 실려 전한다.
④ '즌 딕'는 '위험한 곳'을 의미한다.

07 정답 ①

「제망매가」는 10구체 향가로, 현존하는 향가 중 문학성이 가장 뛰어난 작품으로 평가받는다.

08 정답 ①

「처용가」에 대한 평가
- 민속신앙적 관점 : 무가, 주가, 주술의 원리를 내포한 문학, 굿이나 연극 속에서 불린 노래, 처용설화는 굿 또는 연극에 관한 보고서
- 문학적 관점 : 문학적 내포와 시적 긴장감이 없는 지방문학으로 간주(조잡한 노래)
- 불교적 관점 : 불교적 사심(捨心)을 성취한 고도의 문학으로, 봄이라는 천상적 이미지와 간음이라는 지상적 이미지, 그리고 처용과 역신의 대립에서 비롯된 긴장 조성
- 역사사실적 관점 : 지방호족(처용 → 인질)의 중앙귀족(역신 → 타락자)에 대한 갈등이 표출된 문학

09 정답 ③

「공방전」은 돈을 의인화한 작품이다.

10 정답 ②

② 고려가요는 고려 시대의 평민들이 부르던 민요적 시가로 '여요(麗謠)', '장가(長歌)' 또는 '고려속요'라고 하는 평민문학이다.
① 고려 중기 이후 사대부들에게 불린 시가(詩歌)로, 매 장마다 '경 긔 엇더ᄒ니잇고'라는 글귀가 있으며, 한문을 사용하되 고유의 전통을 살려서 이루어진 새로운 형식의 시가이다.
③ 삼국 시대 말기에 발생하여 통일 신라 때 성행하다가 그 말기부터 쇠퇴하기 시작하여 고려 초까지 존재했던 우리나라 고유의 정형시가이다.
④ 인간이 아닌 사물을 의인화하여 허구적으로 창작한 소설이다.

11 정답 ④

④ 평양의 명기(名妓)였던 한우(寒雨)에 대한 구애(求愛)를 표현한 시조이다.

① 대쵸 볼 불근 골에(황희) : 늦가을 농촌 생활의 풍요로운 정취
② 동창이 볼갓느냐(남구만) : 근면한 농경 생활
③ 삿갓세 도롱이 닙고(김굉필) : 평화롭고 한가한 전원생활

12 정답 ②

대화체를 통해 임금에 대한 그리움을 표현한 작품은 「속미인곡」이다.

「사미인곡(思美人曲)」
조선 선조 때 송강 정철이 지은 가사이다. 임금에 대한 간절한 충정을, 한 여인이 지아비를 사모하는 마음에 비유하면서 자신의 뜻을 우의적으로 표현하였다. 음수율은 3·4조가 주조를 이루고, 전편이 126구로 되어 있다. 또한 서사·춘·하·추·동·결사 등 6단락으로 이루어졌고, 각 계절에 따른 적절한 소재를 취하여 여성의 감정, 행위, 처지 등을 탁월하게 묘사하였다.

13 정답 ③

민요는 구비성, 민중성, 비전문성, 향토성, 현실성 등의 특징을 갖는다. 주술성을 갖는 것은 무가(巫歌)이다.

14 정답 ①

한글소설의 주요 작품
- 애정소설 : 「숙향전」, 「숙영낭자전」, 「옥단춘전」
- 가정소설 : 「사씨남정기」, 「장풍운전」, 「화문록」
- 군담소설 : 「임경업전」, 「박씨전」, 「유충렬전」
- 풍자소설 : 「배비장전」, 「이춘풍전」, 「장끼전」

15 정답 ③

조선 시대 문학은 임진왜란을 전후로 하여 전기와 후기로 구분된다.

16 정답 ④
이상화 시의 특징
- 외향적·현실적 삶의 개선, 사회 의식의 문학
- 식민지 시대 작가의 시대적·사회적인 책임을 강조
- 문학의 미적인 기능을 함께 고려
- 작가의 현실과 역사에 참여하는 양심 역설
- 작품 : 「나의 침실로」, 「빼앗긴 들에도 봄은 오는가」 등

17 정답 ①
유치환의 「깃발」은 '깃발'의 보조관념인 '아우성, 손수건, 순정, 애수, 마음'을 통해 이상향에 대한 동경과 좌절, 낭만적 아이러니의 세계, 생명 의식과 허무 의지를 그렸다.

18 정답 ②
「무정」의 근대문학적 특징
- 서술시간 구조가 고전소설과 다름 – 주인공의 출생부터 시작하는 것이 아니라 주인공 '형식'이 행복한 고민을 하는 장면부터 시작
- 주인공이 영웅적 인물이 아니라 일상인
- 1910년대 당시의 사회 현상을 반영
- 언문일치(言文一致)에 가까운 문체를 사용

「무정」의 한계
- 지도자적 상층 인물의 성격
- 구조자의 등장
- 주인공의 관습적 인물 형상
- 영웅소설의 구조(고난 → 극복 → 보상)
- 전지적 작가 시점 채택
- 계몽적 성격 → 문학성 약화

19 정답 ②
현진건의 「운수 좋은 날」은 아침부터 돈벌이가 좋았던 운수 좋은 날에 아내가 죽음으로써 비극성을 반어적·사실적으로 나타낸 작품이다.

20 정답 ②
극예술협회는 1947년 극예술연구회의 신극정신을 계승하고 프로극에 대항한 단체이다. 민족극을 표방하였다는 특징을 갖는다.

21 정답 ①
합리주의는 인간은 이미 태어날 때부터 말하기 위한 조건을 갖추고 태어난다는 선천성을 강조하는 언어습득이론이다. 경험주의는 어린이는 하나의 언어를 일단 배우고 난 뒤에는 그것을 일상생활에서 자유자재로 구사할 수 있다고 보는 후천성을 강조한 언어습득이론이다.

22 정답 ④
「수필」은 피천득의 작품으로, 개념적 지식에 해당하는 내용을 정서적이고 함축적인 언어로 치환(置換)하여 표현한 글이다. 수필이란 강렬하고 뚜렷한 무엇이 아니라 연륜과 여유 속에서 약간의 파격과 개성을 통해 우러나온 삶에 대한 조용한 반성임을 표현한 작품이다.

23 정답 ②
① 역사적 상황, 시대, 작가의 생애 중심 → 가장 객관적
③ 작품 자체의 유기적 질서 중시 → 구조주의, 신비평이라고도 함
④ 작가나 등장인물의 내면 심리·정신분석학 도입

24 정답 ①
「합자해」 조항을 보면, 세종이 훈민정음을 만들면서 정음과 한자의 조화된 병행(竝行), 즉 국한문혼용을 염두에 두고 있었다는 것을 알 수 있다. 또한 공문서・역사 기록・학술 목적의 글은 여전히 한문으로 기록하고, 백성 교화 등을 위한 글은 훈민정음으로 기록하여 표기상의 구분을 두었다.

25 정답 ③
③은 객체 높임법의 특징이다.

26 정답 ②
제시된 작품은 정지상의 「대동강에서」로, 우리나라 한시(漢詩) 중 송별시(送別詩)의 절조(絕調)이다. 비 갠 대동강 푸른 물결에 이별의 눈물이 보태어진다며 임과 이별하는 정서가 애틋하게 잘 표현되어 있다.

작/품/해/설

> 雨歇長堤草色多
> 비가 개니 긴 둑에 풀이 파릇파릇
> 送君南浦動悲歌
> 남포에서 자네를 보내며 슬픈 노래를 불러 보노라
> 大同江水何時盡
> 대동강 물이 언제나 마르겠는가
> 別淚年年添綠波
> 이별의 눈물이 해마다 푸른 파도에 더해지는데

27 정답 ①
나, -는, 우리, 선생님, -이, 제일, 좋다

28 정답 ③
㉠ 주격 조사 : 서술어의 주체임을 표시
㉡ 보조사 : 특수한 뜻을 더해 줌

29 정답 ②
최세진의 『훈몽자회(訓蒙字會)』
『훈몽자회』는 조선 전기의 학자 최세진이 1527년 어린이들의 한자 학습을 위하여 지은 책이다. 범례 끝에 '언문자모'라 하여 당시의 한글 체계와 용법에 대한 설명이 붙어 있다.

30 정답 ④
국어의 음운은 40개이고, 한글 자모의 숫자는 24자이다.

31 정답 ④
「정읍사」의 '달'은 구원과 광명의 대상이다.

32 정답 ①
「처용가」는 가사의 일부가 고려속요 「처용가」에 인용, 한글로 표기되어 전해짐으로써 향찰 문자 해독의 중요한 열쇠가 되었다.

33 정답 ②
춘향전의 발달과정
설화 → 춘향가(판소리) → 춘향전(고전소설) → 이해조의 옥중화(신소설) → 이광수의 일설 춘향전(현대소설)

34 정답 ③
김시습의 『금오신화』: 최초의 한문소설
- 수록작품 : 「이생규장전」, 「용궁부연록」, 「남염부주지」, 「만복사저포기」, 「취유부벽정기」
- 특징 : 우리나라 배경, 독자적 문학세계 구축
  - 방외인 문학
- 구우의 『전등신화』에서 영향을 받음

35 정답 ①
① 남가일몽 : 남쪽 가지에서의 꿈. 헛된 꿈 또는 인생의 덧없음을 가리킴
② 가렴주구 : 가혹하게 거두고 백성의 재물을 억지로 빼앗음
③ 낭중지추 : 주머니 속의 송곳. 재능이 뛰어난 사람은 숨어 있어도 저절로 눈에 띔
④ 호가호위 : 남의 권세를 빌려 허세를 부림

36 정답 ④
㉠ 『혈의 누』(1906)
㉡ 『해에게서 소년에게』(1908)

37 정답 ④
해당 작품은 김현승의 「눈물」이다.

38 정답 ③
「오척단구」는 이희승의 작품이다.

39 정답 ①
김소월 시인은 전통적인 한의 정서를 여성적 정조와 민요적 율조로 민중적 정감을 표현하였으며, 임을 그리워하는 여성화자의 목소리를 통하여 향토적 소재와 설화적 내용을 민요적 기법으로 표현하였다. 작품으로는 「진달래꽃」, 「산유화」, 「초혼」, 「못잊어」 등이 있다.

40 정답 ②
'너 대로'의 대로는 조사이므로 앞 단어에 붙여 써야 한다. 따라서 '너는 너대로 하렴.'이라고 써야 한다.

지식에 대한 투자가 가장 이윤이 많이 남는 법이다.

– 벤자민 프랭클린 –

컴퓨터용 사인펜만 사용

독학학위제 1단계 교양과정인정시험 답안지(객관식)

★ 수험생은 수험번호와 응시과목 코드번호를 표기(마킹)한 후 일치여부를 반드시 확인할 것.

전공분야	
성 명	

수 험 번 호													
(1)	1	–			–			–					
(2)	● ② ③ ④	–	①~⓪	①~⓪	–	①~⓪	①~⓪	–	①~⓪	①~⓪	①~⓪	①~⓪	①~⓪

과목코드				
① ② ③ ④ ⑤ ⑥ ⑦ ⑧ ⑨ ⓪	① ② ③ ④ ⑤ ⑥ ⑦ ⑧ ⑨ ⓪	① ② ③ ④ ⑤ ⑥ ⑦ ⑧ ⑨ ⓪	① ② ③ ④ ⑤ ⑥ ⑦ ⑧ ⑨ ⓪	① ② ③ ④ ⑤ ⑥ ⑦ ⑧ ⑨ ⓪

교시코드
① ② ③ ④

응시과목			
1	① ② ③ ④	21	① ② ③ ④
2	① ② ③ ④	22	① ② ③ ④
3	① ② ③ ④	23	① ② ③ ④
4	① ② ③ ④	24	① ② ③ ④
5	① ② ③ ④	25	① ② ③ ④
6	① ② ③ ④	26	① ② ③ ④
7	① ② ③ ④	27	① ② ③ ④
8	① ② ③ ④	28	① ② ③ ④
9	① ② ③ ④	29	① ② ③ ④
10	① ② ③ ④	30	① ② ③ ④
11	① ② ③ ④	31	① ② ③ ④
12	① ② ③ ④	32	① ② ③ ④
13	① ② ③ ④	33	① ② ③ ④
14	① ② ③ ④	34	① ② ③ ④
15	① ② ③ ④	35	① ② ③ ④
16	① ② ③ ④	36	① ② ③ ④
17	① ② ③ ④	37	① ② ③ ④
18	① ② ③ ④	38	① ② ③ ④
19	① ② ③ ④	39	① ② ③ ④
20	① ② ③ ④	40	① ② ③ ④

과목코드				
① ② ③ ④ ⑤ ⑥ ⑦ ⑧ ⑨ ⓪	① ② ③ ④ ⑤ ⑥ ⑦ ⑧ ⑨ ⓪	① ② ③ ④ ⑤ ⑥ ⑦ ⑧ ⑨ ⓪	① ② ③ ④ ⑤ ⑥ ⑦ ⑧ ⑨ ⓪	① ② ③ ④ ⑤ ⑥ ⑦ ⑧ ⑨ ⓪

교시코드
① ② ③ ④

응시과목			
1	① ② ③ ④	21	① ② ③ ④
2	① ② ③ ④	22	① ② ③ ④
3	① ② ③ ④	23	① ② ③ ④
4	① ② ③ ④	24	① ② ③ ④
5	① ② ③ ④	25	① ② ③ ④
6	① ② ③ ④	26	① ② ③ ④
7	① ② ③ ④	27	① ② ③ ④
8	① ② ③ ④	28	① ② ③ ④
9	① ② ③ ④	29	① ② ③ ④
10	① ② ③ ④	30	① ② ③ ④
11	① ② ③ ④	31	① ② ③ ④
12	① ② ③ ④	32	① ② ③ ④
13	① ② ③ ④	33	① ② ③ ④
14	① ② ③ ④	34	① ② ③ ④
15	① ② ③ ④	35	① ② ③ ④
16	① ② ③ ④	36	① ② ③ ④
17	① ② ③ ④	37	① ② ③ ④
18	① ② ③ ④	38	① ② ③ ④
19	① ② ③ ④	39	① ② ③ ④
20	① ② ③ ④	40	① ② ③ ④

※ 감독관 확인란
㊞

관 리 번 호
(연번) / (응시자수)

답안지 작성시 유의사항

1. 답안지는 반드시 **컴퓨터용 사인펜을 사용**하여 다음 [보기]와 같이 표기할 것.
   [보기] 잘 된 표기: ● 잘못된 표기: ⓥ ⊗ ◐ ⊙ ◕ ○ ▩
2. 수험번호 (1)에는 아라비아 숫자로 쓰고, (2)에는 "●"와 같이 표기할 것.
3. 과목코드는 뒷면 "과목코드번호"를 보고 해당과목의 코드번호를 찾아 표기하고, 응시과목란에는 응시과목명을 한글로 기재할 것.
4. 교시코드는 문제지 전면의 교시를 해당란에 "●"와 같이 표기할 것.
5. 한번 표기한 답은 긁거나 수정액 및 스티커 등 어떠한 방법으로도 고쳐서는 아니되고, 고친 문항은 "0"점 처리함.

[이 답안지는 마킹연습용 모의답안지입니다.]

절취선

독학학위제 1단계 교양과정인정시험 답안지(객관식)

2026 시대에듀 A+ 독학사 1단계 교양과정 국어 한권합격

개정18판1쇄 발행	2026년 01월 05일 (인쇄 2025년 08월 29일)
초 판 발 행	2008년 03월 10일 (인쇄 2008년 02월 01일)
발 행 인	박영일
책 임 편 집	이해욱
편 저	독학학위연구소
편 집 진 행	천다솜 · 김다련
표지디자인	박종우
편집디자인	차성미 · 고현준
발 행 처	(주)시대고시기획
출 판 등 록	제10-1521호
주 소	서울시 마포구 큰우물로 75 [도화동 538 성지 B/D] 9F
전 화	1600-3600
팩 스	02-701-8823
홈 페 이 지	www.sdedu.co.kr
I S B N	979-11-383-9870-1 (13710)
정 가	28,000원

※ 이 책은 저작권법의 보호를 받는 저작물이므로 동영상 제작 및 무단전재와 배포를 금합니다.
※ 잘못된 책은 구입하신 서점에서 바꾸어 드립니다.

독학사 시험 합격을 위한
최적의 강의 교재!

심리학과 · 경영학과 · 컴퓨터공학과 · 간호학과 · 국어국문학과 · 영어영문학과

심리학과 2·3·4단계

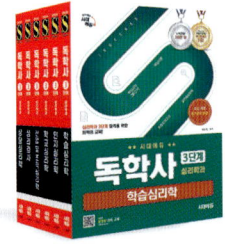

2단계 기본서 [6종]
이상심리학 / 감각 및 지각심리학 /
사회심리학 / 발달심리학 / 성격심리학 /
동기와 정서

3단계 기본서 [6종]
상담심리학 / 심리검사 / 산업 및 조직심리학 /
학습심리학 / 인지심리학 / 학교심리학

4단계 기본서 [4종]
임상심리학 / 소비자 및 광고심리학 /
심리학연구방법론 / 인지신경과학

2단계 6과목 벼락치기 [1종]

경영학과 2·3·4단계

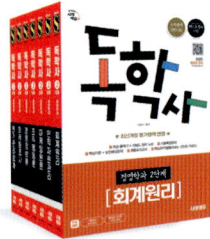

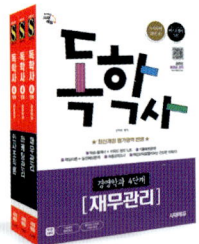

2단계 기본서 [7종]
회계원리 / 인적자원관리 / 마케팅원론 /
조직행동론 / 경영정보론 / 마케팅조사 /
원가관리회계

3단계 기본서 [6종]
재무관리론 / 경영전략 / 재무회계 / 경영분석 /
노사관계론 / 소비자행동론

4단계 기본서 [3종]
재무관리 / 마케팅관리 / 인사조직론

※ 4단계 회계학은 2·3단계 교재로 겸용
  2단계 겸용 : 원가관리회계
  3단계 겸용 : 재무회계

2단계 6과목 벼락치기 [1종]

컴퓨터공학과 2·3·4단계

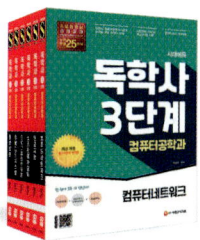

2단계 기본서 [6종]
논리회로 / C프로그래밍 / 자료구조 /
컴퓨터구조 / 운영체제 / 이산수학

3단계 기본서 [6종]
인공지능 / 컴퓨터네트워크 / 임베디드시스템 /
소프트웨어공학 / 프로그래밍언어론 / 정보보호

4단계 기본서 [4종]
알고리즘 / 통합컴퓨터시스템 /
통합프로그래밍 / 데이터베이스

2단계 6과목 벼락치기 [1종]

간호학과 4단계

4단계 기본서 [4종]
간호연구방법론 / 간호과정론 / 간호지도자론 /
간호윤리와 법

4단계 적중예상문제집 [1종]

4단계 4과목 벼락치기 [1종]

국어국문학과 2·3·4단계

2단계 기본서 [6종]
국어학개론 / 국문학개론 / 국어사 /
고전소설론 / 한국현대시론 /
한국현대소설론

3단계 기본서 [6종]
국어음운론 / 고전시가론 /
문학비평론 / 국어정서법 /
국어의미론 / 한국문학사

※ 4단계는 2·3단계에서 동일 과목의 교재로 겸용
　2단계 겸용 : 국어학개론, 국문학개론
　3단계 겸용 : 문학비평론, 한국문학사

영어영문학과 2·3·4단계

2단계 기본서 [6종]
영어학개론 / 영문법 / 영어음성학 /
영국문학개관 / 중급영어 /
19세기 영미소설

3단계 기본서 [6종]
영어발달사 / 고급영어 / 영어통사론 /
미국문학개관 / 20세기 영미소설 /
고급영문법

※ 4단계는 2·3단계에서 동일 과목의 교재로 겸용
　영미소설(19세기 영미소설+20세기 영미소설), 영미문학개관(영국문학개관+미국문학개관)

※ 본 도서의 이미지 및 구성은 변동될 수 있습니다.